GW01374280

Bibliothèque des histoires

PIERRE NORA
de l'Académie française

RECHERCHES
DE LA FRANCE

nrf

GALLIMARD

© *Éditions Gallimard, 2013.*

*Pour toi Elphège,
avec amour*

PRÉSENTATION

Après *Historien public*, qui se voulait un portrait d'époque à travers les engagements d'un itinéraire individuel, après *Présent, nation, mémoire*, qui tentait de dégager, par ces trois mots, les pôles de la conscience historique contemporaine, ce dernier volet de mon entreprise réunit, comme annoncé dans la présentation du premier, les principaux essais que j'ai consacrés à la France, son identité et sa mémoire.

L'organisation presque naturelle de ce rassemblement fait apparaître une image fortement unitaire : celle de l'État-nation dans son âge accompli.

C'est la raison pour laquelle, à mes yeux, le cœur vivant de ce livre en cinq parties est la troisième. S'y trouvent juxtaposés des sujets apparemment sans rapport : l'analyse d'une histoire de France en vingt-sept volumes, qui date des débuts du XXe siècle, l'étude d'un mouvement d'extrême droite qui n'est plus qu'un lointain souvenir, l'évocation parallèle du gaullisme et du communisme, éteints tous deux depuis plus de trente ans. Leur rapprochement exprime pourtant le vrai sujet du livre, à savoir les entrelacs de la Nation, de la République et de la Révolution. L'*Histoire de France* d'Ernest Lavisse représente la synthèse républicaine qui veut réconcilier la France issue de la Révolution avec celle de l'Ancien Régime. L'Action française exprime l'envers de la République, le gaullisme et le communisme, sa contestation, en même temps qu'une volonté de la réaliser en la dépassant. Du coup se dessinent les contours chronologiques de cette France unitaire jusque dans ses divisions : de la Révolution de 1789 à la fin du gaullisme et du communisme, ces deux versions ultimes de la France qui ont mélangé toutes les deux, à doses variables, la nation et la Révolution. On va de la nation universelle à la nation communautaire, de la République comme combat à la République patrimoine, de la Révolution conquérante à l'épuisement de l'idée révolutionnaire. C'est la fin d'un projet national incorporé. Toutes les percées idéologico-politiques qui se sont depuis affirmées — socialiste ou libérale, européenne, souverainiste ou écologique — n'ont fait que souligner l'ébranlement de cette identité historique traditionnelle.

Marx voyait dans la France le modèle de l'histoire classique parce que, du féodalisme médiéval à la monarchie unitaire et du régime révolutionnaire de la bourgeoisie aux luttes du prolétariat, elle offrait les enchaînements de l'Histoire à l'état pur et dans les contours le plus nets[1]. Je lui emprunterais volontiers la formule en la détournant de sa dialectique temporelle. La France est le pays qui a réuni, à l'état le plus pur, l'ensemble des paramètres politiques majeurs qui ont commandé l'avènement de l'Europe moderne et même du monde. Mais elle a vécu cette vocation à l'universel d'une façon qui lui est toute particulière, et c'est ce mélange unique et bizarre que j'ai cherché à saisir par différentes pistes et à peindre par multiples touches : un portrait de la France qui fut au service de la France qui vient.

Aussi n'y a-t-il rien d'étonnant à trouver, au beau milieu d'un ouvrage consacré à ce que la nation française a de plus spécifique, une série de chapitres sur les États-Unis. C'est que, de tous les pays les plus proches de la France, ils en sont le plus lointains, un véritable contre-modèle de l'État-

---

1. Ce que confirme Friedrich ENGELS dans l'*Avant-propos à la troisième édition du « 18 Brumaire de Louis Bonaparte »* [1885], *in* Karl MARX, *Œuvres*, t. IV, *Politique I*, éd. de Maximilien Rubel, Gallimard, « Bibliothèque de la Pléiade », 1994, p. 1098.

Présentation 11

nation. Leurs deux révolutions fondatrices sont contemporaines, la française inspirée de l'américaine ; mais l'une est restée confinée au continent américain, quand celle du Vieux Monde a créé un monde et fait le tour du monde. Les États-Unis sont pourvus d'une Constitution demeurée la même en dépit de ses transformations internes, quand les multiples constitutions qu'ont dictées à la France les péripéties de sa vie nationale n'évoquent toujours celle des États-Unis que pour mieux s'en écarter. Un pays qui, comme le dit un de ses grands historiens, Richard Hofstadter, « n'a pas d'idéologie, mais est à soi-même sa propre idéologie » ; et où, à ce titre, les intellectuels ne jouent pas le rôle unique que la France leur a donné et ne jouissent pas du même statut, en dépit d'une vie intellectuelle intense[1]. Un pays enfin qui, parce que de date récente, 1776, vit encore sous la promesse des fondateurs et ne porte pas de la même manière que nous ce que Hegel appelait « le fardeau de l'histoire ».

Révolution, Constitution, intellectuels, mémoire, quatre termes, quatre lignes de clivage qui permettent, par histoire comparée, d'éclairer des aspects essentiels du modèle français.

Recherches de la France : le titre, dans son apparente modestie, fait un écho lointain à une grande œuvre, qui n'est plus guère fréquentée que par des spécialistes, *Les Recherches de la France* d'Étienne Pasquier, dans la seconde moitié du XVIe siècle[2]. Ce qui frappe dès l'abord le lecteur non averti, c'est, avec la liberté de ton, l'incroyable variété

---

1. On en prendra la mesure, pour la période récente, avec Sylvie LAURENT, « Comment être un intellectuel de gauche aux États-Unis ? », *Le Débat*, n° 173, janvier-février 2013.
2. *Les Recherches de la France* ont fait l'objet d'une édition critique en trois volumes, sous la direction de Marie-Madeleine FRAGONARD et François ROUDAUT, Honoré Champion, 1996. À consulter également George HUPPERT, *The Idea of Perfect History. Historical Erudition and Historical Philosophy in Renaissance France*, Chicago, University of Illinois Press, 1970 ; en français *L'Idée de l'histoire parfaite*, trad. P. et F. Braudel, Flammarion, 1973 ; ainsi que Corrado VIVANTI, « Les Recherches de la France d'Étienne Pasquier. L'invention des Gaulois », *in* Pierre NORA (dir.), *Les Lieux de mémoire*, t. II, *La Nation*, vol. 1, *Héritage – Historiographie – Paysages*, Gallimard, « Bibliothèque illustrée des histoires », 1986, pp. 215-245.

des sujets, qui passent des institutions politiques aux traits de mœurs, de l'histoire de l'Église à la genèse des langues. On ne tarde pas à s'apercevoir que forme et fond ne sont qu'un et que la nouveauté de la méthode est étroitement liée à la nouveauté du contenu : il s'agit, par ces coups de sonde et ces explorations érudites, de rompre avec la légende des Francs descendant des héros troyens pour affirmer, ou plutôt « inventer », la réalité du passé gaulois de la France, sous-entendant ainsi que la France existait avant les rois, avant son Église, avant la noblesse, avant Rome même.

Sans pousser le rapprochement trop loin, on peut trouver entre le temps d'Étienne Pasquier et le nôtre des correspondances qui autorisent la reprise du titre, à l'époque aussi neuf que les *Essais* de Montaigne, que Pasquier d'ailleurs connaissait[1]. Mêmes obstacles à l'établissement d'un récit linéaire, même intérêt à la mobilisation d'une érudition lointaine pour l'éclairage du présent, même nécessité de fonder la France en objet historique à défendre et à illustrer par un passé puissamment légitimateur, gaulois autrefois, national et républicain aujourd'hui, même urgence qu'au temps des guerres de Religion d'une redéfinition identitaire de l'État, monarchique alors et aujourd'hui démocratique.

Quel rapport, se demandera-t-on enfin, entre ces *Recherches de la France* et *Les Lieux de mémoire*, auxquels ce livre emprunte quelques-unes de mes propres contributions. *Les Lieux de mémoire* étaient une entreprise collective en plusieurs volumes qui consistait à explorer les sédiments, accumulés par l'histoire, d'une mémoire actuelle ; ils faisaient fi, par définition, de toute limite chronologique et traversaient l'épaisseur du temps. Cet ouvrage-ci est fait d'articles personnels dont la rédaction s'est étalée sur cinquante ans ; ils concernent essentiellement, sur deux siècles, l'histoire politique de la France. Pour ne prendre que deux exemples

---

1. Cf., notamment, Myriam YARDENI, *La Conscience nationale en France pendant les guerres de Religion, 1559-1598*, Paris / Louvain, Éd. Nauwelaerts, 1971, ainsi que, du même auteur, *Enquêtes sur l'identité de la « nation France ». De la Renaissance aux Lumières*, Seyssel, Champ Vallon, 2005.

Présentation

mitoyens : autre chose est d'ériger en « lieu de mémoire » un monument enseveli, comme le *Dictionnaire de pédagogie* de Ferdinand Buisson, ou de chercher quel type de mémoire exprime la catégorie de « génération », employée aujourd'hui à tout bout de champ, de manière même intransitive ; autre chose de placer le surprenant *Dictionnaire* de Buisson à côté du Larousse et des *Histoire de France* de Michelet et de Lavisse pour en faire une galerie d'incarnations républicaines ; ou de chercher la logique d'une succession de générations françaises.

Il serait cependant vain de le dissimuler. Il y a entre les *Lieux* et les *Recherches* une parenté profonde d'ambition, un croisement de thèmes, une ressemblance de style, une similitude d'intentions : dans les deux cas, ce n'est pas une histoire personnelle de la France, mais une manière personnelle d'écrire cette histoire ; une histoire éclatée, où l'analyse approfondie de chaque éclat dit quelque chose de la singularité mystérieuse du tout.

Somme toute, « la France » m'aura beaucoup occupé. J'avais même autrefois commencé une thèse, sans jamais la terminer, sur l'idée de la nation de l'affaire Dreyfus à la guerre de 1914. Comptabiliser les occurrences du mot dans les discours politiques m'avait découragé. Eh bien, qui sait ? Cette thèse, la voici, avec un bon demi-siècle de retard et le sujet légèrement élargi. Il n'est décidément pas si facile d'échapper à son destin. Peut-être un sort ironique a-t-il voulu, par des voies subtiles et des détours inattendus, me ramener, en fin de parcours, à mon point de départ.

Pierre NORA

PREMIÈRE PARTIE

ENRACINEMENTS RÉVOLUTIONNAIRES

1
L'avènement de la nation

Que ce soit la Révolution qui ait donné au mot « nation » sa synergie et son énergétique, chacun, sans doute, en conviendra. À elle revient d'en avoir coagulé les trois sens. Le sens social : un corps de citoyens égaux devant la loi ; le sens juridique : le pouvoir constituant par rapport au pouvoir constitué ; le sens historique : un collectif d'hommes unis par la continuité, un passé et un avenir. À la Révolution aussi d'avoir donné son propre dynamisme à cet ensemble désormais impossible à distinguer de la constellation de ses noms : royaume, dont elle procède, mais contre lequel elle se construit ; République, longtemps marquée par la forme du régime ; État, toujours contaminé de mercantilisme monarchique ; patrie, aux connotations plus émotives et sentimentales ; France enfin, dont l'identité reste pétrie de longue histoire, de culture et de volonté.

✧

Dans un mouvement ample et sur profil de longue durée, « nation » peut apparaître comme la précipitation rapide et la politisation, sur un cadre social brusquement subverti, et un cadre territorial bientôt sacralisé, de deux acceptions différentes, venues du lointain des âges : l'acception large, reli-

---
Paru sous le titre « Nation » *in* François Furet et Mona Ozouf (dir.), *Dictionnaire critique de la Révolution française*, Flammarion, 1988, pp. 801-812.

gieuse et biblique, véhiculée par la vulgate et la langue savante, porteuse de tradition apostolique — *gentes et nationes* —, qui fait seulement de la nation une des grandes divisions naturelles de l'espèce humaine sortie des mains du Dieu créateur. L'acception étroite, qui rattache au contraire la nation à sa racine — *nasci*, naître — et lie la notion à la petite communauté, à la famille et à son lieu ; acception vécue, qui liera définitivement la nation au sentiment de la patrie, oasis de liberté dans le désert hostile du grand monde. Une patrie qui s'élaborera comme naturellement dans l'exil et dans l'émigration, et dont Chateaubriand, après Du Bellay, tirera les accents que l'on sait. Cette double définition apparaît déjà nettement avec le regroupement par « nations » dans les universités du XIIIe siècle, et c'est encore elle que fixe, au début du XVIIe siècle, le premier des dictionnaires, le *Thrésor de la langue francoyse* de Jean Nicot : « Gens de diverses nations assemblés en une ville pour demeurer ensemble. » Une notion donc ambivalente, à la fois très large et savante, très étroite et populaire, loin du sens moderne que nous lui donnons, mais où sont déjà présentes les trois composantes que la Révolution va amalgamer parce que devenues soudainement actuelles et nécessaires : une composante géopolitique, neutre et plurielle, qui suppose la coexistence d'autres nations dans le cadre de la chrétienté ; une composante évangélique, à potentialité universelle et religieuse ; une composante charnelle et prochaine, que souligne bien le *Dictionnaire de l'Académie* (1694) : « Tous les habitants d'un mesme Estat, d'un mesme pays, qui vivent sous mesmes loix, et usent de mesme langage. » Définition très proche de celle que donne Furetière (1690) : « Se dit d'un grand peuple habitant une même étendue de terre renfermée en certaines limites ou même sous une certaine domination », et que reprendra encore intégralement Trévoux en 1771.

À cette date, pourtant, nation, et patrie plus encore, avaient fait l'objet de la part du XVIIIe siècle pensant d'une élaboration beaucoup plus poussée, à laquelle avait en particulier contribué, dans les années 1750, la controverse de Voltaire et Rousseau. À « patrie » sont associées les idées de liberté, de bonheur, de vertu, venues des souvenirs de l'Antiquité, de l'Angleterre de Bolingbroke — *The Idea of a Patriot King* avait paru en 1738 — ou de la république des Provinces-Unies. Cosmopolite, Voltaire se méfie de la patrie, porteuse d'étroitesse nationale et pure illusion sous le despotisme — « on a une patrie sous un bon roi ; on n'en a point sous un méchant », dit le *Dictionnaire philosophique* —, et il n'utilise « nation », comme Montesquieu, que dans un sens descriptif : « les nations du nord de l'Europe », l'Angleterre, « cette nation spirituelle et hardie »[1]. Rousseau leur fait au contraire un sort, ne cessant de défendre l'idée d'un « caractère national » de chaque peuple, qu'il faut entretenir et respecter. Il avancera même la nécessité d'un serment civique, comme celui qu'il propose, par exemple dans son *Projet de constitution pour la Corse*, à tout citoyen de l'île : « Je m'unis de corps, de biens, de volonté, et de toute ma puissance à la Nation corse, pour lui appartenir en toute propriété, moi et tout ce qui dépend de moi. Je jure de vivre et de mourir pour elle. » L'abbé Coyer, de son côté, lui avait déjà fait écho, dans ses *Dissertations sur le vieux mot de patrie et sur la nature du peuple* (1755), Grimm s'était rangé à Voltaire et pour finir l'*Encyclopédie*, en 1765 (t. XI et XII), avait fixé la doctrine moyenne et synthétique par la plume du chevalier de Jaucourt. « Nation » est un « mot collectif, dont on fait usage pour exprimer une quantité considérable de peuple qui habite une certaine étendue de pays, renfermé dans certaines limites, qui obéit au même gouvernement » et qui se distingue, ajoute-t-il, par son « caractère particulier ». Définition somme toute assez neutre, non accompagnée d'un article « National », alors que « Patrie », longuement développé, apparaît chez le même auteur avec son cortège « Patriote » et « Patriotisme ». En fait, plutôt que dans ces discussions de philosophes, c'est par la tradition parlementaire et les réformateurs de l'État que s'entretient et se développe au cours du siècle la pensée

---

1. VOLTAIRE, *Le Siècle de Louis XIV*, éd. de René Pommeau, Gallimard, « Bibliothèque de la Pléiade », 1957, pp. 629 et 617.

de la Nation. Les parlements opposent à l'arbitraire royal et au souvenir de l'absolutisme louisquatorzien, pour qui « la Nation ne fait pas corps en France » et « réside tout entière en la personne du roi », le contrat ancestral qui lie la monarchie à cette obscure puissance de la « nation » ; tandis que les physiocrates et les « économistes » répandent l'idée d'une « consommation nationale », d'un « commerce national », d'une « circulation nationale », d'un « intérêt national » et même d'une « éducation nationale ».

Pour que « nation » prenne en relais le contenu polémique et politique que comportait le mot « patrie », et décuple soudain sa charge révolutionnaire, il a fallu sa cristallisation dans la campagne qui a précédé la réunion des états généraux et le déluge des brochures et pamphlets qui l'a accompagnée. Elle ressort clairement des sondages sémantiques, comme ceux d'Eberhard Schmitt pour les quatre-vingt-treize brochures qu'il a répertoriées de septembre 1788 à mai 1789, ceux de Beatrice Hyslop pour les cahiers de paroisse[1] ou de Régine Robin pour les cahiers de bailliage de Semur-en-Auxois[2]. L'idée nationale éclate partout. À la « nation assemblée » on prête de grands pouvoirs, l'établissement du budget, la rédaction des lois, la modification de la législation religieuse et même la rédaction d'une Constitution. Mais nul sans doute n'a formulé avec un pareil éclat et une agressivité aussi tranchante que Sieyès dans *Qu'est-ce que le tiers état ?* (janvier 1789) l'idée de base sur laquelle allait s'édifier la conception de la nation révolutionnaire et selon laquelle, « si l'on ôtait l'ordre privilégié, la nation ne serait pas quelque chose de moins, mais quelque chose de plus[3] ». Idée audacieuse et qui mesure la profondeur d'un ressentiment historique : « Le tiers état constitue une nation complète. » La frontière passe à l'intérieur de la communauté nationale. L'idée allait con-

---

1. Beatrice Hyslop, *French Nationalism in 1789 According to the General Cahiers*, New York, Columbia University Press, 1934 ; 2ᵉ éd. New York, Octagon Books, 1968.
2. Régine Robin, *La Société française en 1789 : Semur-en-Auxois*, Plon, 1970.
3. Emmanuel Sieyès, *Qu'est-ce que le tiers état ?*, éd. établie par R. Zapperi, Genève, Droz, 1970.

naître un succès foudroyant, mais inclure au principe même de la nation un germe d'exclusion, légitimer par avance la guerre civile et, en créant la nation, créer la pathologie de la nation. L'avènement quasi officiel de la « Nation » est donc exactement contemporain des débuts mêmes de la Révolution, c'est-à-dire de la réunion des états généraux. Dès le moment où ceux-ci rejettent l'appellation qui les désigne depuis des siècles et débordent les raisons limitées qui avaient motivé leur convocation, la rupture est faite avec ce qu'on allait appeler dans l'été l'« Ancien Régime », et la nation est née. Les mandataires des trois ordres traditionnels n'avaient pour mission que de remédier à la crise financière et de trouver des ressources supplémentaires. Dès l'instant qu'à propos de questions de procédure concernant la vérification des pouvoirs ils entreprennent de substituer aux états généraux de l'ancienne monarchie, fondés sur la distinction et l'inégale importance des ordres, une assemblée homogène de délégués élus par la population, la nation a exprimé sa prise de conscience d'elle-même. L'auto-institution est inscrite dans le discours de Mirabeau relatif à la dénomination de l'Assemblée : « Il faut nous constituer, dit-il le 15 juin 1789, nous en sommes tous d'accord ; mais comment ? Sous quelle forme ? Sous quelle dénomination ? En états généraux ? Le mot serait impropre... » Et de se réclamer « du principe de la représentation nationale, base de toute Constitution », pour proposer à ses collègues de se proclamer « représentants du peuple français », plutôt que « députés connus et vérifiés de la nation française ». On sait qu'à l'issue du débat, le 17 juin, sur une motion de Sieyès, les états généraux renoncent à leur appellation d'origine pour s'instituer *Assemblée nationale*. Tout le travail constitutionnel, législatif et réglementaire des assemblées de la République, Georges Gusdorf a raison de le remarquer, se trouve inscrit dans cette transformation terminologique[1].

---

1. Georges GUSDORF, « Le cri de Valmy », *Communications*, n° 45, *Éléments pour une histoire de la nation*, 1987.

Ces premières semaines sont capitales. Jusque-là, l'idée de Nation n'avait lieu d'inspirer ni solidarité organique, ni conscience collective, ni configuration politique. Le régime nouveau a créé d'un coup son cadre de légitimité. La transformation en Assemblée nationale sanctionne l'inversion de l'échelle politique des valeurs en confiant *de facto* la souveraineté à la représentation nationale. « Le clergé n'est pas la nation, déclare Rabaut Saint-Étienne en écho à Sieyès, il est le clergé : c'est un assemblage de deux cent mille nobles ou roturiers consacrés au service des autels et de la religion [...]. La noblesse n'est pas la nation... » L'effacement même du « tiers état » sanctionne à son tour la disparition de l'ancien vocabulaire et l'avènement de la nation, confirmés dans la nuit du 4 août par l'abolition des droits féodaux et de toutes les formes de privilèges. Lapidaire, l'article 3 de la Déclaration des droits de l'homme et du citoyen entérine le renversement du négatif en positif. « Le principe de toute souveraineté réside essentiellement dans la nation. » Mais au-delà des textes canoniques, si l'on veut mesurer la pénétration que le mot avait déjà acquise et son effet d'entraînement, le voici, dans la lettre, exhumée par Jacques Godechot, d'un obscur habitant de Compiègne, deux jours après la prise de la Bastille, qui décrit à un avocat de Douai les événements qui venaient de se dérouler à Paris. Il signale la formation d'une « troupe nationale », écrit qu'on y « reçoit les droits au nom de la nation » et que « toutes les troupes sont pour la nation »[1].

✧

Avec ce transfert radical de souveraineté, du roi de droit divin source de tout pouvoir à une Assemblée représentative investie de tout pouvoir, l'armature essentielle de la nation est acquise, et définitivement. L'Assemblée pourra

---

1. Jacques GODECHOT, « Nation, patrie, nationalisme, patriotisme en France au XVIIIe siècle », *Annales historiques de la Révolution française*, n° 206, 1971.

résilier ses mandats, les régimes et les constitutions auront beau se succéder, les rapports des pouvoirs et les figures de la nation se transformer, son existence même comme cadre de référence et forme pensable de l'être-ensemble ne sera, elle, plus remise en question. Mais ce « recours de puissance collective » (Alphonse Dupront[1]), il n'est pas un épisode de la péripétie révolutionnaire qui ne l'ait nourri de pulsions affectives. Le livret était acquis au lever de rideau, mais l'histoire l'a mis en musique. Pas un jour de la décennie qui n'ait ajouté sa note ou son accent à la grande orchestration nationale. Indiquons-en seulement les principaux thèmes.

Le premier, c'est à coup sûr ce lourd complexe qui s'est noué autour de l'« étranger » et qui découlait de ce que l'on pourrait appeler le théorème de Sieyès. Celui-ci a aboli la frontière, abstraite et sacrée, trop évidente pour avoir besoin d'être soulignée, qui séparait de temps immémorial le roi de ses sujets au profit d'une pluralité de frontières infiniment plus sensibles et plus concrètes. Frontières territoriales définissant clairement un espace de souveraineté et qui ont accrédité l'idée répandue par toute l'historiographie du XIXe siècle, et même d'une bonne partie du XXe siècle, du flou et de l'incertain inhérents aux limites de la France d'Ancien Régime, comme elles ont nourri le mythe des frontières naturelles. Il faut attendre les mises au point les plus récentes (celles, par exemple, de Bernard Guenée et de Daniel Nordman[2]) pour faire justice de ce thème incorporé à l'identité nationale. Frontière juridique, qui définit clairement une population d'individus égaux dans leurs droits et dans leurs devoirs, et sur lesquels s'exerce une autorité qui ne relève plus de la coutume et de l'usage, mais de la loi. Frontière psychique, infiniment plus subtile et mobile, qui

---

1. Alphonse DUPRONT, « Du sentiment national », *in* Michel FRANÇOIS (dir.), *La France et les Français*, Gallimard, « Encyclopédie de la Pléiade », 1972.
2. Bernard GUENÉE, « Des limites féodales aux frontières politiques », et Daniel NORDMAN, « Des limites d'État aux frontières nationales », tous les deux *in* Pierre NORA (dir.), *Les Lieux de mémoire*, t. II, *La Nation*, vol. 2, *Le Territoire – L'État – Le Patrimoine*, Gallimard, « Bibliothèque illustrée des histoires », 1992, respectivement pp. 11-33 et 35-61.

fait de la nation une valeur refuge, l'extension de la communauté, le lieu du même, un symbole d'appartenance et de ralliement, un instrument d'enracinement à la terre et au sol, auquel Mirabeau a donné sa formule : « On n'emporte pas la patrie à la semelle de ses souliers. » Cet élément-là ne saurait être surestimé ; car avec lui s'aiguise et s'approfondit ce que la nation pouvait receler de potentialités agressives. Cette agressivité devait se tourner contre le roi, et plus encore la reine, de la minute où Louis XVI allait « trahir » le serment fait à la Constitution et le pacte qui le soumettait à la nation. Elle devait se tourner contre l'ennemi de l'extérieur, au nom du « droit des peuples à disposer d'eux-mêmes » et par une extrapolation pour le moins audacieuse de la « déclaration de paix au monde » que l'Assemblée avait votée le 22 mai 1790 : « La nation française renonce à entreprendre aucune guerre dans la vue de faire des conquêtes, et elle n'emploiera jamais ses forces contre la liberté d'aucun peuple. » Cette agressivité devait enfin et surtout se dresser contre les ennemis de l'intérieur, qui se limitaient au départ et par définition aux aristocrates et privilégiés par opposition aux « patriotes » et aux « nationaux », mais que l'accélération du processus révolutionnaire, la hantise du complot et la logique de plus en plus radicale de l'auto-institution révolutionnaire portaient à la multiplication indéfinie.

La nation s'est incorporée pour longtemps ce mouvement à double sens, hostilité-fraternité, et la Révolution a exalté, dans l'épique et dans le tragique, dans son réel comme dans son légendaire, chacun des épisodes qui a noué plus étroitement cette dialectique complémentaire et contradictoire. Chaque date en apparaît rétrospectivement symbolique ; à commencer, par exemple, et pour ne rien dire des grandes heures du 14 juillet et du 4 août, par les journées des 5 et 6 octobre qui ramènent le roi de Versailles à Paris, donnant ainsi à la nation son cœur et son foyer. La « fuite » à Varennes ne prendra tout son sens que par rapport à ce « rapatriement ». Mais s'il fallait absolument assigner une date à l'explosion de ce qu'Alphonse Dupront appellerait encore le

« panique national[1] », s'imposerait d'évidence la crise d'août-septembre 1792 : de l'insurrection du 10-Août, qui achève de priver le roi des pouvoirs qui lui restaient encore, à la politique de salut public instaurée par la Commune de Paris, aux massacres de Septembre et à la victoire de Valmy, où le « vive la nation ! » des troupes de Kellermann, vite suivi de l'abolition de la royauté et de la proclamation de la République, a magnifié, pour l'événement et pour l'imagerie, le sens du combat. Le procès et la mort du roi, quatre mois plus tard, saluée par Robespierre comme « un acte de providence nationale », en achevant de dissocier le couple inviable et provisoire du roi et de la nation, ne feront que laisser la nation devant les rigueurs de son propre destin et l'exigence de sa propre unité.

Unité : c'est le second des thèmes constitutifs de l'identité nationale. La plus importante, sans doute, des lignes de force, puisque par elle la nation neuve rejoint la plus ancienne. Mais ici encore, l'invocation a joué dans des sens contradictoires et rempli des fonctions multiples, toutes essentielles et le plus souvent conjuratoires.

Il y a eu d'abord, non dit dans l'élan patriotique, mais puissamment actif, le rattachement à l'effort séculaire de la monarchie unificatrice qui se traduit par l'article premier du titre II de la Constitution de 1791 : « Le Royaume est un et indivisible », qui préfigure l'article que reprendra la République. La crainte constante, l'Ancien Régime liquidé, de dilapider l'acquis de l'héritage renié ; et l'investissement brutal sur les pièces maîtresses de l'édifice qui le remplaçait : « La nation, la loi, le roi. » La mystique nationale s'est rapidement fixée dans la symbolique unitaire de l'Assemblée, de la Constitution, de la cocarde, puis du drapeau, de la devise, de l'hymne, de la fête. Le moment décisif dans l'affirmation unitaire de la nouvelle conscience nationale peut être fixé, cette fois, sans risque, à la célébration solennelle de la fête de la Fédération au Champ-de-Mars, à laquelle Michelet a consacré le point d'orgue de son récit, la

---

1. A. DUPRONT, « Du sentiment national », art. cité.

première fête nationale au sens rigoureux du terme dans l'histoire de la France. L'idée même de « fédération », comme l'indique justement Gusdorf, correspond à l'affirmation de l'unité et de l'homogénéité de toutes les parties constituantes du pays, jusque-là dotées de statuts politiques et administratifs très différents, hérités des péripéties de l'histoire. Elle correspond à l'occupation de l'espace national, au rattachement des « enclaves » libérées, à l'annexion au territoire national de l'Alsace, de la Savoie et de la Corse. La fête exprime la disparition des frontières intérieures, l'abolition des disparités régionales, l'exaltation du consentement mutuel qui soumet la France unie à une autorité librement acceptée. Le premier 14-Juillet n'avait consacré qu'une destruction de l'ancien, figuré par la forteresse monarchique. La fête nationale de la Fédération, en présence du nouveau roi constitutionnel et avec le concours actif du clergé, scelle dans l'unanimité provisoire la nouvelle alliance et la fragile concorde entre Français réconciliés.

Il y a eu, ensuite, le travail puissamment unificateur de la Révolution elle-même, et c'est lui qui a déchaîné l'enthousiasme et provoqué l'admiration de tout ce que l'Europe et le monde comptaient d'esprits éclairés : l'immense diversité et la sédimentation de toute nature et de tous âges que représentait cet Ancien Régime lui-même constitué en un tout par son renvoi dans le néant, et qui passait en quelques mois sous la toise de la rationalité unificatrice et centralisatrice. De cet esprit de géométrie, pétri de réalisme et d'utopie, de bon sens et de logique poussée jusqu'au délire, les débats sur la départementalisation, tels que Marie-Vic Ozouf-Marignier les a analysés[1], peuvent rester comme le meilleur exemple. Mais aussi bien, deux ans plus tard, les deux réformes jumelées, aux destins pourtant si contraires : celle des poids et mesures, entrée définitivement dans les mœurs, celle du calendrier républicain, qui s'est heurtée aux

---

1. Marie-Vic OZOUF-MARIGNIER, *La Représentation du territoire français à la fin du XVIIIe siècle d'après les travaux sur la formation des départements*, Éd. de l'École des hautes études en sciences sociales, 1987.

résistances que l'on sait. L'écart, qui peut frapper, entre l'ambiance festive, l'unité passionnelle qui habite les journées révolutionnaires et la rigueur centralisatrice, la mise en scène glaciale des édifices constitutionnels et des épures de législateurs ne trouve son dénominateur commun que dans l'obsessionnel de l'unité.

L'unité : c'est encore et surtout le grand mouvement par lequel la nation des philosophes, des avocats, des juristes et des constructeurs de système rejoint dans l'épreuve de la guerre, du territoire envahi, de la Vendée insurgée, du pouvoir menacé, de la pénurie généralisée, les profondeurs de la nation terrienne et paysanne mobilisée tout à coup dans le réflexe animal de « la patrie en danger ». C'est là, dans la réquisition permanente de tous les Français, au cœur tragique de l'été 1793, entre le 20 août qui voit la « levée en masse » et le 5 septembre qui « place la Terreur à l'ordre du jour », que se scellent, dans le sang des soldats et des suspects, dans l'héroïsme et dans la guillotine, les noces de la Révolution avec la nation, les grandes retrouvailles de la nation révolutionnaire avec la nation « éternelle » des grandes heures de son histoire. Là, dans l'incandescence de la nation devenue transcendante, tout ce que l'appel permanent à l'unité masquait de réaction aux menaces constantes de dislocation, à l'explosion de l'hyperindividualisme révolutionnaire, aux réalités de la déchirure sociale s'est aboli sinon pour l'histoire, du moins dans la mémoire.

Dernier élément de l'écheveau national noué par la Révolution : l'universel, dont il faut souligner, là aussi, le mouvement à double sens qui lui donne sa spécificité, l'un tourné vers la domiciliation singulière du phénomène, l'autre vers sa possibilité de contagion imitative et de répétition. Ce n'était pas la première fois que la France avait fait l'expérience de son élection et il est de la nature de chaque nation de se croire unique. En ce sens, au contraire, l'expérience révolutionnaire répète et concentre tous les moments cruciaux de son histoire antérieure, où elle avait lié son identité à la revendication de la liberté et son existence à la lutte à mort contre l'oppression étrangère : la croisade et les

Lumières. L'étrange, c'est qu'elle l'ait faite, cette fois, sous le signe de la nation et qu'un principe de séparation, d'encadrement, de cloisonnement, d'identification singularisatrice, de particularisme communautaire ait pu être, en même temps, une instance de généralisation. La France n'est pas universelle, comme Michelet le lui a fait croire, au grand dérangement des autres nations. Mais elle est cette nation qui a eu l'universel dans son particulier. C'est là, en ce lieu, en ces jours, par ces mots, dans cette langue, par ces hommes, avec ces gestes et par nul autre que ces principes ont été proclamés, sur lesquels s'est constituée la nation, une nation particulière. Mais ces principes, par ce qu'ils avaient d'abstrait, ont renouvelé leur incarnation. « Ici commence le pays de la liberté. » La nation française a capitalisé dans le même mouvement un potentiel d'abstraction sur un potentiel d'exportation.

Il y a là, en dépit de toutes les explications historiques possibles, un mystère dont il n'est pas facile de rendre compte et qui renvoie à ce qu'il y a de plus insondable dans la capacité mobilisatrice et personnificatrice de la nation. Les textes, les principes et les codes révolutionnaires qui l'ont axiomatisée n'ont été que la stricte application, à l'ordre du politique, de l'idéologie des Lumières. Mais l'ordre où s'est enracinée la nation et où se sont développées la conscience et l'idéologie nationales dépasse de loin celui du politique et du rationnel. Les métaphores impuissantes qui le décrivent sans le définir relèvent du végétal, du biologique, de l'instinctif, du religieux. Sinon, on ne comprendrait pas comment la nation, telle que les Constituants l'ont fondée, sur les droits de l'homme et le droit des peuples à disposer d'eux-mêmes, aurait pu supporter la métamorphose romantique qui a inspiré, très au-delà de l'idéalisme et de la conception allemande de la Nation, tout le mouvement des nationalités. La nation révolutionnaire a été la matrice de transformation d'un universel abstrait en universel concret. Ce mélange inextricable de ce que Barruel baptisera en 1798 « nationalisme », déjà fustigé, sans le mot, par Voltaire, et d'expansionnisme universaliste explique assez bien, au total, les retournements de la politique extérieure de la Révolution : la manière dont la déclaration de paix au monde a pu progressivement couvrir une politique d'occupation territoriale drapée dans l'expansion libératrice, et comment l'alliance avec les républiques sœurs a pu se retourner en une guerre déclarée par la France pour ensanglanter l'Europe pendant vingt ans. Vicissitudes de la « grande nation ».

✧

Reste à prendre la mesure, même schématique, de l'hypothèque que la Révolution a fait peser sur le modèle national français. Elle tient tout entière dans la soudaineté et la radicalité du transfert de la souveraineté monarchique en souveraineté nationale, avec toutes les conséquences qu'impliquait ce retournement.

En dressant rapidement le spectre rétrospectif de l'« Ancien Régime », dont la disparition en tant que tel devenait la condition première de son avènement, la nation souveraine s'est privée au départ et par principe des huit siècles de continuité temporelle qui constituaient sa vraie légitimité. Confier la source de tout pouvoir à la « nation » supposait qu'elle existât. Cette césure fondatrice est capitale pour comprendre le modèle national français. À quelque date symbolique qu'on situe l'avènement de la nation — et toutes, on l'a vu, peuvent y prétendre —, la Révolution a installé une dynamique de la continuité et de l'unité nationales sur la négation de l'unité et de la continuité nationales. Ce mécanisme a eu des conséquences de longue portée. En fait de nation, la France en a connu deux versions successives, toutes deux complètes, dont chacune pouvait aspirer à une originalité absolue parmi les autres ; la nation monarchique, qui avait bénéficié d'une exceptionnelle longévité dynastique, depuis l'avènement d'Hugues Capet en 987, et d'une pleine expression de sa forme absolutiste avec Louis XIV ; la nation de type révolutionnaire, qui se distinguait de toutes les précédentes, anglaise, hollandaise ou américaine, par la radicalité absolue de ses principes et leur capacité d'expansion.

Cette duplication nationale, dont on ne voit pas l'équivalent ailleurs, a obsédé la France de son histoire, de son identité, de sa continuité. Elle a donné au mot même de « nation » une richesse de contenu et une autonomie de signification qui n'appartiennent qu'à la France ; c'est une des raisons qui, certainement, confèrent au rapport qu'elle entretient avec son passé, à sa mémoire, son originalité et sa centralité ; en France, l'histoire et la politique sont éternellement chargées de recoudre la robe déchirée du passé national et de refaire une France avec deux France, une seule nation avec deux nations, une histoire avec deux histoires. La création révolutionnaire, ou sa recréation, a transformé ce qui était « déjà là » de toute éternité en un enjeu perpétuel, oscillant entre une existence juridique minimale et une essence historique maximale, de définition toujours incertaine. Le problème national allemand est issu, comme en Italie, de la pluralité géographique ; le problème espagnol, de l'alternance de la grandeur et de la décadence ; le problème anglais, du conflit religieux. Le problème national français, du redoublement interne de sa définition nationale.

La négation impossible de la première nation par la seconde a, du même coup, installé la réalité nationale, historique et politique française dans un espace conflictuel irréductible. Conflit fondamental de l'ancienne France avec la nouvelle, de la France religieuse avec la France laïque, de la France de gauche avec la France de droite, qui ont représenté beaucoup plus que des options ou des catégories politiques : des formes de l'identité nationale, des réemplois imaginaires de matériaux anciens. Non des formes rivales à l'intérieur d'un consentement mutuel, mais des figures exclusives et antagonistes de la nation elle-même. Chacune des parties de la nation, s'estimant seule détentrice légitime de sa totalité, a poursuivi la mort de l'autre et vécu dans la hantise de sa défection devant les intérêts supérieurs de la patrie, surtout en cas de guerre. Véritable déficit civique des Français : l'« Union sacrée » en a dissipé la crainte en 1914, mais la « divine surprise » de 1940 en a montré la réalité.

C'est que la Révolution a — second effet sur le modèle — tendu à monopoliser l'idée nationale et à en centrer sur l'épisode révolutionnaire la plupart des références. Références symboliques d'abord, puisque la totalité des symboles nationaux — Déclaration des droits, drapeau, 14-Juillet, *Marseillaise*, devise — apparaissent en un temps record auréolés d'inaugural pour être très vite trempés dans la dramaturgie révolutionnaire. Mais aussi formules oratoires, références événementielles, répertoire gestuel, sacralités institutionnelles, à commencer par les institutions majeures chargées de la défense nationale et de la formation du citoyen, l'armée — à laquelle la pratique de l'amalgame a très vite donné sa marque nationale — et l'Éducation dite nationale — très vite préférée à l'Instruction publique. L'identification révolutionnaire de la nation est même allée beaucoup plus loin : elle a touché les biens et la redistribution des richesses par la nationalisation de celles du clergé et d'une partie de celles des émigrés ; elle a incorporé l'ensemble du passé monarchique visible, par l'émergence d'un patrimoine archivistique et monumental frappé de l'infamie du féodal, mais arraché au « vandalisme » pour être placé sous la sauvegarde de la nation ; elle a mobilisé le territoire, quadrillé par la départementalisation et sanctuarisé par l'invasion des « ennemis de la liberté ». Encore cette appropriation, pour profonde qu'elle ait été, est-elle moins importante, peut-être, que son appropriation par l'imagination et la représentation. Avec l'école primaire et l'enracinement renouvelé de la IIIe République, c'est, à l'inverse, l'histoire nationale tout entière qui s'est en effet reformulée en fonction des termes, des concepts et des idéaux de la Révolution, devenue le foyer de sens et le point oméga de l'aventure nationale.

Troisième effet, plus décisif encore, de la Révolution sur le modèle de formation nationale : l'inévitable dialectique du mort et du vif, l'articulation des deux types de souveraineté, monarchique et démocratique, dont Marcel

Gauchet a fortement éclairé les conditions et marqué les conséquences[1]. En substituant brutalement et sans passerelle la souveraineté nationale à la souveraineté monarchique, c'est-à-dire un pouvoir venu d'en bas à un pouvoir venu d'en haut, une notion abstraite, invisible et nécessairement représentative à une figure de l'autorité concentrée de façon visible en la personne du roi, incarnation des fonctions impersonnelles de l'État et de la nation, la Révolution n'a pas obéi à une simple symétrie d'inversion. Le basculement a emporté avec lui les contradictions inhérentes au pouvoir monarchique, et s'est reportée *ipso facto* sur le problème de la représentation nationale la dialectique du pouvoir personnel et de son exercice impersonnel dont la monarchie avait vécu et dont elle était morte. L'instauration brutale du principe abstrait de la souveraineté « nationale », qui postulait une impersonnalité du pouvoir, a inauguré une très longue dérive des formes de sa représentation, avec lesquelles les Français n'ont jamais su être à leur aise, entre lesquelles ils n'ont jamais pu choisir, et qui ont oscillé entre les deux pôles possibles. D'un côté, la tentation de l'impersonnalité du pouvoir et l'abandon de la souveraineté déléguée par impossibilité d'un vrai contrôle, aboutissant au risque de l'usurpation parlementaire — que cette usurpation de la souveraineté nationale s'opère au nom du peuple, des Lumières ou de la Raison. De l'autre, la tentation d'une repersonnalisation du pouvoir et l'abandon de la souveraineté déléguée aux mains d'un dépositaire providentiel, censé incarner les aspirations profondes de la volonté populaire. L'impotence ou la dictature. Du gouvernement des élites censitaires de la Constituante à la monarchie napoléonienne, la Révolution aura parcouru toute la gamme des expériences possibles de la représentation nationale et toutes les figures provisoires de la nation.

1. Marcel GAUCHET, « Les *Lettres sur l'histoire de France* d'Augustin Thierry. "L'alliance austère du patriotisme et de la science" », *in* P. NORA (dir.), *Les Lieux de mémoire*, t. II, *La Nation*, vol. 1, *Héritage – Historiographie – Paysages*, *op. cit.*, pp. 247-316.

Cette inadéquation intrinsèque de la nation à elle-même, liée aux circonstances mêmes de son avènement, n'explique pas seulement la longue instabilité de la vie gouvernementale. L'impérialisme révolutionnaire y trouve aussi sa source. Marcel Gauchet l'indique encore d'un mot : l'expansionnisme de la nation révolutionnaire participe du même « déchaînement du principe national, principe de réalisation de l'universel dans le particulier, dévoyé en l'occurrence par le retour du vieux moyen de l'universel[1] », faute de trouver au-dedans son équilibre et sa pleine réalisation. La guerre de conquête a été inscrite dans le programme de la nation révolutionnaire comme la colonisation dans celui de la nation républicaine. Il y a eu « grande nation » parce qu'il n'y a pas eu de nation tout court.

Le blocage de la nation sur la Révolution a fixé enfin, François Furet l'a bien montré, tout l'imaginaire politique français du XIXᵉ siècle. Et il faudrait même ajouter : européen. Mais la Révolution « entre-t-elle au port » avec la fondation de la IIIᵉ République comme il le dit dans la dernière phrase de sa *Révolution*[2] ? C'est en fait pour voir, et sur sa gauche et sur sa droite, se développer la double surenchère du socialisme et du royalisme maurrassien que reprendront en relais, au lendemain de la révolution russe et dans la crise des années 1930, le communisme, d'une part, et la montée fasciste, d'autre part. La scène primitive de la nation révolutionnaire s'est constamment nourrie des alluvions nouvelles du XXᵉ siècle.

En réalité, pour que le modèle national dont la Révolution était grosse s'estompe, pour que le « théorème de Sieyès » cesse d'être vrai et que naisse une nouvelle géométrie nationale, il a fallu la lente conjonction des événements du second XXᵉ siècle. Il a fallu la Seconde Guerre mondiale et la montée en puissance de deux empires, l'Union soviétique et les États-Unis, porteurs chacun d'une autre forme de

---

1. *Ibid.*, p. 292.
2. François FURET, *La Révolution. 1770-1880*, t. IV de l'*Histoire de France*, Hachette, 1988.

symbiose entre nation et révolution. Il a fallu la synthèse gaullienne et ses deux temps majeurs, et pourtant ambigus. Le premier, qui assure le rétablissement de la République, mais aussi l'autre divine surprise qu'a constituée la présence de la France dans le camp des vainqueurs. Le second qui, d'un côté, assure la décolonisation et donne à la France le premier des systèmes institutionnels sur lequel une majorité tombe à peu près d'accord, mais, de l'autre, freine la construction de l'Europe par la crispation sur la souveraineté nationale de type traditionnel, masque la réduction réelle de puissance par l'entrée de la France au rang des puissances nucléaires et enveloppe l'effacement réel du modèle révolutionnaire du vieux langage de la grandeur. Langage cependant assez œcuménique pour être à la fois celui de Louis XIV et de Danton, de Bossuet et de Michelet. Il a fallu enfin la croissance et sa crise, le déclin du parti communiste et la métamorphose d'une droite moderne prête à accepter l'héritage révolutionnaire, l'exercice du pouvoir par la gauche dans le cadre de la Ve République pour que s'effrite, sans avoir encore disparu, l'empreinte dont la Révolution a marqué la nation. Pour qu'un nouveau modèle se dessine aujourd'hui sous nos yeux et que la nation révolutionnaire, elle aussi, entre au port.

2
Genèse de la République

« République », le mot est inséparable de la Révolution et de ses deux temps forts : 1789, et la substitution de la souveraineté nationale à la souveraineté monarchique ; 1792, et la chute de la monarchie. À ce titre, il a toujours conservé dans la tradition française un effet émotionnel intense et un contenu institutionnel faible. D'un côté, le mot renvoie à la patrie menacée et à la croisade de la liberté, c'est la République qui toujours « nous appelle », « Paris qui n'est Paris qu'arrachant ses pavés ». De l'autre, un mot neutre, la *res publica*, un régime éternellement à la recherche de lui-même, puisqu'il peut être associé aussi bien à la monarchie constitutionnelle — celle de Juillet se présentait comme « la meilleure des Républiques » — qu'à la Terreur et au coup d'État, et même au césarisme ; des actes officiels porteront, un temps, après 1804, l'étrange en-tête « République française, Napoléon empereur ». D'un côté, le rude profil de Rude et la poitrine héroïque de « la Liberté guidant le peuple ». De l'autre, l'innocent visage de la Marianne chère à Maurice Agulhon, dans les paisibles salles de nos mairies. République, mot usé jusqu'à la corde et régime qui nous divise le moins. République, mot magique et qui n'a rien perdu de son pouvoir symbolique et mobilisateur.

Paru sous le titre « République » [1988], *in* F. Furet et M. Ozouf (dir.), *Dictionnaire critique de la Révolution française, op. cit.*, pp. 832-845.

De sa double naissance, la République tient sa contradiction fondamentale : c'est une culture politique pleine, mais une forme politique vide. L'essentiel du stock où la République enfin stabilisée reconnaîtra son héritage — à savoir la souveraineté nationale et la représentation politique, mais aussi les droits de l'homme, le drapeau tricolore, la devise — est acquis très vite, *avant* la République, sous le régime de la monarchie constitutionnelle ; et à la limite dès le 17 juin 1789, quand les états généraux s'auto-instituent en Assemblée nationale. Des républiques proprement dites, en revanche, il n'y en eut pas seulement cinq, avec des modifications internes et des retouches aux textes constitutionnels équivalant à des transformations de régime. Pour la seule période révolutionnaire, on peut comptabiliser une république girondine, une république montagnarde, des républiques thermidorienne, directoriale, consulaire et même impériale. François de Neufchâteau, par exemple, après le plébiscite du 10 frimaire an XIII, qui institue l'hérédité de la fonction impériale, félicite Napoléon d'un résultat qui, dit-il, « a fait entrer au port le vaisseau de la République ». Mais la forme du régime n'a jamais suffi à définir la République. Son identité profonde, en raison même de sa plasticité politique, elle la doit à sa culture et à sa tradition. Il y a eu, s'enrichissant tout au cours du XIXe siècle, une philosophie républicaine, qui s'est trouvée avec l'idéalisme kantien. Il y a eu une morale et une religion républicaines, inaugurées par Lanthenas (*Nouvelle Déclaration de la morale républicaine*, 1793) et par Volney (*La Loi naturelle*, 1793), et qui n'ont pas cessé de produire une bibliothèque de catéchismes. Il y a eu une économie républicaine, un droit républicain, une histoire républicaine dont Lavisse finira par dresser le monument. Il y a même eu une science républicaine. Encore l'apprentissage de la République a-t-il largement dépassé la constitution de cette raison républicaine dont Claude Nicolet a dressé l'inventaire critique. La fameuse « synthèse » de la IIIe s'est traduite par l'occupation de l'espace, du temps et des esprits. Elle s'est acculturée par une autocélébration omniprésente, dont la référence première et dernière a précisément été l'exaltation de son héritage révolutionnaire. Héritage double, donc. C'est que la République a représenté pour la France une expérience pure, un départ à zéro fondé sur un principe abstrait, l'avènement brutal de la souveraineté nationale contre la souveraineté monarchique, animé d'une aspiration puissante à l'égalité citoyenne, mêlé à l'impossibilité de la démocratie directe dans un grand pays ; mais un principe qui ne comportait aucune règle d'application pratique, aucun critère interne de stabilisation, aucun élément d'enracinement historique et social. Si l'on veut bien considérer la République pour ce qu'elle a été, c'est-à-dire la voie d'accès, et la seule, que la France ait connue à la démocratie politique moderne, on voit aussitôt ce qui la différencie du modèle anglais, où l'évolution démocratique s'est opérée dans le maintien de la fonction monarchique, comme du modèle américain, où l'expérience démocratique s'est dès le départ enracinée dans la représentation locale. La démocratie anglaise est fondée sur une histoire, la démocratie américaine sur un principe. Le propre de la démocratie républicaine française est d'être, à la fois, un principe et une histoire. De là ce rythme à deux temps, diastole, systole, qui, de part et d'autre de la chute de la monarchie, le 10 août 1792, a fait battre le cœur révolutionnaire de la République.

❖

En apparence, la République est complètement absente de la monarchie constitutionnelle et du régime établi par la Constituante et respecté par la Législative. On vit intellectuellement sur l'héritage du XVIIIe siècle. La République installée aura beau, en effet, faire référence à Mably ou à Rousseau, comme à ses ancêtres fondateurs, restent trois certitudes acquises. D'abord que la République, dont le nom ne circulait guère que dans les discussions savantes, demeurait principalement attachée à l'idée antique de la *res publica*, d'une cité dont le ressort moral, par rapport à la monarchie, reposait sur la vertu civique. Ensuite que l'idée de la République, c'est-à-dire d'un gouvernement direct du peuple, n'était applicable qu'à des unités politiques restreintes, comme les cités antiques ou, à l'époque moderne, Genève, les villes italiennes ou à la rigueur les Pays-Bas, mais ne convenait pas dans un grand pays de vingt-cinq millions d'habitants où la monarchie héréditaire de droit divin était enracinée depuis des siècles et demeurait vivante. Que les États-Unis enfin avaient acclimaté la République parce qu'ils n'avaient pas de tradition monarchique — ce qui leur avait permis d'établir un exécutif indépendant du législatif — et parce qu'il s'agissait d'un État fédératif. Ce credo, ne le remettaient en cause que les partisans rares d'une démocratie directe, autour de Marat et de *L'Ami du peuple*, ou au club des Cordeliers, autour de François Robert, chef du Comité central des sociétés populaires, considéré comme le vrai chef d'un parti républicain depuis qu'il avait publié, en décembre 1790, son *Républicanisme adapté à la France*. Il s'y indignait du caractère inviolable et sacré de la personne du roi, soutenait la nécessité de mandats impératifs et voyait dans « toute autre institution que le républicanisme un crime de lèse-nation ». Courant très minoritaire à l'époque.

Jusqu'à la crise de Varennes en tout cas (21 juin 1791), même ceux qui seront les purs et durs hérauts de la république montagnarde protestent de leur hostilité à l'esprit de la République, tel le Saint-Just de *L'Esprit de la Révolution* — même alors, note Mme Roland dans ses *Mémoires*, « les Jacobins entrent en convulsion au seul nom de la République ». Ferrières dénonce à l'Assemblée « la ridicule chimère d'une république française » et Robespierre s'indigne : « Qu'on m'accuse, si l'on veut, de républicanisme : je déclare que j'abhorre toute espèce de gouvernement où les factieux règnent. » Les Constituants ont tout fait pour, d'un côté, empêcher la chute dans un système ouvertement démocratique — ne serait-ce que par la distinction des citoyens actifs et passifs et par le suffrage censitaire — et, de l'autre, maintenir coûte que coûte et jusqu'à la fiction le fantôme d'une fonction monarchique. La position de Sieyès, telle qu'on la trouve dans le célèbre discours du 17 septembre 1789, est parfaitement représentative de cet entre-deux. Pour Sieyès, la République est synonyme de démocratie directe à l'antique. La solution est le « gouvernement représentatif », par où la représentation est investie de la souveraineté du peuple. Sur le rapport entre la représentation et la souveraineté du peuple, l'abbé est partisan de l'abandon du mandat impératif et de l'indépendance des députés, qui représentent, chacun, la nation entière et non ses mandants. Mais il se déclare, avec la même vigueur, hostile à toute forme de veto royal, absolu ou suspensif, dans lequel il ne voit « rien autre chose qu'une lettre de cachet lancée contre la volonté générale [...]. Je cherche avec soin s'il peut y avoir des raisons, au moins spécieuses, dans les arguments de ceux qui croient à l'utilité du veto et j'avoue que je ne trouve rien ». La Constitution, on le sait, ne le suivra pas sur ce point, octroyant au roi un veto suspensif, mais l'assujettissant au contreseing de tout ordre par un ministre, au serment à la Constitution, et ne lui accordant finalement l'hérédité que comme une concession qui accentue son caractère décoratif.

En dépit de tous les soins pris pour briser l'absolutisme en écartant le spectre de la démocratie directe, la Constitution de 1791 sanctionnait pourtant une doctrine dans laquelle il est impossible de ne pas voir le germe et l'essence d'un ordre déjà républicain. Auguste Comte l'a bien compris : « Ne considérons que l'esprit et l'ensemble de la constitution de 1791 », écrit-il dans un « Fragment d'article sur la Révolution ». « Qu'était-elle au fond par sa nature sinon une introduction à la République ? Du moment qu'on n'avait pas commencé à adopter la constitution anglaise comme un établissement provisoire à l'abri duquel on devait préparer l'organisation d'un nouveau système social, on ne pouvait éviter tôt ou tard d'arriver à l'idée d'une République, qui était l'idée politique la plus généralement répandue et la plus profondément enracinée dans les têtes » (*Écrits de jeunesse, 1816-1828*). On y croise en effet les deux idées maîtresses qui, par volonté de casser l'absolutisme monarchique, consacrent ce que, par opposition aux démocraties de type anglais — mais aussi hollandais, belge, suisse, et plus encore américain —, on peut, avec Laboulaye dans sa préface aux *Questions constitutionnelles* (1872), appeler le credo de l'école révolutionnaire. À savoir que l'Assemblée est souveraine par délégation du peuple souverain ; de telle sorte que, le peuple n'ayant qu'une volonté, il ne doit y avoir qu'une assemblée unique, et que, jouissant d'une compétence illimitée, elle peut, au besoin, exercer le pouvoir judiciaire et, par exemple, instruire, comme le fera la Convention, le procès du roi. À savoir aussi que le pouvoir exécutif doit être un pouvoir subalterne, le simple ministre des volontés de l'Assemblée, quitte à lui accorder les prérogatives de façade qui garantissent la dignité de la fonction.

Toute la viabilité du système, d'un équilibre théorique parfait, reposait donc en définitive sur la capacité pratique de Louis XVI à accepter une fonction qui n'avait plus de monarchique que le nom et qui, dans son fond, n'était pas simplement diminuée, mais complètement subvertie. On sait ce qu'il en fut. Le chemin parcouru par l'esprit public en quelques semaines est saisissant, et le contraste éclatant entre l'illusion des Constituants cramponnés au maintien de la fonction royale, et la réalité politique et psychologique de la cour, à Versailles comme aux Tuileries. Dès sa sanction accordée à contrecœur aux arrêtés des 5-11 août 1789, Louis XVI songe à s'échapper ; il n'en est dissuadé que par Necker. Il donne encore sa sanction à la Constitution civile du clergé (le 12 juillet 1790). Mais le décret sur le serment civique infligé au clergé, le schisme religieux, puis la condamnation de la Constitution civile du clergé par le pape (mars-avril 1791) épuisent sa bonne volonté et achèvent son revirement : c'est Varennes.

C'est à ce moment-là que l'idée de la République, jusqu'alors limitée aux milieux extrémistes du club des Cordeliers, prend corps et se cristallise rapidement. Elle bénéficie de la conversion soudaine de Condorcet, qui vient lire, au Cercle social, le 12 juillet, un texte retentissant : *De la République, ou un roi est-il nécessaire à la conservation de la liberté ?*, où il réfute, point par point, les arguments classiques des « amis de la royauté ». C'est le ralliement des Lumières à la République ; deux cent quatre-vingt-dix députés dénoncent la suspension provisoire du roi de ses fonctions comme un dangereux « intérim républicain », manipulé par un parti qui aurait La Fayette à sa tête. Celui-ci se déclare publiquement calomnié, mais avoue dans ses *Mémoires* ses velléités républicaines. Chez son ami intime La Rochefoucauld, la République avait alors été proposée par Dupont de Nemours et l'événement avait, en effet, confesse-t-il, « républicanisé » une douzaine de Constituants, qu'il range en « politiques » et en « anarchistes ». L'invention par l'Assemblée de la thèse de l'enlèvement du roi, son refus de traiter Louis XVI en coupable et de le traduire en jugement (15 juillet) mettent officiellement l'idée en veilleuse, mais provoquent l'agitation populaire du Champ-de-Mars (17 juillet) et sa répression. Le vrai clivage date de là.

La crise de Varennes inaugure donc un an de parodie et de double jeu. Le 14 septembre 1791, Louis XVI vient au Manège jurer solennellement « d'employer tout le pouvoir qui [lui] est délégué pour faire exécuter et maintenir la constitution ». Mais dès novembre, le premier train des décrets girondins de la Législative renouvelle l'équivoque : le roi accepte de donner à ses frères, et notamment au comte de Provence, l'ordre de rentrer en France et consent volontiers à « requérir » l'électeur de Trèves de disperser les « attroupements » d'émigrés ; mais il se refuse à sanctionner l'ultimatum aux prêtres réfractaires de prêter serment sous huit jours sous peine d'être traités en suspects et privés de leur pension. De ce moment, les deux logiques s'écartent résolument ; elles ne se recoupent que sur un malentendu, la guerre, à laquelle poussent les Jacobins — sauf Robespierre —, pour radicaliser la Révolution, et le « comité des Tuileries », pour au contraire la liquider. Louis XVI, en prenant un ministère girondin (Dumouriez, Roland), s'est rallié à la politique du pire qui va l'emporter. La guerre (20 avril 1792) et la nouvelle série de décrets qu'elle entraîne vont accélérer le processus en favorisant la mobilisation populaire et le renforcement des clubs et des pouvoirs extraparlementaires. Louis XVI, de nouveau, consent au licenciement de sa garde constitutionnelle (29 mai), mais ne se résout ni à la déportation des prêtres réfractaires (27 mai), ni à la convocation des vingt mille Fédérés nationaux et volontaires sous Paris (8 juin). Son refus provoque l'insurrection populaire du 20 juin, face-à-face incarné des deux principes désormais inconciliables : la dignité royale physiquement bafouée et qui retrouve dans cette offense un regain de popularité, et la République démocratique en la personne du boucher Legendre. Avec la proclamation solennelle de « la patrie en danger » (11 juillet), directement adressée au peuple par l'Assemblée, qui paraît dénoncer ainsi la défaillance du roi, le courant antiroyaliste se gonfle du courant patriotique, provincial, communal, appuyé par les sociétés populaires, la Commune de Paris, les municipalités de l'Est et du Midi. Le manifeste de Brunswick, connu à Paris le 3 août, provoque le dénouement. Avec l'insurrection du 10-Août, même l'apparence du compromis disparaît. L'abolition de la royauté, décrétée par la Convention dès sa première séance publique (21 septembre 1792), n'entraîne cependant même pas la proclamation du nouveau régime. La Convention se borne à entériner l'État de fait en décrétant le lendemain que les actes seraient désormais datés de « l'an premier de la République » ; et à conjurer le vide et la menace de dislocation, en remplaçant le 22 septembre la formule de « la Royauté une et indivisible » (article 1er du titre II de la Constitution de 1791) par la formule de « la République française une et indivisible ».

✧

De cet avènement par défaut, tout le sort ultérieur de la République révolutionnaire a porté la marque et le poids, dans ses deux phases que sépare le 9-Thermidor. Tiraillée entre la démocratie directe, au nom de laquelle elle a été fondée, et une souveraineté déléguée aux représentants, qui la soumet à des élections, la République ne parvient pas à se donner des lois auxquelles elle puisse se conformer. Elle passe du « gouvernement révolutionnaire » à un régime scandé par les coups d'État.

Le premier, après le procès et la mort du roi, s'est identifié au destin d'une Révolution devenue sa propre loi et sa propre fin. Il naît sous la double pression du salut national et de la surenchère populaire, et trouve sa véritable incarnation dans le tragique été 1793. Avec « la terreur à l'ordre du jour » (5 septembre) ; avec la déclaration que « le gouvernement provisoire de la France sera révolutionnaire jusqu'à la paix » (10 octobre) ; avec l'organisation définitive du gouvernement révolutionnaire par le décret du 14 frimaire (4 décembre), qui coordonne et systématise la série des institutions créées depuis un an au gré des circonstances : Comité de sûreté générale instauré dès octobre 1792, Tribunal révolutionnaire installé le 10 mars 1793 mais définitivement mis en place en septembre, Comité de salut public institué le 6 avril, où entre Robespierre en juillet, dont les pouvoirs seront alors élargis. En apparence, des mesures de circonstance. « Le but du gouvernement constitutionnel est de conserver la République, déclare Robespierre le 10 octobre ; celui du gouvernement révolutionnaire est de la fonder. » Mais, dans les faits, cette fondation devait consacrer la fin ou aboutir à l'anéantissement des trois grands principes qui faisaient l'essence même de l'ordre républicain : la séparation des pouvoirs, et notamment du législatif et du judiciaire ; le respect de la loi, fondée sur l'application d'une constitution ; et l'intégrité de la souveraineté nationale, par l'intermédiaire de sa représentation élue. La confusion du législatif et du judiciaire ? On a beaucoup discuté si le procès du roi, assumé par la Convention elle-même, et son exécution constituent la rupture illégale du contrat constitutionnel (Kant) ou l'acte inaugural de la nouvelle souveraineté nationale incompatible avec celle de la monarchie (Michelet). La question est ouverte. Reste que, dans l'ordre du symbolique comme dans celui de la réalité, l'exécution de Louis XVI a introduit dans la vie politique le principe de la mise à mort de l'adversaire et que le procès conduit par l'Assemblée sans recours à des institutions spéciales a inauguré le mécanisme qui devait, en deux ans, et jusqu'à la loi du 22 prairial (22 juin 1794), transformer l'appareil législatif et gouvernemental en une vaste machine judiciaire, puisque la seule vraie loi de la République était devenue l'application sans faille de la justice révolutionnaire et de ses mesures d'exception.

La Convention, comme la Constituante, n'avait été élue après la déchéance du roi que pour établir une nouvelle constitution. La première, celle de Condorcet, proposée au printemps est emportée par l'éviction des Girondins de l'Assemblée, le 2 juin 1793. La seconde, votée le 24 juin, précédée d'une nouvelle Déclaration des droits de l'homme, fondée sur la prépondérance d'une Assemblée élue au suffrage universel et dont les lois sont soumises au contrôle direct du peuple réuni dans des assemblées primaires, ne sera jamais appliquée. Quant à la souveraineté nationale, son viol est consommé avec la capitulation de l'Assemblée devant les sections parisiennes de la Commune et l'ultimatum de leur chef Hanriot sommant la Convention de s'amputer de vingt-neuf députés girondins. Le pas décisif était franchi qui devait enlever à la souveraineté sa légitimité nationale pour lui substituer une légitimité purement populaire : le réseau des comités de surveillance, des sociétés populaires et des agents nationaux, soumis eux-mêmes à la surenchère des activistes des sections et des clubs, dont la pression ne cessera plus jusqu'à Thermidor. Sur ces trois points majeurs, en s'identifiant à la défense de la Révolution, la République s'est construite sur la négation de son principe.

En ce sens, la République a pu apparaître dès sa naissance comme un régime d'exception, lié à la guerre et compromis par la terreur. Dans cette exception, elle a pourtant trouvé deux traits qui ont fait sa permanence et sa vérité : elle s'est confondue avec la défense de la patrie et elle a fait reposer l'ensemble de son système sur l'exigence de la vertu. La République, sous sa forme montagnarde, a connu la première mobilisation de masse au service de la nation en danger, sa première forme d'enracinement national et patriotique. De Valmy à Verdun, et même à la Résistance et à la France libre, ce ressourcement plébéien a recommencé à tous les moments les plus sombres de la détresse de la République. Par ailleurs et surtout, l'extrémisme jacobin a placé au cœur de l'idée républicaine le « sentiment sublime » qui suppose la préférence de l'intérêt public à tous les intérêts particuliers. « Quel est le principe fondamental du gouvernement démocratique et populaire, demandait Robespierre dans son discours du 5 février 1794, c'est-à-dire le ressort essentiel qui le soutient et le fait se mouvoir ? C'est la vertu. Je parle de la vertu publique qui opéra tant de prodiges dans la Grèce et dans Rome, et qui doit en produire de bien plus étonnants dans la France républicaine. » La morale comme « fondement unique de la société civile », dit-il encore le 7 mai 1794 ; le rêve d'une transparence sociale et d'une parfaite adéquation de l'individu et de la société, tel que Saint-Just le décrit dans ses *Fragments sur les institutions républicaines* ; la liberté individuelle comme participation obligée à la vie publique : dans la contrainte, l'épisode montagnard a retrouvé la vision de la citoyenneté antique qui fait le fond de l'activisme républicain.

Mais la guerre, en favorisant la confusion des ennemis de l'extérieur et des ennemis de l'intérieur, a donné un autre trait essentiel au républicanisme à la française, cette dialectique du tout et de la partie qui a sans doute contribué le plus à l'expansionnisme national et à l'exportation de la Révolution. La souveraineté du peuple s'y exprime, comme dans le *Contrat social*, sous la forme d'une volonté générale unitaire et non, comme dans la tradition anglo-saxonne, d'une modalité supérieure de conciliation des intérêts particuliers. On en saisit l'application concrète dans ce jugement de Jaurès, par exemple : « Ce n'était pas par soumission stupide au fait accompli que toute la France acclamait le 14-Juillet, que presque toute la France ratifiait le 10-Août. C'est uniquement parce que la force d'une partie du peuple s'était mise au service de la volonté générale trahie par une poignée de privilégiés, de courtisans et de félons. » En installant la « trahison » au centre même de son identité, la

République, sous sa forme jacobine et montagnarde, s'est ainsi constituée sur le rassemblement fantasmatique du « peuple » contre les « ennemis de la liberté », aucun critère légal ne permettant de décider une fois pour toutes où s'arrêtait la frontière entre les défenseurs et les ennemis de la République. C'est le pouvoir qui en décide : « Toutes les associations qui nous font la guerre, finira par dire Robespierre le 7 mai 1794, reposent sur le crime. » Cette dynamique de l'exclusion n'est, en un sens, que l'aboutissement exaspéré, dans le paroxysme révolutionnaire, de la définition de Sieyès, dans *Qu'est-ce que le tiers état ?* — c'est-à-dire avant même le déclenchement de la Révolution —, selon laquelle le tiers état avait en lui-même « tout ce qu'il faut pour former une nation complète. Il est l'homme fort et robuste dont un bras est encore enchaîné » ; il est « tout, mais un tout entravé et opprimé ». Sans doute cette définition de la nation par l'exclusion des privilégiés ne reposait à l'époque nullement sur une lutte sociale ni sur des intérêts matériels. Elle était dirigée contre un ordre et se voulait un principe unificateur de droit. D'où le retour de Sieyès lui-même sur les conséquences tirées de ses principes dans la discussion sur la Constitution de l'an III (juillet-août 1795). Il n'empêche que ce « modèle du tiers état », pour reprendre l'expression de Bernard Manin et Alain Bergounioux, a été pour beaucoup dans l'identité montagnarde de la République, et la thématique de Sieyès, constamment rechargée au XIXe siècle d'un contenu national, d'un contenu idéologique et d'un contenu de classe, a largement contribué à souder politiquement à gauche le consensus républicain et à faire du « peuple », jusqu'au Front populaire, puis à la Résistance, au Front républicain et même au Programme commun, le cœur et la vraie patrie de la République. La République a eu besoin d'ennemis pour se définir et s'affirmer dans le combat. Elle a vécu de ses adversaires. Et si la prise de la Bastille demeure au centre de son imaginaire, ce n'est pas seulement par commémoration d'un acte inaugural, mais parce qu'elle reste le symbole clé d'un éternel programme.

Après la chute de Robespierre, au 9 thermidor (27 juillet) 1794, suivie d'une puissante réaction de l'opinion publique contre la Terreur, la Convention revient à sa mission originelle, qui est de fonder la République dans la loi constitutionnelle. La situation, intérieure comme extérieure, a été redressée, les troupes françaises conquièrent toute la rive gauche du Rhin, de l'Alsace à la Hollande. Au printemps et à l'été 1795, la Convention élabore la Constitution de l'an III, destinée à être substituée à celle de 1793, qui n'a jamais été appliquée.

La discussion est dominée par Daunou et Sieyès, et par la volonté d'exorciser le spectre de la Terreur, inséparable de ce régime sans lois, de cette « anarchie » au sens propre du terme, qu'avait été la dictature de l'an II. Dans son discours du 2 thermidor (20 juillet) 1795, Sieyès critique cette souveraineté illimitée que les Montagnards ont attribuée au peuple, sur le modèle de celle du roi de l'Ancien Régime. Il propose une magistrature spéciale, qu'il appelle « jurie constitutionnaire », corps élu chargé du contrôle de la constitutionnalité des lois. Mais sa conception générale reste fidèle au rationalisme des Lumières, hostile à tout système constitutionnel fondé, dans l'esprit de Montesquieu, sur une pluralité de pouvoirs qui se font réciproquement contrepoids ; il s'agit de concevoir au contraire un ensemble d'institutions qui s'emboîtent comme dans un mécanisme d'horlogerie. L'ancien prêtre n'est pas suivi dans plusieurs de ses propositions, notamment en ce qui concerne sa jurie constitutionnaire, et il boudera le texte final ; c'est Daunou, l'exoratorien, qui en est le principal auteur. La Révolution revient à l'idée de deux Assemblées, écartée en septembre 1789, mais en prenant soin d'exclure toute notion de Chambre aristocratique. Il s'agit de diviser fonctionnellement le travail législatif, les Cinq-Cents chargés d'élaborer les lois, les Anciens (deux fois moins nombreux et âgés de plus de quarante ans) de les voter, tous les représentants étant élus par le peuple, à condition que l'électeur soit propriétaire, même très petit propriétaire. Ce pouvoir législatif en deux branches élit un pouvoir exécutif collégial, en bonne doctrine républicaine : cinq Directeurs, choisis par les Anciens sur proposition des Cinq-Cents, nomment les ministres et exercent les fonctions exécutives dont ils se répartissent les attributions. Autre disposition, typiquement républicaine, le retour fréquent devant le peuple souverain et la rotation rapide des gouvernants : les Assemblées sont renouvelables par tiers tous les ans, et les Directeurs par cinquième.

Or, dès l'origine, la Convention craint le verdict de l'opinion, qui a basculé à droite depuis le 9-Thermidor. Elle a vaincu la Terreur, mais elle se souvient qu'elle en a été aussi l'instrument, puisqu'elle a voté la mort du roi et la reconduction mensuelle du « grand Comité de salut public », de septembre 1793 à juillet 1794. Comment prendrait-elle le risque d'exposer la République naissante, ou renaissante, à un électorat qu'elle soupçonne de plus en plus noyauté par le royalisme ? Cette logique politique la conduit à voter, avant de se séparer, la disposition selon laquelle les deux tiers des futurs membres des Assemblées du Directoire seront obligatoirement choisis en son sein. Avant même d'être appliquée, la nouvelle loi républicaine est ainsi bafouée : la Constitution de l'an III est baptisée par la répression de l'émeute royaliste du 13 vendémiaire 1795, où le jeune général Bonaparte, sous l'autorité de Barras, se fait un nom à Paris dans la victoire facile des républicains contre les réactionnaires des beaux quartiers. Les Conventionnels continueront donc de gouverner la France sous le Directoire. Cinq d'entre eux sont d'ailleurs élus Directeurs.

L'histoire de la République de l'an III est inscrite dans ses origines. De ses impasses, il n'y a pas de meilleurs commentateurs que Benjamin Constant et Germaine de Staël, dans leurs différents ouvrages écrits entre 1796 et 1798. Tous les deux sont des républicains thermidoriens, attachés aux principes de 1789, hostiles au retour des Bourbons et de l'aristocratie, mais très conscients du fait que la Terreur et la guillotine ont aliéné l'opinion publique à la République.

Au moment du reste où ils entament leur commentaire de la politique sous le Directoire, en 1796, le complot babouviste a mêlé à l'héritage républicain de l'an II (la fameuse « Constitution de 1793 ») l'idée communiste, redoublant la crainte rétrospective de la Terreur d'une mise en cause de la propriété. Le souci de Constant et de Mme de Staël est au contraire d'enraciner le régime républicain de l'an III dans la conservation des intérêts et de ce qu'ils appellent l'opinion, l'état des biens, des mœurs et des esprits né de la Révolution de 1789. Leur problème est de séparer l'idée républicaine des deux premières années de la République, de montrer le caractère artificiel, anachronique de la dictature de 1793-1794 par rapport aux principes de 1789 ; le régime de l'an III n'est plus, lui, fondé sur le couple vertu-terreur, mais sur la garantie donnée par la loi à l'égalité civile, sur la représentation des intérêts au gouvernement de la société et sur l'éducation des citoyens.

Pourtant, même Constant et de Staël, en face du succès royaliste aux élections du printemps 1797, se rallient au coup d'État républicain du 18-Fructidor (4 septembre) suivant : trois Directeurs sur cinq, Barras en tête, font appel à l'armée pour liquider la nouvelle majorité des Conseils et ramener un régime d'exception, suivi d'une dernière vague de terreur révolutionnaire. Moins de deux ans après le décret des deux tiers, les Thermidoriens ne se perpétuent au pouvoir que grâce aux troupes de Hoche — et d'Italie : Bonaparte, en appui, a envoyé un de ses lieutenants, Augereau. Pour défendre la République contre les efforts de la Contre-Révolution et de l'Église réfractaire, il ne leur suffira pas de compter sur une première génération de Français formés par l'école et par les fêtes civiques qu'ils tentent de développer. Il leur faut un allié à court terme : le soldat.

Tournant capital : il signale que la République, si elle a perdu le soutien des sans-culottes, brisés en 1794-1795, a toujours, et plus que jamais, celui de l'armée. Depuis 1792, la Révolution française a associé à son ambition régénératrice un messianisme émancipateur de l'humanité par la « grande nation ». La politique militaire et territoriale est inséparable de la bataille contre les rois et les aristocrates. Le métier des armes, jadis chasse gardée de la noblesse, est devenu le lien par excellence de la promotion roturière ; le formidable dynamisme social libéré par la Révolution s'y est d'autant plus investi, depuis la chute de Robespierre, qu'il a perdu son débouché intérieur dans la surenchère révolutionnaire et que la République française est victorieuse à l'extérieur. La victoire, qui apporte inséparablement gloire, carrière, butin, noue entre l'idée républicaine et l'idée militaire une alliance que n'avaient prévue ni Constant ni Mme de Staël, persuadés que l'esprit de conquête était étranger à la société moderne. De cette alliance sort Bonaparte, héros de la République avant d'en être le liquidateur.

Car toute l'inégalité entre Sieyès et lui, dans le complot de brumaire an XIII, vient de ce que le nouveau Directeur, qui a donné le premier le signal de la Révolution, a cessé de l'incarner dix ans après ; alors que le jeune général corse, resté indifférent à 1789, est le Washington de la République de 1799. Mais la France n'est pas la jeune République américaine : en plébiscitant Bonaparte au lendemain du 19-Brumaire, la Révolution, sans le savoir, s'était redonné un roi.

✧

Il faudra encore plus de soixante ans, après la chute de Napoléon, pour que la France s'installe durablement dans des institutions républicaines, avec l'aménagement de la IIIe République, en 1875-1877. Comme l'ont noté beaucoup d'observateurs, le XIXe siècle n'a cessé de refaire la Révolution française. En juillet 1830, l'insurrection parisienne a inscrit la République sur ses drapeaux, mais ses éléments les plus conservateurs réussissent à introniser *in extremis* la dynastie Orléans, qui attend son heure depuis 1789 : « monarchie républicaine », mais trop monarchique pour ce qu'elle avait de républicain, puisqu'elle succombe à son tour devant les barricades parisiennes en février 1848. Alors commence une deuxième république, qui dure encore moins longtemps

Genèse de la République

que la première, mais qui se termine comme elle, par un Bonaparte. Après la chute de Napoléon III, en 1870, il faut encore plusieurs années, traversées par l'écrasement de la Commune et une tentative de restauration des Bourbons, pour que naisse la IIIe République, portée sur les fonts baptismaux par Thiers et Gambetta, les orléanistes les plus libéraux et les républicains les plus modérés.

Cette longue histoire s'explique avant tout par le legs de la Révolution, que ne cessent de retravailler les traditions politiques. Si la République fait toujours peur au milieu du XIXe siècle à une si grande partie de l'opinion, c'est encore pour les raisons diagnostiquées par Constant et Mme de Staël à la fin du XVIIIe siècle : parce qu'elle est liée au souvenir de la dictature et de la Terreur. Michelet le dit, et Quinet, et George Sand, et Hugo, et presque tout le monde. Le mot d'ordre de la « Constitution de 1793 », si fréquent dans les rangs de la gauche républicaine de la Restauration, et qui commence à être mêlé ici et là à l'idée socialiste, n'a rien pour dissuader l'opinion de l'équivalence entre République et Terreur.

Pourtant, les courants dominants du socialisme en France s'étaient développés sous la Restauration et la monarchie de Juillet comme distincts de l'idée républicaine, et même souvent réticents, ou hostiles. La distinction principale sépare les révolutions politiques, comme 1789 ou même 1793, des révolutions sociales, destinées à mettre fin à la pauvreté et à l'exploitation. Elle est notamment très nette dans les années 1830-1840, entre les républicains du *National* et les différentes sectes socialistes. Les premiers n'avancent que des revendications politiques, et d'abord l'élargissement du suffrage, alors que les secondes se méfient des illusions de l'égalité abstraite qui caractérise par définition un corps électoral. La critique des « droits de l'homme » est un lieu commun de la littérature socialiste, alors que la Déclaration du 26 août 1789 reste un évangile républicain. Dans ces années, l'idée de République définit, contre le régime de Juillet, le suffrage universel, la formation du citoyen par l'école, et donc l'indépendance de l'école par rapport à l'Église catholique. Quelque chose comme une fraternité civique conjurant à sa manière, bien différente de celle des socialistes, l'individualisme bourgeois et la division de la société en classes. La République n'aime ni le marché des libéraux ni la caserne des socialistes. Michelet, pour l'évoquer, n'a plus besoin de 1793 : c'est la fête de la Fédération qui est pour lui la vraie date de naissance de la République.

Février 1848 marque, pour quelques jours ou quelques semaines, l'apparition de cette fraternité. Mais l'histoire, les souvenirs et les passions des Français resurgissent dans la IIe République comme dans un miroir du passé. La bourgeoisie et la masse paysanne continuent à redouter la révolution parisienne, porteuse de désordre, menace sur la propriété : les républicains sont divisés entre la Gironde et la Montagne. La plupart des églises socialistes n'attendent rien de bon du suffrage universel et d'une simple mutation « politique ». Il ne manque même pas l'insurrection sans-culotte de la pauvreté et du chômage, les journées de juin 1848, qui ramènent la guerre civile et le sang versé. Recommencement théâtral qui ne comporte aucune des circonstances du « salut public » traversées par la Révolution. Et quand un Bonaparte y prend le rôle majeur, ce n'est plus en héros de l'histoire nationale et militaire, mais, plus prosaïquement, en élu du suffrage universel. La République est apparue ainsi, en moins d'un an, entre février et décembre, de Lamartine au prince-président, comme le contraire de la grande réconciliation fraternelle par où elle s'était annoncée. Toutes les familles de la tradition révolutionnaire sont là, mais plus divisées que jamais sous l'apparence d'un consensus provisoire autour d'institutions républicaines : les partisans des Bourbons, ceux des Orléans, les républicains modérés, les républicains avancés, les socialistes aux multiples écoles, enfin un Bonaparte, pour que personne ne manque. La situation est profondément différente de celle de la fin du XVIIIe siècle, la France n'est pas en guerre, mais les passions et les traditions sont en face de la même équation politique : la monarchie, c'est l'Ancien Régime ; la République, c'est l'aventure. D'où sort, comme un demi-siècle auparavant, la dictature de Bonaparte.

Pour que la République retrouve ses chances, il faut que, de l'échec de 1848, naisse sous le second Empire une nouvelle génération, méfiante de la rhétorique de ses aînés, plus réaliste, pour qui la République n'est pas seulement le régime de la liberté retrouvée, mais la figure de la conservation des intérêts sociaux. La Révolution s'est éloignée, quand par ailleurs s'est accélérée, sous ce second Empire, la mutation économique qui fait de la France un pays plus riche et plus moderne. La dictature de l'État central et de ses préfets a supprimé la liberté, mais elle a libéré peu à peu les paysans de la tutelle de grands notables locaux, légitimistes ou orléanistes. Les chemins de fer et l'école unifient la population qui s'habitue au suffrage universel. Les jeunes républicains qui font leur apprentissage sous l'Empire, Jules Ferry ou Gambetta, par exemple, sont des inconditionnels de la liberté, mais aussi des esprits attentifs au progrès matériel et intellectuel. Ce sont des fils de la Révolution, mais aussi des positivistes, disciples d'Auguste Comte : l'histoire est une science dont ils ont, dans ses livres, déchiffré les secrets. La République qu'ils fonderont mariera deux idées incompatibles, les principes de 1789 et l'âge positif, les droits de l'homme et le gouvernement du savoir.

Ainsi les vainqueurs de Mac-Mahon mêlent-ils, au lendemain du 16 mai 1877, dans la synthèse républicaine de 1875-1880, l'autonomie de l'individu, principe du monde moderne, à la nécessité d'en faire un citoyen éclairé par la raison historique, lointain écho du thème de la régénération. De là l'importance centrale de l'école, lieu par excellence de l'éducation civique, à condition qu'elle soit débarrassée de l'obscurantisme clérical, butte témoin d'un âge dépassé. La laïcité est comme l'épine dorsale de cette nouvelle civilisation républicaine, dont l'instituteur de Ferry est le porte-flambeau. Le suffrage universel, vainqueur enfin de la dictature de Paris, lui donne la bénédiction pacifique de la majorité des Français.

✧

Encore la République péniblement installée n'a-t-elle pas pour autant été stabilisée. En dépit des crises qu'elle a surmontées et dont elle a profité pour assurer sa mainmise sur l'État, en dépit des efforts géants qu'elle a déployés pour s'identifier à la Nation, imprégner la culture et pénétrer la société par les grandes filières de la formation civique — école, service militaire, formation des partis —, la IIIe République, il faut le rappeler, n'a jamais rallié sur son principe une véritable unanimité. De l'affaire Dreyfus à Vichy en passant par le 6 février 1934, une litanie de dates est là pour l'attester. Elles expliquent assez le réflexe de crainte, jamais lointain et même après coup injustifié, devant les confiscations possibles de la République : par les communistes à la Libération, par le général de Gaulle en 1958, par les putschistes algériens en 1961. La République, toujours renvoyée à elle-même, n'a trouvé en France son équilibre et son assiette que par sa fixation sur un ensemble de valeurs toujours fragiles, par la lente coagulation d'une tradition et d'un corps de références, par la levée enfin très progressive des refus de principe qui n'avaient cessé de peser sur son acceptation définitive, en fin de compte très récente.

République menacée depuis toujours de l'intérieur par son instabilité gouvernementale, par l'impuissance parlementaire et la paralysie institutionnelle qui ont amené deux fois l'État républicain à la faillite, l'une devant l'invasion étrangère, l'autre devant la crise algérienne. République contestée depuis la fin du siècle dernier de l'extérieur par la droite nationaliste et la gauche révolutionnaire, auxquelles la relance de la Seconde Guerre mondiale et la Libération ont donné, sous la forme du gaullisme RPF et du communisme stalinien, une force d'appel et une capacité de rassemblement qui ont pu réduire le consensus républicain, par exemple en 1947, lors des élections municipales, au tiers des voix, soit le niveau le plus bas de son histoire. République enfin brisée dans sa dynamique et usée par son succès même, dissoute dans son principe actif et comme étrangement métamorphosée, lentement mais sûrement, par la plus forte croissance que la France ait connue dans son histoire. Les Trente Glorieuses, cette seconde révolution française, ayant eu pour double et paradoxal effet, d'un côté, de désamorcer les points de fixation traditionnels des conflits politico-idéologiques de la République pour leur substituer des clivages neutres par rapport à l'identité républicaine — l'économie, la modernité, la société —, et, de l'autre, d'enraciner politiquement la République dans le terreau de la nation par l'effet même du gaullisme qui présidait à cette croissance et en recueillait les fruits.

Paradoxalement, c'est de cette usure même qu'est sortie, toute récente, la stabilisation définitive de la République. Il y a fallu le déclin du parti communiste et la métamorphose de la droite moderniste, réconciliée avec l'acquis de la Révolution. Il y a fallu le repli de tous les horizons politiques sur les valeurs refuges de la République et la défense généralisée des droits de l'homme. Il y a fallu, enfin et surtout, l'alternance de 1981 et la nationalisation républicaine de la constitution que l'on n'avait crue faite que pour un homme. Signe de cette évolution : la montée en puissance du Conseil constitutionnel, prévu par la Constitution de 1958 comme « chien de garde » de l'exécutif et devenu gardien effectif de la loi de la République. Bizarrement, c'est l'action et le style des deux principaux présidents de la Ve qui ont le plus fait pour favoriser cet enracinement. Ironie et logique de l'histoire : avec le général de Gaulle et François Mitterrand, la république monarchique renouait avec la monarchie républicaine et se retrouvait, après deux cents ans de séquelles révolutionnaires, là où elle voulait aller aux premiers jours.

3
Marx et la révolution de 1848

Les Luttes de classes en France et *Le 18 Brumaire de Louis Bonaparte* sont des classiques très connus et relativement délaissés. Les marxistes préfèrent le Marx doctrinaire et scientifique du *Capital* à ces deux opuscules de polémique subtile et forcenée. Quant aux historiens professionnels, ils ont tendance à les lire avec scrupule, mais à citer avec plus de scrupules encore ces recueils d'articles hâtivement rédigés par un amateur suspect.

Or la première chose qui frappe à la relecture, c'est à quel point l'analyse immédiate d'une actualité à laquelle Marx participait passionnément correspond encore à la description des manuels scolaires aujourd'hui les plus autorisés. Il y a là un exemple peut-être unique en son genre de déchiffrement instantané de l'actualité, d'« écriture automatique » de l'histoire. Sur certains points, le recul du temps et les progrès de la connaissance ont démenti ce commentaire politique sur le vif[1]. Mais dans leurs grandes lignes ces deux essais d'explica-

---

1. On consultera en particulier des études approfondies de cadre local, notamment Henry CONTAMINE, *Metz et la Moselle de 1814 à 1870*, 1932, Jean VIDALENC, *Le Département de l'Eure sous la monarchie constitutionnelle*, 1952, Philippe VIGIER, *La Seconde République dans la région alpine*, 1959, Georges DUPEUX, *Aspects de l'histoire sociale du Loir-et-Cher*, 1962, Adeline DAUMARD, *La Bourgeoisie parisienne de 1815 à 1848*, 1963 ; des études générales, notamment

---

Paru sous le titre « Présentation », *in* Karl MARX, *Les Luttes de classes en France, 1848-1850. Le 18 Brumaire de Louis Bonaparte*, Jean-Jacques Pauvert, 1964, pp. 9-21.

tion historique sont passés dans les mœurs et n'alimentent l'analyse critique contemporaine que dans la mesure où celle-ci s'exerce sur une vérité traditionnellement admise.

Ce furent pourtant des œuvres de circonstance. De Paris, où il a séjourné de juin à août 1849, Marx s'est réfugié à Londres et fonde une revue économique et politique du nom du journal qu'il avait dirigé à Cologne, la *Neue Rheinische Zeitung* (Nouvelle Revue rhénane), qui vécut de mars à novembre 1850. C'est là que Marx fit paraître sa série : « La défaite de juin 1848 », « Le 13 juin 1849 », « Conséquences du 13 juin », « Napoléon et Fould » et « De mai à octobre » ; ces cinq articles réunis en brochure et précédés d'une introduction par Engels composèrent en 1895 la première édition des *Luttes de classes en France*. Quant au *18 Brumaire*, Marx le destinait initialement à un hebdomadaire que son ami Weydemeyer, installé à New York, avait l'intention de lancer. Il fut donc écrit du 1er janvier au 25 mars 1852, moins d'un mois après le coup d'État ; mais il vit finalement le jour dans une revue, *La Révolution*, du 20 mai 1852, et ne devait connaître qu'une seule édition indépendante en 1859 avant la réédition assurée par Engels en 1885.

Il est donc normal que ce second ouvrage reprenne une grande partie des événements dont traitait déjà le premier. Mais le centre de gravité s'est déplacé : Marx ne retient des événements de 1848 que leurs conclusions pour l'avenir de la révolution, l'analyse anecdotique s'efface devant l'analyse théorique.

Les deux œuvres se complètent ; il faut intellectuellement les réunir.

Louis GIRARD, *La Politique des travaux publics sous le second Empire*, 1952, *Étude comparée des mouvements révolutionnaires en France, en 1830, 1848 et 1870-1871*, CDU, 1960 et 1961 ; des articles, notamment André-Jean TUDESQ, « La légende napoléonienne en France en 1848 », *Revue historique*, septembre 1957, « L'étude des notables », *Bulletin d'histoire moderne contemporaine*, 1956, « L'élection du président de la République dans l'Hérault », *Annales du Midi*, octobre 1955, « La crise de 1847 vue par les milieux d'affaires parisiens », *Études de la Société d'histoire de la révolution de 1848*, t. XIX, 1956.

◇

C'est la première application historique de la dialectique marxiste. Dans les événements de 1848 à 1851 Marx ne voit pas seulement un raccourci aux arêtes vives, une lutte aux changements de front rapides, mais, comme beaucoup des contemporains lucides, les prodromes d'une révolution sociale décisive, irréversible, et pour lui souhaitable. Dès lors il tente d'expliquer en termes de luttes sociales ces épisodes intensément dramatiques. Les conflits politiques renvoient aux conflits sociaux, les hommes reflètent les intérêts des groupes qui ne trouvent en définitive qu'en Louis Napoléon la solution provisoire de leurs contradictions. Chaque groupe d'intérêts délègue son chargé de mission et la politique ne fait que produire sur une avant-scène l'affrontement en profondeur des groupes sociaux.

Cavaignac, c'est le porte-parole tricolore des républicains bourgeois unis contre les ouvriers, « la dictature, non du sabre sur la société bourgeoise, mais de la société bourgeoise par le sabre ». Ledru-Rollin, c'est la petite bourgeoisie démocratique, la caricature sans vie de la Montagne. Raspail, voilà le nom du prolétariat révolutionnaire. Odilon Barrot, le chef de l'ancienne opposition dynastique, représente cette bourgeoisie qui, après s'être inconsciemment rapprochée des républicains du *National*, opère la transition de la république bourgeoise à la monarchie ; dans le parti de l'Ordre, il incarne avec Falloux l'union éphémère de la bourgeoisie industrielle et de l'aristocratie foncière, l'alliance de l'orléanisme et du légitimisme. Quand, une fois renversé ce ministère de coalition, paraît Fould, voici, avec ce grand « loup-cervier » au ministère des Finances, l'aristocratie financière qui sert de portier au « Crapulinski » des Tuileries. Bourgeoisie financière et industrielle, aristocratie foncière, bourgeoisie commerçante et petite bourgeoisie, classe paysanne et classe prolétarienne, chacune a son incarnation, passe des alliances et use ses représentants, pousse son héraut qui salue le public avant de tomber dans la trappe jusqu'à ce que, devant l'incompatibilité des intérêts économiques, la bourgeoisie abandonne la scène à ce « néant » qui agit en nom collectif, et sauvegarde ses intérêts économiques privés en renonçant à l'exercice du pouvoir.

Sans doute aucun historien n'avait négligé de recourir à la sociologie comme facteur explicatif. Aucun cependant n'avait à ce point nié l'autonomie du politique, raboté l'accident, plaqué sur l'événement une grille sociale et tenté une projection terme à terme de l'infrastructure sociale sur le film des événements.

Mais l'identité des conflits de classes avec les comportements individuels est affirmée avec une telle véhémence que Marx peut alors se permettre de détourner son attention de l'analyse proprement économique de la réalité de ces conflits pour la consacrer presque tout entière à la description polémique de ces comportements. Si bien que, paradoxalement, au moment même où le dialecticien enferme l'histoire dans une théorie sociologique, l'historien en hausse le récit au niveau du drame shakespearien. Avec la fatalité du dénouement, la nécessité d'un bouleversement inéluctable, impossible et radical, il ne manque rien à l'atmosphère tragique d'une histoire que, pourtant, le type même d'explication scientifique nouvelle que Marx propose devrait dépouiller de son caractère dramatique.

Alors même que les acteurs réels de la politique nous apparaissent comme des pantins, Marx parvient à ne nous intéresser qu'à eux et à leurs passions. Ce n'est pas dans cet opuscule que l'on trouve une très exacte définition des classes et l'on aurait même beau jeu, de l'un à l'autre des deux ouvrages, de dénoncer plusieurs passages qui présupposent des définitions différentes de ce terme clé. Sans doute est-ce là ce qui fait la richesse d'une œuvre où le génie de l'observateur politique fait oublier la vulnérabilité du doctrinaire. Libéré, par la nature même de son point de vue, du souci d'analyser très minutieusement les frontières de ces classes en lutte et le caractère inconciliable de leurs intérêts, Marx, tout à son don d'historien, peut personnaliser à loisir, épingler les hommes à leurs ridicules et se déchaîner contre la vedette et le symbole de l'oppression de l'état bourgeois.

Viennent alors les délices du pamphlétaire ! Marx s'empare d'une idée : « Napoléon est un doublet », et du début à la fin tape sur le clou, jusqu'à ce qu'il s'enfonce. C'est le secret de la farce : « Hegel fait quelque part cette remarque que tous les grands événements et personnages historiques se répètent pour ainsi dire deux fois. Il a oublié d'ajouter, la première fois comme tragédie, la seconde fois comme farce. » Dès le titre il a tout dit et commente sa première phrase jusqu'à la dernière : « Mais le jour où le manteau impérial tombera enfin sur les épaules de Louis Bonaparte, la statue d'airain de Napoléon s'écroulera du haut de la colonne Vendôme. » L'année ne s'était pas écoulée que la prophétie indignée se réalisait.

Contenu scientifique et contenu moral sont si intimement liés qu'ici la démonstration est forte de ce qu'elle a de non scientifique et de ce qu'elle comporte de condamnation morale.

Le noyau de la démonstration repose, me semble-t-il, sur trois axes principaux :

1. L'incompatibilité des intérêts des bourgeoisies financière et industrielle, victorieuses de l'aristocratie foncière.

2. La capitulation de ces deux bourgeoisies devant Napoléon qu'elles laissent s'emparer de l'appareil d'État.

3. Le vote massif des paysans en faveur de Louis Napoléon.

✧

La période 1850-1852 est précisément celle où Marx tire le bilan de l'échec politique d'une bourgeoisie dans laquelle il avait désespérément espéré. Le coup d'État le convainc de son illusion et c'est à travers le bonapartisme qu'il élabore la notion même du rôle de l'État. Jusqu'alors il avait conçu pour la bourgeoisie une mission historique si haute qu'elle ne laisserait au prolétariat qu'à parachever son œuvre. En Allemagne il avait misé sur l'aile marchante de la bourgeoisie radicale du parlement de Francfort. Or, partout où il la voit à l'œuvre, c'est un constat de faillite. La bourgeoisie tombe du piédestal et déchoit du « type idéal » qu'il en avait conçu. D'où la trahison qu'il attache désormais à la définition même de la classe bourgeoise « qui sacrifie son intérêt général de classe, son intérêt politique, à ses intérêts particuliers les plus bornés, les plus malpropres ». D'où, chez cet esprit systématique, l'invention d'une incompatibilité des intérêts des bourgeoisies. Des tensions existaient certainement entre les bourgeoisies financière et industrielle, mais avaient-elles ce caractère d'opposition irréductible dont Marx fait un des déterminants du coup d'État ? Les travaux historiques actuels permettent d'en douter.

Parallèlement, en fresque rapide, Marx retrace, de la monarchie absolue à Napoléon, la genèse du pouvoir exécutif, « avec son immense organisation bureaucratique et militaire, avec son mécanisme étatique complexe et artificiel, son armée de fonctionnaires d'un demi-million d'hommes et son autre armée de cinq cent mille soldats, effroyable corps parasite, qui recouvre comme d'une membrane le corps de la société française et en bouche tous les pores ». Mais sur cette machine de l'État centralisé, Marx porte deux jugements contradictoires : d'une part, il affirme qu'elle est l'instrument d'oppression de la classe dominante, et selon le mot d'Engels « le bonapartisme est la religion de la bourgeoisie » ; d'autre part, il a le sentiment que cette machine centralisée, de plus en plus indépendante de la société par le perfectionnement de ses rouages, est le lieu de l'intérêt général. « Chaque intérêt commun fut immédiatement détaché de la société, opposé à elle à titre d'intérêt supérieur, *général*, enlevé à l'initiative des membres de la société, transformé en objet de l'activité gouvernementale [...]. Ce n'est que sous le second Bonaparte que l'État semble être devenu complètement indépendant. » La machine d'État s'est si bien renforcée en face de la société bourgeoise qu'il lui suffit d'avoir à sa tête le chef de la Société du 10 décembre, chevalier de fortune venu de l'étranger, élevé sur le pavois par une soldatesque ivre, achetée avec de l'eau-de-vie et du saucisson et à laquelle il lui faut constamment en jeter de nouveau. C'est ce qui explique le morne désespoir, l'effroyable sentiment de découragement et d'humiliation qui oppresse la poitrine de la France et entrave sa respiration. Elle se sent comme déshonorée.

Ce va-et-vient est à l'origine de la double idée que Marx développe à propos de la Commune dans *La Guerre civile en France*, où il déclare tantôt que la dictature du prolétariat amènera la destruction de l'État, tantôt que le renforcement de la centralisation étatique est la condition même de la révolution.

C'est donc sur l'attitude des paysans que l'essentiel repose, puisque leur vote a permis l'accession au pouvoir de Louis Napoléon. Marx leur réserve un extraordinaire morceau de bravoure :

> Le 10 décembre 1848 fut le jour de l'*insurrection des paysans*. C'est de ce jour seulement que data le Février des paysans français. Le symbole qui exprimait leur rentrée dans le mouvement révolutionnaire, maladroit et rusé, gredin et naïf, lourdaud et sublime, superstition calculée, burlesque pathétique, anachronisme génial et stupide, espièglerie de l'histoire mondiale, hiéroglyphe indéchiffrable pour la raison des gens civilisés — ce symbole marquait, sans qu'on puisse s'y méprendre, la physionomie de la classe qui représente la barbarie au sein de la civilisation. La république s'était annoncée auprès d'elle par l'*huissier* ; elle s'annonça auprès de la république par l'empereur. Napoléon était le seul homme représentant jusqu'au bout les intérêts et l'imagination de la nouvelle classe paysanne que 1789 avait créée. En écrivant son nom sur le frontispice de la république, elle déclarait la guerre à l'étranger, et revendiquait ses intérêts de classe à l'intérieur. Napoléon, ce n'était pas un homme pour les paysans, mais un programme. C'est avec des drapeaux et au son de la musique qu'ils allèrent aux urnes, au cri de : *plus d'impôts, à bas les riches, à bas la république, vive l'empereur !* Derrière l'empereur se cachait la jacquerie. La république qu'ils abattaient de leur vote, c'était la *République des Riches*.

Si l'on examine le texte de Marx, on trouve au vote paysan trois explications. La première est la tendance des paysans parcellaires, isolés les uns des autres par leur condition matérielle d'exploitation, à faire du pouvoir personnel et d'une monarchie tutélaire le dénominateur commun de leur solitude. Cette remarque est profonde, mais elle appartient à la psychologie sociale ; c'est un reliquat du régime seigneurial, le fruit d'un genre de vie. Non seulement elle ne signifie pas vote de classe, mais elle exprime au contraire tout ce qui prive les paysans d'avoir accès à la dignité de classe à part entière, tout ce qui empêche les paysans de posséder une conscience de classe et les oblige à choisir un représentant en dehors de leur sein. Car, aux yeux de Marx :

> Les paysans parcellaires constituent une masse énorme dont les membres vivent tous dans la même situation, mais sans être unis les uns aux autres par des rapports variés [...]. Ainsi la grande masse de la nation française est constituée par une addition de grandeur du même nom, à peu près de la même façon qu'un sac rempli de pommes de terre forme un sac de pommes de terre. Dans la mesure où des millions de familles paysannes vivent dans des conditions économiques qui les séparent les unes des autres et opposent leur genre de vie, leurs intérêts et leurs cultures à ceux des autres classes de la société, elles constituent une classe. Mais elles ne constituent pas une classe dans la mesure où il n'existe entre les paysans parcellaires qu'un lien local et où la similitude de leurs intérêts ne crée entre eux aucune communauté, aucune liaison nationale ni aucune organisation politique.

À quoi s'ajoute le culte populaire pour Napoléon. Mais il s'agit là d'un phénomène purement psychologique et politique dont le monde paysan n'a pas le monopole ; et il n'est pas même évident que le culte napoléonien ait été plus intensément répandu dans les campagnes que dans les villes.

Enfin, et surtout, la propriété : les paysans ont voté pour l'homme dont le nom leur garantissait, contre une république indifférente sinon hostile, la propriété des biens nationaux. En ce sens nous avons bien affaire à un vote de classe. Mais c'est par pure conjoncture que l'objet de leur vote se porte sur le nom désigné par les deux autres motifs. Les paysans ont voté conservateur et joué aux bourgeois républicains le mauvais tour de leur donner un prince qui les gouverne, mais vingt-cinq ans plus tard, dans les campagnes inchangées, quoique pour des raisons identificatoires, ces mêmes paysans qui votèrent pour Louis Napoléon deviendront le plus ferme soutien de la république bourgeoise.

Bref, le facteur le plus important de la démonstration marxiste de la lutte des classes repose sur un vote que l'on ne peut assimiler que très partiellement à un vote de classe. Cet amalgame foudroyant permet cependant à Marx d'établir entre ses deux haines, Louis Napoléon et les paysans, un court-circuit, de faire de l'arrière-neveu l'élu des arriérés, l'homme de ceux que, par une « espièglerie de l'histoire mondiale », ce père des révolutions paysannes sur la moitié du globe n'a jamais cessé de considérer comme les barbares au sein de la civilisation !

On demeure étonné par le fait qu'une analyse qui prétend à une lecture sociale des faits politiques décolle à ce point de l'observation économique. On pourra, certes, faire remarquer qu'à la date où écrit Marx il était légitime de n'être sensible qu'aux aspects négatifs du nouveau régime. Mais de la part d'un homme qui a attaché son nom à l'explication sociologique de l'histoire, il semble que l'on aurait dû attendre une analyse très vigilante des mutations des forces productives. Or, dans tous les commentaires que Marx enverra jusqu'en 1870 à la *New York Tribune*, le régime ne se relèvera jamais de sa tare originelle[1]. Le second Empire se réduit à une parodie militariste, aux simagrées politiques et à la bancocratie douteuse. Du second Empire, Marx n'envisage guère la vocation économique, et les réalisations matérielles lui paraissent moins importantes par les transformations du monde du travail que par les profits de la spéculation financière. Le développement économique par l'élargissement du crédit, la formation d'un marché de consommation nationale par le développement des moyens de communication, la révolution industrielle semblent lui échapper dans toute leur ampleur. Marx cliche au négatif

---

1. Cf. Maximilien RUBEL, *Karl Marx devant le bonapartisme*, Mouton, 1960.

l'image de la « fête impériale » que les historiens bourgeois tireront au positif. En vingt ans la société française sera bouleversée sans que Marx ait jamais révisé son réquisitoire contre une classe et contre un homme.

D'où la similitude entre beaucoup de ces jugements et ceux de Tocqueville[1]. Pour ce dernier aussi (voir ses *Souvenirs*), 1848-1851 recommence le cycle révolutionnaire de 89. Pour lui encore, la révolution de février à juin « ne fut pas à vrai dire une lutte, mais un combat de classe, une sorte de guerre civile », qui ébranle jusqu'aux assises de la société. Il est traditionnel qu'une critique de « droite » choisisse pour objet les mêmes thèmes qu'une critique de « gauche » et la rejoigne dans la description des phénomènes pour s'en séparer dans les conclusions qu'elle en tire. L'aristocrate libéral et l'écrivain révolutionnaire trouvent tous deux la plume de Tacite pour faire le portrait du tyran. Mais Tocqueville pour sa part haïssait « ces systèmes absolus qui font dépendre tous les événements de l'histoire de grandes causes premières se liant les unes aux autres par une chaîne fatale et qui supprime pour ainsi dire les hommes du genre humain ». Tous deux prononcent une condamnation morale, mais l'un au nom de la psychologie et de la politique, l'autre au nom du sens de l'histoire. La grande différence entre eux, c'est que pour Tocqueville l'accident prévisible et malheureux n'engage pas tout : « Tel est l'homme, conclut-il, que le besoin d'un chef et la puissance d'un souvenir avaient mis à la tête de la France et avec lequel nous allions avoir à la gouverner. »

Pour Marx, ce plat doublet incarne la trahison même de la bourgeoisie. Il est effectivement des moments où les hommes et les classes ressemblent à leur propre caricature ; et Marx est au meilleur de sa forme littéraire dans son por-

---

1. Pour une comparaison systématique, cf. Raymond ARON, *La Lutte de classes*, Gallimard, « Idées », 1964, et *Les Grandes Doctrines de sociologie historique*, t. I, *Montesquieu, Auguste Comte, Karl Marx, Alexis de Tocqueville : les sociologues et la révolution de 1848*, CDU, 1960. [Cf. également *Les Étapes de la pensée sociologique. Montesquieu, Comte, Marx, Tocqueville, Durkheim, Pareto, Weber*, Gallimard, « Bibliothèque des sciences humaines », 1967.]

trait-charge du bourgeois affolé par la crise commerciale de 1851, la cervelle aussi malade que son commerce, et qui, « dans cette confusion incroyable, bruyante, de fusion, de révision, de prorogation, de constitution, de conspiration, de coalition, d'émigration, d'usurpation et de révolution », s'écrie dans un accès de fureur : « Plutôt une fin effroyable qu'un effroi sans fin ! » Sans doute peut-on, de la théorie que Marx applique et vérifie, extrapoler une explication générale du déroulement historique et du processus révolutionnaire ; mais au niveau de la description, l'aspect Daumier et Victor Hugo l'emporte. *Le 18 Brumaire*, c'est *Les Châtiments* de la sociologie.

Mais n'est-ce que cela ? Il circule un double courant dans toute l'œuvre de Marx, l'un le porte à un déterminisme généralisateur et volontiers intemporel, le second abandonne les hommes à la liberté de leur choix, exalte et condamne. Il a fallu l'étincelle de l'actualité pour que Marx télescope l'analyse du processus révolutionnaire de l'histoire avec le sens de ses propres passions. Nulle part la tension n'est plus éclatante qu'ici entre le Marx anatomiste et le Marx jacobin.

On répète souvent, depuis Lénine, que Marx a fait la synthèse entre trois sources d'inspiration, l'hégélianisme allemand, le socialisme français et l'économie anglaise. Tout se passe plutôt comme si ce philosophe révolutionnaire, dont l'expérience est tout allemande, examinait tantôt le socialisme français et tantôt l'économie anglaise. Sa réflexion est moins alimentée par une totalisation synthétique des deux sociétés que par des exemples empruntés soit à l'Angleterre manchestérienne — c'est le Marx du *Capital* —, soit à la France révolutionnaire — c'est le Marx du *Manifeste communiste* à *La Guerre civile en France*, celui du *18 Brumaire.*

Le jacobinisme de Marx est cependant moins un souvenir français que la vieille fascination du radicalisme allemand qui a nourri la philosophie depuis Iéna. Le vaincu de la révolution allemande arrive à Paris pour vivre une deuxième défaite dans la patrie même de la révolution. La vigueur avec laquelle Marx insiste sur le fait que l'histoire se répète et reprend sous forme de comédie ce qu'elle a joué une fois sous forme de tragédie n'est pas séparable de cette profonde amertume. Dans le creux le plus noir du grand reflux de la réaction, il exalte et majore la grande période révolutionnaire et napoléonienne. Le thème de la farce est alors le plus vengeur des coups de griffe pour dévêtir les nains drapés dans la tunique des géants. D'où la haine sans pardon, la réjouissante fureur avec lesquelles il poursuit ces doublures, écrase ces souris accouchées de la grande montagne. Sa colère est une contestation d'héritage. Car au nom d'une logique supérieure de la légitimité historique, il sait d'une certitude véritablement prophétique que l'héritier des grands ancêtres, après tout, c'est lui, Marx.

PARTIE II

INCARNATIONS RÉPUBLICAINES

4

Michelet, l'hystérie identitaire

C'est en toute conscience que j'emploie le mot d'« hystérie », qui pourrait paraître abusif ou choquant, appliqué au plus grand historien de la France. Hystérique, Michelet le fut pourtant sans discussion possible. Si l'on veut bien admettre que l'hystérie, au sens clinique du mot, consiste dans la somatisation d'émotions psychologiques, dans la conversion d'affections psychiques ou mentales en symptômes physiques, tels qu'évanouissements ou hallucinations, il est impossible de ne pas déclarer profondément hystérique un homme qui, par exemple, a toujours placé à l'origine de sa vocation d'historien, comme une scène inaugurale et primitive, souvent racontée, cette visite que, tout enfant, il a faite au musée des Monuments français, où, devant ces gisants, soudain il s'évanouit : « Je n'étais pas bien sûr qu'ils ne vécussent encore, ces blancs dormeurs de marbre étendus sur leur tombe. Doucement, Messieurs les morts ! » Cet homme encore qui, pour sauter cette fois à la fin de son existence, a demandé que son corps fût exposé trois jours au soleil et que l'on pratiquât plusieurs entailles à son bras avant l'inhumation, de peur de se réveiller dans sa tombe. Cet historien qui saignait du nez en

---

Paru sous le titre « Michelet, ou l'hystérie identitaire », *in* Jacques LE GOFF (dir.), *Patrimoine et passions identitaires*, actes des « Entretiens du patrimoine », Théâtre national de Chaillot, Paris, 6-8 janvier 1997, Fayard / Éd. du patrimoine, 1998.

écrivant les massacres de Septembre, qui, lorsqu'il entre pour la première fois aux Archives nationales, voit les hommes enfouis dans la poussière des parchemins se lever pour tirer du sépulcre « qui la main, qui la tête » et se sent saisi par « la danse galvanique des archives » — scène véritablement hallucinatoire.

Ce Michelet névrosé, viscéral, ténébreux, si différent du Michelet officiel et scolaire auquel on était habitué, il date pour nous des années 1950, qui virent à la fois les débuts de la publication des quatre volumes du *Journal*, chez Gallimard (1959), et, dans la collection des « Écrivains de toujours », au Seuil, le petit *Michelet* de Roland Barthes (1953), qui fit apparaître, chez ce grand malade de l'Histoire, un réseau très organisé de thèmes obsessionnels. Le *Journal* doublait soudain l'histoire de la France de l'histoire de son historien. On pourrait comparer le rôle qu'il a joué dans le renouvellement de l'image de Michelet à celui que, pour Proust, au même moment, a joué la découverte de *Jean Santeuil* et du *Contre Sainte-Beuve*. Il en a fait le premier des historiens modernes et, du même coup, un cas.

Pour me référer à la distinction qu'opère Paul Ricœur entre une mémoire pathologique et les autres formes de mémoire, pour déboucher sur ce qu'il appelle une « mémoire juste », Michelet offre le cas étrange, troublant, d'une mémoire historique exemplaire, absolue, référentielle — il est en effet la figure même de l'historien par excellence —, et qui, en même temps, s'enracine dans une mémoire totalement pathologique et hystérisée.

Sans doute n'y a-t-il pas d'historien sans passions ni subjectivité. Mais Michelet va très au-delà — c'est ce que je voudrais esquisser ici, en soulignant d'abord le rapport étroit entre les péripéties du Moi et le développement organique de l'œuvre, entre la biographie individuelle et l'histoire nationale. En mettant ensuite en relief le lien intime entre la résurrection intégrale du passé, dont Michelet s'est fait l'inventeur et l'apôtre, et son obsession maladive de la mort. En montrant enfin rapidement le résultat, sur l'image de la France, de cette puissante projection identitaire de soi.

Cet enfantement réciproque et circulaire de l'homme et de l'œuvre suffirait à différencier Michelet de tous les historiens romantiques. Nul n'en a mieux décrit le mécanisme et la dynamique que lui-même, dans ce grand texte à la fois célèbre et peu répandu où il a consigné son autobiographie intellectuelle, la préface de 1869 qu'il rédige au terme de son *Histoire de France* :

> Ma vie fut en ce livre, elle a passé en lui. Il a été mon seul événement. Mais cette identité du livre et de l'auteur n'a-t-elle pas un danger ? L'œuvre n'est-elle pas colorée des sentiments, du temps, de celui qui l'a faite ? […] C'est que l'histoire, dans le progrès du temps, fait l'historien bien plus qu'elle n'est faite par lui. Mon livre m'a créé, c'est moi qui fus son œuvre. Ce fils a fait son père. S'il est sorti de moi d'abord, de mon orage (trouble encore) de jeunesse, il m'a rendu bien plus en force et en lumière même en chaleur féconde, en puissance réelle de ressusciter le passé. Si nous nous ressemblons, c'est bien. Les traits qu'il a de moi sont en grande partie ceux que je lui devais, que j'ai tenus de lui.

C'est même cet engendrement réciproque qu'il projette dans son propre sujet, auquel il s'identifie, la France, pour en faire le principe de son histoire, ce fait moral « énorme » qu'il se sent le premier à avoir dégagé :

> Ce puissant *travail de soi sur soi*[1] où la France, par son progrès propre, va transformant tous les éléments bruts.
> La vie a sur elle-même une action de personnel enfantement qui, de matériaux préexistants, nous crée des choses absolument nouvelles. Du pain, des fruits que j'ai mangés, je fais du sang rouge et salé qui ne rappelle en rien les éléments d'où je le tire. Ainsi va la vie historique, ainsi va chaque peuple se faisant, s'engendrant, broyant, amalgamant des éléments qui y restent sans doute à l'état obscur et confus, mais sont bien peu de chose relativement à ce que fit le long travail de la grande âme. […] La France a fait la France et l'élément fatal de race m'y semble secondaire. Elle est fille de sa liberté. Pour le progrès

---

1. C'est Michelet qui souligne.

humain, la part essentielle est la force vive, qu'on appelle homme. *L'homme est son propre Prométhée.*

Cette circularité est inscrite à la fois dans la biographie intérieure de Michelet et dans la quarantaine d'années — 1830-1870 — sur quoi s'étale la rédaction de l'*Histoire de France* : quarante ans, vingt siècles et vingt-quatre volumes ! Elle se divise, schématiquement, en trois parties, dont le développement n'a nullement été linéaire. L'*Histoire de France* n'a obéi qu'aux injonctions psychiques de Michelet. Elle ne procède pas chronologiquement. Elle procède de manière hystérique, par syncopes et par révélations successives.

La première de ces révélations est celle sur laquelle s'ouvre la préface de 1869 : « Cette œuvre laborieuse d'environ quarante ans fut conçue d'un moment, de l'éclair de Juillet. Dans ces jours mémorables, une grande lumière se fit, et j'aperçus la France. » 1830-1844 : six volumes où Michelet « saisit le charme du Moyen Âge », comme le dit Jacques Le Goff dans la superbe préface qu'il en a donnée dans les *Œuvres complètes* éditées par Paul Viallaneix chez Flammarion : le Moyen Âge d'une histoire totale, matérielle et spirituelle, d'une histoire-peuple, le Moyen Âge des cathédrales, de la fête et du merveilleux chrétien, ce Moyen Âge poétique et enchanté qui n'est pas seulement un début chronologique, un point de départ historique, mais, comme le montre bien Le Goff en s'appuyant, après Claude Mettra, sur un grand texte de 1833, *La Passion comme principe d'art au Moyen Âge*, un retour aux origines, au ventre matériel auquel il est amené à se comparer lui-même. C'est le « beau Moyen Âge » que, dans une seconde période, après 1845, Michelet va s'acharner à renier, à réécrire, comme l'a démontré Lucien Febvre, pour progressivement le déchristianiser, le noircir, le rendre plus charnel et en même temps plus satanique.

À ce moment est intervenue la seconde révélation, que Michelet présente comme telle, cette visite improvisée à la cathédrale de Reims à laquelle il attribue l'arrêt de son récit au XVe siècle, au seuil des grands siècles monarchiques, et son embardée pour huit ans dans la Révolution. Circulant avec ravissement dans « la splendide église du Sacre », montant dans la corniche intérieure qui « la fait voir ravissante, de richesse fleurie, d'un alléluia permanent », il arrive au dernier petit clocher, juste au-dessus du chœur :

> Là, un spectacle étrange m'étonna fort. La ronde tour avait une guirlande de suppliciés. Tel a la corde au cou. Tel a perdu l'oreille. Les mutilés y sont plus tristes que les morts. Combien ils ont raison ! Quel effrayant contraste ! Quoi ! l'église des fêtes, cette mariée, pour collier de roses, a pris ce lugubre ornement ! Ce pilori du peuple est placé au-dessus de l'autel. Mais ses pleurs n'ont-ils pu, à travers les voûtes, tomber sur la tête des rois ! Onction redoutable de la Révolution, de la colère de Dieu ! Je ne comprendrai pas les siècles monarchiques, si d'abord, avant tout, je n'établis en moi l'âme et la foi du peuple. Je m'adressai cela, et, après *Louis XI*, j'écrivis la *Révolution* [1845-1853].

Sept volumes, et l'on est en 1853, après le coup d'État et l'installation de l'Empire, où — troisième des grands moments — Michelet se retourne vers l'histoire des siècles monarchiques qui ne sont qu'un long dénigrement, une condamnation du classicisme monarchique, en même temps qu'une revalorisation partielle du Moyen Âge qui trouvera, après la guerre de 1870, une dernière apothéose d'inspiration quasi écologique qui annonce, d'une certaine façon, la faveur dont le Moyen Âge jouit aujourd'hui. Mais c'est, évidemment, l'hostilité à l'Empire, au coup d'État, à la dictature, à la nouvelle alliance du trône et de l'autel qui inspire sa haine et son dénigrement systématique des siècles monarchiques.

La France « comme personne » n'est pas une métaphore littéraire, mais une identification organique. Elle suppose un va-et-vient vital, une fusion-confusion entre l'histoire et la biographie, entre la France et son historien : « L'histoire : violente chimie morale, où mes passions individuelles tournent en généralités, où mes généralités deviennent passions, où mes peuples se font moi, où mon moi retourne animer les peuples[1]. »

La correspondance va cependant beaucoup plus loin entre le moi de l'historien et l'histoire de la France. Elle va jusqu'à établir un lien consubstantiel et quasi thaumaturgique entre la force vitale de l'historien et les morts du passé, qui fait de l'épreuve et de la proximité de la mort la condition même du travail historique. « Résurrection intégrale du passé », la formule est devenue classique, mais il faut prendre la mesure de ce qu'elle signifie. L'histoire naît de l'épreuve, de la familiarité, de l'obsession de la mort, comme le dit Michelet dans la préface :

> J'avais une belle maladie qui assombrit ma jeunesse, mais bien propre à l'historien. J'aimais la mort. J'avais vécu neuf ans à la porte du Père-Lachaise, alors ma seule promenade. Puis j'habitais vers la Bièvre, au milieu de grands jardins de couvents, autres sépulcres. Je menais une vie que le monde aurait pu dire enterrée, n'ayant de société que celle du passé, et pour amis les peuples ensevelis. Refaisant leur légende, je réveillais en eux mille choses évanouies. Certains chants de nourrice dont j'avais le secret étaient d'un effet sûr. À l'accent, ils croyaient que j'étais des leurs. Le don que Saint Louis demande et n'obtient pas, je l'eus : « Le don des larmes ». Don puissant, très fécond. Tous ceux que j'ai pleurés, peuples et dieux, revivaient.

De cette féconde intimité de la mort et de l'histoire-résurrection, il n'est pas d'exemple plus éclairant que cette grande crise que Michelet connaît de 1839 à 1842, après la mort de sa première femme, Pauline Rousseau. Celle-ci, de condition modeste, dame de compagnie, de cinq ans son aînée, devenue sa maîtresse à vingt ans, épousée quand elle était enceinte, mère de deux enfants, ne l'avait guère suivi dans son propre développement intellectuel, social, professionnel. Il l'avait négligée pour son travail et sa carrière. Il l'avait, dit-il, « méprisée ». Sa mort le jette dans une dépression profonde et une intense culpabilité :

---

1. *Journal*, année 1841, 18 juin.

Michelet, l'hystérie identitaire

Ma femme mourut et mon cœur fut déchiré. Mais de ce déchirement même sortit une force violente et presque frénétique. Je me plongeais avec un plaisir sombre dans la mort de la France au XVe siècle, y mêlant des passions de sensualité farouche que je trouvais également et dans moi et dans mon sujet. Ce n'est pas sans raison que quelqu'un a écrit que le quatrième volume était sorti d'une inspiration immorale. C'est ce qui en fait l'étrange force. Jamais mauvaise époque n'a été racontée dans une plus mauvaise agitation de l'esprit[1].

Si l'on veut voir comment se traduit cette « mauvaise agitation de l'esprit », il suffirait de se reporter aux dernières pages de ce quatrième volume où Michelet condense la détresse de la France et projette la sienne propre dans une hallucinante métaphore, la danse des morts qui se joua à Paris, en 1424, au cimetière des Innocents. Le passage tout entier mériterait citation, et explication. Michelet y décrit, pour commencer, le lieu, qui peut apparaître comme le théâtre symbolique de l'histoire humaine :

> Tel était le torrent de matière morte qui passait et repassait, tel le dépôt qui en sortait, qu'à l'époque où le cimetière fut détruit, le sol s'était exhaussé de huit pieds au-dessus des rues voisines. De cette longue alluvion des siècles s'était formée une montagne de morts qui dominait les vivants.

Puis vient la dimension symbolique de la scène :

> Quelque dégoût que purent inspirer et le lieu et le spectacle, c'était chose à faire réfléchir, de voir dans ce temps meurtrier, dans cette ville si fréquemment, si durement visitée de la mort, cette foule famélique, maladive, à peine vivante, accepter joyeusement la Mort même pour spectacle, la contempler insatiablement dans ses moralités bouffonnes et s'en amuser si bien qu'ils marchaient sans regarder sur les os de leurs pères, sur les fosses béantes qu'ils allaient remplir eux-mêmes.

---

1. *Ibid.*, 29 avril.

Et après avoir rappelé la ronde funèbre des grands acteurs du temps, l'assassinat de Louis d'Orléans (1407), la mort d'Henri V de Lancastre (1420), celle de Jean sans Peur (1419), celle de Charles VI (1422), vient la philosophie morale de l'allégorie historique. Je la cite d'autant plus volontiers qu'elle est un bon exemple du style historique de Michelet :

> Si l'on eût trouvé un peu dures ces dérisions de la Mort, elle eût eu de quoi répondre. Elle eût dit qu'à bien regarder, on verrait qu'elle n'avait guère tué que ceux qui ne vivaient déjà plus. Le conquérant était mort, du moment que la conquête languit et ne peut plus avancer ; Jean sans Peur, lorsque au bout de ses tergiversations, connu enfin des siens mêmes, il se voyait à jamais avili et impuissant. Partis et chefs de partis, tous avaient désespéré. Les Armagnacs, frappés à Azincourt, frappés au massacre de Paris, l'étaient bien plus encore par le crime de Montereau. Les Cabochiens et les Bourguignons avaient été obligés de s'avouer qu'ils étaient dupes, que leur duc de Bourgogne était l'ami des Anglais ; ils s'étaient vus forcés, eux qui s'étaient crus la France, de devenir Anglais eux-mêmes.

Voici enfin la chute, où l'historien paraît n'exprimer plus que lui-même :

> Chacun survivait ainsi à son principe, à sa foi. La mort morale, qui est la vraie, était au fond de tous les cœurs. Pour regarder la danse des morts, il ne restait que des morts.

C'est pourtant du tréfonds de cette crise existentielle que va naître l'idée même de la Renaissance, dont il faut rappeler que l'on doit précisément le concept à Michelet. Il rencontre alors Mme Dumesnil, la mère d'un de ses élèves, pour laquelle il éprouve une passion platonique, qu'il héberge chez lui et qui ne tarde pas à mourir elle-même d'un cancer. C'est au lendemain et à travers la mort de Mme Dumesnil que Michelet va écrire, en particulier, *Jeanne d'Arc*, comme figure de sa résurrection autant que de celle de la France. Nouvelle métaphore, nouveau symbole, nouvelle forme d'identification. Le phénomène est d'autant plus extraordinaire que, jusqu'à Michelet, Jeanne d'Arc n'a représenté qu'une figure secondaire de l'histoire de France. C'est lui qui en fait un personnage central. Et ce qui est plus extraordinaire encore, c'est que cette construction historique n'est nullement fondée sur un bâti documentaire nouveau, et à l'époque consultable, mais sur une inspiration psychologique et un récit de révélation. Jules Quicherat, au même moment, était en train d'éditer les procès. L'ancien chef de la section historique des Archives, cet historien qui se voulait le premier à avoir écrit son histoire avec des archives, n'a pas cherché à les consulter. Il a dressé une figure de vitrail, forgé une idée-force et c'est elle qui s'est historiquement imposée. Jeanne d'Arc est pour lui la première à avoir aimé la France comme une personne. Elle est la revendication du droit de la conscience individuelle contre la tyrannie de l'orthodoxie. Elle est la femme, la pucelle, l'ange et la sorcière. Elle est la victime de l'Angleterre, qui n'est pour lui qu'orgueil de la chair et misère de l'âme. Jeanne est la dernière forme de la « passion » du Moyen Âge, la dernière incarnation du christianisme. Jeanne est surtout la fille du peuple, elle est peuple et c'est pour le Peuple que Michelet a écrit ce livre peuple. Édité d'ailleurs bientôt en volume indépendant, *Jeanne d'Arc* sera l'un des premiers ouvrages retenus par Louis Hachette pour ses nouvelles bibliothèques de gare. On n'en finirait pas d'énumérer les sédimentations symboliques et les projections personnelles dont Michelet a chargé sa Jeanne d'Arc.

À ce point d'introjection identitaire, on comprend le rôle et le magistère très particuliers que Michelet attribue à l'historien, sorcier qui rend visible l'invisible, intercesseur entre la mort et la vie, gardien des tombeaux, et surtout responsable de la mémoire des morts, leur tuteur et leur protecteur. « Chaque mort laisse un petit bien, sa mémoire, et demande qu'on la soigne [...]. J'ai donné à trop de morts oubliés l'assistance dont j'aurais moi-même besoin. » Nous avons tous, historiens de ma génération, grandi dans le culte de Michelet, appris par cœur cette page étonnante du *Journal* et qui a résonné pour nous comme un programme :

> L'historien [...] voit souvent dans ses rêves une foule qui pleure et se lamente, la foule de ceux qui n'ont pas eu assez, qui voudraient revivre. Cette foule, c'est tout le monde, l'humanité. Demain nous en serons [...]. Mais ce n'est pas seulement une urne et des larmes que nous demandent ces morts. Il ne leur suffit pas qu'on recommence leurs soupirs. Ce n'est pas une nénie, une pleureuse qu'il leur faut ; c'est un devin, *vates*. Tant qu'ils n'auront pas ce devin, ils erreront encore autour de leur tombe mal fermée et ne reposeront pas. Il leur faut un Œdipe, qui leur explique leurs propres énigmes dont ils n'ont pas eu le sens, qui leur apprenne ce que voulaient dire leurs paroles, leurs actes, qu'ils n'ont pas compris. Il leur faut un Prométhée et qu'au feu qu'il a dérobé, les voix qui flottaient, glacées, dans l'air rendent un son, se remettent à parler. Il faut plus, il faut entendre les mots qui ne furent dits jamais, qui restèrent au fond des cœurs (fouillez le vôtre, ils y sont) ; il faut faire parler les silences de l'Histoire, ces terribles points d'orgue où elle ne dit plus rien et qui sont justement ses accents les plus tragiques. Alors seulement les morts se résignent au sépulcre[1].

L'étonnant est, en définitive, le résultat global, le résultat historique de cette prodigieuse identification. Car de la même façon qu'il y a deux Michelet — un Michelet herculéen, prométhéen, celui que les étudiants du Quartier latin avaient baptisé « Monsieur Symbole », et un petit-bourgeois gestionnaire habile de sa carrière, celui que Proudhon décrivait comme « un petit vieillard sautillant, vaniteux et lubrique » —, de même la France dont Michelet a fixé l'image a-t-elle deux profils, représente-t-elle deux France ; ou, pour mieux dire, les deux France. Sans doute est-ce par une lecture attentive du *Peuple* (1846) qu'on les trouverait toutes les deux concentrées. « Ce livre est plus qu'un livre, dit-il en commençant, c'est moi-même. » Il y a là, fondues dans la même exaltation organiciste et vitaliste de la patrie, deux France, deux types de France que la suite de l'histoire

---

1. *Ibid.*, année 1842, 30 janvier.

Michelet, l'hystérie identitaire

et le conflit des nationalités vont se charger d'opposer : la France des droits de l'homme et de la devise républicaine, du rationalisme des Lumières et de l'universalisme émancipateur ; et la France la plus chauvine, xénophobe, militariste et ultranationaliste. France étrange, peuple étrange, du petit propriétaire paysan comme figure d'une humanité élargie à la nature même et à l'animal, peuple des enfants, des misérables, des innocents, qui inspire à Michelet des élans christiques — « qu'ils viennent tous avec moi ! » —, et peuple de guerriers, qui devient un hymne au soldat français, « mâle supérieur, fécond, bon amant ». L'apologie du paysan attaché à sa terre se transforme en nationalisme délirant, en un péan à la France supérieure à toutes les nations puisqu'elle est la nation par excellence et qu'elle les contient toutes. Elle seule est la nation complète : « Il faut bien que Dieu l'éclaire plus qu'une autre nation puisque en pleine nuit elle voit quand nulle autre ne voit plus. » Il n'est que de lire, dans la troisième partie du *Peuple*, ces formules féroces et inattendues contre l'étranger, assimilé au complot, contre l'Angleterre, baptisée l'« anti-France », contre la ville, qui énerve la race, contre les manufactures, peuplées de « prolétaires chétifs au teint sans couleur, à l'œil sans rayon », contre les Juifs, surtout, « qui, quoi qu'on en dise, ont une patrie, la Bourse de Londres, qui agissent partout, mais leur racine est au pays de l'or ».

Cette double France de ce double Michelet mériterait une exploration systématique. Elle représente un stéréotype à deux faces, profondément intériorisé par la conscience nationale et qui explique assez que Michelet — comme Péguy — ait pu relever d'une double appropriation, par la gauche et par la droite, et même par l'extrême gauche et par l'extrême droite. Il y a un Michelet-de Gaulle et un Michelet-Pétain ; il y a même un Michelet-Thorez et — *horresco referens* — un Michelet-Le Pen. Devant cette figure de Michelet, et sa fonction, un historien de la France, aujourd'hui, ne peut qu'être partagé entre l'attirance et la répulsion, entre l'horreur et la fascination.

Michelet aura été l'objet, somme toute, d'une série de

constructions historiques successives. Il y a eu le Michelet libéral et romantique, le poète que Michelet lui-même détestait qu'on admire en lui. Il y a eu, culminant au centenaire de sa naissance en 1898, le Victor Hugo historien, plus ou moins fabriqué par les morceaux choisis publiés par sa seconde femme, Athénaïs, le père de la République et l'incarnation de la France révolutionnaire. Il y a eu le Michelet des débuts du siècle, très étrangement partagé dans le culte entre Charles Péguy, qui voyait en Michelet l'antidote à la Sorbonne positiviste et lavissienne, et Gabriel Monod, le chef même de cette école critique et positiviste qui s'est définie contre Michelet. Il y a eu le Michelet national-résistant, celui qu'André Malraux connaissait par cœur et auquel Lucien Febvre consacrait pendant la guerre son cours au Collège de France, comme une forme d'hommage patriotique. Et par là s'opère tout naturellement la transition vers le Michelet des *Annales*, le Michelet des profondeurs, le transgresseur de toutes les frontières et le dévoreur de toutes les formes d'histoire, l'historien des petits, des obscurs, des sans-grade, auquel a fait écho le Michelet abyssal et névrotique de Barthes. Au-delà de toutes ces figures, peut-être y a-t-il place, désormais, pour un autre Michelet.

5
Lavisse, instituteur national

Auteur d'un manuel primaire qui répandit à millions d'exemplaires un évangile républicain dans la plus humble des chaumières, codirecteur, avec Alfred Rambaud, de l'*Histoire générale du IV*ᵉ *siècle à nos jours* (douze tomes), animateur des vingt-sept volumes de l'*Histoire de France*, Ernest Lavisse (1842-1922) fait figure, aux yeux de la postérité, de porte-parole de la génération qui travailla, avec Gambetta et Jules Ferry, à la refonte de l'esprit national après la défaite de 1870 et à l'enracinement dans la société des institutions républicaines. « Toute sa vie a été guidée par la même préoccupation, déclare un de ses élèves : rénover les études historiques pour en faire un puissant moyen d'éducation nationale[1]. » Et son disciple, Charles Victor Langlois, renchérit :

> C'est une grande chance que l'histoire de France ait été exposée pour longtemps dans son ensemble sous la direction d'un homme qui réalisait si parfaitement le type national français, en ce qu'il a de plus spécifique et de meilleur[2].

[1]. Cf. Henry LEMONNIER, « Lavisse professeur », *Revue internationale de l'enseignement*, 15 janvier 1923.
[2]. Charles Victor LANGLOIS, « Ernest Lavisse », *La Revue de France*, n° 19, 1ᵉʳ octobre 1922.

Paru sous le titre « Ernest Lavisse : son rôle dans la formation du sentiment national », *Revue historique*, juillet-septembre 1962, et repris sous le titre « Lavisse, instituteur national. Le "Petit Lavisse", évangile de la République », *in* Pierre NORA (dir.), *Les Lieux de mémoire*, t. I, *La République*, Gallimard, « Bibliothèque illustrée des histoires », 1984, pp. 247-289.

Entreprise vaine celle qui chercherait à démêler, dans la formation du sentiment national, entre 1870 et 1914, la contribution personnelle à Lavisse d'une volonté d'action républicaine dont il est à son tour le produit. Lavisse n'a pas la dimension d'un Taine, de quinze ans son aîné à Normale, et aucun Roemerspacher républicain n'est venu lui faire cette visite solennelle que Barrès fait faire à son héros des *Déracinés*. Lavisse n'est un maître qu'au sens universitaire du terme. « Peut-être même, remarque Charléty, n'a-t-il directement *formé* aucun jeune homme. » Il n'eut avec la jeunesse qu'un contact collectif et aucun jeune Français ne lui doit sa conception de la France, comme à Taine ou à Maurras. Ces grands noms paraissent l'écraser ; son influence, pour être moins prestigieuse, fut-elle moins profonde ?

Aucun homme de lettres n'est, en France, l'homologue des Ranke, Sybel, Treitschke, Mommsen, Delbrück ou Strauss. Le rôle de directeurs de la conscience nationale que jouèrent les grands historiens allemands n'a pas d'équivalent ; dans les premières décennies de la France républicaine, ce fut l'enseignement même de l'histoire qui l'assuma.

L'instruction publique jouit alors, avec l'armée jusqu'à la crise boulangiste, seule ensuite, d'un prestige national qu'elle n'avait pas connu jusque-là (sauf auprès de certains comités de la Convention) et qu'elle a perdu depuis. Or Lavisse y tient, de la fin du XIXe siècle à la Première Guerre mondiale, une place incomparable, comme nous le présente Jules Isaac :

> Aux abords de la soixantaine, il régnait sur tout, présidait à tout : rue des Écoles, en Sorbonne, aux études historiques [...], boulevards Saint-Germain et Saint-Michel, chez Hachette et chez Armand Colin, grandes puissances de la librairie, aux publications historiques, voire scolaires ; rue de Grenelle, où se trouvait le ministère de l'Instruction publique, au Conseil supérieur de ladite ; sans compter à je ne sais combien de commissions et de cérémonies[1].

---

1. Jules ISAAC, *Expériences de ma vie*, Calmann-Lévy, 1959, pp. 265-267.

Le supermaître a connu l'apogée de son influence à la génération qui suivit celle des fondateurs, à l'œuvre de qui, pourtant, l'on associera son action. Loin des luttes politiques, à l'abri de l'usure du pouvoir, il aurait, à l'intérieur d'une des institutions les plus caractéristiques de la République, assuré la permanence et la diffusion d'une pensée marquée par l'humiliation de la défaite et la hantise de la revanche ; ce décalage seul suffirait à lui faire une place à part. Certains le sentirent très tôt : « M. Lavisse, écrit René Doumic dès 1894, représente quelque chose de particulier, d'original et d'intéressant[1]. »

LAVISSE RÉPUBLICAIN ?

Le jeune Lavisse et le régime

Prédicateur laïque d'une régénérescence républicaine dont les artisans seraient à la fois l'instituteur et l'officier, piliers jumeaux de la patrie, telle est bien l'image dont Lavisse lui-même a écrit la légende dans ses *Souvenirs*[2], récit de sa jeunesse qu'il arrête en novembre 1862, lors de son entrée à l'École normale : « À cette date finit une période de ma vie. » Récit précieux pour l'historien, mais témoignage tendancieux : rédigé en 1912, il paraît la reconstruction d'un historien âgé de soixante-dix ans, qui, après avoir consacré sa vie à l'éducation nationale et reçu de la République tous les honneurs universitaires, opère dans ses souvenirs, fût-ce malgré

---

1. René DOUMIC, *Écrivains d'aujourd'hui*, Perrin, 1894. On n'envisagera cependant ici qu'à titre accessoire le contenu des ouvrages de Lavisse sur l'Allemagne et des grandes collections, auxquelles appartient le grand livre sur Louis XIV ; les problèmes qu'en soulève l'étude méritent un développement qui dépasserait le cadre du présent article, orienté vers l'analyse d'un manuel primaire.
2. [Publiés en 1928, les *Souvenirs* d'Ernest Lavisse ont connu une réédition en 1988 chez Calmann-Lévy, avec une préface de Jacques et Mona Ozouf.]

lui, le tri nécessaire pour rendre son passé conforme à une vocation prétendue : celle d'un pédagogue républicain. Vocation qui serait née, selon lui, de l'amertume d'une éducation manquée. Fils d'un petit boutiquier qui tenait au Nouvion-en-Thiérache un magasin de nouveautés — Au petit bénéfice —, toute sa vie scolaire, de l'école communale à la rue d'Ulm, en passant par le collège de Laon et l'institution Massin, « la mieux réputée pourtant des pensions du Marais », est restée misère morale et grisaille intellectuelle. « Les plans y sont confondus, aucune perspective n'y conduit mon regard. Ma jeunesse n'a été qu'une grande brume flottante. » Au fur et à mesure qu'il se raconte, le procès qu'intente Lavisse à cette éducation « étroite, formelle, disciplinaire et coercitive » est instruit au nom « de tous les hommes de la même génération » et met en cause tout un système d'enseignement : « Je reproche aux humanités, telles qu'on nous les enseigna, d'avoir étriqué la France [...]. Nous ne fûmes point préparés à comprendre tout ce que doit comprendre l'intelligence des hommes de notre temps ; nous ne fûmes point préparés à l'usage de la liberté. » Et l'autobiographie, se faisant page d'histoire, devient la justification d'une vie. Le vieillard pédagogue se présente comme le produit d'une pédagogie défaillante ; Lavisse aurait, d'après son propre témoignage, voulu transformer l'éducation personnelle à laquelle il fut réduit en un système moderne d'éducation collective inspirée par une grande idée nationale.

« Éducation personnelle », c'est le titre du plus long chapitre des *Souvenirs*, où Lavisse relate comment l'attachement provincial à sa famille et à sa terre picardes, le culte partagé avec un petit cénacle de condisciples pour Victor Hugo se mêlent intimement à la foi républicaine très imprégnée de l'esprit de 1848. Ce qu'il sait sur la vie, nous dit-il, il le doit à son retour à Nouvion, où, avant d'aller, couvert de tous les honneurs universitaires, catéchiser les enfants par des discours de distribution de prix[1], il va passer ses

---

1. Ernest LAVISSE, *Discours à des enfants*, A. Colin, 1907 ; *Nouveaux discours à des enfants*, A. Colin, 1910.

vacances. Ce sont les membres de sa famille qui, les premiers, lui donnèrent le goût de l'histoire :

> J'appris la mort de Louis XVI, les victoires et les désastres de l'Empereur, les conquêtes et les invasions, non pas dans les livres, mais par un vieillard qui avait vu le Roi mourir sur l'échafaud, par des soldats de l'Empereur, par des gens qui s'étaient enfuis dans les bois à l'approche de l'ennemi.

Son premier argent de poche est consacré à l'achat du programme d'entrée à Saint-Cyr, et il ne renonce à ses ambitions militaires que pour des ambitions littéraires aussi nobles : écrire dans une mansarde ; mais les « frissons littéraires » que lui donnent Lamartine et Musset ont, sous sa plume, quelque chose de bien académique. Il dévore, dit-il, toute l'œuvre de Michelet :

> Son *Introduction à l'histoire universelle* [...] m'enthousiasme. Je m'arrêtai longuement devant cette phrase : « Ce qu'il y a de moins fatal, de plus humain et de plus libre dans le monde, c'est l'Europe ; de plus européen, c'est ma Patrie, c'est la France ! »

Michelet aurait été ainsi son grand maître :

> Nous étions donc républicains ; mais comment la République pourrait s'établir en France, nous ne nous le demandions pas. Le vocable nous paraissait pouvoir suffire à tout, étant miraculeux. Nous croyions que la République libérerait, en même temps que la France, l'humanité entière qui attendait notre signal.

Les *Souvenirs* paraissent expliquer des détails véridiques par des sentiments qui ne leur sont pas contemporains. Les manifestations de son républicanisme demeurent en général bien puériles : arborer cravate rouge et longue chevelure, écrire dans *La Jeune France* des éloges de Brutus, siffler Nisard trop en cour et veiller autour d'une « Marianne » en plâtre en chantant *La Marseillaise*, appeler son chien Badinguet et faire semblant de vivre dans la clandestinité. Mais elles sont parfois plus engagées ; lors de la souscription organisée pour payer l'amende infligée à Eugène Pelletan par la magistrature impériale, Lavisse court porter son obole à Georges Clemenceau et s'emploie, pendant les périodes électorales, chez Jules Simon, Ernest Picard ou Louis-Antoine Garnier-Pagès. L'anecdote de Saint-Cyr[1] a, par exemple, été probablement vécue, mais à la date où elle dut se situer, en 1856, elle s'explique mieux par la victoire de Malakoff et l'épopée impériale que par des sentiments d'ardeur républicaine. La prédilection exclusive pour Hugo et Michelet n'est-elle pas quelque peu suspecte ? À cette date, Hugo est un proscrit et le cours de Michelet est encore suspendu.

Plus conforme à la réalité apparaît un aveu, bref et soudain, dans un article de 1895, « Jeunesse d'autrefois et jeunesse d'aujourd'hui »[2]. Lavisse y évoque encore longuement la République, « si haut dans le ciel, belle figure vague nimbée d'une auréole vive », et ses rencontres au Procope, avec Charles Floquet et Gambetta, avec qui il déclame l'adieu d'Œdipe partant pour l'exil, et tout à coup : « À la vérité, écrit-il, je ne fus jamais engagé à fond dans ces mouvements de la jeunesse. Des goûts et des sentiments contradictoires se livraient en moi. » Lesquels ? « Mon éducation dans une famille très respectueuse de l'autorité, l'admiration de la grandeur de l'Empereur et de sa force ; l'ambition de commencer au plus vite une vie active, agissante et qui eut de la suite... » Oui, Lavisse est d'abord un bon élève provincial et boursier à Paris, en qui sa famille met beaucoup d'espoirs, un étudiant qui veut réussir et qui va très vite et très bien réussir.

À peine, en effet, est-il sorti de Normale que Lavisse est remarqué par Victor Duruy, ministre de l'Instruction publique depuis 1863, qui s'attache ses services et fait du jeune professeur au lycée Henri-IV un chef de cabinet sans le

---

1. Lavisse a toujours eu des rapports étroits avec Saint-Cyr. Il a cherché à en réformer l'examen d'entrée (cf. Ernest LAVISSE, « L'examen de Saint-Cyr », *La Revue de Paris*, 15 avril 1896). Il y a été professeur d'histoire et de littérature au plus fort de l'affaire Dreyfus, en 1899. Son frère cadet, mort général, est sorti de Saint-Cyr ; il a dirigé l'école de Saint-Maixent.
2. ID., « Jeunesse d'autrefois et jeunesse d'aujourd'hui », in *À propos de nos écoles*, A. Colin, 1895.

titre, avant d'en faire son fils spirituel[1]. Et, sur les recommandations du ministre dont l'empereur se sépare à regret, Lavisse est, de 1868 à la chute de l'Empire, le précepteur du prince impérial.

Aussi la défaite de 1870 provoque-t-elle en lui un choc d'une gravité décisive. Sans doute réagit-il d'abord en Français de sa génération qui « aimait [sa] patrie, aimait la liberté, aimait les hommes, individus ou nation, ceux qui souffraient surtout ». Il reçoit en plein cœur l'humiliation de la paix imposée. « Raisons, principes, sentiments, dit-il, s'accordèrent après notre malheur. Notre cause avait l'honneur d'être la cause de l'humanité. » Mais la crise nationale se double chez lui d'une crise individuelle. Il a près de trente ans. Peut-être l'effondrement de l'Empire ébranla-t-il son diagnostic politique ; à coup sûr, il brisa ses espoirs les plus légitimes. Précepteur du prince impérial à vingt-six ans, à quel avenir, si l'Empire avait été effectivement héréditaire, n'était pas promis ce nouveau Fénelon d'un autre duc de Bourgogne ?

Signe de ce bouleversement, Lavisse prend soudain la décision de partir pour l'Allemagne, où il restera trois ans, avec un maigre traitement annuel de 500 francs. « Personne, écrit-il en 1871 au ministre pour lui demander son congé, n'a senti plus vivement des malheurs dont je ne me consolerai jamais et personne n'est plus résolu que moi à travailler, suivant ses forces, à l'œuvre de réparation. »

Le sous-titre de la thèse qu'il rapporte d'Allemagne, en 1875, révèle nettement l'ambition de l'historien : *La Marche de Brandebourg sous la dynastie ascanienne. Essai sur l'une des origines de la monarchie prussienne.* Dès son premier livre, Lavisse indique la nature de son intérêt pour l'histoire ; ses ambitions ne sont pas purement scientifiques, l'histoire

---

1. Il m'a été impossible de préciser quelle fut l'occasion de la rencontre des deux hommes dont l'attachement durera jusqu'à la mort de Victor Duruy en 1894. Celui-ci termine ses *Notes et souvenirs* sur le sentiment de satisfaction que lui a donné la réussite de ses enfants et de son disciple : « [E]t mon ancien secrétaire à l'Instruction publique, Ernest Lavisse, que, depuis trente ans, je regarde comme un de mes enfants, a été reçu à l'Académie française » (Victor DURUY, *Notes et souvenirs, 1811-1894*, 2 vol., Hachette, 1901, t. II, p. 312). Cf. également Ernest LAVISSE, *Un ministre : Victor Duruy*, A. Colin, 1895.

même de la Prusse ne l'absorbe pas. C'est l'énigme de la victoire allemande qui sollicite sa passion d'historien français, il veut révéler à ses compatriotes vaincus le secret de leur défaite. Il n'a pas fait la guerre, mais, historien, il contribue à sa manière à « l'œuvre de réparation ». C'est donc, derrière l'histoire de la Prusse, l'histoire nationale qui le préoccupe déjà. La preuve en est qu'aussitôt après la thèse, alors qu'il fait déjà figure de spécialiste, Lavisse abandonne l'histoire de la Prusse pour, après quelques hésitations, recruter l'équipe qui, sous sa direction, écrira d'abord l'*Histoire générale*, puis la grande *Histoire de France*. Sans doute n'a-t-il jamais cessé de s'intéresser à l'Allemagne. Mais ses travaux restent très généraux, occasionnels, et répondent plus aux curiosités du public français qu'à celles du public germanique ; ce sont successivement les *Études sur l'histoire de Prusse* (1879), les *Essais sur l'Allemagne impériale* (1881) et le portrait comparé de *Trois empereurs d'Allemagne* (1888). Son seul ouvrage d'érudition sur Frédéric de Prusse demeure inachevé : *La Jeunesse du Grand Frédéric* (1891) et *Le Grand Frédéric avant l'avènement* (1893). L'histoire de l'Allemagne n'est qu'un versant d'une œuvre dont le massif est l'histoire de la France.

En revanche, Lavisse est resté, très tardivement, fidèle à l'espoir d'une restauration bonapartiste. La correspondance qu'il entretient avec le prince en exil révèle un attachement beaucoup plus politique que personnel : « Les derniers événements électoraux, lui écrit-il en Angleterre le 14 novembre 1874, n'ont-ils pas éclairé encore une fois l'avenir et montré aux prises l'Empire avec la radicaille ? Une bonne partie de la nation ne s'est pas encore décidée ; le jour où elle se décidera pour l'Empire, ce qui ne peut manquer, l'Empire sera fait. »

Toute la correspondance est à consulter[1]. Décrivant, par exemple, l'état d'esprit de son département de l'Aisne, Lavisse n'a pour les républicains que sarcasme :

---

1. Cette correspondance fut déposée par Lavisse lui-même à la Bibliothèque nationale : la publication de larges extraits par la *Revue des Deux Mondes*, en

> Le paysan n'est absolument pas républicain, le bourgeois non plus ; l'ouvrier, excepté dans certains centres peu nombreux, ne l'est guère ; et pourtant, tout ce monde-là, aux dernières élections, a voté pour des candidats républicains. D'où vient cette contradiction ? De la lâcheté humaine. Tous ces gens que j'ai connus si fidèles serviteurs de l'Empire, il y a cinq ans, n'ont pas encore imaginé qu'il eût été bon de garder fidélité à l'Empire tombé.

Plus loin, il conseille au prince le rachat des journaux républicains, « feuilles malsaines, mais éphémères, parlant haut et d'un ton de maître ; si bien que quiconque les lirait et entendrait nos députés — à supposer que ceux-ci parlassent — nous croirait une collection de Thieristes mélangés de Gambettistes. Que faudra-t-il pour que ce rideau de mensonges soit déchiré ? ».

Quelques semaines avant la crise du 16 mai, son jugement demeure aussi sévère :

> La République est pleine de menaces. Les hommes sont très petits, les idées n'existent pas. Rien ne s'annonce. Nous sommes frappés de stérilité. L'opportunisme est une excuse d'impuissance. Le radicalisme est un vieux masque derrière lequel il n'y a que des passions basses. Le centre gauche n'a pas de sexe. Que faire avec tout cela ? C'est autour de vous seul que peut se faire le ralliement [18 février 1877].

Ce n'est qu'en 1878, un an avant la mort du prince, que s'amorce une évolution :

---

avril 1929, suscita chez Armand Colin une vive émotion. Max Leclerc, à l'époque directeur de la maison, demanda aussitôt à l'héritière de Lavisse, Jeanne Quiévreux, de réagir contre « une publication de nature à faire du tort à la mémoire de [son] oncle ; car ces lettres sont vraiment "trop jeunes" et nullement en rapport avec ce que l'on sait de lui depuis lors ». Mme Quiévreux se retourna alors contre Suzanne-Émile Lavisse, veuve du général, qui a lu avec plaisir « ces lettres qui font honneur » à son beau-frère. M. Mignot, directeur littéraire de la librairie Armand Colin, m'a très aimablement communiqué les archives de la maison sur Lavisse ; je tiens à lui en exprimer ici ma vive reconnaissance.

> Je ne crois pas du tout à la possibilité d'une longue durée de la République, j'y crois moins que jamais ; mais je pensais jadis que l'Empire seul pouvait succéder à la République : je ne le pense plus [30 avril 1878].

La conclusion s'impose : patriote sourcilleux, mais républicain tardivement rallié, Lavisse n'a vu sa ferveur patriotique prendre les couleurs de la République que lorsque, celle-ci définitivement enracinée, la défense du régime s'est confondue avec la défense de la nation.

Lavisse dans les institutions républicaines

Même lorsque les grandes crises menacèrent directement l'existence de la République, Lavisse, avec une prudence que beaucoup lui reprocheront, n'est jamais descendu dans l'arène. Lors de la crise boulangiste, il ne prend pas parti. Au moment de l'affaire Dreyfus, même abstention. Son seul article, en octobre 1899, à la veille de l'ouverture du procès en révision de Rennes, est un appel dans la *Revue de Paris* à la « réconciliation nationale ». À ses yeux, l'affaire met aux prises deux expériences différentes de notre vie nationale, mais celle à laquelle il consacre toute son attention est l'expérience dont se réclament les antidreyfusards. Il brosse longuement le tableau de la trinité séculaire sur laquelle fut fondé l'ordre de la nation — l'Église, le roi, l'armée —, détruite brutalement par la Révolution. L'Église et l'armée, corporations de mémoire longue et fondées sur l'obéissance, amoureuses d'un passé qui fut le domicile de leur puissance et de leur gloire, ne peuvent aimer le « désordre de la liberté » ; elles ne peuvent pas ne pas regretter le roi. « Cet état d'esprit est légitime absolument. » Il renvoie donc les adversaires dos à dos : « [L]'Armée et la Justice étant opposées l'une à l'autre par un effroyable malentendu [...], commencez, frères ennemis, par rendre à votre pays cette justice qu'il est le seul au monde peut-être où tant d'hommes soient capables de se torturer pour des sentiments nobles. [...] [O]ffrez à la patrie le sacrifice de vos haines. [...] Et puis, apaisez-vous en cette idée que, tous ensemble, vous êtes la France. » Lavisse n'a donc jamais fait de politique, malgré un tempérament qui semblait l'y porter. Maître de conférences à l'École normale supérieure en 1876, professeur à la Sorbonne en 1888, directeur de l'École normale en 1904, sa carrière fut avant tout celle d'un grand universitaire ; mais son rayonnement social dépassa largement le cadre de l'Université : élu à l'Académie française en 1893, rédacteur en chef de la *Revue de Paris* de 1894 à sa mort, éminence grise du Quai d'Orsay, oracle familier des salons parisiens les plus en vue, en particulier celui — napoléonien — de la princesse Mathilde, « c'est un personnage, nous dit René Doumic dès 1894, avec qui on a pris l'habitude de compter ». Grand personnage, oui, plutôt que grande personnalité, comme le dépeint Jules Isaac :

> Partout, il en imposait par une certaine majesté naturelle, olympienne, qui l'apparentait à un Mounet-Sully ou Victor Hugo, lui inspirait une préférence marquée pour les plus majestueux des personnages historiques, Charlemagne, Louis XIV. Dans son large et calme visage, ses yeux d'un bleu très pur avaient un regard méditatif, d'une humanité sensible et séduisante. C'est par là qu'il me plut : il était humain, très humain, bienveillant aux jeunes.

Le voici encore, tel qu'il apparaît pour la première fois à son successeur à l'Académie, Pierre Benoit, au sortir d'une de ces séances du Conseil supérieur de l'Université qu'il présidait chez le ministre :

> Trapu, massif, vêtu simplement d'un costume de gros drap bleu marine. La tête carrée et solide était un peu enfoncée dans les épaules, et les yeux sous les arcades broussailleuses des sourcils. Il regardait la pluie avec cette indifférence des gens de la campagne et des gens de mer qui ne craignent pas d'être mouillés par elle. On lui parlait avec respect. Il continuait de répondre par monosyllabes. Il se dégageait de cet homme une

curieuse impression d'équilibre et de tristesse. On eût dit un paysan soucieux.

À cette présence, à cette allure volontaire et décidée d'un préfet à poigne, il ajoute le verbe et la plume :

> Conférencier, écrit Jules Isaac, il subjuguait l'auditoire par une merveilleuse diction qui donnait vie et relief à ses moindres remarques [...]. Combien de fois, quittant la salle où je venais de l'entendre, me suis-je dit : le grand orateur, le grand acteur qu'eût fait cet homme ! Plus que l'histoire, c'est l'art de la parole qu'il m'enseigna, en maître incomparable.

Écrivain, Lavisse a le don de la synthèse, la fécondité des formules, un style vigoureux et coloré, sans affectation, beaucoup d'élégance naturelle dans la présentation ; enfin, qualité non moins rare, il a l'art de s'attacher à tous les talents, d'utiliser — sans grands scrupules il faut le dire[1] — toutes les compétences et d'orchestrer magistralement les résultats.

Mais l'influence de Lavisse ne tient pas tant à l'éclat incontestable de ses qualités individuelles qu'à l'union organique qu'il sut établir entre son œuvre d'historien de la France et la profession d'éducateur de la jeunesse. Ces deux activités, apparemment distinctes, ont entre elles un lien intime et quasi fonctionnel. C'est là la profonde originalité, la source vive de son influence sur la formation du sentiment national.

Historien, Lavisse n'a rien d'un érudit. À l'époque où Langlois et Seignobos cherchent à définir les méthodes positives de critique historique, on chercherait en vain dans l'œuvre de Lavisse un souci du même genre. La thèse terminée, il fait faire par des élèves les travaux de recherches. Ce n'est pas un esprit chartiste, ce n'est pas non plus un histo-

---

1. Il utilisait toute main, dit Jules Isaac, qui, dans un entretien privé, me confia avoir retrouvé jusque dans les ouvrages de Lavisse des phrases entières de lettres qu'il lui avait adressées. Et surtout qui fera, sinon Edmond Esmonin lui-même, la part respective d'une étroite collaboration dont le *Louis XIV* est le fruit.

rien à l'esprit philosophique comme Taine ou un amateur de profonde synthèse comme Fustel de Coulanges. Il refuse la spécialisation : « Le grand office de l'histoire est de suivre la route humaine, étape par étape, jusqu'à notre étape à nous. »

À la fin du XIXe siècle, toutes les routes de l'humanité passent par l'Europe et même par la France. Lavisse n'a pas oublié l'enseignement de Michelet ; témoin la préface qu'en 1890 il écrivit pour la *Vue générale de l'histoire de l'Europe*, qui connut un grand succès[1] :

> Je me suis défendu de mon mieux contre les préjugés du patriotisme, et je crois n'avoir pas exagéré la place de la France dans le monde. Mais le lecteur verra bien que, dans la lutte entre les facteurs opposés de l'histoire, la France est le plus redoutable adversaire de la *fatalité des suites*[2]. [...] [S]i les conflits qui arment l'Europe et menacent de la ruiner peuvent être apaisés, ce sera par l'esprit de la France.

Plus encore pour Lavisse que pour Michelet, la France est le condensé de l'Europe. Vers 1885 — la coïncidence est frappante avec sa propre évolution politique —, il juge à la fois nécessaire et possible d'en écrire l'histoire. Jusque-là, la succession des régimes, l'usage polémique de la science et le manque de compétences historiennes interdisaient de dresser ce monument[3].

Dans son intention, l'entreprise signale donc, sur le passé de la France, un jugement historique que livre la conclusion : « Raisons de confiance dans l'avenir » (t. IX) — fruit d'un travail collectif, c'est cependant le seul fragment — avec le volume sur Louis XIV — que Lavisse rédigea et

---

1. En 1927, il avait déjà été fait dix-sept éditions de l'ouvrage.
2. C'est nous qui soulignons. Ne convient-il pas, cependant, de remarquer combien, sous la plume de Lavisse, s'affadit la belle formule de Michelet ?
3. Le projet initial remonte très loin : « Je crois vraiment qu'il serait utile qu'on apprît l'histoire de la France, écrit Lavisse à Gaston Paris le 7 avril 1878. Or, les professeurs ne la savent point [...]. Que de misères dans notre éducation nationale, et dire que nous ne les guérissons pas ! » (Bibliothèque nationale, naf 24-25, f°s 278-294).

signa. La principale des raisons invoquées est la quasi-éternité *et* de la France *et* du régime. Le relèvement de la France après chaque crise, de la guerre de Cent Ans à celle de 1870, lui fait croire qu'il y a, dans la « solidité française », un élément providentiel et « indestructible ». L'ère des révolutions et des coups d'État est close, « le pays est, enfin, pourvu d'un gouvernement que l'on peut croire définitif ». Le sentiment patriotique et le sentiment républicain se sont rejoints et dictent la tâche nationale : « Mettre tout Français en culture pour qu'il rende son maximum. » Nul n'a mieux senti à quel point l'enseignement était lié au fonctionnement de la démocratie. Aussi n'est-il pas jusqu'à ces grandes collections encyclopédiques qui ne répondent à cette unique préoccupation. À l'époque où elles paraissaient, fascicule après fascicule, n'existaient aucune de ces grandes collections qui donnent aux étudiants la vue globale d'une évolution. Les étudiants devaient recourir à une multitude d'ouvrages spécialisés ; quel service ne leur rendit pas le « Lavisse et Rambaud » !

Le même principe anime ainsi l'œuvre scientifique et toute l'œuvre réformatrice de l'historien, sans qu'il soit, ici, besoin de distinguer son action dans le primaire de son action dans le supérieur[1]. Il a puisé auprès de Duruy le goût des réformes universitaires préparées de longue date et réalisées par l'administration. Il est l'un des rédacteurs de la loi Poincaré de 1896 sur la réforme de l'enseignement supérieur et la création des universités provinciales. C'est l'aboutissement d'un long effort de propagande auquel Lavisse, pour sa part, avait largement participé[2]. Le bénéfice qu'il attend de la création d'une université est avant tout moral, la jeunesse y associera le culte de la patrie à celui de la science. Encore convient-il que l'Université ne soit pas, comme les corporations d'Ancien Régime, un conservatoire du passé,

---

1. Le secondaire l'intéresse moins. Détail significatif, Lavisse n'a pas fait partie de la commission de 1882 spécialisée dans l'enseignement secondaire.
2. Cf. Ernest LAVISSE, *Questions d'enseignement national*, A. Colin, 1885, et *Études et étudiants*, A. Colin, 1890.

mais un séminaire de l'avenir. « Il faut que la haute université se mêle intimement à la vie nationale. » Lavisse a voulu rendre l'Université actuelle et présente.

Mais, plus encore que dans ces grandes manifestations de régénération nationale, c'est dans la réforme de l'enseignement même que l'on doit voir le travail inlassable de Lavisse. Cours destinés non plus à un public d'amateurs, mais à des étudiants préparant des examens qui les destinent à l'enseignement ; création du diplôme d'études supérieures, réforme de l'agrégation d'histoire, toutes mesures qui, aux yeux de non-spécialistes, firent de Lavisse un niveleur intellectuel. À l'École normale même, Lavisse se fit, à son arrivée en 1904, une détestable réputation, en exposant son programme : il s'agissait d'obliger les normaliens à suivre le régime scolaire de la Sorbonne et de réduire, somme toute, la rue d'Ulm à une annexe résidentielle de la rue des Écoles[1]. Les objets des plus vifs sarcasmes furent les associations d'étudiants dont la première eut le malheur d'être fondée à Nancy, où le futur auteur du *Culte du Moi* faisait alors ses études. « Enrégimentement de la jeunesse ! », s'écrie Barrès[2], « mainmise sur toute initiative, éducation criminelle, étrange rage du type uniforme, manie moderne de briser l'individu. En vérité, je ne vois pas les Taine, les Renan, les Michelet nourrissant à vingt ans leur esprit dans ce maigre pâturage de deux mille jeunes gens de la petite bourgeoisie qui n'ont à mettre en commun que leur misérable expérience de lycéens, leur timidité héréditaire et leur tapage de basochiens ! Mais puisque c'est le lieu où se prépare l'âme de la patrie, s'il faut que nos futurs notaires, médecins, avocats et substituts jouent au billard à prix réduit pour que M. Lavisse développe son très noble idéalisme patriotique, je n'hésite pas à me résigner ».

---

1. Cf. discours à l'École normale supérieure, 20 novembre 1904. Les normaliens de la promotion 1905 réagirent vivement ; certains, tel le doyen Davy, de qui je tiens l'anecdote, se souviennent du chahut qui salua le nouveau directeur, arrivant à pas lents de son domicile de la rue de Médicis, accueilli aux cris de : « Sauvez, sauvez l'École, malgré son directeur ! »
2. Maurice BARRÈS, *Toute licence sauf contre l'amour*, Perrin, 1892.

Jusque dans ces petits ridicules, on retrouve la même idée directrice. Fortifier la démocratie républicaine c'est désormais, pour Lavisse, armer la France. Aussi l'Allemagne est-elle, si l'on ose dire, le tissu conjonctif de cet enseignement national. Image fonctionnelle et constamment présente, référence obsédante, elle joue pour Lavisse un rôle tour à tour exemplaire, démonstratif et stimulant.

À notre enseignement l'Allemagne propose des leçons que Lavisse n'est pas le seul à étudier[1]. Ce qu'il en tire pour son compte, c'est une admiration du rôle social des universités directement responsables, outre-Rhin, de la formation de l'esprit public. Mais ces institutions ne peuvent être servilement imitées[2], il convient de les transposer en en conservant l'essentiel, le lien entre la science et le patriotisme. Lavisse dit clairement qu'en dressant le monument de l'histoire de France comme en rédigeant les programmes de l'enseignement primaire son but a été le même : communiquer la *pietas erga patriam*[3], qui a fait la force allemande.

Le tableau de l'Allemagne tel qu'il ressort des ouvrages de Lavisse dresse, d'autre part, l'image antithétique de celle de la France. Plus profondément même que par leurs histoires nationales et leurs institutions politiques, les deux pays diffèrent par nature : les Allemands ont reçu la civilisation de l'extérieur. La nature germanique, réduite à elle-même, ne peut rien créer ; la latinité seule a apporté la lumière. En dépit de ses efforts de compréhension, en dépit de ses admirations pour la stabilité du régime allemand et, à la fin du siècle, pour l'expansion économique, il demeure toujours, dans les jugements de Lavisse sur l'Allemagne, une tentation de caricature. Elle atteint son paroxysme au moment

---

1. Cf. Claude DIGEON, « La nouvelle Université et l'Allemagne », in *La Crise allemande de la pensée française (1870-1914)*, PUF, 1959.
2. Pour la critique de l'ouvrage du père DIDON, *Les Allemands*, Calmann-Lévy, 1884, cf. E. LAVISSE, *Questions d'enseignement national, op. cit.*, et « Jeunesse allemande, jeunesse française », in *Études et étudiants, op. cit.*
3. ID., « L'enseignement historique en Sorbonne et l'éducation nationale », leçon d'ouverture au cours d'histoire du Moyen Âge à la faculté des lettres de Paris en décembre 1881, publiée initialement dans la *Revue des Deux Mondes*, 15 février 1882, et reprise dans *Questions d'enseignement national, op. cit.*

des deux guerres, et l'image du « barbare » allemand qui se dégage de *L'Invasion dans le département de l'Aisne* (1872) n'est guère différente de celle que diffusent les brochures de la Grande Guerre : *Discours aux soldats*, *Pourquoi nous nous battons* et *Procédés de guerre allemands* (à l'usage des États-Unis). L'historien devient ici propagandiste. L'image de la République est l'opposée de celle de la Prusse. Décrire l'une, c'est décrire l'autre.

> À l'entrée de l'ère nouvelle, inaugurée par la victoire de la Prusse, il faut laisser toute espérance d'un progrès pacifique de l'humanité. La haine aujourd'hui, demain la guerre, voilà pour l'Europe le présent et l'avenir.

Quant à la France, au contraire :

> Depuis que l'Europe coalisée nous a fait rentrer dans nos frontières, notre politique n'a jamais été violente ni provocatrice. Elle a fini par professer que toute conquête est injuste si elle prétend disposer d'êtres humains contre leur volonté[1].

C'est ce qui fait de la question d'Alsace-Lorraine un problème de morale internationale :

> En face d'un Empire fondé par la force, soutenu par elle, et qui a immolé à des convenances de stratégie les droits de milliers d'hommes, la République française représente ces droits violés. Si quelque jour, dans une grande mêlée européenne, elle revendique le territoire arraché de la Patrie indivisible, elle le pourra faire au nom de l'humanité.

Ce n'est pas une question nationale. Pour Lavisse, autre chose est la revanche, autre chose la question d'Alsace. Le bellicisme est fondé par le droit comme il est justifié par les sentiments :

> Depuis l'année terrible, pas une minute je n'ai désespéré ; l'espoir et la confiance qui étaient en moi, je les ai inlassable-

---

1. ID., *Essais sur l'Allemagne impériale*, Hachette, 1888, p. 98.

ment prêchés à des millions d'enfants ; j'ai dit et répété le permanent devoir envers les provinces perdues. Jamais la flèche de Strasbourg ne s'effaça de mon horizon. Toujours je l'ai vue, solitaire, monter vers le ciel : « Je suis Strasbourg, je suis l'Alsace, je fais signe, j'attends[1]. »

Péguy contre Lavisse

Ainsi Lavisse finit-il par jouer dans la République ce rôle de sage officiel et de mentor national qu'avait joué, par exemple, Henri Martin, que Lavisse en 1874 traitait de bénisseur, mais dont à la veille de la guerre de 1914 il paraît à bien des égards avoir pris le relais. On comprend dans ces conditions pourquoi Lavisse vieillissant fait aux yeux de la génération des militants de l'affaire Dreyfus figure d'un modéré prudent, comblé des faveurs de la République, « le pape et le maréchal de l'Université[2] ».

L'offensive la plus violente a été menée par Péguy ; la cause directe était un incident personnel — l'Académie française décida de décerner pour la première fois en 1911 un grand prix de littérature que briguèrent deux candidats, Romain Rolland et Péguy. La discussion s'engagea entre Lavisse, Paul Bourget et Barrès. Lavisse, inspiré par Lucien Herr, combattit Péguy et sa formule de condamnation fut répétée à l'intéressé : « Péguy est un anarchiste catholique qui a mis de l'eau bénite dans son pétrole. » Péguy s'enflamme : « Il a suffi qu'un ordre vînt porté par M. Lavisse. Il a suffi qu'un ordre du parti intellectuel fût apporté, parti de la rue d'Ulm, pour que l'Académie fléchît. » C'est l'occasion de deux pamphlets successifs, où, à travers Fernand Laudet, directeur de *La Revue hebdomadaire*, et « Langlois tel qu'on le parle », à travers Salomon Reinach, et Lanson, Lavisse en personne est visé.

Pour moi, qu'on le sache bien, personnellement je n'endurerai pas qu'un Lavisse, tout gonflé de rentes et de pensions et de

---
1. ID., *La Question d'Alsace dans une âme d'Alsacien*, A. Colin, 1891.
2. Daniel HALÉVY, *Péguy*, Grasset, 1941.

traitements et d'honneurs (au pluriel, au pluriel), tout entripaillé de prébendes pour avoir semé autour de lui des désastres dans la République et dans l'Université, je n'endurerai pas qu'un Lavisse, quand même il serait de vingt académies, vienne impunément faire des facéties et des grossièretés, fussent-elles normaliennes, sur la carrière de peines et de soucis, de travail et de détresse de toutes sortes que nous fournissons depuis vingt ans[1].

Quels motifs poussent Péguy à demander à Lavisse « les seuls comptes hélas que l'on ait jamais pu songer à demander de lui » ? Règlement de comptes individuel ? Oui, mais la cause de Péguy est ici d'intérêt général. À travers les redites et les coups de boutoir vengeurs, on distingue aisément trois arguments différents.

Lavisse représente d'abord une génération parvenue. Péguy a le sentiment d'une insupportable injustice qui lui arrache des pages coléreuses dont il n'est pas fier[2]. Sa génération n'a-t-elle tant combattu que pour conserver à la génération précédente ses places et ses titres ?

> Je ne crois pas que chez aucun peuple on puisse trouver, en aucun temps, une génération, une promotion qui ait jamais été aussi sûre d'elle, qui ait jamais présenté une métaphysique aussi impudemment, aussi impunément, comme étant une physique et comme n'étant pas une métaphysique[3].

L'héroïsme spirituel de *Notre jeunesse* devait-il être confisqué « par quelques francs fileurs qui, à la moindre apparence de danger, filaient il y a quinze ans jusqu'au Nouvion-en-Thiérache et tremblaient dans leur peau et allaient se ter-

---

1. [Charles PÉGUY, *Un nouveau théologien, M. Fernand Laudet*, in *Œuvres en prose*, t. III, *Période des « Cahiers de la Quinzaine » de la onzième à la dernière série (1909-1914)*, éd. de Robert Burac, Gallimard, « Bibliothèque de la Pléiade », 1992, pp. 484-485.]
2. « Je me rends bien compte de tout ce qu'il y a de bas à relever ces bassesses et la haine et l'envie et l'ordure et la honte. » À son ami Lotte, Péguy confiait : « Pendant dix-huit mois je n'ai pu dire mon *Notre Père*. » Péguy est de la promotion 1894. Trente-deux ans le séparent de Lavisse.
3. [*Ibid.*, pp. 482-483.]

rer »? Lavisse, pour Péguy, est un usurpateur ; l'argument est le suivant : nous vous avons sauvé la République et vous l'avez confisquée. « Génération cupide et avare, temporellement, spirituellement, qui a étouffé, qui a gardé pour soi ce qu'elle avait reçu. » La cérémonie organisée en Sorbonne en l'honneur du jubilé de Lavisse, présidée en 1912 par Poincaré, est une mascarade : « Car la politique qui a fait élire M. Poincaré est diamétralement la contraire de celle qui avait prolongé M. Lavisse pendant ces cinquante ans. » Lavisse est d'autre part le représentant du parti intellectuel avec Lanson, Langlois, Seignobos : celui-ci a humilié la culture, déspiritualisé la France et bureaucratisé l'intelligence :

> Pendant trente ans ils se sont mis sur le pied de ruiner tout ce qui était debout en France et la France elle-même [...]. Ils ont bien voulu, pendant trente ans, depuis trente ans, déniveler Dieu, l'Église, la France, l'armée, les mœurs, les lois ; et nous aujourd'hui nous n'aurions pas le droit de déniveler M. Lavisse[1].

Le lieu de cette médecine destructrice a été en particulier l'École normale. À la place d'une assemblée amicale de secours des anciens élèves, que propose Joseph Reinach, Péguy suggère une assemblée amicale de secours de l'ancienne École elle-même : « Et peut-être qu'en travaillant beaucoup nous arriverions à en sauver quelques reliques des mains politiciennes, des séniles mains de M. Lavisse[2]. »

Lavisse est enfin le nœud d'une conjuration :

> Il est précisément la porte basse, par laquelle tout ce désordre est entré dans l'ordre, toute cette anarchie dans le gouvernement, notamment dans le gouvernement universitaire et dans les honneurs. Il est le point d'articulation, le point d'insertion[3] !

Car si Lavisse règne, c'est Lucien Herr qui gouverne et Lucien Herr assure la liaison avec le mouvement jauressiste.

---
1. [ID., *L'Argent suite*, in *Œuvres en prose*, t. III, *op. cit.*, p. 884.]
2. [ID., *Un nouveau théologien*, *op. cit.*, p. 481.]
3. [ID., *L'Argent suite*, *op. cit.*, p. 942.]

« Ce petit groupe de normaliens est devenu le point d'infection politique, le point de contamination, le point d'origine de virulence », qui a tout corrompu successivement, en particulier : le dreyfusisme qui, de système de liberté absolue, est devenu un système de fraude et de turpitude ; le socialisme qui, sous le nom de jaurésisme, est devenu le sabotage de la juste organisation du travail social ; le laïcisme qui, de système de liberté de conscience, est devenu le plus redoutable des systèmes d'oppression de conscience ; l'internationalisme qui, de système d'égalité politique et sociale, est devenu « une sorte de vague cosmopolitisme bourgeois vicieux » ; la République enfin qui, de mystique, est devenue politique.

Indistinctement, Lavisse est rendu responsable d'un amalgame. Il est la caution dans le monde bourgeois du trio diabolique dont Jaurès est le garant dans le monde socialiste. Mais toutes ces accusations convergent. Lavisse, pour Péguy, est coupable de haute trahison. Seigneur de tous les seigneurs de « défense républicaine », il a corrompu, abîmé, détruit la France dont il avait la charge. C'est un ennemi de l'intérieur ; Péguy l'accuse même de faire le jeu de l'Allemagne :

> M. Lavisse évidemment ne verse pas le sang. Mais il répand la ruine, mais il verse la mollesse ; et la honte ; et le ramollissement ; et le commun relâchement ; et la commune et la basse misère. Sans compter que le sang est tout de même au bout. Car si M. Lavisse et la génération de M. Lavisse avaient réussi à faire de la France ce qu'ils voulaient, c'est-à-dire des gens comme eux, des mous comme eux, et si profitant de cette universelle lâcheté et de cette commune mollesse et de cette commune bassesse huit cent mille Allemands nous étaient entrés dedans, il y aurait peut-être du sang versé, mon jeune camarade[1].

Pareille attaque n'est compréhensible que dans l'atmosphère intellectuelle d'avant-guerre ; elle demeure cependant ambiguë, d'autant plus intéressante qu'elle mêle arguments de gauche et de droite. Or, Lavisse était préservé des atta-

1. [*Ibid.*, p. 886.]

ques officielles de la droite depuis son élection à l'Académie française, comme des attaques officielles de la gauche républicaine par ses attaches avec les milieux intellectuels et ses fidélités laïques. Le procès ne pouvait venir que d'un franc-tireur, qui n'était inféodé à aucune famille d'esprit politique.

Lavisse à l'époque apparaît comme le représentant d'une école d'historiens positivistes qui ont fait faire aux études historiques un progrès décisif et répandu, et à la Sorbonne, le souci de la vérité scientifique et du rationalisme exigeant. En caricaturant leurs ridicules, Péguy a jeté le discrédit sur ce que la Sorbonne apportait de meilleur à la recherche historique : le respect des faits, la précision du vocabulaire, la rigueur de la méthode. Au lieu de dissocier le bon grain de l'ivraie, Péguy a cherché à noyer la science historique qu'illustrait Lavisse dans la fausse idéologie, la mauvaise morale et la triste politique qu'il discernait derrière elle. De plus, la condamnation de cet amalgame est prononcée par Péguy au nom d'une mystique nostalgique de l'ancienne France, qu'avait combattue toute la génération aux principes de laquelle Lavisse s'était finalement rallié. Dans cette mesure, l'attaque de Péguy, de gauche dans son inspiration, devient réactionnaire dans ses arguments.

Elle n'en est pas moins révélatrice. Tous les reproches de Péguy s'adressent à la personne de Lavisse plutôt qu'à son œuvre. Il l'accuse d'être responsable d'un crime culturel, politique et national. Mais, du contenu de l'enseignement de Lavisse, Péguy ne souffle mot. N'est-ce pas qu'il s'agit, à la limite, d'une fausse querelle ? Que vienne la minute de vérité, où la nation va faire ses preuves, et c'est Maurras lui-même qui, le premier, salue « Lavisse retrouvé » : « Je ne sais si j'oserai dire en termes assez vifs notre joie », s'écrie-t-il dans *L'Action française* du 24 août 1914, en réponse à un article de Lavisse dans *Le Temps*, intitulé « Découverte de la France par les Français » :

> M. Lavisse nous manquait, à nous qui peu ou prou sommes ses anciens écoliers [...]. Lui qui avait été, entre 1885 et 1890,

une sorte de Boulanger universitaire, professeur et docteur d'un patriotisme intellectuel des plus militants, il assista au nationalisme et il n'en fut pas !

Mais quand Maurras voit Lavisse rendre hommage à Malvy d'avoir suspendu les lois contre les congrégations, à Augagneur d'avoir nommé des aumôniers à nos vaisseaux de guerre, l'historien lui paraît avoir enfin « retrouvé son séjour naturel et la maison natale de son esprit ». Il conclut :

> Et si je sens bien, sur quelques sujets, la pensée de M. Lavisse entrer comme une pointe vive dans ma pensée, si je n'ignore pas que la mienne peut lui produire çà et là les mêmes effets, tout de même, je me rappelle un curieux retour de pensée de Jules Lemaître dans les premiers temps de *L'Action française* quotidienne :
> — Et Lavisse ? aimait-il à dire. Croyez-vous qu'il n'y ait aucun espoir dans Lavisse ?
> Nous hochions tristement la tête... Combien nous nous trompions !

En dépit des fureurs de Péguy et des persiflages de Barrès, si Maurras eut ainsi le sentiment d'un malentendu, n'est-ce pas qu'une fois la République admise comme le régime qui divise le moins les Français il n'y avait, dans le contenu même du sentiment national chez Lavisse, rien qui choquât profondément le plus ardent des nationalistes ?

LE CONTENU DU SENTIMENT NATIONAL

Les manuels successifs

Peut-être Lavisse ne donna-t-il tant de lui-même au primaire que parce que seule y est étudiée l'histoire de la France. Les impératifs majeurs de la démocratie rencontrent heureusement les prédilections du savant et son génie de parler aux enfants. Les minces manuels dont des millions d'écoliers apprirent par cœur les formules sont en eux-mêmes l'histoire d'une France autant qu'un récit de cette histoire. C'est là qu'il faut chercher, stylisée, l'idéologie de Lavisse ; là que se condense et se cristallise sa philosophie nationale agissante. Le « Petit Lavisse » est une création continue et un remaniement perpétuel. Encore est-il possible, sans artifice excessif, de marquer les grandes étapes.

Le vrai manuel primaire, celui où Lavisse mit tout son cœur et son art, est de 1884, conforme au programme de 1882[1] : la première année d'histoire de France, *ouvrage nouveau*, annonce l'en-tête de la couverture bleue. Des autorités les plus compétentes, l'accueil est enthousiaste : « Le voilà, le petit livre d'histoire vraiment national et vraiment libéral que nous demandions pour être un instrument d'éducation, voire même d'éducation morale ! », écrit à l'auteur Ferdinand Buisson, directeur de l'enseignement primaire, collaborateur intime de Ferry, membre de la Ligue des droits de l'homme et futur professeur en Sorbonne de la science de l'éducation. « Il y a des pages, il y a même de simples images avec légendes qui font venir les larmes aux yeux, tant c'est vrai, impartial, élevé de courage envers et contre tous[2]. » Cet ouvrage nouveau est un condensé synthétique de deux manuels qui paraissent à la même date : la première et deuxième année d'histoire de France (respectivement 355 et 439 pages), qui, eux-mêmes, sont une édition nouvelle et augmentée d'une première mouture, parue en 1876. La préface patriotique sur le rôle des instituteurs, « qui savent qu'on répète tous les jours en Allemagne que l'instituteur allemand a vaincu à Sadowa et à Sedan », a disparu au profit d'un avertissement « Aux écoliers » : « Il y a cent ans, la France était gouvernée par un *roi* : aujourd'hui elle est une *république* et les Français *se gouvernent eux-mêmes*. » Le

---

1. Ce point est confirmé par Edmond Esmonin, qui, consulté, a bien voulu me donner de précieux renseignements.
2. Archives de la librairie Armand Colin.

texte lui-même, jusqu'à la Révolution exclue, est resté à peu près identique. Mais des modifications profondes, de forme et de fond, ont bouleversé la physionomie du manuel et l'interprétation du passé. D'une part, une quantité de mots difficiles et de faits « inutiles » ont disparu, et les textes de chaque page, divisés en petites phrases numérotées, sont cadrés comme une figure de médaille. D'autre part et surtout, la partie contemporaine est très largement développée, et trois grandes dissertations sur la patrie française et sur la monarchie française, jusqu'à François Ier d'abord, jusqu'à la Révolution ensuite, mettent tout l'Ancien Régime dans un nouvel ordonnancement. Ces deux caractéristiques sont encore accentuées dans les éditions de 1895, nées d'un arrêté de 1894 : la partie contemporaine est triplée, et cette fois une quatrième dissertation, sur « La Révolution française et ses conséquences jusqu'à nos jours », achève une formule qui permet de présenter toute l'histoire de France non plus comme une juxtaposition de régimes et une enfilade de règnes aboutissant à l'accident tragique de 1789, mais comme un déroulement ordonné, animé par la finalité révolutionnaire, que la césure de 1789 transforme en un diptyque intelligible et tout à l'avantage du second volet.

L'intention, dès 1882[1], est d'être, annonce l'avertissement, « plus simple, plus moral, plus civique ». La gestation du manuel de 1884, plusieurs fois récrit, paraît avoir été laborieuse, et — détail révélateur — les premières versions soumises à la critique d'instituteurs avertis n'eurent pas l'heur de satisfaire leurs exigences républicaines. L'un d'eux, Eugène Boutemy, président de la bibliothèque populaire du Ve arrondissement, confie ainsi :

> Je ne puis m'empêcher de vous donner mon appréciation sur cet ouvrage. Il est écrit d'un bout à l'autre au point de vue clérical très habilement fait d'ailleurs. Un exemple suffira : lisez le dernier paragraphe de la page 71. Pas un mot de blâme contre

---

1. Cf. le fascicule d'histoire contemporaine mis à cette date à la disposition des possesseurs de l'ancienne édition.

l'Inquisition (qui n'a jamais pu pourtant s'implanter en France). On attribue ses excès, pour ne pas dire autre chose, à « la barbarie des temps ». On va plus loin, on a l'air de dire que c'est grâce à l'Inquisition que le Midi est devenu une « province française ». La phrase qui suit est de la même farce. L'histoire tout entière de la Révolution me paraît tout aussi défectueuse. Au lieu de glorifier cette grande page de l'humanité, ce triomphe de la raison contre les abus odieux de l'Ancien Régime, on la rabaisse ou on la rapetisse.

Le jugement est définitif :

> Pour corriger ce livre, il faudrait, je crois, prier l'auteur de le refaire dans un esprit *tout* différent, de l'animer d'un autre souffle[1].

La présentation matérielle a fait l'objet des plus grands soins. Elle est l'œuvre d'Armand Colin en personne, éditeur de génie qui sut établir avec l'auteur une collaboration active de tous les instants[2], pour aboutir à une réussite technique incomparable : varié dans sa typographie, qui utilise judicieusement italiques et caractères gras, enrichi pour deux cent quarante pages de près de cent gravures minutieusement choisies, ce Lavisse vétéran constitue un net progrès pédagogique aussi bien par rapport au meilleur des manuels d'enseignement public, d'Edgar Zévort, que par rapport aux nombreux manuels de l'enseignement privé[3], et doit sans doute son succès à sa forme autant qu'à son contenu.

1. Lettres du 29 avril, puis du 5 mai 1880 (archives de la librairie Armand Colin).
2. Les archives conservées par la librairie Armand Colin sont essentiellement composées d'un échange de billets. Armand Colin propose des caractères typographiques, des idées de mise en pages, recommande constamment à l'auteur d'être « simple et *intéressant* ». Lavisse multiplie les scrupules. Exemple : « Je compte toujours que l'on relit après moi pour vérifier les numéros de chapitres, de questions, de récits ; pour vérifier les dates, etc. J'ai fait une chasse énergique aux mots abstraits, aux tournures difficiles. J'ai lu, relu, lu et rerelu, mais je ne sais pas s'il n'en reste pas encore, et je serais heureux qu'on m'en signalât, qu'on me signalât aussi les répétitions de mots » (27 août 1881).
3. Les plus répandus, avec les manuels de chez Mame, paraissent être : les manuels des abbés Lucien Bailleux et Victor Martin, d'Alfred Baudrillard, de l'abbé Vandepitte, de l'abbé Godefroy, du R. P. Dom Ancel et Gabriel Maurel, de l'abbé Paul Gagnol.

Les manuels Mame, par les frères des écoles chrétiennes, adoptèrent une présentation analogue[1]. Le cours Lavisse *d'histoire de France* en trois volumes (*La Nouvelle Année préparatoire*, *La Première Année* et *La Deuxième Année*) eut un succès sans précédent : 1895 connaît déjà sa soixante-quinzième édition. Il est complété par deux livres de lecture ; ce sont des livrets et manuels d'instruction civique que Lavisse écrivit sous le pseudonyme de Pierre Laloi, et que rédigea plus tard avec lui Thalamas ; il s'agit surtout de récits et leçons d'éducation militaires : *Tu seras soldat* (1888), signé par son frère, alors commandant. Cet ensemble reste pratiquement sans rival dans l'enseignement public[2] et son quasi-monopole ne paraît pas avoir été sérieusement menacé par la parution, de 1895 à 1908, d'une série de manuels dont la présentation est moins originale et le républicanisme davantage engagé : manuels d'Aulard et Debidour en 1895 (L. Chailley), de Calvet en 1898, de Devinat en 1898 (L.-H. May) ; puis ceux de Guiot et Mane (1906, chez Delaplane), de Gauthier-Deschamps (1904, Hachette) ; enfin, le manuel de Rogie et Despiques en 1908 (chez Rieder). Presque tous, mis à part le premier, qui fit également carrière, et le dernier, qui parut trop tard, semblent avoir pâti d'un mandement épiscopal qui les condamna, à la fin de 1907.

La question des manuels scolaires, après la séparation de l'Église et de l'État, revêtit un caractère politique[3] ; le Lavisse demeure en dehors de la querelle et poursuit sa course triomphale.

---

1. Cf. Ernest Lavisse à Armand Colin : « J'ai vu les livres de Mame. Quelle audace dans l'imitation ! » (5 novembre 1896).
2. Il est impossible de fournir le chiffre exact des tirages des manuels. Le chiffre normal et moyen d'un tirage paraît être 150 000. C'est donc par plusieurs millions qu'il faut évaluer le nombre des lecteurs des manuels de Lavisse. À titre indicatif, l'année de sa mort, Lavisse laissait, pour la seule année 1922, un crédit de 70 000 francs chez Armand Colin et de 15 000 chez Machette.
3. Ce fut l'occasion d'une grande campagne pour la défense des manuels républicains. Cf., entre autres, J. GUIOT (directrice d'école) et Frédéric MANE, *Les Attaques contre les manuels d'histoire : réponse des auteurs*, Marseille, impr. de Ferran, 1910, ou encore Paul LORRIS, *Ce qu'ils enseignent ? Est-ce vrai ? Étude sur les manuels condamnés par l'épiscopat*, P. Lethielleux, 1909.

Il est, en 1912, pris en relais par une nouvelle version. « J'ai entièrement refait mon cours d'histoire, je l'ai considérablement simplifié », dit — fort habilement — l'exergue de la page de garde. Cette refonte, selon M. Esmonin, « a été arrachée à Lavisse par Max Leclerc pour raison de concurrence commerciale. Lavisse l'a entreprise sans enthousiasme, comme un pensum ». C'est la version cependant qui donne à l'ouvrage sa conception *ne varietur* : deux cent soixante-douze pages, cent quarante-deux gravures et dix-sept cartes sous la couverture blanche où une guirlande bleue encadre cet envoi : « Enfant, tu vois sur la couverture de ce livre les fleurs et les fruits de la France. Dans ce livre, tu apprendras l'histoire de la France. Tu dois aimer la France, parce que la nature l'a faite belle et parce que son histoire l'a faite grande. » Tel quel, ce cours moyen (1re et 2e années) est encore imprimé de nos jours. Ajoutons, enfin, que la mise à jour du *Nouveau Cours d'histoire*, réalisée par Pierre Conard en 1925 et 1934, nécessitée par de nouvelles circulaires, a adapté le manuel de 1912 aux exigences des programmes sans modifier notablement ni la matière ni la manière.

Très neuf en son temps, l'ouvrage paraît aujourd'hui vieilli. L'illustration même conserve son allure fin de siècle. Dans *Le Laboratoire d'analyses chimiques de nos jours*, les savants en blouse blanche ne figurent qu'avec ces binocles et barbes qui les font tous ressembler à Pasteur. Jusque dans l'édition de 1960, *La Locomotive la plus moderne*, chargée d'évoquer l'irrésistible progrès des moyens de communication, est un modèle de 1933 que, pour contempler dans la réalité, les enfants devraient aller voir dans un musée !

Mais, comme ces vieilles marques qui inspirent confiance, le vénérable « Petit Lavisse » tire son autorité de son antiquité. C'est une histoire politique et militaire. En cela, il ne diffère pas de tous les manuels d'histoire jusqu'à une époque toute récente. L'absence de toute référence philosophique, sociale ou religieuse rend toutefois son idéologie plus déchiffrable. Les autres manuels incorporent au texte un jugement historique et se dispensent de jugements moraux ;

Lavisse fait l'inverse. Dans une langue d'une remarquable limpidité, il juxtapose et relate les faits en de courtes propositions qui composent un récit linéaire. Et l'explication, au lieu d'orienter l'exposé, se réfugie, dans l'édition de 1912, en un paragraphe psychologique et moral en italiques. Un exemple : la croisade des Albigeois. La voici racontée des points de vue opposés par Aulard et Debidour, par les Frères des écoles chrétiennes, par Lavisse enfin[1] :
— Aulard et Debidour[2] condamnent les croisades en général :

> Ces guerres n'étaient point justes [...]. Elles échouèrent du reste en définitive et eurent pour résultat de rendre plus violente cette haine des *musulmans* contre les *chrétiens* qui est encore aujourd'hui si regrettable.

Et d'enchaîner :

> D'ailleurs, les papes, après avoir prêché les croisades contre les musulmans, en vinrent à en ordonner aussi contre les chrétiens. C'est ainsi que les Albigeois, population du midi de la France, qui ne comprenait pas la religion chrétienne comme les catholiques et qui en avait bien le droit, furent exterminés au commencement du XIIIe siècle par la volonté d'Innocent III à la suite d'une guerre abominable où les croisés se comportèrent en sauvages ou en bêtes féroces [...]. La guerre des Albigeois agrandit encore le domaine royal d'une moitié du Languedoc (1229).

— Pour les Frères des écoles chrétiennes (cours moyen, 1901, p. 74), au contraire :

> Les Albigeois étaient des hérétiques qui propageaient dans le Languedoc et les Cévennes des doctrines aussi funestes à la société civile qu'à la religion. Protégés par le comte de Toulouse,

---

1. Les manuels Mame et le manuel d'Aulard et Debidour seront ici considérés comme les plus représentatifs, le premier des manuels d'enseignement privé, le second des manuels d'enseignement public républicain.
2. Alphonse AULARD, Antonin DEBIDOUR, *Histoire de France, cours moyen*, L. Chailley, 1895, p. 22.

Raymond VI, par Roger, vicomte de Béziers, et par Pierre II, roi d'Aragon, ils maltraitaient les prêtres et détruisaient les églises. Le pape Innocent III espérait les ramener par la prédication de vertueux missionnaires, notamment de saint Dominique ; mais ils maltraitaient les apôtres qui leur étaient réservés et assassinèrent le légat du pape, Pierre de Castelnau.
Une croisade fut alors prêchée contre eux dans le Nord. Le vaillant Simon de Montfort [...].

— Lavisse, qui hésite à parler de la « guerre des Albigeois » (éd. de 1876) ou à traiter la question à propos du *Progrès du domaine royal du Midi* (éd. de 1884-1895), relate en 1912 *La Croisade des Albigeois* :

Au temps de Philippe Auguste, il se passa dans le Midi des événements terribles. Un grand nombre de gens du Midi étaient *hérétiques*, c'est-à-dire qu'ils ne voulaient pas croire ce qu'enseignait l'Église. On les appelait *Albigeois*, du nom de la ville d'Albi, où les hérétiques étaient très nombreux.
Le pape prêcha une croisade contre eux. Les seigneurs du Nord prirent part à cette croisade où des atrocités furent commises. Le pape établit un tribunal appelé *Inquisition*. Les juges de ce tribunal recherchaient les hérétiques et les condamnaient à des peines très dures, même à mort. *Acquisitions de provinces dans le Midi*. Philippe Auguste n'alla pas à cette croisade ; mais il y envoya son fils. Ce fils, devenu roi sous le nom de Louis VIII, réunit au domaine royal les pays de *Beaucaire* et de *Carcassonne*.

Et voici la conclusion en italiques :

Ainsi le domaine du roi commença de s'étendre dans ces pays du Midi qui paraissaient fort éloignés, car il fallait six fois plus de temps pour aller de Paris à Carcassonne qu'il n'en faut aujourd'hui pour aller de Paris à Constantinople.

Les exemples, que l'on pourrait aisément multiplier, montreraient toujours combien le manuel Lavisse est indifférent aux problèmes religieux, d'une part, au problème social, d'autre part. Sans doute cette méthode confine-t-elle à de la prudence. Quand les Frères des écoles chrétiennes n'hésitent pas à conclure en termes réalistes le coup d'État du 2-Décembre : « Encore effrayée par le souvenir des journées de Juin, la France sacrifia ses libertés politiques au désir de l'ordre » ; quand Aulard et Debidour commentent ironiquement « cet acte de brigandage après lequel il se vanta d'avoir sauvé la religion, la famille et la liberté, et invita le suffrage universel qu'il venait de rétablir à lui donner pleins pouvoirs pour faire une nouvelle Constitution » ; Lavisse, jusque dans l'édition de 1912, rappelle l'approbation de la masse, les sept millions de *oui*, et conclut : « Encore une fois la France, effrayée par les dangers de la liberté, se donnait un maître. » Mais cette prudence même est avant tout *datée* des années qui virent l'élaboration du manuel de 1884. Le public auquel il l'adresse est surtout rural et artisanal ; et l'image de la France qu'il présente vieillit plus vite que cette présentation même. Conçu avant la crise boulangiste, il est obligé d'être trop bref sur un monde contemporain en rapide évolution. Histoire nationale, il isole la France des autres nations. Les soixante dernières années sont chaque fois ajoutées au fur et à mesure des éditions successives ; ce sont des « rallonges » artificielles à une histoire dont le centre de gravité se situe au moment de la Révolution. Aboutissement caricatural : dans les éditions de Pierre Conard, la Seconde Guerre mondiale jouxte la première, quand, de toute évidence, la guerre de 1914 paraît à un enfant de l'histoire très ancienne. La perspective historique s'ordonne à partir de l'événement révolutionnaire. Les écoliers « accommodent » sur une histoire construite autour d'un point de fuite qui échappe à leur propre horizon.

Le rythme interne qui anime le cours Lavisse est celui d'une époque où, dans une France en majorité paysanne et déchirée par le grand débat né de 1789, la République doit apporter ses preuves. Or, comme l'antirépublicanisme se nourrit alors, presque exclusivement, au monarchisme, le manuel reproduit le dialogue de la République et de la monarchie.

*Critique de l'Ancien Régime
et apologie du régime républicain*

Une étude systématique d'édition en édition de la mise en place des thèmes par rapport à l'événement révolutionnaire aurait l'intérêt de montrer comment le jugement de Lavisse sur la Révolution évolue vers une identification progressive de la patrie et de la République. L'édition de 1876 non seulement condamne violemment le cours que prend la Révolution depuis la mort du roi, « ce lugubre événement », mais passe sous silence le thème de « la patrie en danger » et conclut sur la Constituante elle-même de manière très réservée : « Elle avait trouvé la royauté trop puissante, elle l'a faite trop faible et incapable de résister aux passions qui montaient sans cesse. » Ces réserves ont disparu de l'édition de 1884 ; la mort du roi est justifiée par la « conspiration des émigrés qui préparent l'invasion de la France » ; par la guerre civile qui commence en Vendée « où la royauté conservait beaucoup de partisans » et non plus « où la foi religieuse et monarchique était demeurée intacte ». La fête de la Fédération, le manifeste de Brunswick, l'exaltation de Valmy font leur apparition, tandis que des remarques préliminaires au récit de la Révolution avertissent nettement les écoliers qu'« il ne faut jamais oublier en lisant l'histoire de la Révolution que tous les esprits en France étaient troublés par les dangers de la patrie. Les auteurs des crimes révolutionnaires sont de grands coupables, mais ce sont de grands coupables aussi que les émigrés et les insurgés de Vendée : *car ils ont trahi la France* ».

Le grand changement s'amorce en 1895, surtout par le renouvellement des gravures, l'apparition des soldats de la République, pour trouver en 1912 son aboutissement : désormais le point de vue lui-même a changé. La mort du roi n'est plus excusable, mais approuvée. « Il paye les fautes commises » par la monarchie et la formule de Louis XV « après moi le déluge ! ». « Louis XVI avait manqué aux serments qu'il avait faits d'obéir à la Constitution : il avait demandé aux étrangers d'envahir la France pour le délivrer. » Toute la psychologie de la trahison et la nervosité révolutionnaire sont ici rendues ; le terme de « suspect » est souligné et défini : « Soupçonné de ne pas aimer la Révolution. » La marge des reproches à la Révolution, qui englobait, dès la Constituante, la Constitution civile du clergé, s'est réduite à la courte Terreur, dont Robespierre supporte maintenant seul tout le poids. Les massacres de Septembre eux-mêmes, œuvre d'une bande de furieux, sont introduits par cette phrase menaçante : « Les ennemis étaient entrés en France. Ils avaient pris des villes, et ils avançaient », et tôt suivis par le récit de Valmy, d'une concision énergique et galvanisante :

> L'ennemi avançait toujours, il était en Champagne. Il croyait qu'il n'avait qu'à se montrer pour faire fuir nos soldats. Mais le *20 septembre 1792*, il se trouva en présence de l'armée française près de *Valmy*. Les généraux *Dumouriez* et *Kellermann* commandaient.
> L'ennemi attaqua. Nos soldats firent bonne contenance. Kellermann mit son chapeau au bout de son épée et cria : « Vive la Nation ! » Nos soldats répétèrent : « Vive la Nation ! » Une canonnade arrêta les Prussiens qui se retirèrent. La France était sauvée.

Parallèlement, tout ce qui exalte la poussée populaire et patriotique est vigoureusement mis en lumière : les journées révolutionnaires, la nuit du 5-Août, l'enrôlement des volontaires ; le résumé de la Déclaration des droits de l'homme s'étale sur une page entière surmontée du bonnet phrygien et la fête de la Fédération a droit aux deux tiers d'une page :

> Cette foule était pleine d'enthousiasme. Les Fédérés étaient venus de tous les pays de France. Mais ils oubliaient qu'ils étaient Bretons, Normands ou Gascons. Ils se sentaient Français avant tout, et fiers de l'être, parce qu'ils étaient des hommes libres. Ils fraternisaient en s'embrassant.

Les armées de l'an II prennent une place de premier plan ; elles occupent les trois pages qui terminent le récit de la Convention, illustré par les « Soldats en guenilles », *La Marseillaise* de Rude et le « Petit Bara » enrôlé volontaire à la mairie de Palaiseau. Tout le jacobinisme révolutionnaire est résumé en quelques propositions mâles : « Carnot, l'organisateur de la victoire [...]. Ils voulaient délivrer les peuples de leurs rois, l'humanité entière. » Voici Rouget de Lisle, voici Hoche et Marceau, les fils de domestique d'écurie et de petit employé, caporal et simple soldat en 1789 ; « généraux de division en 1793, Hoche avait vingt-cinq ans et Marceau en avait vingt-quatre [...]. Enfants héroïques qui courent de victoire en victoire. » « Grandeur de la France », conclut le chapitre : « En trois ans, la République avait fait pour la patrie plus que François Ier, Henri IV, Louis XIII et Louis XIV. »

Ainsi s'opère une reconsidération du passé, où la Révolution, jouant un rôle de plus en plus déterminant, crée un *avant* et un *après* ; ce qui est mis au crédit de l'un est mis au débit de l'autre. Esquissons le bilan général.

À l'actif de l'Ancien Régime demeure l'œuvre que la République a assumée et développée pour son propre compte. Les rois sont admis dans la mesure où ils furent les artisans de l'*unité* de la patrie : unité territoriale avec les premiers Capétiens rassembleurs de terres, unité morale avec Saint Louis, unité administrative de François Ier à Louis XIV. Aux rois sont donc rattachés les thèmes les plus profonds de la sensibilité républicaine. Les plus actuels sont aussi les plus lointains : l'Alsace-Lorraine déclenche des réflexes qui trouvent leur source à Bouvines même, bataille à laquelle Lavisse consacra un opuscule entier où sont répétées déjà la haine de l'« étranger », la honte de l'« invasion » et la « sécurité des frontières ». D'autres symboles républicains gravitent autour de Louis IX : l'idée que la vraie France s'appuie sur la force, mais ne s'en sert pas, qu'elle est un arbitre du monde et un exemple pour l'humanité ; l'idée surtout que le vrai héros français est celui qui met ses qualités individuelles au service des aspirations populaires à la justice et à la paix. Enfin, le grand effort de centralisation administrative de la monarchie incarne la plus haute vertu : le respect de l'ordre fondé sur l'autorité de l'État.

Au passif de la monarchie, Lavisse inscrit au contraire tout ce que la République réprouve : l'orgueil des rois tout-puissants, la misère du peuple écrasé d'impôts, les guerres de prestige, l'abandon d'une souveraineté territoriale, le cosmopolitisme des grandes familles princières. Deux rois résument ses griefs et lui servent de cibles : Louis XIV et Louis XV. La seule gravure de la cour de Versailles est une *Procession de la viande du roi*, caricature du luxe d'autant plus révoltant qu'en regard apparaît une scène d'horreur : *Femmes de Paris refoulées par des cavaliers sur le pont de Sèvres* lors de la famine de 1709. Le récit de la guerre de Succession d'Espagne, vigoureusement condamnée, justifie pleinement les recommandations du roi à l'agonie : « J'ai trop aimé la guerre, ne m'imitez pas en cela, non plus que dans les trop grandes dépenses que j'ai faites. » Mais tous les éloges dont est tempéré le jugement définitif sur Louis XIV s'effacent quand il s'agit de Louis XV. Le premier « se repentit trop tard de ses grandes fautes qui ont fait beaucoup de mal à la France et aussi à la royauté », le second n'a pas de circonstances atténuantes. « Inutile » guerre de Succession d'Autriche, guerre de Sept Ans « sans excuses, punies par de grands désastres », perte des colonies, banqueroute, débauche : « Sous son règne, par sa faute, la France cessa d'être la nation grande et glorieuse [...]. Louis XV est le plus mauvais roi qu'ait eu la France. »

De la brouille finale avec la nation, Lavisse rend la royauté responsable. Ainsi dans les « Réflexions générales sur l'Ancien Régime[1] » :

> On dit que nous sommes un peuple qui n'a pas de suite dans les idées, un peuple inconstant, mais ce n'est pas vrai ; pendant des siècles, nos pères aimèrent les rois et ce fut par la faute des rois si la royauté n'a pas duré.

1. E. LAVISSE, *Histoire de France*, op. cit.

La première faille remonte aux états généraux de 1356 :

> Étienne Marcel, qui était le maire de Paris, y était député. Il aurait voulu que les états généraux se réunissent souvent et que le roi ne pût rien faire sans le consulter. *S'il avait réussi, la France aurait été depuis ce temps-là un pays libre.* Ç'aurait été un grand bonheur pour nous. Mais Étienne Marcel ne réussit pas. Il fut assassiné. Dans la suite, les rois ne réunirent presque jamais les états généraux. Ils aimaient mieux faire ce qui leur plaisait sans consulter personne[1].

Le départ entre l'action positive des rois et leur action négative est le moment, inévitable, où, d'instruments de la formation nationale, ils deviennent des obstacles. Lavisse a trouvé là le fil conducteur de son récit. Aussi sa philosophie se résume-t-elle en ces dissertations où la France se développe comme une personne. La Gaule vaincue de Vercingétorix n'est pas une patrie, « c'est-à-dire un pays dont tous les enfants doivent mourir plutôt que de subir la loi de l'étranger ». La patrie naît avec Jeanne d'Arc :

> Un jour, pour relever le courage de Charles VII, elle lui parla de Saint Louis et de Charlemagne. Ainsi cette fille du peuple savait que la France existait depuis longtemps et que son passé était plein de grands souvenirs [...]. C'est donc au milieu des malheurs de la patrie que s'est éveillé chez nos pères l'amour de la France. Les rois ont fait l'unité de la France, le peuple l'a défendue[2].

La courbe de l'évolution monarchique s'infléchit donc nécessairement quand s'achève cette collaboration nationale et que l'autorité devient despotique, avec son cortège de mauvais sentiments, de désastres financiers, de fautes

---

1. *Ibid.*, p. 47.
2. Même compte tenu du fait qu'il s'agit, ici, d'un manuel primaire, quel appauvrissement par rapport à Michelet ! Là, Jeanne représente le peuple, la vierge, la victime du clergé, le salut par la femme, l'hostilité à l'Angleterre, la Passion, l'identification de la France à une femme : sept symboles. Ici, Jeanne est la mémoire de la France, qui n'est elle-même que dans le malheur.

politiques ; alors interviennent les états généraux de 1789 : « Ils voulurent réformer tout l'État, et ils entreprirent cette œuvre immense de créer une France où *le despotisme fit place à la liberté*, les privilèges à l'égalité, les abus de toutes sortes à la justice. »

Despotisme monarchique, liberté républicaine : l'antithèse majeure est posée, et Lavisse ne manque jamais de la rappeler. Le dernier chapitre du manuel, « Ce qu'a fait la République », commence encore par ces mots : « *La liberté* : La République a donné à la France la liberté de presse, la liberté de réunion, la liberté d'association. Et, depuis, la France est un des pays les plus libres du monde. » Lavisse voit ainsi dans la liberté le fondement et la raison d'être de la République ; mais il ne la définit jamais que comme le *contraire* du régime despotique.

Or, la défense d'un régime fondé sur la liberté pose à Lavisse, comme à la première génération républicaine, le problème politique fondamental du libéralisme. Car l'unité de la France a reposé pendant des siècles sur l'union du trône et de l'autel. Si la liberté qui a succédé au despotisme ne trouve pas des limites et un contenu positif, n'est-elle pas, comme le prétendent ses détracteurs, menace de désunion et risque permanent d'anarchie ? Problème auquel s'est traditionnellement heurtée toute la pensée libérale du XIXe siècle, auquel Lavisse, pédagogue de la République au pouvoir, doit donner une réponse sans équivoque. Sans doute touche-t-on là un des aspects importants du sentiment républicain ; Lavisse semble dominé par la crainte d'un reproche qui pèse communément sur les républicains. La République a tué le roi et « déchiré la robe de l'Église » ; les républicains risquent à tout moment d'apparaître comme des *diviseurs*. Aussi Lavisse ne manque-t-il pas une occasion de retourner contre la monarchie le reproche de la division. L'exemple le plus net est celui de la révocation de l'édit de Nantes : non seulement elle occupe le sous-chapitre entier qui a pour titre « Le pouvoir absolu de Louis XIV », ce qui tend à assimiler absolutisme et abus de pouvoir, mais encore les deux tiers du passage sont consacrés à l'exode des protestants en Allemagne où leur activité économique apparaît comme la raison principale de la grandeur allemande. De là à présenter Louis XIV comme un fauteur de guerre, il n'y a qu'un pas ; il est vite franchi par la dernière phrase : « Ainsi, par la faute de Louis XIV, grandit la ville de Berlin, qui est aujourd'hui la capitale de l'Allemagne. » En revanche, Lavisse mettra toujours en relief la manière dont la République, présumée coupable de division, est capable de réussir là même où la monarchie a failli. Ainsi du domaine colonial que Louis XV a dilapidé et que la République a dilaté :

> Nos explorateurs et colonisateurs pénètrent profondément en Afrique. Nous remontons d'abord le fleuve Sénégal [...]. Nous nous emparons du Soudan [...]. Nous établirons ensuite la liaison entre le Soudan et l'Afrique du Nord. Nous nous installerons successivement en Guinée, en Côte d'Ivoire et au Dahomey [...]. Nos explorateurs, nos soldats et nos administrateurs ont été les artisans souvent inconnus de cette œuvre admirable.

Ne s'agit-il pas, par la répétition exceptionnelle de cette première personne du pluriel, qui sonne comme un « nous » de majesté, de montrer que la République peut battre la monarchie sur le plan même de l'unité ?

Montrer que la monarchie ne détient pas le monopole de l'unité nationale ne suffit cependant pas. Au nom de la liberté, la Révolution a provoqué le divorce des valeurs morales et politiques. On doit les réconcilier, donner à la liberté un contenu positif, fonder une nouvelle légitimité.

Une nouvelle légitimité

« Puisque cette ancienne unité est morte, il faut, à tout prix, en trouver une autre[1]. » Le devoir patriotique est donc le corollaire de la liberté républicaine. L'histoire de France n'est, à bien des égards, qu'un répertoire d'exemples pour le manuel d'instruction civique.

---

1. E. LAVISSE, « L'école laïque », in *Discours à des enfants, op. cit.*, p. 19.

Or, à l'époque même de sa parution, l'originalité du *Livret d'instruction civique* que Lavisse signa sous le pseudonyme de Pierre Laloi frappa les commentateurs. Émile Boutroux, dans *La Revue pédagogique*, en avril 1883, le distingue nettement des quarante-cinq manuels du même genre parus dans les deux années précédentes. « Aucune question de principe, remarque-t-il : la morale n'est approfondie ni au point de vue philosophique, ni au point de vue religieux, ni même au point de vue politique, mais au seul point de vue patriotique. » Et, à la différence de tous les autres manuels, l'idée de patrie, ajoute-t-il avec étonnement, n'est fondée ni sur la raison ni sur le sentiment des écoliers ; « elle est conçue comme catégoriquement impérative ». Le manuel de Charles Bigot, le plus proche pourtant de celui de Laloi, débute en ces termes : « Petit Français, mon jeune ami, mon frère cadet, écoute-moi. Je viens te parler de ce qu'il y a au monde de plus grand et de plus sacré : de la patrie. » Laloi n'a pas cette voix comme étouffée par l'émotion ; il n'envoûte ni ne discute, il assène une vérité révélée : « La Patrie, c'est la France dans le Passé, la France dans le Présent, la France dans l'Avenir. La Patrie je l'aime de tout mon cœur, d'une affection exclusive et jalouse. » Émile Boutroux paraît très frappé par l'aspect purement juridique (Lavisse aurait-il cherché un jeu de mots dans son pseudonyme ?) du manuel Laloi. « La raison complète les prescriptions, nécessairement restreintes, de la loi civile et politique, écrit-il, mais elle est aussi une loi. Elle ne conseille pas, elle ne propose pas tel ou tel parti au libre arbitre. Elle commande comme Dieu le Décalogue. » C'est une suite de maximes où l'idée transcendantale de la patrie fonde le devoir quotidien : « Vous devez aimer vos parents, qui vous aiment, vous nourrissent et vous élèvent. Vous devez leur obéir. Ne discutez pas avec eux. »

Dans la pratique, ce dogmatisme patriotique aboutit à une apologie des valeurs sociales et morales de la bourgeoisie, inséparable de la légitimité politique. Le bon gouvernement dont l'image se dégage du manuel de Lavisse est celui qui, fondé sur le travail, l'épargne et la stabilité monétaire, gère, comme une entreprise, la maison France. Insensible, par exemple, à l'aspect conservateur de l'œuvre de Colbert, le *Livret* en fait un portrait idéal :

> Colbert était fils d'un marchand de Reims. Il voulut que la France gagnât beaucoup d'argent, pour qu'elle payât bien ses contributions et que le roi fût l'homme le plus riche du monde. Pour que la France gagnât beaucoup d'argent, il voulut que tout le monde travaillât. Il n'aimait pas ceux qui vivent sans travailler. Il trouvait qu'il y avait trop de moines en France. Il trouvait aussi qu'il y avait trop de juges, d'avocats et d'huissiers. Il aimait les laboureurs, les marchands et les soldats.

Après avoir retracé l'essor de l'agriculture, des manufactures, des routes, du grand commerce, de la marine et des colonies, l'auteur conclut sur les rapports du ministre et du roi :

> Colbert eut beaucoup de chagrin parce que le Roi dépensait trop et qu'il faisait des dettes. Il lui reprochait d'aimer mieux ses plaisirs que ses devoirs. Mais Louis XIV ne voulut rien entendre et Colbert devint triste. Il n'eut plus tant de plaisir à travailler.

Aussi la tolérance en matière religieuse, qui fait partie des libertés bourgeoises, ne s'accompagne jamais d'une tolérance en matière politique. À la différence de l'enseignement britannique, Lavisse ne donne jamais raison à deux partis à la fois ; il n'a pas le respect de l'opposition. Dans son récit de la Révolution, il prend nettement parti en faveur des Girondins, puis des dantonistes, et condamne sans appel Robespierre :

> Danton était un révolutionnaire [...]. Il était un patriote. Au moment où la France était envahie, il avait soutenu les courages. Il répétait aux gens effrayés : « De l'audace, toujours de l'audace ! », mais la Terreur finit par lui paraître abominable et il voulut la faire cesser.

Une demi-page raconte son duel oratoire avec Robespierre, sa mort héroïque et ses dernières paroles : « Tu mon-

Lavisse, instituteur national

treras ma tête au peuple, elle en vaut la peine ! » Robespierre, au contraire, n'a droit qu'à une ligne : « À la fin la Convention se révolta contre Robespierre ; il fut guillotiné le 9 thermidor an II et la Terreur cessa peu de temps après. » La seule opposition justifiée par le manuel est l'opposition sous la Restauration, précisément parce qu'elle s'inspire des idées de la bourgeoisie libérale.

Fonder la nouvelle légitimité républicaine, mettre fin aux révolutions : ambition identique. De quels mots ne flétrit-il pas la Commune ? La condamnation est normale, certes, et générale à tous les manuels, mais comparons au récit de Lavisse celui d'Aulard et Debidour :

— Aulard et Debidour (*Histoire de France, cours moyen*, 1895) :

> À tous ces désastres succéda la *guerre civile*. L'*Assemblée nationale* était en majorité royaliste et elle affichait hautement sa haine de la République. Une partie de la population de Paris, craignant une restauration monarchique et cédant aussi à de funestes entraînements, se souleva le 18 mars contre l'Assemblée, qui s'était transportée à Versailles, où le gouvernement dut se réfugier. Paris fut gouverné par une autorité insurrectionnelle, qui s'appela la *Commune*.
>
> C'est alors qu'eut lieu une guerre civile, que la présence des Prussiens rendit encore plus douloureuse et plus funeste. Le second siège de Paris dura deux mois et, quand les troupes du gouvernement rentrèrent dans la capitale, elle fut pendant huit jours (21-28 mai) ensanglantée par d'affreux combats. Les incendies et les exécutions ordonnés par la Commune, les terribles rigueurs de l'armée victorieuse, l'effusion du sang français rendent le souvenir de cette époque odieux aux bons citoyens. Un très grand nombre d'insurgés furent fusillés. Plus de dix mille, condamnés ensuite par les conseils de guerre, furent déportés et beaucoup ne purent rentrer en France qu'en 1880.

— Lavisse (*Nouvelle Deuxième Année*, 1895) :

> Une grande honte et de grands désastres viennent s'ajouter aux désastres de la guerre. L'Assemblée s'était transportée de Bordeaux à Versailles et le gouvernement s'était établi dans

Paris quand la population parisienne s'insurgea et nomma une municipalité qui, sous le titre de *Commune*, prit le gouvernement de la capitale (mars 1871). Maîtresse des forts et des remparts, des armes et des canons, l'insurrection résista jusqu'au mois de mai ; il fallut que, sous les yeux des Allemands, une armée française, commandée par le maréchal *de Mac-Mahon*, assiégeât des Français révoltés et qu'elle prît d'assaut la capitale de la France. Avant sa défaite, la Commune incendia plusieurs des monuments de Paris : les Tuileries, la Cour des comptes, l'Hôtel-de-Ville ; elle fusilla l'archevêque de Paris, Monseigneur Darboy, et les personnages qu'elle détenait en prison comme otage [...]. Pendant la lutte, un grand nombre de soldats furent tués. Un plus grand nombre d'insurgés périrent les armes à la main ou furent fusillés après jugement de cours martiales [...]. Il est vrai que les souffrances endurées pendant le siège, la colère contre le gouvernement auquel on avait reproché de n'avoir pas su défendre Paris, la crainte que l'Assemblée de Versailles ne rétablît la monarchie, troublèrent l'esprit de la population parisienne et contribuèrent ainsi à cette terrible insurrection[1]. Mais, de toutes les insurrections dont l'histoire ait gardé le souvenir, *la plus criminelle fut certainement celle du mois de mars 1871 faite sous les yeux de l'ennemi vainqueur.*

Là, un exposé des motifs de la Commune, un parallèle entre les horreurs des insurgés et des Versaillais, l'accent final mis sur les rigueurs de la répression ; ici, une révolte honteuse et criminelle, l'incendie à sens unique, le meurtre du prélat ; et l'accusation d'antipatriotisme est d'autant plus remarquable qu'elle disparaît dans l'édition de 1912 :

> Les esprits étaient très troublés à Paris à la fin du siège. Des patriotes étaient exaspérés par nos défaites. Beaucoup de républicains se défiaient de l'Assemblée nationale, qui était venue de Bordeaux à Versailles et qui semblait disposée à rétablir la royauté. Des révolutionnaires voulaient changer toute la société. Enfin, il y avait à Paris, comme dans toutes les grandes villes, des hommes qui aimaient le désordre et les violences.

1. Cette dernière phrase, qui figurait dans le fascicule de 1882 (développement de la partie contemporaine), avait disparu de « l'ouvrage nouveau » de 1884.

Cette évolution du jugement ne diminue certes pas la réprobation de toute tension entre les classes. Énumérant l'ensemble des lois sociales de la République, Lavisse ne dit mot du droit de grève ni du mouvement ouvrier en général. Son indifférence aux problèmes sociaux est évidente. Le père Grégoire, héros des historiettes du manuel de Laloi, dans la bouche duquel est placé l'éloge de la concurrence, de la liberté du travail, de « la bonne façon de s'élever en société », et condamné le collectivisme, n'est ni un ouvrier ni un salarié, mais un vieil artisan cordonnier. Et le chapitre sur l'organisation sociale conclut sans ambiguïté :

> La société française est régie par des lois justes, parce qu'elle est une société démocratique. Tous les Français sont égaux en droits ; mais il y a entre nous des inégalités qui viennent de la nature ou de la richesse. Ces inégalités ne peuvent disparaître.

Le suffrage universel a mis fin aux conflits sociaux. « Les révolutions, qui étaient nécessaires autrefois, ne le sont plus aujourd'hui[1]. »

Cette nouvelle légitimité politique demeurerait cependant fragile si ne lui étaient assignés que des buts conservateurs. La liberté, seule, et définie comme le contraire du despotisme, est un principe de division ; pour survivre, elle doit conquérir, sans quoi la nation se dissout. Aussi le manuel de Lavisse assume-t-il finalement tout le dynamisme expansionniste de la pensée jacobine ; le patriotisme s'achève en mystique, mystique en ce sens qu'il s'agit de fondre, en un tout indissoluble, trois notions différentes : une notion historique, la patrie ; une notion politique, la République ; une notion philosophique, la liberté. Et, pour ce faire, le pédagogue doit moins faire appel à la puissance de la raison qu'aux réflexes de la passion. « L'amour de la patrie ne s'apprend point par cœur, il s'apprend par le cœur [...].

---

1. Ernest LAVISSE, *La Nouvelle Deuxième Année d'histoire de France*, A. Colin, 1895, p. 415.

N'apprenons point l'histoire avec le calme qui sied à l'enseignement de la règle des participes. Il s'agit ici de la chair de notre chair et du sang de notre sang[1]. » Réponse adéquate au programme de l'enseignement primaire élaboré, au lendemain de la défaite, par Jules Simon, Waddington et Paul Bert ; à l'histoire est dévolue la mission essentielle : former de bons citoyens, des électeurs et des soldats[2]. Et cette mission nationale exige de l'instituteur la ferveur spéciale aux bâtisseurs de cathédrales :

> Pour tout dire, si l'écolier n'emporte pas avec lui le vivant souvenir de nos gloires nationales, s'il ne sait pas que ses ancêtres ont combattu sur tous les champs de bataille pour de nobles causes, s'il n'a point appris ce qu'il a coûté de sang et d'efforts pour faire l'unité de notre patrie et dégager ensuite du chaos de nos institutions vieillies les lois qui nous ont faits libres ; s'il ne devient pas un citoyen pénétré de ses devoirs et un soldat qui aime son fusil, l'instituteur aura perdu son temps.

D'où l'exaltation guerrière du manuel et l'idéal martial qu'il propose aux jeunes Français. L'histoire de la France culmine dans l'héroïsme. À l'idée d'une œuvre française continue et collective, où chaque génération a sa part et, dans chaque génération, chaque individu la sienne, se superpose la conviction que la Révolution a fait de la France une nation à part, exemplaire, hors de l'ordre commun, bref, universelle. Un pathétique intense saisit l'historien à l'évocation du corps même de cette nation-humanité, élue du progrès, fer de lance de l'histoire. « Je ne parlais jamais sans émotion de la géographie de la France », dit Lavisse. L'histoire-bataille trouve ici sa justification. Elle exprime, au pas cadencé des formules, le devoir même de l'instituteur qui, « par l'appel discret à la générosité naturelle et au vieux tem-

---

1. ID., « L'enseignement de l'histoire à l'école primaire », extrait du *Dictionnaire de pédagogie*, remanié et accru dans *Questions d'enseignement national, op. cit.*, repris seul sous le titre *L'Enseignement de l'histoire à l'école primaire*, A. Colin, 1912.
2. Cf. l'évocation de cet enseignement primaire patriotique par Georges GOYAU, en particulier dans *L'École d'aujourd'hui*, 2 vol., Perrin, 1899-1906.

pérament de la race, achemine nos soldats de demain vers le drapeau d'un pas allègre et gai »[1]. « Vous, enfants du peuple, sachez que vous apprenez l'histoire pour graver dans vos cœurs l'amour de votre pays. Les *Gaulois, vos ancêtres*, ont été des vaillants. Les *Francs, vos ancêtres*, ont été des vaillants. Les *Français, vos ancêtres*, ont été des vaillants. » Aussi le thème de la revanche est-il la clé de voûte de tout l'édifice pédagogique. Il apparaît dès le premier mémoire sur *L'Invasion dans le département de l'Aisne*, dédié, en septembre 1871, « aux enfants des écoles » :

> Si vous avez devant vous la vive image de nos gloires passées, quelque chose vous manquera dans la vie : vous aurez la nostalgie de notre grandeur perdue. On ne meurt point de cette douleur-là : elle ennoblit l'existence, elle l'élève au-dessus des intérêts vulgaires et matériels ; elle lui donne un but, celui que vous savez bien[2]...

Et c'est ce but que définit enfin, près d'un demi-siècle plus tard, le dernier paragraphe du manuel ; une dernière fois, comparons.

— Dernier paragraphe du manuel Mame (cours moyen, 1904) ; « La société contemporaine » :

> La condition des ouvriers, économes et laborieux, s'est améliorée. Cependant, il reste encore bien des misères à soulager [...]. Le socialisme est venu, promettant de guérir tous ces maux par l'abolition de la propriété individuelle. Promesse menteuse. Les doctrines sociales n'aboutiraient qu'à augmenter la misère, à bouleverser la société, à détruire la liberté.
>
> La société ne retrouvera la sécurité dont elle a besoin que par la pratique de la religion, le respect de la justice et de la saine liberté. Léon XIII, dans son encyclique sur *La Condition des ouvriers*, a donné la véritable solution de la question sociale. Le grand pape y trace d'une main sûre la conduite à suivre pour ramener une cordiale entente entre les patrons et les ouvriers.

1. E. LAVISSE, « L'école d'autrefois et l'école d'aujourd'hui », in *À propos de nos écoles, op. cit.*
2. ID., *L'Invasion dans le département de l'Aisne*, Laon, H. de Coquet, « Brochures sur les campagnes de France, 1870-1871 », 1872.

> Puissent tous les hommes honnêtes, et particulièrement les catholiques qui forment encore, grâce au ciel, l'immense majorité de la nation, comprendre ces enseignements du vicaire de Jésus-Christ, et faire régner la concorde entre tous les citoyens français, enfants d'un même Dieu et d'une même patrie !

— Dernier paragraphe du manuel d'Aulard et Debidour (cours moyen, 1905) ; « Condition actuelle et besoins de la classe ouvrière » :

> La condition des ouvriers s'est améliorée sensiblement, grâce à l'accroissement de leurs salaires, au droit qui leur est reconnu depuis 1864 de se *coaliser*, c'est-à-dire de s'unir, et de se *mettre en grève*, pour obtenir l'augmentation de leur salaire, grâce aussi à la multiplication des *sociétés coopératives*, des sociétés de *secours mutuels*, des *Caisses d'Épargne*, grâce enfin à la faculté qu'ont les corps de métier de former des associations ou syndicats pour la protection de leurs intérêts.
>
> La classe ouvrière doit aussi beaucoup aux œuvres d'*assistance publique* (hôpitaux, asiles d'aliénés, orphelinats, crèches, asiles de nuit, etc.) pour lesquelles l'État et les communes ont fait de nos jours tant de sacrifices.
>
> Mais elle réclame encore, par la voix du *parti socialiste*, d'autres améliorations à son sort. Les chambres, qui représentent le peuple, rechercheront ce qu'il est possible de faire pour elle. Les améliorations justes s'accompliront, mais pacifiquement. Dans une République, où tout le monde contribue à l'élection des députés, le peuple n'a plus besoin de s'insurger pour se faire rendre justice, et il n'en a pas le droit. Il doit avoir confiance dans les députés qu'il a lui-même nommés. S'il n'en est pas content, il en nommera d'autres. Mais, s'il avait recours à la force, il se révolterait vraiment contre lui-même et il serait indigne de la liberté.

— Dernier paragraphe du manuel de Lavisse (cours moyen, 1912) ; « Le devoir patriotique » :

> La guerre n'est pas probable, mais elle est possible. C'est pour cela qu'il faut que la France reste armée et toujours prête à se défendre. Bien qu'elle ait un allié et des amis, elle doit avant tout compter sur elle-même.

En défendant la France, nous défendons la terre où nous sommes nés, la plus belle et la plus généreuse terre du monde. En défendant la France, nous nous conduisons comme de bons fils. Nous remplissons un devoir envers nos pères, qui se sont donné tant de peine depuis des siècles pour créer notre patrie. En défendant la France, nous travaillons pour tous les hommes de tous les pays, car la France, depuis la Révolution, a répandu dans le monde les idées de justice et d'humanité. La France est la plus juste, la plus libre, la plus humaine des patries.

Ce n'est point par son caractère nationaliste que se distingue l'enseignement de Lavisse, mais par la nature de son nationalisme. Sans doute représente-t-il l'effort le plus cohérent pour instaurer une légitimité politique tout en déclarant close l'ère des révolutions. Par une conception militante de l'éducation, il a appuyé le culte de la patrie sur celui de la liberté ; une notion très simple sur une notion chargée d'équivoque.

Mais le ralliement tardif de Lavisse à la République a donné à son enseignement des caractères originaux. Idéologiquement, il est demeuré le contemporain de la génération de la défaite, non celui de l'affaire Dreyfus. C'est pourquoi, entre les conclusions de son enseignement conservateur et les risques de démobilisation psychologique qu'elles comportent, Lavisse a vu le lien : « Nous disons aux jeunes gens que la grande œuvre politique est achevée, déclare-t-il en 1895 ; que les luttes sont apaisées et que la République est en possession tranquille de l'avenir. Nous leur disons que la paix du monde est assurée, et que jamais plus on ne sera en guerre. » Mais de s'inquiéter aussitôt de ce désarmement des énergies : « Par moments j'ai peur que malgré tous nos efforts et les progrès certains que nous avons faits dans l'éducation de la jeunesse, nous ne continuions, faute de prévoyance et d'une conception générale des devoirs présents, à façonner des épaves pour la dérive[1]. »

---

1. ID., « Une école d'enseignement socialiste révolutionnaire », in *À propos de nos écoles, op. cit.*, p. 169.

Il suggère au Conseil général des facultés d'organiser un enseignement d'histoire de l'économie sociale, pour faire pièce à une faculté libre organisée rue Mouffetard par Brousse, Allemane, Jaurès, Guesde, Bernard Lazare et Vaillant ; mais seul a répondu à son appel le comte de Chambrun ; et Lavisse à nouveau s'alarme. « Je ne me dissimule pas que je vais être accusé d'appeler l'État bourgeois et le capital bourgeois à la rescousse. » Mais d'ajouter aussitôt : « Je n'ai jamais su au juste où commence et où finit la bourgeoisie, ni si je suis un bourgeois ou autre chose. » Lavisse n'a retenu, et d'autant plus exalté, que le contenu patriotique de la pensée républicaine, non le contenu social.

La droite conservatrice à la fin du XIXe siècle, les partisans du nationalisme intégral au début du XXe siècle ne s'y sont pas trompés. Ils l'ont, tour à tour et parfois simultanément, accablé de leurs coups et de leurs marques de considération, avec la volonté de convaincre une personnalité qu'ils sentaient à la fois très proche et très loin.

C'est que son enseignement se présente comme une inversion simple, mais décisive, du sens et des valeurs du néomonarchisme : même obsession de la faiblesse du sentiment national, même enracinement dans la tradition française, même culte de la terre, du ciel et des morts, invoqués comme ses plus hautes fidélités, même sens religieux de l'unité et du devoir — Lavisse a transposé, sur le mode laïque et républicain, les justifications de la monarchie. La République est devenue la providence de la France ; elle *appelle* les citoyens à l'*unité* nationale pour le *salut* de la patrie comme le roi, chez Bossuet, rassemble ses sujets pour faire leur salut. En profondeur, et en dépit de la signification momentanée, et fort importante, des oppositions, l'*Histoire de France* de Lavisse, par son syncrétisme, est susceptible de rapprochements plus intimes avec l'*Histoire de France* de Bainville qu'avec l'*Histoire sincère de la nation française* de Seignobos.

Mais, politiquement, Lavisse a été, bon gré mal gré, entraîné dans le courant rapide né des crises de la République, et de l'affaire Dreyfus en particulier, amené à cautionner le parti « intellectuel » et à faire figure de proue de la nouvelle Sorbonne. D'où la rage qu'il suscite et le respect qu'il provoque. Victor Jeanroy-Félix[1] déplore que le rassemblement de la jeunesse qu'il souhaite paraisse exclure la jeunesse de l'enseignement privé ; quelques formules telles que « l'inachèvement du royaume » et « la lugubre fin du règne » suffisent à Pierre Lasserre pour que « son Louis XIV fasse voir à nu l'homme à système, le pion et l'esprit chagrin qui sont en lui »[2]. Le critique s'empresse toutefois de préciser que « M. Lavisse ne représente pas la nouvelle Sorbonne ; il a ouvert les portes à de nouvelles méthodes et les a favorisées, mais ces méthodes ne sont point siennes ». Barrès et Péguy l'écrasèrent de leur sarcasme et de leur mépris. Tous deux *le reconnurent* ; et Barrès le premier, qui, vingt ans avant que Péguy critiquât en Lavisse un « système » et trente ans avant l'année qui devait les voir tous les deux mourir, dénonce en Lavisse « un des philosophes les plus actifs de cette époque[3] ».

1. Victor JEANROY-FÉLIX, *Fauteuils contemporains de l'Académie française*, Bloud et Barral, 1896.
2. Pierre LASSERRE, *La Doctrine officielle de l'Université*, Mercure de France, 1913.
3. M. BARRÈS, *Toute licence sauf contre l'amour, op. cit.*

6
Le panthéon de Pierre Larousse

La bonne, la seule manière de définir avec précision le panthéon de Pierre Larousse serait sans doute l'établissement d'une grille statistique : le nombre de colonnes, l'intensité de l'éloge, le répertoire et la distribution de mots-clés — tels que « citoyen », « fécondité créative », « républicain sincère » —, et surtout le style de l'article : ceux qui ont droit d'entrée de jeu au titre d'« illustre », qui les situe dans la bonne moyenne, mais sans que le cœur y soit ; ceux qui n'ont droit qu'au récit circonstancié de leurs actions et de leurs œuvres et ceux qui ont droit à la rencontre directe avec la personne du maître, tel Baudin sur la barricade du faubourg Saint-Antoine où il se fit tuer le 2 décembre ; ou, tel La Fontaine, dans un déluge d'anecdotes. Ceux qu'adopte le *Grand Dictionnaire universel du XIXe siècle* par un chaleureux « notre Untel » qui les inclut dans le cercle de famille ; ceux qu'il exhume, comme cette Rose Bouillon, femme d'un soldat de la Convention qui rejoint son mari aux armées, « nom obscur, nom ignoré, nom méconnu des historiens », dont le dévouement à la patrie lui arrache le cri du cœur : « Allons, allons, *Grand Dictionnaire*, quel style nous donnes-tu là ? » Ceux enfin qui constituent des cas exceptionnels appelant un traitement spécial, comme la fameuse formule avec laquelle Larousse attaque son immense article sur Bonaparte :

Paru sous le même titre *in* Pascal ORY et Jean-Yves MOLLIER (dir.), *Pierre Larousse et son temps*, Larousse, 1995, pp. 225-231.

Le nom le plus grand, le plus glorieux, le plus éclatant de l'histoire, sans en excepter celui de Napoléon — Général de la République française, né à Ajaccio (île de Corse) le 15 août 1769, mort au château de Saint-Cloud, près de Paris, le 18 brumaire, an VIII de la République française, une et indivisible (9 novembre 1799).

UN PANTHÉON DE QUINZE VOLUMES

Seule en effet une méthode comptable ferait apparaître sans arbitraire ni impressionnisme les catégories d'hommes privilégiés, politiques, écrivains, artistes, scientifiques ou militaires ; seule elle permettrait de dénombrer les gloires étrangères qui semblent ne figurer dans la cohorte des élus que dans la mesure où elles méritent d'entrer dans le patrimoine français ; ou encore de mesurer, par rapport aux héros confirmés de l'histoire nationale, la part massive consacrée au XIXe siècle et aux contemporains, qu'il s'agisse d'hommes de science, surreprésentés, ou des politiques de l'opposition à l'Empire, comme Jules Ferry et Gambetta avant même leur accession au pouvoir.

Une telle approche laisserait pourtant passer l'essentiel, que révèle peut-être davantage une lecture buissonnière. L'esprit même du *Grand Dictionnaire* s'ordonne en effet tout entier en fonction d'une hiérarchie implicite, et souvent explicite, qui en fait, en soi, un panthéon. C'est même là sa marque et son originalité, par rapport à tous les autres dictionnaires classiques. Un dictionnaire ou une encyclopédie sont faits, dans la catégorie des objets qu'ils entendent embrasser, pour présenter, sous forme alphabétique ou thématique, un savoir brut, universel, actuel mais impersonnel, anhistorique en quelque sorte ; un état des lieux antérieur à tout jugement de valeur, à toute utilisation partisane. Le rassemblement du savoir encyclopédique est bien l'ambition de Pierre Larousse. Mais cette ambition — devenue, pour reprendre un des exergues du *Dictionnaire* qu'il répète souvent, « os de mes os et chair de ma chair » —, il la moule et la coule dans un projet psychopédagogique d'une tout autre nature, où domine l'engagement personnel et militant. Larousse ne se réclame que de deux prédécesseurs : Pierre Bayle, pour son scepticisme critique, sa liberté d'esprit face à tout système philosophique ou religieux, sa volonté d'indépendance et sa hardiesse d'esprit, et surtout Diderot, le héros laroussien par excellence, « le génie le plus puissant, la personnalité la mieux marquée, l'athlète, le philosophe, le penseur, le critique, l'artiste le plus fortement constitué du XVIIIe siècle ». Le *Grand Dictionnaire* fait le portrait moral d'une époque qui culmine dans le présent, dans la foule des acteurs devenus des combattants ; il retrace une évolution dont le lecteur lui-même est l'aboutissement ultime et comme la clé de voûte. Il raconte une histoire ; il est, en soi, un immense récit : celui de l'émancipation du peuple et des progrès de l'humanité vers un idéal laïque et républicain de justice et de liberté par les conquêtes de la science, de la raison, des Lumières, dans un mélange naïf de romantisme révolutionnaire et de positivisme comtien.

LE « GRAND HOMME » LAROUSSIEN

Dans ces conditions, la part et la place du « grand homme » à cet « immense banquet qui est dressé pour tous » (préface), banquet patriotique et populaire, sont à la fois inessentielles et capitales. Inessentielles, parce que le héros laroussien n'est jamais que l'émanation du peuple, l'incarnation d'un principe en marche, le serviteur et l'illustration d'une idée qui le dépasse, la France, la Nation, la République, la Justice, la Liberté, un concentré héroïque ou attendrissant, une vignette exemplaire où l'individualité n'inscrit son œuvre et son action qu'aux frontons du Beau, du Bien, du Vrai. Larousse ne manque jamais d'enraciner ses hommes dans le terroir, trop content quand il peut, comme avec Lazare Carnot, « l'un des plus grands citoyens de la période révolutionnaire », saluer dans son nom même un « dérivé des vieux idiomes gaulois » : « Le *Grand Dictionnaire* est heureux, quand il retrouve ces vieux parchemins gaulois que devait débarrasser d'une poussière dix fois séculaire le tourbillon de 1789, en même temps qu'il précipitait de leur piédestal usurpé les Chabot, les Rohan, les Montmorency, dont tout l'éclat remonte à la conquête franque. L'immortelle révolution devait remettre chacun à leur place, c'est-à-dire au rang qu'assigne le mérite personnel. Quand nous en serons à Diderot et Danton, autres rustres de génie, nous ferons peut-être les mêmes découvertes, et ce jour trois fois béni, nous le marquerons d'une pierre blanche. »

Mais si c'est bien « l'histoire de l'homme que nous devons connaître, celle des peuples » et non celle des hommes pour eux-mêmes, le traitement individuel est cependant capital, comme l'exaltation de la personnalité d'exception. Le *Grand Dictionnaire* est avant tout une « vie des hommes illustres ». Ce n'est pas par hasard, comme le remarque justement Yves Morel dans son analyse des remaniements séculaires du Larousse[1], que l'inclusion d'un nom propre marque, jusque dans les éditions actuelles, une manière d'entrer dans l'immortalité, la certitude d'appartenir désormais à la mémoire collective. Aucun hommage public, aucune reconnaissance officielle n'a le même pouvoir consécrateur. À n'en pas douter, il y a là un héritage du Larousse originaire. Les articles consacrés aux grands hommes ont une valeur emblématique et initiatique :

> Ils condensent les a priori, la nature et la hiérarchie des valeurs d'une époque donnée [...]. Ils figurent la mémoire et l'âme de l'humanité [...]. Les « grands hommes », formant cons-

---

1. Yves MOREL, « Psychologie culturelle du dictionnaire Larousse », thèse d'histoire de l'EHESS, 1991.

tellation, définissent la configuration morale d'une culture, et le grand homme considéré isolément réalise l'accord et la synthèse de toutes les consciences individuelles. Il fait du passé la conscience du présent et le matériau de l'avenir et, comme par un phénomène physique de réflexion, opère l'actualisation de l'eschatologie collective dans la finitude concrète de la subjectivité personnelle[1].

De Jeanne, qu'il écrit Darc, au Gambetta de la Défense nationale, le panthéon de Pierre Larousse est donc prévisible : c'est celui du légendaire que la victoire de la République et sa pédagogie conquérante ont fait passer dans la mémoire collective de la nation. Plus encore celui qui ressortirait de l'*Histoire de France* d'Henri Martin que celui de Michelet, à qui curieusement Larousse ne consacre que trois colonnes pour louer surtout son « imagination ardente et sa sensibilité toujours vive », et qui se voit reprocher précisément (« France, histoire de ») d'amoindrir trop souvent le rôle des acteurs au profit de celui des masses : « Il se plaît à transformer les acteurs en instruments comme si une idée, pour être généreuse, une action, pour être héroïque, devait nécessairement venir de la foule et perdait sa grandeur en prenant le nom d'un homme. » La liste des héros de prédilection compte moins en elle-même que la force du portrait détouré auquel contraint le principe alphabétique du dictionnaire, le condensé de toute l'histoire dans une vie obligatoirement renfermée entre la naissance et la mort ; à quoi Larousse impose sa touche et éventuellement ses retouches. Ce sont elles qui font la saveur et le piquant du *Grand Dictionnaire*. Voici, par exemple, les deux héros fondateurs : Vercingétorix, à la rubrique « Arvernes » parue dans la livraison de 1866, est « un héros digne d'Homère », qui sut maintenir « le sentiment de la vieille liberté gauloise » ; mais sous son nom, que l'ordre alphabétique n'a fait apparaître qu'en 1876, au tome XV, le vaincu de César n'a droit qu'à un article beaucoup plus froid. C'est qu'entre-temps l'Empire

---

1. *Ibid.*

l'avait promu héros national. Quant à Clovis, le seul rôle positif que Larousse lui reconnaisse n'est pas son ralliement à la chrétienté, traité avec indifférence, mais le choix de Paris comme résidence principale et lieu de sa sépulture ; un Paris qu'Haussmann venait d'éventrer, et dont Larousse ne traite jamais qu'avec une plume trempée dans un encrier de larmes.

UN PRINCIPE ORGANISATEUR

Le charme et le relief de ce panthéon tiennent à la simplicité évangélique de son principe organisateur : « le drame éclatant de l'émancipation humaine » qui coupe en deux l'histoire et le temps, cette Révolution qui nimbe tout l'avant, ensoleille tout l'après et fournit l'infaillible critère qui permet de distinguer les bons et les mauvais.

En bonne place donc, dans l'échelle des valeurs laroussiennes, tous les précurseurs, tous les inspirés du patriotisme populaire et les collaborateurs bourgeois de la monarchie[1]. Dans cette série se distingue Étienne Marcel, « qui, devançant son époque, songea, dès le XIVe siècle, à établir en France des institutions parlementaires et tenta de transformer les états généraux en représentation nationale, sous l'influence de la bourgeoisie ». Mais c'est aussi le chancelier Michel de L'Hospital, « une des gloires de la magistrature française » :

> Il a doté la France de réformes qui préparèrent de loin la grande réforme de la fin du XVIIIe siècle. Les ordonnances de Michel de L'Hospital étaient en effet une ébauche de constitution qui portait en germe les deux grands principes du droit public moderne : la liberté et l'égalité du citoyen. Si l'on osait, il

---

1. Évelyne FRANC, « La mémoire nationale dans le "Grand Dictionnaire universel du XIXe siècle" de Pierre Larousse », mémoire de DEA de l'IEP de Paris, 1980.

est certain qu'on qualifierait L'Hospital lui-même de grand citoyen.

Et Colbert, bien sûr, illustre représentant de l'esprit bourgeois « qui puisa dans les traditions et les habitudes de sa race les fortes qualités qui devaient le distinguer : l'amour du travail, de l'ordre, de l'économie, l'esprit de suite ». Colbert qui détient l'affection de Pierre Larousse grâce à son attachement au commerce, un des principaux éléments civilisateurs, puisqu'« il a pour origine la division du travail, pour principe la liberté, pour base l'équité et pour but le bien-être universel » (« Commerce »).

L'exaltation de cette galerie de grands serviteurs qui ont combattu la féodalité ne se comprend bien qu'en regard du jugement systématiquement dépréciatif porté sur la galerie des rois. Aucun n'échappe à la condamnation radicale, donnée sur un ton rageur ou ironique. Pas même Saint Louis, l'un des rares cas où Larousse n'hésite pas à s'insurger contre les historiens qu'il suit en général — Auguste Mignet, Henri Martin, Michelet lui-même —, contestant que « le bon, sage et très chrétien roi créa un nouvel ordre des choses et que c'est de lui que date la monarchie moderne sous le rapport politique ». Bien plus : Larousse n'est pas loin de l'accuser de haute trahison, parce que, « moins préoccupé de son royaume que de la reprise aléatoire de Jérusalem », il est allé jusqu'à offrir « au roi d'Angleterre de lui rendre la Normandie et le Poitou à la condition que ce prince viendrait le rejoindre en Orient avec une armée ». Tout est de ce style, jusqu'à Louis XV, où « le dégoût arrête ici notre plume » ; jusqu'à Louis XVI, dont l'article s'achève sur onze colonnes consacrées au procès et au jugement du roi, publié intégralement et accompagné du vote de chaque député.

Après la nuit, la lumière. Comme ici c'est la Révolution elle-même qui est l'héroïne principale, ce sont moins les grandes figures qu'il faudrait détailler que les procédés d'exposition, les justifications en série ou les arguments en défense et illustration. Il y a, par exemple, l'éloge à l'antique, comme celui de Carnot, personnage paré de toutes les vertus :

Le panthéon de Pierre Larousse

Indépendamment de ses hautes capacités et des services qu'il a rendus au pays, Carnot est demeuré dans notre histoire moderne le type le plus parfait de la pureté civique, du dévouement patriotique, du désintéressement, de la probité rigide, et nul n'a mieux mérité ce titre d'homme de Plutarque qu'on a si souvent prostitué, car il a réalisé l'idéal de la démocratie moderne, la modestie dans l'héroïsme, la simplicité dans la grandeur.

Il y a le lyrisme inflammatoire que Larousse retrouve à tous les moments du Salut public et de « la patrie en danger » et qui s'applique en particulier à Danton, « l'une des plus grandes figures de la Révolution » aux yeux de Larousse comme de toute l'histoire républicaine des années 1860 : « Dans les crises suprêmes, un cri de Danton traversait la France, arrachait les volontaires à leurs foyers et les précipitait aux frontières. » Il y a les réfutations indiquées devant les accusations calomnieuses, comme celles qui ont frappé Le Peletier de Saint-Fargeau, « généreux patriote » qui ne fut poussé à voter la mort du roi que « par la voix de sa conscience ». « Quant aux paroles qu'on lui attribue, "quand on a six cent mille livres de rente, il faut être à Coblentz ou au faîte de la Montagne", elles sont trop absurdes pour pouvoir même être discutées. C'est une des mille inventions odieuses dont les royalistes ne se sont pas fait faute. » Ou encore Brissot : « Malgré les calomnies répandues dans ces temps de passion sur sa vénalité, Brissot, dont les mœurs étaient simples, régulières et pures, n'a laissé aucune fortune à sa famille. » Il y a les balancements obligés, que Larousse pratique pour les cas difficiles, comme celui de Saint-Just :

> Son nom restera à jamais illustre dans nos annales pour la part qu'il a prise à la grande lutte contre les rois, à la fondation du droit nouveau, à la délivrance de la patrie. Mais on regrettera toujours que tant de génie, d'enthousiasme philosophique et humanitaire, de passion pour la justice et le droit n'aient pu le préserver de cet orgueil, de ce despotisme d'opinion, de cet

esprit de secte qui ont fait sa destinée tragique et contribué aux déchirements et aux malheurs de la Révolution.

Il y a enfin, entre l'enfer et le paradis, les suspensions de jugement, comme devant Marat :

> Parmi les puissantes physionomies de ce temps, si riche en personnalités fortes et originales, celle-ci nous effraye et nous écrase, nous l'avouons simplement et sans aucun embarras. Il est facile de dénigrer ou de maudire [...] mais pour trouver la note juste [...] cela n'est pas aussi facile...

Il y a surtout la manière simpliste et très étrange dont est globalement traitée la Terreur. Sans doute Larousse, contre Louis Blanc, suit-il ici Edgar Quinet, « penseur profond » qui a toutes ses faveurs, « historien éminent ayant tracé des voies nouvelles, un des plus grands remueurs d'idées de l'époque ». Il fait sienne sa distinction des deux révolutions, 1789 et 1793, mais pour ne voir dans la Terreur « qu'une tradition et une habitude d'Ancien Régime dont la France nouvelle, dans la guerre à mort à laquelle elle était obligée de faire face, n'a pas eu la puissance de s'affranchir ». Larousse en arrive à cette affirmation originale et pour le moins expéditive qui ouvre son article sur la Terreur : « La Terreur est essentiellement le système catholique et royaliste. Cette terreur de quatorze mois est la conclusion forcée d'une terreur de quatorze siècles. » D'où les reproches à Marat, « si visiblement sincère dans ses passions », mais « qui érigea le châtiment en doctrine politique, en moyen de gouvernement. C'était la pure théorie de l'Ancien Régime ». D'où la condamnation définitive de Robespierre, qui fait encore et tout entier partie du système de l'Ancien Régime, traître à la cause de la Révolution pour avoir employé « toute sa puissance révolutionnaire » contre le mouvement de laïcisation de la nation, « contre les efforts du peuple pour sortir de la vieille Église ».

LE MODÈLE BÉRANGER

Si l'on veut bien admettre, cependant, que la composition du panthéon laroussien est moins intéressante à saisir que les mécanismes de sa formation, on se reportera, par exemple, à la longue notice sur Béranger qui en fournit le modèle. La première partie des onze colonnes démarque *Ma biographie* et entérine donc sans la moindre distance critique la légende que le « Poète national » a voulu forger de lui-même : la naissance à Paris, « le Paris de Molière, Voltaire et Beaumarchais ». L'enfance en Bourgogne où il suce, lui aussi, « ce lait gaulois dont s'étaient nourris Piron et Rétif de La Bretonne ». L'éducation sans famille du petit-fils abandonné du pauvre cabaretier. Le disciple humble et fidèle des grands classiques. Le « beau soleil » de la prise de la Bastille et, à Péronne où ses mérites lui valent la présidence, très jeune, d'un club révolutionnaire, le spectacle de l'invasion étrangère de la France, qui lui inspire son « pur patriotisme ». Tout y est, de l'imaginaire type du républicain. La suite, qui le montre « toujours à l'avant-garde de l'opposition officielle », s'acharne à le disculper des reproches qui lui ont valu son itinéraire politique, depuis son approbation du 18-Brumaire jusqu'à son « extrême réserve » à l'égard de la révolution de Février et à sa précoce retraite. Sur sa part dans la formation de la légende napoléonienne, dont il passe pour un des principaux artisans, c'est le flou artistique. Pour aboutir, avec lyrisme, non seulement à l'absolution, mais à une fin en apothéose sur le chantre de la démocratie « dont il reste à jamais la gloire et l'honneur ». C'est ce que Pierre Larousse appelle « avoir esquissé la vie du poète avec l'indépendance d'esprit qui nous semble convenir à l'histoire ».

Le procédé est puissamment démonstratif. Larousse emboîte une image d'Épinal toute faite dans une autre qu'il fabrique lui-même. Opération d'autant plus remarquable qu'à cette date — 1867 —, dix ans après la mort de Béranger, la statue du poète est depuis longtemps ébranlée et sa réputation considérée comme largement surfaite[1]. N'importe. Larousse a construit le modèle d'une « vie républicaine » au sens où, d'Agricol Perdiguier à *Fils du peuple* de Maurice Thorez, Michelle Perrot a pu mettre en relief un modèle de « vies ouvrières »[2]. Une vaste projection en poupée russe, où le grand homme ne l'est que par son incarnation d'un archétype, où Pierre Larousse projette sur son héros, avec d'infinies variations, sa propre vision, qui tire elle-même sa force d'imprégnation et sa puissance de rayonnement de ce qu'elle a d'archétypal pour construire avec tous ses modèles un écran où peuvent à leur tour se projeter ses lecteurs petits et grands. Il y a là une circularité qui est au principe même de la formation d'une mémoire collective. Le panthéon de Pierre Larousse, à cet égard, est un cas d'école.

---

1. Jean TOUCHARD, *La Gloire de Béranger*, 2 vol., A. Colin, 1968.
2. Michelle PERROT, « Les vies ouvrières », *in* Pierre NORA (dir.), *Les Lieux de mémoire*, t. III, *Les France*, vol. 3, *De l'archive à l'emblème*, Gallimard, « Bibliothèque illustrée des histoires », 1993, pp. 87-129.

Le Dictionnaire de pédagogie *de Ferdinand Buisson*

À qui voudrait saisir, dans toute la rigueur de son enchaînement, mais aussi dans l'infinie richesse de ses constellations, le lien absolu qui unit tout droit la Révolution à la République, la République à la raison, la raison à la démocratie, la démocratie à l'éducation, et qui, de proche en proche, fait donc reposer sur l'instruction primaire l'identité même de l'être national, on conseillerait en définitive un ouvrage et, s'il fallait n'en élire qu'un seul, celui-ci : un dictionnaire vieux d'un siècle et aujourd'hui bien oublié, difficile même à se procurer[1], fort connu des spécialistes, sans doute, mais qu'aucun historien de l'éducation n'a pourtant honoré d'une véritable analyse[2] : le *Diction-*

---

1. À la Bibliothèque nationale, le *Dictionnaire* n'est communicable que sous la forme de microfilms, ce qui le rend inconsultable. À la bibliothèque de la Sorbonne figure seulement l'édition de 1911 et à celle de la Maison des sciences de l'homme, seulement l'édition de 1887. À l'École normale, manque le tome II. Le Musée social ne le possède pas. À la bibliothèque de l'Institut pédagogique national, les tables de l'exemplaire de lecture sont déchirées, ce qui ne facilite pas la consultation. [Depuis cet article, et grâce à Jean-Noël Jeanneney, président de la Bibliothèque nationale de France, le *Dictionnaire de pédagogie* a été rendu accessible par voie numérique sur Gallica *(http://gallica.bnf.fr)*.]
2. [Cet article paraît avoir éveillé la curiosité des spécialistes de l'éducation. Voir Patrick DUBOIS, « Le *Dictionnaire de pédagogie et d'instruction primaire*. Unité et disparités d'une pédagogie pour l'école primaire (1879-1911) », thèse de doctorat, Lyon-II, 1994, devenue *Le « Dictionnaire » de Ferdinand Buisson. Aux fondations de l'école républicaine (1878-1911)*, Berne, Peter Lang, 2002 ; ID.,

---

Paru sous le titre « Le *Dictionnaire de pédagogie* de Ferdinand Buisson. Cathédrale de l'école primaire », *in* P. NORA (dir.), *Les Lieux de mémoire*, t. I, *La République*, *op. cit.*, pp. 353-378.

naire de pédagogie et d'instruction primaire de Ferdinand Buisson[1].

PARCOURS

Pour en mesurer à la fois l'importance historique et la saveur, il faut s'y plonger. On peut choisir son parcours. Feuilleter pour commencer la table des matières, pour constater, par exemple, et dès la lettre *A*, que l'article « Architecture » est signé Viollet-le-Duc et l'article « Astronomie », Camille Flammarion. C'est à Lavisse que l'on doit « Histoire », à Rambaud « France », à Henri Hauser « Économie politique ». Aucun des grands noms de l'époque n'a refusé son concours. Durkheim s'est chargé de trois grands articles fondamentaux, « Éducation », « Enfance », « Pédagogie ». Gaston Maspero y croise Marcelin Berthelot, Aulard s'y rencontre avec Duruy et Ravaisson, sans compter les fondateurs du système éducatif de la République, de Paul Bert à Jules Steeg et Octave Gréard. Et devant une collec-

---

« Le *Dictionnaire de pédagogie et d'instruction primaire* de Ferdinand Buisson », INRP, service d'histoire de l'éducation, 2002, accompagné d'un « Répertoire biographique des auteurs » ; Daniel DENIS et Pierre KAHN (dir.), *L'École républicaine et la question des savoirs. Enquête au cœur du* Dictionnaire de pédagogie *de Ferdinand Buisson*, CNRS Éditions, 2003 ; ID., *L'École de la IIIe République en questions. Débats et controverses autour du* Dictionnaire de pédagogie *de Ferdinand Buisson*, Berne, Peter Lang, 2006 ; Éric DUBREUCQ, *Une éducation républicaine. Marion, Buisson, Durkheim*, Vrin, 2004 ; Gilles UBRICH, « La méthode intuitive de Ferdinand Buisson. Histoire d'une méthode pédagogique oubliée », thèse de sciences de l'éducation, Rouen, 2011. On y ajoutera, d'un point de vue philosophique, Anne-Claire HUSSER, « Du théologique au pédagogique. Ferdinand Buisson et le problème de l'autorité », thèse de doctorat, École normale supérieure, Lyon, 2012.]
1. Pour une mise en place de l'histoire et des institutions scolaires de la période, on se reportera, une fois pour toutes, à deux excellents manuels : Antoine PROST, *L'Enseignement en France, 1800-1967*, A. Colin, 1968, et Françoise MAYEUR, *De la Révolution à l'école républicaine (1789-1830)*, tome III de l'*Histoire générale de l'enseignement et de l'éducation en France*, Nouvelle Librairie de France, 1981.

tion de signatures aussi prestigieuse, on se prend d'une première admiration pour celui qui a pu les réunir, ou plutôt le tandem qui a su tous les mobiliser et dont il ne faut pas attendre davantage pour marquer la féconde association : Ferdinand Buisson et James Guillaume.

On peut aussi ouvrir au milieu et se lancer, mettons, au début de la lettre *P* : en quel autre lieu pourrions-nous apprendre qu'Ambroise « Paccori », né à Céaucé (Mayenne) vers 1650, fut principal du collège de Meung, près d'Orléans, et qu'il a laissé plusieurs ouvrages de piété, dont les principaux sont *Avis à une mère chrétienne pour se sanctifier dans l'éducation de ses enfants*, plusieurs fois réimprimé, ainsi que des *Règles chrétiennes pour faire saintement toutes ses actions*, « où l'on parle des nudités du corps et l'on montre combien c'est une grande indécence de laisser voir nu aux autres quelque endroit de son corps que l'on doit couvrir ». Ne nous attardons pas, sautons par-dessus Christian « Palmer », diacre à Tubingue et collaborateur du Dr Schmid, directeur du gymnase de Stuttgart, pour la publication de la *Grande Encyclopédie pédagogique* publiée de 1858 à 1875, et dont ce *Dictionnaire* se veut précisément l'équivalent français ; pour arriver à « Palmes » académiques, dont l'octroi, inauguré par Salvandy, a fait l'objet d'une réglementation détaillée sous Duruy, que le décret de 1885 ne fait que reprendre. Courte halte à « Panamá », indépendant de la Colombie depuis 1903, et qui, avec une superficie de 87 540 kilomètres carrés et une population estimée à 418 979 habitants en 1909, compte à cette date 15 690 enfants inscrits dans les écoles primaires auxquelles sont consacrés 395 000 dollars. Mais voici Mme « Pape-Carpantier » (*sic*), auteur du *Secret des grains de sable ou Géométrie de la Nature* et théoricienne des salles d'asile, dont les cinq colonnes de biographie vous happent impérieusement. Marie Carpantier, née à La Flèche, le 10 septembre 1815, obligée de quitter l'école à onze ans pour gagner sa vie, sent naître en elle, à quatorze ans, une vocation poétique, et compose des pièces en vers « qui ne manquent ni de grâce, ni d'inspiration ». Une future poétesse donc, si, à l'approche de sa vingtième année, l'autorité municipale de La Flèche ne lui avait proposé de diriger avec sa mère une salle d'asile qui allait être créée. À cette nouvelle tâche Marie se livre avec tant d'ardeur qu'elle en compromet sa santé et se résigne à un emploi de demoiselle de compagnie. Mais les circonstances ramènent Marie Carpantier à sa mission abandonnée. La ville du Mans lui propose la direction de sa salle d'asile. Cette fois, c'est l'entrée résolue dans la carrière de réformatrice marquée par son premier ouvrage, *Considérations sur la direction des salles d'asile* (1845), couronné par l'Académie française. Si bien que deux ans plus tard, lorsque Mme Jules Mallet et le ministre Salvandy eurent fondé rue Neuve-Saint-Paul, dans le quartier Saint-Antoine, une sorte d'école normale pour le recrutement du personnel d'asile, ils font tout naturellement appel à elle pour la direction de l'établissement. Mme Pape-Carpantier (elle avait épousé vers ce temps un officier de gendarmerie, M. Pape) a gardé vingt-sept ans ce poste de confiance et d'honneur.

Abandonne-t-on à regret Mme Pape-Carpantier au seuil de sa vraie carrière que, volant au-dessus de « Paraguay » et négligeant Narcisse « Parent », trois semaines ministre de l'Instruction publique entre Salvandy et Villemain, jetant un œil rapide sur Jules François « Paré », pourtant secrétaire du Conseil exécutif puis ministre de l'Intérieur le 2 août 1793, frôlant au passage Louis Pierre Félix Esquirou de « Parien », à qui revient la responsabilité d'appliquer la loi Falloux, tournant enfin prestement les quatorze pages consacrées à l'histoire de l'enseignement primaire à « Paris », nous tombons sur d'autres « Paris » très attachants, Aimé et sa sœur Nanine. Cet Aimé Paris, né à Quimper le 14 juin 1798, après avoir quitté le barreau à vingt ans « à la suite d'un vol dont il fut victime de la part d'un client qu'il avait fait acquitter en correctionnelle », n'est rien de moins que l'inventeur d'une méthode simplifiée de sténographie qui le fit rechercher par *Le Courrier français* et *Le Constitutionnel* pour leurs comptes rendus des séances parlementaires. Mais ce surdoué nourri des travaux de Destutt de Tracy entend se consacrer à la philosophie des signes. À vingt-quatre ans, professeur à

Le *Dictionnaire de pédagogie*

l'Athénée royal de Paris, il court entre les sessions parlementaires les grandes villes de province pour faire des conférences sur la mnémotechnie, jusqu'à ce qu'un préfet ombrageux fasse fermer ses cours, sous prétexte que les repères dont il fait usage dissimulent des allusions malveillantes contre le régime. Et voilà notre homme exilé en Belgique, en Hollande et en Suisse jusqu'en 1828! De son retour à sa mort, en 1866, Aimé Paris se voua essentiellement à la vulgarisation de l'enseignement musical, d'après la méthode de Galin, puissamment secondé par sa sœur « Nanine », auteur d'une *Méthode élémentaire* de musique vocale et d'harmonie. Le lecteur qui voudrait avoir une idée plus complète de ce savant distingué, ce pédagogue éminent, cet inventeur ingénieux pourra consulter, etc. On est tenté de s'engloutir. Il ne faut pas moins, pour décourager notre émerveillement, que la sévère rubrique consacrée aux écoles « Paroissiales », les forêts de colonnes en l'honneur de « Pascal » (Jacqueline, bien entendu, la sœur cadette) et la suite implacable des *P* : « Patente », « Patronage » et dames « Patronesses ».

Mais rien ne nous enchaîne à l'ordre alphabétique et le *Dictionnaire*, par son système de renvois, nous invite lui-même à la lecture buissonnière. Déjà, au passage, le marquis de « Pastoret », premier président de la Législative et successeur de Condorcet à la présidence du Comité d'instruction publique, nous a conduits à son épouse, Adélaïde « Piscatory », bienfaitrice des enfants pauvres, qui nous adresse à « Crèches », « Maternelles », « Cochin », Mmes « Mallet » et « Millet ». Déjà, « Palmes » académiques nous avait fait faire marche arrière jusqu'à « Décorations » universitaires qui nous avait projetés à « Récompenses » qui nous suggérait le retour à distribution de « Prix ». Ainsi, de proche en proche, la capricieuse promenade trouve son ordre, puisque distribution de « Prix » nous entraîne à « Discours », que « Bredouillement » nous fait courir à « Zézaiement » pour parvenir à « Prononciation » et que, là, on plonge hardiment dans les dures réalités de l'enfance campagnarde, avec le bredouillement, le grasseyement, le chuintement, et surtout le « blèsement », qui consiste à dire « dâteau » pour gâteau et « tousin » pour cousin. D'où le détail très utile et précis de toutes les méthodes mécaniques et éducatives de redressement, celles de Dupuytren, Rullier, Voisin, Amott et Chervin, signataire de l'article qui nous conseille, en désespoir de cause, de prendre le chemin de l'Institut des bègues, 82, avenue Victor-Hugo. Une inépuisable circulation intérieure s'organise ainsi dans cette encyclopédie des merveilles, véritable caverne d'Ali-Baba qui, du plus humble au plus important, de « Carnot » à « Cartable » et de « Vestiaire » à « Voltaire », reconstruit le monde entier à travers celui des éducateurs de l'enfance et enferme le vaste univers dans les quatre murs de la classe.

LES DEUX DICTIONNAIRES

Le *Dictionnaire* a connu, en réalité, deux formes différentes : une édition en quatre volumes, de cinq mille cinq cents pages, parue de 1882 à 1887, et, trente ans plus tard, en 1911, une édition en un seul volume de deux mille soixante-dix pages, le *Nouveau Dictionnaire de pédagogie*. Mais ce n'est pas tant l'épaisseur qui les différencie que les dates, l'esprit, la structure et les modalités de sa fabrication.

Le premier — faut-il dire le vrai ? — sent tout entier l'urgence et la fébrilité. Le premier volume n'annonce même pas les intentions ; il démarre sec sur « Abandonnés (enfants) » et « Abaque, nom donné au plus ancien instrument de calcul usuel connu en Europe ». Il faut attendre le premier volume de la seconde partie, publié l'année suivante, en 1883, pour être informé de la structure de l'entreprise, et le second volume de la première partie, achevée en 1887, pour qu'un « Aux lecteurs », *in fine*, explique l'aventure. Elle est tout entière dans les dates : « Cette publication a coïncidé avec le mouvement même de la rénovation scolaire en France, elle en a pour ainsi dire reflété les phases successives. Elle a commencé sous le régime de la législation de 1850 ; elle s'achève précisément à l'heure où paraissent les nouveaux règlements organiques pour l'application de la loi [Goblet] du 30 octobre 1886. » Le *Dictionnaire* est donc un recueil destiné à servir de guide théorique et pratique à tous ceux qui s'occupent d'enseignement primaire, public et privé. En fait, comme le montre assez la liste des mille cinq cents souscripteurs, l'entreprise a été soutenue en majorité par les membres de l'enseignement public et elle s'adresse prioritairement à l'élite enseignante, directeurs d'école ou élèves des écoles normales[1]. Elle se compose de deux parties complètement distinctes, formant chacune, en deux volumes, un ouvrage indépendant. La première partie comprend les doctrines, la législation, l'histoire de l'enseignement primaire. C'est, à proprement parler, un vaste traité de pédagogie théorique disposé sous la forme de recueil d'articles par ordre alphabétique. Certains, très longs, comme « Convention », « Histoire de France », « Bibliographie », « Pestalozzi », sont de véritables traités indépendants, auxquels, rappellera l'avertissement « Aux lecteurs », « la direction a tenu à honneur de laisser la liberté d'allure, la vigueur de ton, la saveur de pensée et de style qui, même dans les cadres d'une encyclopédie, distinguent un travail original d'une compilation de seconde main ». La seconde partie, en deux volumes également, fait l'application pratique des principes pédagogiques aux diverses matières de l'enseignement et constitue ainsi un cours complet d'instruction primaire, non pas à l'usage des élèves, mais à l'usage des maîtres :

> Ce n'est pas un dictionnaire de mots, mais un dictionnaire de leçons. Autant il y a dans chaque science de grands sujets à traiter, autant on trouvera d'articles fournissant à l'instituteur les éléments de la leçon ou de la série de leçons qu'il y devra consacrer. Veut-il entreprendre tout d'une haleine la révision d'un

---

1. C'est en 1882 qu'est fondée l'École normale supérieure de Saint-Cloud. Cf. Jean-Noël LUC et Alain BARBÉ, *Des normaliens. Histoires de l'École normale de Saint-Cloud*, Presses de la FNSP, 1982 ; Gilles LAPRÉVOTE, *Les Écoles normales primaires en France, 1879-1979*, Presses universitaires de Lyon, 1984.

ordre quelconque d'enseignement, de l'arithmétique par exemple ? Il se reportera à l'article « Arithmétique » qui contient un programme ou un plan du cours, et lui indiquera la succession méthodique des leçons et le mot auquel il trouvera chacune d'elles : d'abord « Numération » puis « Addition », « Soustraction », etc., et ainsi de suite jusqu'à « Logarithmes », « Amortissement » et aux questions de « Banque ». Veut-il au contraire revoir non pas tout un cours, mais une question spéciale en vue de l'enseignement ? Il recourra, cette fois encore, au mot « Arithmétique », cherchera dans le programme qui est en même temps la table des articles spéciaux à quel mot est traitée la question dont il s'agit, et trouvera, dans l'article spécial indiqué, non pas une définition isolée ou un renseignement de détail, mais l'ensemble du sujet exposé avec les développements d'un enseignement complet, élevé et méthodique.

Donner donc au maître l'instrument de travail indispensable, le nerf de la guerre. Parer au plus pressé. Au si pressé même que l'entreprise a commencé en février 1878, par livraison simultanée des deux parties, théorique et pratique, en deux feuilles d'impression, soit trente-deux pages, au prix de 50 centimes et au rythme infernal d'au moins deux livraisons par mois, soit, en neuf ans, cent soixante-quinze livraisons, dont les premières ont simplement été reliées pour faire un volume. C'est ce qui donne à ces cinq mille cinq cents pages — près de quarante-trois millions de signes[1] — leur caractère héroïque et haletant. On est souvent obligé de se reporter aux mots des dernières lettres pour y chercher comme un appendice à ceux des premières. Les *Suppléments*, obligatoirement ajoutés aux deux parties, donnent la mesure de cette création continue. On trouve ainsi, parmi les quarante-sept articles ajoutés à la première partie, d'étranges rattrapages, comme « La Mothe Le Vayer », ou « Saint-Cyr », oublié, auquel Octave Gréard ne consacre pas moins de vingt-cinq colonnes, ou « Histoire de la pédago-

---

1. À titre comparatif, une page de texte de cet ouvrage-ci comprend deux mille signes. Une page du *Dictionnaire* comprend, en deux colonnes : édition de 1882-1887, sept mille huit cents signes ; édition de 1911, huit mille cinq cents signes.

gie ». Mais aussi, au mot « Lois scolaires », quinze colonnes qui font suite à l'article du même nom par les textes publiés depuis 1883, complétés par les soixante colonnes de « Règlements organiques ». Mais encore l'entrée des morts récents, comme l'éditeur Hetzel, et surtout Falloux et Paul Bert (neuf et cinq colonnes), disparus tous deux la même année, 1886, et dont la réunion prend valeur de symbole : l'homme dont tout le *Dictionnaire*, somme toute, est le long thrène et celui dont il est l'hosanna.

Le *Nouveau Dictionnaire* n'a pas ce caractère chaotique et cahotant, inaugural et initiatique. La distinction des deux parties, théorique et pratique, n'a plus paru nécessaire. Chacune des matières de l'enseignement a seulement donné lieu à un grand article traitant la question dans son ensemble. Les textes des lois scolaires et ordonnances, à partir de 1789, sont réunis sous un chef unique et dans sept autres articles nettement indiqués. Il ne s'agit plus de bulletins de victoire rédigés au jour le jour et par ceux-là mêmes qui, parfois, les avaient remportées à l'Assemblée ou dans des cabinets ministériels, mais du simple répertoire pratique d'une œuvre accomplie et comme inscrite, déjà, dans un cycle clos. Un petit côté officiel s'est introduit, avec la notice systématique des ministres de l'Instruction publique et des ministres de l'Intérieur pour la période durant laquelle l'instruction publique relevait de ce département. Trait plus frappant encore : d'un *Dictionnaire* à l'autre, une espèce de capitalisation de l'enseignement primaire s'est opérée sur lui-même. Ainsi, aux notices très détaillées concernant les pays étrangers et généralement confiées à un ressortissant du pays se sont ajoutés, marque des temps, des articles encore plus complets traitant des colonies des pays concernés. Ainsi, également, a basculé dans la nouvelle mouture une génération entière encore vivante et active au temps de la première qui lui devait souvent sa marque ou sa collaboration ; la double présence d'un article d'auteur et d'un article nécrologique sur le signataire provoquant, d'ailleurs, un saisissant effet de mémoire : Marcelin Berthelot, Victor Duruy, Octave Gréard, Jean Macé, Félix Pécaut, Alfred

Rambaud, Charles Renouvier, Jules Simon. Enfin, et peut-être surtout, des rubriques nées du développement même de l'institution primaire ont fait leur apparition, signe de l'installation dans l'âge mûr : « Amicale » des instituteurs, « Association » d'anciens élèves, « Colonies » de vacances, « Œuvres » postscolaires, « Monopole » de l'enseignement, « Pères » de familles nombreuses, « Syndicat » des instituteurs. Mais c'est, en fait, une foule d'articles remaniés qu'il faudrait comparer l'un à l'autre pour saisir, en son fond, l'esprit de la transformation. Un seul exemple, « Histoire sainte », certainement rédigé par Ferdinand Buisson lui-même : huit colonnes très combatives dans le premier ouvrage devenues une colonne apaisée dans le second.

La véritable différence est, en définitive, à mesurer dans l'accueil du public. Les chiffres, pour autant qu'ils sont fiables, sont éloquents. En 1889, la première partie se serait vendue, tome I, à 9 700 exemplaires, tome II à 12 100. La seconde partie, tome I à 8 750 exemplaires, tome II, à 12 040. Tandis que le volume unique de 1911 aurait été tiré à 5 500 exemplaires[1]. La conclusion est claire, si l'on tient compte que les premiers tomes de chaque partie avaient dû être achetés par livraisons (ce qui explique la différence entre 9 000 et 12 000) ; et surtout si l'on rapporte ces chiffres globaux, 12 000 et 5 000 environ, au nombre des instituteurs de chaque époque respective : 55 026 instituteurs et institutrices de l'enseignement laïque en 1876-1877, et 121 182 de la même catégorie trente ans plus tard, en 1906-1907[2]. Près d'un sur quatre des instituteurs laïques aurait

---

1. Je dois ces chiffres à l'obligeance de Georges Lanthoinette, responsable de la conservation des archives du fonds Hachette.
2. La statistique détaillée est donnée par Mona OZOUF, *L'École, l'Église et la République*, A. Colin, « Kiosque », 1963 ; éd. remaniée, Cana, 1982 :

	Instituteurs et institutrices du public		Instituteurs et institutrices du privé	
	Laïques	Congréganistes	Laïques	Congréganistes
1876-1877	55 026	26 823	10 725	19 801
1906-1907	121 182	823	31 896	6 564

Le Dictionnaire de pédagogie

acheté le premier *Dictionnaire*, un sur vingt-cinq seulement aurait acheté le second.

N'exagérons pourtant pas, par symétrie rhétorique, l'opposition des deux versions. L'ancien et le nouveau, qui a dû à sa maniabilité une manière de survie, brassent une matière identique. Le nouveau s'est seulement assagi, épuré, dégrossi. On y sent moins la ferveur fondatrice que le piétinement des cent vingt mille maîtres d'école d'avant-guerre anxieux de connaître très exactement leurs droits et leurs devoirs. C'est moins les *Dictionnaires* qui ont changé que l'époque — le régime a trente ans —, et les deux responsables, dont l'un, Guillaume, a maintenant soixante-sept ans, et dont l'autre, bon pied bon œil, va fêter son soixante-dixième anniversaire. Ils se sont retrouvés à cette occasion. Mais la permanence du compagnonnage ne doit pas leurrer : non des vies parallèles et des œuvres croisées, mais des *Dictionnaires* parallèles et des destins croisés.

DESTINS CROISÉS

Quelque chose en effet fascine dans la courbe de ces deux existences et dans l'étrangeté de leur association.

Ferdinand Buisson mériterait une étude spéciale, qu'on s'étonne de ne pas lui trouver consacrée[1]. Il n'apparaît jamais que de profil, au tournant de tous les livres sur la IIIe République, associé à des noms plus en vue — Jules Ferry, Léon Bourgeois —, confondu avec ses fonctions — directeur de l'Enseignement primaire, député radical-socia-

---

1. [Deux thèses ont été consacrées à Ferdinand Buisson depuis la parution de cet article : Mireille GUEISSAZ-PEYRE, *L'Image énigmatique de Ferdinand Buisson. La vocation républicaine d'un saint puritain*, Villeneuve-d'Ascq, Presses universitaires du Septentrion, 1998 ; Daniel TOMEI, « Ferdinand Buisson (1841-1932). Protestantisme libéral, foi laïque et radical-socialisme », thèse de l'IEP, Lille, 2004, 2 vol. On y ajoutera un essai, Vincent PEILLON, *Une religion pour la République. La foi laïque de Ferdinand Buisson*, Éd. du Seuil, « La Librairie du XXIe siècle », 2010.]

liste —, incarné dans des institutions — la Ligue de l'enseignement[1], la Ligue des droits de l'homme. Cet effacement volontaire, entretenu — « qui ma vie pourrait-elle bien intéresser ? », répondait-il quand on le pressait d'écrire ses Mémoires[2] —, si parfaitement adapté à sa personnalité, est lui-même révélateur de sa philosophie morale et de son kantisme appliqué. C'est ce qui donne son unité à cette longue existence (1841-1932) de protestant ultralibéral, incarnation du radicalisme universitaire que l'affaire Dreyfus a fait passer au radicalisme politique, conscience rousseauiste par qui l'héritage de Jules Ferry s'est annexé au radicalisme anticlérical du début du siècle. Sans doute est-ce la centralité même du personnage qui enlève de son individualité à un fort caractère que sa sincérité, sa modestie, sa tolérance constamment rappelées ont livré à une hagiographie que la sagesse est peut-être d'accepter comme vraie.

Une lumière exemplaire et presque symbolique baigne le premier Ferdinand Buisson, qui nous porte jusqu'aux débuts du *Dictionnaire*, à trente-sept ans. Fils d'un petit magistrat que la mort de son père a fait un précoce soutien de famille, étudiant méritant que sa faible constitution aurait détourné de l'École normale (il a pourtant déployé une intense activité jusqu'à quatre-vingt-dix ans !), mais à qui son honnête labeur vaut l'agrégation de philosophie, il se voit privé de poste, en 1866, pour avoir refusé le serment à l'Empire et, sur le conseil d'Edgar Quinet, postule et obtient une chaire de philosophie et de littérature comparée à Neuchâtel. La Suisse lui devient une seconde patrie. Le fils spirituel du républicain Jules Barni y rejoint la cohorte des proscrits français ; et tandis qu'il travaille sur le christianisme libéral, l'orthodoxie de l'Évangile et l'Écriture sainte, il assiste au Ier Congrès international de la paix et de

---

1. Sur la Ligue de l'enseignement, cf. Katherine AUSPITZ, *The Radical Bourgeoisie. La Ligue de l'Enseignement and the Origins of the Third Republic, 1866-1885*, Londres, Cambridge University Press, 1982.
2. Propos rapporté par Ernest Roussel dans une conférence sur « La vie et l'œuvre de Ferdinand Buisson », prononcée le 20 juin 1931 pour le cinquantenaire de l'École laïque.

la liberté, qui se tient à Genève en 1868 sous la présidence de Garibaldi, et au deuxième, qui se tient à Lausanne l'année suivante sous la présidence de Victor Hugo. Il découvre sa vocation : éducateur. Sedan le ramène à Paris pendant le siège où il s'engage dans la Garde nationale. Avec Benoît Malon, il organise un asile municipal pour orphelins et enfants errants auquel il saura, quand la nouvelle municipalité voudra le dissoudre, intéresser un vieux saint-simonien, M. Prévost, qui avait de son côté fondé un asile de vieillards à Cempuis (Seine-et-Oise). Jules Simon le nomme en 1871 inspecteur primaire de la Seine, mais l'abandonne sous les attaques de Mgr Dupanloup et le voilà de nouveau en disponibilité, rendu à sa thèse sur *Sébastien Castellion*, apôtre de la tolérance (qui ne paraîtra qu'en 1892), disponibilité seulement interrompue par deux missions à l'étranger : la première comme délégué de la France à l'Exposition internationale de Vienne en 1873, première manifestation internationale où figura la France après la défaite, la seconde en 1876 comme délégué de l'Instruction publique à l'Exposition de Philadelphie. Détail typique et qui le situe bien : il appartient, dans le sillage de Jules Lagneau, à l'Union pour l'action morale de Paul Desjardins[1]. Il venait donc de commencer, en février 1877, sur la demande de la maison Hachette, les premières livraisons du *Dictionnaire de pédagogie* quand la crise du 16 mai et l'arrivée des républicains au pouvoir lui offrent sa réparation : Jules Ferry le nomme le 10 février 1879 à la Direction de l'enseignement primaire.

Il y restera dix-neuf ans et ne quittera le ministère, en 1896, que pour occuper six ans à la Sorbonne la chaire de science de l'éducation, créée pour lui et où Durkheim lui

---

1. Cf. Jules CANIVEZ, « Lagneau républicain », in *Cent ans d'esprit républicain*, Publications de la Sorbonne, 1978. Sur Desjardins, on se reportera en particulier à *Paul Desjardins. Témoignages et documents*, Éd. de Minuit, 1968. À noter que du *Devoir présent de la jeunesse*, principal ouvrage et manifeste de Paul Desjardins, Ferdinand Buisson reprendra le titre pour une conférence prononcée le 10 mars 1899 au Collège des sciences sociales et publiée dans la *Revue bleue* le 25 mars de la même année.

succédera, quand l'engagement dans l'affaire Dreyfus l'aura précipité dans la politique. C'est là le deuxième Buisson, personnage clé de l'édification scolaire de la République, artisan de sa consolidation au jour le jour. Buisson n'est pas l'homme des écrits théoriques, mais son action quotidienne a fait sans doute beaucoup plus pour l'inscription d'une doctrine dans les institutions que tout traité théologique ou philosophique. C'est dans des écrits de circonstance, articles, discours et préfaces qu'il faut chercher sa *Foi laïque*[1] d'une étonnante continuité. « Libre pensée religieuse », comme dit Jean-Marie Mayeur[2], empreinte d'un spiritualisme profond, pénétrée de la conviction que la religion est un besoin éternel de l'âme humaine et qu'elle doit faire le fond de la morale laïque, véritable recherche d'une religion de l'avenir qui fonderait le royaume de Dieu sur la terre. Peu d'œuvres administratives auront été à ce point traversées d'une philosophie sociale qu'il continuera d'appliquer dans sa vie politique. Troisième période : député de Paris, élu du XIIIe arrondissement qu'il a conquis sur un ancien boulangiste, protégé de Waldeck-Rousseau, homme de terrain et doctrinaire de *La Politique radicale* (1907), préfacée par Léon Bourgeois, ami de Clemenceau, d'Eugène Pelletan, d'Aulard, il siégera à l'Assemblée jusqu'en 1919. Tandis que la présidence de la Ligue des droits de l'homme, où il succède à Pressensé en 1914, et la présidence de la Ligue de l'enseignement, en 1918, où il succède à Jean Macé, achèvent de lui donner sa figure de « Juste » qui lui vaudra le prix Nobel de la paix, en 1927, en son active retraite de Cincinnatus de la République.

Le contrepoint est éclatant avec son coéquipier du *Dictionnaire*. Autant Ferdinand Buisson est dans le droit-fil de l'histoire, aspiré par les reconnaissances officielles, soudé à l'évolution d'une République dont il est à la fois

---

1. *La Foi laïque*, c'est le titre de ses discours et écrits, publiés chez Hachette en 1912, avec une préface de Raymond Poincaré.
2. Cf. Jean-Marie MAYEUR, « La foi laïque de F. Buisson », in *Libre pensée et religion laïque en France* (journées d'études de Paris-XII, 1979), Strasbourg, Cerdic-Publications, 1980.

Le Dictionnaire de pédagogie

le produit, l'artisan, l'apôtre et la conscience, autant James Guillaume est, du début à la fin (1844-1916), un marginal qui se condamne à l'apostolat des travaux forcés de l'érudition. C'est qu'il y avait eu aussi un premier Guillaume, le militant de la Ire Internationale ; expérience politique décisive dont le *Dictionnaire* représente la fin et le tombeau.

Bien des conditions, historiques et familiales, s'étaient pourtant conjuguées pour faire au jeune Guillaume des débuts particulièrement prometteurs[1]. Issu de la bourgeoisie industrielle et horlogère de Neuchâtel, canton helvétique depuis 1814, mais demeuré principauté prussienne, il naît et grandit à Londres ; d'où son prénom. Son père, libre penseur, homme de large culture et de forte personnalité, s'était replié là sur une succursale de famille pour fuir le régime que devait emporter la révolution de 1848 et avait épousé une jeune femme d'origine française, préceptrice et musicienne. Des parents, donc, exceptionnellement ouverts et attentifs à l'éducation d'un fils à l'esprit éveillé, qui, une fois rentrés à Neuchâtel où le père devient conseiller d'État radical, sont le point de ralliement de tout un milieu cosmopolite et avancé : des Anglais, comme Clémence-Auguste Royer, originale figure de femme libre et traductrice de Darwin, des Américains, comme le théologien Theodore Parker, des Allemands comme Carl Vogt, l'ancien député au parlement de Francfort, des Français, comme le socialiste Pierre Leroux, et les champions du protestantisme libéral émigré : Félix Pécaut, Jules Steeg et Ferdinand Buisson. Le jeune James en est profondément marqué. Étudiant à l'université de Zurich, il complète sa culture anglaise et française d'une solide connaissance de la philologie et de la philosophie allemandes. Le voilà promis à une brillante carrière universitaire quand un remplacement occasionnel d'un

---

1. James Guillaume a fait l'objet d'une excellente étude de Marc VUILLEUMIER, publiée en introduction à la réédition de *L'Internationale. Documents et souvenirs*, Genève, Éd. Grounauer, 1980, pp. I-LVII. C'est à elle que je dois les indications biographiques qu'il a paru indispensable de rappeler.

an à l'École industrielle du Locle, accepté d'abord pour améliorer son pécule et préparer son départ à Paris, allait changer son orientation. C'est là, en plein milieu ouvrier, entre 1865 et 1866, que se cristallise son engagement politique, au contact du mouvement coopératif, avec la fondation d'une section de l'Internationale à La Chaux-de-Fonds, et sous le coup de la mort brutale de son jeune frère, dont il dit bizarrement, dans son autobiographie[1], que, bien que trois ans seulement les séparent, « il était comme mon élève » :

> J'étais triste, j'avais le cœur en deuil depuis la mort de mon frère ; mais je pensais que l'existence serait supportable si je me vouais tout entier à la cause des opprimés, pour les aider à s'émanciper [...]. Je songeai à me faire instituteur dans un village, pour être plus près du peuple ; puis à me faire ouvrier typographe ; mais on me dissuada de l'un et de l'autre, en me démontrant que si je me « déclassais », je perdrais presque toute l'influence utile que je pourrais exercer.

Devenu, donc, la tête pensante et organisatrice de la fédération jurassienne de l'Internationale, complètement acquis aux thèses bakouniniennes antiautoritaires et antimarxistes, il vit, pendant dix ans, la vie du militant révolutionnaire dans un milieu coopératif ouvrier très original, mais aussi les péripéties et pour finir l'échec de la tendance de Bakounine au sein de l'Internationale. L'adhésion à l'élite ouvrière lui avait fait une vie précaire : rupture avec le milieu familial et difficultés avec son père, renvoi de sa place d'enseignant. L'avènement d'un certain extrémisme révolutionnaire marqué notamment par l'illégalisme et la « propagande par le fait », qu'il désapprouvait, la crise de l'industrie horlogère qui accélère la disparition de l'atelier au profit de la grande

---

1. Il s'agit en fait d'une notice autobiographique adressée en 1906 à l'un de ses jeunes amis, le médecin zurichois Fritz Brupbacher, socialiste libertaire qui avait demandé à James Guillaume son *curriculum vitae* pour présenter dans sa revue *Polis* le premier volume de *L'Internationale*. Cette notice a été publiée dans *La Révolution prolétarienne*, n° 116, VIIe année, 5 avril 1931, sous le titre « Une vie de militant. L'autobiographie de James Guillaume ».

Le Dictionnaire de pédagogie

fabrique[1] mettent fin à la belle période de la fédération jurassienne où l'influence de Paul Brousse, qui s'affirme dans une manifestation violente à Berne, le 18 mars 1877, signe le terme de celle de Guillaume. Il est sous le coup d'un jugement correctionnel. À l'échec politique s'ajoutent d'inextricables difficultés matérielles. C'est au fond de ce découragement général que Ferdinand Buisson l'appelle à Paris pour collaborer de manière stable au *Dictionnaire* ; Paris, où, périodiquement, Guillaume avait rêvé de se fixer pour approfondir sa connaissance de l'histoire de la Révolution.

Curieux et providentiel moment de cette rencontre, curieux croisement de ces destinées représentatives de courants si différents, mais dont l'association, pourtant, signale comme une alliance de fait entre radicalisme et socialisme dans l'enseignement. L'aîné, jusque-là exilé de l'intérieur, est sur le point d'entamer, à quarante ans, la plus stratégique des carrières administratives de la République triomphante. Sa nomination à la Direction de l'enseignement primaire va faire, au contraire, du cadet, l'exilé de l'extérieur, désormais fiché par la police, un homme qui, à la fois nourri et marqué par l'échec politique, va s'enfouir pour toujours dans de hautes et obscures entreprises éditoriales, et réinvestir dans la passion de l'éducation populaire et de l'histoire de la Révolution son expérience et ses exceptionnelles qualités : probité intellectuelle, sens critique, culture encyclopédique, maîtrise de l'érudition, habitude du travail collectif.

En même temps que le *Dictionnaire*, c'est, en effet, pour lui, le secrétariat de rédaction de *La Revue pédagogique* publiée par Delagrave, carrefour des idées nouvelles en matière d'éducation et d'enseignement. Et, après le *Dictionnaire de pédagogie*, le *Dictionnaire géographique et administratif de la France*, sous la direction d'Adolphe Joanne, à quoi s'ajoutent les publications du Club alpin français.

---

1. Cf. David S. LANDES, *Révolution in Time. Clocks and the Making of the Modern World*, Cambridge, Harvard University Press, 1983, pp. 325 sqq. ; en français *L'heure qu'il est. Les horloges, la mesure du temps et la formation du monde moderne*, trad. P.-E. Dauzat et L. Évrard, Gallimard, « Bibliothèque illustrée des histoires », 1987, pp. 337 sqq.

Mais ce ne sont là que les travaux alimentaires, par rapport aux deux grandes œuvres documentaires auxquelles James Guillaume a attaché son nom. La plus classique consiste dans les huit volumes des procès-verbaux des séances du Comité d'instruction publique de la Législative et de la Convention, publication monumentale du Comité des travaux historiques et scientifiques, étagée du centenaire de la Révolution à 1907, et devenue un usuel de l'historiographie révolutionnaire. Ici encore, l'initiative revient à Ferdinand Buisson qui, dès 1880, avait soutenu auprès de Jules Ferry qu'« un dépouillement complet et une publication méthodique des pièces relatives à l'Instruction publique de 1789 à 1808 rendraient les plus grands services et feraient honneur au pays ». À quoi le ministre avait donné son accord : « La première chose à faire serait de s'assurer si les Archives contiennent les procès-verbaux du Comité [d'instruction publique de la Convention]. Je suis prêt à y envoyer M. Guillaume en reconnaissance, sous votre direction[1]. » Ce patronage officiel ne s'est jamais démenti, puisque des deux commissions créées dans le cadre du centenaire à partir de 1885, l'une d'origine ministérielle, plus officielle et moins engagée, l'autre d'origine municipale, plus radicale et dépendante des objectifs commémoratifs, c'est à la première qu'appartint Guillaume[2].

---

1. Cité par Louis CAPÉRAN, *Histoire contemporaine de la laïcité française*, Marcel Rivière, 1960, t. II, p. 30.
2. À la suite du rapport de Ferdinand Buisson, publié sous le ministère Gambetta (cf. *Journal officiel*, 1881, pp. 6609-6610), une première commission avait été créée par Paul Bert. Y figuraient Gréard, Lavisse, Monod, Pelletan, Quicherat, Rambaud. Guillaume n'en est pas, bien qu'on affirme ici et là qu'il avait commencé de travailler dès cette première commission ministérielle. En fait, cette commission de vingt-trois membres est vite languissante. Une seconde commission est ressuscitée par Goblet en 1885 : seize membres, dont Guillaume. Elle aboutit à un projet moins ambitieux que le premier et se limite aux documents parisiens. La commission se rattache au Comité des travaux historiques et scientifiques. Cette commission ministérielle va être concurrencée par une commission municipale plus radicale, encore que les publications issues des deux commissions soient scientifiquement comparables et que certains membres, Aulard et Rambaud par exemple, siègent à la fois dans l'une et l'autre. Cf. Brenda NELMS, *The Third Republic and the Centenial of 1789*, Ann Arbor (Michigan), University microfilms, 1976, fac-similé d'une thèse de l'université de Virginie.

L'autre chantier devait au contraire sortir d'un retour sur son expérience personnelle. Il est lié, au tournant du siècle, à une série de malheurs domestiques et privés, la mort de sa fille, une grave rechute dépressive, puis la maladie et la mort de sa femme. Guillaume songe alors à la publication de sa correspondance avec cette dernière, du temps de leurs fiançailles, en 1868-1869, moyen de « revivre les jours lointains où j'étais heureux », écrit-il à Kropotkine en 1902, et parce qu'« on y voit l'état d'esprit des socialistes de l'époque[1] ». Le projet va évoluer, sous la double pression d'amis politiques retrouvés à La Chaux-de-Fonds et de Lucien Herr, dont Guillaume avait fait connaissance par Jaurès et Buisson, pour aboutir, de 1905 à 1910, aux quatre volumes de *L'Internationale. Documents et souvenirs*, source d'une inestimable valeur sur le combat bakouniniste et l'expérience des libres producteurs jurassiens.

Guillaume n'aura donc jamais abandonné les deux versants de sa passion. Aux yeux de la nouvelle génération du syndicalisme révolutionnaire, l'ancien compagnon de Malatesta, de Kropotkine et de Schwitzguébel, le vieux militant jurassien, vaincu et retraité de la culture révolutionnaire vivante, fait figure, comme Buonarroti dans la monarchie de Juillet, de ces ancêtres auxquels il a lui-même voué sa vie. « Le père Guillaume — dira plus tard Pierre Monatte, le fondateur de *La Vie ouvrière* qui, en 1914, lui consacre un numéro d'hommage pour ses soixante-dix ans — guidait, sans le vouloir, nos pas et nos recherches[2]. » Et il boucle sa courbe avec le *Nouveau Dictionnaire*, pour lequel Buisson le requiert à nouveau.

À fréquenter un peu continûment le *Dictionnaire*, on finit par reconstituer le style de cette exceptionnelle collaboration et les modalités de son fonctionnement. Ferdinand Buisson dispose d'un bureau chez Hachette qui s'est libéralement chargé de toute l'infrastructure (et dont le fondateur, Louis Hachette, mort en 1864, a droit à une citation

---

1. Cf. M. VUILLEUMIER, *L'Internationale*, op. cit., p. XXVII.
2. *La Révolution prolétarienne*, n° 145, janvier 1960, p. 10.

au champ d'honneur du *Dictionnaire* : « En somme, peu de vies ont été mieux remplies et consacrées à des travaux plus élevés et plus utiles »). Il y dirige d'ailleurs, à partir de 1905, le vénérable *Manuel général de l'instruction primaire*, hebdomadaire qui existe depuis 1832. Mais sur Guillaume repose l'essentiel du travail. Buisson lui apporte d'abord son réseau, unique, de relations universitaires et politiques. « Par M. Buisson, écrit-il à sa mère en 1881, j'ai fait peu à peu la connaissance de toutes les personnes qui ont un nom ou une fonction importante dans l'instruction publique ; on me fourre de temps en temps dans une commission, et j'y vais siéger sans scrupule, attendu qu'il ne s'agit que de pédagogie et non de politique. » Et à sa mère, deux ans plus tard : « Je te quitte pour aller au Ministère, dans le cabinet de M. Buisson, siéger comme membre d'une commission à côté de MM. Gréard, Pécaut et autres notables personnages. » Lettres intéressantes, car elles précisent bien, toutes deux, l'attitude psychologique de Guillaume vis-à-vis de son milieu d'adoption. « J'ai conservé une entière liberté de langage avec M. Buisson et ceux que je connais, continue la première, et je m'en trouve très bien. On sait ce que je pense, on ne me demande que ce qui est compatible avec mes idées. Tout ce monde-là est tolérant en raison même de son intelligence... » Et la seconde : « En France, je suis traité avec des égards qui feraient tourner la tête à plus d'un [...]. En Suisse, je suis un paria[1]. »

Buisson abreuve par ailleurs son collaborateur de tout l'appareil statistique dont Victor Duruy avait pris l'initiative, mais que les besoins de la rénovation scolaire avaient puissamment renforcé. N'était-il pas lui-même la cheville ouvrière de la commission de statistique de l'enseignement primaire créée en 1876 par Henri Wallon, alors ministre de l'Instruction publique et des Cultes, et présidée par Émile Levasseur, membre de l'Institut, professeur au Collège de France et au Conservatoire national des arts et métiers,

---

1. Lettres des 21 février 1881 et 25 janvier 1883, fonds privé, Berne, *in* M. VUILLEUMIER, *L'Internationale, op. cit.*, p. XIX. Je ne cite que des extraits.

lequel signera dans le *Dictionnaire* la « Statistique scolaire » ? Sa part d'articles non signés est moins facile à déterminer. L'avertissement « Aux lecteurs » de la première édition les attribue tous à la direction. Mais l'attribution n'est claire que pour le domaine réservé des grands principes philosophiques et doctrinaux, comme « Laïcité »[1]. Au reste, la solidarité entre les deux hommes est si profonde sur l'essentiel, cimentée par la sensibilité protestante, que les parts respectives importent peu : « Notre, je devrais dire son Dictionnaire » ; le directeur en titre de l'entreprise rend ainsi ce qui lui revient au secrétaire de la rédaction : « Pour résumer, coordonner et mettre au point cette énorme et confuse collection de faits et de textes, il fallait un homme doué d'abord d'une rare puissance de travail, possédant à fond les langues modernes et capable d'extraire avec sûreté de tant de lois et de règlements la pensée vraie et la formule exacte, ayant de plus une patience que rien ne pût rebuter, une conscience d'érudit méticuleux et intransigeant, une sévérité d'esprit critique et une impartialité historique, pédagogique, philosophique, vraiment extraordinaires. Je savais que l'on pouvait demander tout cela, et autre chose, à cet homme que ses ardentes convictions sociales n'empêchaient pas d'être le plus scrupuleux et le plus intègre des érudits[2]. »

Mais de Guillaume il faut, du travail de rédacteur, isoler la part d'auteur. Ses domaines de spécialités sont clairs et ce sont eux, avec les grands articles directeurs de Buisson, qui donnent au *Dictionnaire* sa forte personnalité. Le premier vient du passé suisse : c'est la cohorte des éducateurs germaniques, du XVIe au XIXe siècle, penseurs et philanthropes, initiateurs et précurseurs de la pédagogie moderne et de l'éducation populaire, parmi lesquels se détachent Comenius, Fröbel et surtout Henri Pestalozzi (1746-1827), le phi-

---

1. À noter du reste que, d'une édition à l'autre, l'anticléricalisme s'accentue : partisan de l'intégration des congréganistes dans la première, Buisson s'y montre opposé dans la seconde.
2. *La Vie ouvrière*, hommage à James Guillaume à l'occasion de ses soixante-dix ans, 20 février 1914, VIe année, n° 106, p. 214.

lanthrope du Neuhof auquel Guillaume consacre soixante colonnes, l'équivalent d'un livre entier[1]. Second domaine de prédilection, les modes mêmes de l'acculturation populaire, qui rappellent l'ancien professeur des cours du soir au Locle, avec des articles aussi fondamentaux qu'« Écriture » (huit colonnes) et « Lecture » (trente colonnes), « Livres scolaires » (quarante-quatre colonnes) et « Travail manuel » (trente colonnes). Mais ce sont surtout, abondants et nombreux, tous les articles sur la Révolution qui contribuent fortement à infléchir l'optique générale et à dresser le massif himalayen où s'adosse l'histoire nationale. James Guillaume, à cet égard, a puissamment contribué à renforcer, à tort et à raison, cette ligne de partage des eaux. La Révolution, en effet, comme l'ont montré de façon définitive François Furet et Jacques Ozouf, n'a rien changé, ou presque, à la pratique réelle de l'école élémentaire ; en revanche, « elle a non seulement bouleversé la législation, mais inventé une image de l'école, investi sur l'école son propre avenir et, du coup, fait de l'école, et pour longtemps, l'enjeu central d'un affrontement politique et culturel[2] ». Dans cette mesure, le très long article consacré à la « Convention », dont les projets préfigurent l'œuvre des contemporains du *Dictionnaire*, constitue certainement un des épicentres de l'ouvrage. Les quatre-vingts colonnes comprennent à la fois une déclaration de méthode (« Notre exposé est jusque dans ses moindres détails puisé aux sources originales »), une présentation œcuménique (« la pression de l'unité nationale animait la Convention tout entière »), une profession de foi socialiste (l'invocation finale au jugement de Jaurès), une discrète préférence montagnarde (Michel-Edme Petit comparé à Ducos,

---

1. L'article sur Pestalozzi, considérablement enrichi, est devenu un ouvrage à part : James GUILLAUME, *Pestalozzi, étude biographique*, Hachette, 1890, 455 pages. L'article du *Nouveau Dictionnaire de pédagogie* a été à son tour remanié par l'auteur pour tenir compte des publications parues depuis 1890, dont plusieurs dues à sa plume, indique Marc Vuilleumier, pour qui cette étude demeure la meilleure biographie du pédagogue suisse en langue française (M. VUILLEUMIER, *L'Internationale*, op. cit., p. XVIII).
2. François FURET et Jacques OZOUF, *Lire et écrire. L'alphabétisation des Français de Calvin à Jules Ferry*, Éd. de Minuit, 1977, t. I, p. 97.

Le Dictionnaire de pédagogie

l'approbation terminale à Gilbert Romme) et, ce qui est peut-être le plus important pour définir la Révolution de Guillaume, proche au total de celle d'Aulard, la distinction Montagnards-Jacobins. France, Révolution, Convention, Instruction publique, documents inédits : on est là tout à la fois au cœur d'une formation mythologique, d'une affirmation de méthode historique, et d'une raison individuelle de vivre[1].

Quant à l'organisation de l'équipe rédactionnelle, les strates se décèlent sans peine. À la base, un petit cercle de fidèles chargés de tout un secteur : comme le recteur Louis Maggiolo, auquel sa retraite anticipée, en 1871, à soixante ans, laisse des loisirs et qui connaît parfaitement l'organisation scolaire médiévale et d'Ancien Régime, ou Gabriel Compayré, ancien professeur de philosophie à la faculté de Toulouse et député, que son *Histoire critique des doctrines de l'éducation en France depuis le XVIe siècle* a mis à même de rédiger toutes les grandes biographies des doctrinaires classiques de l'éducation depuis l'Antiquité. S'y ajoutent les anciens du vieux noyau neuchâtelois : Jules Steeg, devenu député et le rapporteur de la loi Goblet de 1886, Félix Pécaut, devenu inspecteur général de l'enseignement primaire. Au sommet, la couronne des grands spécialistes qui n'ont pas refusé leur concours ; et pour les pays étrangers, appel systématique a été fait aux services des consulats, sauf pour l'Allemagne, qui a précédé la France dans cette entre-

---

1. La liste complète des articles du *Nouveau Dictionnaire* signés par James Guillaume se monte à soixante et un. Ce sont : Athéniens (éducation chez les), banquier, consulat, Convention, Destutt de Tracy, écriture-lecture, égoïsme, Falloux, Fichte, Florian, Fourcroy, Fröbel, Gerdil (le cardinal), Goethe, Grégoire (l'abbé), Herbault, Heusinger, Jussieu (père), Lakanal, Langethal, Lavoisier, lecture, Le Peletier de Saint-Fargeau, livres scolaires (partie I), maîtres-écrivains, travail manuel, Mentelle (Edme), Middendorff, Milton, Mirabeau, mnémotechnie, Napoléon Ier, Niederer, Noël (Jean-François), École normale de l'an II, Pastoret, Pawlet (le chevalier), Payan (Joseph), Pestalozzi, Philipon de La Madelaine, Ratichius (Radke), Renouvier, Rochow (Eberhardt von), Roederer, Roland de La Platière, Romme (Gilbert), Saint-Lambert, Saint-Simon (Henri de), sainte Aldegonde, Salzmann, Say (J.-B.), Schmid (Joseph), Sieyès, Simon (Jean-Frédéric), Spartiates, universités (partie I), Vallange, Vatimesnil, Vegio (Maffeo), Verdier (Jean), Vincent de Beauvais.

prise encyclopédique et où, notamment en la personne du Dr W. Rein, professeur à Iéna, l'équipe française a ses correspondants réguliers.

LA DYNAMIQUE D'UN LIEU DE MÉMOIRE

Le miracle de cette alchimie, c'est que soient aussi nettement perceptibles, au travers de la nomenclature éclatée, deux types de temporalités, deux rythmes de durée dont l'emboîtement spontané donne à cette œuvre de circonstance sa dynamique interne et son élan, comme les deux temps d'un moteur à explosion : une temporalité historique et une temporalité journalistique.

D'un côté, en effet, le *Dictionnaire* fait œuvre d'historien. Tantôt, c'est le haché menu de tant de biographies individuelles qui nous restitue le peuple des éducateurs oubliés : pas un frère des petites écoles chrétiennes, pas un obscur théologien du XVIe siècle bavarois ou un philanthrope de l'Assistance qui ne laissent ici leur humble trace. Tantôt c'est la galerie des grands ancêtres, de la *paideia* antique aux Lumières, des Pères de l'Église aux pères fondateurs de la République, des grands renaissants à Auguste Comte. La curiosité que le XIXe siècle tout entier a entretenue pour l'école et pour l'institution scolaire, l'effort statistique entrepris depuis le baron Dupin sous la Restauration, et dont les grandes enquêtes rétrospectives comme celle de Maggiolo sont l'expression achevée, trouvent ici leur application. À ce moment privilégié du remaniement de la mémoire et du savoir de l'éducation sur elle-même, le *Dictionnaire* apporte une contribution majeure et souvent originale. Il jette une lumière drue sur les temps forts de l'éducation populaire et sur ses précurseurs : où trouverait-on ailleurs, en français, quelque autre éclaircissement, par exemple, sur Comenius, quelque autre analyse interne de ses trois livres, la *Didacti-*

Le Dictionnaire de pédagogie 167

que, la *Janua linguarum* et l'*Orbis pictus* ? Nulle part avant le *Dictionnaire*, et seulement bien longtemps après. En ce premier sens, étroitement positif, mais fortement documenté, le *Dictionnaire de pédagogie* condense et consigne la résurrection d'une mémoire.

Mais, en même temps, une chronique institutionnelle au jour le jour borde ce continent désenglouti de l'histoire de l'éducation, innerve cette chair un peu lourde d'un sang tout chaud, celui des batailles pour l'enseignement. C'est ce qui donne leur allégresse combative et leur fraîcheur militante à ces lourds in-quarto. Les mêmes qui, la veille, avaient fait passer tel amendement s'empressaient le lendemain de l'inscrire au décalogue du *Dictionnaire*, à côté des projets de Condorcet ou du *quadrivium* de saint Augustin !

« N'aurait-on pas un jour quelque plaisir, demandait malicieusement Buisson dans son avertissement "Aux lecteurs", ou quelque profit, à retrouver ici, prises sur le vif, les impressions premières de ceux qui assistaient, qui collaboraient à la constitution du nouveau régime ? » Profit, certes, pour le lecteur, mais profit bien supérieur encore pour les rédacteurs ! Quelle légitimité la victoire politique ne gagnait-elle pas à cette inscription immédiate au registre de la grande histoire ? Le *Dictionnaire* n'en devient pas seulement un document capital pour l'histoire de ces dix années décisives. Dans le moment même, l'instant y prenait une couleur de continuité. Le passé reconquis et le débat contemporain se renforcent mutuellement de leur juxtaposition saisissante.

Là est la vérité du *Dictionnaire*, dans l'énergique articulation de ces deux données et dans leur va-et-vient. Ce qui les soude et les unifie, c'est d'être, en fait, le récit de la même histoire, celle de l'avènement historique du personnage clé de l'instituteur. De ce jeune homme à peine sorti du monde rural et chargé tout à coup d'une mission de confiance de la République, ces milliers de pages dressent la nouvelle identité. Elles en assurent la généalogie, elles en célèbrent la neuve dignité, elles en précisent les droits et les devoirs, elles éclairent l'étroit chemin de son ascension. Dans le labyrinthe de lois, décrets, ordonnances et règlements où le profane aujourd'hui se perd un peu, comme dans ces interminables colonnes qui définissent le rôle des différents types d'*inspecteurs* (d'académie, de l'enseignement primaire, généraux), nul doute que chacun des utilisateurs et des utilisatrices décelait très clairement les étapes de son émancipation des pouvoirs locaux et les conquêtes toutes récentes de l'administration centrale. Des noms devenus un peu indifférents pour nous, ou lointains, comme « Rendu (Ambroise) » ou « Gérando (baron de) », leur rappelaient, par exemple, une date importante et précise : l'ordonnance de 1816, qui, la première, en réservant à l'État le principe d'un droit de regard sur les écoles de commune, initiait leur affranchissement de l'église et du château. Rien d'étonnant, alors, dans le détail affolant des barèmes, traitements, échelons d'avancement, indemnités complémentaires, et autres indices. Ils font partie de la définition d'identité. Encore celle-ci ne sera-t-elle définitivement établie qu'au lendemain même de la publication du *Dictionnaire*, quand la loi de finances du 19 juillet 1889 n'aura plus rien laissé aux communes que le financement des locaux et du matériel scolaires. L'instituteur sera devenu alors un vrai fonctionnaire d'État. L'article de 1882 demande :

> Nos instituteurs sont-ils en état de faire honneur à ces destinées nouvelles ? Sauront-ils résister à leur propre fortune, fermer l'oreille aux flatteries intéressées, aux suggestions de la vanité, à la fièvre de l'ambition, à l'ardeur même des passions généreuses qui les animent ? [...] Nous l'espérons de toute notre âme [...]. S'il y a un pays au monde, s'il y a un régime où semblable expérience peut être faite avec des chances de plein succès, nous croyons fermement que c'est la France républicaine, et s'il y a une classe d'hommes qui mérite qu'on ait confiance dans sa raison, et qu'on l'appelle sans hésiter à ce rôle nouveau, c'est le corps des instituteurs français.

L'originalité cependant la plus surprenante de ce *Dictionnaire* est dans la brutale dilatation de cette mémoire corporative à l'univers tout entier. Le monde y défile sous le prisme unique de l'éducation, et rien n'y apparaît que sous ce signe.

Cette reconstruction tient du tour de force. Madagascar n'émerge du néant de l'océan Indien que pour opposer les belles écoles de la République à l'état lamentable des écoles de missions. Louis-Philippe n'a d'intérêt qu'à cause de Guizot, Guizot qu'à cause de la loi sur l'enseignement primaire de 1833 et surtout pour avoir épousé en premières noces Pauline de Meulan, collaboratrice des *Annales de l'éducation* et auteur de *Raoul et Victor, ou l'Écolier*, ainsi que de *L'Éducation domestique* ; elle a droit à trois colonnes. Ce n'est pas tant l'importance capitalissime que prend le moindre auteur d'un livre pour enfants qui frappe ici, le *Dictionnaire* est fait pour lui. C'est qu'Alexandre n'ait le droit de paraître que parce que Aristote a été son précepteur et qu'il a fondé des écoles en Bactriane. La « Femme », même, ne semble digne de figurer que sous les trois espèces qui ne nous font guère sortir de l'école : « Fille », qui nous y mène tout droit par l'histoire législative de son instruction ; « Institutrice », qui paraît le débouché normal de cette instruction ; et « Mère », dont c'est la raison d'être d'y préparer l'enfant. L'article « France », trente pages d'Alfred Rambaud, est exemplaire à cet égard. « Avant la Révolution, commence-t-il bravement, il y avait en France, 1°) des académies, 2°) de grands établissements scientifiques et des écoles spéciales, 3°) des universités, 4°) des collèges, 5°) des écoles primaires ou, pour parler le langage du temps, des petites écoles... » *Dictionnaire de pédagogie*, soit ; mais qui convoque le monde sous la lorgnette de la pédagogie et télescope hardiment une mémoire corporative et une mémoire universelle. Le *Dictionnaire* cesse, du même coup, d'être ce « guide pratique et sûr de toutes les connaissances utiles », comme le présentait modestement son directeur ; le simple « vade-mecum » devient la saga d'une histoire aux proportions immenses, l'épopée homérique et initiatique du maître d'école.

De cette figure du maître d'école, une historiographie de haute qualité, à commencer par le petit livre de Georges Duveau, a fini par populariser, au bout d'un quart de siècle, une vision riche et précise, admirative et pourtant légèrement condescendante pour ces « saints sans espérance ». Il y a tout, dans ce dictionnaire, pour conforter cet attendrissement. Voici une architecture d'école, « simple et modeste toujours, destinée à traduire sa destination d'étude, calme et tranquille », mais sans pousser à l'extrême ces austères principes, et en entourant le bâtiment de « plantes et fleurs dont les couleurs se marient aux tuiles du toit, aux briques rouges, aux parements blancs des murs ». Voici les humbles instruments du culte scolaire, la « Plume » d'oie dont la taille revient au sous-maître d'école, et les premières plumes métalliques dont l'emploi remonte aux solitaires de Port-Royal, et qu'on taillait alors dans du cuivre, jusqu'à ce que l'Anglais Wyse fabrique, en 1803, des plumes d'acier qui, en fer, ne coûtent que 20 centimes la grosse, mais qui ont l'inconvénient de subir rapidement l'action corrosive de l'encre que n'arrivent à prévenir ni le bleuissage, ni le bronzage, ni la dorure. Et ces « Encriers », cornets de bois en forme de poire, dont le couvercle fermait à pas de vis, remplacés par l'encrier cylindrique en verre cannelé, ces encriers de verre en forme de siphon, mais impossibles à caler sur le plain bord de la table et trop faciles à envoyer à travers la figure, ces encriers dits « magiques » dont le succès n'a pas justifié la réclame, jusqu'à ce que M. Cardot, ingénieur à Paris, ait réellement innové avec son encrier de porcelaine et qu'un encrier dit inversable, imaginé par M. Guérin, ait résolu presque tous les problèmes. « Les personnes qui s'occupent d'éducation, conclut joliment ce chapitre, ne s'étonneront pas de nous voir nous arrêter avec tant de détails sur un des plus petits objets du matériel scolaire. Elles savent que rien n'est plus important que de donner aux élèves l'habitude de travailler avec soin, de maintenir la propreté sur eux et autour d'eux, afin de porter partout ce respect du travail intellectuel qui est la marque d'une bonne éducation. »

Sage remarque. Elle nous montre à quel point cette image folklorique et sentimentale nous occulte une mémoire plus profonde, moins haute en couleur, mais plus riche de vérité anthropologique et culturelle, faite de durée lente, quotidienne, répétitive et disciplinaire, comme tous les gestes de l'éducation, à une époque où l'écriture n'était pas

Le Dictionnaire de pédagogie

loin de s'apparenter à un travail manuel, où l'acquisition des pleins et des déliés supposait le dur apprentissage de la calligraphie, le difficile et très long arrachement au monde de l'inculture. Mémoire des gestes et des habitudes, la moins spectaculaire, la plus corporelle et certainement la plus vraie. C'est à elle que nous renvoie toute une série d'articles parmi les plus significatifs de ce *Dictionnaire*, les plus inattendus aussi, comme « Égoïsme », « Propreté », « Volonté (éducation de la) », qui concernent tous l'éducation morale et corporelle et la formation des mœurs, ou, par exemple, l'ample et remarquable développement sur la « Politesse », malheureusement disparu de l'édition de 1911, où le Dr Élie Pécaut s'attachait à démontrer sur trois colonnes que l'ancienne politesse française n'était pas simplement une « œuvre d'art aristocratique », et que l'école primaire devait donc être, entre autres choses, une école de politesse, parce qu'elle est avant tout une école de civilisation :

> Ce n'est pas une tâche commode. Et quand il vous arrivera de voir un maître ou une maîtresse d'école rurale qui a reçu des mains de la nature une troupe de petits sauvages effrontés et timides, grossiers et rusés, réduits aux rudes instincts de l'égoïsme et qui rend à la société de petits hommes bien élevés, formés à la vie compliquée et supérieure de notre temps, sachant se tenir, parler, se taire, montrant de la dignité, du tact, peut-être du goût, si vous assistez à ce spectacle, ne marchandez pas votre admiration : c'est l'un des plus grands que vous puissiez voir.

Le *Dictionnaire* combine ainsi plusieurs types de mémoires : historique et journalistique, corporative et universelle, sentimentale et ethnologique. Les deux premières viennent des auteurs, les deux suivantes appartiennent aux utilisateurs, les deux dernières sont les nôtres, lecteurs d'aujourd'hui. Ce qui fait de cet ouvrage un lieu de mémoire est l'effet des quatre premières sur les deux dernières, et leur profondeur ainsi retrouvée. Lieu de mémoire, le *Dictionnaire* a voulu l'être sur le moment, pour ses contemporains ; mais à ce premier degré, sa signification a disparu, incorporée dans la pratique de ses utilisateurs. Lieu de mémoire, il ne l'est cependant pour nous que parce que nous savons qu'il avait voulu l'être autrefois. C'est cette dialectique qui, à nos yeux, le constitue comme tel.

Il ne serait pas indifférent, pour la définition même de l'objet, de comparer la mémoire donnée par notre *Dictionnaire* aux maîtres d'école des années 1980 à celle qu'ils ont laissée d'eux-mêmes, nourrie précisément par ce *Dictionnaire*, à travers d'autres lieux de mémoire à la fois semblables et différents : par exemple, ces « autobiographies d'instituteurs de la Belle Époque », suscitées il y a une vingtaine d'années par Jacques Ozouf[1], ou ces « cahiers de la famille Sandre, enseignants » (au moins l'un d'eux, celui de Joseph), présentés il y a peu par Mona Ozouf[2]. Par rapport à ceux-là, unitaires et volontaires, la neutralité purement alphabétique et utilitaire du *Dictionnaire* ne doit pas tromper. Elle lui assure peut-être le meilleur de son efficacité mémorielle. Aucun livre de Mémoires ou de souvenirs personnels ne nous dirait, mieux que cette juxtaposition de rubriques éclatées, la leçon quinze cents fois répétée, lisible en chacune des entrées, que l'éducation est une science, que l'école sans Dieu est une religion de l'école, et que la morale n'est pas un dogme d'Église, mais une contrainte de la raison sans obligations ni sanctions. À la différence des Mémoires individuels, le *Dictionnaire* n'était pas fait pour qu'on s'en souvienne, mais pour qu'on s'en nourrisse. Sa vraie réussite est de s'être fondu dans le capital mémoriel d'une collectivité pratiquement disparue, qui nous a laissé d'elle des témoignages plus individualisés. On n'en pourrait que davantage parler du « temps du *Dictionnaire* » comme on a parlé du « temps des cathédrales », car lui aussi est un miroir du monde. Les lieux de mémoire qui survivent à la longue sont peut-être ceux auxquels la fusion dans l'anonymat provisoire a donné cette précaire mais solennelle manière d'éternité.

---

1. Jacques Ozouf, *Nous, les maîtres d'école*, Julliard, « Archives », 1966.
2. Mona Ozouf, *La Classe ininterrompue*, Hachette Littérature, 1979.

PARTIE III

NATION, RÉPUBLIQUE ET RÉVOLUTION

8

La synthèse républicaine :
*l'*Histoire de France *d'Ernest Lavisse*

HISTOIRE ET NATION

L'avènement de la nouvelle Sorbonne

Un lieu, la Sorbonne ; un nom, Lavisse ; un monument, l'*Histoire de France* en vingt-sept volumes : à eux trois, ils incarnent, au tournant du siècle, l'hégémonie nationale de l'histoire.

Dans la construction rapide et récente du haut enseignement supérieur, l'histoire s'est en effet taillé, en vingt-cinq ans, la part du lion[1]. On ne la professe pas seulement dans les facultés des lettres — où, en vingt ans, de 1888 à 1908, les étudiants sont passés de moins de deux mille cinq cents à près de quarante mille ; pas seulement à l'École normale

---

1. Pour la mise en œuvre de l'enseignement supérieur, on partira d'Antoine PROST, *L'Enseignement en France, 1800-1967*, A. Colin, 1968, et de Françoise MAYEUR, *Histoire générale de l'enseignement et de l'éducation* (sous la direction de Louis-Henri Parias), t. III, *De la Révolution à l'école républicaine 1789-1930*, Nouvelle Librairie de France, 1981 ; rééd. Perrin, 2004. À compléter par William R. KEYLOR, *Academy and Community. The Foundation of the French Historical Profession*, Cambridge (Mass.), Harvard University Press, 1975. Sans oublier Louis LIARD, *L'Enseignement supérieur en France, 1789-1893*, A. Colin, 1894, vol. II.

Paru sous le titre « L'*Histoire de France* de Lavisse. *Pietas, erga patriam* » [1986], *in* P. NORA (dir.), *Les Lieux de mémoire*, t. II, *La Nation*, vol. 1, *Héritage — Historiographie — Paysages, op. cit.*, pp. 317-375.

supérieure, au Collège de France et à l'École des chartes ; mais dans des institutions toutes récentes et qui jouissent déjà d'un prestige confirmé : l'École pratique des hautes études, fondée en 1868, la jeune École libre des sciences politiques qui date de 1872, la plus jeune encore École du Louvre, née en 1881. Poussée spectaculaire, qui frappe par exemple ce jeune universitaire belge, Paul Fredericq, qui visite Paris au début des années 1880 : « L'École des chartes m'a paru une institution hors de pair. C'est avec l'École pratique des hautes études ce que l'enseignement historique offre de plus solide, de plus complet, de plus vraiment scientifique à Paris[1]. »

Aucune autre discipline ne dispose d'une pareille surface. Elle plonge ses racines dans le socle de l'enseignement primaire, dont elle imprègne l'esprit tout entier[2]. Elle s'épanouit, à l'extérieur, dans une série d'instituts de recherche organisés plus ou moins sur le modèle de l'École d'Athènes (fondée en 1846) : Rome en 1876, Le Caire en 1890, l'École française d'Extrême-Orient, ouverte à Hanoi en 1901, Florence (1908), l'École des hautes études hispaniques de Madrid (1909), l'Institut de Saint-Pétersbourg (1912), de Londres (1913). Elle se ramifie, à l'intérieur, par la floraison, à côté des compagnies savantes traditionnelles, d'une génération nouvelle de sociétés savantes, nées de la spécialisation de la recherche, consacrées les unes à des périodes, comme la Société de l'histoire de la Révolution française (1888) et la Société d'histoire moderne (1901) ; les autres à un ensemble de problèmes, telles la Société d'histoire de l'art français (fondée en 1876, réorganisée en 1906), la Société d'histoire du droit (1913), la Société d'histoire ecclésiastique de la France (1914) ; mais aussi — signe d'une spécialisation supplémentaire — consacrées à un homme, comme la Société des études robespierristes (1907). Encore

---

1. Paul FREDERICQ, *L'Enseignement supérieur de l'histoire. Notes et impressions de voyage*, Alcan, 1899.
2. [Cf., en particulier, *supra*, « Lavisse, instituteur national », p. 83, qui analyse le « Petit Lavisse » et fait une présentation générale du personnage. J'y renvoie une fois pour toutes.]

cette énumération, nullement exhaustive, ne tient-elle pas compte du vaste réseau des sociétés savantes locales, en pleine expansion, d'un esprit tout différent, souvent méprisées par les historiens universitaires, mais dont certaines, comme la Société de l'histoire de Normandie (1869), la Société des archives historiques du Poitou (1871), de la Saintonge et de l'Aunis (1874), de Paris et de l'Île-de-France (1874), ont publié des collections de haute valeur, disposé, elles aussi, de leurs revues et constitué à l'histoire nationale une caisse de résonance et une réserve de bonnes volontés régionales d'une richesse inépuisable[1].

L'insertion nationale de l'histoire ne tient cependant pas tant à sa couverture institutionnelle qu'à ses toutes neuves vertus internes. La maîtrise des textes a beau n'avoir pas, en soi, de valeur patriotique, le lien est étroit entre la philologie et le sentiment national. Non seulement parce que la philologie à l'allemande a fourni à l'histoire le modèle d'une vraie science, mais, beaucoup plus profondément, par l'austérité morale et l'ascétisme intellectuel qu'elle implique. Dans le cloître des bibliothèques nouvelles, que hantent les fantômes récemment réveillés des grands savants de la Renaissance et des bénédictins de Saint-Maur, un monachisme laïque a récupéré l'érudition cléricale au bénéfice du service républicain et de sa réforme intellectuelle et morale. Promotion éthique du document : elle compte sans doute autant que sa promotion scientifique. « Le véritable historien est un philologue », professe hautement Lavisse aux étudiants de Sorbonne pour la première fois rassemblés[2]. « L'histoire se fait avec des documents » : c'est la première phrase de ce bréviaire qu'est l'*Introduction aux études historiques* de Langlois et Seignobos (1898). Et Julien Benda, quand il évoquera plus tard les raisons de sa mobilisation

---

1. Cf. les introductions de Robert C. LASTEYRIE DU SAILLANT, *Bibliographie générale des travaux historiques et archéologiques publiés par les sociétés savantes de la France*, avec la collaboration d'É. Lefèvre-Pontalis et d'A. Vidier, 6 vol., 1886-1904, complétés par 3 vol., 1901-1907.
2. Leçon d'ouverture au cours d'histoire du Moyen Âge à la faculté des lettres de Paris, décembre 1881.

en faveur de Dreyfus, l'imputera à son « culte de la méthode, tel que me l'avaient inculqué la mathématique et la discipline historique[1] ».

Méthode : le maître mot de la nouvelle école commande toutes les formes de sa propre constitution. Il s'est traduit par une organisation quadrillée de la recherche, par l'encadrement des étudiants dans le cursus des examens, par la création des associations d'étudiants, précisément patronnées par les grands augures de l'histoire, et dont un malheureux bal à Bullier, qui dégénère en divertissement, suffit en 1893 à provoquer la démission outragée de Gabriel Monod[2].
Il s'est traduit par la constitution d'un corps professoral, accessible seulement par l'épreuve initiatique de la thèse qui prend alors son étoffe et son poids ; corps traversé par une hiérarchie des carrières et des postes, dont le nombre double, de cinq cents en 1880 à plus de mille en 1909. Méthode : le mot engage beaucoup plus qu'une règle de travail, beaucoup plus qu'un répertoire de textes, beaucoup plus qu'une habitude intellectuelle. Il s'est formé à cette époque une culture d'historien, avec son outillage matériel et mental, ses espaces de travail, ses cadres définitifs de pensée et de réflexes, sa sociabilité, son échelle de valeurs, son vocabulaire et son éthique du métier, tout empreinte d'un esprit militaire et quasi sacrificiel. Quand il veut rendre hommage aux grands prédécesseurs, Thierry, Taine ou Fustel, Camille Jullian déclare qu'ils ont rendu service à la patrie « autant que le soldat mutilé sur le champ de bataille ». Et quand il fait le bilan :

> Il n'est aucun pays du monde, aucune époque de l'histoire qui n'aient été abordés depuis vingt-cinq ans ; la spécialisation a fait de tels progrès que chaque partie de notre histoire, chaque région de l'Empire romain ou du monde hellénique sont devenues une province historique ayant son personnel, ses

---

1. Julien BENDA, *La Jeunesse d'un clerc*, Bernard Grasset, 1931, p. 196.
2. Cf. sa lettre de démission *in* A. PROST, *L'Enseignement en France, op. cit.*, p. 242. « Vous ne paraissez pas vous douter qu'en agissant ainsi vous fournissez des armes aux ennemis de l'Université et de la République... »

légats et sa loi, c'est-à-dire un maître, ses disciples, sa méthode[1].

Mais — peut-être parce que la corporation était celle d'historiens — cet immense effort national, où la France a trouvé sa guerre et sa revanche, s'est immédiatement accompagné de sa propre histoire, comme si l'exploration enfin scientifique de nos origines s'était doublée de la célébration de ses propres origines. Aucun des ténors n'a échappé à cette autohistoire. Une sorte de saga de la régénération historique et de son accession à la dignité scientifique s'est rapidement solidifiée. On en saisirait encore l'écho affaibli, et pourtant exemplaire, dans cette introduction de Louis Halphen à *Histoire et historiens depuis cinquante ans*, et qui date de 1927 :

> La guerre de 1870-1871, qui amena de si grands désastres, fut pour la France vaincue un stimulant. Il fallait réparer les ruines, reconquérir par le travail le temps perdu, déployer dans tous les domaines une activité et une énergie plus soutenues. Les sciences reçurent une nouvelle impulsion et parmi elles l'histoire. Puis la France, qui avait rejeté l'Empire le 4 septembre 1870, repoussa toute tentative de restauration monarchique et se donna en 1875 des lois constitutionnelles où était reconnue la forme républicaine.
> Le moment n'était-il pas venu de créer une *Revue historique* qui enregistrerait et précipiterait cette renaissance de l'histoire et qui, tout en laissant à ses collaborateurs pleine liberté de jugement, se déclarerait indépendante de toute doctrine religieuse et animée d'un esprit libéral ? Un homme le pensa et, par sa ténacité, mena l'entreprise à bonne fin.
> Gabriel Monod, né au Havre le 7 mars 1844, était entré à l'École normale à l'âge de 18 ans[2]...

---

1. Camille JULLIAN, « Notes sur l'histoire de France au XIXe siècle », introduction aux *Extraits des historiens français du XIXe siècle* publiés dans les classiques Hachette (1897) et republiés indépendamment en 1979 (Genève, Slatkine Reprints).
2. Louis HALPHEN, *Histoire et historiens depuis cinquante ans. Méthodes, organisation et résultats du travail historique de 1876 à 1926*, Félix Alcan, 1927, à l'occasion du cinquantenaire de la *Revue historique*. Du même auteur, très utile, *L'Histoire en France depuis cent ans*, A. Colin, 1913.

Peu importe ici le ton platement hagiographique. Plus ou moins discret, plus ou moins lyrique, plus ou moins argumenté, ce refrain patriotico-universitaire traverse et marque l'époque du réseau serré d'une énorme littérature d'hommages, d'évocations, de souvenirs biographiques et de notices nécrologiques, genre mineur, mais genre historique par excellence. Incessant rappel de mémoire, qui fait la musique de fond des vingt-cinq ans d'édification collective de l'appareil d'enseignement supérieur. Elle a ses dates clés, comme la fondation des Hautes Études et de la *Revue historique*, ses épisodes marquants, comme la lutte pour la création des universités. Elle a ses héros bâtisseurs, de Duruy à Liard, d'Albert Dumont à Octave Gréard. Elle a ses lieux communs, comme la comparaison devenue rituelle des universités françaises et allemandes, ou de l'ancienne et de la nouvelle Sorbonne. Elle a sa liturgie, de soutenance de thèse en départ à la retraite, scandée par les allocutions des rentrées universitaires. Elle a ses points d'orgue, comme l'inauguration des nouveaux bâtiments de la Sorbonne, en 1889, dont les fresques et les tableaux, en une vaste inscription murale de la mémoire, mêlent aux portraits des grands ancêtres, Ambroise Paré et Robert de Sorbon, les notables de la nouvelle culture universitaire, Claude Bernard, Émile Boutroux, René Goblet ou Ernest Lavisse[1]. C'est d'ailleurs lui qui en parraine les fêtes, s'enivrant, dans un adieu aux étudiants étrangers, de ce que « les regards étaient pour les bérets de velours, pour les bonnets frangés d'argent, pour les barrettes de satin rouge, les casquettes à gland noir, les toques à aigrette blanche, les écharpes de toutes couleurs, les bannières antiques et pour ce millier de jeunes visages, marqués des caractères des grandes races humaines[2] ». Discours aux accents étonnamment boulangistes et qui porte sa

---

1. Cf. Pascal ORY, « La Sorbonne, cathédrale de la science républicaine », *L'Histoire*, n° 12, mai 1979, pp. 50-58.
2. Ernest LAVISSE, « La politique étrangère des étudiants », *in* ID., *Études et étudiants*, A. Colin, 1890, p. 329.

date, mais dans lequel il n'est pas exagéré, cependant, de lire sa profession de foi la plus sincère et le fond même de sa pensée :

> Dans la grande incertitude où nous laissent la science et la philosophie sur toutes les questions vitales, l'activité humaine risquerait de dépérir, si elle n'avait un objet immédiat, visible, tangible. Je sais bien que, si je retirais de moi-même certains sentiments et certaines idées, l'amour du sol natal, le long souvenir des ancêtres, la joie de retrouver mon âme dans leurs pensées et dans leurs actions, dans leur histoire et dans leur légende ; si je ne me sentais partie d'un tout, dont l'origine est perdue dans la brume et dont l'avenir est indéfini ; si je ne tressaillais pas au chant d'un hymne national ; si je n'avais pas pour le drapeau le culte d'un païen pour une idole, qui veut de l'encens et, à de certains jours, des hécatombes ; si l'oubli se faisait en moi de nos douleurs nationales, vraiment, je ne saurais plus ce que je suis ni ce que je fais en ce monde. Je perdrais la principale raison de vivre[1].

La centralité lavissienne

Lavisse le patron : la comparaison avec Gabriel Monod[2], son *alter ego* de la nouvelle histoire, est ici éclairante pour mesurer la place exacte d'Ernest Lavisse, et son rôle stratégique. Ils sont côte à côte sur la ligne de départ de l'agrégation en 1865, encore que Monod soit premier, Lavisse

---

1. *Ibid.*, p. 335.
2. Sur Gabriel Monod, cf. la nécrologie de Charles BÉMONT, « Gabriel Monod », *Annuaire 1912-1913*, École pratique des hautes études, pp. 5-27 ; Charles BÉMONT et Christian PFISTER, « Gabriel Monod », *Revue historique*, n° 110, mai-août 1912 ; Albert DELATOUR, *Notice sur la vie et les travaux de M. Gabriel Monod*, Institut de France, Académie des sciences morales et politiques, 1915. Cf. également Martin SIEGEL, « Science and the Historical Imagination : Patterns of French Historical Thought, 1866-1914 », Ph. D., New York, Columbia University, 1965 ; et le chapitre que lui consacre Charles-Olivier CARBONELL, *Histoire et historiens. Une mutation idéologique des historiens français, 1865-1885*, Toulouse, Privat, 1976, pp. 409-453. Je n'ai pu consulter la thèse inédite de Benjamin HARRISON, « Gabriel Monod and the Professionalization of History in France, 1844-1912 », Ph. D., Madison, University of Wisconsin, 1972.

deuxième. Mais leurs vies, si proches et si différentes, illustrent bien les deux pôles de cette conquête universitaire de la IIIe République. Lavisse n'a pas directement participé à la régénération scientifique de l'histoire, il n'a jamais fréquenté l'École des chartes ou les Hautes Études. Dans la *Revue historique*, il n'a publié qu'un seul article en 1884, sur le pouvoir royal au temps de Charles V. Son terrain de chasse est aux marges de l'université, de la politique, de l'édition et de la bonne société. À Monod la *Revue historique*, dont il reste seul directeur après la rupture avec Fagniez, les Hautes Études dont il est, avec Alfred Rambaud[1], le premier des répétiteurs et où il officiera pendant trente-cinq ans, l'École des chartes et, pour finir, le Collège de France où, en 1906, à sa retraite, on crée pour lui, à la place d'une chaire d'histoire et de morale, une chaire d'« Histoire générale et de méthode historique »[2]. Les fiefs de Lavisse sont ailleurs : la Sorbonne, l'École normale, l'Académie française et *La Revue de Paris* ; les deux sachems se sont partagé le terrain. Monod, l'érudit-né, l'homme de séminaire à la réputation de professeur d'un ennui mortel, mais l'introducteur vrai de la révolution scientifique de l'histoire ; ce qui ne l'a pas empêché d'entretenir toute sa vie le rapport le plus intense et le plus vrai à Michelet, qu'il a bien connu, et dont il gardait les papiers[3]. Lavisse, le professeur qui subjuguait les auditoires, l'homme des ministères et du Conseil supérieur de l'Instruction publique, du rapport généreux mais générique avec la jeunesse, « cette personne dans la nation », et dont le jubilé sera solennellement présidé en 1913 par Poincaré en personne.

Mais, contrairement à ce que pourraient faire croire leurs

1. Sur Alfred Rambaud, cf. Paul VIDAL DE LA BLACHE, *Notice sur la vie et les œuvres de M. Alfred Rambaud*, Mémoires de l'Académie des sciences morales et politiques de l'Institut de France, vol. XXVII, 1910 ; ainsi que Gabriel MONOD, notice nécrologique, *Revue historique*, janvier-février 1906.
2. Cf. Gabriel MONOD, *La Chaire d'histoire au Collège de France*, leçon d'ouverture, Éd. de la *Revue politique et littéraire* et de la *Revue scientifique* (*Revue Bleue*), 1906.
3. Cf. ID., *La Vie et la pensée de Jules Michelet*, cours professé au Collège de France, Champion, 1923.

carrières, le besogneux c'est Lavisse, paysan parvenu qui a épousé Marie Longuet, l'amie d'enfance du Nouvion-en-Thiérache, et qui doit tout à une bourse d'études et à la promotion sociale de Normale et de l'Université. Dès le départ, l'horizon de Gabriel Monod est beaucoup plus ouvert. Fils d'un négociant aisé du Havre, descendant d'une longue lignée de pasteurs, il n'est pas encore à Normale que les Pressenssé, chez qui il vit à Paris, lui ont fait connaître Charles Gide et Paul Meyer, Ferdinand Buisson, Eugène d'Eichtal et Anatole Leroy-Beaulieu. À peine a-t-il passé l'agrégation qu'au cours d'un séjour à Florence il tombe amoureux d'Olga Herzen, la fille de l'écrivain révolutionnaire russe, qu'il finira par épouser quand aura donné son accord sa mère adoptive, la baronne Malwida de Meysenbourg, qui l'introduit, avant même son séjour à Berlin et à Göttingen, dans toute l'intelligentsia allemande et la société wagnérienne ; c'est Nietzsche en personne qui lui offrira pour son mariage une composition pour piano à deux mains. Toute sa vie, ce protestant libéral restera un esprit cosmopolite et européen, le prototype de ce qui va devenir, à travers l'affaire Dreyfus, où il s'engage très tôt et à fond, le grand « intellectuel de gauche ». Lavisse a géré sa carrière avec une prudence de paysan. Il a fort bien réussi à faire oublier son embardée bonapartiste de jeunesse pour devenir le chantre de la République, et son attentisme de l'affaire Dreyfus ne l'a pas empêché d'avoir l'affection de ce personnage central de la gauche intellectuelle qu'était devenu Lucien Herr[1]. Mais son pouvoir, son prestige et son autorité morale, il ne les tire ni vraiment de la science ni vraiment de la politique, mais de son identification tenace, vitale, obsessionnelle, à la régénération de la pédagogie nationale. C'est ce qui fait son magistère à la fois plus banal et plus fondamentalement représentatif.

Car Lavisse a traversé, d'une manière presque exemplaire, toutes les expériences existentielles de sa génération

---

1. Cf. Charles ANDLER, *Vie de Lucien Herr*, Rieder, 1932 (rééd. Maspero, 1977), ainsi que Daniel LINDENBERG, *Le Marxisme introuvable*, Calmann-Lévy, 1975.

universitaire. Plus longtemps même et complètement que tous les autres, puisque, de ses quatre contemporains capitaux, Vidal de La Blache (1845-1918), Gaston Paris (1839-1904)[1], Alfred Rambaud (1862-1905) et Gabriel Monod (1844-1912), il aura vu la disparition successive ; et que ces quatre ans de sursis après l'Armistice, en lui permettant de voir, avant sa mort, la publication en rafale des neuf volumes de l'*Histoire de France contemporaine*, boucleront, avec le dernier volume sur *La Grande Guerre*, le cycle national qu'il incarne tout entier. Ses racines plongent dans la France profonde, et son histoire, en cette terre picarde labourée du souvenir des invasions, passe par la chair avant de passer par la science. À vingt-trois ans, attaché à Victor Duruy auquel l'avait présenté Albert, le fils du ministre libéral et son camarade d'École, il est au cœur du premier élan réformateur. Expérience décisive : elle lui fait connaître, par exemple, de près, le *Rapport au ministre sur les études historiques* (1867), de Geffroy, Zeller et Thiénot, que sa seule phrase initiale rendrait digne de la postérité : « Il n'est d'histoire que du passé ; le présent appartient à la politique et l'avenir à Dieu », ou l'*Enquête* de 1867 révélatrice de la grande misère de l'enseignement supérieur, ainsi que la situation exacte des universités allemandes. Entre autres documents, cette lettre, dans ses archives[2], d'un étudiant français au retour de Heidelberg et qui porte, soulignés de sa main, les mots clés qui seront le leitmotiv de son action : « intimité des relations avec les maîtres », « le cours n'est qu'accessoire, c'est au laboratoire que l'élève se forme », « profonde expérience pratique », « science des détails », « examen des faits eux-mêmes », « sous les yeux du professeur », « méthode, recherche, expérimentation ». Allemagne où l'a précédé Monod, et qu'il lui faudra, à lui, le choc de la défaite pour

---

1. Sur Gaston Paris, cf. Maurice CROISET, *Notice sur la vie et les travaux de M. Gaston Paris*, Firmin-Didot, 1904, et Gabriel MONOD, *Gaston Paris*, Daupeley-Gouverneur, 1903.
2. Papiers Lavisse, Bibliothèque nationale, naf 25165 à 25172, lettre de Millardet à Du Mesnil, chef de division du ministère de l'Instruction publique, naf 25171, f° 325.

visiter. Mais pas en pèlerinage intellectuel, comme tant d'autres[1] ; en professionnel, pour en rapporter sa thèse, que suivront plusieurs ouvrages sur la Prusse, dont il passera pour le spécialiste jusqu'à la fondation, avec Charles Andler, d'une germanistique française[2].

Quand il revient d'Allemagne, en 1875, l'affermissement de la République après la crise du 16 mai, qui a fait de lui un républicain confirmé, va permettre, en quinze ans, de passer des projets aux réalisations. À chaque étape, Lavisse est là. L'arrêté de 1877 qui créait des bourses de licence prévoyait en même temps des maîtres de conférences chargés de les encadrer ; Lavisse l'est depuis un an à l'École normale. En 1878, un groupe de réformateurs fonde la Société de l'enseignement supérieur, qui devait, avec son organe, la *Revue internationale de l'enseignement*, devenir un actif groupe de pression : Lavisse en fait partie, à côté d'Ernest Renan, Émile Boutmy, Louis Pasteur, Paul Bert et Marcelin Berthelot. En 1880, on passe de la licence indifférenciée à la licence à options ; c'est lui qui en a présenté le rapport, l'année où il entre en Sorbonne comme suppléant de Fustel de Coulanges — ce qui n'est pas rien —, pour devenir en 1883 directeur des études d'histoire. Un an avant, pour la première fois, l'affiche des cours de Sorbonne a employé le mot « étudiant » et mentionné après certains cours : « cours fermé ». « L'histoire réclame un très grand nombre de travailleurs, il faut que nous les lui donnions et que nous les lui cherchions[3]. » Dans le baraquement en bois de l'annexe Gerson, bientôt légendaire, il comptabilise les étudiants comme un avare son trésor : cent cinquante-deux en 1882, cent soixante-treize en 1883 ! Dans cette Sorbonne qu'il ne quittera plus que pour la direction de l'École normale en

---

1. Cf. Claude DIGEON, *La Crise allemande de la pensée française, 1870-1914*, PUF, 1959, en particulier le chap. VII, « La nouvelle université et l'Allemagne (1870-1890) ».
2. Cf., la comparaison de Lavisse et de von Harnack à laquelle Robert Minder a consacré en partie son intéressante « Leçon terminale » au Collège de France, le 19 mai 1973.
3. Papiers Lavisse, Bibliothèque nationale, naf 25171, f°s 11-19.

1904, chaque bataille est la sienne. Bataille pour les étudiants[1], bataille pour la réforme de l'agrégation[2], qui trouve en 1885 son statut moderne, avec ses compositions de quatre ou sept heures, ses explications de textes et sa double admissibilité. Bataille pour la création du diplôme d'études supérieures, en 1886, dont Lavisse voulait faire le test à « faire du nouveau » et qui est exigé de tous les candidats à l'agrégation en 1894. Il faut lire les allocutions adressées par Lavisse à chacune des rentrées universitaires et pieusement recueillies par lui à fin de publication[3] pour apprécier l'art dramatique avec lequel, dans ces ordres du jour du Bonaparte universitaire à l'armée étudiante, font leur apparition les innovations pédagogiques qui prennent la dimension d'un événement national : « Messieurs, en vertu d'une décision ministérielle récente, l'année que nous inaugurons sera marquée pour ceux d'entre vous qui se destinent à l'enseignement par une innovation. » Il s'agit du diplôme d'études supérieures (DES) :

> [J]e dois aux historiens le témoignage qu'ils ne se contentent pas (je parle toujours des meilleurs) de préparer leur thèse d'agrégation, cette épreuve excellente ; ils choisissent ou reçoivent de nous des sujets de mémoires courts, sur des questions intéressantes, et les traitent quelquefois de telle façon que nous sommes assurés de leur avenir. Ceux-là ne s'endormiront jamais[4].

À peine si, dans ce combat d'une seule pièce, on peut dater la genèse du projet d'une histoire de France. Il apparaît

---

1. La moyenne quinquennale (établie par A. PROST, *L'Enseignement en France*, *op. cit.*) des licences de lettres, qui n'était que de 296 entre 1891 et 1895, passe à 412 entre 1896 et 1900.
2. Cf. Ernest LAVISSE, « Le concours pour l'agrégation d'histoire », *Revue internationale de l'enseignement*, 15 février 1881, p. 146, ainsi que « Pourquoi il fallait réformer l'agrégation d'histoire », in *À propos de nos écoles*, *op. cit.*, p. 131.
3. De cinq ans en cinq ans, Lavisse a publié chez Armand Colin ses principales allocutions, toutes à lire : *Questions d'enseignement national*, 1885, *Études et étudiants*, 1890, et *À propos de nos écoles*, 1895.
4. E. LAVISSE, « Discours aux étudiants en Sorbonne », *Études et étudiants*, *op. cit.*, p. 174.

tout armé dès sa première allocution à la faculté des lettres, à l'ouverture du cours d'histoire du Moyen Âge en décembre 1881 : « L'histoire de la France est à faire et ne sera faite que lorsque des escouades d'ouvriers munis de bons instruments auront défriché toutes les parties du champ. » De ce long discours-programme[1] on ne retiendra qu'un élément, parce qu'il est capital à la future réalisation : les causes de « l'intérêt presque nul pour l'histoire ancienne de notre pays », Lavisse les voit, plus encore que dans l'absence de bras et dans l'usage polémique de l'histoire, dans la Révolution, qui a coupé la France d'un passé qui ne se comprenait que par son histoire :

> La Révolution n'a laissé subsister chez nous aucun des monuments d'autrefois, j'entends ces monuments vivants qui durent en d'autres pays : royauté, sacerdoce, classes ou corporations, villes et pays privilégiés, dont les privilèges, contraires à la raison, sont fondés en histoire. Il suffit d'un monument de pierre, église, manoir ou maison de village pour arrêter même le voyageur ignorant et provoquer ses questions[2].

Du coup, la mémoire aujourd'hui passe par l'histoire :

> Certes, notre passé vit au fond de notre être pour former notre tempérament national ; mais il n'a pas laissé de traces visibles. C'est affaire d'érudition de reconstituer l'ancienne société française, comme d'étudier les sociétés grecque ou romaine [...]. Il faut à des Français plus d'efforts qu'à d'autres hommes pour se reconnaître au milieu de ces vieux édifices de tous styles, où les annexes s'enchevêtrent autour du corps principal et brisent leurs lignes les unes contre les autres, parce qu'elles ont été bâties sans ordre préalable, au cours de la longue vie d'un peuple[3].

Poésie du passé, érudition scientifique, inspiration patriotique ne font qu'un :

1. ID., « L'enseignement historique en Sorbonne et l'éducation nationale », art. cité, p. 3.
2. *Ibid.*, p. 4.
3. *Ibid.*, p. 5.

On dira qu'il est dangereux d'assigner une fin à un travail intellectuel qui doit toujours être désintéressé. Mais dans les pays où la science est la plus honorée, elle est employée à l'éducation nationale [...]. Quelle devise ont donc gravée au frontispice de leur œuvre ces hommes d'État et ces savants qui se sont entendus pour croire qu'il fallait relever l'Allemagne humiliée en répandant la connaissance et l'amour de la patrie, puisée aux sources mêmes de l'histoire d'Allemagne ? C'est la devise *Sanctus amor patriae dat animum* ; elle est à la première page des in-folio des *Monumenta Germaniae*, entourée d'une couronne de feuilles de chêne [...]. Il est donc légitime de convier à l'avance la future légion des historiens à interroger tous les témoins connus ou inconnus de notre passé, à discuter et à bien comprendre leurs témoignages, pour qu'il soit possible de donner aux enfants de la France cette *pietas erga patriam* qui suppose la connaissance de la patrie[1].

On voit donc bien de quel recentrement l'*Histoire de France* est le fruit, et Lavisse le grand opérateur : recentrement institutionnel sur l'université comme moteur principal du développement historique, et non plus des institutions périphériques comme le Collège de France, d'où prophétisait Michelet, l'École des chartes, héritière de la tradition érudite et académique, ou les Hautes Études, laboratoire trop récent. Recentrement politique sur la République qui, au lendemain de l'affaire Dreyfus, paraîtra avoir définitivement triomphé du péril contre-révolutionnaire sans être encore menacée par une forme nouvelle de révolution. Recentrement fonctionnel sur l'enseignement, usine à fabriquer des citoyens, des historiens et des patriotes. Recentrement professionnel sur le corps professoral des historiens spécialisés. Recentrement méthodologique sur le chef-d'œuvre artisanal du diplôme et de la thèse, entre l'archive et la rhétorique. Recentrement intellectuel sur la « Science » et sur la « Vérité », qui confèrent l'indépendance à l'intérieur d'un système désormais tout entier dans la dépendance de l'État.

1. *Ibid.*, p. 41.

Recentrement idéologique, enfin, et, surtout, sur la Nation, cadre œcuménique d'accueil « aux légitimités successives de la vie d'un peuple », qui fait pénétrer « cette idée juste que les choses d'autrefois ont eu leur raison d'être », et qu'on peut aimer toute la France sans manquer à ses obligations envers la République. L'*Histoire de France* sera celle de la nation « accomplie »[1].

La nation réalisée

Par rapport à la cristallisation historique de l'idée nationale du premier tiers du siècle, on mesure la transformation, et ce qu'elle représente d'appauvrissement théorique, intellectuel et littéraire en même temps que d'accomplissement politique. L'historien n'est plus seul, démiurge de l'identité nationale, la faisant elle-même surgir par son récit ou par son analyse, dominant de son regard solitaire l'ensemble de l'évolution, inspiré par un souffle religieux et patriotique, chantre d'une nation théophanique, annonciateur d'un nouvel évangile où ne font plus qu'un, comme chez Michelet, le principe christique, le symbole incarnateur et la terre nourricière. Un universitaire, parmi des universitaires qui se donnent les instruments de leur commun métier. De la génération romantique à la génération positiviste, tout a changé en fonction du moment national : la nature de l'entreprise, le souffle qui l'inspire, l'historien qui la réalise, le style dans lequel il écrit. L'historien n'est plus la nation incarnée, c'est la nation elle-même qui s'est incarnée. Reste à la mettre en fiches ; et, dans un passage touchant de l'*Introduction aux études historiques*, Langlois et Seignobos expliquent comment les établir, sur quel format, de quel papier, en combien d'exemplaires, et quelles « précautions très simples permet-

---

1. Par analogie avec le titre de La Popelinière, *L'Histoire des histoires : avec l'idée de l'histoire accomplie...* [1599], qui a donné son nom à l'école de l'« histoire accomplie » ou de l'« histoire parfaite » de la seconde moitié du XVIe siècle. Cf. G. HUPPERT, *The Idea of Perfect History, op.cit.* ; en français *L'Idée de l'histoire parfaite, op.cit.*

tent de réduire au minimum les inconvénients du système[1] ».

L'histoire méthodique et critique a brutalement inauguré l'âge de l'effacement de l'historien devant ses documents et le retour à ce que les historiens de l'« histoire parfaite » appelaient déjà, au XVIe siècle, le « style moyen », par rapport au style de l'épopée, de l'éloquence ou de la poésie. « L'histoire la plus séduisante, dit Camille Jullian, sera peut-être celle où l'historien apparaîtra le moins et où le lecteur sera plus directement frappé par l'expression de la vérité[2]. » De Michelet on sait tout, à commencer par ses fantasmes nocturnes. De Lavisse ou d'un quelconque de ses collaborateurs, on ne sache pas qu'ils aient laissé un journal intime ni qu'on ait besoin de le lire pour mieux comprendre l'*Histoire de France*. Elle est, en revanche, totalement inséparable du moment de son élaboration et des paramètres qui la dominent, l'Allemagne et l'enracinement en profondeur de la démocratie républicaine[3].

La guerre de 1870 a, en effet, radicalement transformé le rôle de l'Allemagne dans la conscience française et la définition de son identité. Ce n'est plus l'Allemagne inspiratrice des grands ancêtres, celle que chantaient Michelet (« Mon Allemagne qui m'a fait seule pousser à fond les questions »), le Taine et le Renan du Second Empire, ou la *Revue germanique* de 1858 par où s'infiltrait déjà, avec l'appui de Littré, « le mouvement scientifique et philologique ». Sans doute restera-t-elle le principal facteur de l'émulation intellectuelle. C'est l'Allemagne de la guerre et de l'annexion de l'Alsace-Lorraine, qui n'ont pas provoqué seulement une revitalisation affective du sentiment de la patrie, mais déterminé, en profondeur, une redéfinition de la nation elle-même. Pour n'être pas radicalement nouvelle,

---

1. Charles Victor LANGLOIS et Charles SEIGNOBOS, *Introduction aux études historiques*, Hachette, 1898, pp. 81 sqq.
2. C. JULLIAN, « Notes sur l'histoire de France au XIXe siècle », art. cité, p. CXXVIII.
3. Cf., en particulier, la série de conférences de l'École des hautes études sociales sur *L'Éducation de la démocratie*, par Lavisse, Alfred Croiset, Seignobos, Malapert, Lanson, Hadamard, publiée par Alcan en 1907.

elle n'en constitue pas moins un corps de doctrine organique, porteur d'un nouveau regard de la nation sur son histoire. Il apparaît clairement dans la réponse de Fustel à Mommsen à la question : « L'Alsace est-elle allemande ou française ? » (1870), ou dans la fameuse conférence de Renan sur « Qu'est-ce qu'une nation ? » (1882) :

> Une nation est une âme, un principe spirituel. Deux choses qui, à vrai dire, n'en font qu'une, constituent cette âme, ce principe spirituel. L'une est dans le passé, l'autre dans le présent. L'une est la possession en commun d'un riche legs de souvenirs ; l'autre est le consentement actuel, le désir de vivre ensemble, la volonté de continuer à faire valoir l'héritage qu'on a reçu indivis. L'homme, messieurs, ne s'improvise pas. La nation, comme l'individu, est l'aboutissement d'un long passé d'efforts, de sacrifices et de dévouement. Le culte des ancêtres est de tous le plus légitime ; les ancêtres nous ont faits ce que nous sommes. Un passé héroïque, de grands hommes, de la gloire (j'entends de la véritable), voilà le capital social sur lequel on assied une idée nationale[1].

Définition à bien des égards micheletienne, mais dont changent le sens et la portée, sa date et son accent prébarrésien. Si la nation ne tient plus son identité que des « complications profondes de son histoire », comme dit Renan, et non de l'appartenance formelle que peuvent conférer la langue, la race, les intérêts, les affinités religieuses et les nécessités militaires, c'est l'histoire tout entière qui a droit à l'amour et à la connaissance, et non plus une partie de cette histoire, celle qui commencerait avec la Révolution. Dans l'effort de tout le XIXe pour expliciter le traumatisme révolutionnaire, l'Allemagne introduit un élément choc : elle déplace de façon décisive les frontières de l'identité légitime de la nation. La coupure fondatrice ne passe plus, par principe, à l'intérieur de la nation, mais à l'extérieur. Plus à l'intérieur de son histoire, entre un Ancien Régime réprouvé et une France moderne assumée, mais à l'extérieur, entre un type de nation fondé sur

---

1. Ernest RENAN, « Qu'est-ce qu'une nation ? », conférence faite en Sorbonne le 11 mars 1882, in Œuvres complètes, Calmann-Lévy, 1947, t. I, pp. 887-907.

sa propre genèse et un type de nation fondé sur l'appartenance de fait et de force. Le passé en son entier s'en trouve réhabilité. Pour dire brutalement les choses, l'Allemagne a contribué à sacraliser la frontière géographique et à lever la malédiction qui pesait sur la frontière historique. C'est ce déplacement que traduit nettement le plan général de Lavisse[1], dont il faut rappeler que la première série (1901-1911), la seule initialement prévue, va « des origines à la Révolution ». Et qu'expriment, plus nettement encore, les deux temps forts qu'il a choisis pour marquer, au début et à la fin, les images les plus intenses de l'identification nationale : le *Tableau de la géographie de la France* et son propre *Louis XIV*[2]. Référence à Michelet ? À coup sûr. Mais il ne faut pas oublier que, son *Tableau de la France*, Michelet le situe au livre III, soit aux alentours de l'an mil, après l'avènement d'Hugues Capet. Comment dire plus clairement qu'auparavant la France, pour lui, n'a pas d'unité organique ? Le *Tableau de la géographie* qu'il demande à Vidal de La Blache, le seul collaborateur de sa propre stature intellectuelle, Lavisse le place en introduction et lui consacre un volume entier : la France existe avant la France. Certitude encore confirmée par le deuxième volume, sur la Gaule, que Michelet avait expédiée en un chapitre. Sans doute était-ce faire droit à la promotion des Gaulois dans l'imagination nationale depuis l'ouvrage d'Amédée Thierry, le frère d'Augustin (1828), et à la forte affirmation de Vercingétorix incorporé par la République au rang des héros fondateurs[3].

1. [Cf. *infra*, « Appendice », p. 235.]
2. Le *Tableau de la géographie de la France* et le *Louis XIV* ont fait l'objet d'une réédition indépendante chez Tallandier, le premier en 1979 avec une introduction de Paul Claval, le second en 1978 avec une introduction de Roland Mousnier.
3. Cf. Paul VIALLANEIX et Jean EHRARD (dir.), *Nos ancêtres les Gaulois*, actes du colloque international de Clermont-Ferrand, 1982, ainsi que les comptes rendus de Mona OZOUF, « Les Gaulois à Clermont-Ferrand », *Le Débat*, n° 6, novembre 1980, et Jean-Pierre RIOUX, « Autopsie de *Nos ancêtres les Gaulois* », *L'Histoire*, n° 27, octobre 1980 ; cf. également Karl-Ferdinand WERNER, « Les Origines », *in* Jean FAVIER (dir.), *Histoire de France*, Fayard, 1981, t. I, chap. VI, et Christian AMALVI, « De Vercingétorix à Astérix, de la Gaule à de Gaulle, ou les métamorphoses idéologiques et culturelles de nos origines nationales », *Dialogues d'histoire ancienne*, CNRS, 1984, pp. 285-318.

L'Histoire de France d'Ernest Lavisse

Sans doute, aussi, l'érudition allemande s'étant emparée de la Gaule, s'agissait-il de récupérer à l'érudition française une pièce maîtresse de l'identité nationale. Sans doute, enfin, l'exploitation archéologique de la Gaule était-elle scientifiquement inscrite dans l'héritage de Fustel, comme allait le montrer l'œuvre de Camille Jullian[1]. La juxtaposition du *Tableau de la géographie* et de *La Gaule* n'en donne pas moins une forte base de départ à l'identité nationale : la France est là dès le départ, avant l'histoire, dans ses contours, son territoire, son caractère. Le providentialisme est comme rejeté dans son programme génétique avant d'être projeté dans son histoire.

Le *Louis XIV* représente l'autre pôle et, chose curieuse, le pendant historique du *Tableau*. La courbe de l'histoire elle-même s'immobilise. Après un début très narratif, presque journalistique, qui mène le héros jusqu'à son installation au pouvoir, en 1661, commence, sur près de deux volumes, une vaste fresque divisée en « gouvernement de l'économie », « gouvernement de la politique », « gouvernement de la société », « gouvernement de la religion », « gouvernement de l'intelligence ». Le parallèle n'est pas de pure forme. Une même tension anime les deux morceaux. Tension entre l'individualité géographique et les divisions régionales chez l'un ; tension, chez l'autre, entre l'admiration profonde pour la grandeur du personnage et de l'époque, dans laquelle il se sent visiblement à son aise et se projette secrètement, et la condamnation portée sur un monarque dont le plus clair succès a été d'obtenir l'obéissance politique. Il n'en demeure pas moins hautement significatif que Lavisse se soit réservé la monarchie classique dans tout son éclat. Et point la fin du règne, dont il laisse les guerres et la politique étrangère à Alexandre de Saint-Léger, l'histoire économique à Philippe Sagnac, et les affaires religieuses et intellectuelles à Alfred Rébelliau (tome VIII, 1). Non, ce qui l'attache et le fascine, c'est la grande période qui va de 1661

---

1. Cf. Albert GRENIER, *Camille Jullian. Un demi-siècle de science historique et de progrès français, 1880-1930*, Albin Michel, 1944.

à 1685, le contraste entre le monarque en gloire et le monarque en lutte : violent jeu de lumière entre l'homme qui, en 1668, « pouvait croire qu'il avait répondu à l'attente du monde », et celui qui, en 1685, au prix d'une France épuisée, « pouvait croire avoir vaincu l'Europe par la trêve de Ratisbonne et l'hérésie calviniste par la révocation de l'édit de Nantes ». C'est à ce Louis XIV-là qu'il confie l'incarnation majeure de la France, dont il ne cesse de retoucher le portrait, et qu'au moment de quitter il ne peut pas quitter :

> À la raison qui découvre « le fond destructif » de ce règne, l'imagination résiste, séduite par « l'écorce brillante ». Elle se plaît au souvenir de cet homme, qui ne fut point un méchant homme, qui eut des qualités, même des vertus, de la beauté, de la grâce, et le don de si bien dire ; qui, au moment où brilla la France, la représenta brillamment, et refusa d'en confesser « l'accablement » lorsqu'elle fut accablée ; qui soutint son grand rôle, depuis le lever de rideau splendide jusqu'aux sombres scènes du dernier acte, dans un décor de féerie, ces palais bâtis en des lieux inconnus et sur terres ingrates, ces fontaines qui jaillissent d'un sol sans eau, ces arbres apportés de Fontainebleau ou de Compiègne, ce cortège d'hommes et de femmes déracinés aussi, transplantés là pour figurer le chœur d'une tragédie si lointaine à nos yeux, déshabitués de ces spectacles et de ces mœurs, qu'elle prend quelque chose du charme et de la grandeur d'une antiquité.

Le « grand Lavisse », c'est bien Lavisse le Grand. Rapprochés du *Tableau de la géographie*, les deux morceaux expriment le plein d'une conscience nationale dilatée aux dimensions de la terre et de son histoire, le plein d'un moment national.

Moment décisif, où l'histoire conquiert, dans l'élan d'une même régénération, sa légitimité scientifique, sa légitimité professionnelle et sa légitimité nationale. C'est celui de l'*Histoire de France*, puissamment datée, mais encore singulièrement représentative, au croisement de l'histoire critique et de la mémoire républicaine. Dans sa genèse comme dans son esprit, elle s'étend des lendemains d'une défaite aux lendemains d'une victoire. Ce qui la distingue foncièrement du flot continu des histoires de France pour faire de ses vingt-sept volumes un lieu de mémoire, c'est cette interpénétration de la positivité scientifique et du culte obsessionnel de la patrie. Creuset où se sont momentanément fondues deux vérités qui nous paraissent aujourd'hui sans rapport, mais que l'époque avait rendues indissolublement complémentaires : la vérité universelle de l'archive et la vérité particulière de la nation.

ARCHIVE ET NATION

La mémoire documentaire

Ce moment, tous les contemporains en célèbrent le début avec la *Revue historique* en 1876, et dans l'éditorial de Gabriel Monod, l'acte de naissance officiel[1].

Texte majeur, dont l'un des intérêts est de se présenter lui-même comme une histoire, celle du « Progrès des études historiques » confondu avec celui de l'érudition, dont, en héritier qui reprend le flambeau, Monod exhume précisément la mémoire et situe les chaînons : les précurseurs du XVIe siècle, fondateurs d'une méthode critique comme Claude Vignier dans sa *Bibliothèque historiale* ou Claude Fauchet « qui soumettait le premier à une critique impartiale les Antiquités gauloises et françaises ». Puis les érudits de mouvance monarchique, André Duchesne, « au premier rang des éditeurs du XVIIe », Du Cange, « le premier à donner aux historiens les instruments indispensables à la connaissance scientifique du Moyen Âge », et « à qui Louis XIV voulait confier la direction d'une grande collection des historiens de la France ». À côté de cette historio-

---

1. L'éditorial de Gabriel Monod a été réimprimé dans le numéro du centenaire de la *Revue historique*, n° 518, avril-juin 1976.

graphie royale, l'historiographie ecclésiastique des jésuites, des oratoriens, et surtout des bénédictins de Saint-Maur à l'égard de qui « nous ne saurions avoir trop de reconnaissance » pour « ce mélange de piété respectueuse et de ferme indépendance d'esprit qui donne à tous leurs travaux tant de gravité et tant d'autorité ». Dernière étape de la filiation : l'Académie des inscriptions et belles-lettres, qui aboutit à Bréquigny « sur qui reposait presque seul tout le travail de la collection des ordonnances, de la Table générale des chartes et des diplômes ». Ainsi débouche-t-on sur Guizot et la collection des documents inédits de la Société d'histoire de France, où Monod distingue l'exceptionnelle qualité du travail de Guérard, l'éditeur des cartulaires et des polyptyques. Trois principes sont ainsi fortement liés dans la démonstration : l'idée, affirmée dès le titre, que « ce n'est qu'avec la Renaissance que commencent à proprement parler les études historiques » ; l'affirmation que « le malheur dont la science historique a eu le plus à souffrir en France, c'est la séparation, ou pour mieux dire, l'antagonisme qu'on a longtemps voulu établir entre la littérature et l'érudition » ; la certitude enfin que le retard est « la conséquence fatale de l'absence d'un enseignement supérieur bien organisé, où la jeunesse viendrait puiser à la fois une culture générale et des habitudes de méthode, de critique et de sévère discipline intellectuelle ».

À partir de là se sont donc opérées, ou accélérées, à la fois de la part des chartistes et des historiens confondus, la construction et l'organisation de cette mémoire documentaire, sur laquelle nous vivons encore, et dont on ne peut, ici, qu'indiquer sommairement les lignes de force. Il y a, d'une part, les grandes séries de publications documentaires, immense et souvent interminable labeur poursuivi, en particulier, dans le cadre du Comité des travaux historiques et scientifiques et de la Société d'histoire de France et qui, du recueil des chartes et diplômes d'Arthur Giry, par exemple, aux procès-verbaux du Comité de salut public et du Comité d'instruction publique, ont véritablement constitué le matériel de base. Il y a, d'autre part, le travail de catalogue et de bibliographie proprement dite, défrichement préalable à toute exploitation possible, galeries de soutènement de la mine documentaire, auquel se sont attelés prioritairement non les tâcherons, mais les ténors de l'archivistique et de l'historiographie. Énormité de la tâche, simultanéité des accomplissements. C'est en 1886, par exemple, au moment où débute un *Annuaire des bibliothèques et des archives de France* que commence à paraître, selon le plan et les vues de Léopold Delisle, le *Catalogue général des manuscrits des bibliothèques publiques de France* ; en 1895 que la Bibliothèque nationale commence à faire paraître son catalogue de livres imprimés et ses catalogues usuels du département des manuscrits. En 1888, premier modèle du genre : Gabriel Monod lui-même publie une *Bibliographie de l'histoire de France* de quatre mille cinq cent quarante-deux titres, destinée à fournir « aux travailleurs et surtout aux étudiants » un répertoire analogue à celui que, outre-Rhin, son maître Waitz avait remanié à partir de la *Bibliographie* de Dahlmann. C'est le point de départ de la collection, toujours indispensable et bien connue des historiens, les *Sources de l'histoire de France*, systématiquement poursuivie par Auguste Molinier[1], des origines aux guerres d'Italie (cinq volumes de 1901 à 1906), par Henri Hauser pour le XVIe siècle (deux volumes, 1906), par Émile Bourgeois et Louis André pour le XVIIe siècle (huit volumes, 1913). À ce type de bibliographie se rattache également la *Bibliographie générale des travaux des sociétés savantes*, neuf volumes publiés de 1880 à 1907 par Robert de Lasteyrie et ses collaborateurs, ou le *Répertoire méthodique de l'histoire moderne et contemporaine de la France* (1899) de Georges Brière et Pierre Caron, lequel rappelait, dans son important *Rapport sur l'état actuel des études d'histoire moderne en France* rédigé avec Philippe Sagnac en 1902, que « la simple possibilité de travaux sur des sujets quelconques d'histoire moderne est en rapport direct avec l'état du classement des fonds d'archives

---

1. Cf. Gabriel Monod et Charles Bémont, *Auguste Molinier*, Nogent-le-Rotrou, Daupeley-Gouverneur, 1904.

et de manuscrits ». À ce balisage purement opératoire du terrain, encore conviendrait-il d'ajouter, l'éclairant dans sa profondeur, et en permettant l'accès aux utilisateurs, la bibliographie proprement historique, répertoire des répertoires et science des instruments de la recherche. On la trouverait largement développée, par exemple, par Charles Victor Langlois, dans ses *Archives de France* (1891), en collaboration avec Henri Stein, ou dans son *Manuel de bibliographie historique* (deux volumes, 1896 et 1904)[1] ; ou par Xavier Charmes dans son ouvrage sur *Le Comité des travaux historiques et scientifiques* (1886) ; ou par Auguste Molinier dans les deux cents pages d'introduction à ses *Sources de l'histoire de France*, rédigées deux mois avant sa mort et placées, en fait, au début de son dernier volume.

Travail de soutier, mais sur lequel il est ici important de braquer le projecteur. D'abord parce que sa simple évocation suffit pour mettre en lumière la nouveauté de pans entiers de l'*Histoire de France*, où Lavisse, notamment dans son propre tableau du règne de Louis XIV, paru avant le travail de Bourgeois et André, pouvait à bon droit faire remarquer : « Il n'existe pas, pour la période moderne de notre histoire, de manuels scientifiques qui soient des guides dans l'étude des institutions et des mœurs, comme on en trouve pour l'histoire de l'Antiquité et du Moyen Âge. » Surtout parce que l'histoire critique, si elle s'est donné les moyens de son travail à usage interne, tout professionnel et presque initiatique, a, par définition, exclu de son champ l'historique de ses propres conditions de possibilité. L'histoire de la Cour a exclu l'histoire du côté jardin. L'intérêt pour la constitution des archives, des collections, des bibliothèques, au même titre que celle des musées, est demeuré une spécialité d'érudits de l'érudition, qu'une histoire de la mémoire ne peut que chercher à ramener dans les allées

---

1. Le *Manuel de bibliographie historique* de Charles Victor Langlois et Henri Stein couvre les principaux pays. Pour la France seule, Gabriel Monod avait livré un travail analogue, « Les études historiques en France », dans la *Revue internationale de l'enseignement*, 1889, t. II, pp. 587-599.

centrales de l'historiographie. La mémoire archivistique a pesé d'un poids trop lourd sur la constitution même de l'histoire-science pour qu'on puisse ne pas tenir compte des circonstances particulières de leur union.

La mémoire archivistique d'État

L'archive a rendu, en effet, l'historien tributaire de son mouvement propre, plus sensible à la conservation qu'à l'exploitation, et qui, surtout, dans son essence comme dans son esprit, ne relève pas de la curiosité historienne, mais du pouvoir d'État[1]. La rencontre de l'historien et des archives est donc, en fait, l'histoire d'une conjonction lente, fortuite, toujours piégée et à sens unique. Il est vrai que l'expansion archivistique s'est faite parallèlement à celle de l'histoire, et qu'elle a commencé, elle aussi, aux lendemains de 1830 pour affecter l'Europe entière en vingt ans : c'est la fondation des Archives de Bucarest en 1831, celles de Belgique avec Gachard en 1835, le Public Record Act anglais en 1838, le début de la publication des *Documentes ineditos* de l'archiviste Bofarull à Barcelone, la fondation, capitale, de l'Institut für Osterreichische Geschichtsforschung à Vienne en 1854, et, simultanément, l'institution des écoles de paléographie et d'archivistique de Madrid et de Florence[2]. En France, c'est à la fondation de l'École des chartes[3], en 1821,

---

1. Cf. Jean FAVIER, *Les Archives*, PUF, « Que sais-je ? », 1959, éd. remaniée, 1976.
2. Cf. Robert-Henri BAUTIER, « Les archives », *in* Charles SAMARAN (dir.), *L'Histoire et ses méthodes*, Gallimard, « Encyclopédie de la Pléiade », 1961, pp. 1120-1166, ainsi qu'Adolf BRENNEKE, *Archivkunde*, 1953. On y ajoutera le rapport de Leopoldo SANDRI, « La Storia degli Archivi », *Archivum*, t. XVIII, 1968, pp. 101-113.
3. Cf. *L'École des chartes, le livre du centenaire*, 1929, 2 vol., ainsi que la thèse (inédite) de Jean LE POTTIER, « Histoire et érudition, recherches et documents sur l'histoire et le rôle de l'érudition médiévale dans l'historiographie française du XIXe siècle », thèse de l'École des chartes, 1979. Cf. également L. HALPHEN, *Histoire et historiens depuis cinquante ans, op. cit.*, chap. IV, « La chasse aux documents », et Xavier CHARMES, *Le Comité des Travaux historiques et scientifiques, histoire et documents*, « Documents inédits pour l'histoire de France », 1886, 3 vol.

ou plutôt à sa réorganisation en 1829 et aux activités de Guizot que revient l'initiative de départ[1]. Mais la simultanéité des mouvements n'empêche pas que l'archivistique et l'histoire relèvent de deux traditions sensiblement différentes. Si important qu'ait pu être l'effort des feudistes, des historiographes royaux et des bénédictins, si profondes qu'aient pu être les préoccupations historiennes des grands archivistes comme Muratori, les archives demeuraient la propriété privée des princes et des rois qui les réservaient à un usage strictement utilitaire. Il s'agissait de préserver les actes de leur autorité et de leur administration, de se munir des titres juridiques de leurs pouvoirs et de leurs droits. Tous les puissants auraient pu faire leur la boutade attribuée à Napoléon, lequel s'était lancé dans l'entreprise extravagante de réunir à Paris les archives complètes de plusieurs États annexés ou occupés : « Un bon archiviste est plus utile à l'État qu'un bon général d'artillerie. » L'utilisation, jalousement contrôlée, demeurait la garde des conservateurs. Les archives étaient des armes « secrètes », de vraies machines de guerre dont on se disputait parfois âprement la possession, et les archivistes, si indépendants qu'ils se voulussent, n'étaient que des auxiliaires fidèles du pouvoir, des stipendiés de la politique et de la diplomatie.

La notion d'archives *publiques* ne doit pas tromper, et son développement l'indique clairement. Elle ne renvoie pas à une utilisation publique des documents, mais à une bureaucratisation de la monarchie depuis Philippe le Bel jusqu'au couronnement centralisateur de Napoléon, dont on ne peut ici que rappeler les grandes dates et les grands

1. Cf. *Le Temps où l'histoire se fit science, 1830-1848*, colloque international organisé à l'occasion du cent-cinquantenaire du Comité français des sciences historiques, Institut de France, 17-20 décembre 1985. Cet important colloque, dont les actes sont à paraître dans la revue *Storia della storiografia*, a eu lieu trop tard pour qu'on puisse en intégrer ici tous les résultats. Je remercie M. Robert-Henri Bautier de m'avoir en particulier communiqué son introduction, « La renaissance de l'histoire comme science ». [Cf. Laurent THEIS, « Guizot et les institutions de mémoire » (1986), *in* P. NORA (dir.), *Les Lieux de mémoire*, t. II, *La Nation*, vol. 2, *Le Territoire – L'État – Le Patrimoine*, op. cit., pp. 569-592.]

axes. L'Espagne en avait fourni, au milieu du XVIe siècle, le premier modèle quand Charles Quint avait, en 1545, commencé le transfert de son trésor des chartes de Castille dans la célèbre forteresse de Simancas. Semblablement, en France, cessait en 1568 l'enregistrement dans le registre du Trésor des chartes. On s'acheminait vers la conservation des archives à la chancellerie même et dans les secrétariats d'État, habitude qui devait se généraliser sous Richelieu. C'est bien alors, avec la puissance de l'administration monarchique d'État, que la notion d'archives publiques reçoit ses premières extensions importantes. À partir de 1670, et non sans irrégularités multiples et éclatantes exceptions, la royauté commença à saisir les archives de tous les grands serviteurs de l'État à leur disparition. Le milieu du XVIIIe siècle marque une nouvelle phase de concentration : en 1769, Marie-Thérèse crée à Vienne le dépôt central de la monarchie des Habsbourg, le Haus —, Hof — und Staatsarchiv qui devait servir de modèle à toute l'Europe des Lumières. La Révolution française et l'Empire napoléonien allaient contribuer à leur tour à une troisième vague de dépôts concentrés : les Archives nationales, primitivement formées autour du noyau des papiers de l'Assemblée constituante à l'hôtel de Soubise, réunirent, sous l'autorité d'Armand Camus, non seulement l'ensemble des archives des conseils et des grandes administrations de l'Ancien Régime, mais les archives des abbayes, chapitres et églises de Paris comme celles des particuliers émigrés ou condamnés. Un tri devait en être fait : les titres « historiques » seraient destinés à la Bibliothèque nationale ; les pièces utiles à l'administration et au contentieux des domaines nationaux seraient conservées ; tandis que les papiers « inutiles » seraient vendus et que les « titres de la tyrannie et de la superstition » seraient solennellement brûlés. L'opposition tenace de Camus limita la ségrégation, et le Bureau du triage, qui fonctionna pendant six ans, aux mains de savants compétents, limita heureusement les dégâts.

La contribution de la Révolution à l'archivistique publique est donc profondément ambiguë. En un sens, elle est radicalement capitale. C'est la Révolution qui a fondé la notion même d'archives. Une société d'Ancien Régime ne pouvait la connaître par définition, aucun papier ne s'y trouvant périmé. Ce n'était pas son authenticité qui fondait son autorité, puisqu'elle était garantie par l'autorité de l'institution détentrice, mais son antiquité. Sans doute les érudits et les savants se communiquaient-ils, entre eux, les documents arrachés à l'ombre de l'Église et de l'État. Il n'en demeurait pas moins que la communication de sources était considérée, dans la France classique, dans le meilleur des cas comme une faveur accordée à un particulier au terme de démarches extrêmement longues et le plus souvent infructueuses[1]. Mabillon lui-même n'avait parfois pas réussi à obtenir des couvents les documents dont il avait besoin. Théoriquement, donc, l'Ancien Régime ne pouvait connaître que des dépôts d'actes, comme, au mieux, celui qu'avait réalisé Jacob-Nicolas Moreau[2]. Il ne peut y avoir d'archives que lorsque l'autorité cesse d'en avoir besoin. Pas d'archives, donc, sans nuit du 4-Août. C'était la première fois, en fait, qu'un plan aussi considérable s'étendait aux archives de tout un régime politique, féodal et religieux et dépassait, d'un coup, la notion même d'archives d'État vers celle d'archives de la « Nation ». L'ampleur et le caractère systématique de la récolte positiviste seraient inintelligibles sans cette énorme concentration matérielle, qui mettait fin à une dispersion et à un désordre inimaginables pour constituer un véritable capital archivistique. D'autant que la Révolution, outre les Archives nationales à Paris, avait institué un dépôt d'archives dans chaque département et dans chaque commune ; mesure sans laquelle, dans la foulée de l'élan donné par Guizot, les lois de 1838 et 1841 sur l'organisation des archives départementales (et, partant, le formidable inventaire des collections dont la publication devait commencer en 1854) seraient sans objet. Enfin, et surtout, la Révolu-

1. Cf. Krzysztof POMIAN, « Les historiens et les archives dans la France du XVIIe siècle », *Acta Poloniae historica*, n° 26, 1972.
2. Cf. Dieter GEMBICKI, *Histoire et politique à la fin de l'Ancien Régime, Jacob-Nicolas Moreau (1717-1803)*, Nizet, 1979.

tion avait proclamé un principe fondamental : les archives, appartenant à la Nation, devaient être mises à la disposition de tous les citoyens. Principe qui, même s'il devait se heurter à des restrictions d'application et de communication — une salle de consultation ne commence à être installée aux Archives que vers 1840 —, pouvait virtuellement rendre possible la professionnalisation de la discipline et la constitution d'une histoire scientifique. Mais seulement virtuellement. Car, Robert-Henri Bautier l'a fait justement remarquer, la Révolution ne constitue nullement la coupure décisive avec la conception traditionnelle des archives, elle en représente même, au contraire, le couronnement[1]. Le principe de la publicité des archives était dans la droite ligne du passage de la légitimité monarchique à la souveraineté nationale ; il ne signifiait nullement l'abandon de la prérogative d'État. Les rédacteurs de la loi du 7 messidor an II (25 juin 1794) s'adressaient aux citoyens, ils étaient à mille lieues de penser aux historiens. Les archives, en trouvant leur statut, demeuraient cependant ce qu'elles avaient toujours été, un symbole de continuité, de centralisation et de légitimité. Un droit théorique et un stock de matériel pratique. En veut-on la confirmation ? On la déchiffrerait dans la nomenclature même de la structure archivistique, qui a consacré vingt-quatre lettres de l'alphabet à l'Ancien Régime, et une seule, la fameuse lettre *F*, à tout le fonds gouvernemental des cinquante dernières années. L'idée d'un caractère mobile des structures n'a pas effleuré les dépositaires de la mémoire, empreints d'une vision purement conservatoire et fort peu prospective de ce qu'il sied d'appeler, avec la solennité qui convient, un héritage. C'est précisément à partir de 1840 et sous la poussée historienne venue d'ailleurs que, progressivement, partiellement, jamais complètement, la brèche s'est faite pour s'élargir brusquement avec l'histoire dite positiviste. Il est vrai qu'en vingt

---

1. Cf. Robert-Henri BAUTIER, « La phase cruciale de l'histoire des archives : la constitution des dépôts d'archives et la naissance de l'archivistique (XVIe-début du XIXe siècle) », *Archivum*, t. XVIII, 1968, pp. 139-149.

ans, pour reprendre la formule de Robert-Henri Bautier, « d'arsenal de l'autorité les archives sont devenues le laboratoire de l'histoire ». Il a fallu que la stabilité politique de la France rejoigne la stabilité de son patrimoine administratif pour que la mémoire active de la nation se nourrisse de la mémoire passive du document archivistique. L'osmose, alors, a commencé ; pas la symbiose.

L'effet archive

Le mariage de l'histoire et de l'archive n'en a pas moins été assez intime pour imposer son modèle à tout le développement de l'historiographie critique.

Le poids de la mémoire documentaire a eu, d'abord, pour effet premier de violemment déplacer vers l'amont le centre de gravité de la chronologie nationale ; et la tendance a perduré aussi longtemps que ce type d'historiographie. C'est ce que Marc Bloch appelait la « hantise des origines ». L'affirmation de la méthode, la suprématie du texte, le réflexe philosophique, l'influence germanique, tout a contribué à hypostasier le Moyen Âge. La problématique la plus contemporaine s'est ancrée dans le matériel archivistique le plus ancien. Des conditions même de sa naissance, l'histoire critique a conservé longtemps — s'en est-elle même affranchie de nos jours ? — un complexe de chartiste. « À l'École des chartes, en ces âges lointains — c'est-à-dire vers 1880 —, raconte Charles Braibant, dont l'activité archivistique se déploya pourtant si efficacement au service des historiens, le médiéviste éprouvait pour le moderniste quelque chose comme le sentiment du cavalier pour le fantassin. Il n'aurait pas fait bon venir me raconter qu'un historien occupé d'événements postérieurs à 1453 pouvait être autre chose qu'un assez pauvre homme[1]. » La plupart des fondateurs de l'histoire nationale moderne avaient fait leurs premières

---

1. Charles BRAIBANT, « Souvenirs sur Georges Bourgin », *Revue historique*, vol. CCXXI, 1959.

armes dans le Moyen Âge. Rambaud est venu de Byzance au Xe siècle, Lavisse a commencé par *La Marche de Brandebourg sous la dynastie ascanienne* ; Émile Bourgeois, pionnier de l'histoire diplomatique du XIXe siècle, y est arrivé par l'aristocratie française dix siècles auparavant, et Seignobos qui, dans l'*Histoire de France contemporaine*, s'est chargé de toute la période depuis 1848 a débuté par une thèse sur le régime féodal en Bourgogne ! Il faut attendre 1880 pour qu'une thèse de l'École des chartes ose dépasser la date fatidique de 1500 et qu'un début modeste d'enseignement d'histoire moderne — deux conférences sur quarante[1] — soit tenté à l'École des hautes études. Sur les dix-sept volumes proprement dits de l'*Histoire de France*, six sont encore consacrés au Moyen Âge — soit plus du tiers.

Le lien entre l'archive et le Moyen Âge n'est pas seulement d'ordre pratique. Il engage bien davantage qu'une épistémologie qui rattache au plus proche le plus lointain, à la fois à titre de cause et de commencement. Il dépasse l'obsession embryogénique naturelle à toute préoccupation d'exégète. Marc Bloch y dénonçait déjà la philosophie finaliste qui se dissimulait derrière cette pure ivresse de l'érudition lointaine :

> Une histoire centrée sur les naissances fut mise au service de l'appréciation des valeurs [...] Qu'il s'agisse des invasions germaniques ou de la conquête normande de l'Angleterre, le passé ne fut employé si activement à expliquer le présent que dans le dessein de mieux le justifier ou le condamner. De sorte qu'en bien des cas, le démon des origines ne fut qu'un avatar de cet autre satanique ennemi de la véritable histoire : la manie de jugement[2].

On peut aller plus loin. Dans cette « manie », savamment masquée par la science du texte, la soumission au docu-

---

1. Encore s'agissait-il de « L'histoire des idées au XVIe siècle » par Abel Lefranc et de « L'Alsace sous l'Ancien Régime » par Rodolphe Reuss.
2. Marc BLOCH, *Apologie pour l'histoire, ou Métier d'historien* [1941], A. Colin, 1959, p. 7. L'ouvrage a été réédité avec une introduction de Georges Duby, 1980.

ment, la discipline de l'archive à quoi les positivistes ont souvent fini par croire que l'histoire se réduisait, il faut voir la clé de la constitution de l'histoire en discipline corporative et le nerf de son autorité. Que les plus grands des chartistes et des médiévistes aient été, de tous les historiens, les premiers à se lancer dans l'affaire Dreyfus est profondément révélateur[1]. Paul Meyer, Gaston Paris, Gabriel Monod, tant d'autres, ont envahi momentanément l'actualité journalistique et judiciaire comme experts et comme autorités morales. Au lendemain de l'acquittement d'Esterházy, *Le Siècle* titre sur toute sa première page : « Un historien témoigne ». Arthur Giry, membre de l'Institut, s'appuie sur la technique la plus éprouvée de la critique des textes pour dénoncer le faux Henry le jour même où le colonel passe aux aveux. Il dépose au premier procès Zola, avec le directeur de l'École des chartes et Auguste Molinier, dont le dernier écrit, avant sa mort, est un *Examen critique du bordereau*. Comment séparer leur engagement idéologique du type de leur compétence professionnelle ? Comment ne pas l'opposer à l'attentisme rassembleur de Lavisse généraliste ? Le maniement de la charte, du diplôme et du cartulaire est pour longtemps le cœur du « capital symbolique » de l'historien. L'archive n'a pas imposé seulement une « hantise des origines », mais un usage métonymique de la « source ».

L'effet majeur de l'archive n'est pourtant pas là, mais dans la dilatation brutale qu'elle a provoquée, pour ne pas dire l'explosion immédiate de la production historienne. S'appuyer aveuglément sur Grégoire de Tours pour raconter Clovis et les Mérovingiens, comme l'avaient fait Fauriel et Pétigny, en y ajoutant de surcroît des écrits nettement postérieurs, comme ceux du pseudo-Frédégaire ou le *Liber historiae Francorum*, est une chose — et recourir aux témoignages directs ou que l'on croyait tels, entrer en contact avec les narrateurs, les chroniqueurs et les mémorialistes avait déjà

---

1. Cf. la riche étude de Madeleine REBÉRIOUX, « Histoire, historiens et dreyfusisme » dans le numéro du centenaire de la *Revue historique*, n° 518, avril-juin 1976, pp. 407-432.

considérablement rafraîchi le récit et élargi l'horizon historique[1]. Mais montrer le crédit que l'on peut ou non accorder à Grégoire de Tours, chroniqueur personnel et passionné qui écrit son *Historia Francorum* soixante ans après la mort du roi, et rétablir la transcription exacte du manuscrit de Frédégaire pour montrer qu'en dérivent tous ceux qui s'en sont ensuite inspirés, comme l'a fait par exemple Gabriel Monod en 1872, est un exercice de nature radicalement différente[2]. Et qui implique un seuil décisif. Dans un cas, même en allant à la « source », on ne fait que reconduire la mémoire de la tradition. Dans l'autre, en suspectant la source et en s'installant délibérément dans la reconstruction, on entre dans le domaine critique et scientifique. Toute l'histoire dite positiviste a consisté dans le passage de l'une à l'autre, c'est-à-dire, en réalité, dans la distinction entre la source narrative et le document d'archive. Dans la pratique, la distinction a été longue à s'établir et peut-être ne l'a-t-elle jamais été complètement. Lavisse, et bien d'autres après lui, ne se refusera pas le secours des Mémoires pour évoquer Versailles et Louis XIV. Mais, dans la théorie, et c'est elle qui compte le plus ici, le partage apparaît nettement formulé. Par exemple, dès l'introduction aux *Archives de France* (1891), où Langlois et Stein écrivent : « Nous entendons par "archives de l'histoire de France" la collection de tous les *documents d'archives* relatifs à l'histoire de France, c'est-à-dire les pièces officielles de toute espèce : chartes, comptes, enquêtes, etc., et les correspondances politiques ou privées. Cette définition n'exclut, en somme, qu'une seule catégorie de documents anciens : les œuvres historiques, scientifiques et littéraires qui ont leur place non dans les archives, mais dans les bibliothèques. » Il est encore, *a contrario*, parfaitement défini par Auguste Molinier, quand, dans son introduction aux sources médiévales de l'histoire de France, il écrit : « L'étude méthodique et

---

1. [Cf. *infra*, chap. XVI, « La voie royale des Mémoires d'État », p. 454.]
2. Gabriel MONOD, *Études critiques sur les sources de l'histoire mérovingienne*, Bibliothèque de l'École des hautes études, fasc. VIII.

complète des *sources narratives* de notre histoire du Moyen Âge n'a pas encore donné lieu à des travaux généraux. » Le simple passage de la source narrative au document d'archive a, *ipso facto*, ouvert à l'histoire une diversification pratiquement infinie. On ne peut comparer la différence des régimes qu'à une mutation brutale d'un système d'énergie, au passage du moulin à eau au moulin à vapeur, au coup de sonde d'où jaillit soudain le pétrole. Quelques chiffres, parmi bien d'autres possibles, permettent d'en prendre la mesure. Dans le catalogue des thèses, un volume unique de quatre cent cinquante pages suffit à Athénaïs Mourier et Félix Deltour pour répertorier celles qui ont été soutenues de 1800 à 1870 ; un autre de six cents pages pour les quinze années suivantes (1880-1895) ; mais, de 1895 à 1902, un troisième aussi gros est nécessaire, soit autant en sept ans qu'auparavant en soixante-dix ; après quoi il faut passer au volume annuel[1].

Encore le changement d'échelle quantitatif n'est-il que le signe extérieur de la dilatation de l'histoire imposée et autorisée par l'archive, qui s'est offerte en son état, et de tout son long. Si vaste et interminable a été le discours des archives qu'il n'y a rien d'étonnant à ce que les historiens se soient longtemps contentés de lui faire dire ce qu'explicitement il disait. D'où le type même de leur histoire. Si les historiens de la génération nationale positiviste se sont d'abord tournés vers une histoire politique, administrative, militaire, diploma-

1. Cf. Albert MAIRE, *Répertoire alphabétique des thèses de doctorat ès lettres des universités françaises*, 1903, ainsi qu'Athenaïs MOURIER et Félix DELTOUR, *Catalogue des thèses françaises et latines pour le doctorat ès lettres*, 1903. La courbe serait parallèle si l'on prenait R. C. LASTEYRIE DU SAILLANT, *Bibliographie générale des travaux historiques et archéologiques publiés par les sociétés savantes de la France, op. cit.* Le premier volume paraît en 1886, le quatrième en 1904 : cette série repère 83 792 titres. Deux volumes de suppléments s'avèrent nécessaires pour combler la lacune entre 1886 et 1900 : ils comptabilisent 51 586 titres, soit, en quatorze ans, plus de la moitié de l'ensemble précédent. Puis les tables annuelles, de 1901 à 1907 : 30 000 titres environ en sept ans. Cette courbe serait confirmée par un autre indice : la *Bibliographie des travaux publiés de 1866 à 1897 sur l'histoire de la France de 1500 à 1789*, par Eugène SAULNIER et André MARTIN, PUF, Rieder, 1932-1938, et *sur l'histoire de la France depuis 1789*, par Pierre CARON, 1912, aboutit à 30 796 titres. Le *Répertoire annuel de l'histoire moderne et contemporaine* de Gaston BRIÈRE et CARON arrive au chiffre de 30 028 pour les années 1898-1906 : soit autant en huit ans qu'auparavant en trente.

tique et biographique, est-il déraisonnable de penser que ce n'est pas seulement par besoin idéologique d'élucider les origines de la nation ? En prenant tout à coup le chemin des archives, ils retrouvaient, en France plus encore que dans tout le reste de l'Europe, le lit bien établi des archives centrales de l'État. Il faut regarder de près — comme l'a fait, par exemple, Christian Amalvi dans un article original[1] — le *Catalogue de l'histoire de France*, tel qu'il a été constitué par Jules Taschereau et Léopold Delisle, pour voir à quelle profondeur de cadres et de nomenclature un certain type d'histoire s'est sédimenté dans les instruments bibliographiques de base, préinscrit dans des sources matérielles aux apparences neutres, engravé dans les innocentes catégories de la recherche avant d'être pétri par le levain des historiens. Le caractère monarchique de la perception du passé éclate dans l'inscription des rois qui n'ont pas régné ; mais on ne trouvera pas dans la nomenclature la présence nominative de la Révolution ! Coagulation rapide de l'histoire nationale d'un côté, retrouvailles d'un héritage de longue durée de l'autre : c'est au confluent de ces deux phénomènes que s'est forgée l'*Histoire de France*. La guerre de 1870 et la rivalité franco-allemande, la construction d'un appareil d'enseignement supérieur moderne et démocratique, l'enracinement volontaire de l'idéologie républicaine ont précipité le besoin d'une histoire nationale. Mais si le type d'histoire réalisé, et qui a paru si pauvre aux générations suivantes, s'est pourtant trouvé investi d'une aussi forte charge de représentativité nationale, il le doit aux deux faits majeurs de la tradition archivistique française : l'ancienneté de la centralisation monarchique et l'ampleur, comme la radicalité, des réformes révolutionnaires. Les archives du pouvoir dessinaient une histoire du pouvoir, les archives d'État préfiguraient une histoire de l'État.

C'est dans cette rencontre que résident à la fois, pour cette historiographie fin de siècle, son principe de rupture et sa continuité. L'historiographie nationale positiviste est fille

---

1. Cf. Christian AMALVI, « Catalogues historiques et conceptions de l'histoire », *Storia della storiografia*, n° 2, 1982, pp. 77-101.

du plus vieux des États-nations, fille et servante. En fondant l'histoire-science sur la clé de voûte du document, en érigeant la pièce d'archive en garante de la vérité et en critère de la scientificité, en lui conférant, enfin, la dignité définitive de la preuve, la génération des « positivistes » ne faisait, après tout, rien d'autre que fournir à la nation, démocratique, bourgeoise et libérale, les titres de sa légitimité et reprendre à son bénéfice la fonction servile et prestigieuse qu'avaient exercée avant eux, mais pour les puissants de la terre, les feudistes et les historiographes d'Ancien Régime. L'archive, en revanche, a fourni à l'histoire la condition première de sa constitution et l'instrument indispensable de son dynamisme, en mettant pour toujours fin au double monologue du discours et de l'érudition, et en permettant leur réunion. Une histoire sans autre source que les textes des historiens est potentiellement universelle dans son discours, mais forcément limitée dans ses objets. Une érudition sans autre horizon que sa propre curiosité est illimitée dans ses objets, mais enfermée dans l'arbitraire de sa propre curiosité. En les unifiant sous l'horizon national, l'archive a délivré l'une de sa frivolité et l'autre de son bavardage. Elle a fait de l'histoire positiviste le moment d'une conjonction unique : celui où l'immense capital d'une mémoire traditionnelle allait pouvoir « méthodiquement » passer au crible, à la fois destructeur et confirmatoire, de la mémoire savante. Les conditions étaient réunies pour qu'une histoire nécessaire de la France devienne une histoire possible.

MÉMOIRE CRITIQUE
ET NATION RÉPUBLICAINE

*L'historique de l'*Histoire de France

De cette *Histoire de France*, il y a, certainement, une histoire intérieure et une histoire extérieure qui ne coïncident pas. La première présente une belle unité de façade. La seconde, qui comprend encore bien des points obscurs et d'éclaircissement difficile, la contredirait largement. L'aventure se déroule, en effet, sur dix ans, de la date de parution des premiers volumes (Luchaire et Langlois, tome II, 2, et tome III, 1901) à la publication générale illustrée, avec ses tables analytiques, en 1911. Sur vingt ans, si l'on part du contrat de Lavisse, qui date de mars 1892[1], lequel prévoyait alors avec optimisme une publication de quinze volumes en quatre ans, de 1894 à 1898. Sur trente ans, si l'on y inclut l'*Histoire de France contemporaine*. Cette deuxième série nous paraît aujourd'hui complètement liée à la première, et l'impression d'ensemble serait très différente si manquait la Révolution, et si le dernier volume n'éclairait pas le panorama tout entier de la lumière héroïque de la Grande Guerre. Elle n'était cependant pas prévue ; il y a donc comme deux lectures possibles de cette *Histoire*. C'est sur le succès de la première lancée que les associés de Hachette décident, en novembre 1904, de la prolonger avec l'idée de se tourner vers Albert Sorel si Lavisse n'acceptait pas[2]. Quand Lavisse, après trois mois de réflexion, donne son accord, son contrat du 4 août 1905[3] prévoit à nouveau, avec le même optimisme, une publication en huit volumes de 1907 à 1909. Avec les retards et l'interruption de la guerre, ils ne paraîtront que de 1920 à 1922. Mais les conditions ne sont plus les mêmes. Il faut, en panique, prévoir le volume sur la guerre et adjoindre à Seignobos deux spécialistes : Auguste Gauvain, qui dirigeait la politique étrangère au *Journal des débats*, autrefois rédacteur en chef de *La Vie politique à l'étranger*, publication annuelle des années 1890 que dirigeait Lavisse, et Henri

---

1. Ce contrat Lavisse de 1892 annule un premier traité de juillet 1888 qui prévoyait déjà une « nouvelle histoire de France, richement et scientifiquement illustrée, à partir de documents contemporains » (fonds Hachette).
2. Jean MISTLER, *Histoire de la Librairie Hachette*, Hachette, 1954, p. 286. L'auteur tire le renseignement des registres de délibérations des associés.
3. Ce contrat figure dans les Papiers Lavisse. Bibliothèque nationale, naf 25 170, f° 243. Prévoit des droits de 7,5 % pour l'auteur, 2,5 % pour Lavisse et, pour chaque volume de quatre cents pages, une avance de 10 000 francs.

Bidou, également rédacteur au *Journal des débats* et à qui Lavisse avait autrefois fait passer son DES. Il faut aussi refaire les volumes sur la Révolution. Pariset ne rend pas sa copie ; en décembre 1919, l'éditeur conseille la rupture avec ce « terrible homme »[1]. Sagnac comprenait mieux l'urgence de la situation, mais ayant écrit l'essentiel du livre entre 1906 et 1909, il s'était lancé entre-temps dans *Le Rhin français pendant la Révolution et l'Empire* (1917), et se voyait obligé à une refonte générale. « Vous savez que mon volume est fondé en partie sur des documents inédits — quelques-uns de ces documents ont été édités dernièrement [...] Je me propose de faire encore quelques sondages dans une ou deux séries des archives nationales, pour répondre à des demandes de M. Lavisse » (9 décembre 1917). Enfin, et surtout, Lavisse vieillit, et l'essentiel de l'entreprise repose sur trois personnes : Seignobos, toujours un peu fantaisiste et individualiste, mais qui, au total, aura écrit près de la moitié des neuf tomes ; Guillaume Bréton, qui s'en occupe quotidiennement ; et surtout Lucien Herr, associé à l'entreprise dès 1912, et qui en porte pratiquement le poids à partir de 1917[2]. C'est lui l'ani-

---

1. L'écho de ce conflit apparaît dans la correspondance de Guillaume Bréton avec Lucien Herr (cf. note suivante).
2. Philippe Sagnac à Lucien Herr, 12 décembre 1912 : « Je savais par Bréton que Lavisse, Seignobos et vous deviez vous occuper de l'histoire contemporaine. » Les archives Lucien Herr, déposées à l'Institut d'études politiques de Paris, comportent un dossier concernant l'*Histoire contemporaine* : une trentaine de lettres de Guillaume Bréton à Lucien Herr, de nombreux billets de Lavisse d'une écriture déjà altérée, six lettres de Sagnac, cinq de Seignobos, une d'Esmonin, chargé de l'illustration. L'ensemble est très vivant. Il fait apparaître un Sagnac consciencieux et profondément engagé dans son entreprise, un Lavisse pressé d'en finir, mais prêt à relire « tout Seignobos, au moins dans ses parties délicates ». Et un Seignobos inattendu, prolongeant l'été 1917 à Ploubazlanec, avec sa compagne, Mme Marillier, et tout occupé à faire du bateau à voile : « Moi je ne sais plus si c'est bon, c'est très difficile de rédiger un résumé sur des matières si abondantes. Pas besoin de prendre des précautions oratoires pour les corrections de forme, j'accepte tout ce que vous jugerez utile. Quant à commencer mes phrases autrement que par le sujet, je ne sais pas si ce sera possible. Coupez tout ce qui ne vous paraît pas nécessaire » (19 septembre). Et encore, le 23 octobre : « Ne soyez pas trop fâché de ma paresse. Nous sommes ici au milieu des fleurs, fuchsias, roses, œillets, géraniums, dahlias, balsamines, valérianes, chèvrefeuilles, héliotropes, pois de senteur, mimosas, et il y a encore des framboises, mais les fraises vertes ne parviennent pas à mûrir [...]. Il est donc superflu d'ajouter que je n'ai pas corrigé d'épreuves, aucune depuis que je suis ici... »

mateur, l'intermédiaire entre Lavisse, les auteurs et l'éditeur ; c'est lui qui corrige et révise, avec une intelligence dont les auteurs lui sont reconnaissants. Seuls les arbitrages de plan vont jusqu'à Lavisse[1], souffrant, déclinant, à qui l'éditeur demande une conclusion « résolument optimiste », qui pour le vieux maître est devenue « un cauchemar ». L'éditeur aurait voulu un volume indépendant, il se contentera d'« une trentaine de pages ».

L'historique de cette vaste entreprise, analogue pourtant à des quantités d'autres de la même époque, déplacerait donc le projecteur, non seulement à la fin, mais dès le début pour la mettre dans sa vraie lumière d'entreprise éditoriale. En particulier dans la rivalité Colin-Hachette qui se partagent alors le gros du marché universitaire et scolaire de l'histoire[2]. Colin édite la *Revue internationale de l'enseignement* (1881), où se retrouvent déjà plusieurs des futurs collaborateurs, et, après les manuels d'enseignement secondaire et primaire, dont ceux de Lavisse depuis 1876, s'est lancé dans l'édition universitaire et grand public, notamment l'*Histoire générale du IVe siècle à nos jours* qui paraît de 1890 à 1901.

---

1. Guillaume Bréton à Lucien Herr, 25 février 1920 : « Je voudrais causer avec vous [...]. Je ne vois pas bien les conclusions de Seignobos sur l'histoire de France jusqu'en 1914 (transformations sociales, évolution des mœurs, de la culture, des arts et des sciences) placées après l'histoire de la guerre. À cette place on ne pourrait donner que le résultat en 1920 et il n'est vraiment pas assez brillant pour que nous puissions finir là-dessus. Mon avis serait de trouver le moyen de rédiger ce résumé d'une façon beaucoup plus courte, en trente ou quarante pages tout au plus, et de le placer à la fin du dernier volume Seignobos, qui serait — exceptionnellement — plus long. Le volume sur la guerre comprendrait en outre une vingtaine de pages de Lavisse : conclusion, les raisons d'espérer en l'avenir malgré le cataclysme dont nous sortons, et ce serait tout. Le dernier volume ne renfermerait pas de texte, et serait entièrement consacré aux Tables. Vous voyez que cela vaut la peine que nous en causions. » Il y revient le 4 mars : « Dites-moi si vous ne jugez pas convenable que nous allions en causer contradictoirement avec M. Lavisse pour obtenir, le plus tôt possible, une décision définitive. » À quoi semble répondre un billet (non daté, « mercredi cinq heures ») de Lavisse, qui donne le ton : « J'ai convoqué Bidou et Gauvain pour mercredi. Seignobos aussi est nécessaire. Je vous convoque. J'avertirai Bréton. Tâchez de venir causer un moment dimanche après-midi. Je ne sortirai pas. »
2. Cf. Valérie TESNIÈRE, « L'édition universitaire », in Henri-Jean MARTIN et Roger CHARTIER (dir.), *Histoire de l'édition française*, t. III, *Le Temps des éditeurs*, Promodis, 1985, pp. 217-227.

Douze volumes de mille pages et soixante-dix collaborateurs très mêlés où l'on retrouve déjà le noyau lavissien (Bayet, Coville, Langlois, Luchaire, Mariéjol, Seignobos), mais aussi, à côté d'Émile Faguet pour la littérature et d'Albert Sorel pour la politique étrangère, déjà loin de Lavisse par l'esprit et que l'affaire Dreyfus éloignera plus encore, Aulard et Levasseur, Albert Malet et Arthur Giry. Des deux directeurs, seul Rambaud est actif[1], avec dix-sept grosses contributions sur les mondes slave, asiatique, colonial. Lavisse a même laissé Louis XIV à Lacour-Gayet, et l'étrangeté du seul article signé de lui suggère plutôt une de ces défaillances de dernière heure qui obligent les directeurs d'ouvrages collectifs à monter eux-mêmes au créneau, fûtce sur « La formation du pouvoir pontifical : l'Italie byzantine, lombarde, papale (395-756) ». Déjà l'esprit collectif, comme la *Cambridge Ancient and Modern History*, mais une présentation encore à l'ancienne, avec une bibliographie finale d'ouvrages de seconde main. Colin réitère sur le même modèle avec l'*Histoire de la langue et de la littérature françaises* sous la direction de Petit de Julleville (1896) et l'*Histoire de l'art* avec André Michel (1905). Entre ces entreprises à caractère encyclopédique, où chaque spécialiste se charge d'un chapitre, et les synthèses individuelles comme, par exemple, l'*Histoire des peuples de l'Orient classique* de Gaston Maspero qui paraît en même temps (1892-1900), l'*Histoire de France* que commande Hachette à Lavisse, au moment où il va être élu à l'Académie française, représente un type mixte : formée de volumes indépendants, mais subordonnée à une pensée directrice et agencée en une suite ininterrompue. Mais si la direction intellectuelle lui appartient, la conception éditoriale et la politique de lancement reviennent à Hachette, et singulièrement à Guillaume Bréton, qui a succédé à son père en 1883, mais que Lavisse

---

1. Lavisse précise, dans sa notice nécrologique de Rambaud, que l'idée leur avait été commune, mais que « la réalisation est tout à l'honneur de Rambaud, qui l'a vraiment dirigée », lui-même ayant voulu s'en retirer après 1891 pour se consacrer à l'*Histoire de France* (*Bulletin de l'Association amicale des anciens élèves de l'ENS*, 1906).

avait eu pour normalien en 1877 — et c'est lui qui donne véritablement sa marque à l'entreprise : essentiellement destinée aux étudiants qui ne disposaient pas, à l'époque, d'autres manuels supérieurs, elle sortait, à partir de 1901, à raison de huit fascicules par tome, soit quatre livraisons par volume, et par an ; mais le tirage initial de sept mille cinq cents par fascicule (onze mille pour le *Louis XIV* de Lavisse) et qui, en livre, relié et illustré, atteindra entre dix-sept et vingt-cinq mille lors de la réédition générale de 1923, trouve un public plus élargi[1]. Ce mode de lancement est loin d'être secondaire, car il commande, en fait, toute la répartition de la matière et son ordonnancement. Neuf tomes divisés chacun en deux volumes, divisés en régiments de trois à cinq « livres », subdivisés en bataillons de trois à cinq chapitres et en escadrons d'autant de sous-chapitres, les paragraphes s'individualisant nettement par leurs titres marginaux. Et pour l'*Histoire contemporaine*, à nouveau neuf volumes, soit la moitié de l'*Histoire de France*. Le tout dans une maquette intérieure aérée, à la typographie d'une clarté très étudiée. D'où cette régularité parfaite, d'un impeccable classicisme et d'une belle modernité ; et cette frappe extérieure identique de l'âge de la pierre à l'âge des tranchées, qui n'a certainement pas peu contribué, avec ses vingt-quatre planches d'une illustration forte et simple, à redoubler l'unité intérieure du propos, qui doit s'y soumettre, malgré les gémissements des auteurs. « Mon travail ne dépassera pas les 480 pages d'impression que vous me fixez comme limite extrême, écrit docilement Henri Carré à Bréton, et je le disposerai en livres, chapitres et paragraphes selon les spécimens que vous m'avez fait parvenir[2]. »

Toute l'architecture de l'œuvre et sa nouveauté reposent sur le contraste entre l'appareil critique, accroché en pied de page aux chapitres et sous-chapitres, nettement séparé entre

---

1. Chiffres communiqués par Georges Lanthoinette. L'*Histoire contemporaine* a eu un tirage initial de dix mille exemplaires, et des rééditions, entre 1949 et 1956, de deux mille à trois mille cinq cents.
2. Sans date (fonds Hachette).

les « sources » et les « ouvrages à consulter », et le texte, qui doit intégrer toutes les données dans un récit linéaire et concret. D'un côté, une histoire à chaud, constamment débordée par l'actualité, et que les retards d'impression vieillissent rapidement, à l'effroi des auteurs. De l'autre, un texte auquel Lavisse attache la plus grande importance, qu'il suit de très près, corrige ligne à ligne et modifie toujours pour le rendre plus simple, plus clair, plus vivant et plus définitif. Pas de notes, donc ; la note, c'est le repentir, l'arrière-pensée, la nuance, la précision supplémentaire, le risque de la double lecture. Lavisse les refuse, toute son histoire est affirmative et autoritaire, et ferme la porte au doute, à la problématique, à la curiosité latérale, à l'état de la question, à l'historiographie d'un problème. L'œuvre entière porte la marque de cette tension, entre un savoir en plein remaniement et un texte qui doit ne laisser place à aucune interprétation, parce que destiné au grand public.

> Je désire vivement terminer mon travail, écrit par exemple Langlois [le 27 janvier 1897]. La raison qui m'en a empêché jusqu'ici est que sur les points *capitaux*, l'histoire de la période que je dois raconter devait être renouvelée de fond en comble par des travaux que je savais en préparation, si bien que c'eût été me condamner à un travail stérile que d'écrire sans les avoir consultés. Si j'avais écrit certains chapitres de mon livre, je serais maintenant en quelques mois obligé de les réécrire[1].

Et Luchaire :

> J'ai fait, comme vous le dites, un très gros effort pour rompre avec le genre de composition historique auquel je suis habitué. Il a fallu que je sortisse de moi-même, et je ne suis pas étonné de n'y avoir pas partout réussi. Vous êtes sans doute plus compétent que moi pour savoir ce qu'il faut dire au grand public auquel s'adresse l'*Histoire de France*, car vous le connaissez beaucoup mieux que moi et si je savais lui parler comme vous, je serais à l'Académie française. Vous pouvez donc me

---

1. Fonds Hachette.

faire, sur ce terrain, les observations que vous jugerez utiles au succès de l'entreprise commune, sans crainte de me froisser. Vous avez pu voir que j'ai déjà beaucoup sacrifié de mes habitudes d'historien érudit. Je suis tout disposé à faire encore d'autres sacrifices et désire pour moi comme pour tous que tout dans mon œuvre soit mis à profit, avec la certitude que nous sommes d'accord sur les idées et que, pour la question de forme, vous ne me demanderez rien que je ne puisse faire et qui soit de nature à me diminuer auprès des lecteurs sérieux de la France et de l'étranger[1].

Déclaration de bonne volonté dont le directeur de l'entreprise a dû profiter pour, inflexible, renvoyer son collègue à sa copie, puisque celui-ci écrira à Bréton :

En ce qui touche le manuscrit de mon tome I, vous savez que je l'ai remis à M. Lavisse au terme prescrit par notre traité. Je lui ai fait subir une refonte totale sur les indications du directeur et le lui ai renvoyé. Mais l'impression ne pouvant alors commencer pour des raisons indépendantes de ma volonté, j'ai dû le reprendre, afin de mettre l'ouvrage au courant des publications scientifiques de la France et de l'étranger [...] et qui se trouvent, par malheur, être très importantes pour le sujet traité. D'où une seconde refonte qui n'est pas terminée[2].

C'est même la possibilité d'entretenir avec ses auteurs des rapports de cordiale autorité qui dicte à Lavisse le choix de ses collaborateurs, dont le réseau se laisse aisément reconstituer. Lavisse ne s'est adressé qu'à deux de ses contemporains d'âge : Vidal de La Blache, *le* géographe qui s'imposait ; et, pour la Renaissance et les guerres d'Italie, son vieil ami Henry Lemonnier, condisciple du lycée Charlemagne, qui l'avait suppléé à la Sorbonne en 1889 et qu'il avait fait nommer professeur d'histoire de l'art. Mais le gros de la troupe, douze sur vingt, est passé directement par ses mains : soit en tant que normaliens quand il était maître de conférences à l'ENS (de 1876 à 1880), comme Seignobos,

---

1. Papiers Lavisse, Bibliothèque nationale, naf 25 168, f° 195.
2. Fonds Hachette.

Rébelliau ou Pfister ; soit comme agrégatifs, qu'ils fussent simples étudiants, comme Pariset (mais premier à l'agrégation), ou venus des Chartes, comme Langlois, Petit-Dutaillis, Coville, ou encore des Hautes Études, comme Charléty. Avec certains, même séparés de près d'une génération, comme Seignobos (promotion 1874) et Sagnac (promotion 1891), le ton de la correspondance prouve l'affection constante et presque paternelle d'un homme sans enfant. Lavisse a fait leur carrière. Mais ils sont loin d'être les seuls. De tous il a suivi la thèse — sauf d'Alexandre de Saint-Léger, professeur à l'école de commerce de Lille et qu'il ne connaissait pas[1] ; mais c'est l'exception. Leur thèse préfigure souvent leur contribution à l'*Histoire de France* : celle de Pfister sur Robert le Pieux (1885) est, en fait, une étude des origines de la maison de France ; celle de Langlois sur Philippe III le Hardi (1887) le situait entre Louis IX et Philippe le Bel ; celle de Coville sur les cabochiens et l'ordonnance de 1413 (1889) est une étude de Charles VI et des états généraux ; celle de Rébelliau sur Bossuet historien du protestantisme (1892) en a fait un spécialiste des problèmes religieux sous Louis XIV ; la thèse de Petit-Dutaillis sur Louis VIII (1895) est, en réalité, une étude sur la monarchie capétienne au début du XIIIe siècle ; celle de Sagnac (1898) porte sur la législation civile de la Révolution française.

Restaient les périodes qui lui étaient peu familières, ou pas du tout, et pour lesquelles il s'est adressé à des spécialistes en place, de cinq ou six ans ses cadets : pour la Gaule, Gustave Bloch, le père de Marc Bloch, « romain » d'origine et de vocation, avec une thèse sur *Les Origines du Sénat*

---

1. À Sagnac, professeur à Lille, Lavisse écrit en effet, le 30 juillet 1900, quelques mois après l'avoir sollicité lui-même : « Je vous suis très obligé de la peine que vous avez prise à me chercher des collaborateurs. J'accepte bien volontiers les deux que vous me proposez. Voulez-vous vous charger d'arranger les choses avec M. de Saint-Léger, qui prendrait la période qui s'étend de la paix de Ryswick à la paix d'Utrecht ? [...] qu'il me dise comment il entendrait ce travail et s'il a sous la main les livres nécessaires » (collection Christophe Charle). Alexandre de Saint-Léger, ancien élève de l'université de Lille, a soutenu en 1900 une thèse sur *La Flandre maritime et Dunkerque sous la domination française (1659-1789)*.

romain (1884) et à l'époque maître de conférences à Normale ; Charles Bayet, ancien collègue de Bloch à Lyon, à l'époque recteur de Lille et bientôt directeur de l'Enseignement primaire, à qui Lavisse avait d'abord songé à confier tout le haut Moyen Âge pour ensuite lui adjoindre Pfister et Kleinclausz[1] ; et pour le Moyen Âge, Achille Luchaire, venu de Bordeaux remplacer Fustel de Coulanges à Paris. Des spécialistes, donc, mais toujours contrôlables et le plus souvent des seconds couteaux. C'est ce qui explique, tant pour l'*Histoire de France* que pour la *France contemporaine*, à dix ans d'intervalle et pour les deux secteurs pourtant en plein renouvellement, l'absence de Camille Jullian qu'on voit d'ailleurs vers 1895 refuser toutes les besognes de commande pour se consacrer à son *Histoire de la Gaule* en huit volumes[2] ; et celle d'Aulard, probablement trop militant, et à l'époque fortement engagé dans sa polémique avec Albert Mathiez. Lavisse lui préférera deux de ses créatures, le fidèle Sagnac, déjà éprouvé[3], et Pariset[4], peu orienté vers la

1. Le contrat aux trois noms de mars 1902 fait allusion à un contrat de 1892 au nom de Bayet seul. Papiers Lavisse, Bibliothèque nationale, naf 25 170, f° 245.
2. C'est le sentiment, du moins, d'Olivier MOTTE qui a travaillé sur les papiers Jullian, à l'Institut, pour son ouvrage *Camille Jullian, les années de formation* [Presses de l'École française de Rome, 1990].
3. Les termes de la proposition de Lavisse à Sagnac (en avril 1900) ne sont pas inintéressants : « Vous savez sans doute que j'ai entrepris, en collaboration avec un certain nombre de nos collègues, la publication, chez Hachette, d'une histoire de France avant la Révolution. Je me suis chargé des deux volumes sur Louis XIV. Le premier est à peu près prêt. Mais pour arriver à temps avec le second, j'ai besoin d'être aidé. Rébelliau s'est chargé déjà de traiter les chapitres d'histoire religieuse, morale, littéraire. Voulez-vous prendre l'histoire administrative — politique et économique — pendant cette même période (de la mort de Colbert à la mort de Louis XIV) ? Il me semble que cette partie entre bien dans l'ordre de vos travaux. Vous y rencontrerez les antécédents des questions qui vous intéressent. Et puis il vous sera sans doute agréable de collaborer à une œuvre qui aura son utilité et d'ajouter votre nom aux nôtres. » À cette époque, Lavisse excluait le recours aux archives, puisqu'il ajoutait : « Il est entendu que, nous proposant de donner un état des connaissances actuelles sur l'histoire de France, nous n'employons que les documents publiés. Vous n'aurez donc pas à faire de recherches d'archives » (collection Christophe Charle).
4. Sur Georges Pariset, cf. la notice nécrologique de Charles BÉMONT dans la *Revue historique*, novembre-décembre 1927, p. 442, et la biographie de Christian PFISTER, en tête du recueil d'articles posthume, *Essais d'histoire moderne et révolutionnaire*, 1932.

Révolution, mais dont il avait directement inspiré la thèse sur la Prusse sous Frédéric-Guillaume Ier. Ses choix, Lavisse les a parfois payés très cher. Même de Sagnac, qu'il trouve sur le fond excellent, le volume sur la Révolution, dont nous possédons les épreuves corrigées par Lavisse, porte à chaque page, à chaque ligne, des corrections et des annotations qui mériteraient une étude approfondie. Mais d'autres le mettent au bord du désespoir et du renoncement. Témoin cette lettre à Guillaume Bréton (1908), qu'on n'hésite pas à citer tout entière :

> Mon cher Guillaume, je me plains, mais je ne récrimine pas. Ce qui arrive, c'est de ma faute. Vous savez que je n'ai pu trouver que Carré pour l'histoire du XVIIIe siècle. Je ne pouvais me douter qu'il fût si incapable de l'écrire et que je mettrais à le corriger plus de deux ans de ma pauvre vie finissante. Alors, j'ai des moments très durs. Je ne sais plus ce qu'est le repos. Je néglige toutes mes affaires. Je manque à des devoirs. Je ne fais rien de bon. Je voudrais faire telle ou telle chose, en profitant de mon reste. Impossible ! Les épreuves sont là, je lis, je relis. Avec toute la peine que je me donne, je suis troublé par la certitude que ces deux volumes garderont la trace du péché initial. Tout cela est très dur. Mais vous n'en êtes pas responsable. Vous êtes un éditeur très généreux, comme il n'y en a pas beaucoup. La seule chose que je vous demande, c'est de m'exempter de continuer ce métier pour l'histoire contemporaine. Je ne le pourrais pas. Achevons l'autre histoire et j'irai planter mes champs[1].

Une mémoire nationale authentifiée

La voici terminée. Ce qui en fait la force d'ensemble et lui donne les vertus d'une « histoire-mémoire », c'est d'avoir été le simple approfondissement critique de la mémoire traditionnelle.

Son criticisme même ne concerne que l'établissement de l'*authenticité* documentaire, en aucun cas l'invention de

---

1. Fonds Hachette.

sources nouvelles. On écarte les légendes, on rectifie les faits. Mais rien en profondeur n'est changé du cadre chronologique ni du type de récit les plus ordinaires. Le plan par règnes, par dynasties[1], et que l'*Histoire contemporaine* prendra en relais avec les régimes, relève du plus archaïque des découpages, et plonge même, par-delà l'historiographie romantique et classique, jusqu'aux plus vieilles de nos chroniques médiévales. Rien dans la structure d'ensemble qui violente les articulations spontanées de la mémoire. Le contraste éclate avec Michelet. Des analogies de surface, la poursuite du mouvement national de fond engagé depuis la Restauration, la fixation de la subjectivité nationale sur la volonté nationale, dont Lavisse aimait les grands sursauts, sont autant d'éléments qui peuvent, et doivent, favoriser le rapprochement des deux *Histoires*. Mais on se tromperait lourdement en ne voyant dans celle de Lavisse que la retombée scientifique de celle de Michelet. L'obsession de l'unité chez tous deux est la même, mais ce n'est pas la même unité. Celle de Michelet est organique ; celle de Lavisse est panoramique. L'une oblige à des choix violents, l'autre à une vision d'exhaustivité. Michelet procède par périodes — Moyen Âge, Réforme, Renaissance —, qu'il construit par effort intellectuel, avec lesquelles il entretient des rapports passionnels, et qu'il incarne en symboles contrastés, selon l'humeur du moment et l'évolution de ses opinions politiques. Il court d'agonies en résurrections, passe de la danse macabre du cimetière des Innocents, image pour lui du Moyen Âge finissant, à la figure rédemptrice de Jeanne d'Arc. « J'ai besoin de me prouver à moi-même, à cette humanité dont j'exprime les apparitions éphémères, qu'on ne meurt pas, qu'on renaît. J'en ai besoin, me sentant mourir[2]. » Il s'interrompt soudain après Louis XI, se lance dans la Révolution, qui constitue le point d'aboutissement ultime et, en un sens, l'épuisement de l'histoire de France,

---

1. [Cf. *infra*, « Appendice », p. 235.]
2. Jules MICHELET, *Journal*, t. I, *1928-1848*, Gallimard, 1959, année 1841, p. 359.

pour revenir à la Renaissance. L'*Histoire* de Lavisse est de plus en plus happée par le contemporain, d'où il reconstruit et ordonne toute la rétrospective. Le rapport de Michelet aux archives est d'une complexité infinie ; et si l'on sait que, sur certaines périodes, il en a consulté plus que l'on ne pourrait croire, il ne cite pas ses sources ; Aulard le lui a assez reproché. En revanche, quand, à la fin du livre IV, soit à la mort de Saint Louis, il veut montrer que ce volume sort « en grande partie » des Archives nationales, c'est-à-dire du Trésor des chartes, c'est pour une visite hallucinée « dans ces catacombes manuscrites, dans cette nécropole des monuments nationaux » où les morts sortent du sépulcre « qui la main, qui la tête, comme dans le Jugement dernier de Michel-Ange » pour danser autour de lui « leur danse galvanique »[1]. Michelet devine, invente, pressent, corrige, et, quand il manque de sources, s'offre à les remplacer : « Vivant esprit de la France, où te saisirai-je, sinon en moi[2] ? »

Lavisse, au contraire, ne modifie rien des hiérarchies traditionnelles. Ni de l'importance des institutions politiques et des priorités d'État — même s'il s'intéresse à l'économie, à la société, aux lettres et aux arts, sagement relégués dans les dernières pages de chaque volume. Ni de l'importance relative des événements, qui laissent place aux individus, décrits en pied, aux batailles qui, d'Azincourt à Waterloo, de Valmy à Verdun, finissent par se ressembler toutes, tant elles paraissent sorties d'une explication d'état-major. Ces quatre cent quatre-vingts pages vingt-sept fois recommencées sont comme cette fameuse « minute de synthèse » où Fustel voyait le couronnement de plusieurs années d'analyse.

Récitatif puissamment homogène, donc, qui tient son unité de la coalescence naturelle entre le type des sources

---

1. ID., *Œuvres complètes*, éd. de Paul Viallaneix, Flammarion, t. IV, *Histoire de France*, I, 1974, pp. 611 sqq. Cf. l'introduction de Jacques Le Goff, « Michelet et le Moyen Âge, aujourd'hui ».
2. ID., préface de 1847 à l'*Histoire de la Révolution française*, éd. de Gérard Walter, Gallimard, « Bibliothèque de la Pléiade », t. I, *1789-1792 : Livres I à VIII*, 1939, p. 2.

officielles et la philosophie sous-jacente de la continuité de l'État. L'historiographie positiviste a été l'âge d'or de la source *directe*, c'est-à-dire celle à laquelle on ne fait rien dire d'autre que ce qu'elle dit explicitement, à charge seulement pour l'historien d'être sûr qu'elle le dit bien : charte, diplôme, cartulaire, traité, testament, rescrit, tous textes publics chargés d'une intention de mémoire et faits pour l'enregistrement. Dans leur *Introduction aux études historiques* (1898), tout entière consacrée aux « opérations analytiques » et aux « opérations synthétiques », Langlois et Seignobos décrivent avec un luxe de détails qui nous paraît aujourd'hui légèrement désuet comment établir un fait d'après des documents ; mais pas une seule fois ils n'évoquent la possibilité de sources *indirectes*, à savoir celles, pratiquement infinies, qui permettent de tirer d'un document autre chose que ce qu'il entend lui-même signifier. À elles revient pourtant la possibilité d'un renouvellement de la problématique. Entre l'époque de la priorité des sources narratives, qu'a représentée l'historiographie romantique, et l'« heure des *Annales* », qui a dilaté la notion même de sources pour les faire travailler dans tous les sens, l'*Histoire de France* représente le moment d'une adéquation parfaite du sens et du fait, puisqu'il faut, mais qu'il suffit de correctement établir l'un pour que l'autre se dégage de lui-même.

Exemple type : Bouvines (1214), un des événements fondateurs de l'identité nationale, bataille clé qui véhicule parmi les plus lourds bagages du légendaire et de l'imagination patriotiques. Henri Martin, dont la populaire *Histoire de France* a longtemps fait autorité avec celle de Michelet, s'appuie sur les trois principales sources, à caractère tout narratif[1] : la chronique de Reims, rédigée cinquante ans après la bataille, et Guillaume le Breton, qui a vécu la bataille derrière Philippe Auguste et dont on possède deux versions : la *Philippide*, en vers, et la chronique, en prose. Entre ces sources, il indique la différence et préfère la dernière. « La chronique de Reims, précise-t-il, est un monu-

---

1. Henri MARTIN, *Histoire de France*, Furne, 1844, t. IV, pp. 78-87.

ment de beaucoup d'intérêt, moins pour les faits historiques qui y sont presque toujours gravement altérés que pour les traditions et les sentiments populaires qui y sont vivement et fidèlement exprimés. » Mais son choix opéré, il raconte la bataille à coups de citations ou paraphrase le chapelain du roi, tout heureux de la célébrer avec lui « comme un barde de l'ancienne Gaule ». Et d'avouer franchement à la fin : « Ce récit est presque entièrement tiré de la chronique en prose de Guillaume le Breton, comparée avec les livres X et XI de sa *Philippide*. » À l'autre bout de la chaîne, *Le Dimanche de Bouvines*, où Georges Duby[1], en anthropologue de la bataille et de la mémoire, saisit l'événement à l'envers, tel qu'il a été construit par l'ensemble des traces qu'il a laissées, pour se livrer à trois opérations convergentes : reconstituer le milieu de culture où sont nés tous les témoignages ; esquisser une sociologie de la guerre ; traquer, au long de la suite de ses commémorations, « le destin d'un souvenir au sein d'un ensemble mouvant de représentations mentales ». Travail d'une tout autre nature sur de tout autres sources. Il n'aboutit pas seulement à un complet renouvellement de l'intelligence de l'événement ; il permet de situer exactement le traitement de la bataille par Achille Luchaire dans l'*Histoire de France* et son résultat : décisif et limité.

Décisif, parce que Luchaire a répertorié tous les documents, vu tous les travaux, dont certains, essentiels, venaient de paraître en Allemagne. Sur la douzaine de titres de sa bibliographie, plus de la moitié avaient paru dans les dix années précédentes. Décisif, parce que « tel un juge d'instruction », il a dépisté les mensonges, confronté les témoignages, trié les hypothèses. Bref, il n'a rien négligé pour reconstituer « ce qui s'était vraiment passé », selon la célèbre formule de Ranke, dans la plaine de Bouvines, le 27 juillet 1214, entre midi et cinq heures de l'après-midi ; et pour restituer la journée dans l'enchaînement de ses « cau-

---

1. Georges DUBY, *Le Dimanche de Bouvines, 27 juillet 1214*, Gallimard, « Les trente journées qui ont fait la France », 1973, p. 12 ; réed. « Folio », 1985.

ses » et de ses « conséquences ». Travail indispensable, indépassable, sauf improbables découvertes — et pourtant illusoire, sinon vain. D'abord parce que, dans sa réalité vécue, cette vérité est inaccessible et déborde de toute part la plage de certitudes où l'on peut la réduire. Ensuite parce que cette reconstitution, explique Duby, n'est possible qu'au prix d'un anachronisme de principe « qui inclinait inconsciemment à voir un peu Philippe Auguste comme Corneille voyait Pompée, c'est-à-dire comme un désir, une volonté affrontés à d'autres volontés et à d'autres désirs dans l'immutabilité de la "nature humaine" ».

Cette critique, éloquente et généralisable, désigne avec précision le type de mémoire enregistrée par l'*Histoire de France*. « Bouvines, comme dit encore Duby, s'inscrivait expressément dans la dynamique d'une histoire du pouvoir. La journée formait comme un nœud, plus volumineux que d'autres, sur une chaîne continue de décisions, de tentatives, d'hésitations, de succès ou d'échecs, tous alignés sur un seul vecteur, celui de l'évolution des États européens. »

Il serait pourtant inexact de n'y voir que la mise à jour d'un gigantesque récit. Les parties de l'œuvre où les auteurs s'en sont contentés sont précisément les plus caduques : soit qu'ils aient été limités par leur manque de talent ou leur tempérament d'archiviste (Coville, Petit-Dutaillis) ; soit qu'ils aient eu à traiter des périodes trop contemporaines, comme Charléty et Seignobos ; soit qu'ils n'aient pas mis dans cet ouvrage de commande le meilleur d'eux-mêmes, ce qui semblerait le cas de Langlois. Sans doute, pour sa part, Lavisse est passé à côté du renouvellement intellectuel qui s'opérait au moment de la publication de son *Histoire*, entre la naissance de l'*Année sociologique* d'Émile Durkheim (1896) et la *Revue de synthèse historique* d'Henri Berr (1900). Mais il est au moins trois morceaux qui échappent à la règle et s'individualisent encore puissamment. D'abord le *Tableau* de Vidal de La Blache, qui occupe une place intellectuelle charnière : pressant rappel du Michelet des années 1830, signe de l'association en train de s'établir entre l'histoire et la géographie dans la pédagogie nationale, il est en même temps porteur du mouvement de la géographie humaine qui aura tant d'influence sur la naissance de l'histoire-*Annales*. Ensuite le *Louis XIV*[1], parce que les vingt-cinq ans que Lavisse raconte sont en fait une anatomie du « siècle » et la description d'un type de régime, l'absolutisme. Enfin le Moyen Âge de Luchaire, dont le cas est moins évident. Les titres de ces deux volumes annoncent en effet une chronologie pure : *Les Premiers Capétiens (987-1137)* et *Louis VII, Philippe Auguste, Louis VIII (1137-1226)*. Mais à consulter la table des matières, on s'aperçoit que les « quatre premiers Capétiens » sont relégués en un chapitre de trente pages (livre I, chapitre V), et que la lutte contre les Plantagenêts, Richard Cœur de Lion, le pape Innocent III n'occupent pas la moitié du second volume. Le pavillon politique couvre une tout autre marchandise, en fait un vaste tableau de la formation de la féodalité du Xe au XIIIe siècle. C'est le fruit du renouvellement fustélien, la seule vraie nouveauté historiographique dont l'*Histoire de France* porte la trace. En reléguant au second rang la part des invasions, de la conquête, des luttes de races qui avait dominé l'historiographie nationale depuis le XVIe siècle, l'*Histoire des institutions politiques de l'ancienne France* avait brutalement transformé un conflit ethnico-racial en une lente genèse du régime féodal. Achille Luchaire est un fustélien de stricte obédience et l'influence de Fustel se fait immédiatement sentir sur l'ouvrage, qui commence par un large tableau du régime féodal. Dès les premières pages, le ton tranche :

> À l'intérieur du royaume français, une révolution dynastique venait de s'accomplir (987). Elle n'a point inauguré, à proprement parler, une ère nouvelle. L'autorité royale était depuis

---

1. *Louis XIV* auquel il convient d'associer Edmond Esmonin, responsable d'une partie importante, mais difficile à préciser, de la documentation. Edmond ESMONIN est l'auteur d'une thèse sur « La taille en Normandie au temps de Colbert (1661-1683) » [publiée par Hachette en 1913]. Professeur à la faculté de Grenoble, il a réuni à sa retraite ses contributions dispersées, *Études sur la France des XVIIe et XVIIIe siècles*, PUF, 1964.

longtemps ruinée ; l'Église et la Féodalité, toutes-puissantes […]. Le travail qui, depuis plusieurs siècles, s'accomplissait dans les profondeurs, achevait de changer l'état social et économique du pays. Les hommes ont fini par se répartir en catégories devenues à peu près fixes […]. Le système féodal, issu du patronage public et privé, a tout englobé, tout pénétré, et menace de tout conquérir.

D'où la substitution, au Moyen Âge à vocation « totale » de Michelet, à vocation romanesque d'Augustin Thierry, et même à vocation épique d'Henri Martin, d'un Moyen Âge purement social qui sera celui d'un Marc Bloch et que ne considèrent pas comme négligeable les médiévistes d'aujourd'hui. Sous l'uniforme d'une mémoire essentiellement politique, l'*Histoire de France* fait ainsi cohabiter, dans ses meilleurs moments, deux types d'histoire.

La républicanisation de la mémoire

Si la disposition générale de l'*Histoire de France* et les procédures de l'historiographie positiviste conspirent au respect d'une mémoire spontanément orientée vers la politique et l'État, sa républicanisation autoritaire porte, elle, la marque personnelle du directeur de l'entreprise. À trois reprises, en effet, dans cette œuvre sans introduction, ses intentions se trouvent répétées, pour ne pas dire martelées, dans les conclusions sur le règne de Louis XIV (tome VIII, 1), sur les règnes de Louis XV et de Louis XVI (tome IX), et dans la conclusion générale de la *France contemporaine* (tome IX), qui, même de circonstance, n'en est pas moins son testament d'historien.

Ce qui frappe, dans leur rapprochement, c'est la reconstruction systématique de l'Ancien Régime en fonction de l'avènement de la République et des thèmes les plus constitutifs de l'identité républicaine : insistance sur les frontières, dans un pays obsédé par l'Alsace-Lorraine ; sur la vocation maritime manquée de la France royale, en plein moment de l'expansion coloniale ; sur les mauvaises finances du royaume, dans cette France de l'épargne et du franc-or ; sur le manque d'unité intérieure au moment où se fait si pressant le besoin d'intégration des masses ; sur l'absence de participation populaire à la nation, à l'époque de l'éducation politique par le suffrage universel et la formation des partis. C'est en fonction de ces critères exclusifs que Lavisse instruit le procès final de la monarchie et prononce une condamnation où il n'est pas si facile de faire la part de la nature même du régime et de sa dégénérescence, de sa mauvaiseté intrinsèque ou de la « nullité » du roi. Mais réquisitoire dans lequel, en revanche, il n'est pas difficile de déceler toutes les valeurs de la petite bourgeoisie libérale et méritante des années 1900. Manque d'autorité : « Le roi semble n'être plus maître du choix de ses ministres », dans les nominations desquels on voit intervenir les dévots, les philosophes, les financiers, les coteries de cour, les caprices des femmes, de la Pompadour, de la Du Barry, de Marie-Antoinette :

> Louis XVI, pour contenter tout le monde, fait des ministères de concentration, comme on dirait aujourd'hui. Pour beaucoup de ministres, on ne découvre pas les titres qu'ils avaient à leur fonction. Pourquoi Amelot de Chaillou et d'Aiguillon deviennent-ils ministres des Affaires étrangères, qu'ils ignoraient l'un et l'autre ? Et le lieutenant de police Bertin, contrôleur général, et le lieutenant de police Berryer, ministre de la Marine ? C'est un étrange cumul que celui des Sceaux et du Contrôle général, ou celui des Sceaux et de la Marine dans les mains de Machault. Quelquefois des portefeuilles s'interchangent et l'on ne voit pas que cette opération soit faite pour le bien de l'État.

C'est surtout la mauvaise économie domestique qui provoque étonnement et scandale :

> Le Roi ne s'inquiétait pas de l'équilibre de ses finances. Il n'avait pas, déclara un jour le comte d'Artois au parlement, à régler ses dépenses sur les recettes ; c'était au contraire les recettes qu'il fallait régler sur ses dépenses. Or depuis le XVIe siècle, les dépenses de la Cour s'ajoutant à celles de la guerre, les unes

et les autres s'accroissant toujours, les dettes s'accumulèrent et la magnifique royauté française fut perpétuellement gênée.

Gêne qu'il aurait été pourtant possible de dissiper :

> Par ces réformes, le Roi aurait accru son autorité et diminué les maux de ses peuples ; pour les accomplir aurait suffi simplement le prix que coûtèrent l'exagération du luxe royal, les maîtresses, le château de Versailles et les guerres inutiles.

De l'économie, on passe à l'abandon de la centralisation, responsable de l'« inachèvement du royaume » :

> Il semble que le gouvernement royal aurait dû continuer l'effort commencé au temps de Richelieu pour introduire dans les provinces une administration qui rendît partout présente et efficace l'autorité du Roi [...] Cette administration, par une conduite suivie, serait certainement arrivée, sinon à supprimer les diversités, ce qui n'était ni possible ni désirable, du moins à user les principaux obstacles qui s'opposaient à la réalisation de l'unité française [...]
> Le Roi n'a donc pas « naturalisé les provinces du royaume » selon le mot de Calonne ; il ne les a pas naturalisées françaises. Le royaume n'est encore, comme l'a dit Mirabeau, qu'une « agrégation inconstituée de peuples désunis ». C'est la Révolution qui fera la France « une et indivisible », patrie du Marseillais comme du Dunkerquois, du Bordelais comme du Strasbourgeois.

Dernier chef d'accusation, mais le plus grave, « la puissance française diminuait ».

> Le souvenir ne s'effaça point de la paix « bête » d'Aix-la-Chapelle, de la paix honteuse de Paris ; de quinze ans de guerre — les guerres de la Succession d'Autriche et de Sept Ans —, sans acquisition d'une once de territoire ; de la perte de nos colonies devenues populaires grâce à l'héroïsme de quelques officiers ; des opérations mal conduites par des officiers de Cour ; de la honteuse fuite devant les Prussiens parvenus. La journée de Fontenoy fut glorieuse ; mais cette journée-là, où le Roi, d'ailleurs, fit belle figure, un Allemand, le maréchal de Saxe, commandait. Dans le discrédit de la royauté, il faut

compter pour beaucoup l'humiliation dont souffrit la France, qui aime la gloire.

Des changements de l'Europe au XVIIIe siècle, le roi n'est pas responsable. « Mais il est pleinement responsable du désordre du royaume, et de l'inachèvement de l'ordre monarchique. » Un roi auquel Lavisse, interprète à coup sûr du sentiment populaire, reproche à la fois d'être trop roi et pas assez ; inaccessible aux conseils des réformateurs, enfermé dans la toute-puissance où « il ne fait plus que jouir de la haute fortune, dans la maison qu'il s'était fait bâtir à Versailles, après cette fortune faite ». Versailles qui concentre la haine, fausse capitale devenue « l'endroit où le Roi mange le royaume ». Et Lavisse de conclure que « parmi les causes de la Révolution française, il faut mettre la crainte de Paris et la pensée d'orgueil qui conduisit Louis XIV à vouloir faire d'un château qui avait été, à l'origine, un rendez-vous de chasse en un lieu écarté, la capitale de la France ».

C'est ce heurt entre les valeurs de la petite bourgeoisie de la Belle Époque et la monarchie dans son plus haut éclat qui donne à la rencontre personnelle de Lavisse avec Louis XIV, pour ne pas dire le corps-à-corps, son intérêt stratégique et son piquant. Elle n'a pas la même tonalité dans la description et le jugement final ; différence qui s'explique sans doute par le choix de la période dont il s'est personnellement chargé. Les deux volumes — qui mériteraient une étude en soi, dans l'ampleur exceptionnelle et la richesse de leur développement — épousent la majesté royale avec trop de bonheur dans l'expression pour que l'on n'y voie pas une délectation personnelle et presque une affinité du tempérament. Lavisse aura passé vingt ans dans l'intimité de Louis XIV. « Il aimait les drames de la volonté, dit Philippe Sagnac, et se plaisait à étudier les États au moment où ils se forment. Ils lui apparaissaient comme des forces qui, une fois créées, se déploient librement jusqu'à ce qu'elles entrent en conflit avec d'autres, cèdent ou l'emportent. Après Frédéric II, vrai créateur de l'État prussien, comment n'aurait-il pas aimé ce Louis XIV en lutte avec tant de forces intérieures et avec l'Europe entière[1] ? » Mais la sentence finale du démocrate est d'une hauteur plus sévère :

> Ce qu'on appellera bientôt « l'Ancien Régime », ce composé de vieilleries inutiles ou funestes, de décors en lambeaux, de droits sans devoirs devenus des abus, ces ruines d'un long passé au-dessus desquelles se dresse solitaire une toute-puissance, qui se refuse à préparer un avenir, il ne serait pas juste de l'imputer au seul Louis XIV ; mais il l'a porté au plus haut degré d'imperfection et marqué pour la mort.

Jugement partagé, qui fait de ce long règne le pivot de toute l'histoire de France, son sommet et le début de son retournement.

> Le plus clair succès de Louis XIV a été d'obtenir l'obéissance politique. Ce ne fut pas sans quelque peine. Chaque année eut ses révoltes, dont quelques-unes très graves. Il faudra faire l'histoire exacte de ces insurrections, des motifs invoqués, des injures et des menaces qu'on y a criées, si l'on veut clairement connaître les prodromes de la Révolution.

Il est vrai qu'il a reculé les frontières du royaume, conquis la Franche-Comté, une partie de la Flandre, une partie du Hainaut, le Cambrésis, Strasbourg. Mais tout considérables que sont ces résultats territoriaux, la force de la France de 1661 et la faiblesse de l'Europe poussent Lavisse à penser que l'on pouvait espérer bien davantage :

> Il faut rappeler ici de quel prix aurait été pour la France l'acquisition des Pays-Bas espagnols qui eût fait de Paris, trop proche de la frontière, le centre du royaume, équilibré dans l'unité nationale les génies et les tempéraments du Nord et du Midi, étendu son littoral jusqu'aux bouches de l'Escaut, ajouté Anvers à Dunkerque, à Bordeaux, à Marseille [...]
> Il faut répéter aussi que la France de Colbert et de Seignelay, la France de Dunkerque, de Brest, de Rochefort, de Bordeaux et de Marseille, colonisatrice du Canada, de la Louisiane et des

---

1. Philippe SAGNAC, « Ernest Lavisse », *Le Flambeau*, mars 1922.

Antilles pouvait devenir autant que « puissante sur la mer » « forte sur la terre », comme disait Colbert...

Possibilités extérieures en fait toutes gâchées par « cette politique à intentions diverses et contradictoires groupées autour d'une idée fixe qui était de se procurer de la gloire par les humiliations d'autrui ; mélange de prudence, de rouerie, et de coups d'orgueil qui détruisaient en un moment tout un long artifice ; par qui tout le monde fut violenté, insulté ou dupé, si bien que les coalitions allèrent s'élargissant toujours et finirent par comprendre l'Europe entière ; politique de guerres perpétuelles conduites par un homme qui avait les qualités d'un bon "officier d'état-major", mais ni la tête d'un général, ni le cœur d'un soldat ».

Son dialogue impossible avec Louis XIV, Lavisse, étrangement, le mène par Colbert interposé. Colbert, « le grand avertisseur », à qui Lavisse ne cesse de revenir, qu'il charge de tout l'amour et de toute l'attention que l'*Histoire de France* entière ne cesse de porter à la grande lignée des ministres réformateurs, Sully, Richelieu, Turgot ; dont il décrit longuement les « idées révolutionnaires », et qu'il dresse en précurseur de la politique douanière et coloniale de la République, entre l'expédition du Tonkin et les lois Méline. C'est « L'offre de Colbert », chapitre subtilement serti entre l'installation au pouvoir de 1661 et les débuts du pouvoir personnel. « À ce moment unique et fugitif, Colbert conseilla une grande nouveauté qui était que le Roi et la France se proposassent comme la chose essentielle de gagner de l'argent. » Et Lavisse de développer « la France idéale de Colbert » :

> Il imaginait une France toute différente, fermée à l'étranger, unifiée par le renversement des barrières intérieures et par l'établissement d'une même loi, d'un même poids et d'une même mesure, allégée du fardeau des contributions « par un choix plus judicieux et une répartition plus juste... », produisant et fabriquant pour les besoins et pour la vente au-dehors, organisée pour ce travail et pour cette vente, couvrant les mers de sa marine marchande que protégerait une grande et belle marine militaire, et demandant à des colonies toutes les matières qui lui

manquent, les produits du Tropique et ceux du Nord ; une France enfin abrégé de l'Univers, qui se suffît à elle-même, s'imposât aux étrangers, s'enrichît par l'afflux de l'or, et, victorieuse dans la guerre d'argent soutenue contre tous les peuples, s'élevât superbement parmi la ruine des autres.

France idéale qui supposait un « roi idéal », c'est-à-dire économe et « ami des marchands », un roi militaire et justicier, et, par-dessus tout, un « roi parisien ». Passage étonnant par les intentions dont Lavisse le charge, et qui fait presque tourner sur ce « moment unique et fugitif » le destin tout entier de la France. « Comment la France et comment le Roi accueillirent l'offre de Colbert, conclut Lavisse lapidaire, c'est la question capitale du règne de Louis XIV. »

Louis XIV-Colbert : on est là au sommet de deux lignes de pente, au cœur de la dynamique nationale. L'une remonte au-delà des grands incarnateurs de l'unité nationale, au-delà de Henri IV et Charles VI, de Louis XI et Saint Louis, jusqu'aux grands fondateurs ; non Charlemagne — ce Rhénan qui rêvait d'Empire et « qui nous reste, pour ainsi dire, extérieur » —, mais Hugues Capet, « duc de France, comte de Paris, celui-ci était de chez nous […]. Il représentait, au-dessus des divisions et des subdivisions de notre sol, l'ensemble. En lui résidait *l'unité* de la France ». Mais cette royauté, pleine d'héroïcité sacrale, qui ne cesse d'arracher à Lavisse des déclarations d'amour et des cris d'admiration, va se perdre après Louis XIV, qui « a usé la monarchie », dans les « formes vides » qu'elle a laissées partout subsister, dans le chaos des législations contradictoires, dans l'arbitraire et la futilité ; car « la cause principale de la ruine de la royauté, ce fut le manque de roi ». L'autre instance, celle qu'incarne Colbert, représentant de la mauvaise conscience des princes et de l'intérêt général, fragile et cependant lourde de la volonté populaire, mène tout droit à la fête de la Fédération. « La Nation consentie, voulue par elle-même, est une idée de la France. Le 14 juillet 1790, à l'unité monarchique, a succédé l'unité nationale, qui s'est révélée indestructible. »

Cette violente identification de la Révolution à la nation,

de la nation à la République, et de la République à « un régime que l'on peut croire définitif » n'est pas sans ménager de redoutables difficultés. Aucune histoire n'a, sans doute, fait un pareil effort pour souder le passé monarchique au présent républicain ; pour donner à l'aventure nationale sa cohérence et sa portée exemplaire. Pour la dynamiser dans ses profondeurs et la figer dans son actualité. La chance a voulu qu'elle puisse culminer sur la tragédie de la guerre, le plus grand effort sur elle-même que la nation ait eu à consentir. Victorieuse, mais épuisée, saignée, divisée, déprimée. Or, c'est à ce moment-là que Lavisse doit livrer sa conclusion récapitulative. La fameuse « solidité » française est ébranlée, l'inflation a commencé, le parlement est grippé, le parti communiste est né, le monde colonial a bougé. La place de la France a brutalement changé, dans une Europe déchirée. Et Lavisse est au bord de la tombe[1]. « Les raisons de confiance dans l'avenir », qu'il doit s'arracher, sonnent étrangement creux. Irréelle, sa confiance dans la fermeté de la démocratie. Utopique, l'aptitude de la France à la propagande internationale pacifique. Et pathétique, cette volonté d'un rapprochement social qui lui inspire cette ultime formule qui résonne comme un soupir : « La France va-t-elle donc s'embourgeoiser ? S'il en était ainsi, il n'y aurait plus à proprement parler de bourgeoisie : il y aurait la nation, complète enfin. »

C'est l'*Histoire de France*, et non ce message, qui s'est chargée d'inscrire Lavisse dans la mémoire des Français. D'abord

1. Les mots griffonnés sont devenus poignants. Sa femme s'était fait opérer, il s'inquiète « jusqu'à l'angoisse ». « Ma tête va bien, mais mes jambes refusent de plus en plus de la porter. » « Je travaille fort peu, parce que ma tête après une heure ou deux refuse de continuer. Je ne marche pas, mes jambes sont toujours très faibles. » Et voici les appels au secours. À Lucien Herr : « Jeudi 24. Mes forces sont anéanties. Ce n'est pas sans grande difficulté que je me couche et me relève. Il faut m'aider. Il m'a fallu suspendre tout travail. L'idée d'écrire me répugne. » À Sagnac, le 11 juillet 1921 : « J'ai un grand service à vous demander. Je suis en train d'écrire une conclusion de l'histoire contemporaine. Ce sera, pour partie, un résumé des volumes. Voudriez-vous revoir la partie qui vous concerne ? [...] Excusez-moi, je répète que vous me rendriez un grand service » (collection Christophe Charle). Et encore à Lucien Herr, le 29 septembre : « Je retombe en neurasthénie. Je ne suis bon à rien et je sens que cet état est définitif. Aussi je pense avec terreur à la conclusion. Je vous embrasse tous les cinq. »

en faisant de ce grand manuel l'étage supérieur du petit, infiniment plus répandu. De l'un à l'autre, il y a un effet de grossissement réciproque. Les deux, qui ont chanté le même air, se sont servis mutuellement, le « petit Lavisse » soulignant avec énergie la philosophie politique implicite dans l'autre, le « grand » remplaçant la logique d'expression et la rapidité de la sentence par l'*ultima ratio* de la source et du document. La continuité de l'histoire trouve sa preuve dans la continuité d'un enseignement par lequel des millions d'enfants commençaient, et une phalange d'historiens terminait.

Mais l'*Histoire de France* représente surtout dans l'histoire même de la République, et de la France, un rare moment de synthèse et d'équilibre. Équilibre entre la recherche et l'enseignement, qui donne au magistère historien la direction de la conscience nationale et fait de lui l'interprète et le garant du mythe. Équilibre d'une France qui a mis un siècle à faire entrer dans les mœurs une Révolution qui n'est pas encore relayée par les menaces d'une autre. Équilibre, enfin, entre un demi-siècle consacré, du La Fayette de 1830 au Gambetta des années 1880, à débattre de la République et le déchaînement d'un demi-siècle, de Maurras à Brasillach et à Bainville, consacré à l'abattre. Lavisse n'a rien bouleversé du paysage national traditionnel. Mais en regroupant les faits dont se dégage un sens, il a fixé les images fortes et tendu, définitif, le miroir où la France n'a plus cessé de se reconnaître.

Appendice

PLAN DE L'« HISTOIRE DE FRANCE »

Histoire de France des origines à la Révolution

I. 1. P. VIDAL DE LA BLACHE : *Tableau de la géographie de la France*, 1903.
2. G. BLOCH : *Les Origines, la Gaule indépendante et la Gaule romaine*, 1903.

II. 1. C. BAYET, C. PFISTER, A. KLEINCLAUSZ : *Le Christianisme, les Barbares, les Mérovingiens et les Carolingiens*, 1903.
   2. A. LUCHAIRE : *Les Premiers Capétiens (987-1137)*, 1901.
III. 1. A. LUCHAIRE : *Louis VII, Philippe Auguste et Louis VIII (1137-1226)*, 1901.
   2. Ch. V. LANGLOIS : *Saint Louis, Philippe le Bel et les derniers Capétiens (1226-1328)*, 1901.
IV. 1. A. COVILLE : *Les Premiers Valois et la guerre de Cent Ans (1328-1422)*, 1902.
   2. Ch. PETIT-DUTAILLIS : *Charles VII, Louis XI, Charles VIII (1422-1492)*, 1902.
V. 1. H. LEMONNIER : *Charles VIII, Louis XII et François Ier. Les guerres d'Italie (1492-1547)*, 1903.
   2. H. LEMONNIER : *La Lutte contre la Maison d'Autriche. La France sous François Ier et Henri II (1519-1559)*, 1904.
VI. 1. J. MARIÉJOL : *La Réforme, la Ligue et l'édit de Nantes (1559-1598)*, 1904.
   2. J. MARIÉJOL : *Henri IV et Louis XIII (1598-1643)*, 1905.
VII. 1. E. LAVISSE : *Louis XIV, la Fronde, le Roi, Colbert (1643-1685)*, 1905.
   2. E. LAVISSE : *Louis XIV, la religion, les lettres et les arts, la guerre (1643-1685)*, 1906.
VIII. 1. A. DE SAINT-LÉGER, A. RÉBELLIAU, PH. SAGNAC, E. LAVISSE : *Louis XIV et la fin du règne (1685-1715)*, 1908.
   2. H. CARRÉ : *La Régence et le règne de Louis XV (1715-1774)*, 1909.
IX. 1. H. CARRÉ, Ph. SAGNAC, E. LAVISSE : *Le Règne de Louis XVI (1774-1789)*, 1911.
   2. *Tables analytiques*, 1911.

Histoire de France contemporaine depuis la Révolution jusqu'à la paix de 1919

I. Ph. SAGNAC : *La Révolution (1789-1792)*, 1920.
II. G. PARISET : *La Révolution (1792-1799)*, 1920.
III. G. PARISET : *Le Consulat et l'Empire (1799-1815)*, 1921.
IV. S. CHARLÉTY : *La Restauration (1815-1830)*, 1921.
V. S. CHARLÉTY : *La Monarchie de Juillet (1830-1848)*, 1921.
VI. Ch. SEIGNOBOS : *La Révolution de 1848 et les débuts du Second Empire (1848-1859)*, 1921.
VII. Ch. SEIGNOBOS : *Le Déclin de l'Empire et l'établissement de la Troisième République (1859-1875)*, 1921.

VIII. Ch. Seignobos : *L'Évolution de la Troisième République (1875-1914)*, 1921.
IX. H. Bidou, H. Gauvain, Ch. Seignobos : *La Grande Guerre (1914-1918)*, 1922.

9

L'Action française, ou l'envers de la République

Nous ne disposions jusqu'à présent, sur le plus complexe et le plus vaste mouvement de la droite française au XXe siècle, que de deux types de travaux, très différents par leurs ambitions et la nature de leur information[1]. Au premier type appartiennent tous les écrits issus directement de membres de l'Action française, ou indirectement d'écrivains de la mouvance de Maurras — production pléthorique mais toujours suspecte, quels que soient le détachement rétrospectif des auteurs et la qualité de leur documentation ; elle risque en effet d'entretenir une légende autour de l'Action française, d'accentuer le caractère littéraire d'un mouvement dont la place qu'il occupe dans le monde culturel paraît déjà supérieure à son importance effective, sur les plans social et politique.

La contribution scientifique qui compose le second type

1. [L'ouvrage d'Eugen WEBER, *L'Action française*, Stock, 1963, dont cet article se présentait au départ comme le compte rendu, était et demeure la référence de base sur ce mouvement. Maurras et le maurrassisme ont fait depuis l'objet d'une abondante bibliographie. Rien n'échappera grâce à la série de colloques récents publiés en trois volets : Michel LEYMARIE et Jacques PRÉVOTAT (dir.), *L'Action française. Culture, société, politique*, Villeneuve-d'Ascq, Presses universitaires du Septentrion, 2008 ; Olivier DARD et Michel GRUNEWALD (dir.), *Charles Maurras et l'étranger. L'étranger et Charles Maurras*, Berne, Peter Lang, 2009 ; Olivier DARD, Michel LEYMARIE et Neil MCWILLIAM (dir.), *Le Maurrassisme et la culture*, Villeneuve-d'Ascq, Presses universitaires du Septentrion, 2010.]

Paru sous le titre « Les deux apogées de l'Action française », *Annales. Économies. Sociétés. Civilisations*, n° 1, janvier-février 1964.

d'ouvrages est, en revanche, très maigre. À peine si quelques pages se détachent, en France, d'une production encombrée de polémique ; c'est un article déjà ancien de Joseph Hours sur l'histoire de France vue par Bainville et Gaxotte[1] ; un autre de Jacques Julliard sur la politique religieuse de Maurras[2] ; un troisième de Raoul Girardet sur l'héritage de l'Action française[3] ; surtout le brillant chapitre de René Rémond sur « L'Action française, une synthèse de traditions ? »[4]. Encore tous ces travaux, comme ceux, plus abondants, de l'école historique américaine[5], envisageaient-ils presque tous, de William Curt Buthmann à Samuel M. Osgood, l'aspect idéologique du mouvement ou la seule personnalité de Charles Maurras[6].

Mais voici que paraissent aux États-Unis deux ouvrages d'ensemble dont les auteurs, Edward R. Tannenbaum et Eugen Weber, travaillèrent sans se consulter. Le premier a remanié une thèse (PhD) dont on pouvait lire depuis quelques années un exemplaire polycopié à la bibliothèque de l'Institut des sciences politiques ; le second, professeur à l'université de Californie (Los Angeles), s'était déjà signalé, en 1959, par un ouvrage de jeunesse sur le nationalisme français dans l'avant-guerre de 1914[7]. Tous deux font état

---

1. Joseph HOURS, « L'Action française et l'histoire de France », *Cahiers de la Nouvelle Journée*, n° 10, *Un grand débat catholique et français. Témoignages sur l'Action française*, 1927.
2. Jacques JULLIARD, « La politique religieuse de Charles Maurras », *Esprit*, mars 1958, pp. 359-384.
3. Raoul GIRARDET, « L'héritage de l'Action française », *Revue française de science politique*, vol. VII, n° 4, octobre-décembre 1957.
4. René RÉMOND, *La Droite en France de 1815 à nos jours. Continuité et diversité d'une tradition politique*, Aubier, 1954, pp. 169-185.
5. En particulier : William Curt BUTHMAN, *The Rise of Integral Nationalism in France with Special Reference to the Ideas and Activities of Charles Maurras*, New York, Columbia University Press, 1939 ; Samuel M. OSGOOD, *French Royalism Under the Third and Fourth Republic*, Nijoff, La Haye, 1960, et « Charles Maurras et l'Action française : état des travaux américains », *Revue française de science politique*, vol. VIII, n° 1, mars 1958, pp. 143-147. Samuel OSGOOD a utilisé, le premier en 1960, certains rapports de police (cf. « The AF Between the Wars », communication au congrès annuel de la Society of French Historical Studies, University of Rochester [New York], 9 avril 1960).
6. Cf. Léon S. ROUDIEZ, *Maurras jusqu'à l'Action française*, A. Bonne, 1957.
7. Edward R. TANNENBAUM, *The Action française. Die-hard Reactionaries in*

des rapports de police de la Série F7 des Archives nationales ; tous deux trouvèrent auprès des survivants et des témoins l'accueil le plus instructif ; et Eugen Weber ne cache pas ce qu'il doit, pour n'en citer qu'un seul, à Emmanuel Beau de Loménie. Tous deux ont eu un accès finalement libéral aux papiers détenus, par exemple, soit par François Daudet, soit par Jacques et Hélène Maurras. Ainsi font-ils la preuve que ces citadelles réputées hors d'atteinte n'étaient pas inaccessibles. Et, par là même, que ces inédits réputés indispensables, pour précieux qu'ils soient, ne constituent, sauf exception, qu'une source complémentaire d'une étude dont la base demeure la lecture attentive et continue de l'imprimé et du périodique. Mais la mise en œuvre du matériel documentaire et l'ampleur du projet sont toutefois trop inégales pour que les deux ouvrages puissent être mis sur le même plan. Edward Tannenbaum s'est attaché surtout à la période antérieure à 1914 ; malgré sa volonté de compréhension, il se refuse à prendre très au sérieux un « mouvement de déclassés » et de « cafés intellectuels », dont il s'avoue, politiquement et intellectuellement, très éloigné. Différence de jugement, différence d'intérêt de l'auteur pour son sujet, différence également de proportions : du strict point de vue matériel, l'ouvrage d'Eugen Weber, avec ses six cents pages, est deux fois plus important. Le premier, synthétique et bien écrit, apporte donc des éléments utiles de rectification ou de confirmation au second, qui nous offre la description panoramique aujourd'hui la plus solidement documentée de l'Action française.

Le mouvement n'est vu qu'en mouvement. En réaction contre une débauche d'analyses idéologiques, l'auteur raconte et mène allègrement ses trente chapitres : de la crise nationale qui a engendré le mouvement au désastre national

---

Twentieth Century, Londres et New York, Wiley, 1962. Eugen WEBER, *The Nationalist Revival in France, 1905-1914*, Berkeley / Los Angeles, University of California Press, 1959 ; en français, *L'Action française*, trad. M. Chrestien, Stock, 1964.

qui fut son chant du cygne, c'est presque un demi-siècle où l'Action française entrelace son réseau d'influences au tissu idéologique et politique français, pour constituer, sans parti, sans organisation électorale et sans abondantes ressources financières, la plus spécifique et la plus originale des manifestations de la droite réactionnaire.

Ce n'est pourtant là que le moindre des paradoxes dont cette histoire est faite. Responsable pour une grande part du réarmement moral de la France à l'heure de l'Union sacrée, l'Action française, par ses campagnes de haine et de calomnie, ne porte pas une moindre responsabilité dans cette « étrange défaite » où le maurrassisme a trouvé un nouvel et dernier souffle. Voici que Maurras, l'adversaire déterminé de l'idéalisme et de l'incohérence romantique devant des échecs répétés et en dépit d'une lucidité vigilante et d'un pessimisme affiché, fit preuve d'un aveuglement sur les autres et d'une illusion sur soi qui relèvent d'un idéalisme optimiste et impénitent. « Parti de l'intelligence », soutenu par la rue et applaudi par des duchesses ivres du nom de Renan, jamais école de raison ne forma tant d'esprits faux. Champion du parti catholique condamné par le pape ; royalisme intégral désavoué deux fois, par le prétendant et par son héritier ; mouvement à clientèle profondément conservatrice qui voit ses meilleurs adhérents le quitter par goût de l'agitation révolutionnaire ; avant-garde patriotique et fer de lance de l'antigermanisme qui, peu ou prou, apporta sa caution au chef d'un État dont la politique supposait la collaboration avec l'Allemagne : il ne manque à l'Action française aucune des péripéties qui font les « suspenses » en histoire-bataille. Eugen Weber n'en oublie aucune ; le plaisir que l'on prend à son récit continu n'atténue pas, toutefois, le regret de ne pas trouver, quand elle est nécessaire, l'hypothèse de travail ou la tentative d'explication générale.

Il apparaît toutefois, semble-t-il, que le chef lia intimement, dès le début et pour toujours, en un corps de doctrine qui fournit à la droite le seul arsenal d'arguments dont elle disposa depuis *Les Origines de la France contemporaine*, deux termes voués en France à des fortunes très différentes : nationalisme et royalisme. Le premier conduit au second, par postulat et par syllogisme. « Si vous avez résolu d'être patriote, écrit Maurras, vous serez obligatoirement royaliste [...]. La raison le veut[1]. » Or, des deux notes de la mélodie maurrassienne, la première était susceptible de rencontrer dans la nation des accords profonds, mais républicains ; et la seconde parut toujours plus exotique à la sensibilité populaire, même lorsqu'elle était hostile à la République. D'où cette contradiction essentielle : une ligue fondée sur l'intransigeance d'une doctrine, une secte qui chaque année compte ses initiés, une parole prompte à l'anathème et peu attentive aux moyens d'extermination n'eut jamais tant de rayonnement que lorsqu'elle se fit influence diffuse, référence verbale, allégeance lointaine, séminaire abandonné. Encore le mouvement ne rencontre-t-il la nation « dans ses profondeurs » que par personne interposée, et au prix des sacrifices les plus lourds à ces intransigeants : l'abandon de leurs haines et de leur mépris. Deux grands moments pour l'Action française : le 11 novembre 1918 et l'automne 1940. Mais c'est Clemenceau qui remporte la victoire et l'Action française compose alors avec la République ; mais c'est le Maréchal qui est au pouvoir et Maurras compose alors avec le germanisme. Succès et insuccès ne sont que les deux faces de la même médaille. L'Action française n'est jamais plus présente sur la scène nationale que lorsque, d'une certaine manière, elle en est radicalement absente.

✧

1918 marque donc l'apogée de la première partie du mouvement. Il ne fait grand bruit que depuis douze ans. En mars 1905, les rapports de police ne mentionnent encore qu'à peine un mouvement fondé sept ans plus tôt, au printemps 1898, en pleine bataille électorale, par deux inconnus,

---

1. Charles MAURRAS, *Enquête sur la monarchie* [1900], Nouvelle Librairie nationale, 1909.

Vaugeois et Pujo. Huit mois plus tard, la ligue « dont le ton philosophique et scientifique attire un bon nombre de gens » n'est encore comparable ni à la Ligue des étudiants patriotes ni au royaliste Rayon. Dès le mois de mai 1906, le retournement est opéré et les rapports de police n'enregistreront plus, jusqu'en 1914, que les succès grandissants de l'Action française. À quoi sont-ils dus ?

On voudrait, en ayant cependant conscience de trahir la complexité d'un essor dont sont principalement responsables quelques hommes et leur art de tirer parti des événements, souligner trois motifs de cette expansion :

1. La qualité d'une équipe jeune, combative, et sans liens avec les anciens mouvements royalistes. Vaugeois, trente-cinq ans en 1900, professeur de philosophie, descendant d'un conventionnel régicide, a été radical-socialiste ; Pujo, de huit ans son cadet, condisciple de Péguy à Orléans, après quelques enthousiasmes spinozistes et wagnériens, a dirigé la très « fin de siècle » petite revue anarchiste *L'Art et la Vie* ; Léon Daudet, descendant d'une grande famille républicaine, a été antiboulangiste ; Léon de Montesquiou, petit-fils de la gouvernante du roi de Rome, a rallié la République ; René Quinton, le premier des hommes de science du mouvement, est un petit-neveu de Danton ; Eugène Cavaignac a de bien jacobines origines ; Lucien Moreau, membre de la famille Larousse, est un ancien anarchiste converti par Maurras ; le père de Bainville était disciple et ami de Camille Pelletan ; Maritain est le petit-fils de Jules Favre. Ce qui lie ces hommes aux origines si différentes ? Un patriotisme étroitement dogmatique, le sens de l'ordre et, devant l'échec de l'agitation nationaliste traditionnelle aux élections de 1902, la certitude que ce que Barrès appelle « un nouveau patriotisme » exige une autre méthode, une autre doctrine, et d'autres chefs.

Chefs complémentaires à souhait, et qui, conscients de l'être, se distribuent les rôles. Maurras fait don de sa personne ; elle est tout entière dans cette apocalypse purificatrice dont il rêve dans une lettre (inédite) à Barrès, le 2 décembre 1898 : « Le parti de Dreyfus mériterait qu'on le fusillât tout entier comme insurgé [...]. Une nation qui enveloppe de si grandes diversités ne s'unifie et ne se réforme que dans le sang. Il faudra venir à l'épée [...]. Ne me croyez pas le moins du monde exalté. C'est seulement mon dégoût physique qui crève ! » Sa personne : c'est-à-dire son style, toujours remarquable, et sa doctrine. Peut-être n'a-t-elle rien de nouveau, mais Maurras a merveilleusement emballé le vieux stock : critique de la démocratie et du libéralisme individualiste, mépris des intérêts financiers, haine de l'internationale juive, priorité de la philosophie morale en politique et ignorance des données de l'économie, panacée de l'ordre corporatif, approbation de l'action illégale, principe d'une autorité suprême, soustraite aux injures du suffrage universel. Mais patron, mage et penseur, ce rétracté laisse la vedette à plus sanguin ; ce fut d'ailleurs la fortune de Léon Daudet, qui constitua le premier capital du journal. Divorcé de Jeanne Hugo et ramené par sa seconde femme à un catholicisme très violent et à un antisémitisme très littéraire, « ce sacré grand gamin », qui étonnait Edmond de Goncourt « par le mélange chez lui de fumisteries inférieures, de batailles avec les cochers de fiacres, et en même temps par sa fréquentation intellectuelle des plus hauts penseurs et ses originales rédactions sur la vie médicale », restera l'enfant terrible du mouvement et le favori des lecteurs.

2. *L'appui des milieux catholiques.* L'Action française multiplia les efforts pour gagner le monde ouvrier, et Maurras nous montre qu'un socialisme débarrassé de ses éléments démocratiques et cosmopolites peut s'accorder au nationalisme « comme un gant bien fait à une belle main » (*Dictionnaire politique et critique*, article « Socialisme »). On ne se contenta pas de mots, ni, entre Georges Sorel et Maurras, d'échanges de bons procédés ; l'Action française prit, par exemple, fait et cause pour les grévistes de Draveil contre la police de Clemenceau. En vain. Tout le vocabulaire du socialisme et du syndicalisme inquiétait la clientèle désignée de l'Action française, que la lutte anticléricale, le combisme et les troubles provoqués par les inventaires augmentaient considérablement.

Car de même que la première clientèle royaliste de l'Action française était dans sa majorité catholique, de même la lutte du régime contre l'Église offrit au royalisme d'Action française l'appui de la plupart des milieux catholiques. Par l'intermédiaire du cardinal de Lai, secrétaire du consistoire et défenseur de l'Action française auprès de Pie X, le haut clergé se remplit de sympathisants, parmi lesquels trois cardinaux : de Cabrières, évêque de Montpellier, Sevin, archevêque de Lyon, et Andrieu, archevêque de Bordeaux, sans compter de moindres dignitaires. Les pères assomptionnistes de *La Croix* apportent leur soutien avec toute la presse intégriste. Les séminaires catholiques deviennent des foyers du nationalisme intégral. L'organisation militaire catholique Notre-Dame des Armées répand la doctrine ; et le vieil *Univers*, annonce un rapport de police de septembre 1905, est sur le point d'être acheté par un « groupe d'amis ou de membres de l'Action française ».

La lettre papale du 25 août 1910, qui condamne le principe d'une démocratie chrétienne et le mouvement de Marc Sangnier, passe pour un triomphe de l'Action française. La condamnation du *Sillon* scelle pour près de vingt ans l'alliance avec le Vatican.

3. La conjoncture internationale. L'approche du conflit et la renaissance d'un jacobinisme antigermanique violent favorisent, à partir de 1905, l'illusion que l'Action française est à l'avant-garde d'un mouvement national. En fait, il n'y a que coïncidence partielle, mais elle suffit à servir la fortune de l'équipe. À la veille de la guerre, l'Action française a gagné la première manche ; elle est devenue une hypothèse plausible. Elle a sa presse, fort bien faite, et la *Revue critique*, fondée en 1908, est aux milieux intellectuels de droite ce qu'est *La Nouvelle Revue française* aux milieux de gauche. L'Institut est en plein essor sous la férule de Louis Dimier. Le mouvement a largement dépassé Paris ; il est solidement implanté dans l'Ouest, le Sud-Ouest et le Sud, en Normandie, dans les régions du Nord et du Pas-de-Calais, où l'influence patronale et catholique est forte, et dans la vallée du Rhône. « Je n'approuve pas les conclu-

sions de Maurras et de l'Action française, écrit Romain Rolland à Séché en 1914, mais leur parti est logique et bien organisé. » 3 000 ligueurs suivent en 1914 le corbillard de Déroulède. Fin mars, les quarante-quatre sections de la Fédération de Paris terminent leur congrès par un meeting de 6 000 personnes. Le 24 mai, plus de 30 000 manifestants défilent à la fête de Jeanne d'Arc.

« On peut considérer, conclut un rapport de police du 28 janvier 1915, que l'Action française tient dans ses mains, désormais, toutes les forces royalistes de France. De ces forces, elle fera, quand elle jugera le moment venu, ce qu'elle voudra. Elle ne rencontrera plus chez les royalistes que de l'enthousiasme ; et nul doute que le royalisme ne sorte fortifié de l'épreuve que nous traversons. » La guerre et la victoire ne feront en effet que légaliser davantage l'existence du mouvement, et l'intégrer plus profondément à la vie politique. On passe ainsi, par transitions, du moment où, à la veille de la guerre, l'Action française a acquis le monopole de la représentation royaliste, au moment où, à la fin de la guerre, elle s'est octroyé une manière de représentativité nationale. Les injures à l'égard de Clemenceau se transforment en 1918 en éloges inconditionnels. L'arrestation de Caillaux et la condamnation de Malvy apparaissent comme la conclusion naturelle des campagnes de Daudet. En moins d'un an, le journal gagne plus de 7 000 abonnés. Au dire d'Albert Thomas, il suffit de lire *L'Action française* pour connaître le ton général de la presse du jour. Marcel Proust déclare que c'est le seul journal qu'il lise avec plaisir. Apollinaire compare à Pindare et Ronsard l'auteur de l'« Ode à la bataille de la Marne », et écrit à Léon Daudet : « Il faut bien que ceux qui sont de votre avis vous aident. » Et tandis que la mort de Vaugeois, après celle de Barral et de Léon de Montesquiou, laisse l'avenir aux Bainville, Dimier, Pujo et Plateau, l'Action française, bon pied bon œil, déménage de la rue du Bac à la chaussée d'Antin : changement symbolique de rive et changement progressif d'orientation.

Roma locuta, causa finita est : la condamnation de l'Action française par le Vatican, en décembre 1926, marque la fin de la période d'ascension. Progressivement réorganisée après la guerre, solidement structurée en dix zones, maîtresse du Quartier latin, richement alimentée par ses souscripteurs ou par de généreux donateurs, tel François Coty qui versa 2 millions en quatre ans à une *Action française* dont le quotidien tire à 100 000 exemplaires et l'hebdomadaire agricole du dimanche à 25 000, la ligue jouit alors d'un rayonnement qu'elle ne dépassera pas.

C'est la seconde des crises. Le long effort commencé dès avant la guerre par Georges Valois pour rallier le monde ouvrier vient d'aboutir, en rapides étapes, à l'échec définitif. Dès 1920, Valois avait fondé la Confédération de l'intelligence et de la production française (CIPF) pour organiser la production sur une base corporative. En 1924, de plus en plus attiré par un fascisme de type mussolinien, et désireux de se dégager de la stricte obédience royaliste, il obtient de fonder, parallèlement à l'Action française, son journal et son mouvement. En février 1925 paraît *Le Nouveau Siècle*, en novembre apparaît *Le Faisceau*. En quelques semaines, c'est la rupture, dont la signification dépasse de beaucoup les rivalités d'hommes et d'organisations. Valois avait la tête économiste, Maurras l'avait humaniste ; Valois avait le cœur prolétarien, Maurras l'avait bourgeois. Valois était du côté des ouvriers, Maurras du côté des classes moyennes ; Valois se déclarait fasciste, Maurras adoptait le conservatisme ; Valois voulait la révolution, Maurras finalement, à l'heure du choix, se rangeait à l'ordre établi (« les plus sérieuses garanties de tous les droits des humbles, avait-il écrit dès 1910, sont liées au salut et au bien des puissants »).

Mais la scission de 1925 épargne les forces vives de la ligue : entre Maurras et Valois, les fidèles de l'Action française n'hésitent pas, et suivent comme spontanément le chemin du conservatisme maurrassien. C'est pour l'avenir qu'un germe de division est semé, au fur et à mesure que vont grandir les séductions du corporatisme fasciste.

La rupture avec le Vatican, qui intervient l'année suivante, compromet au contraire le présent. Sur les raisons de cette rupture, dont il décrit en détail le cheminement — dès 1914, Rome en a accepté le principe —, le livre d'Eugen Weber n'apporte pas de diagnostic catégorique : quelle est la part de l'hostilité romaine à l'agnosticisme maurrassien, quelle est celle de la conjoncture et d'une volonté politique d'accélérer le « ralliement » catholique ? L'importance historique du problème, et du tournant pris par le catholicisme français, méritait peut-être une analyse plus approfondie[1].

Quoi qu'il en soit, pour l'Action française, la conjonction des deux crises inaugure une nouvelle période. Non que le mouvement soit atteint dans ses profondeurs. L'ostracisme dont il est l'objet de la part du Vatican lui donne même le prestige des persécutés, et si l'appui des milieux catholiques lui est officiellement retiré, les attachements secrets et les fidélités déchirées que suscite l'Action française, au sein même de la hiérarchie catholique, ne sont pas un des moindres indices du décalage de l'opinion catholique française par rapport à l'évolution de la politique internationale de la catholicité. Mais elle cesse d'être en prise directe sur l'événement. Plus question, désormais, d'un mouvement de masse organisé en vue d'un coup d'État. L'imminence de la prise de pouvoir, dans laquelle les chefs ont si longtemps fait vivre leurs troupes, disparaît au profit d'un prophétisme pessimiste d'où Maurras ne sortira qu'en 1940. Eugen Weber le dit bien : il s'agit moins d'un déclin que d'une « redéfinition », où sombrent l'unité du mouvement et sa force d'attraction.

La régression s'inscrit nettement dans les chiffres. Même dans une région d'aussi forte implantation Action française que la Gascogne, les rapports de la Sûreté générale enregistrent un essoufflement, qui, pour être plus lent que partout ailleurs, n'en est pas moins net. Les 1 500 assistants du

---

1. Pour un bon exposé des faits relatifs à la condamnation de l'Action française, cf. Adrien DANSETTE, *Histoire religieuse de la France contemporaine*, t. II, *Sous la IIIe République*, Flammarion, 1951, pp. 563-613.

L'Action française, ou l'envers de la République 249

Congrès national de Bordeaux de 1927 ne se retrouvent plus un an plus tard, et la *Nouvelle Guyenne* des années 1928-1930, autrefois pleine des annonces de meetings ruraux, n'en signale que quelques-uns dans la capitale régionale. En novembre 1930, « l'Action française est à son point mort ». Les meetings de propagande tombent de 404, en 1926, à 172, en 1929. En 1930, le journal ne dépasse pas 20 000 abonnés ; l'argent manque de plus en plus. Sans doute l'Action française peut-elle encore mobiliser pour des manifestations de rue autant d'hommes, et mieux encadrés, que les autres organisations de droite, mais 2 000 hommes environ, c'est peu. Sans doute aussi peut-on estimer ses membres à 60 000 ou 70 000 à une époque où le parti communiste ne compte que de 30 000 à 40 000 membres. C'est peu, par rapport à la SFIO, qui compte 130 000 membres, peu surtout en comparaison des Jeunesses patriotes (90 000 membres), de la Solidarité française (150 000 membres), des Croix de feu (180 000 membres). De plus, un mouvement comme l'Action française, qui n'a jamais mesuré sa force au nombre de ses adhérents, ne saurait non plus masquer sa faiblesse du chiffre encore respectable de ses effectifs.

En réalité, c'est la situation de l'Action française dans la configuration des forces politiques qui a changé de nature. Elle perd du poids. Du 6 février 1934 à juin 1940, l'Action française menace beaucoup moins le régime qu'elle n'est elle-même menacée par le développement des autres ligues, en particulier des Croix de feu. Le 6 février 1934 la trouve dans un état de totale impréparation. Le comte de Paris est à Bruxelles, persuadé que « l'Action française n'avait absolument pas la volonté d'aboutir ». Daudet revient en toute hâte à Paris, prévenu le 6 février au soir, par téléphone ; le cortège de l'Action française a été soigneusement tenu à l'écart. La province non alertée ne bouge pas, sauf Lille. Et cette nouvelle journée des dupes en persuadera beaucoup, comme Pierre Guillain de Bénouville et Jacques Renouvin, qu'elle est enlisée dans l'inaction. L'esprit d'avant 1914 fermente dans les rangs depuis les années 1930 ; le décalage entre les pédagogues vieillis d'un nationalisme petit-bourgeois de plus en plus conservateur et la nouvelle génération réapparaît dans les schismes périodiques de 1931, 1934, pour finir, pendant la guerre, dans l'excommunication de *Je suis partout*. En 1936, Daudet a soixante-neuf ans, Maurras soixante-huit, Pujo soixante-quatre. Beaucoup vont les quitter avec l'adieu brutal de Joseph Darnand : « Une bande de cons ! » « Il avait bien vu, écrit le père R. L. Bruckberger, que ces vieillards éreintés ne feraient jamais aucun coup de force et il les a quittés en crachant son mépris[1]. » La dissolution de février 1936 dissimule providentiellement une perte décisive de vitalité.

Est-ce à dire qu'entre les nouvelles ligues, telles que les Croix de feu, *a fortiori* les nouveaux partis, tels que le PSF (Parti social français), et les nouvelles associations, comme la Cagoule, et la vieille Action française, il y ait solution de continuité ? S'il est difficile, dans le national-socialisme français, comme dans le fascisme français, de faire le départ entre l'héritage de droite et les influences étrangères, il y a, dans les hommes, les idées, les méthodes, un lien de filiation certain, jusque dans le goût du romantisme de l'action substitué à l'action elle-même, que les Croix de feu reprochaient à l'Action française, comme Thierry Maulnier le reprochait à la Cagoule. Le legs n'est pas mince ; mais son importance même contribue à reléguer dans un superbe isolement une vieille Action française à qui l'emprisonnement de son chef, en 1937, conserve un prestige symbolique et la fidélité d'une élite intellectuelle française et étrangère. Cette même année, l'excommunication infligée par le prétendant au trône achève de donner à l'Action française son visage d'avant-guerre. Abandonné de Dieu, du roi et des activistes, Maurras assure la permanence de la doctrine, inaccessible au démenti provisoire de la réalité, avec l'assurance impavide d'un infatigable vieillard que les faits vont miraculeusement combler.

1. Maurice GARON (dir.), *Les Procès de collaboration : Fernand de Brinon, Joseph Darnand, Jean Luchaire (compte rendu sténographique)*, Albin Michel, « Grands Procès contemporains », 1948, p. 291.

C'est donc à un mouvement politiquement agonisant que la défaite de 1940 apporte le renouveau. Le second apogée du nationalisme intégral sort de la défaite. L'Action française passe en effet traditionnellement pour avoir été l'une des composantes essentielles de la philosophie politique de Vichy. Sans doute une large fraction du personnel politique de Vichy, et Laval en particulier, lui fut toujours hostile. En revanche, la loi du 17 juillet 1940 interdisant la fonction publique à quiconque est né d'un père étranger, la loi du 22 juillet ordonnant la révision du registre des naturalisations depuis 1927, la loi du 30 juillet instituant une Cour suprême pour juger les ministres de la IIIe République, la loi du 13 août interdisant les associations secrètes et spécialement la franc-maçonnerie, les décrets du 23 août et du 3 septembre autorisant l'arrestation de quiconque « met en cause la sécurité de l'État », le statut des juifs du 3 octobre, la charte du travail de 1941, autant de mesures où l'on pourrait retrouver avec la devise « Travail, Famille, Patrie », les chantiers de jeunesses, l'École d'Uriage et quantité de discours de Pétain, l'ultime écho des espérances de l'Action française. Mais ce succès quasiment posthume est un triomphe triste, une victoire de modérés. En 1924, même encore en 1934, l'Action française apparaissait comme un mouvement extrémiste dont l'activisme amenait au pouvoir la droite conservatrice. En 1940, l'extrémisme est représenté par le national-socialisme et les partisans de la collaboration franche et loyale. Loin de faire peur, l'Action française rassure désormais. Ce qui avait joué contre elle au moment des crises de la République joue à son profit quand la République s'est effondrée sous des coups qui ne sont pas les siens. L'Action française n'est pas loin d'être la solution de sagesse qu'avait représentée Doumergue après le 6 février.

Mais Vichy n'épuise pas le renouveau de l'Action française. Le même sursaut nationaliste a pu conduire des royalistes à des options contraires. Le vieux fonds plébiscitaire conduit à Pétain, le vieux fonds antigermanique à la Résistance où, parmi les tout premiers, un Pierre de Bénouville, un Jacques Renouvin, un Honoré d'Estienne d'Orves, un Daniel Cordier, un « Colonel Rémy » jouèrent le rôle que l'on sait. C'est alors, bien plus qu'à partir des années 1930, que les divisions capitales s'opèrent, lorsque l'Occupation force les hommes à choisir explicitement leur allégeance, à l'heure de la vérité. 1940 joue donc en fin de compte pour l'Action française le rôle de *révélateur*. La « divine surprise » pétainiste met en évidence à quel point l'Action française devenue le maurrassisme constitue l'ultime transfiguration de la contre-révolution en milieu profondément républicain. Le monde mental, politique et psychologique de l'Action française est toujours demeuré contemporain de la jeunesse de Maurras ; il a l'âge du boulangisme et de l'affaire Dreyfus. L'Action française est peut-être moins une synthèse manquée qu'une synthèse figée. Son heure était passée depuis une génération, peut-être deux, quand l'effondrement moral politique et militaire de 1940 a renvoyé la France défaite à ses vieilles Cassandres de la fin du XIXe siècle.

✧

Telle est du moins la constatation finale que l'on peut dégager de cette histoire : la prospérité de l'Action française coïncide avec celle de la IIIe République elle-même. L'instrument de la contestation la plus radicale du régime naît au moment où le Bloc des gauches radicalise la République ; sa première apothéose correspond au triomphe de Clemenceau, son déclin commence au moment du dernier ministère Poincaré, où l'on peut voir, pour la IIIe République, le début du temps des troubles. Nulle volonté, ici, de réconciliation posthume des frères ennemis. D'un point de vue historique, force est de constater la complémentarité — d'abord chronologique — des deux phénomènes. L'Action française a épongé le sentiment antirépublicain. C'est l'envers de la République.

Sans doute a-t-elle introduit dans les mœurs politiques françaises un vocabulaire et un style totalement étrangers à la démocratie parlementaire républicaine. Mais peut-être n'est-il pas jusqu'au caractère intellectuel et littéraire du mouvement, par lequel il dépasse son insertion dans la réalité politique, qui ne contribue à en faire une des manifestations les plus spécifiques de l'éclat culturel des toutes premières années du siècle. Aucun tribut ne lui a manqué. D'abord parce que, comme Thierry Maulnier l'écrivait justement en 1935, le maurrassisme n'abandonne jamais ceux qu'il a touchés, si bien qu'« au-delà de sa force réelle, visible et mesurable, l'Action française dispose d'une autre force faite de tous ceux qui l'ont quittée ». Ensuite parce que l'on ferait vite le compte des grands écrivains qui, à un moment ou à un autre, n'ont pas déposé leur hommage aux pieds de Maurras : et l'on ne trouverait parmi les absents ni Proust, ni Mauriac, ni Gide, ni Roger Martin du Gard, ni le jeune Malraux, qui déclarait en 1923 : « Aller de l'anarchie intellectuelle à Maurras, l'une des grandes forces intellectuelles d'aujourd'hui, n'est pas se contredire, mais construire » ; et, la même année, écrivait l'introduction de *Mademoiselle Monk*[1].

C'est toutefois d'une manière plus intime, dans l'exercice même de ses fonctions, que l'Action française peut apparaître comme l'envers de la République. Réaction d'intellectuels anti-intellectualistes, elle naît à l'heure où la République surmonte la dernière de ses crises mortelles, se développe alors comme une contre-pédagogie républicaine, et s'oblige à un didactisme d'autant plus insistant qu'elle n'oppose qu'une doctrine diffusée auprès des élites par des moyens limités à la lente sédimentation de l'enseignement républicain. La participation d'éminents universitaires (tels Rambaud, Longnon ou Fagniez, cofondateur avec Gabriel Monod de la *Revue historique*) ou d'Antoine Baumann (exécuteur testamentaire d'Auguste Comte) à ces dîners du Palais-Royal

---

1. « Malraux m'a spontanément demandé d'écrire votre notice, car il admire profondément *L'Avenir de l'intelligence* », écrit Florent Fels à Maurras le 7 mars 1923 (papiers Maurras), cité par E. WEBER, *L'Action française, op. cit.*, p. 575, note 6.

d'où sortira en février 1906 l'Institut d'Action française, compte moins, à cet égard, que l'apport personnel de Maurras. Il est impossible de ne pas mettre toute l'histoire mouvementée de l'Action française, et son aptitude à absorber diverses formes de contestation du régime, en rapport direct avec son monolithisme doctrinal. Le groupe fondateur ne trouva sa raison d'être que lorsque l'auteur de l'*Enquête sur la monarchie*, postulant *à la fois* positivisme et royalisme, affirma la nécessité de faire divorcer la Raison d'avec la République ; union à ses yeux fatale autant qu'accidentelle, dont le dreyfusisme serait le fruit monstrueux. Le mouvement passe alors un seuil ; il s'enferme dans un principe qui fait une part de son attrait. Du même coup, Maurras se distingue avec force de la pensée traditionnelle de la contre-révolution à laquelle on l'assimile trop souvent. Son attachement toujours proclamé au rationalisme et son positivisme impénitent suffiraient à rendre sa pensée aussi étrangère à celle de Burke qu'à celle de Saint-Just. Ce faisant, cette pensée, qui se veut si attentive à l'histoire, rompt avec celle de la France de son temps. Son royalisme est une déduction si abstraite qu'il survécut au désaveu du Prince. De la contradiction entre l'héritage impliqué par l'option royaliste et les motifs strictement rationnels de cette option, Maurras n'est jamais sorti. Et l'hiatus a été mal comblé par la notion confuse d'« empirisme organisateur », dont Maurras avait fait le sujet de son cours de « politique », à l'Institut d'Action française.

Les passions les plus violentes n'ont été, chez Maurras, qu'au service de la raison. Le mouvement va de la tête au cœur. C'est son public qui a inversé la priorité des termes et mis les raisons au service de la passion. Le renversement est sans doute un élément capital de l'histoire de l'Action française. Maurras était réactionnaire par principe, sa clientèle par réaction d'épiderme. Aussi est-ce en dernière analyse le public de l'Action française qu'il faudrait connaître avec précision.

Or les indications sociologiques demeurent relativement incertaines, ne serait-ce que parce que la base statistique est fragile ; Tannenbaum opère, par exemple, sur une liste de 811 souscripteurs, en 1910 ; Weber, en 1933, sur une liste de 873 souscripteurs, dont seuls 212 indiquent leur profession. À cette date, la participation aristocratique est encore ce qu'elle était en 1910, 15 à 20 %. Presque aussi important apparaît jusqu'en 1927 le pourcentage des membres du clergé. Cependant, dès avant la Première Guerre, la majorité semble composée, d'une part, d'officiers et membres de professions intellectuelles — avec de forts noyaux d'avocats de la société des jurisconsultes catholiques et une précoce, mais solide, implantation à l'École des chartes —, d'autre part, de très petits bourgeois dont la situation reste précaire et marginale : employés de banques et petits commerçants, agents d'assurance et voyageurs de commerce, assez nombreux pour qu'une section spéciale soit ouverte « à tous ceux dont le métier est de persuader le client ». C'est là la masse où se recruteront les militants de quartier, provinciaux souvent montés récemment en ville et désorientés par l'impersonnalité des rapports sociaux, victimes de l'urbanisation, qui se sont crus menacés par la « démocratie de masse » plutôt que par l'évolution du système économique.

L'après-guerre accélère la transformation, tandis que le retrait officiel du clergé et des catholiques après 1927, puis la dépression économique des années 1930 modifient la physionomie du public de l'Action française[1]. Les petits industriels et propriétaires fonciers qui composaient déjà l'armature des sections provinciales sont parmi les plus menacés par la crise et ils entraînent alors dans leur orbite tout un monde de notabilités locales. C'est l'époque où se fonde le cercle Fustel de Coulanges (1928), où un contingent se constitue à l'École normale supérieure, où l'Action française a tendance à être considérée dans les milieux d'enseignants, d'intellectuels et d'écrivains, comme la solution de rechange

---

1. Les 212 souscripteurs qui, sur 873, indiquent leur profession se répartissent de la manière suivante : 46 médecins, 36 boutiquiers, 10 pharmaciens, 32 militaires, 26 fermiers ou propriétaires, 24 avocats ou juristes, 16 petits industriels, 10 maires, secrétaires de mairie ou petits fonctionnaires, 6 vendeurs de magasin, 3 ingénieurs, 2 agents d'assurance, 1 banquier.

au communisme. Un très sérieux effort de propagande s'exerce, avec succès, en direction des milieux médicaux et militaires ; une revue spécialisée, *Le Médecin*, est largement distribuée, tandis que le journal, en février 1928, inaugure une page militaire bimensuelle très appréciée : autant d'indices d'une évolution de la clientèle.

Un jugement d'ensemble est toutefois difficile à porter. Une courbe se dessine nettement. Avant 1914, en dépit de la participation roturière, même ouvrière, les grands noms l'emportent. Après 1930, les listes manquent d'éclat, de couleur et de renom. On trouve moins de marquises, de cardinaux et d'académiciens, et davantage de coloniaux, administrateurs, fonctionnaires et petits propriétaires. Mais comment interpréter ces données professionnelles en termes de psychologie sociale ? Il semble qu'il s'agisse moins d'un mouvement de déclassés[1] que d'un mouvement de déstatués, atteints dans leur prestige et dans leur conception des rapports sociaux, déçus par le rôle de la France dans l'entre-deux-guerres, irrités par le parlementarisme et l'instabilité gouvernementale, obsédés de la décadence française plutôt que menacés dans leurs intérêts économiques ; hostiles à la société du XXe siècle plus encore que victimes de l'industrialisation ; car, dans une société aussi complexe que celle de la France pendant ces quatre décades, les résistances idéologiques, les permanences de sensibilité sociales, les attachements aux traditions familiales, les mimétismes mondains, les isolements provinciaux, les influences scolaires ou les chapelles intellectuelles motivent les comportements politiques (d'ailleurs souvent épisodiques dans le cas de l'Action française) plus que les situations économiques et sociales, surtout dans un système qui n'a pratiquement pas entamé sa mutation vers ce qu'il est convenu d'appeler aujourd'hui une « société industrielle ».

À défaut de monographies familiales ou de portraits individuels, peut-être aurait-il fallu, pour que les conclusions

---

1. Titre d'un chapitre d'E. R. TANNENBAUM, *The Action française, op. cit.*, pp. 115-135.

puissent répondre aux questions les plus décisives, soit que les auteurs aient les possibilités documentaires d'élargir leurs bases statistiques, soit qu'ils aient recours à des procédés latéraux, tels que l'analyse des soutiens électoraux apportés par l'Action française ; soit, enfin et surtout, qu'ils pallient les lacunes quantitatives par une intuition native des subtilités psychologiques de la vie politique française.

Encore une histoire strictement pratique de l'Action française manquerait-elle nécessairement l'intelligence du phénomène — on ne peut que paraître majorer son rôle effectif si on ne l'interprète pas dans le cadre des mouvements politiques européens, d'une part, et si on ne l'intègre pas, d'autre part, à l'ensemble économique et social français.

La France de l'entre-deux-guerres n'a pas connu les bouleversements économiques et sociaux de l'Italie et de l'Allemagne. La révolution a avorté dans l'œuf. Si l'on admet, en schématisant, que le fascisme a été l'expression d'une crise nationale dans des pays en proie à une rapide transformation industrielle, la France n'a connu ni l'un ni l'autre. En revanche, la stagnation économique lui a valu un bouleversement qui, pour être silencieux, n'a pas été moins profond. La nation qu'habitait jusqu'alors, non sans quelque raison, le sentiment d'être à l'avant-garde de la plupart des expériences historiques européennes se retire de la scène sur la pointe des pieds, après une victoire épuisante dont chacun sentait qu'elle n'en était pas une. D'où la séduction des grandeurs étrangères, les puissants espoirs de régénérescence et de révolution, les dissidences nationales du communisme pour certains, du fascisme pour d'autres. Restait à l'Action française une autre forme de dérapage : la conjuration de la fin de la puissance française par l'exaltation de la grandeur défunte et la fabrication d'ennemis imaginaires. Par rapport aux vagues de fond du fascisme et du communisme, l'Action française n'est qu'une écume ; elle porte cependant, à sa façon, un témoignage plus authentique d'une conscience nationale falsifiée et d'une société figée dans l'immobilisme. Qu'est-ce qui bousculerait l'ankylose de l'Action française dans cette société elle-même paralytique ? D'où le délire logique et le caractère péremptoire de ses jugements qui n'étaient souvent pas tout à fait faux ni jamais tout à fait vrais ; d'où l'importance de son historiographie ; d'où l'hiatus entre le panache du décor et la misère des coulisses ; d'où cette installation royale dans l'absolu de la doctrine et ses adaptations au jour le jour de la politique. D'où, surtout, sa plus grande force, faite de la faiblesse de la société économique : l'inertie. D'où, enfin, ces deux apogées : comme toutes les idéologies de compensation, l'Action française doit ses plus belles heures à une fausse victoire et à une vraie défaite.

L'Action française dénonce donc bien la crise nationale, mais dans un sens très différent de celui qu'elle crut. Elle en est elle-même l'expression la plus éloquente, elle n'en accuse que les traits. Son importance historique n'est déchiffrable qu'en creux. Acteur réel de la vie politique française, elle n'est presque rien ; témoin, signe et symptôme de la crise globale d'une société, elle peut être presque tout.

10

Le moment du gaullo-communisme

LE TRAVAIL DU TEMPS

« Il y a nous, les communistes et rien. » Quelle fortune n'a pas eue la célèbre formule de Malraux, aux Assises nationales du Rassemblement du peuple français (RPF), en 1949, où c'est le « rien » qui compte ? Les deux forces politiques qui, pendant trente ans, de la Libération au milieu des années 1970, ont dominé la vie politique française de leur énergie polarisante n'ont pourtant pas eu, dans le souvenir, le même sort. La liquéfaction du communisme s'est accompagnée de sa malédiction, de sa diabolisation rétrospective ; le gaullisme, qui a connu une érosion parallèle, s'est au contraire trouvé nimbé par la sacralisation de son fondateur.

Prodigieuse métamorphose. À qui veut explorer aujourd'hui en quoi l'opposition des deux phénomènes s'est faite, avec le temps, lieu de mémoire, il est impossible de ne pas prendre la mesure de ce renversement d'image qui s'est opéré en moins de vingt ans, pour précipiter dans ce moment de vérité, peut-être provisoire, qui a vu simultanément — 1989, 1990 — le naufrage historique du communisme et, à l'occasion du centenaire de sa naissance, la consécration

---

Paru sous le titre « Gaullistes et communistes », *in* Pierre Nora (dir.), *Les Lieux de mémoire*, t. III, *Les France*, vol. 1, *Conflits et partages*, Gallimard, « Bibliothèque illustrée des histoires », 1992, pp. 347-393.

historique du général de Gaulle. Et même d'un double renversement, puisque la sacralisation de la personne du Général s'est faite au prix, il faut le souligner, d'un retournement complet de sa propre image. Nous en sommes là. L'homme d'État de son vivant le plus contesté est devenu pour tous les sondages[1], vingt ans après sa mort, le plus incontestable, champion toutes catégories de la mémoire collective des Français. Le plus grand diviseur national s'est transformé en dernier symbole de l'unité et du rassemblement. L'homme du *Coup d'État permanent* est maintenant celui auquel on doit les institutions le plus largement approuvées depuis deux siècles. Le militaire toujours suspect de césarisme boulangiste devance Hugo, Jules Ferry, Clemenceau, au Panthéon de la République. L'apôtre des nationalités du XIXe siècle et le plus hostile à une organisation supranationale de l'Europe est salué comme le meilleur artisan de sa construction. Le contemporain en esprit de Barrès et de Péguy grandit en vision-

1. Derniers en date, un sondage sur « Les années de Gaulle » du 14 juin 1990, réalisé par l'Ifop pour *Libération*-TF1-France-Inter, et qui porte sur l'homme, le président et le gaullisme, dont il ressort que, pour 57 % des Français, il ne reste que « peu » ou « rien » ; et, surtout, le sondage de la Sofres commandé par l'Institut Charles-de-Gaulle pour les Journées internationales organisées à l'Unesco du 19 au 24 novembre 1990 sur « De Gaulle en son siècle ». Il est dans Olivier DUHAMEL et Jérôme JAFFRÉ, *Sofres. L'état de l'opinion 1991*, Éd. du Seuil, 1991, avec des commentaires de Raymond Barre. Trois sondages les avaient précédés en 1989 : l'un, Ipsos-*Le Monde* du 4 janvier, qui faisait apparaître de Gaulle comme « le meilleur continuateur de la Révolution » ; l'autre, Louis Harris-France pour *L'Histoire* de juillet-août (n° 124), qui le montrait le plus grand constructeur de l'Europe ; le dernier, Louis Harris-France pour *L'Express* du 10 novembre, où son retour aux affaires en 1958 était l'événement « le plus faste depuis le début du siècle ». Cette coupe ne prend tout son sens que comparée aux sondages du dixième anniversaire de sa mort, en 1980. Il y en eut quatre principaux : Ifop-*VSD* du 12-18 février, où 53 % des personnes interrogées déclarent qu'elles auraient répondu à un nouvel appel du 18 juin (dont 61 % chez les 50-60 ans) ; Sofres-*Histoire Magazine* des 22-28 août (paru en novembre-décembre), où 81 % des Français estiment son action « très » ou « assez » positive ; Louis Harris-France pour *L'Histoire* des 12-17 décembre (paru en avril 1981, n° 33), où de Gaulle apparaît comme « le personnage de l'histoire de France avec lequel on préférerait s'entretenir une heure », avec 19,5 % contre 13 % à Napoléon ; un sondage enfin Ifop-*Les Nouvelles littéraires* des 26-31 janvier 1981 (paru le 16 février), où de Gaulle apparaît — en pleine campagne électorale — comme le président « le plus à droite » de la Ve République. Pour les sondages précédents, cf. Jean CHARLOT, *Les Français et de Gaulle*, Ifop, 1971.

naire du XXIe siècle. L'homme de la différence, glacial et taciturne Commandeur, est devenu, par la grâce des médias, par la sympathie de la caricature, par la vertu d'un interminable commentaire, l'image d'Épinal la plus consommable de l'imagination populaire, le grand Charles, notre Astérix national et notre tour Eiffel. Et c'est l'idée communiste, hier encore jeunesse du monde et promesse des lendemains qui chantent, c'est le stalinisme, injure retournée en titre de gloire, vécu par ses apôtres comme la chaleur et presque le lait de la tendresse humaine, qui, frappés de l'infamie bureaucratique et totalitaire, stigmatisés par le Goulag, dénoncés par ses anciens partisans, restent marqués du signe du mensonge et de la perversion. De l'interprétation toujours possible en termes de nationalisme autoritaire classique dont ne s'était jamais complètement affranchi le général de Gaulle, il ne reste plus rien : le phénomène a pris les dimensions que lui voulait le Général. Et du fond d'humanisme radicalisé, même si provisoirement dévoyé, qui, encore après Soljenitsyne, faisait le crédit apparemment inépuisable du communisme, il ne reste plus rien non plus : la comparaison avec le nazisme est à l'ordre du jour, et elle n'est pas loin de s'opérer au bénéfice de ce dernier, qui aurait eu au moins pour lui de ne pas s'avancer derrière le masque émancipateur du marxisme et paré des colombes de la paix. Dans les deux cas, le souvenir a gommé les tâtonnements des réalités vécues de l'Histoire. C'est le credo communiste qui est devenu une énigme, même et surtout pour ses anciens croyants qui n'arrêtent pas d'essayer de le comprendre ; et l'antigaullisme qui éprouve rétrospectivement le besoin de se justifier[1].

---

1. À l'occasion des Journées internationales des 19-24 novembre 1990, l'Institut Charles-de-Gaulle avait demandé : « Où en êtes-vous avec de Gaulle ? » à un certain nombre de personnalités : François Bloch-Lainé, Claude Bourdet, Raymond Bourgine, Jean Cathala, Michel Crozier, Jean Daniel, Jacques Fauvet, Françoise Giroud, Alfred Grosser, André Jeanson, Alain Krivine, Jean Lacouture, Bertrand Renouvin, Jean-François Revel, Guy Sorman et Michel Winock. On consultera utilement leurs réponses in *De Gaulle en son siècle*, t. I, *Dans la mémoire des hommes et des peuples*, La Documentation française-Plon, 1991, pp. 483-525.

Résultat d'autant plus surprenant que, d'une pesée globale, c'est incontestablement le communisme qui pouvait paraître le phénomène le plus lourd, le moins lié aux circonstances et à une personnalité exceptionnelle, le plus tourné vers l'avenir, le plus chargé d'histoire, en logique et en raison, dans l'espace et dans le temps. Eschatologie laïque qui entraînait avec elle sa politique, sa morale, sa philosophie, sa science, son esthétique, sa manière de vivre et son comportement quotidien ; *praxis* qui possédait sa Bible — Marx, Engels, Lénine —, son Histoire sainte — celle du parti —, sa Terre promise — la Révolution mondiale —, son peuple élu — le prolétariat —, comment comparer sa grandeur à un gaullisme frappé dès le départ d'un nationalisme étroitement passéiste, lié par définition à une aventure purement individuelle et politique ? On peut comparer et opposer ce que, du point de vue politique, de Gaulle et le PCF, les communistes et les gaullistes, dans les péripéties mouvementées de leurs affrontements[1], dans leur duel-duo compère et complice, avaient d'intimes polarisations négatives. L'aversion mutuelle qui, de ce général à particule, ne pouvait faire aux yeux des communistes, et selon les époques, qu'un réactionnaire, un dictateur et un fasciste en puissance ; et des communistes, pour ce champion du nationalisme, que des moscoutaires, des séparatistes et des totalitaires. La parenté profonde, aussi, que leur donnait le partage des traits les plus enracinés dans la culture politique et dans la tradition française : un patriotisme jacobin, un nationalisme sourcilleux, un volontarisme héroïque et sacrificiel, le sens de l'État, une compréhension tragique de l'histoire, la même hostilité à la modernité américaine et au monde du capitalisme et de l'argent. On ne peut pas comparer, en charge de mémoire historique et en espérance d'avenir, une grande religion séculière des temps démocratiques qui enracinait la dynamique de la lutte des classes jusque dans les sociétés primitives et dont l'Église, incarnée par le

---

1. Pour un récit général de caractère journalistique, cf. Henri-Christian GIRAUD, *De Gaulle et les communistes*, Albin Michel, 2 vol., 1988 et 1989.

parti, section française de l'Internationale communiste, projetait son action dans le cadre d'une stratégie mondiale, avec une simple « idée de la France » qui s'épuise dans sa propre répétition et le maintien du « rang », appelée à disparaître avec son grand incarnateur. C'est pourtant l'idée communiste, cette totalité organique, qui, en dépit de la survie d'un parti croupion, s'est volatilisée au point de faire paraître la riche mémoire dont elle était porteuse comme la plus artificielle et la plus pauvre ; et c'est le gaullisme, complètement détaché de la famille politique qui s'en réclame encore, dont la mémoire, par le miracle gaullien, s'est enracinée dans la conscience française pour y éveiller les échos les plus profonds et devenir, empreinte indélébile et cadre incontournable, la référence majeure de notre actuelle mémoire collective et nationale.

Jusqu'où ira cette dénivellation ? L'avenir la confirmera-t-il dans son état actuel ou en modifiera-t-il les données ? L'image gaullienne reviendra-t-elle à des proportions moins envahissantes ou se fixera-t-elle définitivement, dans l'histoire et dans la légende, comme la dernière figure d'une grandeur à tout jamais perdue ? Et la saga communiste verra-t-elle quelque chose sortir de son purgatoire ou sombrera-t-elle dans un enfer définitif comme le trou noir du siècle ? Questions auxquelles il est impossible de répondre, mais aussi d'échapper, et qui imposent ici, du point de vue qui nous occupe, la précision des plans et niveaux d'analyse.

Qui dit mémoire gaulliste et communiste, ou communisme et gaullisme comme lieux de mémoire, dit en effet plusieurs choses. Il y a le souvenir que ces deux mouvements ont laissé, dont nous ne venons que d'enregistrer grossièrement le bilan, mais dont les filières et les traces restent à définir[1]. Il y a l'histoire imbriquée de ces deux forces politi-

---

1. Elles viennent d'être largement dessinées *in* Stéphane COURTOIS et Marc LAZAR (dir.), *Cinquante ans d'une passion française. De Gaulle et les communistes*, préface de René Rémond, actes du colloque de Nanterre, 1er-3 octobre 1990, Balland, 1991. On s'y reportera souvent.

ques majeures, leurs stratégies réciproques, leurs images en miroir, leurs vies parallèles et leurs romans croisés, dont les rebondissements perpétuels relèvent d'une histoire politique largement faite et bien faite ; elle ne nous concerne ici qu'indirectement. Mais il se trouve aussi, aspect tout différent, que les deux phénomènes politiques ont été à fort constituant de mémoire. C'est-à-dire que la mémoire, dimension capitale de leur identité, joue pour eux un rôle et tient dans leur orchestration une place sans commune mesure avec toute autre famille ou mouvement politique. Tous deux sont nourris d'histoire et en font un usage intensif. Tous deux ont eu un soin scrupuleux de leur propre histoire. Tous deux ont joué, puissamment, sur la mémoire. À ce titre, on peut et on doit explorer les mémoires gaulliste et communiste dans leur richesse et dans leur spécificité propres. Chacune a son bagage et sa structure, ses techniques et son registre, chacune possède sa symbolique, ses formes de pédagogie, ses rituels, ses instruments et son histoire[1]. Ce ne sont pourtant pas elles qui nous intéressent ici principalement. Il y a enfin et surtout le fait que le gaullisme et le communisme ont été, en soi, des phénomènes de mémoire. Ils y puisent leur existence même. Leur force d'appel et leur séduction mobilisatrice, de Gaulle et le PCF les ont en effet beaucoup moins tirées de leur cohérence idéologique, du nombre de leurs adhérents ou de leur rapport au pouvoir que de la légitimité historique qu'ils prétendaient incarner, de leur aptitude à représenter la France, toute la France, la

---

1. Deux exemples — celui de Marie-Claire LAVABRE qui étudie les souvenirs écrits ou oraux des responsables et militants communistes, selon un programme annoncé dans « Mémoire et identité partisane : le cas du PCF », Consortium européen de recherche politique, Salzbourg, 13-18 avril 1984, multigraphié, opuscule introuvable que je la remercie de m'avoir communiqué ; celui de Nicole RACINE-FURLAUD dont la communication aux Journées internationales a porté sur « La mémoire du 18 juin 1940 », *De Gaulle en son siècle, op. cit.*, t. I, pp. 549-563. On peut également croiser les deux regards comme font les mêmes auteurs dans *Cinquante ans d'une passion française, op. cit.*, quand la première étudie les « Souvenirs et images de De Gaulle chez les militants communistes » et que la seconde restitue la bataille symbolique « 18 juin 1940 ou 10 juillet 1940 ». C'est le type de travail qu'avait initié Gérard NAMER dans son ouvrage indispensable, *La Commémoration en France 1944-1982*, Papyrus, 1983.

vraie France[1]. Chacun a réalisé à sa façon la synthèse des deux thèmes majeurs sur lesquels s'est nouée l'histoire de la France contemporaine, nation et Révolution. Deux versions de la légitimité nationale, syncrétiques, rivales et complémentaires, dont l'opposition structure la mémoire historique de la France contemporaine, dans un paroxysme qui illustre d'une manière particulièrement éclatante, et peut-être ultime, le rôle moteur que jouent dans la politique, en France, l'appel aux grands souvenirs et la manipulation émotive du passé. C'est à ce titre et dans ce sens, même si et parce que toutes les autres raisons se cumulent pour les renforcer, que gaullisme et communisme se constituent, à proprement parler, en « lieu de mémoire ».

✧

Ces précisions sont d'autant plus nécessaires que les deux phénomènes offrent l'exemple, sans doute unique, de deux cheminements de mémoire opposés.

Toute une série de circonstances et de relais sont en effet intervenus pour que la mémoire gaullienne du gaullisme se reconduise elle-même et se solidifie comme telle dans les termes de la célébration. Il y a d'abord eu, élément essentiel, l'ordre des successions présidentielles dont le jeu subtil et inattendu a grandement favorisé l'épanouissement progressif de la dernière des images fortes de l'identité nationale : le banquier louis-philippard et industrialiste, le plus proche mais le plus lointain, le jeune économiste technocrate à volonté « décrispatrice », à l'image flottante et peu enracinée dans le terroir des familles, l'arrivée enfin du plus irréductible des adversaires, mais à qui l'on doit, en fait, l'essentiel de l'implantation. D'abord parce que l'adoption des institutions gaulliennes par leur permanent détracteur et leur mise à l'épreuve par l'expérience de la cohabitation les

---

1. [J'ai esquissé le problème dans « Les quatre coins de la mémoire politique française », *in* Pierre Nora, *Présent, nation, mémoire*, Gallimard, « Bibliothèque des histoires », 2011, pp. 343-369.]

ont pour toujours exonérées de tout soupçon partisan pour leur donner une onction nationale[1] : César et Sylla sont devenus Solon. Ensuite parce que François Mitterrand s'est fait l'artisan d'une consécration en miroir, instaurant avec son rival défunt un de ces dialogues au sommet à références politico-littéraires dont les Français sont si friands, appelé par la notion même d'« alternance » et prêtant à tous les exercices de symétrie — la « marque » et la « trace »[2]. Enfin et surtout parce que cette opération a autorisé et par avance sanctionné le ralliement posthume de la gauche, qui est le fait le plus marquant et le plus décisif de l'enracinement de l'image gaullienne[3]. « Sommes-nous tous devenus gaullistes ? » se demande Max Gallo avant même l'arrivée de la gauche au pouvoir[4]. Ce vaste mouvement s'est renforcé d'un autre, qui n'a pas peu contribué à recentrer la figure du grand homme. C'est qu'au moment où l'effondrement de l'internationalisme prolétarien revitalisait l'idée nationale pour donner une nouvelle jeunesse à ce qui apparaissait comme la vieille loi du monde, la renaissance, en France, d'un nationalisme d'extrême droite, que l'on croyait mort depuis la guerre, venait épurer par opposition le nationalisme gaullien de ses traits les plus caricaturaux, pour l'ouvrir, le patriotiser davantage encore, le parer d'un œcuménisme assez indifférencié pour que toutes les familles politiques et toutes les sensibilités s'y reconnaissent — celle de Barrès comme celle de Péguy, celle de Michelet comme celle de Renan —, et en faire une bannière dont l'invocation, somme toute bien platonique et peu engageante, devient

1. Sur l'ensemble du problème, on consultera Olivier DUHAMEL, *La Gauche et la Ve République*, PUF, 1980, ainsi que le colloque organisé pour le vingt-cinquième anniversaire de la Ve République, et publié sous la direction d'Olivier DUHAMEL et Jean-Luc PARODI, *La Constitution de la Ve République*, nouv. éd., Presses de la FNSP, 1988.
2. Cf. Alain DUHAMEL, *De Gaulle-Mitterrand. La marque et la trace*, Flammarion, 1991.
3. Sur les rapports de De Gaulle avec la gauche, leur connivence originelle, leurs fiançailles à répétition et leurs noces éternellement différées, rien de plus perspicace que le grand article de Jacques OZOUF au moment même de la mort du Général, « Elle et lui », *Le Nouvel Observateur*, 16 novembre 1970.
4. Max GALLO, *L'Express*, 8-14 novembre 1980.

très honorable. D'autant que, circonstance supplémentaire, la réduction de l'éthique révolutionnaire à la philosophie des droits de l'homme, sur laquelle allait se concentrer le bicentenaire de 1789, devait permettre à l'image du Général de se gonfler, chemin faisant, de tout l'héritage de la Révolution française. Triple élargissement, donc, de l'assiette de la mémoire gaullienne : de l'aventure individuelle à l'inscription constitutionnelle, de la droite à la gauche, du rationalisme de rétraction à l'œcuménisme républicain. Triple transgression de son espace historique naturel qui, intelligemment gérée par les officiants du souvenir, après avoir été lancée par l'intéressé lui-même[1] et servie par la dérive droitière de l'héritage purement politique du gaullisme, a arraché le Général du cercle des opinions partisanes pour l'installer très vite au cœur de la mythologie nationale.

Très vite. Car si la mythologisation du général de Gaulle est un processus de longue haleine, qui fait partie intégrante de son histoire et débute avec son apparition sur la scène publique, on ne se tromperait pas en datant sa prise rapide et sa cristallisation irréversible des dix-huit mois qui vont de son désaveu par les Français au référendum du 28 avril 1969 à l'apothéose planétaire des funérailles du 12 novembre 1970[2]. Orchestration proprement magique des thèmes et des actes : il y eut la Retraite, thème majeur et triplement modulé — dans sa signification historique et politique, depuis le communiqué laconique du 28 avril : « Je cesse d'exercer mes fonctions de président de la République. Cette décision prend effet aujourd'hui à midi », jusqu'au non moins laconique et définitif : « Je ne dirai plus rien. » Dans sa signification privée, par l'enfermement prémortel

---

1. Le général de Gaulle avait mis lui-même le thème en musique, en des occasions il est vrai exceptionnelles, comme son entretien avec Michel Droit du 16 décembre 1965, après sa mise en ballottage à l'élection présidentielle : « C'est pas la gauche, la France ! [...] C'est pas la droite, la France. » Les deux mots n'apparaissent guère dans sa bouche. Cf. Jean-Marie COTTERET et René MOREAU, *Le Vocabulaire du général de Gaulle*, A. Colin, 1969.
2. Cf. l'excellente communication de Jean-Pierre Rioux aux Journées internationales, « Le souverain en mémoire (1969-1990) », à laquelle il est indispensable de se reporter, in *De Gaulle en son siècle, op. cit.*, t. I, pp. 303-315.

de La Boisserie, déjà devenue pèlerinage des intimes et des superfidèles du chêne qu'on abat. Dans sa signification imaginative et quasi métaphysique, par cette retraite dans la retraite, cette retraite en abîme dans l'Elseneur du Connemara d'où sont surgies ces images de menhir en deuil qui ont fait le tour du monde. Puis la tonitruante sortie du premier volume des *Mémoires d'espoir. Le Renouveau* : cent soixante-quinze mille exemplaires enlevés en trois jours, du 7 au 10 octobre 1970, succès fabuleux. Et, un mois après, la mort, au milieu de cette réussite, occupation triviale et pourtant si lourde de symboles, la mort presque instantanée, comme d'un saint rappelé tout vif à Dieu. Et enfin, dans la stricte application des clauses testamentaires qui dataient de 1952, avant donc tout retour au pouvoir, le double et solennel ordonnancement des funérailles, celles de Notre-Dame avec le cercueil vide autour duquel ne manquaient, pour sa plus grande gloire, que l'Afrique de l'apartheid et la Grèce des colonels, celles de Colombey avec « la paroisse, la famille, l'Ordre ; les funérailles des chevaliers »[1] ; double cérémonie, intime et planétaire[2], complétée par l'hommage spontané de la foule anonyme qui, toute la soirée, sous la pluie, remonte ces Champs-Élysées qu'il avait descendus avec elle dans la lumière du 26 août 1944.

Là s'est jouée, dans un jeu du hasard et de la volonté, à l'articulation de la présence et de l'absence, entre ce qui n'était déjà plus la vie et pas encore la mort, une séquence symbolique, un extraordinaire théâtre de mémoire dont l'ordonnancement miraculeux et la gestuelle précise paraissaient, sans que l'on en fût bien conscient sur le moment, répondre en contrepoint à cette autre mise en scène de mémoire qu'avait été, dans le registre inverse, l'explosion

1. André MALRAUX, *Le Miroir des limbes*, éd. définitive, Gallimard, « Bibliothèque de la Pléiade », 1976, p. 729.
2. Cf. Bernard RIGAUD, « Funérailles nationales, deuils internationaux, 1969-1970. Les obsèques de J. F. Kennedy, P. Togliatti, W. Churchill, Ch. de Gaulle », thèse de l'EHESS, 1985. Cf. aussi « Les réactions internationales à la mort du général de Gaulle », communication de Jacques DUPUY aux Journées internationales, *De Gaulle en son siècle, op. cit.*, t. I, pp. 607-611.

émotionnelle de mai 1968. Là, les barricades symboliques qui rappelaient le Paris de 1848 et de la Commune, les drapeaux noirs de l'anarchisme mêlés aux drapeaux rouges de la Révolution, et bientôt les accords de Grenelle qui répétaient les accords Matignon du Front populaire ; là, la mémoire communiste arrachée aux pontifes du communisme par le déchaînement juvénile, étudiant et ouvrier. Ici, la grande échappée de l'homme seul, la réémergence d'un autre de Gaulle qu'avaient fait oublier dix ans d'homme d'État : l'insurgé du 18 juin, le solitaire de la traversée du désert, l'écrivain des *Mémoires de guerre* auquel le temps avait offert, *in fine*, la reviviscence de son vrai destin.

Ce triomphe de mémoire offre avec le chemin de croix des communistes un saisissant contraste. Le premier coup de tonnerre date pour eux du Rapport Khrouchtchev, au XXe Congrès du PCUS, en février 1956, au lendemain de la reconnaissance du schisme yougoslave et à la veille de l'écrasement de la révolte de Budapest par les chars soviétiques[1]. Les dénonciations de la mémoire officielle et l'analyse de ses manipulations n'avaient pas manqué jusque-là. Mais, pour la première fois, la dénonciation des « crimes » et des « erreurs » de Staline était proférée du haut de la tribune la plus officielle de la hiérarchie communiste et la boîte de Pandore n'allait plus jamais se refermer. Le charme était rompu, la mémoire communiste définitivement atteinte. Les efforts même de Khrouchtchev pour circonscrire la mise en accusation du passé aux seuls méfaits du « culte de la personnalité » devaient se révéler d'autant plus ravageurs que le thorézo-stalinisme n'avait pas cessé de se construire et de se présenter comme la figure accomplie du marxisme-léninisme. L'atteinte à la clé de voûte menaçait donc l'édifice entier. C'était l'infaillibilité inhérente à la pratique du centralisme démocratique qui se trouvait, définitivement, mise en cause. Devant cette menace, cette fois centrale, à l'intégrité de sa mémoire, la réaction officielle du

1. Cf. Branko LAZITCH, *Le Rapport Khrouchtchev et son histoire*, Éd. du Seuil, 1976.

parti a été typique, et fatale. Jamais de concession franche, de palinodie publique ou de reniement expiatoire auxquels l'identité du parti n'aurait pas résisté. Mais dans cet univers de mots à double et triple sens, dans ce langage éternellement chiffré, derrière les dénégations tapageuses et les protestations permanentes de transparence et de continuité sans faille, des glissements insidieux, des éboulements internes aussitôt colmatés, des adaptations calculées au millimètre, le gommage progressif des formulations les moins tolérables et l'apparition subreptice de quelques mots clés, selon une technique éprouvée. Tandis que le choc de 1956 déclenchait la grande diaspora, surtout intellectuelle, qui devait porter à la visibilité historique la catégorie des « ex », le PC allait donc s'enfermer, pendant vingt ans, dans la formule du « soi-disant rapport attribué au camarade Khrouchtchev ». Il a fallu attendre 1977 pour que, en plein élan de l'Union de la gauche et de la tentation eurocommuniste, dans le contexte d'*aggiornamento* de façade du XXIIe Congrès, et à l'issue des sombres et confuses polémiques ouvertes par Jean Elleinstein dans *Le Monde* et à la télévision par la diffusion du film *L'Aveu* aux « Dossiers de l'écran »[1],

1. À la suite de la diffusion de *L'Aveu*, qui vit Jean Kanapa déclarer que si les communistes avaient su, ils auraient réagi et que « dès qu'ils ont su, ils ont clamé leur réprobation », Jean Ellenstein avait écrit dans *Le Monde* du 29 décembre 1976 que les partis communistes étrangers, et en particulier le parti français, n'avaient été informés que le lendemain matin du Congrès par l'envoi du texte qui devait être rendu le soir avec promesse de n'en pas parler. Le lendemain, *L'Humanité* opposait un démenti catégorique à Ellenstein pour, quinze jours après, démentir par un communiqué son propre démenti. Des propos de Jean Kanapa, on peut rapprocher ceux qu'il tenait lui-même vingt ans auparavant, au lendemain du Rapport Khrouchtchev, à la tribune du XIVe Congrès du PCF : « Il paraît, à en croire certains, que nous devrions exprimer des regrets, demander des pardons. De la révélation de certains des actes du camarade Staline et de certaines violations de la légalité socialiste, nous avons éprouvé sans doute une peine profonde [...] mais regretter ? Que devrions-nous regretter ? Notre défense acharnée et inconditionnelle de l'Union soviétique face à ses détracteurs systématiques ? D'avoir appliqué notre esprit de parti à ne pas laisser entamer le front solide de notre parti communiste et de notre passé ? Ah non ! Quels qu'aient été les épreuves, les difficultés, les défauts, les tâtonnements, non, nous ne regretterons jamais cette belle et dure école du passé qui a été celle de notre parti pendant toutes ces dernières années et à laquelle nous devons notre esprit combattant à la tête du mouvement révolutionnaire. »

Le moment du gaullo-communisme 271

le bureau politique publie dans *L'Humanité* du 13 janvier un de ces longs communiqués embarrassés d'explications qui ne sont déchiffrables que par les initiés : « Afin que, dans la préparation du XIVe Congrès du parti communiste français [au lendemain du rapport Khrouchtchev], tous les militants puissent discuter utilement des problèmes soulevés par le rapport du camarade Khrouchtchev, le bureau politique avait demandé au comité central du parti communiste de l'Union soviétique le texte de ce rapport dont les adhérents de certains partis communistes et ouvriers ont eu connaissance. » Rideau. Le passage de la thèse des « retards », admis par Georges Marchais, dans la réévaluation de « certaines positions théoriques » des années 1955-1960, à la problématique générale du « complexe et contradictoire » qui a prévalu dans ce que Roger Martelli, membre du comité central et historien du parti, finit en 1982 par expliquer comme un « blocage stratégique »[1] ne modifie pas le fond de l'affaire. Il n'est pas dans la nature du PC de pouvoir affronter son passé en face.

La crispation stalinienne de l'appareil a eu pour effet de compromettre assez tout l'héritage fondateur pour le voir en définitive capté, concurrencé, acculé à la défensive, pris en tenaille sur deux fronts qui se sont émancipés de son hégémonie : l'un, côté socialiste et social-démocrate, en se débarrassant du discrédit que les communistes n'avaient cessé de faire peser sur lui ; l'autre, à l'ultra-gauche, en leur arrachant le monopole de la tradition révolutionnaire pour — le schisme sino-soviétique, Cuba et la guerre d'Algérie aidant — réinvestir l'héritage dans le maoïsme et le tiers-mondisme et déboucher sur la nébuleuse gauchiste. Double et vaste transfert de mémoire. Sur un front, pour que la renaissance socialiste devienne possible et que, sur l'épuisement de l'idée révolutionnaire, l'image de la gauche non communiste se lave du soupçon d'éternelles « trahisons » qu'avait précisément su faire peser sur elle une lecture léni-

1. Roger MARTELLI, *1956, le choc du XXe Congrès. Textes et documents*, Messidor-Éditions sociales, 1982.

niste de l'histoire, il a fallu cette grande mutation culturelle que fut — autre longue histoire que l'on ne peut ici qu'évoquer — la confluence, au cours des années 1970, de l'Église catholique et du marxisme doctrinal. Une Église catholique qui avait amorcé son virage à partir du concile Vatican II et dont la hiérarchie, phénomène tout nouveau, s'est ouverte au « dialogue » avec l'espérance ouvrière[1]. Un marxisme multiforme qui a fleuri sur les ruines de l'orthodoxie léniniste et qui, nourri de la tradition requinquée de Jaurès et de Blum, revigoré par Gramsci, est devenu bon an mal an, jusqu'à la rupture politique avec les communistes en 1983, mais sans être jamais officiellement répudié, la philosophie molle et diffuse, la référence générale du socialisme à la française. Sur l'autre front, dans la foulée du militantisme gauchiste, trotskiste ou libertaire, se sont opérées, avant et après 1968, une vaste remise à jour et une redécouverte systématique de tous les mouvements révolutionnaires occultés par le bolchevisme léniniste, de Cronstadt aux spartakistes, de Makhno aux mouvements conseillistes et aux anarchistes de la CNT espagnole. Réhabilitation tous azimuts des héros et victimes de la « révolution inconnue[2] », tous bons à ressusciter pour peu qu'ils mettent en difficulté la version historique du monolithisme officiel. Et monolithisme officiel lui-même assez engourdi, assez louvoyant, assez « réviso » pour se voir renvoyé aux classiques du bolchevisme par les tenants d'un retour à l'orthodoxie pure et dure, comme, par exemple[3], ces

---

1. Cf. en particulier les deux documents de début juillet 1977, émanés du Conseil permanent de l'épiscopat français, qui devaient ouvrir un large débat : *Le Marxisme, l'homme et la foi chrétienne* ; le Conseil affirmait : « Nous ne saurions aligner notre espérance chrétienne sur le matérialisme historique et la dialectique du parti communiste » ; *Foi et marxisme en monde ouvrier*, issu de la commission épiscopale du monde ouvrier, qui proposait d'« accueillir la philosophie marxiste pour la questionner » (Éd. du Centurion, 1977).
2. VOLINE, pseudonyme de V. M. Eichenbaum, *La Révolution inconnue, 1917-1921. Documentation inédite sur la révolution russe*, Belfond, 1969, nouv. éd. 1986.
3. Sans parler de Louis ALTHUSSER réclamant obstinément un retour au stalinisme. Cf. *Réponse à John Lewis*, Maspero, 1973 ; *Éléments d'autocritique (1964-1975)*, Maspero, 1976 ; *Ce qui ne peut pas durer dans le parti communiste*, Maspero, 1978.

conférences qu'André Ferrat avait prononcées devant les cadres de 1930, restées longtemps la seule *Histoire du PCF d'avant le Front populaire*[1] ! Décidément la mémoire noire du communisme était devenue presque sa vraie mémoire. Elle avait perdu sur tous les tableaux. Profanée, détournée, caricaturée jusque par ses plus vigilants gardiens. Quel chemin n'a-t-il pas fallu qu'elle parcoure depuis les temps héroïques pour que *L'Humanité* elle-même en arrive, dérision des valeurs les plus sacrées, à titrer sur quatre colonnes le dernier jour du *Mundial* : « C'est la lutte finale » !

◆

Aboutissement de cette évolution contradictoire, deux types exemplaires de mémoire historique que l'historien du contemporain a rarement l'occasion de saisir dans leur pureté cristalline : une mémoire mythifiée, une mémoire historisée.

Tout se passe en effet, dans le cas du gaullisme, comme si la postérité, généralement implacable, avait non seulement ratifié une politique et une intention individuelles de mémoire[2], souscrit d'une approbation massive à l'image que de Gaulle avait voulu forger de lui-même, mais s'était emparée des éléments de cette image pour la prolonger, l'enluminer, en enrichir la matière première et lui permettre de répondre à ses besoins propres, en la constituant à son tour en un « lieu de mémoire » autonome. Pour parodier la formule même du Général en mai 1968, les fidèles n'ont pas cessé de fidéliser, les médias de médiatiser et les historiens d'historier.

Au rythme des commémorations[3] et des batteries de son-

---

1. André FERRAT, *Histoire du PCF*, Bureau du mouvement ouvrier, 1931 ; rééd. Éd. Gît-le-Cœur, 1969. André Ferrat, membre du Bureau politique à vingt-cinq ans, en 1927, délégué avec Thorez au VIe Congrès de l'Internationale et représentant du PC à Moscou de 1924 à 1931, sera finalement exclu en 1937 pour opposition de gauche.
2. Cf. Odile RUDELLE, « Politique de la mémoire ; politique de la postérité », in *De Gaulle en son siècle, op. cit.*, t. I, pp. 149-162.
3. Toutes précisions dans J.-P. RIOUX, « Le souverain en mémoire (1969-1990) », art. cité.

dages[1], sous l'effet des vagues de livres[2], des sélections de photographies[3] et des séries télévisuelles[4], le personnage s'est transformé. Il s'est stylisé par une occultation progressive des périodes mémorialement douteuses : RPF, mai 1958, guerre d'Algérie, mai 1968. Il s'est épinalisé par l'adjonction d'éléments que ne comportait pas le modèle initial : bon père, bon fils, bon époux, bon chrétien[5]. Il s'est scolarisé en sujets de baccalauréat[6], institutionnalisé par l'activité de l'Institut Charles-de-Gaulle[7]. De même que la publication du *Contre Sainte-Beuve* et de *Jean Santeuil* a donné un soubassement à l'apparition météorique de la *Recherche du*

1. Les sondages qu'analyse André GUETTARD en 1980 in *La Légende gaulliste et le dixième anniversaire de la mort du général de Gaulle*, mémoire de DEA, sous la direction de Raoul Girardet, IEP, 1981, montrent bien que l'essentiel est déjà acquis.
2. De la mort du Général à 1974, il est paru 132 livres et albums, soit une moyenne de 26 ouvrages par an. L'époque s'individualise nettement par rapport à celles qui l'encadrent : une moyenne de 17 ouvrages annuels de 1958 à 1969 et de 16 titres par an de 1975 à 1990.
3. L'apport sélectif des photographies, qui a été essentiel, apparaît bien dans l'ouvrage original de Jacques BORGÉ et Nicolas VIASNOF, *De Gaulle et les photographes*, EPA-Vilo, 1979.
4. Ici encore, les rythmes sont parlants : *Mon général*, d'Olivier Guichard, *Le Verbe et l'Image*, de Pierre Lefranc et Pierre-André Boutang, marquent l'année 1980. *Français si vous saviez*, d'André Harris et Alain de Sédouy, apparaît en 1982 comme un contre-feu. La grande série de Jean Lacouture, Roland Mehl et Jean Labib, *De Gaulle, ou l'Éternel Défi*, diffusée sur TF1 en mai-juin 1988, accompagnée du livre qui en fut tiré sous le même titre, Éd. du Seuil, 1988, a dominé la préparation du centenaire. Du 21 novembre au 11 décembre 1990, la Vidéothèque de Paris a diffusé un imposant ensemble sur *De Gaulle à l'écran*.
5. [Cf. Philippe de GAULLE, *De Gaulle, mon père*, Plon, 2003.]
6. Marie-Hélène Pradines (séminaire IEP, de Jean-Pierre Rioux) a, par exemple, dressé l'inventaire des soixante-dix-sept sujets de baccalauréat donnés sur de Gaulle de 1978 à 1988, faisant ainsi apparaître des académies particulièrement « gaullistes », comme Nice, Lille et Montpellier, d'autres plus ou moins réfractaires, comme Limoges, Dijon, Poitiers ou Rennes.
7. L'Institut Charles-de-Gaulle, installé 5, rue de Solferino, à Paris, dans l'immeuble où le Général avait établi ses bureaux pendant onze ans, est une association privée dont le Général avait eu l'initiative dès son départ et qui a été fondée le 20 février 1971 sous la présidence de Pierre Lefranc. Il a joué un rôle particulièrement important par ses commissions, son regroupement d'« amis », ses cycles de conférences, colloques, formations ; ses cercles d'études, ses expositions itinérantes, sa revue trimestrielle *Espoir* et la collection du même nom, la librairie *Notre siècle*, ses albums, ses publications savantes comme l'*Index des thèmes de l'œuvre du général de Gaulle*, Plon, 1978. Son mélange de piété hagiographique et de souci scientifique, son organisation à la fois débonnaire et militaire, son activité vigilante et sa discrète efficacité mériteraient une étude attentive.

temps perdu, de même le premier des douze volumes de *Lettres, notes et carnets*[1] a fait apparaître un de Gaulle avant de Gaulle, préparé ou non au coup d'éclat du 18 juin, en même temps qu'il éclairait la partie soigneusement cachée de l'édifice, l'homme privé. Signe et sanction de la montée en puissance de la figure mythique : l'échec régulier des offensives de contre-mémoire suscitées par les remontées périodiques de l'affaire algérienne ou la question du vichysme de masse. Le personnage a pris ses dimensions de père des Français, à la fois par son inscription dans la galerie des ancêtres et par le rapprochement de l'humour, l'intimité de la dérision, ce que Jean-Pierre Rioux appelle heureusement la « privatisation de la ferveur ». *Aimer de Gaulle* (1978) dit bien le titre filial de Claude Mauriac[2], auquel fait écho douze ans plus tard celui, devenu fraternel, de Régis Debray, *À demain de Gaulle*[3].

Du même coup, et en dépit des presque trois mille titres (!) que compte la bibliographie qui lui est consacrée[4] (supérieure à celle de tout autre personnage de l'histoire de France, Napoléon compris), de Gaulle n'est pas encore entré dans son âge historien ; il y a même peut-être pour toujours échappé. De l'énorme production de livres[5], venus surtout de témoins, journalistes, politologues, combien peuvent se donner vraiment pour historiques ? Et comment faire l'histoire d'un mythe qui ne serait pas celle, non plus,

---

1. La sélection et la présentation par l'amiral Philippe de Gaulle des *Lettres, notes et carnets* a aussitôt appelé la réaction critique des historiens, en particulier de Jean-Noël JEANNENEY dans *Le Monde* (18 juin 1980).
2. L'ouvrage de Claude MAURIAC, *Aimer de Gaulle*, Grasset, 1978, a été immédiatement suivi par la salve des grands officiants : Pierre LEFRANC, *Avec qui vous savez*, Plon, 1979 ; Jacques CHABAN-DELMAS, *Charles de Gaulle*, Paris-Match / Éditions n° 1, 1980 ; Marcel JULLIAN, *L'Homme de 1940*, Robert Laffont, 1980 ; Maurice SCHUMANN, *Un certain 18 juin*, Plon, 1980.
3. Le succès du livre de Régis DEBRAY, *À demain de Gaulle*, Gallimard, 1990, a été immédiat : quarante mille exemplaires.
4. Dont les deux tiers depuis dix ans. [Une bibliographie internationale sur Charles de Gaulle est régulièrement mise à jour par l'Institut Charles-de-Gaulle. Elle recense plusieurs milliers de livres, articles et rapports, en français ou non.]
5. Cf. en particulier celle, bien ventilée et commentée, de Pierre VIANSSON-PONTÉ au lendemain de la mort du Général, à la fin de *La République gaullienne*, Fayard, 1971.

d'un contre-mythe[1] ? Tous les historiens, ou presque, qui se sont penchés sur tel ou tel aspect du gaullisme ou de l'action du général de Gaulle seraient sans doute d'accord pour concéder qu'il est plaidable dans les deux sens, en comptabilité à partie double. Et que chacun des gros dossiers, en particulier depuis 1958, à commencer par le retour au pouvoir et la guerre d'Algérie, mais aussi l'Allemagne et l'Europe, mais aussi la Constitution, ou l'attitude à l'égard des États-Unis, ou même le de Gaulle écrivain, est passible d'interprétations et de jugements contradictoires, y compris les interprétations d'ensemble, qui oscillent toutes entre deux pôles : le réaliste de l'action, dont François Goguel[2] s'est fait le défenseur, ou l'« artiste de l'histoire » qu'ont, les premiers, mis en valeur Stanley et Inge Hoffmann[3]. Et que le traitement historique, ici, ne peut pas consister à opposer à un de Gaulle un de Gaulle plus vrai, mais à inscrire au cœur de chacun des problèmes une ambiguïté indécidable. Entre toutes ces interprétations, cependant, la mémoire collective a tranché, dans le sens que voulait globalement lui donner le Général ; et c'est à partir d'elle que l'historien doit travailler. Quoi qu'il fasse, il est pris dans un dilemme de fond : ou accorder d'entrée de jeu au phénomène gaulliste et au personnage de Gaulle l'exceptionnalité absolue qu'ils revendiquent, et abandonner l'essentiel — qui consiste pour l'historien à se déprendre de ce qui, du sujet dont il parle, est encore ce sujet qui parle à travers lui — ; ou la leur refuser, au risque, dans ce cas-ci, de manquer l'essentiel, qui consiste précisément dans ce que le gaullisme et de Gaulle

---

1. [J'ai abordé ce thème dans « L'historien devant de Gaulle », *in* P. NORA, *Présent, nation, mémoire, op. cit.*, pp. 278-288.]
2. Que rejoindrait paradoxalement sur ce point Jean-François REVEL dans sa réponse à la question « Où en êtes-vous... ? » [cf. *supra*, p. 261, n. 1] et dont on lira avec intérêt « De la légende vivante au mythe posthume » (1988) publié en introduction à la réédition, aux Éd. Complexe, du *Style du Général*, Julliard, 1959. Pour une présentation succincte de la position de François Goguel, cf. son dialogue avec Jean LACOUTURE, qui voit le « mythiculteur » là où son interlocuteur voit un empirique et un réaliste. « De Gaulle a-t-il inventé de Gaulle ? », *L'Histoire*, n° 134, juin 1990.
3. Stanley et Inge HOFFMANN, *De Gaulle artiste de la politique*, Éd. du Seuil, 1973.

ont eu d'exceptionnel. Les meilleurs biographes n'y ont pas échappé — Jean Lacouture en particulier[1] —, en appliquant d'emblée à de Gaulle la grille d'interprétation et les critères de jugement sur lesquels il voulait lui-même être jugé : ceux du héros providentiel, du Hamlet de tous les défis. À partir de cette concession décisive, on peut toujours apporter toutes les restrictions et nuances qui s'imposent, l'essentiel de ce qui serait en question pour un historien est abandonné : le personnage est jaugé aux normes qu'il avait lui-même imposées. C'est lui qui a dicté les règles du jeu, comme dans une toile de La Tour ou de Vermeer où la lumière qu'on croit éclairer le tableau vient du tableau lui-même. Ce n'est pas de l'« ego-histoire », mais de l'« écho-histoire », qui prolifère et buissonne à partir d'un foyer central et constitutif, développant des genres de plus en plus raffinés et ramifiés qui s'appellent les uns les autres dans un rebondissement perpétuel, où le témoin appelle le contre-témoin et le témoin du témoin, où le commentaire officiel appelle la confidence, et la couverture du quotidien la tentation périodique de la synthèse ; la hiérarchie des proximités obligeant la parole des uns et le silence non moins éloquent des autres, l'étrangeté du modèle suscitant le portrait et l'analyse psychologique, sa noblesse provoquant la mobilisation générale des plumes nobles[2], sa solennité excitant la caricature et la publication des bons mots, son étrangeté tentant le regard des étrangers : l'escalade se nourrit d'elle-même. La gaullologie a ses lois et ses rythmes, ses grands prêtres et ses enfants de chœur ; il lui arrive même d'avoir ses historiens. Mais même alors, l'histoire du gaullisme et de De Gaulle ne peut s'écrire que du sein d'une histoire elle-même « gaullisée » ou « gaullifiée ». Preuve tangible que, contrairement aux apparences, le travail historique n'est pas toujours possible.

C'est au contraire sur le terrain de l'histoire, et de l'his-

---

1. Jean LACOUTURE, *De Gaulle*, t. I, *Le Rebelle*, t. II, *Le Politique*, t. III, *Le Souverain*, Éd. du Seuil, 1984-1986, que la critique a unanimement salué.
2. Cf. *De Gaulle et les écrivains*, Jean SERROY (dir.), préface de Régis Debray, commentaires de Jean Lacouture, Presses universitaires de Grenoble, 1991.

toire la plus critique, celle qui s'attache à l'établissement et au rapprochement des faits, que la mémoire communiste a été attaquée, minée de l'intérieur et de l'extérieur, et finalement réduite[1].

Terrain d'autant plus sensible que, de l'histoire, le PC avait toujours fait un usage abusif et stratégique. Marxiste, comment échapperait-il au recours permanent à son explication ? « L'histoire nous apprend que... » Populaire et prolétarien, comment n'aurait-il pas fait droit à une pédagogie de la mémoire sur large échelle, écoles primaires du parti, éditions de propagande, mémoires de révolutionnaires, rappel incessant des luttes ouvrières et des luttes clandestines contre l'occupant, déluge de littérature édifiante ? Des enquêtes ont même montré qu'à niveau d'instruction comparable les communistes savaient davantage d'histoire. Dès la fin 1938, le parti se dotait d'une commission officielle et n'a jamais dédaigné de garnir d'historiens ses tribunes officielles. Mieux encore : aucun parti n'a été aussi constamment soucieux de sa mise en scène historique, de la présentation de sa propre histoire ; aucun n'a érigé à ce point le devoir de mémoire en élément clé de son identité. Mais une histoire très spéciale, une « histoire-mémoire » aux mécanismes parfaitement rodés et codés[2]. Jusqu'au début des années 1970, aucun historien

---

1. Principales recensions historiographiques : Nicole RACINE, « État des travaux sur le communisme en France », in *Le Communisme en France*, A. Colin, 1969, pp. 305-346. Annie KRIEGEL, « L'historiographie du communisme français : premier bilan et orientations de recherches », en annexe de la première édition de son ouvrage classique, *Les Communistes français. Essai d'ethnographie politique*, Éd. du Seuil, « Politique », 1968 — reprise et complétée avec Guillaume BOURGEOIS dans l'édition refondue, *Les Communistes français dans leur premier demi-siècle*, Éd. du Seuil, 1985, annexes I et II. Cf. aussi Roger MARTELLI, « Bref aperçu des publications consacrées au PCF depuis 1969 », *Étudier le PCF*, n°s 29-30 des *Cahiers d'histoire de l'Institut Maurice-Thorez*, 1979, pp. 128-170. Complément d'information par Marie-Claire LAVABRE et Denis PESCHANSKI, « L'histoire pour boussole ? Note sur l'historiographie communiste, 1977-1981 », *Communisme*, n° 4, 1983, pp. 105-114, et Marie-Claire LAVABRE, *ibid.*, n° 7, 1985. Pour un état de la question, cf. la discussion entre Stéphane COURTOIS et Roger MARTELLI, « Où en est l'histoire du PCF ? Un échange », *Le Débat*, n° 31, septembre 1984, pp. 149-177.

2. Cf. Georges LAVAU, « L'historiographie communiste : une pratique politique », *in* Pierre BIRNBAUM et Jean-Marie VINCENT, *Critique des pratiques politiques*, Galilée, 1978, pp. 121-163.

professionnel du parti ; toute la production à prétention historique reste le monopole des responsables politiques, dominée par l'inégalable modèle du *Fils du peuple*[1] et des *Œuvres* de Maurice Thorez. Une histoire donc purement officielle et politisée qui, même quand elle n'émanait pas directement des autorités du parti ou ne recourait pas à des historiens de métier pour en faire des instruments déshonorés de sa propagande (comme Jean Gacon et Jean Bouvier avec *La Vérité sur 1939*, en 1954), restait une « parole d'institution », écrite avec l'« esprit de parti » dont se réclament encore explicitement, en 1964, les préfaciers du premier, très attendu et très décevant manuel d'*Histoire du PCF*[2] : « Le principe de base de cette étude est l'esprit de parti dans les sciences, le seul qui allie la vigueur et l'honnêteté scientifiques. » Une histoire d'autant plus pointilleuse qu'imitative, calquée sur un modèle de référence imposé de l'extérieur, le PC ne se souvenant jamais que l'œil rivé sur un registre qui n'est pas le sien, et dont l'*Histoire du PC (b) de l'URSS*, de célèbre mémoire, avait, dès 1937, fixé la norme et le ton. Une histoire essentiellement interprétative, adaptative, dont la rhétorique emphatique et péremptoire obéissait à une économie interne proprement an-historique. Une histoire totalement linéaire et confirmatoire où il s'agissait toujours, comme tant de titres le martèlent, d'aller « De ... à ... »[3] ; une histoire aux éléments figés, aux rôles attribués, à commencer par ceux de la bourgeoisie impérialiste d'un côté, du parti héroïsé et de la classe ouvrière incarnatrice de la patrie réprouvée de l'autre. Une structure générale que l'on avait pu aller, comme Georges Lavau, jusqu'à analyser en termes de conte merveilleux, à l'instar du folkloriste Vladimir Propp, et dont fleurissent encore parfois d'ultimes échantillons, derniers fossiles d'une

---

1. Cf. l'analyse de Michelle PERROT, « Les vies ouvrières », *in* P. NORA (dir.), *Les Lieux de mémoire*, t. III, *Les France*, vol. 3, *De l'archive à l'emblème*, *op.cit.*, p. 86.
2. Jacques DUCLOS et François BILLOUX (dir.), *Histoire du Parti communiste français (manuel)*, Éditions sociales, 1964, p. 10.
3. Par exemple, Florimond BONTE, *De l'ombre à la lumière*, Éditions sociales, 1965.

manière d'écrire l'histoire avec laquelle les communistes ont été progressivement obligés de rompre.

Car c'est précisément sa propre mémoire que le parti s'est vu renvoyer à la face depuis vingt ans, à grands coups de démontages historiques plus meurtriers les uns que les autres. Dans ce travail de sape, les historiens ont trouvé le renfort de mémorialistes — ce furent parfois les mêmes. Témoignages, souvenirs[1], autobiographies d'anciens responsables ou simples militants sont devenus un genre, à étudier comme tel, un corpus scientifique d'une extraordinaire richesse et diversité, incessamment renouvelé par le caractère « passoire » du PC, un lieu de mémoire à soi seul, l'instrument par lequel la mémoire officielle du communisme a passé, à tous les sens du verbe, dans la vérité vécue des souvenirs individuels, indépendamment de leur rapport avec le vrai. Globalement, le genre a peut-être moins contribué à la décomposition du phénomène qu'à sa fixité, mais il a eu parfois un véritable effet de choc — que l'on songe à l'*Autocritique* d'Edgar Morin en 1958 ou à *L'Aveu* d'Artur

---

1. Cf., par exemple, pour la seule période de la guerre froide, et sans les compléter par les ouvrages parus postérieurement, les quinze titres exploités par Francine SIMON, « La mémoire communiste, les dissidents français et la guerre froide », DEA de l'IEP, sous la direction de Raoul Girardet, 1978. Ce sont, dans l'ordre chronologique : André MARTY, *L'Affaire Marty*, Les Deux Rives, 1955 ; Pierre HERVÉ, *Ce que je crois*, Grasset, 1958 ; Edgar MORIN, *Autocritique*, Les Lettres nouvelles, 1958 ; Auguste LECŒUR, *Le Partisan*, Flammarion, 1963 ; Claude ROY, *Moi je*, 1969, *Nous*, 1972, *Somme toute*, 1976, Gallimard ; Dominique DESANTI, *Les Staliniens, 1944-1956*, Fayard, 1974 ; Simone SIGNORET, *La nostalgie n'est plus ce qu'elle était*, Éd. du Seuil, 1976 ; Pierre DAIX, *J'ai cru au matin*, Robert Laffont, 1976 ; Jean DUVIGNAUD, *Le Ça perché*, Stock, 1976 ; Jean-Pierre CHABROL, *La Folie des miens*, Gallimard, 1977 ; Raymond LÉVY, *Schartzenmurtz, ou l'Esprit de parti*, Albin Michel, 1977 ; Philippe ROBRIEUX, *Notre génération communiste*, Robert Laffont, 1977 ; Charles TILLON, *On chantait rouge*, Robert Laffont, 1977 ; Roger PANNEQUIN, *Les Années sans suite*, Le Sagittaire, 1977, 2 vol. ; Jean RONY, *Trente ans de parti. Un communiste s'interroge*, Christian Bourgois, 1978. Encore cette liste ne tient-elle pas compte des Mémoires officiels des responsables communistes parus pendant la même période, les principaux étant : Virgile BAREL, *Cinquante années de lutte*, Éditions sociales, 1966 ; Jacques DUCLOS, *Mémoires*, Fayard, 1968-1972, 6 vol., dont le quatrième, *Sur la brèche, 1945-1952*, et le cinquième, *Dans la mêlée, 1952-1958*, portent sur la période ; Léo FIGUIÈRES, *Jeunesse militante*, Éditions sociales, 1971 ; Fernand GRENIER, *Ce bonheur-là*, Éditions sociales, 1974 ; Raoul CULAS, *Souvenirs d'un condamné à mort*, Éditions sociales, 1976 ; Étienne FAJON, *Ma vie s'appelle liberté*, Robert Laffont, 1976.

London en 1968[1] — et fourni aux spécialistes une mine inépuisable d'informations ponctuelles. Tout y est donc passé. D'abord les conditions mêmes de sa naissance[2], ensuite la personne de Maurice Thorez[3], enfin et surtout la sombre période qui va du pacte germano-soviétique, en septembre 1939, à l'invasion allemande de l'Union soviétique, en juin 1941, et qui pose le problème crucial du défaitisme révolutionnaire et de la date d'entrée de la direction dans la Résistance[4]. Pas un recoin de la mémoire qui n'ait été passé au crible. Les communistes ont dû admettre le protocole secret ajouté au pacte germano-soviétique[5], la fabrication d'un numéro fantôme de *L'Humanité* daté du 10 juillet 1940[6], les démarches auprès de la *Pro-*

1. Ces deux livres événements, E. MORIN, *Autocritique, op. cit.*, et A. LONDON, *L'Aveu, op. cit.*, mériteraient à eux seuls une étude de réception. Pour le second, cf. Annie KRIEGEL, *Les Grands Procès dans les systèmes communistes. La pédagogie infernale*, Gallimard, « Idées », 1972.
2. Cf. la thèse d'Annie KRIEGEL, qui a marqué le coup d'envoi des travaux universitaires sur le communisme, *Aux origines du communisme français, 1914-1920*, 2 vol., Mouton, 1965 ; ainsi que, la même année, sa présentation du *Congrès de Tours*, Julliard, « Archives ».
3. Cf. Philippe ROBRIEUX, *Maurice Thorez, vie secrète et vie publique*, 4 vol., Fayard, 1975, ainsi que la vaste série qui a suivi sur l'*Histoire intérieure du Parti communiste*, 4 vol., Fayard, 1980-1984.
4. Cf. Stéphane COURTOIS, *Le PCF dans la guerre, de Gaulle, la Résistance, Staline...*, Ramsay, 1980. Les actes de l'important et tumultueux colloque sur le sujet tenu à l'École normale en octobre 1983 ont paru sous la direction de Jean-Pierre AZÉMA, Antoine PROST et Jean-Pierre RIOUX en deux volumes différents : *Le Parti communiste des années sombres*, Éd. du Seuil, 1986, et *Les Communistes français de Munich à Châteaubriant, 1938-1941*, Presses de la FNSP, 1987.
5. Cf. Yves SANTAMARIA, *Le PCF et son histoire. Le pacte germano-soviétique. Étude de l'historiographie communiste (1943-1968)*, mémoire de maîtrise de l'université Paris-IV, 1983. Le protocole secret prévoyait le partage de la Pologne après la victoire commune.
6. L'appel du 10 juillet 1940 est un tract intitulé *Peuple de France* et signé de Maurice Thorez et Jacques Duclos, dont vingt-trois demi-lignes sur cinq cents peuvent être considérées comme un appel au « Front de la liberté, de l'indépendance et de la renaissance de la France ». Le reste affirmant en fait la position pacifiste et antibritannique du parti. Dès 1948, Angelo ROSSI dans sa *Physiologie du Parti communiste français* dénonça le « faux patriotique » et démontra également que le numéro de *L'Humanité* clandestine daté du 10 juillet 1940, sur lequel figure la version entre-temps devenue officielle de l'« Appel » et dont *L'Humanité* du 12 décembre 1947 avait reproduit un fac-similé, était un faux. Sur les enjeux politiques de cet « Appel » et son utilisation commémorative, cf. Nicole RACINE-FURLAUD, « 18 juin 1940 ou 10 juillet 1940, bataille de mémoires », in *Cinquante ans d'une passion française, op. cit.*

pagandastaffel pour faire reparaître le journal du parti, la lettre de Billoux à Pétain pour faire libérer les communistes emprisonnés[1], tous points névralgiques demeurés longtemps un enjeu majeur à l'intérieur même de la direction[2] et sur lesquels, aujourd'hui encore, les historiens communistes se battent pied à pied[3]. Une historiographie de combat, dont le premier cadre global d'interprétation a été fourni par Annie Kriegel, s'est grossie d'un bataillon d'historiens où se côtoient la génération marquée par la guerre d'Algérie et 1968 et celle marquée par l'Union de la gauche et sa rupture. Elle a obligé les communistes à réagir. Une ligne de partage constamment mobile, appelée timidement par le comité central d'Argenteuil, en 1966, qui interdisait toute vérité officielle en contradiction avec l'« histoire réelle », s'est lentement élargie entre ce que Marie-Claire Lavabre et Denis Peschanski appellent heureusement l'« histoire-référence », c'est-à-dire la politique au passé, et l'« histoire-substance »[4], qui fait l'objet d'un développement relativement autonome depuis 1970. De « sujet » de l'histoire, le parti est devenu « objet » de l'histoire[5]. Le *Manuel* de 1964 était entièrement contrôlé par la direction politique. *Étudier le PCF*, en 1979, ainsi que *Le PCF, étapes et problèmes*,

---

1. Jacques FAUVET, en collaboration avec Alain DUHAMEL, en faisait déjà état dans son *Histoire du Parti communiste français*, Fayard, 1964-1965, 2 vol.
2. Cf. l'important article de Stéphane COURTOIS, « Luttes politiques et élaboration d'une histoire : le PCF historien du PCF dans la Deuxième Guerre mondiale », *Communisme*, n° 4, 1983, pp. 5-26.
3. Cf. M.-Cl. LAVABRE et D. PESCHANSKI, « L'histoire pour boussole ? », art. cité, qui notent que près d'un tiers des articles historiques parus dans les *Cahiers du communisme* de 1977 à 1982 est consacré aux années de guerre. En 1990 encore, Roger BOURDERON consacre un numéro entier des *Cahiers d'histoire* de l'Institut de recherches marxistes, n° 42, à *1940*, appuyé par un ensemble sur « L'année quarante » dans *La Pensée*, n° 275, mai-juin 1990.
4. Cf. Marie-Claire LAVABRE et Denis PESCHANSKI, « Histoire militante. La formation historique dans quatre organisations de gauche », notamment « Parti communiste, la ligne générale », *Espaces-Temps*, n° 9, 1978, pp. 50-69.
5. La distinction est de Danielle TARTAKOWSKI dans sa contribution à *Étudier le PCF, op. cit.*, où elle écrit notamment : « L'histoire et le marxisme jouissent dans le marxisme et dès lors dans le PCF d'un statut particulier. À la différence de la philosophie, l'histoire me paraît aujourd'hui avoir fini d'en payer le prix. » Du même auteur, *Une histoire du PCF*, PUF, « Politique aujourd'hui », 1982.

1920-1972, en 1981, deux publications marquantes de l'Institut Maurice-Thorez[1], ne le sont plus. Mais même professionnels, les historiens communistes restent pénétrés des enjeux politiques de la recherche : « Le refus — même sincère —, précise l'un d'eux, d'une histoire essentiellement justificatrice ne peut conduire à une position simplement inversée qui verrait le PCF quitter un terrain d'activité important pour lui-même et pour la bataille idéologique[2]. » C'est encore rester, et jusqu'à maintenant, dans le cadre et les limites que définissait Georges Marchais quand, au lendemain du XXIIe Congrès, protestant qu'il était désormais « impensable que nous ne disions pas la vérité sur tous les sujets », il rendait assez platonique son invitation aux historiens « à porter un jugement sur notre comportement passé » en enchaînant : « Nous sommes unanimes à considérer que, pour l'essentiel, la politique menée par notre parti depuis sa fondation jusqu'au XXIIe Congrès a bien servi les intérêts du socialisme[3]. » Quels que soient cependant l'irrédentisme des historiens ou l'attachement à leur mécanisme d'interprétation, la bataille est virtuellement terminée, elle a perdu son enjeu polémique. La mémoire gaulliste a gagné contre son histoire, mais l'histoire du communisme a gagné contre sa mémoire.

Le travail du temps a donc abouti à deux situations diamétralement inverses. Le gaullisme présente le cas étrange d'une mémoire historique mythifiée, que l'analyse histo-

1. L'Institut Maurice-Thorez, fondé aussitôt après la mort du secrétaire général, en octobre 1964, publie des *Cahiers*, devenus *Cahiers d'histoire*, dont l'un des plus importants a été consacré à *Étudier le PCF*, n°s 29-30, 1979, qui réunit toute la jeune équipe des historiens communistes — Roger BOURDERON, Jean BURLES, Jacques GIRAULT, Roger MARTELLI, Jean-Louis ROBERT, Jean-Paul SCOT, Danielle TARTAKOWSKY, Germaine WILLARD, Serge WOLIKOW. Elle se retrouve dans *Le PCF. Étapes et problèmes, 1920-1972*, Éditions sociales, 1981.
2. Cf. J. BURLES, *Étudier le PCF, op. cit.*, p. 21. Même son de cloche, par exemple, chez S. WOLIKOW : « Pour l'historien communiste, il ne s'agit pas d'ignorer les rapports entre la politique et l'histoire de son parti, mais il lui faut les définir tels qu'ils sont aujourd'hui [...], les penser dans leurs relations aux besoins nés de sa stratégie politique », *ibid.*, p. 30.
3. Georges MARCHAIS, 25 janvier 1977, déclaration de presse devant des journalistes.

rienne ne peut cesser d'entretenir, même quand elle se veut scientifique et « objective », d'une histoire qui coexiste avec le mythe et ne peut se développer qu'à partir de lui. Le communisme, le cas non moins étrange d'une mémoire historique intégralement historisée, au point de ne devenir elle-même intelligible, en tant que mémoire, que par le biais d'une historiographie reconstitutive ; autrement, on ne la comprendrait même plus. Deux « idéals-types » de mémoire qu'il était indispensable de mettre en place, si l'on veut maintenant revenir au parallèle.

LE DOUBLE SYSTÈME DE MÉMOIRE

Au départ, l'exorcisme et l'oubli : leur existence de mémoire et leur jumelage de fait et de nécessité, gaullisme et communisme les tiennent tous deux de l'onirisme historique qu'ils ont eu pour raison d'être d'assurer et de maintenir. Il est au principe même du capital commun qui les divise, l'inépuisable légitimité fondatrice que leur ont donnée la France libre et la Résistance.

Toute la guerre a été, autant qu'une opération militaire et diplomatique, une opération de mémoire. Il s'agissait bien de laver la honte, d'effacer l'humiliation sans précédent de l'« étrange défaite » et le traumatisme de l'effondrement national, de faire oublier la culpabilité générale de l'été 1940 et le poids de la botte allemande. À la Libération, de faire apprendre à un peuple d'attentistes, de prisonniers, de débrouillards, la leçon de son propre héroïsme ; de faire croire à une nation mutilée qu'elle s'était libérée elle-même et presque seule, par son combat de l'extérieur et de l'intérieur ; de lui faire retrouver son « rang » en l'associant, vaille que vaille, aux conciliabules des vainqueurs ; de la persuader, par une épuration sélective et contrôlée, qu'à part une infime minorité d'égarés et de traîtres, la masse immense des Français n'avait jamais voulu autre chose que

Le moment du gaullo-communisme

le bien de la patrie. En pleine insurrection de Paris, les piliers des deux mythes fondateurs sont posés. Dans l'éditorial du premier numéro de *L'Humanité* reparue, le 24 août 1944, Marcel Cachin, n'évoquant le pacte germano-soviétique que par la périphrase pudique de « l'événement du 23 août 1939 », se lance à la fois dans la justification de l'attitude pacifique de l'URSS et de l'attitude patriotique des communistes injustement condamnés :

> On a supprimé *L'Humanité* parce qu'elle dénonçait Hitler, dénonçait les traîtres, les Munichois. C'est pour réaliser les promesses de [Georges] Bonnet faites aux Allemands que *L'Humanité* a été supprimée [...]. On avait menti à la France sur les causes et les circonstances du 23 août. À cette date, donc, l'Union soviétique déjoua une manifestation ourdie contre elle et contre la paix par les Munichois.

Et le lendemain 25 août, de Gaulle à l'Hôtel de Ville, ne faisant qu'une allusion tardive à « nos chers et admirables alliés » :

> Paris outragé ! Paris brisé ! Paris martyrisé ! Mais Paris libéré ! Libéré par lui-même, libéré par son peuple avec le concours des armées de la France, avec l'appui et le concours de la France tout entière, de la France qui se bat, de la seule France, de la vraie France, de la France éternelle.

Très vite donc, les deux versions concurrentes du résistantialisme vont se mettre en place[1]. Celle de De Gaulle consiste à nier l'épisode vichyste pour insister sur la continuité de la légitimité républicaine ; c'est le sens de la réponse à Georges Bidault, ce même jour en ce même lieu : « La République n'a jamais cessé d'être [...]. Pourquoi irais-je la proclamer ? » À rayer le contenu idéologique de la guerre et à insister sur sa signification nationale et mili-

---

1. Cf. Henry ROUSSO, *Le Syndrome de Vichy (1944-1987)*, Éd. du Seuil, 1987, qui n'hésite pas à définir la Libération comme « un souvenir-écran », pp. 25 et 39.

taire ; c'est le sens du thème de « la guerre de trente ans ». À minimiser d'un côté le poids de la Résistance intérieure, dominée par les communistes, de l'autre celui de la collaboration, confinée à sa définition juridique d'« intelligence avec l'ennemi » pour exalter l'unité de la France combattante et patriotique. Celle des communistes repose au contraire sur la priorité donnée à la lutte clandestine qui se déroulait sur le territoire français, d'où le mythe des « soixante-quinze mille fusillés » ; sur le contenu antifasciste de la guerre, et d'une victoire dont l'Armée rouge a été le principal artisan, donc les FTP ; sur le combat de classe qu'elle a représenté et qu'il faut poursuivre et intensifier dans l'« esprit de la Résistance » contre tous les éléments qui ont trahi. Ces deux versions ont connu, avec le temps, de multiples variantes, des rectifications de détail et des adaptations de circonstance. Elles ont connu, très tôt, de furieuses contestations internes et nourri d'incessantes polémiques, les dernières en date cristallisant encore la passion des anciens milieux de la Résistance autour de la figure de Jean Moulin[1], rendue emblématique par le transfert de ses cendres au Panthéon, en 1964[2]. Mais elles composent, à elles deux, la thématique de base d'une imagerie collective dont l'historiographie savante comme les politiques officielles de la mémoire n'ont pas cessé de conforter la mystique. Elle a régné pratiquement sans partage jusqu'au début des années 1970. Ici encore, 1968 a marqué une coupure. Et si elle a volé en éclats depuis vingt ans dans la remontée compulsive et obsessionnelle de la mémoire noire de la guerre, où chaque année apporte son

---

1. Cf. la polémique déclenchée par la publication des deux premiers volumes de la biographie monumentale de Daniel CORDIER, *Jean Moulin. L'inconnu du Panthéon*, Jean-Claude Lattès, 1989 ; son ancien secrétaire mettant en cause Henri Frenay, chef du mouvement Combat, pour avoir écrit en novembre 1940 un « manifeste » sympathique à la Révolution nationale, et redistribuant les responsabilités de l'arrestation de Caluire, une des énigmes majeures de la Résistance.
2. L'oraison funèbre d'André Malraux à Jean Moulin constituant la version la plus aboutie du résistantialisme appropriatif et identificateur gaullien. Bonne analyse *in* H. ROUSSO, *Le Syndrome de Vichy*, *op. cit.*, pp. 95-111.

lot de « retro satanas »[1], on en mesurerait le poids d'enracinement mental et institutionnel dans le tir de barrage qu'ont déclenché ses premières mises en cause : le scandale soulevé par le premier roman de Patrick Modiano, *La Place de l'Étoile* (1968), les polémiques qui ont accompagné *La France de Vichy* de Robert Paxton (1973), l'interdiction de diffusion dont la télévision d'État a frappé pendant dix ans *Le Chagrin et la Pitié* de Marcel Ophuls (1971)[2].

Le mécanisme compensateur et la prestidigitation historique, intrinsèques aux deux phénomènes, sont loin de se réduire aux nécessités de la guerre. Que l'on mette l'accent sur le réalisme de la politique gaullienne ou sur son utilisation intensive des mythes, il n'en demeure pas moins que, sur trente ans de présence nationale, le génie historique de De Gaulle aura consisté à envelopper la diminution réelle de la puissance française dans le vocabulaire de la grandeur ; à transformer magiquement la plus cuisante des défaites militaires de la France en manière de victoire ; à faire oublier le repli du drapeau en Algérie par l'entrée presque simultanée de la France dans le club des puissances nucléaires ; à bercer d'une mystique de l'indépendance et d'une exploitation de l'antiaméricanisme populaire les contraintes nouvelles de la dépendance atlantique ; à compenser d'une invocation sensible à la France éternelle l'arrivée brutale de la troisième révolution industrielle, les Français ne pouvant affronter les dures trivialités du capitalisme que si on leur tient un autre langage. L'illusionnisme passéiste aura même été le grand charme de la mémoire gaullienne. « La France n'est elle-même que quand elle rêve », dit Malraux pour de Gaulle ; manière oraculaire de dire que, dans ce vieux ménage, « ce dont les Français auront été le

---

1. Cf. Pascal ORY, « Comme de l'an quarante. Dix années de "rétro satanas" », *Le Débat*, n° 16, novembre 1981, pp. 109-117 ; ainsi que, du même, *L'Entre-deux-Mai. Histoire culturelle de la France, mai 1968-mai 1981*, Éd. du Seuil, 1983, pp. 118-127.
2. La meilleure analyse du *Chagrin et la Pitié* est à mon sens celle de Stanley HOFFMANN, dans les *Essais sur la France. Déclin ou renouveau ?*, Paris, Éd. du Seuil, 1974, pp. 67-87.

plus continûment reconnaissants à de Gaulle, c'est de leur avoir procuré les douceurs de l'amnésie »[1].

Amnésie : le mot, en revanche, peut paraître incongru, appliqué à l'action du parti communiste qui se voulait si étroitement attaché au réalisme des luttes ouvrières. Il est pourtant devenu clair, plus on en sait et plus on en apprend, que tous les moments et tous les épisodes où s'est déployée la *furia* communiste, Front populaire, Libération, guerre froide, ont correspondu, en fait, aux moments où le parti faisait, tant sur le plan de sa crédibilité à Moscou que de sa capacité d'intervention nationale réelle, la pénible expérience de ses limites et de sa résignation réelle à l'impuissance. L'année 1947, par exemple, à la regarder de près, serait particulièrement significative à cet égard[2]. Fort de son électorat à 25 %, de ses cinq ministres au gouvernement, de sa légende et de son prestige au zénith, jamais le « premier parti de France » n'a paru plus puissamment installé dans son incarnation nationale, aussi menaçant pour la IVe République fragile et naissante. Les grèves insurrectionnelles de novembre ont véritablement fait chanceler le régime sur ses bases. De l'éviction des ministres communistes en mai à la condamnation de la direction française par Jdanov en septembre pour « crétinisme parlementaire », l'année du plus grand fracas, dominée par le « chef d'orchestre clandestin » (*dixit* Paul Ramadier), n'est pourtant qu'une suite de déroutes, où le parti ne cesse de battre en retraite et perd sur tous les tableaux, jusqu'à l'aveu public du « repli stratégique ». Le PC n'a jamais déclenché la tempête qu'à la mesure de son attentisme obligé. C'est que, parti révolutionnaire, il a toujours dû vivre d'une révolution à venir, différée, promise et

---

1. Cf. Jacques Ozouf, « Un vieux ménage », *Le Nouvel Observateur*, 5 janvier 1972, commentant l'ensemble des sondages de l'Ifop présentés par J. Charlot, *Les Français et de Gaulle, op. cit.*
2. Le contraste permanent entre l'apparence terrorisante du parti communiste et son infirmité réelle apparaît bien tout au long de Vincent Auriol, *Journal du septennat*, t. I, *1947*, version intégrale, A. Colin, 1970, quand Thorez, par exemple, avoue au président de la République stupéfait, en pleine crise de mai : « Je suis au bout de mon rouleau. » Cf. mes commentaires dans l'« Introduction générale », pp. xi-lxix.

remise, dont les « conditions objectives » n'étaient jamais réunies, ne cessant jamais de préférer aux risques réels de l'engagement de sa mise le maintien de ses positions et le repli sur la cohérence de son identité interne. La vraie partie s'est jouée à la Libération, à l'étouffée ; et les historiens n'ont cessé de se demander si le parti n'avait pas fait seulement semblant de vouloir l'engager[1]. C'est alors qu'elle a été perdue définitivement, et perdue contre de Gaulle. Enfermé ensuite dans une construction purement idéologique de la réalité — la crise générale du capitalisme, l'Union soviétique comme agent de la paix contre l'impérialisme américain, le gaullisme comme « régime présidentiel orienté vers la dictature personnelle et ouvrant la voie au fascisme », etc. —, le PC a dû déployer non seulement une langue, mais une logique et un comportement de bois qui font de son martèlement théorique, de son agressivité répétitive une forme de détournement de l'attention, un effacement subreptice du passé. Jusqu'à quel point ne faut-il pas interpréter les surenchères permanentes du stalinisme français, les outrances de ses déchaînements comme l'aveu de son incapacité à se plier au réel, la rançon de l'attentisme historique où il s'est vu contraint d'entretenir ses troupes ? La question peut se poser.

Le mécanisme compensatoire n'a dans les deux cas, on le voit, ni le même sens ni la même fonction. Chez de Gaulle, le discours double une histoire qu'il contredit, en appelant de la prose de la réalité à la poésie de la légende, de ces « veaux » de Français à la France, de la « fatalité des suites » au volontarisme historique. D'où le registre qu'il couvre, de l'homme des tempêtes et de l'éternel défi aux petits ridicules du Père Ubu. Pour le parti, le maniement de l'oubli, longtemps servi par un rapide et puissant renouvellement des générations

---

1. Cf. la communication d'Annie KRIEGEL au colloque franco-italien de Naples en 1973, « Le Parti communiste français, la Résistance, la Libération et l'établissement de la IVe République (1944-1947) », reprise *in* ID., *Communismes au miroir français*, Gallimard, « Bibliothèque des histoires », 1974, pp. 160-176 ; et celle de Maurice AGULHON au colloque international de 1974 sur la Libération de la France, « Les communistes et la Libération de la France », reprise *in* ID., *Histoire vagabonde*, t. II, *Idéologies et politique dans la France du XIXe siècle*, Gallimard, « Bibliothèque des histoires », 1988, pp. 177-208.

d'adhérents, est une technique de pouvoir et un instrument de mobilisation, un moyen de masquer ses erreurs et ses revirements, une forme de terreur et d'intimidation, une manière d'être « de plus en plus soi-même », en se faisant soi-même oublier. Dans le premier cas, il s'agit d'une projection dans laquelle tous les Français sont invités à se reconnaître — « tout le monde a été, est ou sera gaulliste » —, dans le second, d'une manipulation qui ne porte que sur ceux qui acceptent de s'y soumettre. Mais il y a bien, fatalité pour l'un, finalité pour l'autre, une fonction historique d'exorcisme au cœur des deux phénomènes qui, très au-delà de leurs idéologies et de leurs capacités politiques, explique leur séduction et leur emprise ; très au-delà de la cohérence et de la consistance des réponses qu'ils offraient aux contingences de l'histoire, en fait ce qu'il faut appeler des « contre-histoire ».

✧

Des mémoires donc, et toutes les deux charismatiques, combatives, stratégiques, arrimées à des référents qui leur donnent quelque chose de leur gravité transcendantale, « la France », « la Révolution ». Mais si radicalement étrangères l'une à l'autre derrière leurs affinités et si différentes dans leur organisation interne et leur économie vécue qu'on peut ici aller, sans forcer le balancement, jusqu'à les opposer terme à terme. La mémoire communiste est militante, anthropologique et sectaire ; la mémoire gaulliste est au contraire contractuelle, symbolique, œcuménique. L'une est ouverte et l'autre, fermée sur elle-même. L'une est éternalisée et l'autre, immobilisée. S'il est en effet une mémoire vraie, faite d'une mise en condition physique et mentale de l'individu tout entier, c'est bien la mémoire communiste[1].

1. Outre les Mémoires, la sociabilité communiste a été richement décrite par Gérard VINCENT, « Être communiste ? Une manière d'être », in Philippe ARIÈS et Georges DUBY (dir.), *Histoire de la vie privée*, Éd. du Seuil, 1987, t. IV, pp. 427-458. Elle est bien exemplifiée par Jean-Pierre A. BERNARD, *Paris rouge, 1944-1964. Les communistes français dans la capitale*, Champ Vallon, 1991. La revue *Autrement* a consacré un numéro, avec une trentaine de contributions inégales, à « La culture des camarades », n° 78, 1986.

Monde clos et autosuffisant, avec ses enracinements territoriaux saturés d'habitudes et de souvenirs, ses rites, ses codes, ses traditions, ses symboles, son langage, ses rythmes répétitifs, sa liturgie du quotidien, ses réflexes mentaux, ses célébrations, et ses hauts lieux, à commencer par le siège du comité central que, dès 1933, chantait l'Aragon des *Enfants rouges* :

> *C'est rue La Fayette au 120*
> *Qu'à l'assaut des patrons résiste*
> *Le vaillant parti communiste*
> *Qui défend ton père et ton pain.*

Aucun parti, aucune famille politique n'a sécrété un univers aussi balisé, nourrissant, peuplé de signes et de repères, chaleureux, protecteur, rassurant. Son principe : comme le bonheur, une histoire sans histoire[1], un temps suspendu, une réalité d'une intensité sans égale à l'abri des réalités. Toute l'activité militante était cette manière subtile et entraînante d'enfermer le temps dans un présent sans hiérarchie ni perspective[2]. La simple lecture de *L'Humanité*, comme celle de la *Pravda*[3], donne bien cette impression d'un temps cloisonné, tronçonné, détemporalisé, puisque à travers les mille nouvelles il s'agit tous les jours de donner la même, la bonne. Une campagne en efface une autre, puisque à chaque fois il s'agit, sur des objectifs fixés, de galvaniser l'ardeur des combattants, de leur donner, à coups de slogans, l'illusion de l'ultime bataille. À chaque fois, c'est l'avenir de la patrie du socialisme qui se joue et c'est l'ensemble des forces de progrès qui engage la bataille. Pas d'accu-

---

1. Cf. l'analyse anthropologique trop peu connue de Jacqueline MER, *Le Parti de Maurice Thorez, ou le Bonheur communiste français*, Payot, 1977.
2. Cette idée, que je ne fais que reprendre, a été bien développée par Jean-Marie GOULEMOT, *Le Clairon de Staline*, Le Sycomore, 1981, à propos du soixante-dixième anniversaire de Staline. Y ajouter Serge COLLET, « La manifestation de rue comme production culturelle militante », *Ethnologie française*, t. XII, n° 2, avril-juin 1982, pp. 167-176.
3. Cf. Gabor T. RITTERSPORN, « Qui lit la *Pravda*, comment et pourquoi ? », *Le Débat*, n° 2, juin 1980, pp. 82-92.

mulation des faits dans cet univers clos de la bienheureuse répétition, puisque, pour le bon élève qu'est le bon militant absorbé dans ses tâches, chaque moment du présent est comme le résumé symbolique de tout le passé et l'espérance de l'avenir. Toute l'histoire même du parti peut s'écrire — s'est écrite — sur cette dialectique de l'identité et du changement. « Le parti communiste a-t-il changé ? » De cette question éternellement récurrente, on ferait une moisson qui commencerait presque en 1920. D'où le goût immodéré des communistes pour les fêtes[1], les commémorations, les funérailles[2], rituels de mémoire sans mémorisation vraie, apothéose de légende participative où se déploie l'essence de ce qui fait la mémoire communiste ; où les lieux sont marqués — du Mur au Vél' d'Hiv, du 1er-Mai à la station de métro — d'une appropriation visible et massive ; où l'être-ensemble se gonfle de tous ceux qui ne sont plus ; où l'emphase naturelle de la parole communiste et de la langue de bois[3] peut s'animer du « grand souffle » de la classe ouvrière.

Telles sont la puissance d'imprégnation de cette mémoire, sa profondeur d'enracinement et sa force de diffusion que, comme les ondes d'une pierre dans l'eau, c'est par des éléments qui lui sont extérieurs — ses entours, ses effets — que l'on en prendrait la mesure. À ce qu'il en reste, par exemple, chez tant de ceux qui ne la partagent plus, mais qui en ont gardé le geste ou l'intonation. Mme de Maintenon avait inventé le « corps redressé » ; Gambetta, une rhétorique de banquets républicains ; Thorez, une gestuelle et un phrasé, un maintien stalinien spécial, fait de familiarité populaire, de pédagogie responsable et agressive, d'un « je-nous » porteur du passé révolutionnaire et de l'avenir du monde.

---

1. Cf. notamment Noëlle GÉRÔME et Danielle TARTAKOWSKY, *La Fête de « L'Humanité »*, Éditions sociales, 1988.
2. Jean-Pierre A. BERNARD, « La liturgie funèbre des communistes (1924-1983) », *Vingtième siècle, revue d'histoire*, n° 9, janvier-mars 1986, pp. 37-53, en fournit une riche analyse.
3. Cf. Françoise THOM, *La Langue de bois*, Julliard, « Commentaire », 1987, ainsi que le numéro spécial de *Mots*, n° 21, « Langues de bois ? », décembre 1989, explicitant en particulier les origines de l'expression.

Comme Proust décelait dans un bizarre gloussement du baron de Charlus l'hérédité inconsciente d'un arrière-grand-oncle qu'il n'avait pas connu, on étonnerait beaucoup d'anciens communistes de la grande époque en leur faisant remarquer telle intonation du discours, telle ampleur dans l'inspiration, telle raideur dans l'optimisme démonstratif, tel relent d'humanisme bêlant et de violence virile où passe encore, vingt ans après, le souvenir de leur ancienne allégeance. Mémoire véritablement incorporée. « La *grande révolution russe* », « notre *grand* enthousiasme », « le *flot immense* de la République sociale établie à Moscou », « *ce fait-là*, le premier de l'histoire du monde » : ce ne sont qu'à l'état naissant des germes relevés dans le discours de Marcel Cachin dès le congrès de Tours. Pour qu'avant de devenir les stéréotypes de la future langue de bois ils apparaissent dans la bouche d'un homme aussi marqué par le XIXe siècle, il faut que le bolchevisme ait trouvé de fortes prédispositions dans l'héritage laïque et républicain. Pas de *Fils du peuple* sans *Tour de la France par deux enfants*[1]. Pas de greffe bolchevique sans le redoublement, à l'intérieur du parti qui s'en arroge le monopole et en durcit la signification à son usage, des traits les plus généraux et permanents d'une mentalité proprement nationale : la piété chrétienne réinvestie dans le patriotisme du « peuple de France », la soumission à l'autorité de l'État devenue le centralisme démocratique, l'humanisme rationaliste et laïque débouchant sur la logique révolutionnaire. C'est ce réinvestissement concentré qui a donné au manichéisme communiste, à l'intérieur de ses limites mais très au-delà de la sphère d'influence du parti, sa capacité intimidatrice, son hégémonie sur la gauche tout entière et même au-delà : tout ce qui n'était pas frappé d'« anticommunisme primaire et viscéral » a intériorisé peu ou prou quelque chose du regard

---

1. C'est J.-M. GOULEMOT, *Le Clairon de Staline, op. cit.*, qui fait ce rapprochement. Sur « *Le Tour de la France par deux enfants* », cf. l'analyse de Jacques et Mona OZOUF, *in* P. NORA (dir.), *Les Lieux de mémoire*, t. I, *La République, op. cit.*, pp. 291-321.

communiste ; respecté sa logique de pensée, reconnu sa culture politique, admis implicitement ses cadres de référence et ses normes d'interprétation parce qu'il partageait quelque chose de son bagage. La mémoire communiste a sa généalogie toute nationale, mais la citadelle assiégée du socialisme en a fait une mémoire barricadée, hantée par un rapport constitutif à l'adversaire intérieur, régie par la loi de l'orthodoxie et de l'hérésie, de l'inclusion et de l'exclusion. C'est sur ce passage, entrée / sortie, conversion / abjuration, que sont d'ailleurs construits les premiers « Mémoires » des anciens communistes[1], témoignages et récits de ce que Claude Roy appelle joliment « la longue saison aliénée de nos vies »[2]. À les relire, ces témoignages, jusqu'au dernier en date, *Ce que j'ai cru comprendre*, d'Annie Kriegel[3], à les voir aujourd'hui traqués sur le petit écran, comme *Les Mémoires d'ex*, de Mosco[4], un sentiment s'impose, étrange, de distance dans la proximité et de mystère dans l'évidence. Ils disent tout, sauf l'essentiel. Les faits, mais pas la foi, le comment, mais pas le pourquoi. La mémoire a emporté son secret avec elle.

L'univers du « compagnon » n'est pas celui du « camarade ». Fondé sur la notion de fidélité, il joue tout entier sur la durée. Il est fait de filiation et d'affiliation, d'une dialectique de l'unanimisme et de la solitude, de temps forts et de temps morts. « Tout le monde a été, est ou sera... » Une mémoire à éclipses, en dents de scie et en accordéon, dont la courbe de l'adhésion politique ne révèle que l'écorce[5]. Le principe qui l'habite est fait d'un étrange et peut-être unique exemple de télescopage d'ultra-personnification et d'abso-

---

1. Annie Kriegel était venue en esquisser la thématique à mon séminaire de l'EHESS, en 1979. Elle a été depuis précisée. Cf., par exemple, Marie-Claire LAVABRE et Marc LAZAR, « Se rassembler à sa ressemblance, lecture de quelques récits autobiographiques, 1981-1983 », *Communisme*, n° 4, 1983, pp. 114-119.
2. C. ROY, *Nous, op. cit.*, p. 396.
3. Annie KRIEGEL, *Ce que j'ai cru comprendre*, Robert Laffont, 1991.
4. Série diffusée en 1990 par FR3.
5. À comparer avec, sur le plan de la science politique, Jean CHARLOT, *Le Phénomène gaulliste*, Fayard, 1970.

lue dépersonnalisation. C'est le secret du Commandeur — se faire symbole —, dont le parcours historique semble aller de l'affirmation individuelle de circonstance : « Moi, général de Gaulle, actuellement à Londres... », à l'anonymat du texte constitutionnel. Et que le dédoublement historique paraît marquer de la naissance — par quel hasard providentiel le père d'un homme appelé à un tel destin l'a-t-il prénommé Charles ? — à la mort, avec les doubles funérailles et l'hommage mondial de Notre-Dame. En passant par l'avènement à l'histoire : au 18 juin, d'un côté, c'est l'aventure solitaire d'un homme à quarante-neuf ans jeté « hors de toutes les séries »[1] ; de l'autre, la France éternelle, la flamme de la Résistance qui ne s'éteindra pas. Jusque dans sa personne, se retrouve ce mélange troublant d'une individualité pour le moins peu banale et d'un confondant conformisme.

Ce contrepoint n'apparaîtrait nulle part ailleurs mieux que dans le face-à-face avec la nature, phénomène par définition le plus an-historique. De Gaulle en a joué puissamment, comme pour souligner le passage de la soumission à la « nature des choses » à la décision historique rapide, l'agitation de la tempête et la signification intemporelle de l'action. Janvier 1946 : « En méditant devant la mer, j'arrêtai la façon dont j'allais m'en aller. » De la Méditerranée d'Antibes à la côte ouest de l'Irlande, « dans un site sauvage et éloigné des agglomérations, ayant accès à une plage aussi déserte que possible [...], au bord ou à proximité d'une forêt », l'extraordinaire metteur en scène a toujours situé son rôle dans un accord profond avec les paysages, sur lequel s'achève le premier tome des *Mémoires de guerre.* « De la pièce d'angle où je passe la plupart des heures du jour, je découvre les lointains dans la direction du couchant

---

1. L'expression est à remettre dans son contexte : « À mesure que s'envolaient les mots irrévocables, je sentais en moi-même se terminer une vie, celle que j'avais menée dans le cadre d'une France solide et d'une indivisible armée. À quarante-neuf ans, j'entrais dans l'aventure comme un homme que le destin jetait hors de toutes les séries » (Charles de GAULLE, *Mémoires de guerre,* t. I, *L'Appel,* Plon, 1954, p. 71).

[...]. Vastes, frustes et tristes horizons ; bois, prés, cultures et friches mélancoliques ; reliefs d'anciennes montagnes très usées et résignées ; villages tranquilles et peu fortunés, dont rien, depuis des millénaires, n'a changé l'âme, ni la place. Ainsi du mien... » Présence historique de l'immémorial : il y a toute une géographie affective du Général[1], une culture spirituelle du pré carré qui en dit long sur le terreau où s'enracine la mémoire gaullienne.

Même plasticité syncrétique et récapitulatrice dans le registre historique. De Gaulle n'a pas eu seulement le don d'évoquer le souvenir des plus grands personnages de l'histoire de France, mais d'incarner tour à tour les plus contradictoires[2] : Jeanne d'Arc et Louis XIV, Saint Louis et Clemenceau, Napoléon et Gambetta. D'incorporer toutes les strates historiques de la formation nationale : la France chrétienne et médiévale, la France absolutiste, la France révolutionnaire et napoléonienne, la France républicaine. De faire, en sa personne, vibrer les cordes les plus sensibles de la tradition nationale, en lui réunies : la fibre militaire, la fibre politique et la fibre littéraire. Mémoire synthétique et carrefour, et, à ce titre, moins intéressante par son contenu, qui dit la France tout entière et ne dit qu'elle, que par les procédures et les modalités de sa construction[3]. Mémoire de projection — à la différence de la mémoire communiste, qui

---

1. Elle a été bien campée par Jean-Pierre RIOUX, « Les paysages du général de Gaulle », L'Histoire, n° 134, juin 1990, pp. 24-29, où l'on trouvera beaucoup d'heureuses citations dont j'ai rappelé quelques-unes.
2. Cf. Alain PEYREFITTE, « De Gaulle et les grands personnages de l'histoire de France », in De Gaulle en son siècle, op. cit., t. I, pp. 107-115.
3. Jean Lacouture en a esquissé amicalement pour moi les strates, en traversant sa bibliothèque. Depuis la vague de la « révélation » (Philippe Barrès, Lucien Nachin, Madeleine Bainville, Georges Cattaui, Jean Gaulmier, Maurice Schumann, colonel Rémy, Jacques Soustelle, le François Mauriac du Bâillon dénoué) jusqu'à la phase du reflux après le retour au pouvoir (Jacques Soustelle seconde manière, Robert Mengin, Alfred Fabre-Luce, Jean-François Revel, colonel Argoud, colonel Trinquier, François Mitterrand) en passant par la première vague critique de la guerre, les Mémoires, mitigés, de la France libre et de la Résistance, etc. Simples indications, mais qui suggèrent ce que pourrait apporter à l'étude de la construction du personnage une traversée fine de la sédimentation bibliographique, en fonction des époques, des genres, des thèmes et des auteurs.

est d'introjection —, tout en actes, en expressions publiques et en démonstrations par le fait, peu soucieuse de prosélytisme pédagogique, et qui pourtant ne se déploie que sur le spectre moyen de l'imaginaire national. Ce mixte permanent de personnel et d'impersonnel, de particulier et de général, d'individuel et de collectif, de circonstanciel et de transhistorique qui caractérise la mémoire gaulliste, rien ne le soulignerait mieux que l'incertitude qui plane sur la désignation possible de ses lieux. Les hauts lieux de la mémoire gaulliste ne manquent pas. Leur cartographie sommaire pourrait aller des extra-métropolitains (Carlton Gardens, Alger, Saint-Pierre-et-Miquelon, Brazzaville, Dakar) jusqu'à ceux de la capitale (le mont Valérien, les Champs-Élysées, la rue de Solferino), en passant par les lieux côtiers et frontaliers (l'île de Sein, Bayeux, Bruneval, Lille, Strasbourg), souvent distingués dans l'ordre des compagnons de la Libération. Tous pourtant trop nombreux, précisément, pour n'être pas douteux et surtout fragmentaires. Les deux seuls vrais lieux de la mémoire gaulliste illustrent bien, comme tous les moments de la geste gaullienne, cette frappante bipolarisation : la Constitution de la Ve République, épicentre du legs, et La Boisserie, devenue le véritable foyer du culte mémoriel — « c'est ma demeure ».

✧

Chacun de ces dispositifs de mémoire renvoie donc à la France, mais à deux types de France, aux deux formes les plus extrêmes de la mémoire historique et de l'identité nationale : l'une qui fait de la France la terre promise des révolutions, qui a projeté le rationalisme des Lumières dans l'universalisme révolutionnaire pour le projeter à son tour sur la Révolution soviétique idéalisée. L'autre qui ne cesse de se ressourcer aux profondeurs affectives d'un patriotisme filial et religieux, dans l'affirmation de sa permanence miraculeuse et de son essence intemporelle. La mémoire communiste comme la mémoire gaulliste, ou, pour mieux dire ici, gaullienne, opèrent dans le passé national un tri et fonctionnent sur un schéma dualiste, mais pas le même. Il y a pour les communistes une bonne France et une mauvaise qui, depuis les Francs et les Gaulois jusqu'aux multinationales contre le « peuple de France » en passant par les moments clés des communes, d'Étienne Marcel, de la prise de la Bastille, de la Commune et du Front populaire, organisent une vision manichéenne et simplificatrice de l'histoire. La frontière, dans la vision gaulliste, passe plutôt entre les Français et la France, entre les périodes étales et les grands sursauts salvateurs, entre les vicissitudes de l'histoire et le génie de la patrie. Une France linéaire et dynamique à partir de l'an I, d'un côté ; une France cyclique et éternellement renaissante de l'autre. Mais l'une et l'autre mémoires, à la fois révolutionnaire et nationale, communient dans la conviction de la singularité et de l'exceptionnalité du destin français, de ce qu'il y a en lui, par l'histoire ou par la Providence, d'unique, d'universel et de sacré. Le chant de l'Union des jeunesses révolutionnaires de France, *Nous continuons la France*, fait écho à la reprise gaullienne de « la France tombée en déshérence ». « Prendre la suite de l'histoire », « répondre à quelque chose de profond qui est en ce peuple et que nous délivrons », « être nécessairement un moment de la France éternelle » : ces formules ne sont pas du général de Gaulle, mais d'un célèbre éditorial de Paul Vaillant-Couturier, dans *L'Humanité* du 11 juillet 1936, lorsque, dans l'enthousiasme du Front populaire, dans l'ivresse des défilés, des grèves avec occupations d'usine, dans la liesse des accords Matignon et du grand air des congés payés, quand le petit parti communiste de trente mille révolutionnaires se gonfle en quelques mois en parti de masse de trois cent mille adhérents, la direction se met tout à coup à célébrer les noces de Lénine et de Jeanne d'Arc aux accents mêlés de *L'Internationale* et de *La Marseillaise*. La grande différence étant que la rupture que le parti communiste souhaitait et représentait réellement dans la mémoire nationale et dans la tradition française s'enveloppait du thème de la continuité ; et qu'au contraire la continuité essentielle que voulait incarner et assurer de Gaulle ne pouvait se rendre sensible que par un geste de rupture. Mais les deux ont eu de la France et de son histoire une vision également messianique, d'autant plus exacerbée qu'il revenait au parti d'accomplir et de révéler sa vérité révolutionnaire et à de Gaulle de se faire un moment de l'éternel retour.

D'où la force de ce que ces deux phénomènes, en tant que mémoire, ont eu en commun, et l'irréductible profondeur de ce qui les divise. Les deux ont été soulevés d'une même réaction antiallemande, les deux ont été spontanément antiaméricains, les deux ont été hostiles à la CED, les deux se sont ligués contre la Troisième Force, les deux se sont retrouvés contre l'OAS et les tenants de l'Algérie française, les deux ont été hostiles à une organisation supranationale de l'Europe, les deux se sont insurgés contre la poussée libertaire et la « chienlit » de mai 1968 ; mais jamais pour les mêmes raisons ni au nom d'une même idée de la France. C'est qu'en guise de mémoire chacune en mélange deux, entre lesquelles elle ne fait pas la différence, mais qui, aux yeux de l'autre, fait toute la différence. Sitôt pris le tournant du Front populaire, la mémoire communiste est assise sur la double assiette du jacobinisme et du bolchevisme et, comme dit Thorez, « chaque homme a deux patries, la France et l'Union soviétique ». La mémoire gaulliste, parce que purement patriotique, est à la fois nationale et nationaliste. Sur cette double base, les deux ne peuvent que se rejoindre et s'empoigner. Se rejoindre, parce que si les communistes sont « le rêve de la justice sociale », « nous sommes, nous, dit encore Malraux, l'ensemble de la fidélité à la France dans sa part légendaire, c'est-à-dire dans sa part exemplaire »[1]. Mais ne se rejoindre que dans l'empoignade permanente, dans la furieuse contestation de l'héritage et le conflit radical de légitimité[2]. « Les communistes ne sont ni à gauche, ni à droite, ils sont à l'est » : de Gaulle n'a jamais

---

1. André Malraux dans son discours aux Assises nationales du RPF, le 12 février 1949. Cf. Jeanine MOSSUZ-LAVAU, *Malraux et le gaullisme*, Presses de la FNSP, 1982.
2. Cf. Stéphane COURTOIS, « De Gaulle et les communistes : confrontation de deux légitimités », communication aux Journées internationales.

cessé d'exploiter cet argument neutralisateur et disqualificatif. Quant au parti communiste, indépendamment de sa stratégie mouvante au gré de ses intérêts, et dans son incapacité à faire entrer le gaullisme dans le cadre théorique de ses catégories mentales et à prendre — il n'est pas le seul dans son cas — la mesure du phénomène, il s'est absorbé, la IVe République durant, dans la démystification pied à pied du gaullisme des « temps héroïques » et il en est resté, ensuite, et jusqu'à la mort du Général, à la définition que Maurice Thorez en donnait à l'été 1958, au moment où de Gaulle allait lui voler un million d'électeurs : « Ou le gaullisme n'est rien, ou il est un phénomène politique et social, et en ce cas de Gaulle est inséparable des forces sociales qui l'ont fait surgir et qui le meuvent[1]. »

L'acrobatie à laquelle les communistes ont dû se livrer en permanence pour articuler leur double héritage et la symbiose naturelle que le gaullisme a pu en revanche réaliser entre ses deux composantes, qu'une mince frontière souvent sépare, ont installé en définitive leurs mémoires, à tous les sens que prend ici le mot, dans une dissymétrie de fond. La mémoire communiste a été faite de retouches et de ravaudages permanents. Dès le congrès de Tours, elle a été handicapée de vilaines affaires, de personnalités douteuses qu'il a fallu périodiquement maquiller, d'exclus, « traîtres » et « renégats »[2], fantômes ressortis du placard et vérités truquées ; elle n'a cessé d'être obnubilée par sa recomposition interne et la fabrication de « bios » imaginaires, à commencer par celle de Maurice Thorez. Quels qu'aient pu être les arcanes de la raison d'État, chère au machiavélisme gaullien, ils n'ont rien d'aussi constitutif que les fameux « secrets de parti ». Jamais la mémoire communiste n'a été comptable que d'elle-même : elle a dû, constamment, adapter sa

---

1. Maurice Thorez, « Rapport à la conférence internationale du PCF, 17-18 juillet 1958 », L'Humanité, 18 juillet 1958, cité par Marc Lazar, « Le PCF et le gaullisme, 1958-1969 », communication aux Journées internationales. À compléter par Marie-Claire Lavabre, « Les communistes et de Gaulle : une mémoire polémique », De Gaulle en son siècle, op. cit., t. I, pp. 564-573.
2. Cf. en particulier Pierre Daix, Les Hérétiques du PCF, Robert Laffont, 1980.

tactique à une stratégie internationale dont elle n'avait pas le contrôle et dont les dirigeants étaient, le plus souvent, les derniers informés : Front unique, bolchevisation, pacte germano-soviétique, rapport Khrouchtchev, rupture du Programme commun, pour ne rappeler que les plus grosses couleuvres. La mémoire gaullienne ne manque pas de points sombres, comme l'exécution de Pucheu[1] et de Brasillach, d'angles morts et de facettes peu avouables : rien à voir, cependant, avec le calvaire communiste, obligé au refoulement et au replâtrage permanents ; elle obéit à une sédimentation naturelle. Le parti a fait main basse sur ses propres archives et ne les communique qu'au compte-gouttes, lorsqu'elles n'ont plus d'intérêt, autre qu'aseptisé[2]. Le général de Gaulle a régulièrement veillé au versement des siennes aux Archives nationales[3]. Les *Mémoires*, assortis de documents officiels ou privés, peuvent être discutés par des témoins ou contredits par les historiens[4] : si biaisés qu'ils soient, ils n'ont pas eu besoin de connaître les multiples éditions remaniées et progressivement expurgées des *Œuvres*

1. Pierre Pucheu, patron de combat, membre du PPF et ministre de l'Intérieur du gouvernement de Vichy jusqu'à l'arrivée de Laval, qu'il trouve trop proallemand, avait rejoint le Maroc au printemps 1942 sur encouragement de Giraud qui s'était déclaré prêt à « lui donner une place dans une unité combattante ». Arrêté, puis incarcéré, hâtivement jugé à Alger, il est, sur pression des communistes qui lui reprochaient d'avoir dressé la liste des quarante-sept otages exécutés à Châteaubriant le 21 octobre 1941, condamné à mort et fusillé. Le général de Gaulle lui aurait refusé sa grâce par raison d'État, non sans lui avoir fait savoir son « estime » et son engagement personnel de veiller à l'éducation de ses enfants. C'est la première frontière de « sang » que le général de Gaulle franchit, douloureusement, avec Vichy.
2. Une expérience personnelle : en 1963, préparant la collection « Archives » chez Julliard, et connaissant l'existence de carnets de Marcel Cachin, j'ai tout fait auprès de sa fille, Marie-Louise Jacquier, qui les détenait, pour en avoir communication et en publier des extraits à côté de *L'Œil de Moscou à Paris* de Jules HUMBERT-DROZ. Bien entendu, on me les refusa comme des secrets d'État. Aujourd'hui où ils sont livrés par Marcelle Hertzog aux Archives nationales pour publication, c'est l'éditeur qui se fait tirer l'oreille pour faire paraître ces gros volumes.
3. Encore que l'amiral de Gaulle en bloque la communication, même pour celles que la prescription des archives publiques ne couvrirait plus, au prétexte discutable qu'il s'agit d'archives privées.
4. Cf. leur analyse par S. HOFFMANN, *Essais sur la France, op. cit.*, chap. VII et VIII.

de Maurice Thorez[1]. La mémoire communiste, quelle qu'ait été, aux moments du rayonnement le plus intense du parti, son aire de diffusion, est restée confinée, sinon à une secte, du moins à un secteur d'opinion, toujours étrangère même à une large partie de la gauche. Le gaullisme, même aux pires moments du RPF ou de la traversée du désert, a toujours bénéficié du prestige du « plus illustre des Français » et de son appartenance au corps le plus officiel de la représentation nationale, l'armée. Personne n'a protesté contre la couverture tricolore des *Mémoires de guerre*. Et rares furent les indignations pour accueillir la formule de 1960 : « La légitimité nationale, que j'incarne depuis vingt ans[2]. » Et quelle que soit la profondeur des liens que le PC a noués avec le « peuple de France » aux plus forts moments de sa communion nationale, dans le juillet du Front populaire et la nuit de la Résistance, ils restent légers par rapport à une expérience historique dont les grandes heures et les grandes images appartiennent à l'album de famille de tous les Français, qui s'est identifiée à un long régime, cristallisée dans des institutions qui sont encore les nôtres, incorporée à notre propre mémoire. C'est cette dissymétrie qui a distribué la place, semblable et différente, qu'ont occupée le communisme et le gaullisme dans la mémoire historique de la France.

1. Le portrait de Léon Blum, par exemple, qui figure au cinquième tome et dont on peut rappeler, aujourd'hui, la violence et l'antisémitisme : « Il se nommait en réalité Lévy-Cœur. Il avait la parole câline, des manières élégantes, des mains fines et molles qui fondaient dans la main. Il s'attaquait à tout ce qu'il y avait de viril, de pur, de sain, de populaire, à toute foi dans les idées, dans les sentiments, dans les grands hommes, dans l'homme [...]. Un instinct de ver [...] rusé politicien [...]. Tartuffe immonde, reptile répugnant [...]. Le chacal Blum, récidiviste de la trahison, auxiliaire de la police, le mouchard Blum [...] comme Lady Macbeth, il doit voir avec terreur le sang innocent qui tache à jamais ses mains aux doigts longs et crochus », etc.
2. Une exception toutefois, typique de l'antigaullisme de gauche de l'époque : Arthur DELCROIX, « Vingt ans de légitimité », *Les Temps modernes*, n°s 167-169, février-mars 1960. « C'est le "c'est légal parce que je le veux" de Louis XVI en 1788, c'est la fiction de la "19e année de règne" en 1814, c'est l'appel maurrassien au "pays réel" contre le "pays légal". C'est l'aspect "droit divin" du gaullisme qui mêle d'ailleurs à cette tradition monarchique une pratique politique beaucoup plus proche du bonapartisme. La France bourgeoise le veut ainsi. » Article piquant à relever, parce que son auteur, Arthur Delcroix, n'était autre que le pseudonyme journalistique de François FURET.

DANS LA MÉMOIRE HISTORIQUE DE LA FRANCE

Nous sommes sortis du monde de guerre, de pauvreté économique et de révolutions qui avait donné à ces deux phénomènes leur sens et leur poids. Non seulement la guerre de trente ans, invoquée par de Gaulle à la Libération pour noyer le désastre de 1940, mais la guerre froide et la menace de l'apocalypse nucléaire attachée à la division bipolaire, les guerres coloniales où se fixaient les enjeux matériels et symboliques de la puissance française. C'est la guerre, avec la revitalisation des enjeux révolutionnaires qu'elle portait, qui a donné à ces deux mémoires leur énergie mobilisatrice, leur grandeur lyrique et leur contingent de sacré. Et qui, des dates clés où elles ont trouvé leur intensité maximale, les irradient en amont et en aval : en amont jusqu'aux temps de l'affaire Dreyfus, de la Revanche et de l'avènement du socialisme international, en aval jusqu'aux lendemains de la guerre d'Algérie, jusqu'aux pleins effets de la croissance, jusqu'aux relances du gauchisme tiers-mondiste. Le plein âge du totalitarisme.

S'il fallait fixer un point de référence, ici encore on ne se tromperait sans doute pas en retenant rétrospectivement l'année 1965. Avec la mise en ballottage du général de Gaulle à la première élection du président de la République au suffrage universel, atteinte initiale à l'infaillibilité gaullienne, manière anticipatrice de clamer : « Dix ans, ça suffit ! » Avec aussi, parallèle invisible, mais indicateur non moins significatif, l'éclatement de l'Union des étudiants communistes, maillon le plus faible de la chaîne, micro-événement d'où allait naître la nébuleuse des groupuscules gauchistes qui apparaîtraient au grand jour trois ans plus tard[1]. Mais 1965,

---

1. Sur cet épisode, cf. Hervé HAMON et Patrick ROTMAN, *Génération*, Éd. du Seuil, 1987, t. I, chap. IX, « États d'armes ».

c'est aussi, symboliquement, le point de rencontre de toute une série de paramètres économiques, démographiques, sociaux et culturels où les sociologues, tel Henri Mendras, nous ont appris à lire les débuts d'une « seconde Révolution française »[1] : renversement du taux de natalité, décroissance de la durée hebdomadaire de travail, démarrage notable du travail féminin, rattrapage de la projection de courbe de croissance 1900-1914, fin du concile Vatican II, pour ne pas parler de la généralisation du livre de poche et des grandes surfaces ou — pourquoi pas ? — de l'apparition du nu dans les magazines et au cinéma. La fin d'un monde et le commencement d'un autre, dont Mauriac pressentait les effets quand il écrivait, par exemple, dans son *De Gaulle* de 1964 : « Le monde d'aujourd'hui que les adversaires de De Gaulle ne reconnaissent pas, qu'est-ce qui le rend si différent ? [...] En fait la machine à laver, la télévision, la deux-chevaux sont devenues les signes visibles d'un paradis qui se manifeste pendant les trois semaines de congés payés [...]. Ce n'est pas de Gaulle qui a inventé ce monde-là, lui le dernier paladin du monde ancien[2]. »

Cette sortie de la « grande histoire », cet éloignement de la tragédie du siècle auraient dû frapper les deux phénomènes de la même obsolescence, et celle du paladin bien davantage encore. Sa chance historique aura été de participer de deux âges de l'histoire française, et de relever d'un double registre : un discours de grandeur nationale frappé sur le moment d'un porte-à-faux sur la réalité historique ; et la genèse d'une société qui était le plus étrangère à ce discours, le mieux propre à le dissoudre et à le subvertir, une société faite d'enrichissement économique, d'individualisme hédoniste et d'euphorie consommatrice. Ruse et ironie de l'histoire : le dinosaure de la guerre ressorti du musée où il écrivait ses *Mémoires*, « jamais las de guetter dans la nuit la lueur de l'espérance » — c'en est le dernier mot —, a présidé par le miracle d'une autre guerre, tout aussi passéiste, à

---

1. Henri MENDRAS, *La Seconde Révolution française*, Gallimard, 1989.
2. François MAURIAC, *De Gaulle*, Grasset, 1964, p. 339.

l'accouchement d'un monde qui l'éjecte, mais dans lequel nous nous reconnaissons encore et qu'il a doté d'institutions que ses successeurs ont rendues viables, même si incomplètement démocratiques. De Gaulle sauvé par les Trente Glorieuses de la croissance et l'industrialisme pompidolien ? L'hypothèse n'a rien d'absurde quand on sait le soin qu'a pris de Gaulle depuis 1958 d'abandonner à son Premier ministre la prose de la nécessité pour se réserver la poésie historique toute chargée des souvenirs de la grande aventure. Il faudrait même la retourner : de Gaulle appelé par les Trente Glorieuses, les Français ne supportant d'affronter la construction des autoroutes que si on leur tient le langage des croisades. En cristallisant l'héritage politique du gaullisme sur la droite modernisatrice et industrielle, le successeur, mi-approuvé, mi-renié, a permis au héros de « tomber à gauche », comme le préconisait la sagesse politique de la IIIe République, et facilité l'envolée immédiate du personnage vers son mythe. On a souvent invoqué, pour expliquer les rebondissements du communisme en dépit des coups que la réalité historique lui portait, le renouvellement des générations militantes pour l'opposer au gaullisme attaché à la geste d'un homme et destiné à disparaître avec lui. La noria des générations oublieuses n'a cependant empêché ni la décomposition idéologique du marxisme, ni l'amenuisement sociologique de sa base ouvrière, ni la désagrégation du mythe soviétique, ni la dislocation du système communiste international, responsables principaux de l'effondrement du parti français. La clôture de la mémoire communiste sur elle-même s'est redoublée d'une clôture historique qui contribue à nous la rendre énigmatique. On ne comprend plus la flamme, la fureur de l'engagement, la logique de la violence, la passion qui l'habitait. L'ère de l'opulence l'a fait sombrer corps et biens ; c'est elle qui a donné, au contraire, à la mémoire gaulliste, emblématisée par de Gaulle, sa possibilité de survie.

La dynamique historique des deux phénomènes puise cependant à une source identique : la succession des crises où la France s'est enfermée depuis la guerre de 1914, dont le désastre de 1940 constitue l'apogée, et dont les séquelles rebondiront encore pendant près de vingt ans[1]. Saignée démocratique et morale durement vécue par le capitaine de Gaulle pour qui l'humiliation remonte au traité de Francfort, abaissement national qui explique en grande partie le choix du congrès de Tours pour l'affiliation à la IIIe Internationale. La crise des années 1930 se traduit par la crise politique de février 1934, moment où le parti communiste sort de sa marginalité pour s'engouffrer dans la brèche de l'antifascisme et où de Gaulle, en solitaire, écrit coup sur coup *Le Fil de l'épée* (1932) et *Vers l'armée de métier* (1934). Elle débouche sur la crise nationale de la démission de Munich, en septembre 1938, préfiguration de l'effondrement de 1940 qui signe l'inadaptation économique, politique, morale de la France aux conditions du monde moderne. À cette crise de l'identité nationale trois types de réponses paraissaient possibles, pour les indiquer schématiquement : celle de la droite nationale, adaptative et technocratique, celle de la droite attirée dans l'orbite de la révolution contre-révolutionnaire et fascisante, celle de la gauche révolutionnaire. C'est déjà l'heure des communistes, pas encore celle de De Gaulle. Mais passé le fort de la crise, la droite révolutionnaire s'est retrouvée disqualifiée par la défaite du nazisme, la droite réformiste disqualifiée par ses engagements vichystes ; seules se sont trouvées face à face les deux ailes marchantes issues de la Résistance. Au sentiment mal vécu du déclin national, auquel ne paraissait donner d'écho, avant guerre, que le lamento réactionnaire de la décadence, à l'urgence du rattrapage modernisateur, de Gaulle et les communistes ont offert des solutions de salut, les deux seules, tentatrices et inacceptables. Elles participaient du même volontarisme rénovateur, du même radicalisme, de la même foi dans la capacité révolutionnaire et universaliste de la France, mais

---

1. Cf. Stéphane COURTOIS, « Gaullisme et communisme : la double réponse à la crise de l'identité française », in *Cinquante ans d'une passion française, op. cit.*, pp. 305-332. Éclairante analyse, riche de citations, dont cette page ne fait que présenter l'introduction.

pas la même révolution, pas la même France ni le même universel. Que la solution gaulliste l'ait emporté à l'usage sur la solution communiste ne tient sans doute pas tant à la supériorité intrinsèque que l'on peut y voir rétrospectivement, ni à la supériorité stratégique de l'une sur l'autre, qu'aux avatars historiques qui, en précipitant la chute de sa rivale, ont permis à l'autre d'occuper le terrain.

Le rapport des deux phénomènes et leurs chances d'enracinement mémoriel ne s'évaluent bien, cependant, que dans leur jeu autour de la centralité républicaine.

Car il est bien vrai que, de prime abord, et pour une part inaliénable de leur capital, le gaullisme et le communisme se sont présentés comme la reprise syncrétique et la dernière synthèse des deux grandes traditions cumulées les plus hostiles à la tradition républicaine, telle que l'avait elle-même consolidée la synthèse de la IIIe République : la mémoire monarchiste-bonapartiste-nationaliste d'un côté, la mémoire révolutionnaire de l'autre, dans sa version terroriste, socialiste et internationaliste. Ils en sont la revitalisation incarnée. De Gaulle, de famille monarchiste quoique non antidreyfusarde, a traîné longtemps une réputation maurrassienne[1]. Et juste avant l'abandon de la stratégie « classe contre classe », au VIIe Congrès de l'Internationale, le même Paul Vaillant-Couturier, dont on a cité les envolées cocardières et qui devait mourir assassiné par les Allemands, exprimait la position officielle du petit parti communiste d'agitateurs bolcheviques quand il écrivait dans *L'Humanité* du 19 février 1935 : « Défendre la République, dit Blum ? Comme si le fascisme, ce n'était pas encore la République ! Comme si la République, ce n'était pas déjà le fascisme ! »

Mais pour avoir fait le plein de la mémoire antirépublicaine, gaullisme et communisme n'en ont pas moins entretenu des rapports ambigus et radicalement différents avec la

---

1. Pour qu'il s'en affranchisse, il a fallu en vérité le chapitre très neuf de Jean Lacouture sur les relations, dans les années 1920, de De Gaulle avec le très républicain colonel Émile Mayer, sur lesquelles Henri LERNER avait attiré l'attention, « Le général de Gaulle et le cercle du colonel Mayer », *Revue historique*, janvier-mars 1983.

tradition républicaine ; en même temps que contraires à toutes les apparences, puisque c'est l'homme qui portait toute la mémoire contre laquelle s'est construite la République qui l'a rétablie deux fois[1], et le parti qui s'en prétendait le fils naturel et l'ultime bouclier qui la menaçait le plus directement. Mais leurs héritages de mémoire, gaullisme et communisme les ont très contradictoirement assumés. Le général de Gaulle n'a jamais évoqué, jamais reconnu ses affiliations manifestes[2] ; il a laissé ses adversaires l'en taxer, établir entre elles une continuité qu'elles n'avaient certainement pas à ses yeux, et établir avec lui un amalgame qu'il n'a jamais daigné éclaircir explicitement. Refusant à Georges Bidault, le 24 août 1944, à l'Hôtel de Ville, la proclamation d'une République qui, pour lui, n'avait jamais cessé d'exister ; se contentant, dans la conférence de presse du 19 mai 1958, de la fameuse boutade : « Est-ce à soixante-huit ans qu'on devient dictateur ? » ; laissant, ici et là, courir le bruit d'une restauration possible, jouant, dans des messages il est vrai privés, de l'allusion à une succession dynastique[3]. Mais

---

1. Cf. Jean-Paul COINTET, « De Gaulle et la République ou la double reconnaissance (1940-1944) » ; Jean-Pierre RIOUX, « De Gaulle en République de Courseulles à Bayeux (1944-1946) » ; Jean LACOUTURE, « De Gaulle, une certaine idée de la République », dans les actes du colloque de Nice sur les Républiques françaises, édités par Paul ISOART et Christian BIDEGARAY, Des Républiques françaises, Economica, 1988, pp. 683-729. Cf. aussi Maurice AGULHON, « La tradition républicaine et le général de Gaulle », et Dominique COLAS, « Portrait de la République selon Charles de Gaulle », in De Gaulle en son siècle, op. cit., t. I, pp. 188-202. On consultera également Odile RUDELLE, Mai 1958. De Gaulle et la République, Plon, 1988, ainsi que, ID., « Le gaullisme et la crise de l'identité républicaine », in Jean-Pierre RIOUX (dir.), La Guerre d'Algérie et les Français, Fayard, 1990, pp. 180-202. Pour une mise au point d'ensemble, cf. enfin Maurice AGULHON, La République. De Jules Ferry à François Mitterrand, 1880 à nos jours, t. V de l'Histoire de France, Hachette, 1990.
2. C'est cependant dans le bonapartisme que, tout bien pesé, René RÉMOND finit par le ranger. Cf. Les Droites en France, Aubier-Montaigne, 1982, pp. 313-350.
3. Cf. notamment la lettre à son fils du 30 avril 1969 qui suscita quelque émotion quand parut le douzième tome des Lettres, notes et carnets : « Mon cher Philippe, s'il devait arriver que je disparaisse prochainement sans avoir directement fait connaître qui, dans les circonstances présentes, je souhaite que le peuple français élise pour mon successeur immédiat comme Président de la République, je te confie le soin de publier aussitôt la déclaration ci-jointe. Je dis : mon successeur immédiat parce que j'espère qu'ensuite c'est toi-même qui voudrais et pourrais assumer à ton tour la charge de la conduite de la France. »

la souveraineté de l'exécutif, de Gaulle n'a jamais prétendu que la source pût en venir d'ailleurs que du suffrage universel[1]. Napoléon n'appartient pas à son panthéon personnel, à la différence de Carnot, et ressort moins, de tous les chapitres et allusions qu'il lui consacre, en fondateur de régime qu'en consolidateur de la Révolution. Et au RPF, qui rappellerait le plus directement les relents du nationalisme fin de siècle, il ne consacre que quelques lignes dans ses Mémoires[2]. L'obsession décisive n'était pas la lutte contre la République, mais contre sa congénitale faiblesse, en « dotant l'État d'institutions qui lui rendent [...] la stabilité et la continuité dont il est privé depuis cent soixante-neuf ans »[3].

Les communistes se sont au contraire agressivement drapés dans la revendication de l'héritage révolutionnaire en le réinterprétant doublement, d'une part autour de la Révolution française, d'autre part autour de la Révolution soviétique. Ils ont tout fait — voir les travaux de François Furet[4] —, pour plier 93 sur 89, vitupérer la démocratie formelle des droits de l'homme au nom de la vocation prolétarienne dont la Révolution était virtuellement porteuse mais dont l'a périodiquement frustrée la victoire de la bourgeoisie capitaliste, et réaligner toute l'histoire de France, depuis les Gaulois, sur ce fil à plomb[5]. Ils ont immédiatement accepté l'image de reprise et de continuité que les bolcheviques leur renvoyaient des Jacobins[6], au point que les vingt et une conditions imposées aux socialistes pour l'adhésion à la IIIᵉ Internationale

1. Cf. notamment la riche analyse de Lucien JAUME, « L'État républicain selon de Gaulle », *Commentaire*, nᵒˢ 51 et 52, automne et hiver 1990, pp. 523-532 et 749-757.
2. L'épisode est pourtant lourd de signification et de rebondissements. Cf. Jean CHARLOT, *Le Gaullisme d'opposition, 1946-1958*, Fayard, 1983.
3. Charles de Gaulle, *Mémoires d'espoir*, Plon, 1970, t. I, p. 23. Pour la référence de De Gaulle à la Révolution, cf. Odile RUDELLE, « Lieux de mémoire révolutionnaire et communion républicaine », *Vingtième siècle, revue d'histoire*, nᵒ 24, octobre-décembre 1989.
4. En particulier, dans *Penser la Révolution française*, Gallimard, « Bibliothèque des histoires », 1978, le chapitre sur « Le catéchisme révolutionnaire ».
5. Se reporter notamment au gros ensemble « Communisme et Révolution française », *Communisme*, nᵒˢ 20-21, 1988-1989.
6. Sur cet aller-retour idéologique, cf. Tamara KONDRATIEVA, *Bolcheviks et Jacobins, itinéraire des analogies*, Payot, 1989.

ont beaucoup moins pesé au congrès de Tours que la reconnaissance enthousiaste du passage de flambeau dont Louis-Oscar Frossard, par exemple, devait leur transmettre l'appel dans son discours du Cirque de Paris : « Les représentants qualifiés des soviets, Lénine et Trotski, nous chargeant pour vous de leurs saluts de fraternité socialiste nous ont dit : "Il n'est pas possible à Paris que le prolétariat français, les fils des Jacobins de 93, des insurgés de 1830, des révolutionnaires de juin 1848, des combattants héroïques de mars 1871, ne comprennent pas que c'est nous les héritiers de toute leur tradition révolutionnaire[1]." »

Sur cette double base d'amalgame, déniée chez les gaullistes et volontairement assumée par les communistes, se sont installés, chez les uns et les autres, avec la démocratie et le régime de type républicain, des rapports incertains, ambigus, flottants, faits de moments d'identification passionnelle et d'un arc-en-ciel de suspicion, traversés d'une étrange dialectique de la continuité et de la rupture, selon que la « tradition républicaine » s'assimilait au « système » pour les uns, au « pouvoir bourgeois » pour les autres, ou s'identifiait à la défense nationale et au salut public. Communisme et gaullisme ont ainsi pu, tantôt ensemble, tantôt l'un contre l'autre, se faire les fossoyeurs ou les ultimes boucliers de la République, s'en partager et s'en disputer la vraie représentation. Comme en 1947, aux élections municipales, où le parti avec 30 % des voix, le RPF avec 40 % ont de concert acculé la légitimité républicaine à la décrue la plus basse de son histoire. Comme en 1958, où, sur la même place de la République, les communistes en mai et de Gaulle en septembre en appelaient les uns contre les autres à sa défense. Comme en 1961, où les bataillons communistes, à l'appel de l'Élysée,

---

1. Louis-Oscar FROSSARD, *De Jaurès à Lénine*, 1930, p. 155. Ce dogme a été constamment réaffirmé. Par exemple, André FRÉVILLE : « Sa création [du parti communiste] n'est due ni au hasard ni à une volonté arbitraire, elle résulte de l'évolution de tout le mouvement ouvrier français », *La nuit finit à Tours*, Éditions sociales, 1950, p. 160. Ou encore Georges COGNIOT au colloque anniversaire de la révolution d'octobre 1917 réuni par l'IMT : « L'événement de décembre 1920 est le type même de l'événement historiquement nécessaire », *Cahiers de l'IMT*, n° 78, novembre-décembre 1967.

étaient prêts à ressusciter, contre la menace des parachutistes d'Alger, les taxis de la Marne. Comme en 1965, lors de la première élection du président de la République au suffrage universel, quand André Malraux s'écriait au Vél' d'Hiv à l'adresse de François Mitterrand, allié aux communistes : « Candidat unique des républicains, laissez dormir la République ! » Mais à tout moment, par et dans la rupture institutionnelle ou révolutionnaire, les deux ont pu et voulu représenter la continuité nécessaire, inéluctable, naturelle ; et les deux ont effectivement représenté la continuité plausible autant que l'alternative de la légitimité républicaine.

C'est que le refus, moins gaulliste que gaullien, de se reconnaître dans l'héritage qu'évoquaient le mouvement et son chef, comme au contraire l'attachement volontaire des communistes à la référence révolutionnaire ont été précisément la source de leur hégémonie mémorielle, le nerf de leur échappée possible à toute tentative de réductionnisme ici, de dilution là, la raison de leur impossible marginalisation aux extrêmes, même aux pires moments de leur commun déchaînement contre la centralité républicaine ou de leur mutuel ostracisme. Et plus encore que les services rendus à la patrie pendant la guerre, le motif de leur ancrage puissant dans la légitimité nationale. Car cet ancrage ne se mesure pas à l'ampleur de leur corps électoral ou aux scores changeants d'une consultation occasionnelle, mais à la nature du rôle effectif qu'ont occupé les deux phénomènes dans l'imaginaire national : le réinvestissement subtil de l'image monarchique dans le maintien du système démocratique, le réinvestissement brutal de l'idée révolutionnaire par sa projection sur la révolution mondiale provisoirement soviétique. C'est cette double place laissée vide qui a fait leur magistère de mémoire.

Un magistère de mémoire qui s'est exercé cependant dans des conditions bien différentes, puisque appuyé chez les uns sur le martèlement d'une fidélité à tout crin aux promesses révolutionnaires du passé national, chez les autres par l'affirmation d'une nouveauté politique radicalement originale, liée à un homme providentiel sans rapport avec les autres « hommes providentiels ». Le parti communiste s'est absorbé tout entier dans le maintien du dépôt sacré qui faisait de la terre d'élection des révolutions du XIXe siècle la fille aînée du communisme mondial et du marxisme intellectuel une cléricature laïque. Tâche rendue plus facile par la longue et continuelle existence légale dont, à la différence de tous les autres partis communistes européens — et sauf le bref intermède de la guerre —, le PC a bénéficié ; plus facile aussi par la longue cure d'opposition qui l'a préservé de toute compromission avec la République bourgeoise. Mais tâche qui, aux mains de l'appareil le plus sectaire et dogmatique, le plus fièrement stalinien, le plus dépendant aussi de son patrimoine de souvenirs et de traditions, l'a condamné au blocage. À tous les changements de l'histoire et de la société, le PC a opposé, précipitamment, la grille d'une interprétation toute faite, fondée sur le postulat de la crise générale du capitalisme, appelant nécessairement dans son stade suprême l'impérialisme et le fascisme[1]. Aux trois faits historiquement nouveaux qu'il a connus de son temps, à savoir le nazisme hitlérien, la croissance économique d'après-guerre et le phénomène gaulliste, il a opposé, impavide, les réflexes de guerre froide, la lutte classe contre classe, la thèse de la paupérisation absolue de la classe ouvrière, l'identification du gaullisme à un « régime de dictature personnelle et militaire imposé par la force et par la menace [...] des éléments les plus réactionnaires, les plus chauvins et les plus colonialistes de la grande bourgeoisie[2] ». Il a étouffé dans l'œuf toutes les velléités d'ouverture qui auraient pu se manifester, avec Waldeck Rochet, par exemple[3] ; et décrochant rapidement des réalités, il s'est enfermé précocement dans une mémoire sclérosée.

1. Se reporter, dans le recueil malheureusement posthume des essais de Frédéric BON, *Les Discours de la politique*, Economica, 1991, au chapitre III, « Le discours communiste : invariants et variantes ».
2. Maurice THOREZ, « Union et action de tous les Républicains pour le *non* au référendum plébiscite », *Cahiers du communisme*, vol. XXXIV, n° 8, août 1958, p. 1128.
3. Cf. en particulier, sur la tentative de désoviétisation de Waldeck Rochet, l'analyse que lui consacre Ph. ROBRIEUX dans son *Histoire intérieure du parti communiste, op. cit.*, t. II, chap. VIII, « L'échec du Khrouchtchev français ».

La revitalisation de la figure du souverain dans le système républicain relève d'un tout autre processus, nullement concerté, lié à deux faits, psychologique et institutionnel : la personnalité de Charles de Gaulle et la Constitution de la Ve République. Mais la prééminence de l'exécutif dans la pensée politique et constitutionnelle du Général ne s'accompagnait d'aucune restauration des prérogatives royales. Elle n'était que le remède — au reste périodiquement prôné par tous les réformateurs depuis la fin du XIXe siècle — aux faiblesses du régime d'assemblée, dans sa longue tradition d'abaissement du pouvoir présidentiel. La « monarchie présidentielle », dans le cadre de la Ve République, pouvait n'être qu'une expression métaphorique et presque folklorique[1]. Elle était si spontanément appelée par cet homme aux allures de roi sans royaume, personnellement sensible aux formes et aux fastes de style monarchique, que la Constitution de 1958 puis la loi de 1962 relative à l'élection du président au suffrage universel ont moins paru la source de ses pouvoirs, puis leur renforcement, qu'une construction sur mesure (dont la clé de voûte aurait été le fameux article 16, sur les pouvoirs spéciaux, qui ne fut jamais appliqué...), puis un don royal. Il n'en demeure pas moins que le déplacement du centre de gravité du système politique sur le chef de l'exécutif a autorisé, appelé le développement de pratiques régaliennes dont il appartient à chacun des titulaires de la charge de définir le style, d'expérimenter les modalités et les limites[2]. Car la figure et la place du roi dans le souvenir et l'imaginaire national sont ambiguës, purement fantomatiques, mélange de conjuration définitive et de secrètes nostalgies[3]. Elles ne peuvent revivre que de réaccoutumances empiriques, de pratiques allusives, de symboles respectueux de frontières invisibles. Essentielles

---

1. Cf. Pierre VIANSSON-PONTÉ, *Les Gaullistes, rituel et annuaire*, Éd. du Seuil, 1963.
2. Cf. Jacques REVEL, « La cour », *in* Pierre NORA (dir.), *Les Lieux de mémoire*, t. III, *Les France*, vol. 2, *Traditions*, Gallimard, « Bibliothèque illustrée des histoires », 1992, pp. 128-193.
3. Cf. Alain BOUREAU, « Le roi », in *ibid.*, vol. 3, *De l'archive à l'emblème*, *op. cit.*, pp. 785-817.

au système et périphériques, tout en nuances et presque en sourire. Ce qui a fait du général de Gaulle, dans le cadre constitutionnel, un « roi » a été d'occuper une place qu'un accord tacite et seulement sanctionné par le suffrage lui reconnaissait comme devant être la sienne ; tant qu'il l'occupait, elle n'était à prendre par personne. C'est pourquoi la joute électorale avec François Mitterrand en 1965 a paru étrange, mais normale : David contre Goliath. Mais que les étudiants défilent en mai 1968 aux cris de « Dix ans, ça suffit ! » et la majesté royale perdait pied. Et que Georges Pompidou déclare à Rome le 17 janvier 1969 sa candidature à l'élection présidentielle « quand il y en aura une », voilà le sacrilège, et bientôt l'exil. Le « roi » gaullien a donc fonctionné comme un mécanisme à double détente : d'une part, un violent retour de mémoire, moins menaçant que distrayant, tel que précocement emblématisé par la célèbre chronique du *Canard enchaîné*, « La cour » ; d'autre part, la construction, bouclée par le point d'orgue du départ, d'une mémoire de référence avec laquelle tous ses successeurs doivent désormais compter, soit pour l'égaler, soit pour s'en distancer. Inachèvement perpétuel de la mémoire gaullienne qui, paradoxalement, et en jouant dans le sens contraire, a rempli le même rôle que la clôture sur soi de la mémoire communiste : de Gaulle a permis aux Français de refaire leur histoire à l'envers et les communistes au « peuple de France » de la vivre en avant.

✧

Là est, en définitive, la portée à long terme des deux phénomènes : avoir contribué de façon symétrique et opposée à clore le grand cycle historique ouvert par la Révolution française. L'un par l'acculturation en profondeur de la droite à l'idée républicaine, l'autre par l'intégration nationale de fait du monde ouvrier jusque-là séparé. Gaullisme : le chemin par lequel le patriotisme encore irréconcilié avec la France issue de la Révolution s'est ouvert à la démocratie. Communisme : le chemin par lequel les valeurs universelles de la Révolution incarnées dans le prolétariat se sont patriotisées. Parcours apparemment modestes, mais d'efficacité mémorielle puissante et de durable conséquence.

Aucune de ces deux opérations n'a été directement préméditée, mais le gaullisme et le communisme les ont provoquées, accompagnées, et parfois orchestrées. Le ralliement de la mémoire de droite, quatre circonstances de fond l'ont favorisé. La première a été la disparition des droites traditionnelles dans la trappe de la Libération, désastre sans précédent dont ne se relèvera précisément une partie d'entre elles que par le RPF[1]. La deuxième tient aux mécanismes de la croissance et aux effets de la troisième révolution industrielle, effets et mécanismes politiquement neutres, mais qui ont cependant abouti à transférer sur la droite, refuge traditionnel des archaïsmes, les valeurs du réalisme et de la modernité que semblait déserter l'anticapitalisme impénitent de la gauche. La troisième est liée aux efforts de De Gaulle pour ramener les catholiques dans le giron de la République et assurer, avec la loi Debré de 1959, ce qu'il pensait devoir être la paix scolaire. La dernière et la plus importante revient, malgré la volonté du Général de ne se comporter jamais qu'à contrecœur en chef de majorité hostile à d'autres forces politiques, malgré la multiplicité des composantes du gaullisme[2], dont celle de gauche, au rassemblement des droites et à leur alliance, sauf l'extrême, sous la bannière électorale des mouvements et des partis qui se réclamaient explicitement de son autorité. Le républicanisme gaullien a exonéré la droite de l'antirépublicanisme où l'avait fait sombrer Vichy. La représentation par le parti communiste de la classe ouvrière et la symbiose qu'il a réalisée avec elle correspondent, elles aussi, schématiquement, à une période chronologiquement presque parallèle du développement économique et du monde du travail, solidement assis sur les places fortes de l'industrie lourde et demeuré

---

1. Cf. la phrase éloquente qui débute le chapitre que R. RÉMOND, dans *Les Droites en France, op. cit.*, consacre à la IVe République : « En 1945, l'heure semble effectivement venue d'écrire sur l'histoire de la droite le mot fin » (p. 238).
2. Dont la prise en compte, indispensable dans le cadre d'une analyse politique, n'entrait pas dans les besoins de cet essai.

relativement stable dans ses structures depuis le début des années 1930 jusqu'à la fin des années 1960. C'est le monde qui explose au Front populaire, quand les grèves avec occupations d'usine traduisent l'irruption dans la vie publique de ceux que Simone Weil décrit comme « des étrangers, des exilés, des déracinés » dans leur propre pays et que Léon Jouhaux et les représentants de la CGTU négocient pour la première fois, empruntés et ébahis, des accords paritaires avec un patronat de droit divin ; quand se fixent les bastions rouges du Nord et de la région parisienne ; quand l'élan unitaire donne au jeune et nouvel ouvrier issu de la deuxième révolution industrielle les instruments de sa propre représentation, politique, syndicale et symbolique ; quand le « métallo » du *Jour se lève* et des films de René Clair devient l'objet de la sollicitude émerveillée des intellectuels et des artistes ; quand débute l'épopée légendaire de Billancourt et que se constitue la généalogie fictive mais combien agissante d'une mémoire proprement ouvrière[1]. La « génération singulière », dit un de ses historiens[2]. Ou plutôt les deux générations. Car c'est la même classe ouvrière, animée d'une violence combative aujourd'hui oubliée, fortement encadrée par la CGT et le PCF, dont les revendications contrôlées savent habilement mêler les exigences matérielles aux objectifs politiques, qui va perdurer pendant trente ans et constituer les bataillons de choc de la force communiste : le monde des FTP de 1943, des nationalisations de 1945, des grèves insurrectionnelles de 1947, des manifs contre Ridgway la Peste en 1952[3], des défilés antigaullistes de la Bastille

---

1. Cf. Michel VERRET, « Mémoire ouvrière, mémoire communiste », *Revue française de science politique*, vol. XXXIV, n° 3, juin 1984.
2. Gérard NOIRIEL, *Les Ouvriers dans la société française, XIXe-XXe siècle*, Éd. du Seuil, « Points Histoire », chap. VI. Cf. aussi Marc LAZAR, « Le mineur de fond. Un exemple de l'identité du PCF », *Revue française de science politique*, avril 1985, pp. 190-205.
3. L'importance historique de la manifestation du 28 mai 1952 contre le général Ridgway, successeur d'Eisenhower au commandement du SHAPE, a toujours été soulignée. Elle apparaît clairement dans l'essai que lui consacre Michel PIGENET, « De la démonstration "dure" à l'affrontement physique », *in* Pierre FAVRE (dir.), *La Manifestation*, Presses de la FNSP, 1990, pp. 245-268.

à la République en 1958 et même encore des accords de Grenelle en 1968. Avant de voler en éclats sous les coups de la désindustrialisation et des changements de ses repères collectifs, la candidature de Jacques Duclos à la présidence de la République, au premier tour des élections de 1969, au lendemain, précisément, du départ de De Gaulle, lui donnant comme un apogée de sa réinsertion symbolique.

Cette double et parallèle acculturation n'exprime nullement la fin des violences politiques et sociales, ni des divisions frontales, ni même des résurgences sournoises de luttes de classes qu'on aurait pu croire dépassées. Mais elle leur impose de tout autres formes et leur donne un cadre de référence, qu'on l'appelle démocratique ou républicain. Elle en transforme assez puissamment l'expression pour provoquer l'émergence d'une autre culture politique née du double dépérissement gaulliste et communiste comme du double mouvement d'éloignement et d'enracinement gaullien, et qui donne leur actualité neuve à des notions et à des mots jusqu'alors étrangers à la tradition française : consensus, pluralisme, contrôle de la constitutionnalité des lois[1]. Pour la joie des uns, qui y voient la fin d'une culture politique de guerre et d'exclusion, la fin d'un messianisme national dont le gaullisme et le communisme représentaient la figure exacerbée, parodies grandiloquentes d'une réalité historique déjà dépassée. Au désespoir des autres, pour qui ces formes ultimes de la grandeur, de la singularité et de l'universalisme français ne laisseraient derrière elles que deuil et mélancolie. Avec, chez tous, le sentiment d'un vide, la constatation rétrospective que le communisme et le gaullisme, sans occuper la totalité du champ politique, avaient réussi ce miracle d'occuper seuls le champ de l'imaginaire et le pressentiment que le temps n'est peut-être pas loin où cette bipartition par deux phénomènes pourtant parasites représenterait l'époque bénie d'une démocratie régulée. On songe à Michelet pour qui la Révolution-Révélation constituait le

---

1. Cf. François FURET, Jacques JULLIARD, Pierre ROSANVALLON, *La République du centre*, Calmann-Lévy, « Liberté de l'esprit », 1989.

chant du cygne de l'*Histoire de France*[1], comme à cette page des *Mémoires d'outre-tombe* où Chateaubriand décrit la pâleur de la société politique de la Restauration après la chute de Napoléon : « Je rougis en pensant qu'il me faut nasillonner à cette heure d'une foule d'infimes créatures dont je fais partie, êtres douteux et nocturnes que nous fûmes d'une scène dont le large soleil avait disparu[2]. »
Pour l'historien, la métamorphose est peut-être d'un autre ordre. Communisme et gaullisme ont représenté les deux formules extrêmes et abouties du modèle historique et politique français, né d'une histoire plus longue et plus continue que celle de tout autre pays de l'Occident et qui s'est cru longtemps supérieur, parce que rationnel. Ce modèle a tout à la fois implosé et explosé. Fondamentalement étatique et national, il a explosé au contact de réalités neuves pour lesquelles il n'était pas fait : le passage de la grande puissance, à quoi il correspondait, à la puissance moyenne ; la fin de la conscience impériale ; la soumission à un contrôle du monde par deux systèmes qui lui échappaient ; l'aspiration régionale et décentralisatrice ; la normalisation imposée par son insertion dans un ensemble européen. Fondamentalement logique et rationnel, il a implosé dans la mesure où, devant ces provocations externes, les communistes ont répondu en poussant le rationalisme des Lumières jusqu'à ce qu'il se retourne à l'absurde de la perversion intégrale ; et les gaullistes répondu par le recours à une France idéale, abstraite, imaginaire, princesse de rêve, perdue dans la forêt de l'histoire. Les deux ont fait vivre les Français sur une forte illusion, celle, pour les uns, d'une rupture et d'un recommencement possible, celle, pour les autres, d'une épiphanie périodique du salut. Ils se réveillent aujourd'hui pour découvrir rétrospectivement, nostalgiques et dégrisés, sur et par l'épuisement de ce double rêve, ce que ce modèle

1. Cf. Paul VIALLANEIX, « Michelet et la Révélation de 1789 », *Romantisme*, n° 50, pp. 61-74.
2. François-René de CHATEAUBRIAND, *Mémoires d'outre-tombe*, t. II, livres XXV à XLIV, éd. de Maurice Levaillant et Georges Moulinier, Gallimard, « Bibliothèque de la Pléiade », 1950, p. 4.

historique avait lui-même d'étrange et de spécial, de quel type de rationalité étaient précisément faits ce sentiment de la singularité et ce rapport particulier à l'universel. Ce moment impose à l'historien un renouvellement de son programme : un œil neuf sur l'histoire du siècle, un retour sur l'ensemble de nos traditions et de nos représentations politiques. Il exige de « penser » à nouveau la Révolution, suscite une nouvelle interrogation de l'« identité française ». Il appelle un vaste réaménagement de notre rapport au passé et un inventaire de notre mémoire, dont l'entreprise des *Lieux de mémoire* s'est voulue, à sa façon, la formule et le lieu.

PARTIE IV

LE CONTRE-MODÈLE AMÉRICAIN

11

La révolution

Les historiens de l'Ouest et de l'Est ont célébré en 1976 le bicentenaire de la révolution américaine. Pourtant, si son écho demeure vibrant, ses ondes de choc n'allèrent pas loin. La sédition victorieuse des colons américains enflamma les imaginations, elle n'embrasa pas la planète. Certes, l'imagination était alors en Europe, un peu partout, contre le pouvoir, et l'exploit américain, brillamment orchestré, fit passer un vent de contestation sur les trônes et les dominations du Vieux Monde. Mais concordances et concomitances ne suffisent pas à créer une causalité. La Révolution française n'est pas la fille de la révolution américaine, malgré tout ce que la première, au moins à ses débuts, a emprunté à la seconde. Le « *spirit of 76* » ne franchit l'océan que par effet de rayonnement analogique. L'« esprit de 89 » bouleversa au contraire la carte du continent européen et y creusa des traces profondes.

C'est ce contraste que l'on voudrait mettre en lumière.

Il ressort clairement des grands textes fondateurs, à commencer par la Déclaration d'indépendance, que la révolte des colons anglais se réclamait passionnément d'une conti-

---

Version remaniée d'une intervention parue sous le titre « L'Amérique et la France, deux révolutions et deux mondes », signée d'Alain Clément et de Pierre Nora, au colloque « La Révolution américaine et l'Europe », tenu les 21-25 février 1978, Éd. du CNRS, 1979. Alain Clément s'était chargé d'une première partie sur « La nature du dynamisme interne à la révolution américaine et son influence au Canada et en Amérique du Sud ». Je m'étais chargé de la seconde.

nuité quasiment préhistorique et intrinsèquement conservatrice, invoquant le droit naturel ou la coutume d'autogestion politico-administrative de la tradition britannique. De plus, les dangers de « débordement » de l'insurrection américaine furent conjurés du fait même qu'à la différence de tant d'autres elle garda les mêmes chefs, de son déclenchement à la stabilisation qui suivit son triomphe. Cette révolution-là n'a pas « dévoré ses propres enfants », selon la formule classique. Elle a élevé sa descendance dans le respect de ses « pères fondateurs » et de leur modération légaliste. Peut-être est-elle même remontée plus haut que la « paternité » immédiate. Et Tocqueville ne serait alors nulle part aussi pénétrant que lorsqu'il regarde les Américains non pas comme une humanité nouvelle, mais comme des Anglais « livrés à eux-mêmes », démomifiés, décapés de la crasse des siècles et des pesanteurs héréditaires, retrouvant l'énergie primitive et presque sauvage de leurs lointains ancêtres[1].

La révolution américaine, proche du sens étymologique du mot, s'est donc voulue un retour aux sources, un rappel insistant de ce qui aurait dû être, l'instauration d'un régime anglais « fidèle à lui-même » (certains Américains n'avaient-ils pas préconisé la « solution impériale » consistant à transférer la capitale de l'Empire sur le continent américain ?), une utopie de repli et de redressement en même temps. À ce titre, cette sécession ascétique s'inscrivait d'entrée de jeu dans la généalogie rétroactive plus que dans l'universalisme centrifuge. Nulle tentation de « fuite en avant », d'escalade intérieure, de radicalisation forcée. L'Amérique n'a pas eu besoin de s'inventer une justification dans un quelconque « programme de réformes », exportable ou non. Elle accomplissait l'« œuvre de rédemption » contemplée par Jonathan Edwards, ou, mieux encore, pour reprendre le trait fulgurant de Chateaubriand, « elle accomplit en silence sa liberté ». Cette autoconsécration valide le nouveau pouvoir, qui se transmettra sans accroc jusqu'à nous de président à prési-

---

1. Alexis de TOCQUEVILLE, *Voyages en Sicile et aux États-Unis*, in *Œuvres complètes*, t. V, vol. 1, éd. de J.-P. Mayer, Gallimard, 1958, p. 203.

La révolution 325

dent, suivant une véritable « succession apostolique » républicaine. En France, le pouvoir sacré, le pouvoir de droit divin, est précisément ce qui a été abattu. Sur ses ruines, un pouvoir profane (donc profanateur pour les « légitimistes ») a été érigé par la République. Mais faut-il rappeler que l'« étendard sanglant » de *La Marseillaise* mettra près d'un siècle à se laver de sa souillure originelle ? Qu'après la défaite de 1870, c'est le refus de l'accepter comme drapeau de tous les Français qui amènera le comte de Chambord à faire avorter une seconde Restauration ? Cette différence de principe imprime aux deux expériences révolutionnaires une direction opposée. La Révolution française s'est vécue comme un point d'origine, l'américaine comme un point d'arrivée, et de non-retour absolu. Ici, la Révolution est intervenue dans un pays déjà pourvu d'une longue histoire, d'une forte conscience nationale et d'une puissante tradition centralisatrice du pouvoir et de l'État. L'ébranlement révolutionnaire n'y a jamais été un fait incontesté, un dénominateur commun. Il n'a commencé à cimenter la synthèse républicaine à la fin du siècle dernier que pour être radicalisé par la vision socialiste d'abord, et communiste ensuite. C'est ce qui, d'ailleurs, a fait de la gauche non le lieu du pouvoir, mais le cœur du débat national. Quelle faction n'a pas dit un jour ou l'autre : « Tout ce qui est national est nôtre » ?

Aux États-Unis, l'exigence révolutionnaire, en dépit de ses stridences rhétoriques, s'est toujours tenue sur la réserve, en deçà des surenchères sur l'essentiel. Elle s'est fondue dans un patrimoine, elle a constitué le consensus au lieu de le détruire. L'idée d'un destin commun à affronter ensemble a absorbé l'idée révolutionnaire, évitant ainsi l'antinomie révolution / nation, dont la dialectique a tissé la trame de l'histoire européenne. Le « déficit conceptuel » de l'Amérique est à la fois la faiblesse du message qu'elle émet et le secret de sa puissance d'intégration : la Révolution s'abolit dans la Révélation.

Quoi d'étonnant, dans cette perspective, qu'une révolution si bien tenue en main, si fortement accrochée à l'acquis du passé, ait privilégié les vertus bourgeoises privées par rapport à tout futurisme social et même à un quelconque projet de société ? Au reste, ces vertus privées ne se réduisent pas à l'observation de maximes *privatives* du style « ni tuer ni voler ». Elles impliquaient seulement la renonciation à une morale collective, à une éthique non du simple équilibre, mais de l'équité. La république américaine n'entendait pas à ses origines s'appuyer sur le groupe : l'indépendance de tous reposerait sur l'indépendance psychologique et matérielle d'individualités que la propriété (et la frugalité) placeraient au-dessus des pressions et passions « corruptrices ». Cette primauté de la *privacy* engage un certain statut de la liberté. Une liberté qui consiste d'abord à ce que l'on préserve l'autonomie de la personne humaine des « interférences » qui l'altèrent, une liberté concrète et non agressive (mais capable d'agressivité dans la défensive, voire sujette à des psychoses d'agression). Puisque la nation américaine, une fois pour toutes, s'est fondée sur la liberté, l'exercice de la liberté est du ressort des individus, qui ne demandent à la puissance publique que de la garantir. Au citoyen de l'incarner en se dressant « contre les pouvoirs », qu'ils soient politiques ou économiques. Il est singulièrement approprié à cette optique qu'un illustre libéral, qu'un champion des grandes causes sociales de son temps, « Justice » Brandeis (il donnera son nom à une université proche de Boston), ait pu exalter « le droit à être laissé tranquille », comme « le plus extensif de tous les droits, comme celui que les êtres civilisés chérissent le plus »[1]. Face à cette primauté de la *privacy*, aucune instance n'a qualité pour définir la souveraineté et l'assigner à résidence, l'enfermer dans un *locus*. Telle est la logique de la séparation des pouvoirs menée à son point ultime : elle intériorise la souveraineté dans chaque conscience. Tel est aussi le miracle concordant de cette Cour suprême, à laquelle appartenait Brandeis — il y siégea de 1916 à 1939 — et dont

---

1. La phrase se trouve dans l'« opinion minoritaire » exprimée par Louis Brandeis au sujet de l'arrêt de la Cour suprême « Olmstead v United States », 1928.

les arrêts les plus controversés, les plus explosifs (pensons à celui, pris à l'unanimité, qui, en juillet 1974, désavoua le président Nixon et consomma sa perte!), se font tôt ou tard obéir, sans l'aide d'instruments de contrainte. Peut-on en déduire qu'à l'opposé de la France, le consensus *institutionnel* qui fonctionne ainsi aux États-Unis remplace ce qui correspondrait chez nous à un consensus social, laissé là-bas « en suspension » dans une sorte de vide politique ?

En Europe, au contraire, la dialectique du couple nation / révolution s'est révélée porteuse d'une lourde progéniture qui, tout entière, remonte plus ou moins directement à l'événement français, couple indissoluble, dans lequel c'est l'idée révolutionnaire qui a fécondé la définition nationale.

La Révolution française n'est, en effet, sans doute pas spécialement ni spécifiquement responsable du passage des anciens régimes aux économies, aux sociétés politiques et aux systèmes sociaux de type moderne, puisque d'autres pays ont opéré ce passage sans révolution. Mais elle est, à coup sûr, en France au moins et par son déroulement même, responsable, en propre, d'une conception de la nation qui repose sur trois assises complémentaires. Une assise sociale : exclusion des privilégiés, assimilation de la communauté nationale au tiers état et au tiers état seul, tel qu'il est défini par Sieyès dans sa brochure célèbre. Une assise territoriale : théorie des frontières naturelles, défense du territoire envahi et, corrélativement, confection d'un espace intérieur unitaire, d'une langue unitaire, de poids et mesures unitaires et universalisables, symbolique du drapeau, des comités de salut public et de la patrie en danger. Une assise idéologique enfin, assurée par le déisme de la philosophie des Lumières et la politique de déchristianisation.

Cette triple configuration a mis en place une dynamique animée d'une forte charge contagieuse et d'une capacité d'imitation répétitive. La géographie même a contribué à lui donner son tranchant mobilisateur. La frontière, on le sait, a joué un rôle tout différent aux États-Unis de celui qu'elle a joué en Europe. Là, déplacement continu de la civilisation, du progrès et de la démocratie ; ici, enjeux des conflits et des guerres, image de la malédiction historique, enfin et surtout, assiette matérielle du pouvoir des États-nations. La géographie a donc conspiré avec l'histoire pour faire d'un phénomène unique et particulier la matrice de toute une série de phénomènes qui ont prétendu s'en inspirer. Peut-être n'aurait-elle pas eu cette force diffusive si la lutte antireligieuse n'avait pas chargé, d'emblée, la lutte politique d'un contenu idéologique indifférent aux frontières. Le facteur religieux est au cœur du modèle. L'union « du trône et de l'autel » dans la France de l'Ancien Régime a lié le renversement du premier au discrédit de l'autre, et donné à l'idéologie une connotation religieuse. C'est ce qui a fait de la militance patriotique politique ou révolutionnaire une forme substitutive de la cléricature. Et c'est ce qui a donné aux « intellectuels » européens, et spécifiquement français, ce magistère ignoré des Américains et d'autant plus important qu'il était séparé du pouvoir[1].

De proche en proche, l'Europe de l'Ouest, l'« empire des tsars », l'Asie chinoise et le tiers-monde sont ainsi devenus des champs de conquête idéologiques. De la « coalition des princes » et du « complot aristocratique » à la révolution soviétique encerclée des années 1920, puis au « complot impérialiste » dont se sentent ou sont menacés les pays nouvellement indépendants, tous les nationalismes libéraux du XIXe siècle et révolutionnaires du XXe ont demandé caution au précédent français.

Bref, l'Amérique a suscité plus d'imitation académique que d'authentique émulation. Elle-même n'a pas cherché à diffuser son modèle révolutionnaire. Il a fallu attendre qu'elle devienne le modèle de la révolution technique pour que la perspective se renverse, et que l'exotique et le local prennent une ampleur planétaire. Est-ce cependant l'accession à l'universel ?

L'exposition du centenaire de l'Indépendance (1876) à Philadelphie, consacre, après plusieurs « répétitions », aux fortunes diverses, dans le cadre d'expositions européennes,

---

1. [Cf. *infra*, chap. XIII, « Les intellectuels », p. 339.]

l'apparition spectaculaire de l'industrie américaine sur la scène de la production en grande série, économe du travail humain, phénomène que le Vieux Monde, affligé chroniquement d'un excédent de bras et de « bouches inutiles », a peut-être entrevu, mais pas encore dominé intellectuellement. Il faudra que le jeune Tocqueville, en quête fiévreuse d'une réconciliation du passé et de l'avenir, parcoure l'Amérique pour se convaincre que la société n'a que profit à retirer de l'éducation, et donc de la « demande » des couches populaires (lettre à Louis de Kergorlay du 20 septembre 1832). Et il faudra attendre Jules Ferry pour que l'« instruction publique », principe indiscuté quoique inégalement appliqué en terre américaine depuis le XVIIe siècle, devienne en France devoir d'État. À l'inverse, la « recherche désintéressée » n'acquerra droit de cité aux États-Unis (et n'y obtiendra le prestige et les moyens correspondant à leur richesse) qu'avec la Seconde Guerre mondiale.

Ces décalages et ces à-coups doivent nous rendre prudents à la fois à l'égard des nostalgiques de l'éminence « perdue » de l'Europe, écrasée par le « super-Grand » d'outre-Atlantique, et des paraphilosophes de la « révolution technologique » conduite par la puissance américaine et qui serait appelée à « impersonnaliser » les populations et les cultures de notre époque. L'Europe a renoncé à « européaniser » les peuples jadis dans sa mouvance. Sont-ils pour autant destinés à l'« américanisation » ? Disons, provisoirement, que sous l'aspect des deux révolutions qui nous occupent, l'américaine et la française, qui se répondirent sans nécessairement se comprendre, cette question nous force à réexaminer à la lumière de l'histoire ce que recèle le concept de modernité.

12

La Constitution

La commémoration du bicentenaire de la Constitution des États-Unis, adoptée à Philadelphie en 1787, n'aura pas laissé en France une trace beaucoup plus éclatante que le centenaire. Ce grand texte a pourtant constitué une rupture radicale, inauguré un régime de république et de liberté dans un univers peuplé de monarchies, et inspiré directement les premiers textes constitutionnels français.

Différence notable, cependant, entre les deux anniversaires : le premier avait été superbement ignoré au moment de l'éveil du boulangisme ; le second aura été marqué par un changement d'attitude lisible dans plusieurs rencontres et colloques[1], presque une révolution des mentalités politiques.

Ce nouveau regard que nous portons sur le système américain tient, semble-t-il, à deux séries de raisons, indépendantes des progrès généraux de l'information d'un pays sur l'autre.

La première est, à coup sûr, l'exténuation de l'idée révolutionnaire sous sa double incarnation, marxiste et jacobine. Avec elle bascule tout un héritage de références ; un vieil

1. Cf. Bernard VINCENT, « D'un centenaire l'autre : 1887-1987 », in M.-F. TOINET, *Et la Constitution créa l'Amérique, op. cit.*, pp. 13-20.

Version remaniée d'une communication parue sous le titre « Valeur universelle de la Constitution des États-Unis : la France et l'expérience américaine », *in* Marie-France TOINET (dir.), *Et la Constitution créa l'Amérique*, actes du colloque organisé au palais du Luxembourg les 9 et 10 janvier 1987 par l'Association française d'études américaines à l'occasion du bicentenaire de la Constitution des États-Unis, Presses universitaires de Nancy, 1988.

opprobre se lève sur la légitimité de l'expérience américaine de la vie publique ; c'est, peut-on dire, l'axe de réflexion Montesquieu-Tocqueville-Raymond Aron qui se substitue à l'axe de réflexion Rousseau-Marx-Sartre. La deuxième des raisons consiste dans l'enracinement de la Constitution gaullienne. Pour la première fois peut-être dans leur histoire politique, les Français sont à peu près d'accord sur leurs institutions politiques, sinon sur leur fonctionnement, du moins sur leur existence. Et cet accord réanime une discussion constitutionnelle, favorise un retour très nouveau du constitutionnalisme, une lutte pour la pratique de ces institutions, pour les modalités de leur fonctionnement, pour leur interprétation. On s'interroge sur l'article 49-3, sur les rapports du président de la République et du Premier ministre, sur la durée et le cumul des mandats, sur le contrôle de constitutionnalité des lois. Cette agitation politique autour de la pratique constitutionnelle sans mise en cause, sauf de la part d'une minorité de l'opinion, des institutions elles-mêmes est certainement le trait qui nous rapproche le plus d'une vie constitutionnelle à l'américaine[1]. De la discussion générale entre juristes et historiens il apparaît clairement qu'entre les deux systèmes, les deux modèles, les deux histoires constitutionnelles, il y a eu en définitive très peu de rapports vrais, mais parfois des évolutions parallèles.

Si l'on considère en effet l'ensemble de la période constitutionnelle, en dehors de l'acte inaugural de la Révolution, il apparaît surtout qu'à l'exception d'une poignée de connaisseurs, le modèle américain a fonctionné dans une ignorance quasi générale, comme la mesure des espoirs et des déceptions d'une politique purement, on dirait volontiers narcissiquement, française. C'est un symbole constamment invoqué, mais, pour finir, constamment écarté. Un symbole qui a pris chronologiquement quatre figures principales.

---

1. Sur la Constitution des États-Unis, cf. les deux ouvrages principaux, Marie-France TOINET, *Le Système politique des États-Unis*, PUF, « Thémis », 1987, et Gordon S. WOOD, *La Création de la République américaine, 1776-1787* [1969], trad. F. Delastre, Belin, 1991.

La première est celle d'une *sagesse institutionnelle*, d'une utopie devenue réalité pour tous les courants libéraux de la Restauration et le petit parti de l'école américaine de la monarchie de Juillet. René Rémond[1] rappelle des déclarations vibrantes sur les « Américains qui ont résolu le problème dont toutes les sociétés humaines cherchaient la solution depuis des siècles, celui du meilleur gouvernement[2] ». « Véritable peuple philosophique », qui a enraciné sur terre des institutions impensables dans la vieille Europe. Odile Rudelle[3] exhume de son côté le cas très étrange de la dynastie des Carnot, qui a couvert l'ensemble du XIXe siècle : Lazare Carnot, Hippolyte Carnot, Sadi Carnot. Nom étroitement lié à la tradition républicaine et même conventionnelle ; et dont cependant on voit le père fondateur, Lazare Carnot, ancien membre du Comité de salut public et organisateur de la victoire des armées de la Révolution, supplier Napoléon de se faire le nouveau Washington et pas le nouvel Alexandre, expiant en quelque sorte son ancienne appartenance à la Convention par un vœu d'américanisation nationale. Son fils, Hippolyte, a été l'un des plus ardents défenseurs républicains du parti américain pendant la monarchie de Juillet ; et son petit-fils, Sadi Carnot, le président de la République promis à l'assassinat, prend ses fonctions précisément au moment du centenaire de la Constitution américaine.

Deuxième symbole : celui de la *liberté politique* sous la monarchie de Juillet et surtout sous l'Empire. Par la volonté de construire une république qui contraste avec la première, « République extrême » dit Lamartine, « république violente des proscriptions, des expulsions, des échafauds » (discours à l'Assemblée, 13 juin 1848), la Révolution se met dans la

---

1. Cf. René RÉMOND, *Les États-Unis devant l'opinion française, 1815-1852*, 2 vol., Armand Colin, 1962.
2. Charles-Ogé BARBAROUX, *Résumé de l'histoire des États-Unis d'Amérique*, Paris, 1824, p. 341, cité dans R. RÉMOND, *Les États-Unis devant l'opinion française*, *op. cit.*, t. II, p. 543.
3. Odile RUDELLE, « La France et l'expérience constitutionnelle américaine : un modèle présent, perdu, retrouvé », *in* M.-F. TOINET, *Et la Constitution créa l'Amérique*, *op. cit.*, pp. 35-52.

filiation de la révolution américaine. Tocqueville et ses amis viennent à l'ambassade des États-Unis pour obtenir des précisions de détail et militent au sein de la commission de la Constitution pour adopter un système à l'américaine. L'idée même des « États-Unis d'Europe » fait son apparition à ce moment-là. Cet engouement, suivi de la décision de créer un pouvoir exécutif unique et élu au suffrage universel direct, a fait croire à une influence du régime présidentiel américain sur la Constitution de 1848. Les analyses d'Odile Rudelle ont dissipé cette apparence trompeuse. Elle montre qu'à la différence du fédéralisme, organisateur d'une « union des États » jaloux de garder chacun son identité, l'objectif de la Constitution de 1848 était d'organiser une république unitaire et fortement centralisatrice. Les partisans de l'américanisation ont échoué et favorisé, en définitive, le vote d'une Constitution dont ils désapprouvaient les principes et les modalités : l'étouffement de la vie locale, l'assemblée unique, l'élection au suffrage universel direct du pouvoir exécutif qui débouchera bientôt sur la confiscation même de la République.

La Constitution américaine s'est faite ensuite symbole de *stabilité gouvernementale* pour l'école américaine dont Édouard Laboulaye a pris la tête après 1870 et qui a abouti, avec les lois de 1875, à l'institution d'un Sénat issu de la démocratie locale et littéralement copié sur celui de Washington. Mais, très rapidement, fin de cette expérience : la crise du 16 mai 1877 a vite fait de canaliser la nouvelle république dans les sentiers traditionnels du modèle unitaire et centralisateur du vieux régime jacobin français.

Enfin, quatrième et dernière phase, quatrième et dernière figure du symbolisme constitutionnel américain, le modèle d'un *juridisme démocratique* et d'un parfait présidentialisme, sous une Ve République que de Gaulle a construite comme un anti-régime présidentiel. Il s'en explique longuement dans sa fameuse conférence de presse de 1964, souvent citée, et qui mérite d'être rappelée :

D'autres, faisant contre mauvaise fortune bon cœur, font profession d'accepter l'existence d'un chef de l'État qui en soit un, mais à la condition que le parlement soit, de son côté, érigé en citadelle inexpugnable où les partis retrouveraient leur empire et leur sûreté. Ceux-là témoignent d'une préférence assez nouvelle de leur part en faveur d'un régime qualifié de « présidentiel » et qui serait analogue à celui des États-Unis. On ne saurait méconnaître qu'une constitution de cette sorte a pu, jusqu'à présent fonctionner cahin-caha aux États-Unis [...]. Mais comment ce régime conviendrait-il à la nation française, très fortement centralisée par le long effort des siècles, victime de toutes les secousses intérieures et extérieures depuis sept générations, toujours exposée à en subir d'autres et où les multiples partis politiques sont divisés et toujours inconsistants.

On a là le fond du problème qui a toujours différencié les deux versions de la démocratie, à l'américaine ou à la française.

Cependant — c'est l'autre trait qui caractérise le type d'institutions politiques —, il y a eu des évolutions parallèles[1]. Elles se marquent surtout aux deux moments d'enracinement démocratique des formes républicaines, et elles concernent la pratique beaucoup plus que la théorie : la pratique constitutionnelle des lois de 1875 et la pratique constitutionnelle de la Ve République, notamment depuis les années 1970, où s'affirme la montée en puissance du Conseil constitutionnel et par l'alternance de 1981.

Des influences profondes et des similitudes entre le « moment » de la Constitution de 1875 et celui de la Constitution américaine apparaissent à travers l'analyse approfondie qu'en fait Odile Rudelle. Toutes proportions gardées, dit-elle, on peut remarquer qu'en 1875 la nécessité de trouver un compromis entre les monarchistes du centre droit et les républicains du centre gauche joue le même rôle qu'en 1787 la nécessité de trouver un compromis entre fédéralistes et confédérés. Et là où les Américains avaient imaginé la triple solution d'un pouvoir exécutif *un*, d'un pouvoir

---

1. La réduction du mandat présidentiel de sept à cinq ans peut paraître un rapprochement des systèmes politiques français et américain. Elle ne change rien aux rapports du président de la République et du Premier ministre.

législatif *double* et d'une Cour suprême pour arbitrer les conflits, on verra les Français mettre en place un système qui n'est pas sans analogie puisqu'il y a aussi unité du pouvoir législatif et du pouvoir exécutif et bicamérisme avec un Sénat issu de la démocratie locale. Quant à l'arbitrage du conflit majeur entre républicains et monarchistes, il s'est trouvé dans un droit de révision facile, mais exclusivement parlementaire. Ni la justice ni la vie locale ne sont mentionnées, elles garderont donc l'organisation administrative que leur avait donnée le Consulat et qui avait été confirmée en 1848 ; ce qui montre, si besoin est, les limites du parallèle entre l'expérience américaine et la IIIe République. Parallèle et limite que détaille l'auteur sur trois points principaux : le droit de révision, l'existence du Sénat et les attributions du président de la République.

La tendance aux évolutions parallèles, malgré les différences de nature, apparaît enfin clairement sous la Ve République dans le cas du Conseil constitutionnel par rapport à la Cour suprême[1].

Il y a une différence de fond entre les deux institutions. L'américaine s'est imposée dès les débuts du XIXe siècle ; elle est étroitement liée à la séparation des pouvoirs et à l'empire du droit dans la tradition des États-Unis. Le système français, récemment apparu, ne s'est pas encore complètement imposé à une tradition politique hostile à la limitation de la souveraineté populaire par des principes juridiques. L'exemple de la Cour suprême n'en est pas moins constamment invoqué, qu'il soit cité comme un contre-exemple — « le gouvernement des juges » — ou comme un modèle de cour indépendante ouverte à tous les citoyens, que l'on oppose volontiers à un Conseil constitutionnel peuplé de retraités de la politique et statuant en fonction de considérations plus politiques que juridiques.

---

1. Cf. les rapports de Loïc PHILIP et de Jean-Louis QUERMONNE, *in* M.-F. TOINET, *Et la Constitution créa l'Amérique, op. cit.*, pp. 53-66. On y ajoutera Laurent COHEN-TANUGI, *Le Droit sans l'État. Sur la démocratie en France et aux États-Unis*, PUF, 1985, ainsi que son article « Qui a peur du Conseil constitutionnel ? », *Le Débat*, n° 43, janvier-mars 1987, pp. 53-68.

Les spécialistes paraissent cependant d'accord pour admettre que c'est vers la pratique constitutionnelle, vers la coutume et la jurisprudence qu'il faut se tourner dans les deux cas pour trouver des ressemblances. Beaucoup plus que vers les théories, vers les circonstances qui ont permis aux deux cours d'élargir leur pouvoir et d'affirmer davantage leur autorité.

Autre pratique dans laquelle juristes et politistes s'accordent à reconnaître un rapprochement : le corpus de référence auquel les deux expériences peuvent prétendre. Dans la plupart des constitutions européennes — Allemagne, Italie, Espagne, Portugal —, les libertés et principes fondamentaux, qui doivent être respectés par le législateur, sont énumérés en effet dans des textes récents et d'une manière relativement précise. Ce n'est le cas ni des États-Unis ni de la France, dont la Constitution est certes beaucoup plus récente, mais dont le préambule renvoie aux principes de 1789, aux principes fondamentaux reconnus par les lois de la République et aux principes économiques et sociaux de 1946. Le juge français, comme le juge américain, s'appuie sur les principes très généraux dont les fondamentaux remontent au XVIIIe siècle. Il en résulte que, dans ces deux pays, et ces deux seuls, le juge dispose d'un très large pouvoir d'interprétation, avec tous les problèmes que cette liberté soulève. C'est donc la construction *progressive* de la jurisprudence dans les deux cas qui est à l'œuvre et qui, dans les deux cas, fait l'objet d'un double front critique : ceux qui reprochent à ces institutions leur timidité et ceux qui leur reconnaissent un droit de faire vivre la Constitution. Par ailleurs, derrière les apparences strictement juridiques, le périmètre d'intervention politique de la Cour suprême est beaucoup plus étendu.

En fait, la grande différence est que le Conseil constitutionnel en France se heurte aux habitudes les plus enracinées de la tradition politique. C'est toujours aux origines révolutionnaires des deux expériences politiques que l'on doit en revenir si l'on veut saisir la proximité permanente et l'irréductible distance des deux systèmes constitutionnel et politique. Proximité et distance qui révèlent et qui recèlent un vieux contentieux d'universalisme.

La France et les États-Unis, en effet, quelle que soit aujourd'hui leur différence de poids dans le rapport des forces mondiales, sont bien à l'origine de deux versions rivales de la démocratie moderne. Ils ont tous deux dans leur héritage les Lumières de la fin du XVIIIe siècle, qui en font deux figures de sociétés constituées selon la raison, mais fabriquées sur des modèles profondément différents et rivaux.

Aux États-Unis, l'extraordinaire syncrétisme constitutionnel qui caractérise la révolution d'indépendance associe la restauration des libertés bafouées par la Couronne anglaise au culte des Lumières, la tradition constitutionnelle et les droits de l'homme, la religion et la modernité. C'est une société où la citoyenneté a bien pris sa source dans les droits de chaque individu. Le système politique et institutionnel, tel qu'exprimé dans la Constitution de 1787, a pour objet principal de préserver les gouvernés des gouvernants eux-mêmes, avec l'idée que le juste pouvoir de ceux-ci émane du consentement de ceux-là. Un système, donc, puissamment préservateur.

La démocratie révolutionnaire française, au contraire, n'a pas pu s'appuyer sur une tradition de liberté ; elle a eu à la fonder. 1789 avait à renverser un monde, la monarchie absolue. Il s'est donc opéré une inversion systématique de l'économie traditionnelle de l'autorité. On a installé un nouveau souverain à la place de l'ancien : la *nation*, avec son héritage d'histoire et l'imaginaire dont elle était porteuse. Avec son abstraction et son impersonnalité. Avec sa radicalité : tout le pouvoir est à la nation. Il faut lire l'analyse que Marcel Gauchet consacre à l'influence de la Constitution américaine sur la France[1] pour conclure que les Constituants de 1791 étaient parfaitement informés et conscients

---

1. Cf. Marcel GAUCHET, *La Révolution des droits de l'homme*, Gallimard, « Bibliothèque des histoires », 1989, en particulier le chapitre II, « Surpasser l'Amérique », pp. 36-59.

de la différence. Tout inspirés qu'ils ont été par le précédent américain, ils ont voulu faire autre chose : « surpasser l'Amérique ». Le double saut de la tradition et de la religion a enrobé dès le départ la Constitution américaine d'une admiration révérencielle, d'une sacralité et d'une continuité qui a résisté à tous les aménagements transformateurs. Mais en même temps, elle a confiné pendant plus d'un siècle le système américain à son propre usage. La révolution démocratique française a été au contraire l'arrachement d'une histoire à ce qui l'avait constituée. Elle a dû fonder les droits de l'homme, mais un homme régénéré sur la souveraineté du peuple ; et elle a donc buté sans cesse, comme le Rousseau du *Contrat social*, sur l'extraordinaire difficulté qu'il y a à passer de l'homme privé, défini et corrompu par ses intérêts, au citoyen égal et libre de la démocratie américaine. Cette difficulté n'existe pas dans la culture politique anglo-saxonne, alors qu'elle est la référence centrale de la culture politique française.

La Constitution a installé les États-Unis dans la paix civile, la guerre de Sécession n'ayant pas eu pour objet l'organisation des pouvoirs publics. Une guerre civile a lancé au contraire la France dans une cascade d'explorations successives du principe démocratique, une multiplicité de régimes et de constitutions. Mais, étrangement, cette instabilité historique et institutionnelle a découlé d'un principe constituant que son abstraction et sa généralité désincarnée ont doué d'un pouvoir explosif d'exportation mondiale.

Deux siècles après, n'a-t-on pas assisté à un renversement des rôles ? Par la grâce de sa puissance, la démocratie américaine se voit l'objet d'une imitation mondiale, et c'est la démocratie française, à l'origine universelle, qui s'est rétrécie sur elle-même. L'universalisme à usage interne est devenu planétaire, et le particularisme à vocation universelle s'est réduit à un provincialisme historique. Preuve supplémentaire si besoin était que c'est ce que l'Amérique et la France ont toujours eu en commun qui n'a jamais cessé de les séparer.

13

Les intellectuels

Jimmy Carter et Alexandre Soljenitsyne connaîtront-ils un jour le privilège inattendu de voir leurs deux noms associés à un chapitre de l'histoire culturelle française, ce curieux moment où le remaniement négatif de l'image socialiste que nous devons à l'un aurait permis le remaniement positif de l'image américaine, symbolisé par l'élection de l'autre ? Le pivotage ne serait pas impensable, si le gel entre les deux cultures ne venait que du froid. C'est-à-dire de la fascination exercée en France, au moins depuis la guerre, par le pays supposé incarner, pour tout ce qui pense pour ou contre, « la patrie du socialisme ». Le mal vient de plus loin. Pour des raisons que n'expliquent ni la psychanalyse[1] ni la politique, une étrange imperméabilité a toujours séparé les deux cultures. En dépit d'exceptions brillantes encore que mal reconnues dans leur propre pays[2], en dépit d'un petit

---

1. Cf. en particulier, dans le sillage de l'anthropologie culturelle américaine, l'intelligent essai de Louis DERMIGNY, *USA. Essai de mythologie américaine*, PUF, 1956, chap. premier, « La mort du père ».
2. Pour Tocqueville, cf. René RÉMOND, *Les États-Unis devant l'opinion française, 1815-1852*, 2 vol., A. Colin, 1962, p. 387. À signaler également l'excellent observateur de l'Amérique de la guerre civile que fut Ernest DUVERGIER DE HAURANNE, dont la France ne connaît qu'une édition abrégée, *Les États-Unis pendant la guerre de Sécession, vus par un journaliste français, Ernest Duvergier de Hauranne,*

Paru sous le titre « America and the French Intellectuals », *Daedalus*, vol. CVII, n° 1, hiver 1978, et repris *in* Stephen R. GRAUBARD (dir.), *A New America ?*, New York, Norton, 1979.

groupe permanent d'avocats dont les arguments raisonnables n'ont pas vraiment mordu sur le débat[1], jamais les États-Unis n'ont occupé dans l'imaginaire des intellectuels français la place centrale qu'ont tenue l'Angleterre au XVIIIe siècle, l'Allemagne au XIXe, l'URSS et le tiers-monde au XXe. Une Amérique-reflet, une Amérique-rejet : l'intelligentsia du Vieux Monde n'a pas encore découvert le Nouveau.

À qui voudrait s'interroger sur ce mystère, les trente dernières années offriraient sans doute une voie d'accès privilégiée. Ce n'est pas seulement qu'elles parcourent un vaste cycle qui voit les États-Unis passer du niveau le plus élémentaire d'une réputation mythologique à une appréciation moins ignorante et plus réaliste ; cette courbe ne se situe que sur le plan de l'opinion. Mais il peut également s'y déchiffrer, lisibles et concentrées, les raisons d'une constante : le fait que l'Amérique, malgré la richesse de son répertoire historique et sa surface mondiale, n'a jamais constitué un pôle d'attraction positif dans le système de références européen.

Au fur et à mesure en effet que la France, depuis la Première Guerre déjà, mais surtout depuis la Seconde, a perdu sa réalité de grande puissance pour devenir un petit pays hexagonal, tandis que les États-Unis accédaient parallèlement, qu'ils les veuillent ou non, aux responsabilités de première puissance mondiale, toute la culture française semble avoir fonctionné, par un choc en retour, comme un réflexe compensatoire d'autodéfense : une manière de reconquête, sur le plan culturel, d'un *leadership* perdu sur le plan politique. Rivalité qui peut revêtir des aspects folkloriques et parisiens, rivalité sans importance ni poids réels dans la balance des forces internationales. Rivalité irritante et déconcertante, certes. Mais cet enjeu dérisoire et décisif est peut-être la clé d'une mésintelligence en profondeur : un

---

présentée par A. Krebs, 1966, tandis que les Américains n'ont pas reculé devant une traduction intégrale, *A Frenchman in Lincoln's America*, trad. et prés. de R. H. Bowen, 2 vol., Chicago (Ill.), The Lakeside Press, 1974-1975.
　1. On songe bien entendu à Raymond Aron et, plus récemment, à Jean-François Revel.

conflit d'universalisme. Lequel des deux pays, indépendamment de sa puissance, paraît encore le lieu de valeurs exportables ? De l'Amérique ou de la France laquelle, culturellement parlant, paraît la province de l'autre ?

L'EUROPÉANISATION DE L'AMÉRIQUE

Rappelons-nous, ce n'est pas si loin : jamais les États-Unis n'ont été si absents de l'Europe que lorsqu'ils l'ont militairement libérée. La guerre froide a eu sa contrepartie côté américain : l'idéologie froide[1]. Sans doute exprime-t-elle, derrière le manichéisme politique, une profonde culpabilité envers un pays qui, pour la seconde fois en un demi-siècle, était venu sauver l'Europe du désastre : le traumatisme de la Libération s'est soldé par une excommunication majeure. À aucun autre moment, un inventaire des stéréotypes ne montrera à l'égard des États-Unis des réactions aussi convulsives et passionnelles que dans cette France de 1947, appauvrie par la guerre, inapte à retrouver son « rang »[2], réduite au rôle de mendiante ingrate du plan Marshall[3]. Les États-Unis n'étaient pas un pays, mais un péché. L'exécution des Rosenberg et la chasse aux sorcières étaient la vérité à partir de laquelle on reconstruisait l'Amérique. En ce sens, les années 1950 n'ont fait que poursuivre la lancée de la guerre : la lutte contre le fascisme avait seulement changé de signe. Mais un refus si viscéral ne suggère-t-il pas une reconnaissance américaine, phénomène à l'abri des vieilles malédictions continentales ? Si isolés qu'aient pu

---

1. Complémentaire de celle que décrivait Kostas Papaïoannou, *L'Idéologie froide. Essai sur le dépérissement du marxisme*, Pauvert, 1967.
2. Mot gaullien, qui fait le titre du deuxième chapitre du dernier volume des *Mémoires de guerre* après « La Libération ».
3. On en trouverait notamment l'écho très clair, au niveau gouvernemental le plus élevé, dans tous les passages consacrés à l'Amérique de V. AURIOL, *Journal du septennat*, t. I, *op. cit.*

être les intellectuels sur le plan politique, leur antiaméricanisme exprimait un sentiment profondément populaire, un nationalisme outragé. On en trouverait la preuve *a contrario* dans les plaidoyers proaméricains des avocats de l'atlantisme. L'« Appel aux intellectuels[1] », par exemple, un grand texte de guerre froide où le Malraux RPF s'applique à nier « la revendication de l'héritage culturel du monde » par les États-Unis :

> Premier point : il n'y a pas de culture qui se veuille spécifiquement américaine en Amérique, c'est une invention des Européens [...]. La culture américaine est un domaine de connaissances plus qu'un domaine de culture organique dès que l'Europe en est rejetée [...]. C'est l'Europe qui défend encore les valeurs intellectuelles les plus hautes du monde [...]. Que devient l'Europe dans la structure soviétique ? La civilisation atlantique appelle et au fond (en tant que culture) respecte encore l'Europe ; la structure soviétique dédaigne son passé, hait son présent et n'accepte d'elle qu'un avenir où ne reste exactement rien de ce qu'elle fut. Il n'y a d'hypothèse de culture spécifiquement américaine opposée à la nôtre que dans la mesure précise de la démission de l'Europe !

Texte éloquent : l'Amérique n'existe que par les arts de masse, le cinéma, le roman policier[2] et Faulkner[3], c'est-à-dire le folklore, les bas-fonds et le Sud. Ni Hegel et Heidegger que l'on découvre, ni Marx que l'on édite[4] ne mènent à une prise en considération de la réalité américaine. La frontière que l'on se dispute passe alors entre le marxisme-léninisme orthodoxe dans sa version stalinienne illustrée

---

1. Discours prononcé le 5 mars 1948, salle Pleyel à Paris, publié en annexe aux *Conquérants*, in André MALRAUX, *Romans*, nouv. éd. augmentée, Gallimard, « Bibliothèque de la Pléiade », 1976.
2. C'est le moment du lancement triomphal de la « Série noire » par Marcel Duhamel, chez Gallimard, qui révéla Chester Himes, Dashiell Hammet, Raymond Chandler, etc.
3. Faut-il rappeler que c'est de France que rejaillit aux États-Unis la gloire de Faulkner, dont André Malraux, précisément, écrivit une célèbre préface à *Sanctuaire* ?
4. Soit dans l'édition A. Costes, soit aux Éd. sociales, maison d'édition du parti communiste, qui accélèrent alors le rythme des publications peu contrôlées.

par Aragon[1] et l'existentialisme humaniste de Sartre[2]. Mais la frontière atlantique est intellectuellement fermée.

Cette fin de non-recevoir triomphait d'autant plus facilement que les deux types d'Américains à porter à la France un intérêt intellectuel n'avaient d'elle, eux aussi, qu'une perception biaisée. Les uns ne la surestimaient que par dédain d'une Amérique dont ils se sentaient marginaux et, tel Edmund Wilson, par exemple, professaient une admiration légèrement archaïsante pour sa cuisine et son art de vivre, sans grande attention pour les nouvelles réalités politiques et sociales. Les autres, soit la majorité, prenaient acte d'une Europe atteinte dans ses forces vives, politiquement instable et enfermée dans le reflet narcissique de sa grandeur défunte. Chacun renvoyait l'autre à son provincialisme.

La condamnation éthique entraînait la cécité culturelle. La France a d'autant plus superbement ignoré la sociologie américaine, l'histoire, la psychologie et l'économie américaines que cette génération de la fin des années 1940 et des années 1950 paraissait tout occupée à fonder en science et en raison la conscience américaine pour faire des États-Unis, de Truman à Eisenhower et même à Kennedy, *The First New Nation*, selon le titre de Seymour Martin Lipset[3] : une sorte de « monade » historique, un cas à part de toutes les odyssées nationales, explicable seulement par des concepts originaux et justiciable seulement de sa propre histoire. Un pays qui ne serait comparable aux autres que dans la mesure où tous devraient en parcourir les « étapes de la croissance[4] ». En histoire, c'est l'école dite de « consensus » qui « reconstruit »[5]

1. Cf. David CAUTE, *Le Communisme et les Intellectuels français, 1914-1966*, trad. M. Paz, Gallimard, « La Suite des temps », 1967.
2. Cf. Michel-Antoine BURNIER, *Les Existentialistes et la Politique*, Gallimard, « Idées », 1966.
3. Seymour Martin LIPSET, *The First New Nation. The United States in Historical and Comparative Perspective*, New York, Basic Books, 1963.
4. Expression rendue classique par le livre de Walt Whitman ROSTOW, *Les Étapes de la croissance économique. Un manifeste non communiste* [1960], Éd. du Seuil, trad. Ph. de La Vergne, 1962.
5. Cf. John HIGHAM, *The Reconstruction of American History*, New York, Harper, 1962.

l'histoire américaine avec des concepts de continuité, de conservatisme, de libéralisme et d'individualisme qui, pour la première fois depuis l'histoire puritaine et providentialiste, ne doivent rien à la vieille dialectique de type européen. En sociologie, c'est toute l'école de Talcott Edger Parsons qui paraît dresser le monument de l'autojustification américaine en une théorie de l'harmonie sociale, un système fermé d'intégration sociale et nationale. Le thème de « la fin des idéologies[1] », diffusé en France par Raymond Aron, et celui du déclin de la « société d'opulence[2] » n'ont guère de succès qu'auprès des candidats à l'École nationale d'administration. Sur ce point la culture américaine a fait les frais d'un vieux débat qui divise les intellectuels français. Toute la pensée française de l'après-guerre s'est précisément développée en réaction contre le positivisme dont, en vérité, l'Amérique, héritière d'un certain XIXe siècle scientifique et analytique, s'est trouvée la véritable continuatrice. Et le fait même que, pendant ces années, la pratique psychanalytique, perçue en Europe comme un dernier foyer de dissidence, ait été mobilisée comme facteur d'intégration sociale aux États-Unis n'a fait que fortifier en France la méfiance à l'endroit d'un modèle de société qui s'y entendait à « fonctionnaliser » toute forme de négativité. À l'intelligentsia, l'ensemble des sciences sociales américaines, avec leurs présupposés de rationalisation et d'efficacité, avec le lien qu'elles paraissaient établir entre croissance économique, progrès de la démocratie et baisse de la ferveur idéologique, paraissait trop profondément cimenter le consensus améri-

---

1. Cf. l'ouvrage célèbre de Daniel BELL, *The End of Ideology. On the Exhaustion of Political Ideas in the Fifties*, 1960. [En français, *La Fin de l'idéologie*, trad. E. Baillon, PUF, 1997.]
2. À signaler que l'audience de *The Affluent Society*, 1958, de John K. GALBRAITH, publié en 1961 chez Calmann-Lévy, sous le titre *L'Ère de l'opulence*, trad. A. Picard, dans une collection, « Liberté de l'esprit », dirigée par Raymond Aron, lequel avait également à l'époque publié les ouvrages de Vance Packard, a été infiniment moins grande que ne le fut celle de *The New Industrial State*, traduit chez Gallimard par J.-L. Crémieux-Brilhac et M. Le Nan sous le titre *Le Nouvel État industriel. Essai sur le système économique américain*, en 1968, l'année de sa parution originale.

Les intellectuels

cain pour paraître autre chose que l'instrument diabolique et sournois de l'impérialisme *yankee*.

C'est ce bloc de certitudes qu'a fait fondre lentement, mais sûrement, côté américain, la crise des années 1960, d'où a émergé une Amérique atteinte dans sa différence et confirmée dans sa vocation. Car, paradoxalement, la lame de fond qui a soulevé les États-Unis, depuis le mouvement pour les droits civiques et la guerre du Viêt Nam jusqu'au Watergate et à l'élection de Carter, a eu pour double effet, apparemment contradictoire, de mettre en question l'exceptionnalisme américain et de le réaffirmer en même temps. Quasi-Europe ou super-Europe ? Dans les deux cas c'est l'Ancien Monde.

Le mythe de l'infaillibilité américaine a pris fin et avec lui celui d'une tradition volontairement solidifiée depuis les lendemains de la guerre civile : désacralisation du modèle social hégémonique de l'élite *wasp* par la faillite des classes dirigeantes, la révolte des *underdogs* et l'ensemble des mouvements ethniques ; désacralisation du modèle de croissance qui liait bonheur et richesse, épanouissement de l'individu et expansion du capitalisme, ce « contrat démocratique » où Tocqueville voyait le nerf de la réussite américaine ; désacralisation de cet universalisme qui associait étroitement idéalisme et impérialisme, en conservant encore, en pleine guerre du Viêt Nam, quelque chose de la profession de foi du président Theodore Roosevelt pendant la guerre de Cuba : « Il serait charitable d'imposer au monde entier les institutions américaines » ; désacralisation enfin du système politique et institutionnel couronné par la fonction présidentielle : c'est le sanctuaire même où l'Amérique avait déposé sa propre image que profanait le Watergate. Ce sont les principes du système d'exception qui étaient mis en cause. Du coup, une même problématique de l'histoire devenait possible ici et là, un même type d'analyse du devenir des hommes, des sociétés et des nations. Changement symbolisé en politique par la diplomatie de Henry Kissinger, ce vieux bismarckien de la *Reapolitik*. La France a court-circuité le triomphalisme culturel pour monter rapidement dans le train de l'Amérique révisionniste, d'autant mieux prête à surestimer les signes d'une influence européenne que l'Amérique elle-même paraissait prête à brûler ce qu'elle avait adoré et à adorer ce qu'elle avait brûlé : irruption du « radicalisme » historique, débat sur l'esclavage, fin du *meltingpot*, pénétration d'un certain marxisme, par l'intermédiaire surtout de l'École de Franfort, renoncement aux modèles de croissance optimistes et attention toute nouvelle à tous les aspects du retard économique, influence limitée mais certaine de l'histoire de type école des *Annales*, apparition de la gauche freudienne et de l'antipsychiatrie : la France a vite pris la partie pour le tout et l'excentrique pour le central. N'empêche, la décolonisation intellectuelle est aujourd'hui chose faite, l'Amérique a rejoint le lot des nations mortelles.

Mais en même temps, le fait le plus frappant pour un Européen qui n'en percevait que l'extérieur, c'est le caractère typiquement américain de la crise et la manière dont elle s'est résorbée, par les seules vertus du système américain. De quoi paraissaient animés les différents types de contestation, qu'elle soit politique, ethnique ou écologique, si ce n'est d'une volonté de retour à l'idéal de la promesse originelle, au message fondateur qu'exprimait l'utopie, sinon la volonté d'adapter aux conditions du dernier XXe siècle l'idéal de justice et d'égalité dont on ne voyait plus que l'échec et le mensonge ? En ce sens la démocratie américaine a bien vécu une crise, mais on n'est pas sorti de la démocratie à l'américaine. Les États-Unis n'ont pas cessé d'être une nation idéologique au sens où l'URSS est un État idéologique. On est passé d'un consensus à un autre[1], de la légitimité égalitaire fondée sur l'individu à la légitimité égalitaire fondée sur le groupe[2] ; mais pour que l'Amérique

---

1. Cf. la dernière analyse d'un bon observateur anglais, Godfrey HODGSON, *America in Our Time*, Doubleday, 1997, chap. IV, « The Ideology of the Liberal Consensus », XXIV, « Ideology and Consensus ».
2. Démonstration bien faite à propos du problème noir par François Furet, dans un « document » du *Nouvel Observateur*, sous le titre « Jimmy Carter, une révolution à l'américaine », 24 janvier 1977. [Repris dans François FURET, *Un itinéraire intellectuel*, éd. établie et préfacée par Mona Ozouf, Calmann-Lévy, « Liberté de l'esprit », 1999, p. 405.]

continue, selon la phrase qu'aimait à répéter Jefferson, *puzzled and prospering beyond example in the history of man*[1]. En ce sens également, il n'y a pas rupture, mais continuité entre la crise et l'avènement de l'Amérique de Carter, traduction institutionnelle de la contestation révolutionnaire. Non que l'ancien gouverneur de Georgie ait rien d'un révolutionnaire. Mais dans ce pays sans racines, son élection a pris les allures d'un pèlerinage aux sources : le Sud, la Bible, la foi dans les valeurs américaines. Elle prouve une fois de plus, une fois encore, l'habitude des Américains de faire payer à toute innovation son droit de cité à la tradition, *New Liberty, New Freedom, New Nationalism* ou *New Frontier* ; le besoin d'enraciner le présent dans le passé le plus lointain, d'en appeler, aux heures graves, des promesses fondatrices aux accomplissements du futur. Aux États-Unis, comme disait Paul Valéry, on entre toujours dans l'avenir « à reculons ». En trente ans, ils sont passés, aux yeux de l'Europe, de l'intolérable au familier, du XXIe siècle au XVIIIe, de ce que l'Europe ne saurait jamais être à ce qu'elle ne sera jamais plus.

LA PLAQUE TOURNANTE

Dans ce vaste remaniement de l'image américaine, les années 1956-1958 ont joué, en France, comme une matrice de dislocation. Déstalinisation, gaullisme, croissance économique et guerre d'Algérie : c'est la plaque tournante. En deux ans sont apparus presque simultanément tous les phénomènes qui, chacun à sa manière — indirecte et ambiguë —, ont affecté l'image américaine.

De tous le plus décisif a été bien entendu le coup de gong du rapport Khrouchtchev, tôt suivi par la révolution de Budapest. Il inaugure la grande diaspora des intellectuels

---

1. Thomas JEFFERSON, lettre à John Adams, Monticello, 21 janvier 1812.

communistes. Jusque-là, morale et raison, vérité et justice avaient paru du même côté depuis la guerre et la Résistance. Il fallait tout recommencer : Cuba, la Chine et l'Algérie, la plupart recommencèrent. Mais tout de même, pour certains, pour beaucoup la libération de l'orthodoxie marxiste-léniniste s'est traduite par une curiosité plus attentive à une Amérique qui cessait d'être notre futur pour devenir notre présent. Au pays de Voltaire, il se trouve des Candides pour cultiver d'abord leur jardin.

D'autant qu'un élément contribuait à surdéterminer cette évolution : le gaullisme. À la fois dans son aspect politique et dans son aspect économique. Politique : l'antiaméricanisme du général de Gaulle. Tout l'équilibre électoral de la Ve République était fondé sur une politique extérieure de bonne entente avec l'URSS et d'indépendance agressive à l'égard des États-Unis, politique qui neutralisait les communistes à l'intérieur dans ce « système d'agression réciproque et contrôlée » qu'a décrit Annie Kriegel[1]. Mais puisque le général de Gaulle se permettait d'orchestrer lui-même la campagne antiaméricaine, la gauche pensante, par antigaullisme, pouvait se permettre de reconsidérer son antiaméricanisme. Cet aspect est cependant moins important, en définitive, que le second : le boom économique que les experts diagnostiquaient dès 1954, que l'opinion a ressenti à partir de 1956, que l'intelligentsia a bien dû finir par prendre en compte, surtout celle qu'avait ébranlée le XXe Congrès, et dont même le parti communiste français devait alors reconnaître l'évidence incontournable en abandonnant le dogme décidément suranné de la « paupérisation absolue de la classe ouvrière ». L'élévation du niveau de vie obligeait à penser le réformisme, à lui trouver un statut dans une société dont il demeurait convenu qu'elle ne saurait être un lieu pacifique. Du gaullisme, les Américains ont surtout perçu la logomachie nationaliste, les Français la transformation industrielle profonde qui allait s'opérer sous l'égide de Pompidou. Épo-

---

1. Cf. Annie KRIEGEL, « Le Parti communiste français et la Ve République », *Contrepoint*, n° 9, 1973 ; repris dans ID., *Communismes au miroir français, op. cit.*

que où le club Jean-Moulin, qui n'était que le plus célèbre des multiples cercles de pensée qui fleurissaient alors, réunissait hauts fonctionnaires et intellectuels, idéologues et technocrates, économistes et philosophes autour de la certitude toute nouvelle que la réalité française exigeait des analyses débarrassées de tout dogmatisme. Époque où de discrets administrateurs comme François Bloch-Lainé connaissent soudain le succès de librairie avec *La Réforme de l'entreprise* ; où des sociologues formés à l'école des sciences sociales américaines, comme Michel Crozier, lancent le thème de la « société bloquée », destiné à faire fortune ; où d'anciens communistes, comme Serge Mallet, élaborent la notion d'une « nouvelle classe ouvrière » et publient, jusque dans *Les Temps modernes*, la revue de Sartre, des études de cas sur les machines Bull ; où Raymond Aron entre en Sorbonne pour y professer ses *Dix-huit leçons sur la société industrielle* qui devaient devenir, dans la première des collections de poche d'essais, le premier des best-sellers. Or la problématique des sociétés industrielles ramenait à l'Amérique, même si elle n'avait pas le charme des ailleurs qui chantent. Edgar Morin ne dit pas autre chose dans la préface d'une traduction significative :

> Le nouveau monde a cessé d'être un *autre* monde [...]. Notre américanisation nous fait abandonner le pire de ce mépris européen, de cette grossière dépréciation qui prétendait exprimer notre raffinement. [...] La société américaine cesse d'être cette société « impossible », sans partis politiques à idéologie structurée, sans contestation révolutionnaire et avec technocrates « human relations » et « public relations » [...]. Nous pressentons que, du point de vue de la civilisation, l'Amérique conserve non seulement le présent de la civilisation occidentale, mais le devenir de l'espèce humaine[1].

---

1. David RIESMAN, *La Foule solitaire. Anatomie de la société moderne*, Artaud, 1964. C'est, avec Rostow et Galbraith, la traduction la plus marquante d'une série de cette époque dont la première avait été celle de William H. WHYTE, Jr., *L'Homme de l'organisation*, trad. Y. Rivière, Plon, 1958. Rappelons que c'est Léon Blum qui avait présenté après la guerre en français James BURNHAM, *L'Ère des organisateurs*, trad. H. Claireau, Calmann-Lévy, 1947. Vieille tradition pour

Et la guerre d'Algérie ? François Furet a montré naguère par quels subtils détours sa perception était liée au succès du structuralisme, qui est la marque intellectuelle de l'époque[1]. Pour un historien attentif aux correspondances de dates, fussent-elles symboliques, on ne peut pas ne pas relever que cette même année 1956, qui voit, sur le plan politique, les débuts de la déstalinisation et les vrais commencements de la guerre d'Algérie, est celle où paraissent simultanément *L'Opium des intellectuels* de Raymond Aron et ces *Tristes tropiques* de Claude Lévi-Strauss qui marquent le moment où, de recherche de laboratoire, le structuralisme fait brusquement son apparition dans le public pour devenir une mode, une philosophie et même une idéologie. Le « lévi-straussisme » a connu les mêmes heures de gloire que l'« aronisme ». Or, par rapport aux États-Unis, le structuralisme est un phénomène à double face.

Contre l'existentialisme et sa débauche de philosophie de la liberté, d'analyse phénoménologique de l'expérience vécue, le structuralisme s'est présenté avec la modestie de l'enquête sociale, la minutie de l'observation sur le terrain, la considération critique du réel, le respect des faits, les scrupules de la monographie, le culte du modèle mathématique. Il s'est donné avant tout comme un scientisme, un ensemble de procédures qui permettraient, en dehors de tout *a priori* idéologique, d'établir sur les mécanismes sociaux et mentaux, et d'abord les plus simples, quelques vérités d'ordre scientifique. Il illustre en même temps ce moment important, et qui le déborde de toute part, où le magistère idéologique en France a commencé de passer par le savoir plus que par la littérature, par l'analyse historique, économique, ethnologique ou linguistique plus que par l'expression romanesque ou philosophique, bref, à travers

---

tenter de rationaliser l'approche et la gestion des sociétés modernes et qui remonte aux années 1930, à André Tardieu et aux néosocialistes. Mais elle avait été très vite monopolisée par la droite « synarchique », vichyste et technocratique. Du coup, elle s'était incarnée à un type de pouvoir contre lequel les intellectuels n'avaient cessé de lutter.

1. François FURET, « Les intellectuels français et le structuralisme », *Preuves*, n° 192, février 1967.

les sciences dites humaines. Or le langage des sciences humaines à la fois rapprochait et éloignait de l'Amérique le monde culturel. Lévi-Strauss n'avait-il pas traversé les longues années de la guerre aux États-Unis ? Et même s'il n'en avait rapporté qu'un goût modéré pour l'*american way of life* et une aversion confirmée pour la civilisation moderne, ne devait-il pas aux États-Unis, dont il avait apprécié les universités, les bibliothèques, les musées et les collections scientifiques, une partie non négligeable de sa formation intellectuelle ?

Mais on ne peut pas non plus, en revanche, ne pas souligner qu'à la différence des États-Unis, où il est demeuré une méthode d'analyse essentiellement limitée au domaine linguistique qui l'a vu naître, le structuralisme, s'est, en France, développé à travers l'ethnologie, au moment de la guerre d'Algérie. Or la guerre d'Algérie, contrairement à ce qu'elle a pu paraître à une opinion peu familière des subtilités politiques françaises, n'a pas tiré sa tension idéologique de ce qu'elle opposait, une fois encore, une vieille droite nationaliste et colonialiste à une vieille gauche internationaliste et anticolonialiste. Sa gravité venait de ce qu'elle obligeait une gauche intégrationniste, pour qui l'Algérie devait bénéficier de la plénitude des droits français, à se convertir intérieurement à l'idée toute nouvelle de l'indépendance. Cette conversion, très lente, supposait une révision déchirante de toutes les habitudes mentales acquises depuis l'école primaire, une rupture de toute la tradition républicaine à l'égard de l'empire et du monde indigène ; bref, elle exigeait la naissance d'une conscience neuve, celle du tiers-monde, expression qui naît à ce moment-là. La guerre d'Algérie n'aurait pas si profondément déchiré la conscience nationale et remué l'idéologie si elle n'avait opposé que des courants traditionnels. Elle a été elle-même, plus concrètement que le lyrisme cubain et le schisme chinois, le lieu d'élaboration, éphémère mais puissant, d'une constellation nouvelle de l'extrémisme révolutionnaire[1]. Nul doute alors que le navire

---

1. C'est ce que j'avais à l'époque tenté d'exprimer dans un essai, *Les Français d'Algérie*, Julliard, 1961, chap. IV, « Qu'est-ce qu'un libéral ? » [réédition revue et augmentée, Christian Bourgois, 2012].

structuraliste, lancé en pleine mer par *Tristes tropiques,* n'ait eu les voiles gonflées par le grand vent de la guerre d'Algérie, qui a largement contribué à donner à ce nouveau langage des sciences sociales sa connotation idéologique spécifiquement française. Il est du reste hautement significatif que l'on ait pris l'habitude d'appeler « sciences humaines » ce que l'on désigne en général outre-Atlantique par « sciences sociales ». La différence d'expression renvoie à deux contextes culturels, deux enracinements nationaux et peut-être deux fonctions différentes. Les sciences sociales aux États-Unis, qu'elles soient empiriques ou abstraites, font partie intégrante du développement social lui-même. Elles sont insérées dans la pratique et les institutions. Et c'est à ce titre qu'elles ont paru longtemps aux Français suspectes d'une docilité de principe à l'utilisateur politique. Les sciences humaines, en France, dans ce pays de tradition humaniste et littéraire, sont moins attentives à la patiente étude des faits qu'à la construction théorique, à la fonction prophétique, et constituent elles-mêmes un enjeu politique et social. À ce titre, à leur tour, elles peuvent à bon droit paraître à des Américains suspectes d'une toujours possible déviation idéologique, comme le marxisme, qui participe des deux modèles, analytique et prophétique. C'est pourquoi leur arrivée récente sur la scène culturelle française rend le dialogue à la fois plus facile et plus difficile. Comme disait des Anglais l'écrivain irlandais Bernard Shaw, Français et Américains ont commencé de n'être séparés que par un langage commun. Mais en quoi consiste la séparation ?

L'HYPOTHÈQUE RÉVOLUTIONNAIRE

Longtemps l'on a cru que c'était le poids du marxisme qui faisait écran entre les deux cultures. L'illusion se dissipe aujourd'hui, puisqu'on assiste dans les avant-gardes pensantes à la liquidation brutale et tapageuse de Marx sans que la place des États-Unis en ait été notablement changée.

Les intellectuels

L'influence du marxisme sur les intellectuels a d'ailleurs connu plusieurs phases bien différentes. Après que la France eut, pendant près d'un siècle, superbement ignoré Marx[1] comme elle s'est montrée particulièrement rébarbative à Freud, c'est le parti communiste qui a imposé le marxisme après la guerre, en établissant l'Union soviétique comme son lieu d'incarnation indiscutable et indiscuté. Marx a moins servi d'instrument d'analyse que d'argument d'autorité. De l'affirmation de la lutte des classes comme moteur de l'Histoire à la dictature du prolétariat, de la dictature du prolétariat à la révolution soviétique, de l'Union soviétique au parti et du parti au bureau politique, l'équation posée par Jdanov une fois pour toutes ne laissait aux intellectuels que le rôle de valets, de traîtres ou d'agresseurs. Et, à l'Amérique, une place nulle. Le rapport Khrouchtchev a brisé le dogmatisme, mais inauguré une diffusion du marxisme d'autant plus massive sans doute qu'elle permettait de mettre en sursis, et comme en veilleuse, une véritable analyse historique de l'identification, qui n'avait jamais été sans problème, entre le marxisme et l'aventure stalinienne. À un marxisme granitique on voit donc succéder un marxisme mou, élastique et farineux, « l'horizon indépassable de notre temps », selon la formule célèbre de Sartre : il y eut un Marx « existentialisé », un Marx « structuralisé », un Marx « freudisé », un Marx « catholicisé » et, contre cette vulgate, un Marx rendu par Althusser à la pureté diamantaire de la science et de la théorie[2].

L'explosion de mai 1968 a bruyamment interrompu ce ronronnement tranquille et inauguré un modèle inédit de perception américaine. Dans l'exaltation de la fête, les gauchistes découvrirent soudain que la plupart de leurs thèmes, qu'ils croyaient nés des noces bien françaises de l'anarchisme, du surréalisme et du situationnisme, étaient en fait,

---

1. Cf. un début de recherche intéressant dans ce sens par Daniel LINDENBERG, *Le Marxisme introuvable*, Calmann-Lévy, 1976.
2. Cf. l'ouvrage canonique de Louis ALTHUSSER *et al.*, *Lire Le Capital*, Maspero, 1965, et ses *retractationes*, *Autocritique*, Maspero, 1975.

depuis des années, une invention des campus américains. Voyez ces slogans muraux : « Objet, cache-toi ! », « Faites l'amour, pas la guerre ! », « Droit à la paresse ». Toute une France gaiement anarchiste, en pleine réaction contre le stalinisme bureaucratique, verbalement hostile à la société de consommation, encore que solidement enracinée en elle, iconoclaste et utopique, découvrit avec un émerveillement rétrospectif sa complicité avec les hippies, le zen, Jerry Rubin et les Black Panthers, avec l'Amérique marginale de la subversion[1]. Qu'il s'agisse de la déconsidération des formations politiques traditionnelles ou de la perception aiguë des impasses et des contradictions de la société d'abondance, de la décolonisation intérieure des minorités culturelles et des ethnies brimées, de l'exploitation astucieuse des failles du système capitaliste et du retournement en faiblesses de ses forces apparentes ; qu'il s'agisse enfin de la crise des générations, de l'autorité, des croyances ou de la civilisation, les États-Unis ne pouvaient apparaître que comme un laboratoire inépuisable de surprises et d'anticipations[2]. Toute la jeunesse d'après 1968 vécut l'Amérique comme une fascination qui l'aidait à se retrouver elle-même, au sortir de la camisole maoïste. L'Internationale de la contestation se révélait autrement excitante que l'introuvable Internationale ouvrière. L'atlantisme révolutionnaire a eu sa crise d'américanophilie sentimentale, mais qui a préparé la voie à des ébranlements plus profonds.

Car ce à quoi on assiste ces temps-ci, c'est à l'exécration, par une gauche libertaire, du marxisme dont la gauche totalitaire avait si jalousement voulu garder le monopole. Et c'est au goulag et à Soljenitsyne que nous devons l'extraordinaire cérémonial expiatoire qui s'exécute actuellement sous nos yeux. Ce n'est pas qu'il ait jamais manqué de voix, venues de la gauche même, pour dénoncer, dans la mouvance du trotskisme ou en dehors, la bureaucratie stali-

---

1. Cf. Annie KRIEGEL, « Communisme et gauchisme d'Europe dans le miroir américain des années 60 », in ID., *Communismes au miroir français, op. cit.*
2. Cf. en particulier Edgar MORIN, *Journal de Californie*, Éd. du Seuil, 1970.

Les intellectuels 355

nienne ou les horreurs de Staline[1]. Mais ces voix étaient immédiatement récusées, même après 1956[2].

Il fallait qu'une dialectique casuiste s'habitue à la manipulation des faits et aux distinguos subtils, se rompe aux acrobaties que rendait de plus en plus impossibles la révélation de moins en moins niable de ce que Jean Kanapa appelait encore pudiquement, au XIVe Congrès du parti communiste, en 1956, « certaines violations de la légalité socialiste » et qu'il a fallu appeler finalement « crimes de Staline ». Restait à les expliquer[3]. Mais même en faisant de plus en plus belle la part du feu — le fameux « retard » russe, le poids de l'arriération économique, la barbarie traditionnelle des mœurs —, l'« acquis positif » du stalinisme suffisait de moins en moins à préserver l'identité marxiste de l'Union soviétique.

Or, c'est cette identification que Soljenitsyne a reconfirmé de manière éclatante, mais dans le grand style accusateur. Irrécusable, Soljenitsyne l'est trois fois, du triple lieu d'où il parle : les profondeurs du peuple, des camps et de l'exil. Il a réincarné la figure type du grand intellectuel dressé contre le pouvoir, de Voltaire à Hugo, à Zola. A-t-il vraiment ouvert des yeux ou servi de levier ? Toujours est-il que, loin de favoriser une mise à jour critique et rationnelle de Marx, débarrassé de la collusion soviétique ou chinoise, Soljenitsyne a permis au nouveau courant libertaire, dont André Glucksmann serait un bon représentant[4], d'enfermer Marx dans l'expérience socialiste soviétique pour les brûler

---

1. Au point d'apparaître à Jean-François REVEL, *Ni Marx ni Jésus*, Laffont, 1970, comme le lien d'élaboration de la « seconde révolution mondiale ».
2. On songe notamment au *Staline* de Boris Souvarine, paru en 1935 et republié par les éditions Champ libre, 1978, ainsi qu'au travail de taupe du groupe de la revue *Socialisme ou barbarie*, dans les années 1950, autour de Cornelius Castoriadis, dont les articles ont été récemment repris dans *L'Institution imaginaire de la société*, Éd. du Seuil, 1976, et Claude Lefort, qui a repris ses articles dans *Éléments d'une critique de la bureaucratie*, Droz, 1971.
3. Les dernières explications en date dans *Histoire de l'Union soviétique*, Éd. sociales, 4 vol., 1972-1975, sur lesquelles s'alignent les commentaires officiels du parti socialiste. [Cf. *supra*, chap. X, « Le moment du gaullo-communisme », p. 259.]
4. André GLUCKSMANN, *La Cuisinière et le Mangeur d'hommes. Essai sur les camps de concentration*, Éd. du Seuil, 1975, et *Les Maîtres Penseurs*, Grasset, 1977.

l'une et l'autre. Et d'y ajouter, pour faire bonne mesure et rassurer les bonnes consciences des mauvaises consciences, ou l'inverse, toute la tradition du rationalisme occidental, dont Marx ne serait que l'achèvement, en remontant jusqu'à Descartes et Platon ! Si bien qu'en cette interminable veillée d'armes électorale où l'Union de la gauche rassemble socialistes et communistes et qui laisse aux intellectuels tout le loisir de s'exprimer, la gauche se partage entre ceux pour qui l'URSS n'est pas le pays du socialisme, qui reste à inventer, et ceux pour qui l'URSS est le modèle du socialisme auquel risque de nous mener tout droit l'Union de la gauche. Mais de ce nouvel extrémisme l'Amérique reste encore l'éternelle absente.

Ce n'est donc ni le phénomène soviétique ni le phénomène marxiste qui sont la ligne de clivage entre les deux cultures, mais bien la place qu'occupe, dans chacune des constellations culturelles, l'idée même de révolution[1], *mater et magistra* de l'intelligence européenne. La grande différence est qu'en France la Révolution est intervenue dans un pays déjà pourvu d'une longue histoire, d'une forte conscience collective et d'une puissante tradition centralisatrice du pouvoir et de l'État. L'ébranlement révolutionnaire n'a jamais été un fait acquis ; il a seulement dessiné la trame de fond gauche-droite sur laquelle s'est tissée depuis l'histoire politique. À peine commençait-elle à s'installer dans les profondeurs de la société, avec la victoire de la République laïque, à la fin du XIXe siècle et au début du XXe, que la révolution soviétique, d'abord et avant tout, mais aussi la révolution chinoise et celles du tiers-monde offraient à cette vieille France à la révolution inachevée des messianismes de relais dont on connaît les hauts moments : le Front populaire, la Résistance et la guerre d'Algérie. Dans aucun autre pays que la France le parti communiste n'a acquis une

---

1. Par-delà toute l'historiographie de l'époque révolutionnaire, qui s'est développée autour du bicentenaire, on reviendra au livre classique de Hannah ARENDT, *On Revolution*, 1963, publié en France sous le titre *Essai sur la révolution*, trad. M. Chrestien, Gallimard, « Les Essais », 1967.

pareille légitimité nationale, poussé des racines aussi profondes, sans rapport avec son poids réel, dans la culture et la mémoire. À quel point, follement, il a usé et abusé de ce crédit relève d'une longue histoire : il en paye le prix fort aux intellectuels aujourd'hui. Demain aux électeurs ? Reste qu'il a reconduit, jusqu'à nos jours, l'idée révolutionnaire qui s'épuise et se renouvelle actuellement. Ce n'est pas dire qu'il n'y ait eu, en France, que des intellectuels de gauche ou qu'une tradition intellectuelle de gauche. Mais la gauche a commandé la circulation intellectuelle et constitué, en dehors du pouvoir, ce contre-pouvoir qui fait le prestige du monde intellectuel. Or l'idée révolutionnaire est au cœur d'une gauche qui est au cœur de la culture nationale.

C'est l'inverse aux États-Unis, où l'extrémisme de gauche est demeuré marginal, sans doute parce que la révolution a coïncidé avec le moment national fondateur. Elle s'est incorporée dès le départ à un patrimoine contesté mais sans fêlure, elle a constitué le consensus au lieu de le détruire. L'idée nationale a absorbé l'idée révolutionnaire et prétendu la réaliser, à tort ou à raison. L'Amérique s'est présentée elle-même, en tant qu'histoire et que nation, comme une incarnation de valeurs, la réalisation d'un projet originel. C'était là son destin historique : n'avoir pas d'idéologie, en être une. Autrement dit, la Révolution est en France l'éternel avenir d'une nation de longue mémoire, elle est aux États-Unis l'éternel passé d'une nation sans mémoire. C'est cette symétrie qui donne leur incommunicabilité aux deux cultures et son sens au dialogue impossible.

Le pro- ou l'antiaméricanisme des intellectuels français n'est donc qu'un phénomène second, un effet de surface lié aux péripéties de la conjoncture, par rapport à une réalité de structure qui est moins d'ordre culturel que sociologique et historique. Le rôle essentiel de véhicule des valeurs de culture qu'ont assumé les intellectuels du Vieux Monde depuis l'ère des Lumières n'a pas eu besoin d'avoir son équivalent aux États-Unis. Les intellectuels y exercent une fonction, non un sacerdoce ; un métier, non un magistère. L'intelligence américaine est pulvérisée dans le corps politique et social tout entier, géographiquement dispersée, culturellement disséminée ou cantonnée dans les oasis des campus universitaires ; l'intelligence française est concentrée dans l'isolement d'une mince couche sociale qui a son histoire, ses traditions, ses réseaux de circulation particuliers et ses réflexes conditionnés. Un intellectuel américain aura toujours du mal à comprendre pourquoi une jeunesse si nombreuse aura préféré se tromper avec Sartre pendant vingt ans qu'avoir raison avec Aron et pourquoi elle a immédiatement constitué les recherches historico-philosophiques de Michel Foucault sur la folie, la prison, la sexualité en enjeux quotidiens d'actualité ; bref, pourquoi le champ de la recherche intellectuelle tout entier est à ce point investi par des préoccupations d'ordre politique. Inversement, les Français auront toujours des difficultés à admettre comment un Américain tolère une telle marge entre ses intérêts intellectuels et son engagement politique précis. Exemple, la mauvaise fortune faite en France à Noam Chomsky, cartésien en logique et anarchiste en politique. Mince différence peut-être, mais qui n'exprime rien de moins depuis le XVIIIe siècle que l'héritage laïcisé de quelques siècles de transcendance chrétienne et d'Église catholique que les Américains n'ont pas. Et qui rend si difficile à comprendre, dans le gallocentrisme intellectuel dont nous sommes devenus prisonniers, la dynamique d'une histoire indissolublement tissée de réalisme et de rêve, nous qui ne connaissons plus que le conservatisme ou la révolution.

14

La mémoire

Une différence fondamentale sépare sans doute les peuples qui se souviennent d'avoir pris le départ, des nations immémoriales. Celles-ci conjurent leurs divisions quand ceux-là célèbrent leur cohésion. Les unes enracinent le plus proche dans le plus lointain ; les autres, pour justifier le présent, en appellent des promesses des fondateurs aux fruits d'un éternel avenir.

C'est pourquoi, aux États-Unis, l'analyse du « développement » occupe dans la conscience collective et dans la pensée historique une place analogue à celle qu'a tenue dans la France du XIXe siècle l'exploration des « origines ». Supérieure même. D'abord parce que, dans un pays naturellement obsédé par son identité nationale, les historiens jouent, comme en Allemagne plutôt qu'en France, un rôle de directeurs de conscience et d'interprètes du sentiment national. De plus, l'histoire américaine est plus sensible encore que la nôtre aux sollicitations de l'actualité : tout nouvel élément — conquête de l'Ouest, afflux d'immigrants, urbanisation géante, Grande Dépression ou participation aux guerres mondiales — s'incorpore à la réalité nationale en provoquant

---

Paru sous le titre « Le "fardeau de l'histoire" aux États-Unis », in *Études d'histoire des relations internationales. Mélanges Pierre Renouvin*, PUF, 1966. Une version réduite et journalistique de ce texte a été publiée sous le titre « Toute la mémoire de l'Amérique » dans *Le Nouvel Observateur* du 19 juillet 1976 et est reproduite, sous le titre « États-Unis : la mémoire d'un pays sans mémoire », *in* P. NORA, *Présent, nation, mémoire, op. cit.*, pp. 324-342.

presque instantanément une remise en perspective de tout le passé américain, une nouvelle version du caractère inédit de son histoire. Enfin, l'accession d'une histoire coloniale, puis nationale sans cesser d'être provinciale, à une histoire désormais mondiale donne toute sa légitimité à la recherche d'une vérité spécifique de l'Amérique. Les États-Unis ne s'appartiennent plus ; et cette raison seule suffirait pour que l'étude de la conscience qu'ont les Américains de leur propre histoire entre de plein droit dans une histoire largement conçue des relations internationales. S'il existe en effet une tradition diplomatique propre à chaque puissance, les hommes d'État traduisent une expérience nationale et participent de sa psychologie collective autant qu'ils appartiennent à une société internationale[1]. Mais il y a plus : après s'être élargie de l'étude diplomatique à celle des opinions publiques[2], l'histoire des relations internationales doit pouvoir s'annexer celle des mentalités ; reconstituer de l'extérieur le modèle d'une histoire vécue, décrire un sentiment national étranger, pénétrer l'intimité d'une expérience du temps qui n'est pas nôtre. Ce type d'analyse, appliqué déjà aux rapports des mondes colonisateur et colonisé[3], attend d'être transféré des sociétés dont le développement a été infléchi par le contact brutal avec l'Occident aux sociétés où la colonisation occidentale a produit au contraire une civilisation technique supérieure dont l'essor a coïncidé avec celui du capitalisme industriel.

1. Cf., par exemple, Robert E. OSGOOD, « L'influence de la tradition sur la politique étrangère américaine », in ASSOCIATION FRANÇAISE DE SCIENCE POLITIQUE, *La Politique étrangère et ses fondements*, A. Colin, « Cahiers de la Fondation nationale des sciences politiques », n° 55, 1954, pp. 179-202. Sur la politique extérieure des États-Unis, cf. Jean-Baptiste DUROSELLE, *De Wilson à Roosevelt. Politique extérieure des États-Unis, 1915-1945*, A. Colin, 1960, notamment les chapitres I, VII, X et XII [à compléter par Pierre MÉLANDRI, *La Politique extérieure des États-Unis de 1945 à nos jours*, PUF, 1995]. Sur l'originalité du sentiment national américain, ses formes et ses mobiles, cf. Pierre RENOUVIN et Jean-Baptiste DUROSELLE, *Introduction à l'histoire des relations internationales*, A. Colin, 1964, notamment pp. 128, 221 et 228.
2. Cf., en particulier, R. RÉMOND, *Les États-Unis devant l'opinion française*, op. cit.
3. C'est le sens de toute l'œuvre de Jacques BERQUE, depuis *Les Arabes d'hier à demain* (1960) jusqu'à *Dépossession du monde* (1964), en passant par *Le Maghreb entre deux guerres* (1962), tous aux Éditions du Seuil.

La mémoire 361

Or, pour cette confrontation, les historiens français sont, qui sait, moins mal placés qu'il ne semble. On connaît aujourd'hui la puissance et la mobilité de l'image américaine sur la mentalité française du XIXe siècle, et *De la démocratie en Amérique* de Tocqueville est considéré aux États-Unis comme un classique américain. Mais peut-être la puissance de ces appels réciproques tient-elle à la distance qui sépare précisément l'histoire des deux pays. De tous les États d'Europe, c'est la France qui a donné le moins d'elle-même au Nouveau Monde. Un Français aux États-Unis ne retrouve ni les siens, ni ses paysans, ni son Ancien Régime, ni son XIXe siècle, ni ses révolutions. Réciproquement, c'est de la France que les Américains se plaignent généralement d'être le plus incompris et le plus mal-aimés. Et tandis que la découverte à Paris, par tant d'intellectuels de la « génération perdue », d'une Europe du bonheur et des arts prouve à quel point la France est la révélatrice d'une vérité des États-Unis, le très petit nombre des historiens français spécialisés dans l'américanisme prouve en revanche la tranquille assurance avec laquelle nous tenons pour acquis que la brièveté de l'histoire américaine, son manque de point de rupture et de conflit tragique, l'absence d'un grand art où (mis à part l'architecture moderne) s'exprime une civilisation privent à nos yeux cette histoire sinon d'intérêt, du moins d'opacité. Volontiers nous allons répétant que si l'Amérique a un long passé et un grand avenir, elle n'a pas ce que, du haut de notre héritage, nous appelons une Histoire ; et le paradoxe veut que l'actuelle historiographie américaine paraisse entériner ce jugement au moment même où, de notre côté, se dissipe cette illusion.

LA MONADE AMÉRICAINE

Une révision globale du passé américain s'opère depuis la Seconde Guerre mondiale et les années 1950. Après avoir constaté il y a dix ans devant l'American Historical Association qu'il serait tout aussi difficile en 1950 de trouver une histoire des États-Unis qui ne suive pas la ligne de crête Jefferson-Jackson-Roosevelt qu'il eût été difficile vers 1900 d'en trouver une qui ne représentât pas le point de vue libéral-whig-républicain, Samuel Eliot Morison appelait de ses vœux une histoire des États-Unis écrite « d'un point de vue sagement conservateur[1] ». L'éminent historien prévoyait-il que ce nouveau conservatisme, loin d'être un simple retour de balancier, allait constituer la plus vaste réinterprétation de l'histoire américaine à laquelle on ait jamais assisté[2] ?

En réaction contre l'idéalisme empirique de leurs aînés, les historiens dont la jeunesse a été formée par le New Deal et la guerre atteignent aujourd'hui leur maturité pour mettre l'accent sur ce qui unit l'Amérique et non sur ce qui la divise. Le courant puritain, l'ère révolutionnaire, le rôle de l'Ouest, l'avènement du *common man*, la guerre civile, les classes laborieuses, l'expansion industrielle et l'accession à la puissance mondiale : l'offensive se développe simultanément sur tous les fronts[3]. Mais tous les contrastes que la

---

1. Samuel Eliot MORISON, « Faith of a Historian », *The American Historical Review*, vol. LVI, janvier 1951.
2. Cf. Claude FOHLEN, *L'Amérique anglo-saxonne de 1815 à nos jours*, PUF, « Nouvelle Clio », 1965.
3. Cf., en particulier, John HIGHAM (éd.), *The Reconstruction of American History*, Londres, Hutchinson, 1962. Phénomène significatif, la littérature historiographique est aux États-Unis très abondante. Pour un point de vue général, cf. Harvey WISH, *The American Historian. A Social-Intellectual History of the Writing of the American Past*, New York, Oxford University Press, 1960, qui met à jour Michael KRAUS, *The Writing of American History*, Norman, University of Oklahoma Press, 1953 (éd. revue et complétée de l'ouvrage de 1927). Pour les XVIIIe et XIXe siècles, cf. David D. VAN TASSEL, *Recording America's Past. An Interpretation of the Development of Historical Studies in America, 1607-1884*, University of Chicago Press, 1960. Pour le XIXe siècle, cf., notamment, Hugh HALE BELLOT, *American History and American Historians. A Review of Recent Contributions to the Interpretation of the History of the United States*, Norman, University of Oklahoma Press, 1952, et Oscar HANDLIN, « The Central Themes of American History », in *Relazioni del X Congresso Internazionale di Scienze Storiche*, 1955, t. I, pp. 139-166. Peu de livres importants risquent d'échapper grâce à Donald H. MUGRIDGE et Blanche Prichard MCCRUM, *A Guide to the Study of the United States of America. Representative Books Reflecting the Development of American Life and Thought*, Washington, 1960, et à Oscar HANDLIN (éd.), *Harvard Guide to American History*, Cambridge (Mass.), Harvard University Press, 1954, qui consacrent une rubrique à l'historiographie.

tradition progressiste soulignait sont systématiquement amenuisés. Les figures familières de la démocratie, comme Roger Williams, Nathaniel Bacon, Andrew Jackson, Thorstein Veblen, ont trouvé de sévères biographes[1], tandis que les héros du conservatisme, par exemple John Winthrop, John Hamilton ou John D. Rockefeller, connaissent une réhabilitation partielle ou complète[2]. Les oppositions religieuses elles-mêmes sont devenues le prix à payer pour la féconde synthèse des traditions[3]. Cette nouvelle génération du *consensus*[4] communie dans l'affirmation que ce n'est plus tel ou tel conflit entre sections, entre classes, ou entre idéologies qui constitue l'originalité décisive de l'histoire américaine, mais précisément l'absence de tout conflit fondamental, l'homogénéité des comportements, le manque de différenciations, la carence historique d'un enjeu mortel. Bref, la fin proclamée des idéologies porte condamnation des déchirements internes de la société américaine.

1. Cf. Allan SIMPSON, « How Democratic was Roger Williams », *William and Mary Quaterly*, vol. XIII, janvier 1956, pp. 53-57 ; Wilcomb E. WASHBURN, *The Governor and the Rebel. A History of Bacon's Rebellion in Virginia*, Chapel Hill, University of North Carolina Press, 1957 ; Bray HAMMOND, *Banks and Politics in America. From the Revolution to the Civil War*, Princeton University Press, 1957 ; David RIESMAN, *Thorstein Veblen. A Critical Interpretation*, New York, Scribner, 1953.
2. Cf. Edmund S. MORGAN, *The Puritan Dilemma. The Story of John Winthrop*, Boston, Little, Brown, 1958 ; Broadus MITCHELL, *Alexander Hamilton*, t. I, *Youth to Maturity, 1755-1788*, New York, Macmillan, 1957 ; Allan NEVINS, *Study in Power. John D. Rockefeller, Industrialist and Philanthropist*, 2 vol., New York, Scribner, 1953.
3. Cf., en particulier, Will HERBERG, *Protestant-Catholic-Jew. An Essay in American Religions Sociology*, Garden City (N. Y.), Doubleday, 1955 ; R. W. B. LEWIS, *The American Adam. Innocence, Tragedy, and Tradition in the Nineteenth Century*, University of Chicago Press, 1955, ou, allant encore plus loin, William B. HESSELTINE, « Four American Traditions », *Journal of Southern History*, vol. XXII, février 1961, pp. 3-32. Voir Henry F. MAY, « The Recovery of American Religious History », *The American Historical Review*, vol. LXX, octobre 1961, pp. 79-92.
4. Parmi les nombreux articles sur ce nouveau courant de l'historiographie, cf. un aperçu très vif et un jugement sévère d'Eugen WEBER, « Les études historiques aux États-Unis : une histoire sans histoires », *Revue historique*, vol. CCCLVIII, avril-juin 1961, pp. 341-358, et une critique de son laxisme moral par John HIGHAM, « The Cult of American Consensus : Homogenizing Our History », *Commentary*, n° 27, février 1959, pp. 93-100, ainsi que « Beyond Consensus : The Historian as Moral Critic », *The American Historical Review*, vol. LXVII, avril 1960, pp. 609-625.

C'est déjà l'esprit qui avait animé entre les deux guerres l'école dite révisionniste[1] de la guerre civile. Pour ses deux principaux interprètes, Avery Craven et George Randall, auxquels on pourrait joindre Merton Coulter, ce fut comme toutes les guerres une guerre inutile et sans raison ; elle aurait pu être évitée et n'eut que des conséquences désastreuses, en particulier l'assassinat de la société agraire du Sud, dont Craven dresse un tableau idyllique en contraste avec la sombre Amérique des années 1930 : « Travailleurs n'ayant à la bouche que "l'esclavage du salariat", capitalistes amoncelant des fortunes pendant que courent les rues la misère et la faim ; la culture, cette marchandise, emmagasinée dans les musées, accompagnée partout de stérilité intellectuelle sauf dans quelques coins de province ! Voilà où nous ont conduits trente ans de dissensions[2]. »

La théorie de la « guerre inutile »[3] a remplacé celle du « conflit irrépressible ». Elle prétend qu'on a exagéré à plaisir les différences sociales du Nord et du Sud. Entre les modérés des deux camps, la coexistence était possible ; et de faire porter tout le poids de la guerre sur « une génération fourvoyée », « emportée par sa fureur sirupeuse » et « sinistrement aveuglée par le démon des armes »[4] ; politiciens à courte vue et publicistes excités, qui, des deux côtés, ont égaré l'opinion par une propagande hystérique. La guerre incombe alors à des facteurs émotionnels irréels et artificiels, preuve de la nocivité foncière des passions où ces historiens voient des causes premières et des figures du mal, non les résultats d'une situation politique générale. Sans

---

1. Cf. notamment Thomas J. PRESSLY, *Americans Interpret their Civil War*, Princeton University Press, 1954, pour un clair exposé mis à jour par la bibliographie de Don E. FEHRENBACHER, « Disunion and Reunion », *in* J. HIGHAM, *The Reconstruction of American History, op. cit.*, p. 228.
2. Avery Odelle CRAVEN, *The Repressible Conflict, 1830-1861*, Baton Rouge, Louisiana State University Press, 1939, p. 60.
3. Cf. Thomas N. BONNER, « Civil War Historians and the "Needless War" doctrine », *Journal of the History of Ideas*, vol. XVII, 1956, pp. 193-216.
4. Cf. James Garfield RANDALL, *Lincoln the Liberal Statesman*, New York, Dodd, Mead, 1947, p. 40, et *Lincoln, the President*, 4 vol., New York, Dodd, *Springfield to Gettysburg*, 1945, Mead, 1945-1955, t. I, p. 239.

doute ce révisionnisme s'est-il lui-même approfondi et partiellement « révisé » depuis la guerre[1] ; mais il a créé une nouvelle orthodoxie dans l'historiographie officielle. C'est un des nouveaux représentants de cette école, Kenneth Milton Stampp, qui a rédigé le volume consacré à la guerre civile dans la collection classique *Problems in American History*[2], et l'auteur termine son propre livre sur un jugement pessimiste : « Les résultats les plus évidents de leur croisade, ce fut la clinquante aristocratie du Nord et les enfants en haillons du Sud. Dans la masse du peuple américain, il n'y eut pas de vainqueurs, rien que des vaincus[3]. » Comment mieux exprimer l'amertume et le désenchantement actuel, l'horreur des conflits idéologiques et des poussées irration-

1. Le révisionnisme a été à son tour influencé par l'évolution de l'esprit public sur le problème noir, dont le fameux arrêt de la Cour suprême sur la déségrégation a été la manifestation politique en 1954. Cette évolution est apparue dès 1939, à l'appel des historiens du Sud, par une reconsidération moins malveillante de la reconstruction. Elle n'est plus un « crime ». Cf. Francis B. SIMKINS, « New View Points of Southern Reconstruction », *Journal of Southern History*, vol. V, 1939, pp. 46-61, et Howard K. BEALE, « On Rewriting Reconstruction History », *The American Historical Review*, vol. XLV, 1939-1940, pp. 807-827. Des critiques violentes se sont élevées au lendemain de la guerre contre le désarmement moral et idéologique des révisionnistes : cf., en particulier, outre Bernard Augustine DE VOTO, « The Easy Chair », *Harper's Magazine*, vol. CXCII, février 1946, pp. 123 et 234, Arthur M. SCHLESINGER, JR., « A Note on Historical Sentimentalism », *Partisan Review*, vol. XVI, 1949, pp. 968-981, ainsi que Pietr GEYL, « The American Civil War and the Problem of Inevitability », *New England Quarterly*, vol. XXIV, 1951, pp. 147-168. Les représentants du révisionnisme tempèrent eux-mêmes leur point de vue ; cf., par exemple, Avery Odelle CRAVEN, *Civil War in the Making, 1815-1860*, Baton Rouge, Louisiana State University Press, 1959. Une sorte de juxtaposition des points de vue, nationaliste dans la conception d'ensemble et révisionniste dans le détail, apparaît à travers l'important ouvrage d'Allan NEVINS, déjà devenu classique, *Ordeal of the Union*, New York, Scribner, 1947. Enfin de nouveaux historiens élargissent leur interprétation par une compréhension à la fois des intérêts économiques en présence et du poids des différences culturelles, en particulier C. Vann WOODWARD, *Origins of the New South, 1877-1913*, Baton Rouge, Louisiana State University Press, 1951, *Reunion and Reaction. The Compromise of 1877 and the End of Reconstruction*, Boston, Little, Brown, 1951, et *The Burden of Southern History*, Baton Rouge, Louisiana State University Press, 1960.
2. Kenneth Milton STAMPP, « What caused the Civil War », *in* Richard W. LEOPOLD et Arthur S. LINK (éd.), *Problems in American History*, New York, Prentice-Hall, 1952.
3. ID., *And the War Came. The North and The Secession Crisis, 1860-1861*, Baton Rouge, Louisiana State University Press, 1950, p. 298.

nelles, le dégoût des illusions dont on meurt, et, par rapport à l'optimisme militant de l'historiographie progressiste, la ferveur retombée ?

À l'hypothèse progressiste s'est substituée en effet aujourd'hui dans l'histoire américaine une hypothèse conservatrice, à une explication dualiste, l'affirmation d'un monisme américain. Il aura vraiment fallu, pour Louis Hartz, que l'histoire américaine soit vue à travers la lunette de l'étranger pour que n'apparaisse pas la continuité de sa tradition politique, profondément et unanimement libérale et capitaliste. « L'Amérique a besoin de se tourner vers ses relations avec les autres pays pour trouver cette étincelle de philosophie, ce grain de compréhension historique que sa propre histoire lui refuse[1]. » La thèse que défend avec éclat l'un des plus grands historiens contemporains était déjà à bien des égards celle que défendait Richard Hofstadter en 1948. Pour ce dernier, « les principales traditions politiques ont en commun le respect des droits de la propriété, une philosophie de l'individualisme économique, une foi dans la concurrence ». Ce noyau compose le *credo* fondamental auquel, constate-t-il avec amertume mais réalisme, se rallie aujourd'hui l'opinion : « Par-delà les conflits temporaires et localisés, il y eut un terrain d'entente, une unité de tradition culturelle et politique sur lesquels s'est appuyée la civilisation américaine. Ce bagage a été profondément nationaliste et essentiellement isolationniste ; il a été furieusement individualiste et capitaliste[2]. »

Et comme pour mieux marquer que ce retour à l'Amérique n'est pas le fait de l'intelligentsia désabusée et des progressistes désenchantés, des esprits conservateurs font écho à cette affirmation d'un monolithisme idéologique. Tel est le cas en particulier de Daniel J. Boorstin, auteur fécond et

---

1. Louis HARTZ, *The Liberal Tradition in America. An Interpretation of American Political Thought since the Revolution*, New York, Harcourt, Brace, 1955.
2. Richard HOFSTADTER, *The American Political Tradition and the Men Who Made It*, New York, Knopf, 1948, « Introduction ». [En français, *Bâtisseurs d'une tradition*, trad. D. Wandby, Seghers, « Vent d'ouest », 1966.]

animateur actif qui se demande pourquoi les États-Unis n'ont jamais produit une grande doctrine ou un grand système de philosophie politique[1]. C'est, répond-il, la triomphante démonstration d'un succès national, d'une histoire heureuse, sans besoin révolutionnaire. L'Amérique a eu des légistes et des politiciens, qui s'opposèrent sur la solution la meilleure ; mais le conservatisme commun l'a toujours emporté sur les improvisations doctrinales et les systèmes abstraits[2]. Bref, comme le remarque justement Eugen Weber, là où Hartz conclut : « nous sommes tous des libéraux », Hofstadter : « nous sommes tous des Américains », Boorstin conclut : « nous sommes tous des conservateurs », et termine son livre sur une citation de Burke.

Non que les conflits sociaux soient niés, mais ils sont localisés dans le temps. Entre 1890 et 1930, on accorde aux historiens d'avoir été légitimement obnubilés par les grands mouvements migratoires, l'expansion vers l'Ouest et l'immigration dans les villes. Mais on leur reproche d'avoir oublié le plus important : l'ascension sociale verticale, la mobilité qui caractérise les pays en voie d'industrialisation. Quoi qu'il en soit, ce n'était là qu'une phase de réorganisation sociale entre deux périodes de quasi-stabilité. La première, jusqu'en 1815, connaissait un taux de mobilité sociale relativement bas tandis que s'établissait dans les différentes colonies une société stable ; la troisième, inaugurée depuis la fin de l'immigration libre, revient à une norme de stabilisation qui rappelle le XVIIIe siècle par sa forte puissance d'intégration sociale. Entre ces deux périodes, la phase 1815-1930 n'est qu'une transition exceptionnelle dont les agitations ont impressionné les historiens ; mais ils ont pris la partie pour le tout.

Encore les conflits pendant cette phase auraient-ils été mal interprétés. Les historiens contemporains ne reculent pas devant la proposition d'inverser l'interprétation libé-

---

1. Daniel J. BOORSTIN, *The Genius of American Politics*, University of Chicago Press, 1953.
2. Cf. également Clinton ROSSITER, *Conservatism in America*, New York, Knopf, 1960.

rale : Rowland Berthoff suggère d'étudier le caractère profondément conservateur de la clientèle des mouvements prétendus réformistes du deuxième quart du XIXᵉ siècle depuis les associations maçonniques jusqu'aux premiers syndicats ouvriers en passant par les réformistes humanitaires et les leaders abolitionnistes[1]. C'est la démonstration brillamment faite par Hofstadter pour le tournant du siècle dans *The Age of Reform*[2]. Le populisme, à ses yeux, loin d'être l'avant-garde de la démocratie, la phalange des justiciers de l'oppression et de la pauvreté, classique image d'Épinal[3], était, comme le progressisme, un mouvement de conservateurs menacés. Isolationnistes, provinciaux et racistes, ces capitalistes inavoués se drapaient dans la nostalgie d'une Amérique préindustrielle ; la poussée de l'industrialisation et de l'immigration les enlisait dans l'exaltation compensatoire du mythe du laboureur anglo-saxon. Idéalement, c'était le refrain de la pureté, pratiquement, le terrain des poussées anticatholiques, antisémites et anti-Noirs, les complaisances, voire les alliances avec les mouvements les plus réactionnaires. Un réflexe de défense identique animait les progressistes : vieilles familles de Nouvelle-Angleterre déchues de leur prestige, monde de la petite industrie menacé par la concentration capitaliste, tous ces déstatués ont chanté leur ressentiment social comme un cantique à la gloire des valeurs morales du XIXᵉ siècle protestant. Et, sous ce jour, Woodrow Wilson et Theodore Roosevelt frappent moins par leurs différences que par leurs affinités.

Même inversion de la problématique dans l'ouvrage de Samuel P. Hays, par exemple, *The Response to Industrialism*[4]. Les hauts lieux de la conscience progressiste sont devenus

---

1. Rowland BERTHOFF, « The American Social Order : a Conservative Hypothesis », *The American Historical Review*, vol. LXV, avril 1960, pp. 495-514.
2. Richard HOFSTADTER, *The Age of Reform. From Bryan to F.D.R.*, New York, Knopf, 1955 (prix Pulitzer).
3. On la trouve, par exemple, clairement exposée dans John D. HICKS, *The Populist Revolt. A History of the Farmers' Alliance and the People's Party*, Lincoln, University of Nebraska Press, 1931.
4. Samuel P. HAYS, *The Response to Industrialism, 1885-1914*, University of Chicago Press, 1957.

des points de résistance à l'épanouissement de la civilisation industrielle, facteur historique déterminant de l'époque. Ici, d'une manière qui paraît parfois volontairement provocatrice, l'auteur présente capitaines d'industrie et armée des travailleurs comme les agents impersonnels d'un processus inévitable et nécessaire, et leurs conflits comme de regrettables malentendus. La haine sociale et la folle violence des grèves ne sont pas la conséquence d'un heurt de classes, mais l'expression momentanée des douleurs que la société tout entière éprouve à enfanter cette société industrielle dont, pour le meilleur et pour le pire, l'Amérique a fait la première expérience. Expérience finalement bénéfique, explique David M. Potter dans *People of Plenty*, dont la philosophie semble très proche de celle de Boorstin[1].

✧

Mais la réinterprétation d'une histoire ainsi privée d'histoires rend l'explication historique très vulnérable à l'impérialisme des sciences sociales plus récentes, psychologie et sociologie. En effet, si la spécificité de l'histoire américaine réside dans les permanences, l'exploration de l'*homo americanus* relève moins d'une connaissance du changeant et du singulier que d'une description du stable et du général. L'histoire aux États-Unis se trouve donc aujourd'hui dépossédée du privilège qu'elle avait eu plus que partout ailleurs : rendre compte de l'originalité radicale du phénomène américain, livrer le secret de la singulière aventure, répondre inlassablement à la question qui, de Saint John de Crèvecœur à Arthur Schlesinger, Jr., court à travers l'histoire américaine : « Qu'est-ce que l'Américain, ce nouvel homme[2] ? » De motif explicatif, l'histoire est devenue facteur auxiliaire de l'explication.

1. David M. POTTER, *People of Plenty. Economic Abundance and the American Character*, University of Chicago Press, 1954. [En français, *Les Fils de l'abondance, ou le Caractère national américain*, Seghers, « Vent d'ouest », 1965.]
2. Cf. J. Hector SAINT JOHN DE CRÈVECŒUR, *Lettres d'un fermier américain*, Londres, 1782, et Arthur M. SCHLESINGER, JR., *Paths to the Present*, New York, Macmillan, 1949.

Une grande synthèse comme *America as a Civilization*, de Max Lerner[1], connaîtra-t-elle le succès que connut il y a une génération *The Rise of American Civilization*, l'ouvrage magistral de Charles et Mary Beard[2] ? 1927 et 1957 : le rapprochement des deux titres montre qu'en trente ans la relation s'est inversée entre l'Amérique et son histoire. Beard s'emparait du mot civilisation pour décrire une réalité historique : « Aucune idée, déclara-t-il plus tard, ni celle de la démocratie, ni celle de la liberté, pas davantage le mode de vie n'exprime l'esprit américain d'une façon plus cohérente, plus systématique et plus compréhensive que l'idée de civilisation. » Lerner lui donne un sens beaucoup plus large et plus vague. « Le mot [...] évoque les civilisations de la Grèce, de Rome, de la Chine, des Aztèques, des Mayas, de l'Inde, de la Renaissance italienne, de l'Espagne, de la France, de la Russie et de l'Amérique [...]. Qui veut scruter les actions, tendances et passions de l'Amérique en leur appliquant le critère de la totalité et de l'influence totale en viendra forcément à une idée : l'idée de civilisation américaine. » En d'autres termes, au lieu de chercher a travers l'histoire américaine un éventuel critère de sa totalité, Lerner part du postulat de sa totalité pour trouver, éventuellement, dans l'histoire les justifications quasi métaphoriques de la vérité du postulat.

Il était donc normal que cette contre-révolution copernicienne de la conscience américaine, appuyée sur le développement de l'anthropologie culturelle[3], remette en honneur le

---

1. Max LERNER, *America as a Civilization*, New York, Simon and Schuster, 1957 ; en français *La Civilisation américaine*, trad. M. PAZ, Éd. du Seuil, 1961, p. 51. Voir un parallèle intéressant entre Max Lerner et Harold Joseph LASKI, *The American Democracy. A Commentary and an Interpretation*, New York, Viking Press, 1947, dans Daniel BELL, *The End of Ideology. On the Exhaustion of Political Ideas in the Fifties*, Glencoe (Ill.), The Free Press, 1960, chap. v. L'auteur concentre sur dix ans la comparaison que nous établissons sur une génération.
2. Charles A. et Mary R. BEARD, *The Rise of American Civilization*, New York, Macmillan, 1927.
3. La littérature est ici particulièrement abondante, depuis l'ouvrage célèbre de Margaret MEAD, *And Keep Your Powder Dry. An Anthropologist Looks at America*, New York, William Morrow, 1942, jusqu'à celui de Geoffrey GORER, *The American People. A Study in National Character*, New York, Norton, 1948 ; en français *Les Américains. Étude d'un caractère national*, trad. H. Claireau, Calmann-Lévy, 1949. La bibliographie a été dressée par Clyde KLUCKHOHN, « Have

concept de caractère national que l'usage raciste et irrationaliste qu'en avaient fait les dictatures totalitaires avait discrédité auprès de la génération précédente. Comment le même terme eût-il pu également être le dernier mot de la démocratie ? Mais comme le concept demeurait indispensable aux historiens, ils l'avaient seulement chassé du vocabulaire pour parler d'*american spirit*, d'*american thought*, d'*american set of ideas*, d'*american tradition*, d'*american mind* et d'*american values*. À vrai dire, il n'est aucun historien américain qui n'ait été tenté de définir un caractère national : c'était sa raison d'être. Mais il cherchait dans l'histoire les sources de sa formation alors qu'on explique aujourd'hui l'histoire par l'affirmation d'un caractère national. C'est, en profondeur, la validité même de l'hypothèse historique que tendent à contester les historiens contemporains ; ils instaurent un procès d'héritage.

There Been Discernible Shifts in American Values During the Past Generation ? », in Elting E. MORISON (éd.), *The American Style. Essays in Value and Performance*, New York, Harper, 1958, que je n'ai pu me procurer. On trouve un résumé un peu sec, mais assez représentatif, dans Cora DU BOIS, « The Dominant Value Profile of American Culture », *American Anthropologist*, vol. LVII, 1955, numéro spécial consacré aux États-Unis. Il convient de faire sa place à la littérature sur le nationalisme américain, en particulier Karl W. DEUTSCH, *Nationalism and Social Communication. An Inquiry into the Foundations of Nationality*, Boston, MIT, New York, Wiley, 1953, et Hans KOHN, *American Nationalism. An Interpretative Essay*, New York, Macmillan, 1957. On consultera avec profit les récits des voyageurs qui ont fait l'objet de plusieurs anthologies : Henry S. COMMAGER, *America in Perspective. The United States through Foreign Eyes*, New York, Random House, 1947, Allan NEVINS, *America through British Eyes*, New York, Oxford University Press, 1948, Oscar HANDLIN, *This Was America. True Accounts of People and Places, Manners and Customs*, Cambridge, Harvard University Press, 1949, Warren S. TRYON, *A Mirror for Americans*, 3 vol., University of Chicago Press, 1952. Pour les voyageurs français du XIXe siècle, cf. R. RÉMOND, *Les États-Unis devant l'opinion française, op. cit*. Le bilan de la discussion théorique est clairement dressé par David Morris POTTER dans les deux premiers chapitres de *People of Plenty*, University of Chicago Press, 1954. Enfin, on souhaiterait dire le plaisir que l'on trouve, après les généralités anthropologistes, à la lecture de quatre livres d'histoire tels que : Henry Nash SMITH, *Virgin Land. The American West as Symbol and Myth*, Cambridge, Harvard University Press, 1950, qui exprime le point de vue d'un progressiste déçu assez proche intellectuellement de Richard Hofstadter ; William R. TAYLOR, *Cavalier and Yankee. The Old South and American National Character*, New York, Braziller, 1961, qui ne remplace pas toutefois W. J. CASH, *The Mind of the South*, New York, Vintage Books, 1941 ; et Merrill D. PETERSON, *The Jefferson Image in the American Mind*, New York, Oxford University Press, 1960.

Procès d'autant plus facile à instruire que personne n'a l'intention de le gagner. Les historiens traditionalistes n'ont jamais pu, au mieux, que dresser du caractère national deux images contradictoires : l'individualiste-idéaliste, cristallisée à travers la pensée de Jefferson, le conformiste-matérialiste, dont Tocqueville, une génération plus tard, a tracé le portrait. Devant cette impasse, ils ont d'abord considéré que la première image convenait à l'Américain du XIXe siècle, la seconde à celui du XXe, sans rien changer toutefois au contenu des deux modèles[1] ; puis ils ont habillé ces patrons d'une coupe plus moderne, comme David Riesman qui, dans *The Lonely Crowd*[2], décrit un *inner-directed man*, l'homme mû de l'intérieur, progressivement submergé par un *other-directed man*, lequel correspond à peu près à celui que William H. Whyte, Jr. devait décrire sous les traits de « l'homme de l'organisation »[3]. Mais, dans un cas, il reste à expliquer en termes psychologiques la juxtaposition dès la première moitié du XIXe siècle des deux types américains, dans le second à justifier en termes historiques le passage de l'un à l'autre. Si bien qu'historiens, sociologues et politicologues se trouvent aujourd'hui très paradoxalement d'accord pour postuler avec force le primat d'une spécificité américaine et le caractère incomparable des critères qui conviennent à sa définition, non sans récuser avec la même vigueur toute définition univoque et limitative de ces critères : l'Amérique serait un champ de forces, un réservoir de virtualités, un défi aux explications rationnelles de l'histoire. Sur la grande trinité formée par Frederick Jackson

---

1. Cf. Henry Steele COMMAGER, *The American Mind. An Interpretation of American Thought and Character since the 1880's*, New Haven, Yale University Press, 1950, qui expose encore les thèmes courants avant la guerre ; en français *L'Esprit américain. Interprétation de la pensée et du caractère américains depuis 1880*, trad. H. et M. Lesage, PUF, 1965.
2. David RIESMAN, *The Lonely Crowd. A Study of the Changing of the American Character*, New Haven, Yale University Press, 1950. [En français, *La Foule solitaire. Anatomie de la société moderne*, Arthaud, « Notre temps », 1964.]
3. William H. WHYTE, JR., *The Organization Man*, New York, Simon and Schuster, 1956 ; en français *L'Homme de l'organisation*, trad. Y. Rivière, Plon, 1959.

Turner, Charles Beard et Vernon Louis Parrington pèse ainsi aujourd'hui le reproche d'avoir été trop dialecticienne. Le révisionnisme actuel tend à faire désormais de l'Amérique une monade historique.

La validité interne de ce nouveau courant de la pensée historique nous importe ici beaucoup moins que sa méthode, son succès, sa signification. Exprimerait-il une évolution en profondeur de la conscience collective américaine ? Certainement pas. Mais il est un aspect particulier d'un phénomène plus général : le ralliement rapide et récent d'une importante fraction de l'intelligentsia aux valeurs de l'américanisme, la disparition, chez beaucoup d'intellectuels, du sentiment d'être, par leur culture, des étrangers à un pays sans culture ; évolution à laquelle la célèbre enquête de *Partisan Review*, « Notre pays et notre culture » (1952)[1], a donné une sorte de reconnaissance officielle et dont Richard Hofstadter a analysé tous les effets paradoxaux dans son dernier ouvrage[2].

La pensée historique n'invente donc pas soudain une théorie nationaliste de l'histoire des États-Unis, mais elle revêt d'une apparence de dignité scientifique des sentiments populaires latents et puissants, confus et jusqu'à présent si mal avoués qu'ils ne savaient se faire jour qu'en brutales explosions. En épousant plus étroitement ce « nationalisme » unanime, elle devient un révélateur. C'est à ce titre que l'« anabase » de la pensée historique américaine traduit à haute et intelligible voix une lecture spontanée, mais jusqu'alors silencieuse, de l'histoire américaine. Et par là lui donne un sens qu'elle n'avait pas.

---

1. Publiée en 1953 sous le titre *America and the Intellectuals*.
2. Richard HOFSTADTER, *Anti-Intellectualism in American Life*, New York, Knopf, 1963.

UNE MÉMOIRE COLLECTIVE AMBIVALENTE

Ce retour à l'Amérique a peut-être la vertu de nous faire mieux comprendre que les puissants contrastes entre notre propre sensibilité historique et celle des Américains étaient une illusion.

Tout l'avait favorisée, et d'abord cette conception même d'une histoire tournée vers l'avenir plutôt que vers le passé, cette habitude de ne recourir à l'histoire que pour placer dans la perspective du moment les transformations immenses que les contemporains espéraient faire subir à leur propre société. Une nation pour qui l'histoire n'était rien d'autre que l'enregistrement des améliorations graduelles de la condition humaine, appelées à se perpétuer indéfiniment dans l'avenir, porte à nos yeux un jugement négatif sur son propre passé invariablement inférieur à son présent. Ou plutôt, si le passé n'est qu'en gestation un futur dont nous ne partageons pas les espérances, à quoi bon nous y intéresser ? Ce tout inaliénable du passé, un bien que partageaient seuls en *indivis* ceux qui entendaient être américains et n'avaient en commun que cette âpre volonté, nous excluait, ou du moins paraissait nous exclure.

Or ce qui nous frappe désormais, c'est que le postulat sous-jacent à la conscience américaine ne lui était pas lié par nature. Il n'a été qu'un moment de la conscience américaine. Au dernier quart du XIXe siècle, l'histoire providentialiste et puritaine, l'histoire naturaliste et patricienne, l'histoire nationaliste et romantique se sont conjuguées dans une sorte de « doctrine officielle » qu'a décrite Oscar Handlin[1], et dont le succès s'est manifesté par la multipli-

---

1. Cf. Oscar HANDLIN, « Les Américains devant leur passé », *Diogène*, n° 6, avril 1954. [Cf. également Michael G. KAMMEN, *Mystic Chords of Memory. The Transformation of Tradition in American Culture*, Knopf, 1991, et « La mémoire américaine et sa problématique », *Le Débat*, n° 30, mai 1984.]

cation des ouvrages historiques qui tiennent une place désormais éminente dans les programmes éducatifs. C'est alors que se fonde l'American Historical Association et que les États-Unis se couvrent d'associations historiques locales. De 1876 à 1904, les grandes célébrations de centenaires se succèdent ; discours, manuels et publications officielles offrent aux grandes vagues d'immigrants au passé brutalement interrompu l'attrait d'un passé continu, nécessaire et sans faille, un enchaînement majestueux de causes et d'effets naturels marqué d'une éternelle nouveauté, un passé dont la vertu essentielle, depuis les premiers pionniers et les Pères fondateurs, était d'apporter la promesse et l'explication de la supériorité de leurs descendants. C'est là le contraire de ce qu'au plus profond de notre sentiment du temps l'histoire est pour nous. Le temps de l'Europe est celui des continuités rompues, nous vivons une durée qui plonge « dans la nuit des temps », intimement marquée par la notion de cycle. Le temps américain, qu'il soit habité par une productivité divine, naturelle, ou mécanique, est à sens unique. Il peut connaître des arrêts ou des accélérations, il ignore les naissances et les renaissances, les grandeurs et les décadences. La succession des empires et des dynasties, la numérotation des régimes et des républiques lui sont étrangères. L'Amérique ne se recommence pas.

Mais la notion même de progrès est peut-être seconde par rapport à cette notion plus essentielle d'une inéluctable et pleine continuité du temps, un et indivisible comme la Fédération. La continuité du temps historique américain le frappe de la menace constante d'une inversion de sens. Cette brève continuité uniformément nourrie d'une pleine euphorie nous a donné le sentiment d'une sous-histoire. Mais ne s'agissait-il pas plutôt d'une inversion radicale de notre mode d'intelligibilité historique ? Ce qui nous prouve que le progrès n'est qu'un sentiment second qui meuble une dimension à sens unique, c'est qu'avec la notion de progrès est venue cohabiter la crainte d'un retournement possible, le vertige d'une catastrophe tout aussi linéaire, l'inquiétude d'un point de rebroussement du sens de l'Histoire[1].

Car il est impossible de ne pas souligner le fait que l'avènement dans l'historiographie d'une doctrine officielle du progrès coïncide avec l'ébranlement que l'avènement même d'une histoire scientifique a provoqué dans la conscience américaine. On sait les ravages qu'ont déclenchés au cœur de tant d'Américains le darwinisme social[2] et l'introduction des méthodes scientifiques dans une histoire jusque-là profondément religieuse où George Bancroft décelait encore les traces visibles de Dieu. Le caractère exceptionnel de l'aventure américaine était tout entier remis en question. Henry Ford déclarait que l'histoire ne servait plus à rien si elle amoindrissait, en la soumettant à l'épreuve de la critique, la grandeur biblique du passé. Une vénération du sublime protestait contre cette profanation par des mains historiennes et ce sacrilège des héros par des positivistes acquis aux théories de l'évolution. Aussi est-il normal que, dans une société aussi agrégative, où l'attitude historienne n'a pas cessé d'être la marque étrange d'une inversion mentale, les historiens aient conjuré la menace de cette chute en réinvestissant ces valeurs progressistes dans une historiographie dont le principe les niait. « La conviction que l'histoire était là pour relater le progrès humain [...] que les grands événements n'étaient rien d'autre que des actes de libération [...] que les États-Unis étaient chargés d'une mission de signification universelle[3] », toutes ces certitudes réaffirmées à la fin du XIXe siècle pour constituer le fond de la mémoire collective n'ont cependant pas empêché de nouvelles expériences historiques de venir périodiquement menacer le succès de cette incantation, l'exaltation de cette genèse interminable et continue.

L'élite intellectuelle de la Nouvelle-Angleterre l'a très tôt ressenti ; il suffit de songer à l'œuvre de Henry James, aux

1. Idée développée par O. HANDLIN, « Les Américains devant leur passé », art. cité, que nous ne faisons ici que suivre.
2. Cf. Richard HOFSTADTER, *Social Darwinism in American Thought*, Boston, Beacon Press, 1944.
3. O. HANDLIN, « Les Américains devant leur passé », art. cité.

Bostoniennes en particulier. Mais on en saisirait l'affleurement dans la conscience populaire au niveau des romans à grand tirage dont on aimerait connaître, si possible, les aires géographiques de diffusion. Les Américains ont surtout apprécié ces grandes chroniques familiales comme — pour ne citer qu'au hasard — *The Grandmothers*, de Glenway Wescott[1], élégiaque évocation d'une famille aristocratique déchue du Wisconsin ; *The Farm*, de Louis Bromfield[2], décadence progressive de quatre générations de l'Ohio ; *Years of Illusion* de l'Indiana que décrit Harold Sinclair[3], sans compter les innombrables dénonciations de la purulence urbaine et des victimes de l'expansion[4].

Mais cette inquiétude a été également traduite par certains historiens. Henry Adams cherchait avidement l'époque à laquelle l'évolution historique, affectée longtemps d'un coefficient positif, était entrée dans une phase de déclin[5]. Il l'a cherchée dans sa propre famille pour conclure que le déclin datait de la première génération ! Son frère choisissait la date de 1825, où les chemins de fer firent leur apparition. Les dépressions économiques, l'atroce violence des grèves au tournant du siècle venaient confirmer ce sentiment d'un point de rupture que popularisaient en même temps le goût de la littérature apocalyptique, la description des ruines des civilisations anciennes. Brooks Adams, dans *The Law of Civilization and Decay*[6], prévoyait les approches de la désintégration américaine et les ultimes combats, de continent à continent, d'empire à empire. Faut-il rappeler

---

1. Glenway WESCOTT, *The Grandmothers. A Family Portrait*, New York/ Londres, Harper, 1927.
2. Louis BROMFIELD, *The Farm*, New York, Harper, 1933.
3. Harold SINCLAIR, *Years of Illusion*, Garden City (N. Y.), Doubleday, 1941.
4. Cf., en particulier, Ernest E. LEISY, *The American Historical Novel*, Norman, University of Oklahoma Press, 1950.
5. Henry ADAMS, *The Education of Henry Adams* [1907], Boston, Houghton Mifflin, 1918. [En français, *L'Éducation de Henry Adams*, trad. R. Michaud et F. L. Schoell, Boivin, 1931 ; nouv. éd. de Pierre-Yves Pétillon, Imprimerie nationale, « La Salamandre », 2007.]
6. Brooks ADAMS, *The Law of Civilization and Decay. An Essay on History*, New York, Macmillan, 1896.

que Turner lui-même, dont l'opinion a fait un des apôtres du progrès parce qu'il avait lié l'idée démocratique au déplacement continu de la frontière, avait formulé sa théorie trois ans après que la frontière fut officiellement déclarée close et qu'ainsi, au sens étroit du mot, la description qu'il proposait en 1893 de l'expansion américaine contenait implicitement l'annonce de sa décadence ? Les anthropologues continuaient à confirmer la fragilité de la branche américaine de la race aryenne, et Madison Grant[1], à la veille de la Première Guerre mondiale, ne faisait qu'annoncer cette crainte d'un subit retournement et favoriser cet avant-goût de désastre que la Première Guerre mondiale, la Grande Dépression, la Seconde Guerre mondiale, la bombe atomique et aujourd'hui *The Great Escalation* des théories de la Défense nationale américaine sont venues périodiquement raviver. Entre la nostalgie d'éternel provincialisme historique et l'irruption frénétique dans l'histoire mondiale, on comprend qu'hommes d'État et diplomates américains éprouvent fortement l'absence d'une marge de sécurité, le sentiment d'un engagement total et irréversible, d'une défaite impossible. Les Américains n'ont à choisir qu'entre le folklore et la croisade.

✧

Optimisme et pessimisme, progrès et catastrophe, genèse et déclin, ces couples antithétiques procèdent donc d'attitudes originairement identiques à l'égard du temps et de l'Histoire : c'est la non-Europe qu'on offrait ainsi aux immigrants. Mais ceux qui l'offraient avaient également été des immigrants. Et quelles que soient les différenciations internes, cette solidarité de fait a jusqu'à présent donné une coloration affective très particulière à la compréhension du passé.

Sans doute les Américains partagent-ils ce déracinement mental avec tous les pays de colonisation européenne récente.

---

1. Madison GRANT, *The Passing of the Great Race, or the Racial Basis of European History*, New York, Scribner, 1916.

La mémoire

Rien ne serait à cet égard plus instructif que d'étudier les thèmes sur lesquels, consciemment ou non, se rassemblent des nations comme l'Australie ou Israël, ou des colonies de peuplement à vocation incertaine comme le furent les Européens en Algérie. Un trait qu'elles ont en commun est la vigueur du modèle imposé par les premiers arrivants et la souplesse avec laquelle les générations successives l'adoptent, le subissent ou l'altèrent. Très vite, le cadre est donné, fût-il à deux faces, comme au Canada. Mais le phénomène aux État-Unis se double de ce que les principes explicites des Pères fondateurs ont été religieux et universalistes, leur idéologie proclamée celle de l'égalité, du bonheur et de la liberté. Cependant que l'énormité quantitative de l'immigration et la prodigieuse diversité de ses origines ont imposé une distance ici spécialement grande entre les proclamations et la réalité, entre la notion du bien public et les intérêts particuliers, entre l'affirmation de principes inscrits dans la Constitution et la différence effective de l'interprétation qu'en donnent les groupes minoritaires, sans parler même aujourd'hui de la minorité noire. La mémoire américaine s'est élaborée dans cette tension interne. Oscar Handlin, parti pour étudier le rôle des immigrants dans l'histoire américaine, déclare s'être aperçu bientôt que les immigrants *étaient* l'histoire américaine. Ils n'ont pas infléchi par un apport extérieur la signification d'un passé qui préexistait à leur arrivée. D'où qu'ils fussent, c'étaient des « immigrants » et la généralité du terme dont on uniformise le nouveau venu prouve l'américanisme du point de vue. Une société fondée sur des principes a besoin de se différencier dans les faits. Mais le bagage mental des différentes minorités est ici moins important que le magasin où la majorité s'approvisionne : la mémoire collective américaine est une mémoire d'adoption.

C'est pourquoi cette exigence que les Américains ont du nouveau s'accompagne toujours d'une référence au passé. Toute innovation doit payer son droit de cité à la tradition : *New Liberty*, *New Freedom*, *New Nationalism*, ou *New Frontier* : les Américains ne sont plus des pionniers, mais des héritiers de pionniers qui veulent rester fidèles à cette réputation. D'où la force de représentation de ce passé d'emprunt qui n'a pas été vécu, mais offert ; et qu'acceptent en bloc, comme un héritage indifférencié qui n'a rien perdu de son merveilleux, ceux qui n'y ont pas participé. C'est que l'acceptation globale et quasi panoramique du passé est la promesse même d'un avenir commun. D'où la puissance d'invocation incoercible de ce passé et sa constante majoration implicite, l'impossible césure de ce capital historique dont rien, ni l'exploitation capitaliste ni la misère réelle, ne peut effacer le prestige et la grandeur, bien au contraire : les souffrances qu'impose le système sont comme le signe de sa force. Précisément parce que les réfugiés étaient prêts à croire que les États-Unis étaient chargés de répandre sur le monde entier cette lumière qu'ils étaient eux-mêmes venus y chercher, tout ce qui s'y était passé était appelé, pêle-mêle, très indistinctement, à influencer l'histoire future des peuples de la terre. Nul n'avait un droit d'héritage exclusif ; de tous les bienfaits de l'Amérique, le droit au passé était même celui qui ne coûtait rien à personne. On y avait donc part immédiatement. C'était pour chacun que Jefferson avait tenu la plume et pour tous que Washington avait pris les armes.

Le volontarisme historique des Américains exige cette confection d'un âge d'or. Et même de deux. Historiens et sociologues de l'immigration ont pour la plupart souligné la mauvaise conscience avec laquelle les représentants de la deuxième génération (en particulier d'ascendance slavo-latine) rejetaient, dans leur désir d'assimilation, comme des ridicules folkloriques, les réflexes de défense de leurs parents, toutes les habitudes vestimentaires, culinaires, linguistiques, humbles vestiges d'une grande histoire européenne. Quitte, une fois parvenus à s'insérer dans la société américaine, à professer pour les manifestations les plus prestigieuses de cette histoire européenne une révérence exagérée. Par culpabilité, d'une part, et par revanche, d'autre part, ils se donnent ainsi deux grands passés imaginaires : celui de l'Europe, dont, malheureux, ils ont en fait été exclus, et

La mémoire 381

celui de l'Amérique auquel, en fait, ils n'ont pas participé. La fonction mythologique est donc la conséquence naturelle de cette mémoire immigrée et son attribut le plus nécessaire.

Notre sentiment de l'histoire, diffus dans les monuments, les villes d'art, les musées, est incorporé à notre paysage quotidien ; il suffit de visiter une plantation du Sud, la demeure de Washington à Mount Vernon, celle de Jefferson à Monticello, d'assister à un 4-Juillet aux États-Unis pour que ces lieux et dates sacrés de commémoration fassent comprendre combien l'histoire américaine se présente d'abord comme une succession d'images. C'est que les Américains ne vivent pas l'histoire sur le mode de la connaissance, de l'approfondissement de soi-même à travers ses antécédents, mais sur le mode de l'imprégnation. D'où le caractère incroyablement répétitif de l'Histoire. Dans ce pays qu'on dit spontanément tourné vers l'avenir et relativement incurieux de son passé, la littérature historique, les reconstitutions du passé, les chroniques réalistes connaissent un succès sans égal. Les Américains ne se lassent pas d'entendre raconter leur passé, qui ne fut pas le leur — la conquête de l'Ouest, la disparition des Indiens, la vie coloniale sont des thèmes inépuisables ; leur vérité est dans la répétition. Les grands épisodes ne sont pas des objets *historiques*, mais des symboles dont la représentation réactive les vertus. Ils n'appartiennent pas au domaine de la vérité, à l'ordre du savoir ; ce ne sont plus des produits d'une histoire, mais des objets de consommation ; ils sont goûtés, savourés, digérés ; les épisodes les plus douloureux de leur histoire, même la guerre civile, même l'esclavage, sont devenus une romance. Les vastes reconstitutions historiques que le cinéma met à l'écran ne font peut-être que traduire matériellement, grâce aux techniques modernes, et en Technicolor, la projection imaginaire d'un passé dont, pour la plupart, ils s'approprient voracement les séquences qu'ils n'ont pas vécues.

Cette opération s'apparente moins, malgré les apparences, aux mécanismes de la mémoire enfantine ou primitive qu'aux réflexes qui, par exemple, faisaient écrire aux ouvriers autodidactes du XIXᵉ siècle européen des drames en vers sur le sacre de Charlemagne. L'accession aux moyens de la culture les amenait à adopter en même temps le contenu aristocratique de cette culture. En apprenant à lire et à écrire, ils oubliaient la fabrique, la misère, tout l'univers mental lié à l'analphabétisme et parodiaient spontanément les images du monde associé à celui des livres. Les immigrants américains ont, eux aussi, « passé la ligne » : et les masses de paysans très peu enracinés dans la culture de leurs pays d'origine, même s'ils devaient se réfugier dans leur mode de vie, étaient candidats à une image américaine du bonheur. Image qu'une analyse des différenciations régionales nuancerait, croyons-nous, sans les contredire. Le contraste interne des sensibilités locales, si violent soit-il, ne dément pas l'existence d'une conscience nationale qui le transcende. Bien mieux, il en souligne les contours : l'exemple du Sud le prouverait.

Là, le sentiment fatal d'une défaite historique a nourri l'énergie créatrice et donné aux hommes un sens du temps qui parle à notre sensibilité. C. Vann Woodward[1] fait justement remarquer que la dimension historique du Sud n'a pas été exprimée par les historiens, mais par les romanciers. En revanche, on peut remarquer que les premières œuvres de cette génération ont été toutes historiques : Allen Tate a écrit une biographie de Stonewall Jackson[2], Robert Penn Warren une biographie de John Brown[3], et Ellen Glasgow voulut à ses débuts écrire une histoire sociale de la Virginie au XIXᵉ siècle, elle qui devait écrire dans son autobiographie posthume : « Je suis née avec le sentiment intime de la présence spirituelle du passé, et d'une poésie diffuse du temps et de l'espace[4]. » C'est la Miranda dans « Old Mortality »,

---

1. C. VANN WOODWARD, « The Historical Dimension », in ID., *The Burden of Southern History, op. cit.*
2. Allen TATE, *Stonewall Jackson, the Good Soldier*, New York, Minton, Balch, 1928.
3. Robert Penn WARREN, *John Brown, the Making of a Martyr*, New York, Payson and Clarke, 1929.
4. Ellen GLASGOW, *The Woman Within*, New York, Harcourt, Brace, 1954.

La mémoire 383

de Katherine Anne Porter, qui, cherchant comment relier le passé familial à sa propre existence, s'écrie : « Je suis la petite fille d'une guerre perdue et mon sang sait ce que peut être la vie dans un pays battu, avec les os blancs de la privation[1]. » Il est significatif que les plus grands auteurs du Sud soient précisément, comme Faulkner, ceux qui ont intériorisé le temps historique pour lui donner une signification universelle. N'est-ce pas en France que pouvait être d'abord le mieux comprise et le mieux appréciée cette phrase, entre mille, que Faulkner met dans la bouche de Gavin Stevens dans *Le Bruit et la Fureur* : « Le passé n'est jamais mort. Ce n'est même pas du passé » ?

Mais peut-être la chance historique des États-Unis a-t-elle été de confiner dans le Sud cette conscience malheureuse. C'est une hernie du grand corps américain. L'histoire américaine est fermée aux deux bouts. On connaît le *happy birthday* et la *happy end*.

✧

Passé et futur étant ainsi surévalués dans une même certitude indifférenciée, l'histoire conserve aux États-Unis, plus qu'ailleurs, un caractère profondément normatif. N'est pas grand historien celui qui établit dans leur vérité un ensemble de faits qui lui sont antérieurs, et sur lesquels il ne peut rien, par rapport à d'autres ensembles de faits déjà établis sur lesquels il ne peut pas davantage ; mais celui qui jette sur l'ensemble de l'histoire nationale le vaste filet d'une interprétation qui ne cesse pas d'être juste quand les faits qu'elle met en lumière ont cessé d'être vrais.

Les historiens américains ont en effet le privilège de n'être pas prisonniers de l'événement, ce tyran à deux faces, dont l'une est toujours malheureuse. L'histoire européenne a besoin d'ennemis, elle est jonchée de cadavres : politique, militaire ou économique, l'événement qui, de toute son exis-

---

[1]. Katherine Anne PORTER, « Old Mortality », in ID., *Pale Horse, Pale Rider. Three Short Novels*, New York, Harcourt, Brace, 1939.

tence irrémédiable, précède une interprétation qui s'accroche à lui a fait un vainqueur et un vaincu. L'événement qui en Europe sépare, dans une histoire cumulative comme celle des États-Unis peut réunir. C'est qu'elle procède, aux yeux des Américains, comme le front pionnier de la liberté, de la démocratie et de la richesse. En ce sens, l'histoire américaine est une histoire heureuse, l'accomplissement d'un donné, la réalisation collective de ce qui a été, une fois pour toutes et d'une manière quasi sacrée, décidé qu'il devait se faire.

Si bien qu'installé d'emblée au cœur d'une totalité positive, l'historien se sent en même temps investi d'une intense responsabilité morale et civique. L'exigence d'une vérité scientifique ne contredit pas une vocation d'avocat et de critique moral, puisque l'histoire va toujours dans un sens. Il préside avec réalisme aux destinées de l'utopie : « Il est donc comme l'homme d'État engagé dans la politique, déclarait Charles A. Beard dans sa *Profession de foi* ; en écrivant il agit, et en agissant il fait ses choix [...] en fonction d'une certaine conception de la nature des choses [...]. Il est en fin de compte intimement convaincu qu'on peut arriver à savoir quelque chose de vrai du mouvement de l'Histoire, et cette conviction est le fruit d'une décision subjective, non une découverte purement objective[1]. »

Cette confession d'un des plus combatifs et « engagés » des historiens américains est encore tout empreinte de la gravité avec laquelle un prêtre du XVIIe siècle affirmait : « C'est notre grand devoir d'être les historiens du Seigneur. » Divin ou humain, l'historien américain accomplit un office. Il est frappant de constater, à la lecture des plus grandes œuvres de l'histoire puritaine, *Of Plymouth Plantation, 1620-1647*, de William Bradford, ou *Magnalia Christi*

---

1. Charles A. BEARD, « Written History as an Act of Faith », *The American Historical Review*, vol. XXXIX, n° 2, janvier 1934. De la très abondante bibliographie sur Beard, on retiendra deux ouvrages : Lee BENSON, *Turner and Beard. American Historical Writing Reconsidered*, Glencoe (Ill.), Free Press, 1960, et Bernard C. BORNING, *The Political and Social Thought of Charles Beard*, Seattle, University of Washington Press, 1962, lui-même pourvu d'une bibliographie.

Americana, de Cotton Mather (1702), à quel point la crainte de laisser échapper un aspect de la création divine élargit la curiosité des chroniqueurs très au-delà des affaires publiques, au climat, à la végétation, aux techniques de culture, à l'habitat, à l'hygiène, à l'alimentation. À ce scrupule fait écho la chaleur d'identification avec laquelle un Ulrich B. Philips parle des travailleurs du vieux Sud, un Carl Wittke des immigrants, un Walter P. Webb des pionniers des grandes plaines. Les grands historiens américains sont des justiciers, les garants que l'histoire est, non la recherche de « ce qui s'est passé », mais le plus court chemin d'un point fixe à un autre, d'une promesse à sa réalisation qui dépend des hommes, de chaque homme, et d'eux-mêmes.

Sans doute toute histoire nationale n'est pas seulement description, mais définition. En Europe cependant, et en France en particulier, le positivisme a fortement contribué à masquer le second aspect au profit du premier ; il nous a habitué à considérer que les deux exigences étaient contradictoires : « L'historien n'a pas à juger » a-t-on dit. Aux États-Unis, la plasticité même de la matière historique a épargné ce dilemme ; le problème ne s'est pas posé. Sans doute l'histoire rationaliste et scientifique s'est-elle profondément émancipée des impératifs religieux, mais elle a gardé quelque chose de l'héritage pastoral. Si grandes que soient les différences entre, par exemple, Mather et Parrington, elles ne sont pas de même nature qu'entre Bossuet et Lavisse. À l'époque où Seignobos assignait à l'histoire la conquête d'une vérité définitive objectivement certifiée par des documents, Turner affirmait déjà que chaque génération devait écrire l'histoire américaine selon ses propres besoins.

Résultat : l'histoire américaine est en un sens mieux protégée que la nôtre des périls de l'éphémère parce que la priorité de la théorie explicative la met à l'abri du démenti absolu des faits. Il ne reste plus grand-chose du récit qu'a donné Bancroft de l'époque révolutionnaire, mais l'essentiel de Bancroft demeure, parce que l'attachement à la liberté individuelle dont il a fait la clé de son histoire s'est incorporé au mouvement de l'Histoire comme une force agissante. La théorie de la frontière[1] a mieux résisté, malgré les réserves et les nuances que les études de Merle Eugene Curti sur le Wisconsin y ont apportées, aux recherches érudites que l'explication qu'avait donnée, par exemple, Henri Pirenne du développement de la féodalité en Occident par l'installation des Arabes sur les rives de la Méditerranée. C'est que la vérité de la thèse de Turner s'appuyait, à la différence de celle de Pirenne, sur une idée-force. Les Américains ont pu écrire l'histoire sur le mode du devoir-être : comme ils la vivaient.

Ainsi le temps américain gagne-t-il en richesse de contenu ce qu'il a perdu en profondeur chronologique. Sa limpidité est toute superficielle. Européenne dans ses origines, dans sa nature et dans ses mécanismes, la mémoire américaine s'est altérée au point de nous devenir méconnaissable. Étrangère ? Les Américains ont seulement pris l'habitude de vivre dans l'ambivalence un temps que nous vivons dans la répétition.

LOIN DES EUROPES

Passé linéaire, mémoire immigrée, histoire normative, c'est sur ces trois ambivalences de la mémoire que s'était jusqu'à présent construite *et* la psychologie collective *et* son interprétation historiographique.

Conséquence majeure : toutes les explications du développement américain, toutes les analyses de la spécificité américaine consistaient à naturaliser la dialectique européenne et ne tiraient leur pouvoir que du fait qu'elles dotaient d'un contenu proprement américain une explication dont le type demeurait européen.

Frederick Jackson Turner, qui passe à bon droit pour avoir été le premier à transposer l'histoire du domaine de

---

1. Cf. en particulier Robert F. RIEGEL, « American Frontier Theory », *Cahiers d'histoire mondiale*, vol. III, n° 2, 1956, pp. 356-380, qui fournit une bibliographie.

l'incantation à celui de l'explication, et à enraciner l'histoire dans la terre américaine, serait en même temps l'exemple le plus éclatant de ce phénomène. « L'existence d'une zone de terres vacantes, son recul continu et la progression des pionniers vers l'Ouest explique l'expansion américaine[1] » : quelle puissance affective n'avait pas le tableau géant qu'en cadences poétiques et imagées Turner traçait en 1893 devant l'American Historical Association ? On en mesure la profondeur, puis soixante-cinq ans après que Turner eut ainsi déclaré close « la première partie de l'histoire américaine », le thème de la *New Frontier* pouvait supporter le poids d'une campagne présidentielle. Et cependant, quel plus bel exemple d'inversion d'une réalité européenne ? La frontière est une des plus profondes réalités de la vie nationale des pays d'Europe : son établissement même coïncide avec leur formation. Mais elle est synonyme de société close, l'image d'une nation fermée sur elle-même. Bien pis : un déplacement de frontière retire à l'une ce qu'il accorde à l'autre. S'il y a gagnant, il y a perdant. Par la grâce de la géographie, la naturalisation américaine du terme l'a doué de bonheur, en a fait l'image d'une société ouverte, lui a conféré la dimension du continu, un sens unique et majestueux : le recul de la barbarie devant la civilisation. Les Américains éprouvaient orgueil et sécurité à sentir le centre de gravité nationale s'éloigner de l'Europe, épouser le continent, vers l'Ouest, toujours plus loin de l'Europe, comme au jour où la capitale du monde arabe émigra de Damas à Bagdad. Une génération après la guerre de Sécession, le face-à-face historique perdait son caractère exclusif : « C'est dans les eaux du Mississippi que le Nord et le Sud se rencontrèrent et se mêlèrent pour donner naissance à une nation[2]. » Et du même coup c'était l'histoire du continent qui retrouvait sa continuité sans faille, tout le passé colonial et agraire humilié, simple hors-d'œuvre,

---

1. Frederick Jackson TURNER, *The Frontier in American History*, New York, Holt, 1920 ; en français *La Frontière dans l'histoire des États-Unis*, trad. A. Rambert, préface de René Rémond, PUF, 1964, « L'importance de la frontière dans l'histoire américaine », p. 1.
2. *Ibid.*, p. 25.

qui se trouvait dégelé, réintégré, ennobli. Mais en même temps, comment mieux dire que l'histoire était, comme en Europe, la lutte de forces sociales, ici « sections » de l'Amérique que Turner, tel Michelet nommant les provinces, appelait à l'existence historique et aux conflits internes ? Leurs luttes *étaient* l'histoire en marche des États-Unis : « La démocratie américaine n'est pas née du rêve d'un théoricien, elle n'a pas été apportée en Virginie par le *Sarah Constant*, ni par le *Mayflower* à Plymouth. Elle est sortie de la forêt américaine, se retrouvant plus forte à chaque nouvelle frontière[1]. » La phrase sonne comme un défi relevé ; la grande idée démocratique, liée à la frontière d'un lien à la fois effectif et symbolique, est l'idée d'une Europe telle qu'en elle-même enfin l'Amérique l'a changée.

Encore ne s'agit-il ici que d'une théorie de l'expansion américaine. La démonstration serait plus convaincante sur un épisode crucial comme la guerre civile, où l'événement précède de tout son drame les écoles rivales d'interprétation. Or les deux grandes écoles d'interprétation qui s'étaient avant le « révisionnisme » affrontées, l'école nationaliste (James Ford Rhodes, John William Burgess) et l'école économique illustrée par Charles Beard, ne mettaient ni l'une ni l'autre en doute que le conflit avait été une étape décisive, inévitable et nécessaire dans le processus du développement national. Les premiers étaient défavorables à la cause du Sud jusqu'à la guerre et sympathiques à son malheur après ; ils insistaient sur l'esclavage et le problème constitutionnel en condamnant les États confédérés pour avoir voulu sortir de l'Union, mais ne voyaient la réconciliation que dans l'acceptation par le Nord de la supériorité du Blanc et des attitudes racistes du Sud. Pour Beard, au contraire, « la seconde révolution américaine » avait été une guerre sociale, le dépassement irrémédiable du vieux système agraire par une économie industrielle, « un cataclysme social par lequel les capitalistes, travailleurs et agriculteurs du Nord et de l'Ouest écartèrent du gouvernement de la

---

[1]. *Ibid.*, « L'Ouest et l'idéal américain (1914) », p. 257.

nation l'aristocratie des planteurs du Sud[1] » : et le déchaînement de la violence des hommes n'était que l'épisode visible et somme toute bref d'un bouleversement global des structures, « les rapports de classes comme l'accumulation et la répartition des biens ». Mais les deux théories postulaient le jeu de forces profondes, incontrôlables, impersonnelles, sur lesquelles les hommes n'avaient qu'une action limitée.

Nulle n'était allée cependant plus loin dans l'établissement d'un clivage fondamental et d'un dualisme explicatif que l'école progressiste, qui avait trouvé chez les historiens de la génération du New Deal la formulation la plus ferme et la plus souple. C'est qu'un double courant circule dans le New Deal ; il est, d'une part, l'aboutissement ultime de la tradition progressiste et, d'autre part, la synthèse d'une tradition américaine : ces deux aspects apparaissent aussi bien dans le fait historique que dans le fait historiographique. Le New Deal est, de toutes les formules de même type, la seule dont le second terme ne soit pas la reprise d'une expérience précise, mais, en pleine crise générale du système, une remise en forme et en marche de toutes les données du stock national. Son aspect moderniste, justement et généralement souligné, ne doit pas faire oublier les proclamations non moins véhémentes de traditionalisme, dont on trouverait notamment des exemples dans les métamorphoses de la référence obligée au mythe jeffersonien[2]. Parallèlement, les manuels classiques de 1930 tenaient en effet pour acquis que populisme et progressisme étaient liés, et que les deux courants, héritiers de la tradition antiploutocratique de Jefferson et de Jackson devaient se poursuivre dans le New Deal. Mais ni Beard, ni Parrington, ni Arthur Schlesinger, Sr., ni George E. Mowry ne prétendaient seulement présenter une version militante et partisane de l'histoire américaine ; loin d'appliquer un *spoil system* idéologique, ils

---

1. Cf. Charles A. et Mary R. BEARD, *The Rise of American Civilization*, New York, Macmillan, 2 vol., 1927-1930, t. II, p. 54.
2. Cf. M. D. PETERSON, *The Jefferson Image in the American Mind, op. cit.*, « Jefferson and the New Deal », pp. 355-377.

entendaient reprendre dans une synthèse explicite les tendances les plus profondes de l'histoire américaine et conserver tout l'acquis, même des historiens nationalistes et conservateurs : dans un essai récent encore, et qui, de nos jours, sonne comme un défi relevé par un vétéran, Curti revendique hautement Francis Parkman et Bancroft[1].

Mais en même temps, aucune génération d'historiens n'est allée plus loin, non seulement dans l'adaptation en milieu américain des modèles d'intelligence européenne, mais dans la comparaison des expériences politiques du Vieux et du Nouveau Monde. C'est ainsi, par exemple, qu'Arthur Schlesinger, Sr., suivait, en 1939, le flux et le reflux, aux États-Unis, de courants alternés : « Une période soucieuse des droits de la minorité a été régulièrement suivie d'une période occupée des torts dont souffrait la majorité[2]. » Il calculait que la durée moyenne des phases de mouvement, depuis l'Indépendance, avait été plus brève que celle des périodes conservatrices : seize ans environ contre dix-neuf environ. Mais, en revanche, il faisait remarquer que les conservateurs acharnés à détruire ce qu'avaient édifié leurs adversaires n'y parvenant que partiellement, le bilan demeurait positif. Les conservateurs étaient donc de moins en moins conservateurs et les libéraux de plus en plus libéraux. Et de proposer la comparaison du mouvement avec l'Angleterre et la France. Un pas décisif est cette fois franchi ; il aurait suffi à notre propos que le dialogue intra-américain fût de même langue que le nôtre, il aurait suffi que les types d'explication de données proprement américaines relèvent de nos cadres mentaux, et compte tenu des ambivalences que nous avons définies. Cette fois un historien américain allait plus loin : il proposait un parallèle entre les données elles-mêmes !

Le New Deal avait donc porté jusqu'à l'illusion d'une identité avec la nôtre l'usage de l'histoire comme conscience

---

1. Cf. Merle Eugene CURTI, *Probing our Past*, New York, Harper, 1955, « Democratic Theme in American Historical Litterature », pp. 6 et 10.
2. Arthur M. SCHLESINGER, SR., « Tides of American Politics », *Yale Review*, vol. XXIX, décembre 1939, p. 220.

de soi. Dans la mesure même où il avait achevé de faire ainsi de l'histoire américaine une province frontière de la dialectique européenne, le conflit de génération se transforme aujourd'hui en rupture brutale, en insurrection radicale de cette marche de l'universel qu'était, malgré les apparences, demeurée l'histoire américaine. Et c'est pourquoi les historiens américains ont fait depuis dix ans porter tout leur effort critique sur les deux points les plus sensibles des interférences avec notre histoire européenne : ces deux bouts de la chaîne que constituent la tradition progressiste, d'une part, et l'époque coloniale et révolutionnaire, d'autre part.

Car c'est l'existence même d'une tradition progressiste qui est vigoureusement dénoncée par les historiens les plus brillants et les plus appréciés, et mise au compte des pieuses crédulités d'une pédagogie simplificatrice. Il suffit, par exemple, de lire *Origins of the New South*[1] ou le portrait incisif que trace Richard Hofstadter de Bryan, pour conclure que le Sud agrarien a eu un rôle non moins important que le Middle West dans la genèse du Parti du peuple et que le leader démocrate de 1896, dont la légende a fait le héros des honnêtes fermiers, était davantage encore l'homme de la petite bourgeoisie urbaine (avocats, marchands, fonctionnaires, petits banquiers, etc.), menacée de naufrage dans le Nord-Est par la croissance du *big business*. La continuité existerait-elle entre le populisme des années 1895 et le progressisme des années 1912, elle ne serait point rurale, mais urbaine[2] ; encore n'est-elle qu'un vœu d'historiens. L'esprit du populisme en effet ne survit pas à la guerre hispano-américaine, la hausse des prix agricoles suffit à l'éteindre ;

---

1. C. VANN WOODWARD, *Origins of the New South*, op. cit.
2. Cf. notamment Robert H. BREMNER, *From the Depths. The Discovery of Poverty in the United States*, New York University Press, 1956 ; Sidney FINE, *Laissez-faire and the General Welfare State. A Study of Conflict in American Thought, 1865-1901*, Ann Arbor, University of Michigan Press, 1956 ; ainsi qu'Arthur MANN, *Yankee Reformers in the Urban Age*, Cambridge, Belknap Press of Harvard University, 1954, et Howard H. QUINT, *The Forging of American Socialism. Origins of the Modern Movement*, Columbia, University of South Carolina Press, 1953.

et ce furent les métropoles industrielles de l'Est, avec l'appui des autorités municipales et des immigrants détestés par les fermiers du Middle West, qui furent les foyers de l'esprit revendicatif, réformateur et antitrust qui s'épanouit dans le progressisme[1].

C'est en tout cas d'une crise complètement inédite que le New Deal tire son originalité[2]. F. D. Roosevelt réussit alors ce que Al Smith avait manqué en 1928 : une coalition des ouvriers immigrés, des petits Blancs urbains et ruraux de l'Ouest et du Sud, et des Noirs enfin. Encore sa politique hésita-t-elle successivement entre une politique sociale que, dans le feu du combat progressiste, Theodore Roosevelt, en 1912, avait appelée le *New Nationalism* et une défense et restauration des intérêts du petit capitalisme que, pour faire pièce à son adversaire, Woodrow Wilson avait appelée *New Freedom*. Mais, rétrospectivement, le New Deal apparaît bien plutôt comme l'instrument du salut de la libre entreprise et du système capitaliste que comme un mouvement à vocation socialiste. Historiens du mouvement socialiste qui dressent aujourd'hui le constat de faillite de l'implantation du socialisme aux États-Unis[3] ou historiens de l'immigration qui mettent l'accent sur le caractère individualiste et conservateur des paysans immigrés[4] sont ici d'accord pour rejoindre les apôtres du libéralisme propre à *toute* la tradition américaine, qui exige donc d'être reconsidérée d'un œil neuf, enfin américain.

---

1. Sur la création du parti progressiste par Theodore Roosevelt, cf. George E. Mowry, *The Era of Theodore Roosevelt, 1900-1912*, New York, Harper, 1958, qui reprend et élargit *Theodore Roosevelt and the Progressive Movement*, Madison, The University of Wisconsin Press, 1946. Sur l'attitude de Wilson, cf. Arthur S. Link, *Woodrow Wilson and the Progressive Era, 1910-1917*, New York, Harper, 1954.
2. Pour mesurer à la fois la distance entre le progressisme et le New Deal, ainsi que les subtils relais, cf. l'éclairante biographie de Fiorello H. La Guardia par Arthur Mann, *La Guardia. A Fighter against his Times, 1882-1933*, Philadelphie, Lippincott, 1959.
3. Cf. Donald D. Egbert et Stow Persons (éd.), *Socialism and American Life*, Princeton University Press, 1952 ; David A. Shannon, *The Socialist Party of America. A History*, New York, Macmillan, 1955.
4. Cf., notamment, Oscar Handlin, *The Uprooted*, Boston, Little, Brown, 1951.

Et cela, dès son origine : c'est la Révolution qu'il faut donc mettre en cause, dans ses aspects idéologiques qu'avait exposés Vernon Parrington, dans les aspects économiques et sociaux surtout, que Beard avait développés dans *An Economic Interpretation of the Constitution* d'abord, *The Rise of American Civilization*[1] ensuite. La vertu de l'immigration, explique Louis Hartz, a préservé les Américains du besoin de s'insurger contre un Ancien Régime et leur a permis de construire d'emblée un type de société moderne, *née libre, free born*. Ainsi ne rend-on pas compte du développement d'une nation par les éléments d'explication qu'elle contient, mais par l'*absence* d'un élément externe, qui voue l'Europe aux calamités révolutionnaires pour en préserver l'Amérique. Les colons n'ont été guidés que par le désir de mettre les institutions politiques en harmonie avec leur situation économique et sociale. L'explication renoue ouvertement avec celle que donnait Bancroft dans *The Formation of the Constitution* et qui, en 1882, galvanisait les énergies unitaires des États si chèrement réunis : le refus d'un peuple libre de sacrifier sa liberté. Il y manque aujourd'hui l'accent jacobin, mais on y retrouve la philosophie conservatrice : la révolution a moins consisté dans un bouleversement effectif que dans la suppression initiale et préventive de tous les risques d'une contre-révolution. La révolution ne serait qu'un enracinement supplémentaire.

L'intérêt se déplace alors vers les structures de cette société coloniale, cette « révolution silencieuse et pacifique » dont parlait Charles M. Andrews en 1924[2], et qu'ont entrepris d'analyser Clinton L. Rossiter[3] et surtout Daniel J. Boorstin dans le premier volume d'une future trilogie :

---

1. Charles A. BEARD, *An Economic Interpretation of the Constitution of the United States*, New York, Macmillan, 1913 ; Ch. A. et M. R. BEARD, *The Rise of American Civilization, op. cit.*
2. Charles M. ANDREWS, *The Colonial Background of the American Revolution. Four Essays in American Colonial History*, New Haven, Yale University Press, 1924.
3. Cf. Clinton L. ROSSITER, *Seedtime of the Republic. The Origin of the American Tradition of Political Liberty*, New York, Harcourt, Brace, 1953.

The Americans[1]. Par-delà les formes politiques, l'auteur scrute, avec une méthode qui n'est pas sans rappeler, par les intentions, celle de Lucien Febvre dans *L'Incroyance au XVIe siècle*, l'outillage technique, mental et scientifique pour faire surgir, de manière plus impressionniste que démonstrative, l'évidence que la société américaine s'est formée par une dissolution des archétypes européens : « Nous verrons, annonce-t-il, comment les rêves de l'Europe se sont dissipés ou transformés au contact de la réalité américaine », et plus loin : « Des horizons nouveaux apparurent au Nouveau Monde, non parce que les Américains avaient meilleure vue, mais parce que leurs regards étaient moins encombrés par la richesse accumulée du passé[2]. »

À ce point de la démonstration, il ne dépend plus que du sens qu'on donne aux idées et aux principes du XVIIIe siècle de faire de la Révolution américaine un simple geste d'indépendance. On ne s'étonnera pas que ce soit le sujet des discussions les plus ardentes entre historiens américains. On ne s'étonnera pas non plus que ce nœud gordien de l'histoire américaine soit tranché par les actuels révisionnistes avec l'intolérante allégresse des iconoclastes ; et la véhémence avec laquelle, dans un essai plein de virtuosité, Boorstin pourfend « le mythe d'un siècle des lumières aux États-Unis[3] » rompt les amarres ultimes et décisives.

❖

---

1. Daniel J. BOORSTIN, *The Americans. The Colonial Experience*, New York, Random House, 1958 ; *The National Experience*, 1965 ; *The Democratic Experience*, 1973. [En français *Histoire des Américains : L'Aventure coloniale, Naissance d'une nation, L'Expérience démocratique*, trad. Y. Lemeunier *et al.*, A. Colin, 1981.]
2. Lucien FEBVRE, *L'Incroyance au XVIe siècle*, Albin Michel, 1942.
3. ID., « The Myth of an American Enlightenment », in *America and the Image of Europe. Reflections on American Thought*, New York, Meridian Books, 1930, pp. 66-78. Démonstration très brillante parce que cette rupture avec l'universalisme rationaliste du XVIIIe siècle s'opère au nom même d'un retour à l'histoire : « En décrivant notre passé de manière tellement plus simple que nous savons qu'est notre présent, ne nous sommes-nous pas nous-mêmes privés de l'apaisement et de la lumière que le passé vivant peut nous offrir ? »

La mémoire 395

Désormais, les historiens américains, les plus provocants sans doute, mais non les moins représentatifs, chassent l'Europe et l'histoire de l'affirmation du phénomène américain. Nouveau nationalisme ? On n'a pas manqué de relever, il est vrai, combien cet hymne à l'unité américaine faisait écho par-delà la tradition turnérienne à une histoire providentialiste préscientifique. Mais il ne s'en dégage pas, comme de l'histoire de Bancroft, la fierté d'un peuple marqué du doigt de Dieu qui, selon un sermon du révérend William Stoughton en 1668, « avait passé au crible une nation tout entière pour semer un grain élu dans ce Désert » ; c'est plutôt l'inquiétude des enfants prodigues de l'intelligentsia devant une expérience inexplicable, close comme un coffret à l'intérieur duquel on a laissé la clef. Nouvel isolationnisme ? Tout se passe au contraire comme si la grande Histoire à laquelle l'Amérique avait en 1917 condescendu de se mêler reflue sur elle depuis la Seconde Guerre de tout le poids écrasant d'une histoire devenue mondiale. La nécessité de disputer à l'autre grand le *leadership* lui impose une redéfinition, non plus seulement par rapport à l'Europe, mais au reste du monde.

Ce n'est cependant pas la moindre des ironies de son destin que la concurrence avec l'idéologie régnante sur le monde communiste non européen ait entraîné l'Amérique à cette contestation profonde de la valeur universelle de l'expérience européenne de l'histoire. Jusqu'à la Seconde Guerre mondiale les États-Unis avaient vécu avec la certitude que, par rapport à l'Europe des idéologies contradictoires et meurtrières, ils offraient au monde l'évangile de la paix, de la raison, et de la conciliation. La rivalité leur a révélé soudain que le roi était nu : l'Amérique était comme l'Europe le lieu des conflits, elle n'avait rien à proposer au reste de l'univers ; l'américanisme, s'il n'était que cet interminable naturalisation de l'Europe, n'était pas un produit d'exportation. Du même mouvement, historiens et intellectuels ont alors découvert le totalitarisme spontané de la tradition nationale ; au-delà du rationalisme marxiste, au-delà de l'Europe des révolutions, au-delà même de l'Europe bourgeoise, c'est l'Europe des Lumières dont ils récusent aujourd'hui l'héritage ; les uns avec le sentiment de toucher au port, les autres avec l'effroi des grands appareillages. C'est ce renversement sans précédent qu'exprime, dans son cas avec anxiété, la phrase profonde de Richard Hofstadter : « Ça a été notre destin, en tant que nation, de n'avoir pas d'idéologie, mais d'en être une. » L'Amérique devenue sa propre idéologie : miracle de l'intégration ou promesse de crise ?

L'enjeu est immense. Il s'agit de savoir si, en expulsant l'histoire comme une relique du Vieux Monde, les États-Unis ont effectivement conjuré ses risques et ses périls ; s'ils évitent ainsi les affrontements qu'elle suppose et les tensions qui sont sa loi ; s'ils ont continué d'échapper au « centre de gravité de l'histoire universelle » dont Hegel les excluait dans les *Leçons sur la philosophie de l'histoire*. Mais est-il vrai que les États-Unis soient aujourd'hui encore le réservoir de l'histoire et « le pays de rêve pour tous ceux que lasse le magasin d'armes historiques de la vieille Europe[1] » ? Est-il aujourd'hui vrai que les États-Unis soient « le pays de l'avenir » et qu'il suffise encore de traverser l'Atlantique pour mesurer, par comparaison, « combien le fardeau de l'histoire est accablant » ?

---

1. Georg Wilhelm Friedrich HEGEL, *Leçons sur la philosophie de l'histoire*, trad. J. Gibelin, Vrin, 1937, p. 83.

PARTIE V

LES CHEMINS
DE L'IDENTITÉ

15

L'idée de génération

Pas de notion devenue plus triviale et malgré tout plus opaque. Pas de notion plus antique, plongeant ses références biologiques dans la Bible, Hérodote et Plutarque ; et ne prenant pourtant son sens que dans notre récent univers de l'individualisme démocratique. Tout épidermique, à la surface des jeunes et des jours, à la mode : aucune ne plonge cependant davantage au cœur sensible de notre perception historique du présent. Qu'est-ce qui, en elle, appartient en propre à la France ? En quel sens est-elle exactement lieu de mémoire ? Et quel type de partage, ici, autorise-t-elle ?

Il n'y aurait peut-être pas autour des générations cette effervescence d'interrogations sociologiques, économiques, démographiques et historiques depuis vingt ans[1], ni cette

---

1. Pour se contenter ici de titres repères, eux-mêmes pourvus d'indications bibliographiques, et à partir de l'article « Génération » de l'*Encyclopædia Universalis*, par Philippe PARROT et Shmuel Noah EISENSTADT, lui-même auteur du classique *From Generation to Generation. Age Groups and Social Structure*, Glencoe (Ill.), Free Press, 1956, cf. Hans JAEGER, « Generations in History : Reflections on a Controversial Concept », *History and Theory*, vol. XXIV, n° 3, 1985, pp. 273-292, qui fait l'historiographie de la notion. Alan Barrie SPITZER, « The Historical Problem of Generations », *American Historical Review*, vol. LXXVIII, décembre 1973, pp. 1353-1385, dégage sa portée et fait le point sur la très abondante bibliographie sociologique américaine. Cf. également Claudine ATTIAS-DONFUT, *Sociologie des générations*, PUF, 1988, et Pierre FAVRE, « De la question sociologique des générations et de la difficulté à la résoudre dans le cas de la France », *in* Jean CRÊTE et ID. (dir.), *Générations et politique*, Economica, 1989,

---

Paru sous le titre « La génération » [1992], *in* P. NORA (dir.), *Les Lieux de mémoire*, t. III, *Les France*, vol. 1, *Conflits et partages, op. cit.*, pp. 931-971.

surutilisation du thème favorisé par les sondages, sans mai 1968. À replacer lui-même dans la révolte internationale des jeunes où Margaret Mead décelait pour la première fois, à échelle de la civilisation mondiale, un *Fossé des générations*[1]. À la très longue et méfiante indifférence où végétait, de la part au moins des historiens, cette notion fuyante, allait succéder une prolifération d'études en tout genre, hantée par le fantôme de 68. Emballement d'autant plus curieux que, sur l'explosion de 1968, en revanche, de bons esprits[2] n'ont pu que déplorer la pauvreté de la recherche historique sérieuse, par rapport au flot irrépressible de l'expression de la mémoire, et à l'autocélébration spontanée ou suscitée des acteurs. Comme si le coup de grisou que personne n'avait vu venir et qu'aucune raison ne suffirait à expliquer complètement se traduisait justement, pour l'essentiel, par l'avènement d'une « génération ».

La fabrication de la sacro-sainte génération de 68 n'a pas démarré avec les « événements ». Elle s'est opérée au rythme des anniversaires décennaux — 1978, 1988 — et dans des contextes historiques sensiblement différents[3] : le premier, dans le bilan nostalgique et la retombée mélancolique de l'équipée gauchiste, la tristesse des « années orpheli-

---

version remaniée de sa communication au colloque « Générations et changements politiques » de l'université Laval de Québec en juin 1984 et de son introduction, « Génération : un concept pour les sciences sociales ? », à la table ronde organisée par Annick Percheron au congrès de Paris de l'Association française de science politique, *Génération et politique*, 22-24 octobre 1981. Une bibliographie de 277 livres et articles a été dressée à cette occasion. L'actualité du concept pour l'histoire de la France contemporaine est attestée par le numéro spécial de *Vingtième Siècle, revue d'histoire*, sur « Les générations », n° 22, avril-juin 1989. L'exploitation de la notion par la psychologie, l'ethnologie, l'économie et la démographie apparaîtra dans les notes ci-dessous.

1. Margaret MEAD, *Culture and Commitment : A Study of the Generation Gap*, Londres, The Bodley Head, 1970 ; en français, *Le Fossé des générations*, trad. J. Clairevoye, Denoël, 1971.
2. En particulier, Antoine PROST, « Quoi de neuf sur le Mai français ? », *Le Mouvement social*, n° 143, avril-juin 1988, pp. 81-79, consacré aux *Mémoires et histoires de 1968*, fait le point sur la question.
3. Cf. Jean-Pierre RIOUX, « À propos des célébrations décennales du Mai français », *Vingtième Siècle, revue d'histoire*, n° 23, juillet-septembre 1989, pp. 49-58, riche analyse que je suis ici étroitement.

nes[1] » au terme desquelles un journaliste sollicitait les souvenirs d'une « génération perdue[2] » ; le second, en pleine fin tendue de la cohabitation, pris en tenaille entre ce que Serge July, personnage central de la saga, n'avait pas hésité à appeler l'« éjaculation précoce » du mouvement étudiant de décembre 1986[3] et la double campagne déjà lancée des élections présidentielles puis législatives, sur fond de Bicentenaire entamé.

Il n'empêche que, des deux célébrations décennales de Mai, couronnées par le premier ouvrage simplement et majestueusement intitulé *Génération*[4], a surtout émergé la capacité d'un petit nombre d'acteurs et chroniqueurs ex-trotskystes, ex-maos, ex-Gauche prolétarienne, parvenus aux commandes, à s'instituer ou à se faire instituer les hérauts d'une génération et à en assumer la représentativité commémorative.

Cette manie de célébration est en soi significative. Elle n'a existé pour aucun événement historique à contenu lourd — guerre de 1914, Front populaire, Résistance, Libération. Elle est profondément révélatrice de la nature même de l'événement : sa vocation-miroir, sa plasticité symbolique, son élasticité historique, la prégnance de son vécu subjectif sur la matérialité objective des faits. La germination mémorielle est à l'œuvre dans le mouvement même. Car qu'était-il d'autre, avec ses barricades en forme de citation et son théâtre référentiel, qu'une gestuelle de mémoire révolutionnaire sans débouché révolutionnaire ?

Génération, mémoire, symbole. Mai 1968 a été à lui-même sa propre commémoration. L'édification d'une mémoire et l'auto-affirmation d'une génération y sont allées de pair, comme les deux faces d'un même phénomène. L'effacement

---

1. Jean-Claude GUILLEBAUD, *Les Années orphelines. 1968-1978*, Éd. du Seuil, 1978.
2. Jacques PAUGAM, *Génération perdue*, Robert Laffont, 1977 (transcriptions d'entretiens radiophoniques avec Fr. Lévy, J.-P. Dollé, Chr. Jambet, J.-M. Benoist, M. Lebris, J.-É. Hallier, M. Butel, J.-P. Faye, B. Kouchner, B.-H. Lévy, M. Halter, Ph. Sollers, A. de Gaudemar).
3. Serge JULY, « La Révolution en creux », *Libération*, 27 mai 1988.
4. Hervé HAMON et Patrick ROTMAN, *Génération*, Éd. du Seuil, 2 vol., 1987-1988.

du relais historiographique ne contribue qu'à souligner dans la dynamique générationnelle de 1968 et le contenu uniquement symbolique que revêt alors l'expression, le point d'aboutissement d'un vaste cycle historique, commencé précisément avec la Révolution, et qui se clôt à ce moment-là. C'est l'émergence d'une « génération » à l'état pur, intransitif, qui a fait apparaître la souveraineté opératoire et rétrospective de la notion, la constituant ainsi, d'entrée de jeu et en un sens premier, tout temporel, en lieu de mémoire.

LE PARCOURS DE LA NOTION

L'aboutissement soixante-huitard de la notion de génération ne se comprend bien, en effet, tant dans son contexte international que dans sa spécificité française, que brutalement rapporté à l'origine du phénomène, à savoir la Révolution française — 68-89 : on ne se dissimule pas ce que le rapprochement peut avoir d'indécent et d'incongru[1], entre l'événement à l'état pur, l'avènement de l'événement moderne, et les « événements » dont on s'est demandé tout de suite en quoi même ils en avaient constitué un. Le court-circuit est pourtant éclairant. Il fait surgir une ligne de crête, et dessine l'arc-en-ciel qui fait passer la génération d'une définition à contenu proprement historique à une signification de portée essentiellement symbolique.

1968 a hypertrophié la dimension générationnelle, mais 1789 l'a minimisée. Elle est pourtant partout présente. Rétif de La Bretonne le notait déjà sur-le-champ : « C'est l'*Émile* qui nous amène cette génération taquine, entêtée, insolente, impudente, décideuse, qui parle haut, fait taire les vieillards et montre avec une égale audace, tantôt sa folie native, for-

---

1. Le rapprochement est esquissé dans *Espaces-Temps*, n°s 38-39, *Concevoir la Révolution, 89, 68, confrontations*, 1988.

tifiée par l'éducation, tantôt sa sagesse immature, âcre et verte comme le verjus de la mi-août[1]. » Elle apparaît déjà, dans les vingt ans qui ont précédé l'explosion révolutionnaire, avec les mouvements et manifestations de la jeunesse, récemment mis en lumière à Paris comme en province[2]. Elle éclate au serment du Jeu de paume, premier triomphe du principe de solidarité fraternelle sur le verdict des pères[3] ; et peut-être serait-elle restée plus évidente si ne l'avait très vite occultée l'idée de faction. Elle s'exprime clairement dans la réflexion et la pensée des révolutionnaires quand elle approfondit le lien entre la disparition du gouvernement héréditaire et la légitimité représentative, comme en témoigne, par exemple, un curieux opuscule de Thomas Paine sur *Les Premiers Principes de gouvernement*, du 5 messidor an III (23 juin 1795), dans lequel le publiciste anglo-américain se livre, dans le droit fil de la pensée jeffersonienne[4], à de savants calculs du remplacement des âges et à une définition précise de la notion pour établir les droits de chacune :

> Comme chaque génération est égale en droit à l'autre, il s'ensuit nécessairement qu'aucune ne peut avoir le moindre droit pour établir un gouvernement héréditaire [...]. Chaque âge, chaque génération est et doit être (en matière de droits)

1. Nicolas RÉTIF DE LA BRETONNE, *Les Nuits de Paris (1788-1794)*, éd. P. Boussel, UGE, 1963, p. 193.
2. En fonction, justement, de l'intérêt renouvelé pour la génération, cf. Jean NICOLAS, « Génération 1789 », *L'Histoire*, n° 123, juin 1789, pp. 28-34.
3. Cf. Mona OZOUF, « Fraternité », *in* F. FURET et M. OZOUF (dir.), *Dictionnaire critique de la Révolution française*, *op. cit.*, pp. 731-740 ; ainsi que, après la rédaction de cet article, Antoine de BAECQUE, « La Révolution française et les âges de la vie », *in* Annick PERCHERON et René RÉMOND (dir.), *Âge et politique*, Economica, 1991, chap. II, pp. 39-59.
4. C'est sous la plume de Jefferson qu'on trouve du droit des générations à disposer d'elles-mêmes la formulation la plus nette : « Les morts n'ont aucun droit. Ils ne sont rien. Et qui n'est rien ne peut posséder quelque chose » (Thomas JEFFERSON, lettre à Samuel Kerchevol, juillet 1816, *Writings*, 1924, p. 1402). Et encore : « Nous pouvons considérer chaque génération comme une nation distincte, avec un droit qui procède de la volonté de la majorité de lier ses membres entre eux, mais aucun de lier celle qui lui succède pas plus que les habitants d'un autre pays » (ID., lettre à Th. Earle, 24 juin 1823, *ibid.*, p. 962) ; cf. Patrick THIERRY, « De la Révolution américaine à la Révolution française », *Critique*, juin-juillet 1987. Jefferson en arrivait à penser que chaque loi devrait être revotée tous les dix-neuf ans.

aussi libre d'agir pour lui-même dans tous les cas que les âges et les générations qui l'ont précédé [...]. Si nous avons sur ce point un autre évangile, nous agissons comme des esclaves ou comme des tyrans ; comme des esclaves, si nous croyons qu'une première génération a eu aucun droit pour nous lier ; comme des tyrans, si nous nous attribuons l'autorité de lier les générations qui doivent nous suivre[1].

Présente encore est la génération, solennellement, dans les textes fondateurs, puisque la Déclaration des droits de l'homme de 1793 — celle de Condorcet — va jusqu'à inscrire dans son article trentième et dernier : « Une génération n'a pas le droit d'asservir à ses lois une génération future[2]. » Elle l'était déjà implicitement, dès la Constitution de 1791, puisqu'elle abolit d'un coup les droits héréditaires et les contraintes corporatives pour poser les bases d'une société d'individus libres et égaux. Elle l'était également dans les mesures concernant la famille et l'autorité paternelle, particulièrement dans celles qui font droit aux revendications des plus jeunes, comme l'abolition du droit d'aînesse, la fixation de la majorité à vingt et un ans, le mariage sans consentement paternel, l'impossibilité de déshériter un de ses enfants. Saint-Just, en représentant type de la génération montante, pouvait les résumer d'un trait : « Vous avez donc décidé qu'une génération ne pouvait pas en enchaîner une autre[3]. » Mais intrinsèquement générationnelle, la Révolu-

---

1. L'intérêt de ce texte rare, que m'a signalé Marcel Gauchet, est dans la prise de conscience des conséquences pratiques que posait le passage d'une définition naturelle de la génération à une définition sociale et politique, qui « comprend tous les individus qui sont au-dessus de vingt et un ans au temps dont nous parlons », et conservera l'autorité pendant l'espace de quatorze à vingt et un ans, « c'est-à-dire jusqu'à ce que le nombre des mineurs arrivés en âge soit plus grand que le nombre des survivants de la première classe ».
2. Texte *in* Marcel GAUCHET, *La Révolution des droits de l'homme*, Gallimard, « Bibliothèque des histoires », 1989, p. 328. Il cite également, p. 193, une lettre de Condorcet du 30 août 1789 félicitant d'avoir eu cette idée le comte Mathieu de Montmorency-Laval, un de ces nouveaux venus de la politique en qui il s'émerveille de voir « un jeune homme élevé pour la guerre donner aux paisibles droits de l'homme une étendue qui eût étonné des philosophes il y a vingt ans » (CONDORCET, *Œuvres*, t. IX).
3. *Le Moniteur*, t. XVI, p. 215.

tion l'est tout entière dans sa rhétorique et dans son ambition, élevée à la hauteur d'un rite de passage historique et initiatique, de la nuit du despotisme au grand jour de la liberté. Génération-régénération[1] : les deux thèmes sont étroitement associés, dans toutes leurs connotations biologiques, psychologiques, morales, religieuses et messianiques. Elle l'est, bien plus profondément encore, dans l'obsession pédagogique et le retournement du temps, dans l'eschatologie de la rupture, dans le passage éclair de l'ancien au nouveau. Crépuscule de la légitimité, aube de la génération. Le passé n'est plus la loi : c'est l'essence même du phénomène.

La Révolution marque donc l'avènement absolu de la notion, mais invisible. Sans doute a-t-on souligné la rapidité des carrières qu'ouvraient aux talents, comme celui de Bonaparte, l'aventure révolutionnaire et l'abolition des privilèges. Mais la juvénilité individuelle, comme celle de Saint-Just, a plutôt frappé les imaginations que le rajeunissement général de l'acteur historique. Le soin mis par Chateaubriand, par exemple, à retarder d'un an sa date de naissance — 1769 au lieu de 1768 — a été plus généralement rapporté à sa volonté d'aligner son étoile sur celle de Napoléon qu'au désir d'être des « vingt ans en 89 ». C'est aujourd'hui seulement, à la lumière rétrospective de l'intérêt pour le thème, que des travaux savants[2], issus d'ailleurs d'études anglo-saxonnes, se sont avisés de calculer l'âge moyen des membres des assemblées. Ainsi est apparue la brutale irruption de la jeunesse sur la scène politique : l'âge moyen des Constituants était encore de quarante ans, il

---

1. Cf. Mona OZOUF, « Régénération », *in* F. FURET et ID. (dir.), *Dictionnaire critique de la Révolution française, op. cit.*, pp. 821-831, ainsi que *L'Homme régénéré. Essai sur la Révolution française*, Gallimard, « Bibliothèque des histoires », 1989. Cf. également Antoine de BAECQUE, « Le peuple briseur de chaînes. Fracture historique et mutations de l'homme dans l'imaginaire politique au début de la Révolution française », *Révolte et société*, actes du IVe colloque d'histoire au présent, t. I, mai 1988, Publications de la Sorbonne, février 1989, pp. 211-217, et « L'homme nouveau est arrivé. La "régénération" du Français en 1789 », *Dix-huitième siècle*, n° 20, 1988.
2. Marie-Hélène PARINAUD, « Membres des assemblées et volontaires nationaux (1789-1792). Contribution à l'étude de l'effet de génération dans la Révolution française », thèse de l'EHESS, 2 vol., 1985.

passe à vingt-six ans dans l'Assemblée législative. Fantastique coup de jeune des acteurs de l'Histoire. Cette dimension méconnue de la Révolution mériterait une relecture générale de l'événement sous sa lumière. Elle apparaît davantage encore dans le détail, quand on constate, par exemple, à l'intérieur même des factions révolutionnaires rivales, la jeunesse des Montagnards par rapport aux Girondins. Mais cette dimension a été largement inaperçue parce qu'elle s'est fondue dans la Révolution elle-même. La dynamique particulière d'un groupe, la jeunesse, s'est confondue avec l'universel des principes pour en devenir, non pas la forme extrême ou radicale de revendication, mais la réalité de base. C'est le sens profond qu'a pris, pour l'histoire, la célèbre polémique Burke-Paine, dans laquelle il n'est pas exagéré de voir le baptême historique de la génération. Aux *Réflexions* de Burke sur les mérites de la tradition, pleines d'ironie pour ces « usurpateurs », ces « jouvenceaux politiques », ces « mouches d'un été » qui se « sont donné carte blanche pour commencer leur commerce sans fond » et « refuser le gouvernement des exemples », Thomas Paine oppose, en des formules inaugurales et fondatrices sur « l'autorité usurpée des morts », le droit des générations à disposer d'elles-mêmes : « L'homme n'a aucun droit de propriété sur un autre homme ni les générations actuelles sur les générations futures[1]. »

La Révolution a été ainsi fondatrice de la génération ; moins parce qu'elle en a fait naître une, dont la mise en évidence sera déjà un effet de généalogie rétrospectif, mais parce qu'elle a ouvert, permis, accéléré, inauguré l'univers du changement et le monde égalitaire à partir duquel a pu

1. Edmund BURKE, *Réflexions sur la Révolution de France*, présentation riche de Philippe Raynaud, Hachette, « Pluriel », 1989 ; Thomas PAINE, *Les Droits de l'homme*, Belin, « Littérature et politique », 1988. Sur la controverse, cf. Robert B. DISHMAN, *Burke and Paine, on Revolution and the Rights of Man*, New York, 1971, et, plus récemment, Marilyn BUTLER, *Burke, Paine, Godwin and the Revolution Controversy*, Cambridge University Press, 1984, 2e éd., 1988. Cf. également Judith SCHLANGER, « Les débats sur la signification du passé à la fin du XVIIIe siècle », in *Le Préromantisme, hypothèque ou hypothèse ?*, colloque de Clermont-Ferrand, 29-30 juin 1972, Klincksieck, 1975.

naître une « conscience de génération ». Le phénomène n'est pas propre à la France — encore que la longue durée de la succession monarchique et la brutalité œdipienne du meurtre du roi lui aient donné, ici, une intensité spéciale ; il appartient à la révolution atlantique et au principe représentatif de la démocratie. Mais alors qu'aux États-Unis le problème a été réglé d'un coup, au point que le phénomène du remplacement générationnel ne s'est jamais posé comme tel dans le cadre politique, la Révolution a ouvert en France un conflit de longue durée et engendré un rythme politique dont l'aspect générationnel est loin d'être absent. Il y a bien une histoire politique française qui peut s'écrire en termes et en thèmes de génération, et qui, de Louis XVIII à de Gaulle, en passant par Thiers et Pétain, peut se lire comme révolte de la jeunesse contre les pères tutélaires. Elle a formé la basse continue et la trame de la vie collective, les cadres politiques de la mémoire française et installé en tout cas, au cœur même de la notion française de génération, la prise du pouvoir. Et cela seul aurait suffi à faire, en France, au rythme d'une histoire politique haletante et syncopée, que l'expression même de génération soit pratiquement synonyme de génération « dominante ».

Le télescopage des deux dates met ainsi en lumière, aux deux bouts de la chaîne chronologique et sur la scène française, comme deux âges de la représentation sociale, un vaste spectre aux figures inversées. Avec 1789, l'événement a complètement absorbé la symbolique générationnelle, au point de la masquer en l'exprimant tout entière ; avec 1968, la dimension générationnelle est devenue au contraire constitutive de l'événement lui-même, au point qu'à part l'itinéraire biographique et le vécu des acteurs il est légitime de se demander, au sens de Ranke, « ce qui s'est réellement passé ». En termes hégéliens, et aux yeux d'une histoire qui s'écrit en lettres de sang : rien.

Mais il a fallu précisément ce milieu historique vide pour que se déploie, comme un gaz, la vérité de rupture symbolique qui est centrale à l'idée de génération, catégorie de rassemblement représentatif, violente affirmation d'identité horizontale qui prime et transcende soudain toutes les autres formes de solidarités verticales. 68 a mis en lumière cette simple et complexe dynamique de l'appartenance qui fait le fond de la génération. Le « mouvement jeune » s'est déployé partout, mais sans expérience déterminatrice commune qui pouvait lui servir de socle ou d'expérience vécue, sinon dans la frustration même d'une histoire traumatique, Résistance ou guerre d'Algérie. Ce soulèvement révolutionnaire mimétique est intervenu en plein contre-courant, au sommet de la haute croissance et en phase de plein-emploi, au moment de la pleine décomposition des idéologies orthodoxes de la Révolution. La surprise a saisi les acteurs eux-mêmes, comme la rapidité de la mise à feu des noyaux stratégiques de la population. Cette explosion générationnelle pure a paru si déconcertante qu'indépendamment de la « prise de parole » qui l'a accompagnée et des analyses d'ensemble qui l'ont aussitôt suivie, les commentateurs ont cherché tous les moyens de rabattre l'effet de génération sur un autre événement, ou une autre génération[1]. Pour les démographes, par exemple, il se serait agi de l'effet cumulatif et détonateur de trois strates de générations : celle, démobilisée, de la guerre d'Algérie (les jeunes nés entre 1935 et 1941), suivie d'une génération vide et peu idéologisée (celle qui est née pendant la guerre) qu'aurait dynamisée la première vague du *baby-boom* d'après guerre[2]. Pour les psychologues de la culture[3], sensibles à la nostalgie romantique du mouvement et à ses analogies avec la révolution de 1848, c'est l'absence même d'événements historiques qui serait le traumatisme déclencheur, confirmée par le caractère utopique et narcissique de cette contestation adolescente et anarchisante. Pour tel journaliste au coup d'œil de

---

1. Cf. en particulier « Le mystère 68 », table ronde organisée par *Le Débat*, n°s 50 et 51, mai-août et septembre-octobre 1988.
2. Ce que soutient, par exemple, Hervé LE BRAS, « L'interminable adolescence ou les ruses de la famille », *Le Débat*, n° 25, mai 1983.
3. Par exemple, Didier ANZIEU, *Les Idées de mai*, Fayard, 1969 ; André STÉPHANE, *L'Univers contestationnaire*, Payot, 1969 ; Gérard MENDEL, *La Crise de générations*, Payot, 1969.

sociologue[1], la génération de 1968 ne serait que l'ombre portée de celle de la guerre d'Algérie, marquée par le retour de De Gaulle au pouvoir, dix ans plus tôt. Pour tel observateur revenu de ses engagements gauchistes[2], elle ne serait au contraire que l'accoucheuse de celle des années 1970, marquée par l'effacement de la référence algérienne et l'affranchissement de la fascination exercée encore sur la précédente par le parti communiste. Le pendule n'a pas cessé de se déplacer.

Cette incertitude à définir simplement et même à identifier la dernière et la plus visible pourtant de nos générations ne fait que répéter la difficulté de tous les analystes qui se sont succédé depuis Auguste Comte[3], de la minute où ils ont cherché à passer de la description empirique et sensible d'un groupe d'âge cimenté par la même aventure à une définition théorique. La notion a paru en effet n'avoir d'intérêt opératoire et scientifique que si une réponse claire et précise pouvait être donnée aux quatre questions qu'elle posait, du point de vue temporel, démographique, historique, sociologique. Combien de temps dure une génération, quel est son rythme de remplacement, étant entendu que le renouvellement des pères par les fils est un mouvement perpétuel et continu ? Quelle date repère faut-il choisir pour la fixer : est-ce la date de naissance, ou la date convenue de la vingtième année, supposée mettre fin à l'âge approximatif de la réceptivité maximale de l'adolescent ? Quel est exactement

---

1. Pierre VIANSSON-PONTÉ, « La nouvelle génération perdue », *Le Monde*, 6 septembre 1976, repris *in* ID., *Couleur du temps qui passe*, *Chroniques II*, Stock, 1979, p. 247. C'est cette chronique qui a inspiré les émissions de novembre-décembre 1976 ayant abouti au livre de J. PAUGAM, *Génération perdue, op. cit.*, préface de P. Viansson-Ponté, qui porte en sous-titre : *Ceux qui avaient vingt ans en 1968 ? Ceux qui avaient vingt ans à la fin de la guerre d'Algérie ? Ou ni les uns ni les autres ?* : « Ne discutons pas pour savoir si vous formez ou non une génération, c'est accessoire. Mais perdus, oui, vous l'êtes ! Perdus avec une clef en poche : votre identité, votre magistère, votre assurance. »
2. Éric VIGNE, « Des générations 68 ? », *Le Débat*, n° 51, septembre-octobre, 1988, pp. 157-161.
3. C'est en effet à Auguste COMTE, *Cours de philosophie positive*, 1839, t. IV, 51e leçon, que revient la priorité de la réflexion sur l'importance du rythme de renouvellement des générations pour les progrès de l'évolution sociale et de l'esprit humain.

le rôle et la part de l'événement dans la détermination d'une génération, étant entendu qu'événement, au sens large, signifie à la fois les conditions très générales d'expérience et le fait traumatique ? La génération est-elle un phénomène conscient ou inconscient, imposé ou choisi, statistique ou psychologique : autrement dit, qui fait ou ne fait pas partie d'une génération et comment se manifeste-t-elle, sachant que des classes d'âge entières, et même différentes, peuvent se reconnaître dans une génération aux aventures de laquelle elles n'ont pas participé ?

À rappeler aussi uniment ces questions, on aperçoit d'emblée les contradictions insolubles et les apories auxquelles il est impossible de ne pas aboutir. Elles sont si évidentes qu'on ne s'y étendra pas ; leur discussion a rempli des bibliothèques entières. Les analystes les plus novateurs et les plus conscients de l'intérêt de la notion s'y sont tous heurtés ; comme le sociologue Karl Mannheim, qui, dans son essai classique de 1928[1], y voyait « un des facteurs fondamentaux de la réalisation de la dynamique historique », mais le dégageait mal d'un amalgame ambivalent et composite. Ainsi la plupart des utilisateurs sont-ils passés, le plus souvent, d'une définition souple, sensible et presque neutre, à une application d'un mathématisme rigide, ou l'inverse. François Mentré, par exemple, au lendemain de la Première Guerre, y trouvait « une façon nouvelle de sentir et de comprendre la vie qui est opposée à la façon antérieure, ou du moins différente[2] ». Et au lendemain de la Seconde Guerre, Henri Peyre, historien de la littérature, la définissait comme « unie à son départ par les mêmes hostilités et parce qu'elle a subi les mêmes influences entre seize et vingt-cinq ans, sinon plus tôt[3] ». Mais tous deux, cependant, n'ont pas

---

1. Cf. Karl MANNHEIM, « The Problem of Generations » [1928], *in* ID., *Essays in the Sociology of Knowledge*, Londres, Routledge and Kegan Paul, 1959, pp. 278-322. Cet essai de référence vient enfin de connaître sa traduction en français par G. Mauger et N. Perivolaropoulou, *Le Problème des générations*, introduction et postface de Gérard Mauger, Nathan, 1990.
2. François MENTRÉ, *Les Générations sociales*, Éd. Bossard, 1920.
3. Henri PEYRE, *Les Générations littéraires*, Boivin et Cie, 1948.

hésité à établir d'interminables et laborieuses tables récapitulatives, régulièrement scandées à partir d'une date originaire plus ou moins arbitraire selon les séries considérées : 1490 pour l'un (Clouet, Du Bellay, Marguerite de Navarre, Rabelais, Marot), 1600 pour l'autre (Descartes, Poussin, Mansart, Corneille, Claude Lorrain, Fermat) — un des résultats les plus surprenants en la matière étant celui de l'Espagnol Julián Marías qui, dans sa volonté d'appliquer systématiquement les idées de son maître Ortega y Gasset, aboutissait pour la série des générations des XIXe et XXe siècles à des dates aussi inattendues au premier regard que 1812, 1827, 1842, 1857, 1872, 1887, 1902, 1917, 1932 et 1947[1]. Yves Renouard, au contraire, le premier des historiens à saluer en 1953 « ce phare éclatant » qui « seul peut permettre de composer le tableau dynamique d'une société », plaidait pour une définition plus précise : « Un faisceau de classes d'âge, un ensemble d'hommes et de femmes dont les idées, les sentiments et les manières de vivre sont les mêmes, et qui se présentent dans les mêmes conditions physiques, intellectuelles et morales aux faits et événements majeurs qui affectent la société dont ils sont un élément. » En revanche, il conseillait prudence et circonspection dans une application trop stricte[2].

C'est que tous les auteurs qui se sont courageusement lancés dans l'aventure, et qui s'y risquent encore à partir d'un repérage approximatif, se font inévitablement prisonniers de ce que l'on pourrait appeler la « dialectique du dur et du mou ». L'instrument générationnel ne leur paraît scientifique que précis, mais à l'application précise on recule devant les incohérences de la vie. On reste dans l'ordre de l'évocateur dans l'effort même consenti pour en sortir, et l'on y revient. Ces courageuses tentatives font penser à cet amateur célèbre qui aurait trouvé au caoutchouc

---

1. Julián MARÍAS, *El método histórico de las generaciones*, Madrid, Revista de Occidente, 1949.
2. Yves RENOUARD, « La notion de génération en histoire », *Revue historique*, vol. CCIX, n° 425, janvier-mars 1953, pp. 1-23, repris *in* ID., *Études d'histoire médiévale*, Sevpen, 2 vol., 1968.

toutes les vertus, si son élasticité ne l'avait rendu impropre à tant d'usages. La génération serait un instrument de classement d'une précision irremplaçable si la précision à laquelle il condamne ne le rendait inapplicable à l'inclassable désordre du réel. S'agit-il en effet du rythme de renouvellement ? On passe allègrement, et aussi légitimement, de l'amble fatidique des trente ans auxquels reste fidèle Albert Thibaudet — dont l'*Histoire de la littérature française depuis 1789* est tout entière construite sur l'idée de génération[1] — aux quinze ans d'Ortega y Gasset et d'Yves Renouard, aux dix ans d'Henri Peyre et de François Mentré, et voilà les uns qui décèlent depuis 1789 douze générations littéraires là où les autres n'en identifient que cinq. S'agit-il de la date de naissance ? Aucun ne recule devant les jongleries et tours de passe-passe, et voilà, par exemple, Thibaudet, bien mécontent de lui-même, qui s'oblige à inclure dans la même vague d'assaut de 1789 des hommes nés vers 1766-1769 (Chateaubriand, Napoléon, Senancour, Benjamin Constant, Maine de Biran), mais aussi des écrivains comme Rivarol ou Joubert, qui avaient quinze ans de plus que Napoléon ou Chateaubriand ; et n'hésite pas à faire voisiner dans la génération de la guerre de 1914 Proust et Montherlant, que près de trente ans séparaient. Veut-on s'amarrer au roc solide de l'événement ? Il faut alors immédiatement distinguer entre l'événement subi et l'événement choisi, l'événement formateur et l'événement déterminateur. En outre, tous les événements sont multigénérationnels et plus ils sont massifs — comme la guerre de 1914 —, moins sont identifiables les groupes qu'ils marquent. Il y aurait ainsi, pour suivre Yves Renouard, quatre types de réactions générationnelles devant l'événement : celle des vieillards indifférents et des enfants inconscients et, entre les deux, les détenteurs du pouvoir sur l'événement et ceux qui le leur

---

1. Albert Thibaudet, *Histoire de la littérature française de 1789 à nos jours*, Stock, 1936. Thibaudet a consacré une de ses « Réflexions sur la littérature » à la critique du livre de F. Mentré, *Les Générations sociales*, *op. cit.* : « Le roman de l'intellectuel », *La Nouvelle Revue française*, n° 92, 1er mai 1921, repris *in* Id., *Réflexions sur la littérature*, Gallimard, 1938.

disputent. Veut-on se rabattre enfin sur la matérialité statistique ? On est aussitôt pris en tenaille entre le point de vue simple et clair des démographes, qui définissent une génération par la population née pendant la même année civile, la classe d'âge ou la cohorte, instrument indiscutable des économistes et des statisticiens ; ou l'indécidable question de la représentativité générationnelle, c'est-à-dire le critère qui permet d'appeler génération d'*Hernani* ou de la Résistance des gens qui n'ont rien su de la fameuse représentation ou jamais participé à la guerre. A-t-on le droit en effet d'identifier historiquement une génération à ses porte-parole, par un glissement naturel qui a rendu particulièrement riche et féconde son application aux milieux d'expression, artistiques, intellectuels et littéraires ?

Devant l'impasse de toutes ces solutions, qui chacune comporte, il faut le reconnaître, sa part de rapprochements concluants, mais ne s'emploie à forger un instrument d'analyse fine et de découpage vif que pour en émousser aussitôt la pointe et le tranchant, on comprend que les historiens les plus responsables, tout en sentant l'irremplaçable lumière que permettait de jeter la génération sur l'intelligence des temps, aient globalement récusé le concept comme schématique, inefficace, grossier, et en définitive moins enrichissant que réducteur. Les fondateurs des *Annales*, en particulier, qui ne manquaient pas de le retrouver dans leur volonté de prendre en compte le social concret, sont demeurés sévères à son égard, n'y voyant qu'un *artefact*, une illusion des acteurs sur eux-mêmes. Marc Bloch ne lui accordait, du bout de la plume, que la vertu d'« un premier jalonnement[1] ». Lucien Febvre, pour sa part, n'avait pas hésité à formuler le verdict : « Mieux vaut la laisser tomber[2] ! » Et en dépit de tentatives récentes et souvent heureuses pour donner une vie historique au phénomène et dégager avec finesse des constellations générationnelles dans le domaine

---

1. M. BLOCH, *Apologie pour l'histoire, ou Métier d'historien, op. cit.*, p. 94.
2. Lucien FEBVRE, « Générations », *Revue de synthèse historique*, n° 47, juin 1929, pp. 37-43.

politique[1] ou intellectuel[2], le jugement de fond n'a pas varié[3].

C'est qu'à vouloir donner de la génération une définition précise, ou ce qu'implique de précis toute espèce de définition, on bute immanquablement sur le piège que recèle la notion elle-même, un double piège. D'une part, la génération, par nature, est un phénomène purement individuel qui n'a cependant de sens que collectif ; d'autre part, la notion, par origine continuiste, n'a cependant qu'un sens de discontinuité et de rupture[4]. Elle naît du biologisme élémentaire pour s'épanouir dans une scansion symbolique du temps sans rapport aucun avec un âge réel. Chacun de nous sait qu'il appartient à plusieurs générations, se sent plus ou moins lié à chacune d'elles, ne fait pas forcément partie de la génération à laquelle la naissance devrait l'assigner ; et que l'intérêt puissant de cette catégorie très spéciale de la périodisation, la seule à ne pas relever de l'arithmétique, ne réside pas dans la détermination matérielle et temporelle à laquelle elle condamne, mais dans la dynamique d'appartenance qu'elle autorise. Il y a certainement là, à l'égard de la génération, deux attitudes de principe, pour ne pas dire deux philosophies radicalement contraires. L'une y voit par essence un

---

1. Cf. en particulier les analyses d'A. KRIEGEL sur les générations communistes, dans *Les Communistes français, op. cit.* Et, dernières en date, de Jean-Pierre RIOUX et Jean-François SIRINELLI (dir.), *La Guerre d'Algérie et les intellectuels français, Cahiers de l'IHTP*, n° 10, novembre 1988.
2. Notamment Jean-François SIRINELLI, *Génération intellectuelle. Khâgneux et normaliens dans l'entre-deux-guerres*, Fayard, 1988, ainsi que sous la direction du même, *Générations intellectuelles, Cahiers de l'IHTP*, n° 6, novembre 1987.
3. Cf., par exemple, Raoul GIRARDET, « Remarques perplexes sur le concept de génération et les virtualités de son bon usage », communication au Ier congrès de l'Association française de science politique, 22-24 octobre 1981, reprises et développées *in* « Du concept de génération à la notion de contemporanéité », *Revue d'histoire moderne et contemporaine*, t. XXX, avril-juin 1983, pp. 257-270. Et Jacques LE GOFF, « L'appétit de l'histoire », *in* Pierre NORA (dir.), *Essais d'ego-histoire*, Gallimard, « Bibliothèque des histoires », 1987, p. 238 : « Je demeure méfiant à l'égard de l'usage de la notion de génération en histoire, car qu'est-ce qu'une génération, quand peut-on parler de génération ? »
4. Cf. le point de vue d'un sémioticien, Eric LANDOWSKI : « Continuité et discontinuité : vivre la génération », communication au Ier congrès de l'Association française de science politique, 22-24 octobre 1981, repris in *La Société réfléchie*, Éd. du Seuil, 1989, pp. 57-73.

L'idée de génération

principe d'enfermement, d'assignation sociale et de limitation existentielle, un redoublement de cette finitude qui fait dire à Heidegger, dans le sillage de la philosophie romantique allemande, que « le fait de vivre dans et avec sa génération achève le drame de l'existence humaine[1] ». L'autre ne comprend l'incroyable potentiel identificatoire dont s'est chargée la notion, sur la base et dans le cadre de l'égalitarisme démocratique, qu'à travers l'espace de liberté qu'elle postule et la démultiplication de soi qu'elle permet. La solidarité générationnelle pure, en quoi consiste entière l'essence de la chose, est liberté, dans la mesure où l'horizontalité qu'elle postule est comme l'image idéale et idéalisée de la démocratie égalitaire. La génération incarne et résume le principe d'égalité dont elle est née. C'est à coup sûr ce qui lui donne sa radicalité simplificatrice. Elle abolit d'un coup toutes les autres différences. Mieux encore : la génération résout la quadrature du cercle de toute démocratie, elle renverse le subi en voulu, le simple donné de la naissance en revendication d'existence. C'est peut-être aujourd'hui le seul moyen d'être libre, en appartenant à quelque chose.

La génération est fille de la démocratie et de l'accélération de l'histoire. L'identification par l'événement correspondait à une époque de changements lents et de scansions nettes, qui s'imposaient d'elles-mêmes à la reconnaissance des acteurs. L'absence d'un repère massif de mémoire vraiment collective en même temps que la rapidité des changements ont abouti à la situation inverse : l'identification du flux temporel par la notion même de génération. Non que les grands événements aient disparu, au contraire ; mais ils ont changé, eux aussi, de régime : banalisés par leur multiplicité même, irréalisés par la manière dont ils sont reçus et vécus, déconcentrés dans la population sur laquelle ils font sentir leurs effets. Le milieu historique de leur apparition a

---

1. Martin HEIDEGGER, *Être et Temps*, trad. F. Vezin, Gallimard, « Bibliothèque de philosophie », 1986, p. 449. Un des intérêts du passage est de se référer à Wilhelm Dilthey, le premier à avoir exploité historiquement la notion.

explosé au monde entier. La France a longtemps vécu d'une histoire autocentrée, elle tend à vivre d'une histoire hétérocentrée. Les bouleversements de la société ont, depuis vingt-cinq ans, travaillé dans le même sens, par la généralisation des classes moyennes comme par l'uniformisation des genres de vie et des habitudes de consommation[1] : l'accent de la nouveauté s'est déplacé, du coup, sur de micro-événements d'innovation technique ou sociale. L'évolution démographique, enfin, a accentué la transformation du phénomène, avec, d'un côté, un vieillissement de la population dû à l'allongement de la durée de la vie et au ralentissement des naissances, et, de l'autre, une augmentation relative du nombre des jeunes, due au retard de l'entrée dans la vie et à l'apparition de la « post-adolescence »[2]. L'accroissement simultané, dans la société française, du poids des vieux et du poids des jeunes a sensiblement alourdi une situation d'affrontement où tout ce qui n'est pas « jeune » est immédiatement perçu comme « vieux ». L'histoire, la société, la démographie ont ainsi puissamment conspiré pour démocratiser un phénomène d'essence démocratique. Il s'est passé, somme toute, avec la génération, une subversion interne analogue à celle qu'on a pu décrire pour l'événement moderne et médiatisé[3]. La génération comme génération dominante et phénomène historique total s'est atomisée, et c'est la quotidienneté sociale tout entière qui s'ausculte à travers la génération. On comptait autrefois trois générations par siècle. On en compterait aujourd'hui presque une par jour. Le seul mois de mai 1989 a pu voir paraître le dossier d'un hebdomadaire, *Le Nouvel Observateur*, consacré aux « Trente ans, portrait d'une génération » ; un grand quotidien, *Libéra-*

---

1. Cf. Henri MENDRAS, *La Seconde Révolution française (1965-1984)*, Gallimard, « Bibliothèque des sciences humaines », 1988.
2. Cf. l'ensemble « Entrer dans la vie aujourd'hui », *Le Débat*, n° 25, mai 1983 : Hervé Le BRAS, « L'interminable adolescence ou les ruses de la famille », et André BÉJIN, « De l'adolescence à la post-adolescence, les années indécises ».
3. Je me permets de renvoyer à mon article « Le retour de l'événement », *in* Jacques Le GOFF et Pierre NORA (dir.), *Faire de l'histoire*, t. I, *Nouveaux problèmes*, Gallimard, « Bibliothèque des histoires », 1974.

tion, titrer son supplément littéraire « Génération Vernant », lequel est à la retraite ; une revue, *L'Infini*, baptiser un ensemble de jeunes auteurs « Génération 89 » ; un numéro spécial de la revue *Vingtième siècle* porter tout entier sur « Les générations » ; et l'ouvrage de deux énarques de l'association « Génération 1992 » sortir sur la *Génération Europe* ! L'imagination journalistique et publicitaire fait flotter la génération, comme le franc dans le serpent monétaire, du registre technique — la génération Moulinex, ou Pampers — au registre psychologique : la bof, la flip, les « célibattantes ». Le dernier coup de bluff ou de génie ayant été l'affiche de la « Génération Mitterrand », dont on ne sait si elle est née, chez un illustre publicitaire, d'un réflexe conjuratoire ou de la dévotion ironique. Dans cette inflation ravageuse, obsessionnelle, dans cette utilisation « détournée », comme disaient les situationnistes, on a pu voir, à bon droit, l'usure précoce d'une notion bien adaptée à l'intelligence d'un long et lourd XIXe siècle, mais rendue caduque par la légèreté provisoire des temps[1]. Cette usure n'est pas évidente. L'atomisation de la notion et même sa banalisation ne limitent nullement, au contraire, sa sacralisation, sa radicalisation, sa vocation transgressive.

La véritable question que pose cette métamorphose contemporaine de la notion, son usage et sa diffusion, est en définitive la suivante : pourquoi et comment, au fur et à mesure que s'accélère le changement, l'identification horizontale de l'individu par la simple égalité des âges a-t-elle pu prendre le pas sur toutes les autres formes de l'identification verticale ? La génération s'éprouvait autrefois dans le cadre restreint de la famille, de la classe, sociale et scolaire, de la carrière, de la nation : elle les a tous fait éclater pour s'affirmer davantage. Pour que la notion s'envole et prenne en même temps tout son poids, pour qu'elle s'impose dans toute sa force et libère son potentiel d'efficacité classificatoire et déclassificatoire, il a fallu, précisément, que les autres paramètres deviennent indistincts et que s'épuisent les autres for-

---

1. C'est la thèse de l'important article d'Annie KRIEGEL, « Le concept politique de génération : apogée et déclin », *Commentaire*, n° 7, automne 1979.

mes de l'identification sociale traditionnelle. Non que ces modes de filiation et d'affiliation aient pour autant disparu ; mais ils ont perdu quelque chose de leur énergie structurante. La génération a grandi dans ce vide. Elle est venue, comme l'indiquent les travaux des sociologues les plus sensibles au contemporain, tel Paul Yonnet[1], simplifier et complexifier à la fois le tissu des appartenances sociales, pour prendre en écharpe les autres formes de solidarités et leur surimposer une grille, souple et rigide, qui suppose d'autres formes de transgression et d'autres formes de limitation. C'est sa plasticité même qui fait son efficacité, le vide qu'elle remplit qui est, à la limite, son plein. Et voilà qu'une notion molle, imprécise, surajoutée, est devenue un instrument aux effets durs, essentiels et précis. Curieux retournement : la génération affirme son hégémonie classificatrice à mesure que s'affaiblit sa fonction historique de départ.

Pareil retournement n'est lui-même intelligible que par l'inversion pyramidale du prestige des âges. C'est là que s'impose l'épineux problème de l'autonomisation progressive du continent jeunesse, qui s'est brutalement et spectaculairement accélérée depuis un quart de siècle[2]. Une jeunesse qui

---

1. Paul YONNET, *Jeux, modes et masses. La société française et le moderne (1945-1985)*, Gallimard, « Bibliothèque des sciences humaines », 1985.
2. Michel PHILIBERT, *L'Échelle des âges*, Éd. du Seuil, 1968. Philippe ARIÈS, « Les âges de la vie », *Contrepoint*, n° 1, mai 1970, pp. 23-30, ainsi que son article « Generazioni » de l'*Encyclopedia* Einaudi. John R. GILLIS, *Youth and History. Tradition and Change in European Age Relations, 1770-Present*, New York, Academic Press, 1974, et Kenneth KENISTON, « Youth : A "New" Stage of Life », *American Scholar*, vol. XXXIX, n° 4, automne 1970, pp. 631-654. Actes du colloque « Rapport au temps et fossé des générations », CNRS / Association des âges, Gif-sur-Yvette, 29-30 novembre 1979. Rien d'essentiel n'échappera grâce aux actes du colloque international « Historicité de l'enfance et de la jeunesse », Athènes, 1er-5 octobre 1984, *Archives historiques de la jeunesse grecque*, n° 6, Athènes, 1986, pourvu d'un important fichier bibliographique. On y ajoutera Olivier GALLAND, *Les Jeunes*, La Découverte, « Repères », 1984, et les résultats de deux colloques tenus en 1985 à l'occasion de l'année internationale de la Jeunesse : « Classes d'âge et sociétés de jeunesse », Le Creusot, 30 mai-1er juin 1985, résumé dans le *Bulletin de la Société française d'ethnologie*, n° 12, 1986, ainsi que les actes du colloque du ministère de la Recherche et de la Technologie, 9-10 décembre 1985, publiés sous le titre *Les Jeunes et les autres. Contribution des sciences de l'homme à la question des jeunes*, avec une présentation de Michelle PERROT et Annick PERCHERON, Vaucresson, CRIV, 2 vol., 1986. Cf. également Gérard MAUGER, *Tableau des recherches sur les jeunes en France*, rapport PIRTTEM-CNRS, 1988.

s'est, elle aussi, émancipée d'une étape transitoire de la vie, affranchie d'une réalité sociologique et d'une minorité sociale, libérée même d'une symbolique de l'âge pour devenir un principe ordonnateur de la société tout entière, une image mentale distributrice des rôles et des places, une fin en soi. Il est maintenant bien établi, après tant d'études sur l'enfance et la jeunesse, que, schématiquement et en survol rapide, ce statut de la jeunesse, qui n'est pas « qu'un mot[1] », a connu trois grandes phases. Dans un premier temps, celui qu'incarne justement la rupture du cycle révolutionnaire et l'ouverture d'un monde en plein bouleversement, ce sont les jeunes qui ont réellement assumé le rôle d'adultes. Ce sont eux qui ont pris largement en charge la dynamique de la transformation politique et sociale. Détail révélateur : c'est en 1825 — est-ce à Béranger que revient l'invention du néologisme ou au publiciste J.-J. Fazy[2] ? — qu'apparaît le mot même de « gérontocratie », c'est-à-dire au beau début de l'assaut libéral contre la crispation du monde ancien de la Restauration. Toutes les révolutions du XIXe siècle apparaîtront comme des insurrections de la jeunesse. L'installation progressive de la société issue de la Révolution, la nouvelle organisation familiale qu'elle met en place, la dispersion des héritages qu'elle favorise et le conflit père-fils qu'elle aiguise, l'ouverture des carrières qu'elle offre aux mérites, l'écrémage des talents par les grandes écoles ont amené une seconde étape où l'initiation de la jeunesse à la responsabilité sociale des adultes s'est opérée au rythme violent ou régulier, facile ou forcené, du renouvellement des générations. C'est le thème dont s'est nourrie une bonne partie de la littérature du XIXe et du premier XXe siècle, de Balzac à

---

1. Cf. Pierre BOURDIEU, « La "jeunesse" n'est qu'un mot », entretien avec Anne-Marie Métailié, paru dans *Les Jeunes et le premier emploi*, Association des âges, 1978, repris *in* ID., *Questions de sociologie*, Éd. de Minuit, 1980, pp. 143-154.
2. Pierre-Jean de BÉRANGER, « Les infiniment petits, ou la gérontocratie », *in* ID., *Œuvres complètes*, t. II, Perrotin, 1825, pp. 147-148. Sa paternité est également revendiquée par le publiciste J.-J. FAZY, *De la gérontocratie, ou Abus de la sagesse des vieillards dans le gouvernement de la France*, Delaforest, Ponthieu et Delaunay, 1928, p. 11, qui écrit « ce mot nouveau que je bâtis avec la langue politique des Grecs ».

Jules Romains et de *L'Éducation sentimentale* de Flaubert à *L'Ordre* de Marcel Arland et au *Sursis* de Jean-Paul Sartre[1]. C'est le thème qu'étudie aujourd'hui scientifiquement la littérature économique et sociologique des « cycles générationnels »[2]. Dans cette longue stabilisation, où s'est précisément cristallisée la notion de génération, tous les mouvements ou organisations propres à la jeunesse de la fin du XIXe siècle et du XXe n'ont été, peu ou prou, que des filières de dépendance ou d'intégration de la jeunesse à la société adulte, à ses structures, à ses idéologies, à ses partis, depuis les mouvements scouts jusqu'aux jeunesses catholiques ou communistes[3]. Et puis soudain, la sécession et la démocratisation du phénomène. Voudrait-on lui assigner un moment précis ? On le fixerait sans risque d'erreur : entre 1959, date où l'apparition des « blousons noirs » marque ce retournement négatif du mythe de la jeunesse dans les sondages et les représentations sociales, et 1965, où les statisticiens notent le renversement de tendance du taux de fécondité qui, en dix ans, tombera au-dessous du seuil de remplacement des générations, tandis que Roger Daltrey chante, cette année-là, *My Generation* avec son regard bleu de prolo londonien. Brutalement, la jeunesse émerge à la conscience publique[4] comme

1. Cf. les notations de Jean-Yves TADIÉ sur « Le roman de génération », in ID., *Le Roman au XXe siècle*, Belfond, 1990, pp. 99-102.
2. Cf. Dominique STRAUSS-KAHN, *Économie de la famille et accumulation patrimoniale*, Éd. Cujas, 1977 ; *Accumulation et répartition des patrimoines*, Actes du colloque international du CNRS, 5-7 juillet 1978, Economica, 1982 ; Claude THELOT, *Tel père, tel fils ? Position sociale et origine familiale*, Dunod, 1982, ainsi que Denis KESSLER et André MASSON (dir.), *Cycles de vie et générations*, Economica, 1985. Cf. également Xavier GAULLIER, « La mutation des âges », *Le Débat*, n° 61, septembre-octobre 1990.
3. Cf. en particulier Antoine PROST, « Jeunesse et société dans l'entre-deux-guerres », *Vingtième siècle, revue d'histoire*, n° 13, janvier-mars 1987, pp. 35-43.
4. Le phénomène trouve aussitôt son expression chez les économistes et démographes (Alfred SAUVY, *La Montée des jeunes*, Calmann-Lévy, 1959), les historiens (Philippe ARIÈS, *L'Enfant et la vie familiale sous l'Ancien Régime*, Plon, 1960), les sociologues (Edgar MORIN, *L'Esprit du temps*, Plon, 1962 ; « Salut les copains », *Le Monde*, 6-8 juillet 1963 ; Georges LAPASSADE, *L'Entrée dans la vie*, Éd. de Minuit, 1963). La chronologie de « L'aventure des idées » dressée pour *Le Débat* (n° 50, mai-août 1988) par Anne SIMONIN et complétée en livre de poche sous le titre *Les Idées en France. 1945-1988, une chronologie*, Gallimard, « Folio histoire », 1989, fournit pour ces années-là une riche série de repères convergents.

un univers à part, avec ses lois, son vêtement, son vocabulaire, ses signes de reconnaissance, ses idoles — Jack Kerouac, Johnny Halliday —, sa mythologie, de *Planète* à *Salut les copains*, et ses grandes messes dont la première, la mémorable « Nuit des copains », place de la Nation, qui attire soudain, le 21 juin 1963, plus de cent cinquante mille jeunes, reste dans les annales comme une révélation[1].

Le plus important n'est pas là. Il est dans le fait que c'est le durcissement de la notion par sa fixation sur l'âge et son tranchant exclusiviste et discriminatoire qui a permis le rebondissement de la génération sur tous les âges et son explosion dans tous les sens. Car le triomphe du principe d'horizontalité, qui ne donne aucune assurance et ne promet aucun débouché, s'il assure l'autonomisation de la jeunesse, n'a pas garanti pour autant la prééminence effective de la jeunesse et son monopole de la génération. Au contraire, il a seulement préparé l'appropriation de la notion par toutes les classes d'âges et l'intériorisation du phénomène par la société tout entière. L'allongement de la durée de vie aidant, il a démultiplié la génération à l'infini de l'échelle des âges, et l'on n'aurait pas de mal, par exemple, entre les jeunes-vieux et les vieux-vieux, à identifier un interminable dégradé générationnel. C'est l'aboutissement ultime et le signal de ce qu'est devenue la génération : un langage purement psychologique, individuel et privé, une identité à usage interne. Dans un monde voué à l'atomisation démocratique, la génération n'est pas seulement le moyen d'être libre ; elle est aussi le seul moyen de n'être pas seul.

---

1. Cf. Paul YONNET, « Rock, pop, punk, masques et vertiges du peuple adolescent » et « L'esthétique rock » (*Le Débat*, n°s 25 et 40), repris dans ID., *Jeux, modes et masses*, Gallimard, « Bibliothèque des sciences humaines », 1986.

LA CONSTRUCTION HISTORIQUE DU MODÈLE

Il y a probablement, dans chaque pays, une génération et une seule qui a servi à toutes les suivantes de modèle et de patron. En Russie, ce fut la génération idéologico-politique de Tchernychevski au début des années 1860. En Espagne, c'est la légendaire génération de 1898, autour d'Unamuno, qui cristallise une réaction littéraire. Aux États-Unis, il faut attendre les lendemains de la Première Guerre mondiale pour que la sécession de l'*american way of life* produise la « génération perdue ». En Allemagne ? C'est là que le parallèle avec la France serait le plus vrai, tant les histoires des deux pays sont imbriquées et réagissent l'une sur l'autre depuis les guerres de la Révolution et de l'Empire[1]. C'est pourquoi l'on s'accorde à voir dans les combats de la jeunesse prussienne de 1815-1820 pour l'émancipation intellectuelle et l'unité nationale, plutôt que dans l'*Aufklärung* et le *Sturm und Drang*, le moment véritablement matriciel et archétypal qu'a représenté, en France, la « génération romantique[2] ». Celle à qui l'on reconnaît le

---

1. Témoin, cette notation d'un historien de l'époque, CAPEFIGUE, dans *Le Gouvernement de Juillet. Les partis et les hommes politiques, 1830-1835*, Duféy, 1835, t. I, p. 22 : « Ce fut en 1818 que cette première action de l'Allemagne se fit sentir en France ; la pensée hardie de l'unité germanique retentit, et la jeunesse de nos collèges fraternisa avec cette génération ardente que Schiller avait tant favorisée de ses drames, et que les levées en masse de 1812 et de 1813 avaient organisée comme un gouvernement militaire. »
2. Sur la génération romantique, le livre essentiel et le plus récent est d'Alan Barrie SPITZER, *The French Generation of 1820*, Princeton University Press, 1987. L'auteur esquisse dans sa conclusion une comparaison avec les mouvements étudiants allemands de l'époque et en particulier l'association des *Burschenschaften*, assortie d'une bibliographie, p. 267. Son jugement rejoint indirectement celui, mesuré, d'Henri BRUNSCHWIG, *La Crise de l'État prussien à la fin du XVIIIe siècle et la genèse de la mentalité romantique*, PUF, 1947, pp. 104 et 270. Certains moments de la comparaison générationnelle des deux pays, qui mériterait d'être poursuivie systématiquement, apparaissent dans Claude DIGEON, *La Crise allemande de la pensée française, 1870-1914*, PUF, 1959, dont le plan est précisément fondé sur le découpage des générations, et Robert WOHL, *The Generation of 1914*, Cambridge (Mass.), Harvard University Press, 1979, dont le deuxième chapitre, après la France, est consacré à l'Allemagne. Cf. également, paru après la rédaction

mérite d'« avoir donné au XIXe siècle sa formule principale[1] », dans laquelle on a salué « une sorte d'entéléchie naturelle[2] » et qui a laissé, dans l'histoire et dans la légende, une trace de feu. Musset lui a donné, tardivement, en 1836, la formule poétique des « enfants du siècle ». Mais derrière son envolée lyrique qui la nimbe de « je ne sais quoi de vague et de flottant[3] », il faut lire une situation historique très précise qui se prépare dans la répression des agitations universitaires et carbonaristes de 1819-1820, se cristallise en 1823 (date de l'éphémère *Muse française*, berceau du renouveau poétique), apparaît dans sa fixation positive en 1825 (date du *Globe*, son porte-drapeau), et qui finira par exploser en 1830 pour régner pendant vingt ans et écraser de son éclat jusqu'à Baudelaire et Flaubert. De telle sorte qu'on peut parler indifféremment de la génération de 1830, ou de 1820. Allan B. Spitzer en a fiché cent quatre-vingt-trois membres, dont la plupart sont nés de 1795 à 1802, comme Thierry

---

de cet article, Jean-Claude CARON, *Générations romantiques. Les étudiants de Paris et le Quartier latin, 1814-1851*, A. Colin, 1991.
1. Augustin CHALLAMEL, *Souvenirs d'un hugolâtre. La génération de 1830*, Jules Lévy, 1885 : « Depuis une vingtaine d'année déjà, sur la tombe de tel ou tel mort illustre, très fréquemment un orateur prononce cette phrase : "Il appartenait à la forte, à la vaillante génération de 1830" […]. Personne ne le niera : en politique, en littérature, en science, en art, la génération de 1830, comprenant tous les Français vivant en ce temps-là, ou à peu près, a fait majestueusement son œuvre, depuis le commencement de ce siècle jusqu'à sa dernière moitié. »
2. Sébastien CHARLÉTY, *La Monarchie de Juillet (1830-1848)*, t. V d'Ernest LAVISSE, *Histoire de la France contemporaine depuis la Révolution jusqu'à la paix de 1919*, Hachette, 1921, p. 47.
3. La formule mérite d'être replacée dans son contexte : « Trois éléments partageaient donc la vie qui s'offrait alors aux jeunes gens : derrière eux, un passé à jamais détruit, s'agitant encore sur ses ruines, avec tous les fossiles des siècles de l'absolutisme ; devant eux, l'aurore d'un immense horizon, les premières clartés de l'avenir ; et entre ces deux mondes... quelque chose de semblable à l'Océan qui sépare le vieux continent de la jeune Amérique, je ne sais quoi de vague et de flottant, une mer houleuse et pleine de naufrages, traversée de temps en temps par quelque blanche voile lointaine ou par quelque navire soufflant une lourde vapeur ; le siècle présent, en un mot, qui sépare le passé de l'avenir, qui n'est ni l'un ni l'autre, et qui ressemble à tous les deux à la fois, et où l'on ne sait, à chaque pas qu'on fait, si l'on marche sur une semence ou sur un débris » (Alfred de MUSSET, *La Confession d'un enfant du siècle*). Rappelons que Musset, né en 1810, est décalé de dix ans par rapport au gros de la génération romantique.

(1795), Vigny (1797), Thiers (1797), Michelet (1798), Comte (1798), Pierre Leroux (1797), Cournot (1801), Delacroix (1798), Balzac (1799), Hugo (1802). L'historien américain en a montré les liens de jeunesse, les connexions, les échanges et les réseaux complexes, puisque le groupe unit dans une même alliance tactique de jeunes écrivains royalistes en pleine insurrection littéraire et de jeunes étudiants militants républicains des sectes conspiratrices. Génération instantanément autoproclamée, en particulier par le texte célèbre de Théodore Jouffroy (né en 1796), carbonaro destitué de son poste de professeur à l'École normale qui publie dans *Le Globe* en 1825 un essai écrit dès 1823, médiocre mais très remarqué, dans lequel Sainte-Beuve reconnaîtra plus tard « le manifeste le plus explicite de la jeune élite persécutée[1] ».

> Une génération nouvelle s'élève, qui a pris naissance au sein du scepticisme dans le temps où les deux partis avaient la parole. Elle a écouté et elle a compris. Et déjà ces enfants ont dépassé leur père et senti le vide de leurs doctrines [...]. Supérieurs à tout ce qui les entoure, ils ne sauraient être dominés ni par le fanatisme renaissant, ni par l'égoïsme sans croyance qui couvre la société [...]. Ils ont le sentiment de leur mission et l'intelligence de leur époque ; ils comprennent ce que leurs pères n'ont pas compris, ce que leurs tyrans corrompus n'entendront pas ; ils savent ce qu'est une révolution, et ils le savent parce qu'ils sont venus à propos[2].

À tous, ces années de gestation ont laissé un souvenir séraphique et galvanisé d'une aurore du monde. « Quel

---

1. SAINTE-BEUVE, né en 1804, a plusieurs fois dans sa galerie de portraits esquissé un classement par génération. Si sévère pour ses contemporains, il a relevé tout ce qui l'unissait à eux par la vingtième année : « Chaque génération littéraire ne date que d'elle-même [...]. Pour celui qui a vingt ans ce jour-là, les tristesses d'Olympio feront l'effet du "lac" de Lamartine. Il faut bien de la fermeté et de l'étendue dans l'esprit pour que le jugement triomphe de ces impressions » (*Note et pensées*, n° 187). On trouvera l'ensemble des références dans le court chapitre que lui consacre H. PEYRE, *Les Générations littéraires, op. cit.*, pp. 53-58.
2. Théodore JOUFFROY, *Comment les dogmes finissent*, cité dans Sébastien CHARLÉTY, *La Restauration*, t. IV d'Ernest LAVISSE, *Histoire de France contemporaine depuis la Révolution jusqu'à la paix de 1919*, Hachette, 1921, chap. III, « La génération nouvelle », p. 197.

temps merveilleux ! », dira plus tard Théophile Gautier dans son *Histoire du romantisme*, en évoquant les réunions du premier Cénacle[1]. « Comme tout cela était jeune, nouveau, étrangement coloré, d'enivrantes et fortes saveurs ! La tête nous en tournait ; il semblait qu'on entrait dans des mondes inconnus. » Et Alfred de Vigny, un quart de siècle après, encore sous le charme de cet éden premier, rappelle comment il se trouva, autour de *La Muse française*, « quelques hommes très jeunes alors, inconnus l'un à l'autre qui méditaient une poésie nouvelle. Chacun d'eux, dans le silence, avait senti une mission dans son cœur[2] ». Ce qui donne à ce groupe ou, pour employer des mots à la Thibaudet, cette « couvée », cette « levée », sa mission poétique, sociale ou politique, c'est sa situation historique : elle est la génération révolutionnaire *différée*. C'est ce qui l'a fait immédiatement reconnaître et saluer par ceux-là mêmes qu'elle entendait remplacer : le baptême des pères est en effet la condition capitale et première de la légitimité d'une génération. C'est le vieux La Fayette lui-même qui, dès 1820, parle de « cette nouvelle génération, éclairée et généreuse, supérieure aux impressions du jacobinisme et du bonapartisme, et qui soutiendra, j'en suis sûr, le droit d'une liberté pure[3] ». C'est Benjamin Constant, de la tribune de la Chambre des députés, saluant en 1822 « la jeunesse actuelle, moins frivole que celle de l'Ancien Régime, moins passionnée que celle de la Révolution, qui se distingue par sa soif de savoir, son amour du travail, sa dévotion à la vérité[4] ».

1. Théophile GAUTIER, *Histoire du romantisme*, 1872, p. 11. Rappelons que Gautier, né en 1811, représente, comme Musset, la retombée désenchantée du post-romantisme. Cf. Paul BÉNICHOU, *Le Sacre de l'écrivain*, José Corti, 1973, pp. 452-462, ainsi que *Les Mages romantiques*, Gallimard, « Bibliothèque des idées », 1988.
2. Alfred de VIGNY, *Discours de réception à l'Académie française*, 26 janvier 1864, in *Œuvres*, éd. de Fernand Baldensperger, Gallimard, « Bibliothèque de la Pléiade », 1948, p. 968. Cf. P. BÉNICHOU, *Le Sacre de l'écrivain, op. cit.*, pp. 288 sqq.
3. Lettre de La Fayette à James Monroe du 20 juillet 1820, dans *Mémoires, correspondance et manuscrits du général Lafayette publiés par sa famille*, Paris, Leipzig, Londres, 1837-1838, t. I, p. 93, cité par A. B. SPITZER, *The French Generation of 1820, op. cit.*, p. 4.
4. *Archives parlementaires*, 2e série, t. XXXV, p. 466.

La Restauration a confié à ces jeunes gens, nés au tournant du siècle, grandis dans les lycées-casernes de l'Empire et qui n'ont connu de Napoléon que le récit de la gloire et l'humiliation nationale, le soin d'exprimer en conscience générationnelle le capital que la Révolution avait investi en actes. D'où son enthousiasme herculéen, sa conscience juvénile de former une armée — « dans l'armée romantique comme dans l'armée d'Italie, dira Gautier, tout le monde était jeune[1] » —, le sentiment de sa responsabilité, de sa cohésion, et du front ennemi qu'il faut enfoncer. Car ce que la chronologie a préparé, la situation politique et sociale l'a solidifié[2]. Il aura beau y avoir, dans le personnel administratif et politique de la Restauration, un pourcentage de réussites précoces et de succès juvéniles assez fort pour démentir la réputation faite à la Restauration d'un régime de vieillards poudrés, « chouettes qui ont peur de la lumière et méprisent les nouveaux venus », comme dit Balzac, intarissable sur ce thème, c'est bien une image de réaction politique, d'affaiblissement historique, redoublé par le demi-échec de 1830, d'enfoncement social, de traditionalisme provincial, de concurrence effrénée, de crise des débouchés et des carrières qui a nourri la formule balzacienne, pour ne pas dire le mythe de « cette immense promotion de 89 », barrée, brimée, le sentiment de persécution étant une autre condition capitale à la constitution d'une conscience de génération.

Il n'y a pas que le socle historique. Ce qui a fait de la génération romantique un modèle dominant n'est pas tant d'être une génération complète, intégrant la totalité des paramètres sociaux, politiques, intellectuels ou scientifiques attachés à l'expression vitale d'une classe d'âge, portée par le moment historique le plus lourd de l'histoire contemporaine française, modelée par une évolution sociale qui achève

---

1. Th. GAUTIER, *Histoire du romantisme, op. cit.*, p. 9.
2. Cf. l'article éclairant de Louis MAZOYER, « Catégories d'âge et groupes sociaux, les jeunes générations françaises de 1830 », *Annales d'histoire économique et sociale*, n° 53, septembre 1938, pp. 385-419.

d'en aiguiser les contours, et scandé par l'affrontement brutal de juillet 1830. Ce qui fait de cette panoplie générationnelle un patron créatif et nourricier est d'avoir noué tous ces éléments sur les deux axes, qui, en France, ont toujours constitué le noyau dur de la notion : la politique et la littérature, le pouvoir et les mots — ici dans leur magie active, à savoir la poésie, que les romantiques précisément ont chargée d'un pouvoir thaumaturgique[1]. Il y a là un nœud constitutif de l'identité générationnelle à la française. D'autres pays construiront leur patron sur d'autres dispositifs ; comme en Russie, par exemple, sur le triangle du pouvoir d'État, de la société civile et de l'éducation publique ; ou aux États-Unis, sur la fracture du consensus de la prospérité. La génération s'exprime, en France, sur le registre conjugué du rapport au pouvoir et du rapport à l'expression — littéraire, intellectuelle ou musicale ; c'est leur mélange intime qui la fait lever. Sans doute y a-t-il eu des générations, comme les symbolistes et les surréalistes, pour n'affecter que les milieux clos de la littérature, encore que l'engagement politique de Mallarmé dans l'affaire Dreyfus et de Breton dans le mouvement révolutionnaire soient là pour le démentir. Sans doute y a-t-il eu des générations comme celles de la Résistance ou du communisme de guerre froide, pour n'avoir que des réactions politiques ; encore qu'Eluard et Aragon soient là pour le contredire. Mais ces distinguos d'historiens ne sont que seconds par rapport à ce mixte primordial qui donne en France, à la génération, son image de marque. Y aurait-il même eu une génération de l'affaire Dreyfus sans le lyrisme viscéral de Péguy, une génération de l'après-guerre sans l'« existence » avec et selon Sartre ? Il n'y a pas de génération sans conflit, ni sans autoproclamation de sa conscience d'elle-même, qui font de la politique et de la littérature les champs privilégiés de l'apparition générationnelle. C'est le jumelage de ces deux ingrédients, politico-historique et littéraro-symbolique, qui donne

---

1. Cf. Yves VADÉ, *L'Enchantement littéraire. Écriture et magie de Chateaubriand à Rimbaud*, Gallimard, « Bibliothèque des idées », 1990.

au concept lui-même son épaisseur explicative et sa durée, sur les deux siècles où ces paramètres ont été liés. Il n'y a pas de générations politiques d'un côté, de générations littéraires de l'autre. En revanche, c'est l'investissement absolu de la notion par ces deux domaines connectés qui explique que se soit déployé avec succès depuis la Révolution dans l'histoire politique le concept de génération, et que ce soit dans le domaine des générations littéraires autrefois, des générations idéologiques ensuite, et aujourd'hui des générations intellectuelles, que l'étude s'en soit révélée la plus rentable. Elle le doit à 1820, à ce moment fort de la monarchie parlementaire qui a vu le face-à-face des deux France, à la fois esthétique et politique. La Restauration et les débuts de la monarchie de Juillet ont porté à leur maximum d'intensité et de visibilité générationnelles le schéma conflictuel type né de la Révolution mais non résolu par elle, et qui imprime la mémoire collective de ces grandes oppositions binaires si favorables à l'opposition père / fils, jeunes / vieux, ancien / nouveau. La question de la représentativité générationnelle en devient un faux problème.

Dimension supplémentaire, et certainement non nulle, de la construction de la génération 1820 : l'importance qu'a prise pour elle son insertion et son inscription dans l'histoire. Que la même « génération » ait découvert l'histoire et la génération est un fait frappant. Marcel Gauchet a été amené à relever ce trait dans sa méticuleuse reconstitution de l'atmosphère intellectuelle qui a entouré la genèse des *Lettres sur l'histoire de France* d'Augustin Thierry, en 1820. « La réforme historique, note-t-il, a quelque chose d'un phénomène d'irruption générationnelle[1]. » Thierry a vingt-cinq ans quand il formule son programme d'un remaniement intégral de la mémoire historique et de l'approche du passé. Il appartient à la strate la plus juvénile de la brochette d'historiens à qui l'on doit l'invention de l'histoire comme constitutive de l'identité collective. Il est né en 1795,

---

1. M. GAUCHET, « Les *Lettres sur l'histoire de France* d'Augustin Thierry » [1986], art. cité, p. 266.

comme Mignet en 1796, Thiers en 1797, Michelet en 1798, Edgar Quinet en 1803. Il n'a pas connu la Révolution dans son enfance, à la différence de Guizot, né en 1787, ou du Genevois Sismondi, précurseur et resté marginal, mais qui indique clairement les cadres de base de la réforme historique dans son introduction à l'*Histoire des Français* : « La Révolution, en interrompant les droits et les privilèges, a mis tous les siècles passés presque à une même distance de nous […]. Aucun ne nous gouverne plus par ses institutions. » L'incidence est à souligner comme fondamentale : le même groupe d'âge découvre simultanément ce que Gauchet appelle justement « le passé comme passé » et, donc, ce qu'il faut appeler « le présent comme présent », formule qui pourrait bien être, si l'on en voulait absolument une, la meilleure définition historique de la génération. Les deux mouvements sont inséparables. L'avènement d'une conscience générationnelle suppose la pensée de l'Histoire. C'est la radicalité historique de la Révolution qui fait de la génération un phénomène initialement national et français ; mais les révolutionnaires n'avaient pas conçu ni inséré leur action dans l'histoire. Au contraire, ils l'avaient voulue rupture, subversion, recommencement de l'histoire, échappée aux lois de sa filiation et aux exigences de sa continuité. Il a fallu l'étape suivante pour que, dans le vide de l'action et le plein fouet de la réaction, ce groupe uni par l'âge et dominé par l'événement révolutionnaire découvre tout à la fois l'histoire comme production des hommes par les hommes, le poids de l'action collective et de la germination sociale, le rôle du temps dans le devenir. Cette immersion dans l'histoire profonde est radicalement indissociable de l'émergence vive d'une conscience générationnelle. Pas de rupture sans le présupposé d'une continuité. Pas de sélection de mémoire sans résurrection d'une autre mémoire. C'est l'importance qu'a prise la réforme de l'histoire et la nouvelle attitude des romantiques vis-à-vis du passé, du Moyen Âge et de ses ruines qui achève de leur conférer l'invention de la génération. Pas d'histoire future des générations sans la découverte, par cette génération-là, d'une histoire passée. Toute la dynamique du renouvellement y est liée.

La dynamique du renouvellement : elle suppose d'abord le cadre, stable et lourd, du grand cycle que l'on a dégagé de la Révolution à 1968, avec son surgeon qui vient jusqu'à nous, et l'inflexion brutale qu'on peut y déceler aux alentours des années 1960-1965. Le remplacement générationnel, quel que soit le rythme qu'on lui prête et la forme qu'il revêt, serait inintelligible dans son inlassable noria si l'on n'était pas sensible à un ensemble d'éléments fixes et durables, toile de fond sur laquelle ont pu s'enlever ses multiples configurations. C'est la fameuse « solidité » française qu'il faudrait évoquer, et dont on ne peut ici que rappeler la charpente. Elle est faite d'une exceptionnelle continuité de l'unité nationale, en dépit des déchirements internes, unité dont la simple expression d'« Union sacrée » est restée comme le symbole insurpassable ; d'un régime démographique incroyablement équilibré, puisque la France, avec ses quarante millions d'habitants de la fin du second Empire à Vichy, a réussi le miracle en Europe d'une croissance nulle de sa population ; d'une mobilité sociale plus lente que dans tout autre pays industrialisé et d'un enracinement paysan plus tenace, puisqu'il retenait à la terre encore en 1914 plus de 50 % de la population active et que ce pourcentage n'est tombé qu'en 1970 au-dessous des 10 %. Elle est faite enfin d'une profonde stabilité des traditions politiques et des habitudes électorales[1]. La spécificité du renouvellement générationnel français tient certainement moins, comme on pourrait le croire, au rythme rebondissant de la vie politique qu'aux permanences du cadre national, social, démographique, familial et politique. Elles sont essentielles pour comprendre le potentiel moteur dont est douée, en France, la simple expression d'une « succession des générations », l'omniprésence du thème générationnel dans la définition de l'identité, dont il est à la fois l'écume et la vague de fond ; et en définitive l'intime congruence entre le déboulonnage des

---

1. Cf. Jean-Louis ORMIÈRES, « Les rouges et les blancs », *in* P. NORA (dir.), *Les Lieux de mémoire*, t. III, *Les France*, vol. 1, *Conflits et partages, op. cit.*, pp. 230-273.

pères par les fils et des notions qui lui sont aussi apparemment étrangères qu'elles semblent être sans rapport entre elles : nation, intellectuel, avenir, politique. C'est dans ce cadre qu'ont pu jouer les grands mécanismes naturels du renouvellement des générations. Il y a d'abord eu — c'est le cas de la fin de la Restauration et de la monarchie de Juillet — le rassemblement bizarre et hétéroclite dont la coagulation a brutalement fait naître la génération, cette « jeunesse qu'on dit si sage, si studieuse, remarque Delécluze[1], avant la révolution de 1830, et qui s'est montrée tout à coup impitoyablement ricaneuse, ingrate envers les hommes des générations qui l'ont précédée ». C'est la fameuse « chaudière » balzacienne qui va éclater comme une machine à vapeur[2], et qui explique assez, aux lendemains de 1830 et de sa déception, l'irruption de la violence émeutière dans la vie politique. Provinciaux ambitieux qu'attire la capitale et brusquement soustraits à la discipline familiale, « transplantés » comme les baptise Guizot, jeunes étudiants des premières promotions des grandes écoles, « polissons de douze ans qui jettent l'épouvante parmi le faubourg Saint-Germain », dit Musset[3], piétaille des apprentis médecins et avocats qui montent à l'assaut des places, jeunes ouvriers en rupture de ban des habitudes corporatives de l'artisanat, jeunes paysans qui ont rompu avec les charivaris du village, toute cette faune que Balzac déclare, en 1833, « condamnée par la légalité nouvelle », exclue du jeu politique et électoral, et que la littérature nous a rendue si familière, les Marcas, Julien Sorel ou la bande de Deslauriers. Il y a ensuite, jusqu'aux grands ébranlements de l'Église, de l'armée, des familles, et de l'école surtout, les grilles générationnelles qu'ont tracées progressivement les

1. Étienne-Jean DELÉCLUZE, « De la politesse en 1832 », in *Paris, ou le Livre des Cent-et-un*, t. XIII, Ladvocat, 1833, p. 107.
2. Honoré de BALZAC, *Z. Marcas*, « La jeunesse éclatera comme la chaudière d'une machine à vapeur », in *La Comédie humaine*, éd. publiée sous la direction de Pierre-Georges Castex, Gallimard, « Bibliothèque de la Pléiade », t. VIII, 1978, p. 847.
3. Alfred de MUSSET, 23 mai 1831, *Mélanges de littérature et de critique*, 1863.

grandes filières de la démocratie du XIXe siècle, les grands réseaux de sélection civiques et méritocratiques qui ont ratissé la société tout entière, imposé « la barrière et le niveau[1] », encadré les générations dans un quadrillage quasiment annuel des « classes » et des « promotions », meublant les annuaires des grandes écoles et les associations d'« anciens ». C'est dans le cadre de ces canaux imposés et qui, pour n'avoir rien perdu de leur efficacité opératoire, n'en sont pas moins aujourd'hui frappés d'un parfum d'obsolescence, qu'ont pu fleurir les filières d'intégration volontairement choisies et assumées — associations et mouvements de jeunesse en tout genre —, où l'âge seul suffit à créer des réseaux générationnels, instruments de solidarités informelles souvent puissantes et clandestines, la vie durant, et qui vont de la relation d'amitié personnelle et directe à la seule solidarité d'âge découverte dans une manifestation, une fête musicale, en passant par la bande, le club, le groupe, le cercle, bref tout ce que Karl Mannheim appelait les « groupes concrets » où il voyait le foyer de l'expression générationnelle. Il est clair enfin qu'une troisième strate est venue récemment bousculer cette sédimentation des couches de générations en en faisant éclater la belle régularité : elle correspond à l'arrivée de la civilisation de l'image, à la croissance consommatrice et technicienne, à l'internationalisation de la jeunesse — « nous sommes tous des juifs allemands ! » —, à la crise de l'école traditionnelle, à l'abaissement, sinon la disparition des cloisonnements qui séparaient les jeunesses bourgeoises et ouvrières.

Le cœur de la dynamique générationnelle n'est cependant pas dans cette mécanique du renouvellement. L'important est de comprendre par quel retournement du vecteur temporel cette zone d'âge de l'accès au pouvoir — les vingt ans mythiques de la mythique jeunesse — est investie par la société de valeurs, d'un être et d'un devoir être par rapport auxquels elle juge ce qu'elle est. On a vu ce mécanisme

---

1. Cf. Édmond GOBLOT, *La Barrière et le Niveau. Étude sociale sur la bourgeoisie française moderne*, Alcan, 1925.

essentiel à l'œuvre sous la Restauration, au principe même du dédoublement générationnel qui confiait aux fils de la Révolution le soin de refaire en mieux la Révolution. On n'en finirait pas de le voir se reproduire à chaque étape. On n'en finirait pas d'aligner les certificats d'autosatisfaction que les aînés se décernent à eux-mêmes dans l'émerveillement de leur progéniture, et à travers elle. Une pieuse collecte en serait par exemple fournie par l'accueil enthousiaste de la vieille garde nationaliste et antidreyfusarde aux nombreuses enquêtes sur la jeunesse qui ont précédé la guerre de 1914 et dont celle qu'Henri Massis et Alfred de Tarde avaient entrepris dans *L'Opinion*, en 1912, sous le pseudonyme d'Agathon et publiée l'année suivante, *Les Jeunes Gens d'aujourd'hui*, est restée la plus célèbre[1]. On avait vécu dans la hantise d'une jeunesse abâtardie par l'enseignement des instituteurs socialistes : ils sont sportifs, bagarreurs, patriotes, raisonnables et respectueux de la tradition. « La nouvelle génération qui monte s'annonce comme une des meilleures que notre pays a connues, s'écrie Maurice Barrès dans ses *Cahiers* — vive la jeunesse française ! » Et Paul Bourget dans sa réponse au discours de réception d'Émile Boutroux à l'Académie française :

> Voici que des générations se lèvent pour qui le ciel est de nouveau peuplé d'étoiles, des générations dont leurs meilleurs témoins nous apprennent que, demandant elles aussi à la vie la vérification de la pensée, elles se sont reprises à croire, sans cesser de savoir, des générations qui se rattachent résolument, consciemment, à la tradition religieuse et philosophique de la vieille France.

Un demi-siècle plus tard et à l'autre bout de l'éventail politique, si l'on ouvre le commentaire à chaud qu'Edgar Morin, par exemple, a fait dans *La Brèche* des étudiants de Mai 68 ou Laurent Joffrin, dans *Un coup de jeune*, des

---

1. Cf. la riche analyse que fait de l'enquête d'Agathon Philippe BÉNÉTON, « La génération de 1912-1914 : image, mythe et réalité ? », *Revue française de science politique*, vol. XXI, n° 5, octobre 1971, pp. 981-1009.

lycéens de 86[1], l'émerveillement serait le même. Le véritable et peut-être le plus sérieux des problèmes que pose à l'historien la génération, c'est de comprendre pourquoi et comment, quel malaise et quels transferts, par quel acquiescement secret à son propre échec, à sa propre incomplétude, à son autodestruction personnelle, à sa réalisation de soi par procuration, la société adulte a fait progressivement de la jeunesse la dépositaire, le conservatoire et l'écran de projection du meilleur d'elle-même. Sans cet investissement initial des pères sur les enfants, cette sommation à les accomplir en les tuant, on ne comprendrait pas comment un principe de rupture et de négation aurait pu devenir ce qu'il est dans le même temps : un principe de continuité et de renouvellement de la tradition.

Tel est le fond d'éléments formateurs du modèle, ici schématiquement repérés, dont l'histoire a pu jouer pour écrire, et sur tous les tons, la musique des générations. Tous les registres sont concevables. Nous sommes spontanément portés à l'écrire tantôt en séparant, tantôt en conjuguant les termes politico-historiques et les termes artistico-littéraires[2]. Mais on peut aussi se plaire à des déclinaisons plus souples, sensibles aux générations fortes (1800, 1820, 1840, etc.) et aux générations faibles (1810, 1830, 1850, etc.) ; aux générations complètes, celles qui explosent dans tous les sens, et à « ces cohortes intermédiaires à pâle figure » dans lesquelles se placent modestement un Paul Thibaud ou un Claude Nicolet, qui, entre la Résistance et la guerre d'Algérie, n'ont que la guerre froide pour identifier leur génération[3]. Je la

1. Edgar MORIN, Claude LEFORT, Jean-Marc COUDRAY, *Mai 1968 : la brèche*, Fayard, 1968. Laurent JOFFRIN, *Un coup de jeune. Portrait d'une génération morale*, Grasset, 1987.
2. C'est ce qu'a fait encore récemment Michel Winock dans une fine reconstitution des huit générations intellectuelles qui se sont succédé, pour lui, de l'affaire Dreyfus à 1968. Cf. *Vingtième siècle, revue d'histoire*, n° 22, consacré aux « Générations », avril-juin 1989, pp. 17-39.
3. « Cette génération a été suiviste. Suiviste de ses aînés et même — c'est plus rare — suiviste de ses cadets » (Paul THIBAUD, « Les décrocheurs », *Esprit*, juillet 1985) ; « Nous étions en somme une génération abandonnée par l'histoire » (Claude NICOLET, *Pierre Mendès France, ou le Métier de Cassandre*, Julliard, 1959, p. 37), tous deux cités dans Jean-Pierre AZÉMA, « La clef générationnelle », *Vingtième siècle, revue d'histoire*, n° 22, consacré aux « Générations », avril-juin 1989.

connais, c'est la mienne, et je ne m'y reconnais pas. On peut enfin, s'attachant davantage au vécu des « groupes concrets », s'efforcer à des découpages plus fins. Si l'on s'intéresse aux juifs de France, par exemple, on distinguera notamment la génération de l'Holocauste, celle du réveil de la guerre des Six-Jours, puis celle de l'arrivée des séfarades et enfin celle du désenchantement israélien né de l'invasion du Liban. Ou si l'on s'attache au mouvement d'émancipation des femmes, on distinguera la génération de la découverte (droit de vote, 1945 ; *Le Deuxième Sexe*, 1947 ; *Et Dieu créa la femme*, 1956, année également de la création du Planning familial), et la génération de l'affirmation qui culmine avec la loi Simone Veil de 1975 ; bref, la génération Simone de Beauvoir et la génération MLF. Entre les deux, les repères sont au choix : *Bonjour tristesse* ou la pilule, la machine à laver[1], l'accouchement sans douleur ou Anne Chopinet première à Polytechnique. Le repère est indifférent et ne dépend que du degré de représentativité qu'on lui reconnaît. Le jeu des possibles est en fait infini, et son intérêt n'est pas dans la variété de la gamme ou dans l'histoire qu'elle permet de reconstituer. Il est tout entier dans le principe de son établissement qui obéit à la loi d'un modèle, à une hiérarchie implicite, à des régularités aux éléments fixes. Il y a bien, isolable de la Révolution à nos jours, une histoire de la France dictée par la pulsion des générations. Pourquoi ?

Resterait en effet à savoir — si lieu de mémoire est vraiment la génération —, ce qui a fait de la France le paradis des générations. Et à cette question sans échappatoire, on indiquerait volontiers et sans fard trois directions de réponses. La première repose sur une prédisposition historique qui a institué la France dans un rapport binaire avec elle-même. Ce livre-ci du présent ouvrage est tout entier cons-

---

1. Yves STOURDZÉ, « Autopsie d'une machine à laver. La société française face à l'innovation grand public », *Le Débat*, n° 17, décembre 1981, pp. 15-35. Dans cet article original, l'auteur rappelait les réticences du public féminin à adopter, entre 1965 et 1970, un instrument qui délivrait les femmes d'une pénible, mais traditionnelle tâche ménagère.

truit sur un système d'oppositions simples et pourtant prégnant qu'on ne retrouverait pas ailleurs ni à la même échelle. Il a installé la France dans une conscience de soi à deux versants qui épouse et redouble le simple et fondamental versant des pères et des fils sur quoi repose, en profondeur, le rapport des générations. C'est, du point de vue de l'espace, le rapport de centre à la périphérie, de Paris et de la province. Du point de vue étatique, le rapport du pouvoir central aux pouvoirs locaux. Du point de vue historique, le rapport de l'unité à la diversité. Du point de vue social, le rapport de la majorité aux minorités. Du point de vue national, le rapport de la norme à l'étrangeté. Le problème du pouvoir est, en France, consubstantiellement attaché à celui des générations. Il s'agit toujours, en dernière analyse, d'en garder ou d'en perdre le contrôle. La très longue prégnance du pouvoir monarchique et de droit divin, la lente et profonde centralité du pouvoir d'État sont encore là pour expliquer l'omniprésence et l'ubiquité d'un conflit qui est au principe du rapport de la France avec elle-même, et dont la Révolution a ouvert brutalement tous les fronts, sans changer — thème tocquevillien —, la concentration symbolique du pouvoir. Toute la dramaturgie nationale a pu se mouler, se calquer, s'articuler sur la dramaturgie spontanée du remplacement générationnel qui en constitue toujours, de quelque façon, une dimension essentielle. On comprend pourquoi Freud a toujours vu dans la France le pays qui serait le plus allergique à la psychanalyse. Le conflit qu'il spécifiait en termes anthropologiques, psychologiques et individuels était génétiquement inscrit déjà en termes nationaux, politiques et collectifs. La géographie, l'histoire, la politique, la société se sont imbibées d'une dimension générationnelle latente et permanente. Preuve *a contrario* : les progrès remarqués du consensus sont exactement contemporains de l'effacement visible de l'opposition des pères et des enfants dans l'affirmation d'autonomie des générations.

La deuxième raison tient au conservatisme, à l'archaïsme, au traditionalisme qui font de la France, pour Raymond Aron, le pays qui ne fait de réformes qu'à travers une révolution. Cette inertie, évidente dans tous les domaines, a entraîné un contraste particulièrement éclatant entre l'universel des principes et l'immobilisme des réalités. Il a, ici encore, favorisé l'inscription du schéma oppositionnel des générations dans la permanence des traits de l'ancien régime au cœur du nouveau. Ce contraste et cette permanence, à l'ombre du clocher, ont frappé tous les observateurs étrangers, et notamment cette équipe d'analystes harvardiens qui, en écho à la « société bloquée » et à la « synthèse républicaine » de Michel Crozier et de Stanley Hoffmann, étaient partis « à la recherche de la France[1] » au début des années 1960, quand précisément la modernité saisissait un pays qu'ils connaissaient bien et ne reconnaissaient plus. Sans doute fallait-il la distance toute ethnologique de leur regard américain pour nous faire mesurer le réinvestissement des longues traditions monarchiques, chrétiennes et terriennes dans la société démocratique, laïque et capitaliste. Étrangers eux-mêmes à ces traditions, ils avaient, les premiers, souligné la continuité des valeurs aristocratiques à l'intérieur même des valeurs bourgeoises ; l'incorporation de la notion du salut dans la notion du succès ; le déplacement de la sacralité de l'Église sur la sacralité de l'État ; le maintien, dans une société qui commence avec leur suppression, des privilèges de tous ordres[2] attachés aux fonctions et à l'ancienneté ; la résistance passive aux procédures égalitaires de la démocratie ; la préférence accordée à la sécurité plutôt qu'à la liberté. De Turgot à Mendès France, l'inaptitude aux réformes et l'attachement au passé ont inscrit la réaction générationnelle au centre de l'identité collective de la France.

C'est aux mêmes sources que s'alimente la troisième des raisons qui fonde la spécialité nationale de la génération.

1. Stanley HOFFMANN, Charles P. KINDLEBERGER, Laurence WYLIE, Jesse R. PITTS, Jean-Baptiste DUROSELLE, François GOGUEL, *À la recherche de la France*, Éd. du Seuil, 1963. En particulier l'article de PITTS, « Continuité et changement au sein de la France bourgeoise », pp. 265-339.
2. Cf. François de CLOSETS, *Toujours plus!*, Grasset, 1982, et Alain MINC, *La Machine égalitaire*, Grasset, 1987.

On pourrait l'appeler le « révoltisme français ». Chaque pays vit en effet la contestation de son ordre établi sur un mode qui lui est particulier. La Russie l'a condamnée autrefois au terrorisme et aujourd'hui à la dissidence. L'Amérique a sécrété, après la génération perdue, sa contre-culture californienne. Les Anglais, de par leur tradition aristocratique, ont intégré l'excentricité comme un droit naturel. La France, par son histoire et sa civilisation, a développé un réflexe de révolte, lié au style d'autorité formaliste et hiérarchique hérité de la monarchie de droit divin, entretenu par la centralisation étatique et bureaucratique, et qui a envahi du haut en bas toutes les institutions, armée, école, entreprise, imprégné tous les rapports sociaux jusque dans le couple et les familles. La France, terre de commandement[1].

Il s'en est suivi un anarchisme latent, une dialectique de l'ordre et de la subversion qui fait le fond de l'histoire politique autant qu'intellectuelle. On la saisirait chez des hommes au génie aussi typiquement français que Paul Valéry, parangon du conformisme et auteur de *Principes d'anarchie pure et appliquée* ; mais également dans des situations historiques aussi typiquement françaises que l'affaire Dreyfus, où un Paul Léautaud pouvait envoyer à l'Action française son obole au monument Henry avec ce mot : « Pour l'ordre, contre la justice et la vérité. » Dans quel autre pays pareil geste serait-il concevable ? Ce réflexe, à vrai dire, court tout au long des épisodes les plus propres à l'histoire de la France, Pétain-de Gaulle, par exemple, pour faire l'essentiel du Mai étudiant de 1968. Mais il habite aussi le rythme de la vie intellectuelle tout entière, pareillement imprégnée d'une hiérarchie invisible[2], et commande le remplacement des générations, des romantiques à Michel Foucault, en passant par les surréalistes. L'« avant-garde », cette notion dont l'efficacité

---

1. « La France, terre de commandement », c'était le titre d'un article de Michel CROZIER, dans un numéro spécial d'*Esprit*, décembre 1957, pp. 779-797, consacré à *La France des Français*.
2. Cf. notamment Marc FUMAROLI, « La Coupole », *in* Pierre NORA (dir.), *Les Lieux de mémoire*, t. II, *La Nation*, vol. 3, *La Gloire – Les Mots*, Gallimard, « Bibliothèque illustrée des histoires », 1986, pp. 321-388.

historique est exactement parallèle à celle de génération et qui l'accompagne comme son ombre, ou plutôt sa lumière, a longtemps garanti la subversion générationnelle dans les deux domaines associés du politique et de l'intellectuel. Le culte de l'autorité appelle la culture de la révolte et la légitime par avance. Là est peut-être le mystère dernier du rôle central qu'a joué la génération à l'intérieur du cycle historique ouvert par la Révolution française : dans la raison pour laquelle la société française établie a localisé dans sa jeunesse, espoir suprême et suprême pensée, une mission de réalisation d'elle-même dans laquelle elle est prête à se reconnaître tout entière. Sous sa forme ultime et sacrée, cette mission suppose le sacrifice de soi dans la violence, celle de la guerre dont la jeunesse a fait les frais, celle de la Révolution dont la jeunesse a été le fer de lance. C'est en définitive à la responsabilité sacrificielle dont elle est porteuse que la jeunesse doit la légitimité qu'on lui reconnaît secrètement de se révolter. C'est la raison pour laquelle le thème de la « génération sacrifiée » que Barrès et Péguy ont accrédité au tournant du siècle est consubstantiellement lié au thème de la génération elle-même. « On a raison de se révolter [1] » : Sartre proférait cette formule d'une radicalité fatidique au moment précis où elle commençait à cesser d'être vraie. Au sortir des deux siècles où le poids du sang, dans l'Europe des nations et dans la France des révolutions, avait donné sa vraie densité de mémoire au modèle national des générations.

LE BAIN DE MÉMOIRE

Un mélange de mémoire et d'histoire, la génération l'est et l'a toujours été, mais dans un rapport et dans des propor-

---

1. Philippe GAVI, Jean-Paul SARTRE, Louis VIC (Benny Lévy, *alias* Pierre Victor), *On a raison de se révolter. Discussions*, Gallimard, « La France sauvage », 1974.

tions qui semblent, au cours du temps, s'être inversés. La notion historique la moins abstraite, la plus charnelle, temporelle et biologique — « les quatorze générations d'Abraham à David, de David à l'expulsion de Babylone, de l'expulsion de Babylone jusqu'au Christ » (Matthieu, I, 1-17) —, est en même temps de nos jours la plus allergique à l'enchaînement historique, une mémoire pure.

Elle est pourtant, de part en part, traversée d'histoire, ne serait-ce que parce qu'il s'agit d'abord d'un phénomène largement construit, rétrospectif et fabriqué. La génération n'a rien d'un jaillissement dans le feu de l'action : c'est un constat, un bilan, un retour sur soi pour une première inscription dans l'histoire. Si « générationnelle » qu'elle ait été, la génération de 68 ne s'est définie comme telle que dans les années de la retombée gauchiste. C'est dix ans après l'affaire Dreyfus que Péguy revient sur *Notre jeunesse* (1910). Quand Musset baptise les enfants du siècle, ils sont devenus des adultes. Le coup de jeune est en fait un coup de vieux. Quand on prend conscience de sa date de naissance, c'est déjà qu'elle date — « ce siècle avait deux ans ». La génération est le produit du souvenir, un effet de remémoration. Elle ne se conçoit elle-même que par différence et par opposition.

Ce phénomène très général n'apparaîtrait jamais aussi clairement que, par exemple, dans la crise de la fin du siècle dernier où le thème s'approfondit et se remodèle, dans ses deux pôles dreyfusard et nationaliste où se rencontre son expression, Péguy et Barrès. L'un comme l'autre ont dit, mieux que personne, de quoi était faite la forte conviction d'appartenir à une génération, la même et pourtant différente. Une génération, pour Péguy, nourrie de banc d'école et de « thurne » normalienne, de souffrance et d'« amitié », mot qui prend chez lui sa connotation maximale. Une génération de « princes de la jeunesse » pour Barrès, et toute d'affiliation esthète. La sacralisation générationnelle est aussi intense chez les deux et destinée, chez les deux, à servir leur propre consécration ; mais elles n'ont pas non plus le même sens. Chez Péguy, c'est le sentiment d'être du dernier carré — « nous sommes la dernière génération de la mystique républicaine » —, le témoin de la dernière défaite — « nous sommes une génération vaincue » —, le dépositaire unique d'une expérience morale incarnée. C'est le sens de ce texte de 1909, « Aux amis, à nos abonnés[1] », véritable épitaphe pour sa génération où Péguy raconte notamment la visite d'un bon jeune homme venu le faire parler de l'affaire Dreyfus :

> Il était très docile. Il avait son chapeau à la main. Il m'écoutait, m'écoutait, il buvait mes paroles. Je n'ai jamais aussi bien compris qu'alors, dans un éclair, aussi instantanément senti ce que c'était que l'histoire ; et l'abîme infranchissable qu'il y a, qui s'ouvre entre l'événement réel et l'événement historique ; l'incompatibilité totale, absolue ; l'étrangeté totale ; l'incommunication ; l'incommensurabilité : littéralement, l'absence de commune mesure possible [...]. Je disais, je prononçais, j'énonçais, je transmettais une certaine affaire Dreyfus, l'affaire Dreyfus réelle [...] où nous n'avons pas cessé de tremper, nous autres de cette génération.

Tout autre est le message barrésien, et nationaliste en général, de la génération. Il s'oppose bien à « l'échec de nos pères » incapables de secouer l'hégémonie intellectuelle allemande et de comprendre le ressourcement régénérateur du boulangisme. Il a une haute conscience de son individualité générationnelle. Mais le traditionalisme qu'il retrouve et conquiert l'inscrit immédiatement dans une lignée, *La Marche montante d'une génération*, comme le maillon d'une chaîne qui se renouera effectivement d'étape en étape, de l'Henri Massis d'*Évocations* à Montherlant, Drieu la Rochelle et même le Malraux de *D'une jeunesse européenne* (1927), puis à Thierry Maulnier et au Robert Brasillach de *Notre*

---

1. Charles PÉGUY, *À nos amis, à nos abonnés*, in ID., *Œuvres en prose (1909-1914)*, éd. de Marcel Péguy, Gallimard, « Bibliothèque de la Pléiade », 1957, p. 1309. Il est significatif du processus de la remémoration générationnelle que ce passage — saisissant — ait resurgi sous la plume d'un essayiste juif de la génération de 1968, Alain FINKIELKRAUT, qui en fait l'ouverture de sa réflexion sur le procès Barbie, *La Mémoire vaine*, Gallimard, 1989.

avant-guerre, puis au Roger Nimier d'après la Libération pour finir quelque part entre Régis Debray et Jean-Édern Hallier. Il y a là deux constructions archétypales de générations, deux formes exemplaires de leur inscription dans l'Histoire. Toute génération est unique ; mais l'une est, comme dit Péguy, « un front qui s'élève et s'abat en même temps », l'autre, comme pour Barrès, « le chaînon provisoire de la nation ».

Historique, la mémoire générationnelle ne l'est cependant pas seulement par la rétrospection comparative et sa propre construction dans le temps. Elle l'est surtout parce que imposée de l'extérieur, pour être ensuite violemment intériorisée. Cette autoproclamation est en fait le résultat d'une sollicitation venue d'ailleurs, la réponse à un appel, un reflet du regard des autres, des parents, des « maîtres », des journalistes ou de l'opinion, dans un effet de boule de neige. L'enquête d'Agathon a consacré l'image d'une génération de 1912 qui ne correspondait à rien sur le plan démographique et social sinon à l'augmentation rapide du nombre des étudiants, à quoi ses inventeurs ne l'ont pas rapportée[1]. Mais l'énorme écho qu'elle a rencontré, les dix autres enquêtes qui l'ont accompagnée, la marée de livres qui ont semblé la confirmer, l'avant-guerre où elle a paru, autant d'éléments qui ont créé de toutes pièces une image mythique qui s'est imposée dans l'opinion puis dans l'histoire et dans les manuels ; la guerre de 1914 ayant vraiment constitué la période historique d'intensité maximale de la notion. Des phénomènes identiques se sont reproduits à petite

---

1. Ph. BÉNÉTON, « La génération de 1912-1914 », art. cité, montre également comment le résultat de l'enquête a été biaisé, soit par le choix des enquêtés, soit par l'élimination des réponses dissonantes, comme celle d'Emmanuel BERL (*À contretemps*, Gallimard, 1969, p. 155) et donne la liste des autres enquêtes, dont la plus notoire, après celle d'Agathon, a été celle d'Émile HENRIOT, dans *Le Temps* d'avril-juin 1912, publiée en 1913 sous le titre « À quoi rêvent les jeunes gens ». Au même moment paraissent : Étienne REY, *La Renaissance de l'orgueil français*, Grasset, 1912 ; Gaston RIOU, *Aux écoutes de la France*, Grasset, 1913 ; Ernest PSICHARI, *L'Appel des armes*, G. Oudin, 1913. R. WOHL, *The Generation of 1914*, op. cit., s'appuie complètement sur l'expression de cette opinion, la prenant pour argent comptant.

échelle, avec, par exemple, l'enquête lancée par *L'Express* en décembre 1957 sur la « nouvelle vague » ou la campagne des « nouveaux philosophes » en avril 1978 ; elles ont réussi à cristalliser des phénomènes générationnels. Toutes n'ont pas eu le même succès. En 1949, François Mauriac consacrait son éditorial du *Figaro*, le 30 mai, à une « Demande d'enquête » : « Un jeune auteur-éditeur, Gilbert Sigaux, me disait l'autre jour que l'heure était peut-être venue, pour sa génération, d'une prise de conscience analogue à celle que manifeste, vers 1910, l'enquête d'Agathon.» Robert Kanters, associé à Gilbert Sigaux, publiera, deux ans plus tard, le fruit de cette enquête sous le titre *Vingt ans en 1951. Enquête sur la jeunesse* (Julliard, 1951). Elle a provoqué une émulation immédiate entre *La Table ronde* et *Aspects de la France*, où Michel Braspart (pseudonyme de Roland Laudenbach) associait pour la première fois Antoine Blondin, Jacques Laurent et Roger Nimier pour « leur regard insolent » sur « les idoles libérales »[1]. Mais ce levain n'a pas suffi pour faire monter la pâte. Sans doute la droite était-elle encore trop déconsidérée, trop isolée à l'époque pour se mettre elle-même en scène. Il a fallu attendre trois ans plus tard, et un épinglage de gauche dans *Les Temps modernes*, pour que les « grognards et huassards » de Bernard Frank[2] amènent cette strate à la visibilité générationnelle. Depuis, le recours aux sondages a sorti le phénomène du cercle étroit des écrivains pour lui donner une base plus sociologique et scientifique. Mais le principe de l'identification générationnelle par l'extérieur est resté le même. Et comme le produit se vend bien, on en abuse. La société contemporaine est pavée de générations qui n'en sont pas devenues comme l'actualité d'événements mort-nés.

Historique, la mémoire de génération l'est enfin dans un sens beaucoup plus lourd, en ce qu'elle est, jusqu'au tré-

---

1. Cf. Marc DAMBRE, *Roger Nimier, hussard du demi-siècle*, Flammarion, 1989, p. 253.
2. Bernard FRANK, « Grognards et hussards », *Les Temps modernes*, n° 86, décembre 1952, p. 1015, repris dans *Grognards & Hussards*, Le Dilettante, 1984.

fond, habitée d'histoire. Mieux : écrasée par son poids. Tous les moments de plus forte prise de conscience d'être une génération sont faits, sans exception, du désespoir et de l'accablement devant le massif d'une histoire qui vous surplombe de toute sa hauteur inaccessible et vous frustre de sa grandeur et de son tragique. La Révolution pour les romantiques ; le XIXe siècle tout entier pour les générations « fin de siècle » ; la Grande Guerre pour les générations du feu et de la crise des années 1930 ; la Seconde Guerre mondiale pour les générations d'après la Libération[1] ; la Révolution à nouveau, et tant de guerres qu'elles n'ont point faites pour les générations de 68 et les suivantes. Cette obsession d'une histoire finie, révolue, et qui ne laisse que le vide hante l'imaginaire de toutes les générations fortes, et *a fortiori* des générations dites intermédiaires, pour commander leur dispositif de mémoire. Il y a un manque au départ d'une génération, et comme un deuil. Leur fond de mémoire est moins fait de ce qu'elles ont vécu que de ce qu'ensemble elles n'ont pas vécu. C'est ce qu'elles ont en commun derrière elles, à jamais fantomatique et lancinant, qui les soude, bien plus sûrement que ce qu'elles ont devant elles, et qui les divise. Cette antécédence permanente et organisatrice de toute l'économie de la mémoire générationnelle en fait un interminable discours des origines, une inépuisable saga. Toute la littérature des années 1920 et 1930, de Montherlant à Céline, d'Aragon et Drieu à Malraux, a halluciné l'entre-deux-guerres de son récit d'anciens combattants. Mai 1968 a été tout de suite sa propre commémoration : cent vingt-quatre livres avaient paru dès le mois d'octobre de l'année. L'histoire du romantisme a commencé avec le romantisme lui-même. Et il en devient solennel et piquant

---

1. On en trouvera notamment une curieuse illustration dans l'éditorial d'une revue, *Courrier*, qu'Armand-M. PETITJEAN destinait aux « mobilisables » de 1939, repris in *Combats préliminaires*, Gallimard, 1941. Deux exemples, qui concernent l'engagement communiste de guerre froide : Emmanuel LE ROY LADURIE, *Paris-Montpellier. PC-PSU (1945-1963)*, Gallimard, « Témoins », 1982, et Maurice AGULHON, « Vu des coulisses », in P. NORA (dir.), *Essais d'ego-histoire, op. cit.*, pp. 20 sqq. Et un troisième un peu plus tardif : Philippe ROBRIEUX, *Notre génération communiste, 1953-1968*, Robert Laffont, 1977.

L'idée de génération　　　　　　　　　　445

de voir son plus grand historien, Michelet, du sein même de la génération qui a inventé la génération pour la vivre sous le signe du « génie », en déplacer l'invention à la Révolution, par transfert et par effet d'exaltation généalogique. Le passage mérite citation :

> Si l'on cherche la cause de cette étonnante éruption du génie, on pourra dire sans doute que les hommes trouvèrent dans la Révolution l'excitation la plus puissante, une liberté d'esprit toute nouvelle, etc. Mais selon moi, il y a primitivement une autre cause : ces enfants admirables furent conçus, produits au moment même où le siècle, moralement relevé par le génie de Rousseau, ressaisit l'espoir et la foi. À cette aube matinale d'une religion nouvelle, les femmes s'éveillaient. Il en résulta une génération plus qu'humaine[1].

C'est cette célébration historique intrinsèquement mythologique et commémorative qui fait sortir la génération de l'histoire pour l'installer dans la mémoire.

Car on est bien, en effet, avec la génération — et c'est pourquoi elle nous intéresse ici —, dans la mémoire pure. Celle qui se moque de l'histoire et en ignore les intervalles et les enchaînements, la prose et les empêchements. Celle qui procède par « flashes », images fortes et ancrages puissants. Celle qui, du temps, abolit la durée pour en faire un présent sans histoire. À échelle nationale, le plus éclatant exemple de cette abolition du temps reviendrait encore à la Révolution, qui, en inventant brusquement à la fin de l'été 1789 l'expression expéditive d'Ancien Régime[2], a dé-temporalisé d'un coup dix siècles d'histoire. Mais à chaque étape, l'opération recommence en gros et en détail. On pourrait même dire que la rupture générationnelle — c'est ce qui fait sa richesse de créativité et sa pauvreté répétitive — consiste pour l'essentiel à « immémorialiser » le passé

---

1. Jules MICHELET, *Histoire de la Révolution française*, livre IV, chap. I.
2. Cf. François FURET, « L'Ancien Régime et la Révolution », *in* P. NORA (dir.), *Les Lieux de mémoire*, t. III, *Les France*, vol. 1, *Conflits et partages, op. cit.*, pp. 106-139.

pour mieux « mémorialiser » le présent. En ce sens, la génération est puissamment et même principalement fabricatrice de « lieux de mémoire », qui constituent le tissu de son identité provisoire et les repères de sa propre mémoire. Lieux sources et chargés d'un insondable pouvoir d'évocation symbolique, mots de passe et signaux de mutuelle reconnaissance, incessamment revivifiés par le récit, le document, le témoignage ou la magie photographique. L'exploration d'une mémoire générationnelle commence par un inventaire de ces lieux. Et c'est, après tout, pour la France et à l'échelle de notre génération, l'objet de ce livre tout entier. D'aucuns avanceront qu'on retrouve seulement la vieille distinction des psychologues bergsoniens comme Pierre Janet entre la mémoire affective et la mémoire intellectuelle ; ou les analyses des sociologues durkheimiens comme Maurice Halbwachs sur les cadres sociaux de la mémoire collective. Il s'agit pourtant d'autre chose, car la mémoire générationnelle ne relève pas de la psychologie individuelle. Les lieux où elle se condense et s'exprime ont tous en commun d'être des lieux communs, des centres de participation collective, mais passibles d'une immédiate appropriation personnelle. Meetings, journaux, manifestations, congrès, associations, symboles de masse pour les générations politiques. Maisons d'édition et revues pour les générations intellectuelles, cafés et salons, colloques, « khâgnes » ou librairies. Ce ne sont pas des personnes privées qui accrochent leur mémoire à des repères publics, ce ne sont pas des émotions individuelles qu'on partage. La mémoire générationnelle relève d'une sociabilité d'emblée historique et collective pour s'intérioriser jusqu'à des profondeurs viscérales et inconscientes qui commandent les choix vitaux et les fidélités réflexes. Le « je » est en même temps un « nous ».

À ce niveau d'incarnation et de décantation, la mémoire n'a plus grand-chose à voir avec le temps. Et c'est là qu'on atteint sans doute le plus vrai de la génération. Fermée sur elle-même et figée dans son identité, imperméable par définition à l'histoire et à ses « leçons », la monade générationnelle s'apparenterait plutôt à ce qu'un historien des sciences, Thomas S. Kuhn, a décrit comme des « paradigmes » qui commandent la structure des révolutions scientifiques[1]. Ces communautés closes sur elles-mêmes de chercheurs et de savants, réunis et enfermés dans un même modèle explicatif des phénomènes et que soudent des réflexes clés formés par un consensus intellectuel, un apprentissage corporatif, un style de travail et un langage propre, peuvent étrangement se traduire dans le registre de la génération. Et de même que les communautés scientifiques ne se définissent que par opposition radicale tout en partageant implicitement l'essentiel des acquis de la tradition scientifique, les générations ne partagent avec les autres presque rien et pourtant presque tout. Le rapprochement des deux notions, tel que l'a développé Daniel Milo[2], a le mérite de situer à leur juste place, déterminante et pourtant marginale, les repères historiques de mémoire sur lesquels se regroupent les générations, décisifs et momentanés. Le paradigme générationnel lui aussi, bouclé sur lui-même et pourtant traversé de tous les flux temporels, subsiste, inchangé, jusqu'à son effacement et son remplacement en attendant ses possibles réactivations, à leur propre usage, par de nouvelles générations. C'est ainsi que ce que l'on pourrait appeler « le paradigme de la guerre et de l'Occupation », central à la conscience et à l'identité de la France contemporaine, a fait, après une longue conspiration de silence, l'objet de réinvestissements successifs. Il y eut une première vague, au début des années 1960, qui n'a pas dépassé les milieux d'historiens, et qui portait sur l'amont : les années 1930. Mais elle venait d'hommes qui les avaient vécues dans leur jeunesse, Jean Touchard et René Rémond, par exemple, et elle posait déjà, pudiquement et scientifiquement, la question centrale de l'existence ou de l'inexis-

---

1. Thomas S. KUHN, *La Structure des révolutions scientifiques*, Flammarion, 1972.
2. Cf. Daniel MILO, « Neutraliser la chronologie : "génération" comme paradigme scientifique », in ID., *Trahir le temps (Histoire)*, chap. IX, Les Belles Lettres, 1990.

tence d'un fascisme français[1]. Mais c'est la génération de 1968, toujours elle, qui a opéré le réinvestissement massif. Il a commencé cette année-là avec la parution de *La Place de l'Étoile*, où Patrick Modiano débutait, à vingt ans, la reconstitution hallucinée des lieux de mémoire de l'Occupation, pour continuer en 1971 avec *Le Chagrin et la Pitié*. Et la mode rétro allait s'engouffrer dans la bouche d'ombre de ces « quatre années à rayer de notre histoire », comme disait en 1949 le procureur général André Mornet, par tous les chemins de l'imagination et de la science, du roman, du cinéma et de l'histoire[2], jusqu'à aujourd'hui.

Arrivés à ce point, on mesure le parcours qu'a subi la génération et son métabolisme intégral. L'arc-en-ciel des définitions historiques, démographiques et mentales sur lequel s'est déployée l'étude empirique des générations, dont on a maintenant une belle panoplie, couvrait étroitement le champ du social. Il est évident que le spectre de la définition est aujourd'hui centré sur la mémoire, qui fait de la génération une pure scansion symbolique du temps, une modalité privilégiée de la représentation du changement qui signale et consacre l'avènement de l'acteur social. Tocqueville avait d'ailleurs déjà parfaitement indiqué le principe organisateur et classificatoire que l'âge serait appelé à jouer toujours davantage dans les temps de la démocratie, où « la notion du *semblable* est moins obscure » que dans les temps aristocratiques, mais qui, « en faisant oublier à chaque homme ses aïeux et lui cachant ses descendants », voient les « liens des affections humaines à la fois s'étendre et se des-

---

1. L'essai de Jean TOUCHARD, « L'esprit des années 1930 », paru dans Guy MICHAUD (dir.), *Tendances politiques dans la vie française depuis 1789*, Hachette, 1960, a directement inspiré le livre classique de Jean-Louis LOUBET DEL BAYLE, *Les Non-conformistes des années 30. Une tentative de renouvellement de la pensée politique française*, Éd. du Seuil, 1969. La question avait été ouverte, dès 1954, avec R. RÉMOND, *La Droite en France de 1815 à nos jours*, *op. cit.*, devenue dans la 4ᵉ édition, de 1982, *Les Droites en France*, dont le chapitre X débutait par : « Y a-t-il un fascisme français ? » La question a eu sa postérité, jusqu'à l'œuvre de Zeev Sternhell, et la polémique qu'elle a suscitée.

2. Se reporter en particulier à P. ORY, « Comme de l'an quarante. Dix années de "rétro satanas" », art. cité, qui fournit, de 1968 à 1981, une utile chronologie.

serrer »[1]. On ne saurait mieux dessiner la place, centrale mais en définitive modeste, de cette catégorie très spéciale de la périodisation contemporaine. Elle n'a pas l'ampleur anthropologique de l'âge, ni la religiosité de l'ère, ni la dignité historique du siècle, ni les richesses de couleurs et de dimensions de l'époque ou de la période. Le mélange qu'elle instaure d'individuel et de collectif ampute l'un de sa profondeur psychologique et l'autre de son potentiel expressif. Phénomène inépuisable, sans doute, comme l'inconscient, et fascinant comme lui, mais comme lui aussi, court, pauvre et répétitif. Dans un monde de changements incessants où chacun est amené à se faire l'historien de soi-même, la génération est la plus instinctive des manières de transformer sa mémoire en histoire. C'est en définitive cela, la génération : l'horizon spontané de l'objectivation historique individuelle.

Mais ce qui donne à la notion, ici et maintenant, son actualité forte et sa vertu explicative, c'est la situation très particulière de la France, qui a vécu, depuis la guerre, une conscience de l'histoire *dédoublée*. C'est-à-dire qu'elle a, d'une part, surinvesti les enjeux historiques lourds qui lui ont fait une histoire plus lourde que celle de n'importe lequel des autres pays d'Europe ; et qu'elle a vécu en même temps un profond désengagement de l'histoire mondiale qui l'a renvoyée à la rumination mémorielle de son expérience historique propre. Le phénomène est unique, complexe, et si particulier qu'il faut en prendre la mesure et en préciser les filières qui se sont entrecroisées.

Survolons rapidement les épisodes. La guerre : la France est, de tous les pays, le seul à en sortir moitié vainqueur, moitié vaincu. L'Angleterre est allée tout unie du péril mortel à la victoire finale, l'Allemagne a fait le chemin inverse, mais le désastre intégral implique ses chirurgies simplificatrices et il faudra attendre précisément l'espace d'une géné-

---

1. Alexis de TOCQUEVILLE, *De la démocratie en Amérique*, Gallimard, 1951, t. II, partie II, chap. II : « De l'individualisme dans les pays démocratiques », p. 106.

ration pour qu'elle retrouve, à travers sa jeunesse verte et sa querelle des historiens, des drames de conscience qui rapprochent à nouveau son histoire de la nôtre. L'Espagne a tiré son épingle du jeu. Le pathétique intense des lendemains de la Libération est au contraire dans la tension qui porte la France, Résistance et de Gaulle aidant, à partager le sort des pays vainqueurs, mais à travers l'héritage des pays vaincus. Brisée, humiliée, ravagée par la division intérieure et d'autant plus obsédée de retrouver son « rang » qu'elle n'a plus aucun des vrais moyens de la puissance. À peine remonte-t-elle la pente qu'arrive la guerre froide. À chacun son camp. Mais, ici encore, la France, à cause de l'existence d'un parti communiste fort et du lancinant problème de la décolonisation, qu'elle n'a pas su trancher en 1945, est le seul des pays d'Europe occidentale à intérioriser les enjeux de la division des blocs, dont elle n'a pas la clé ; et à devoir les vivre dans le déchirement de la conscience, dans l'impuissance politique et la paralysie institutionnelle, jusqu'à l'écroulement final. C'est la guerre d'Algérie, notre vraie guerre de Sécession, qui non seulement réactualise les règlements de comptes anciens, et enlise notre histoire dans le provincialisme, mais double le conflit national d'un conflit interne à la gauche, qui est la raison la plus profonde de l'interminable durée de la guerre et de sa purulence morale. Elle nous ramène le gaullisme qui, lui aussi, au point de vue de la surenchère historique qui nous occupe ici, est un épisode à double face puisque ce champion du nationalisme est, d'un côté, celui qui a couvert le repli sur l'Hexagone d'une relance plus ou moins verbale, plus ou moins réelle, dans la grande politique mondiale, et de l'autre, le délégué au rêve d'une France industrielle et louis-philipparde qui procédait à sa révolution industrielle et jouissait prosaïquement des profits de la croissance.

Là est, schématiquement résumé, l'investissement suractivé de l'histoire. Mais cet investissement s'est opéré, en même temps, sur le fond et sous le signe d'un retrait de la France de la grande histoire, qui, des grands coups du siècle, n'a plus connu en fin de compte que le contrecoup.

C'est le passage, par étapes et secousses, de la grande puissance mondiale à la puissance moyenne et ses ajustements grinçants : 1918, 1945, 1962, chacune des dates porte son poids de réalité mutilante et d'illusions compensatrices. Le pays qui pouvait se targuer, jusque-là, d'avoir connu, le premier, toutes les expériences historiques de la formation de l'identité européenne, des croisades à l'Empire colonial, en passant par l'État-nation, la monarchie absolue, la dictature et la Révolution, n'en a plus subi que les conséquences et le reflet : ni la révolution socialiste, ni le totalitarisme nazi, ni la crise économique, ni la société de consommation ne l'ont frappée de plein fouet ; elle n'en a connu que l'invasion, les rebonds, et les rejeux. Cette articulation de deux registres différents et contradictoires de la conscience historique, cet enfoncement poisseux et ce dégagement douloureux sont essentiels pour comprendre la remontée permanente et compulsive du passé dans le présent, cette suractivation tragique d'une histoire nationale qui n'est plus que la version indigène d'une histoire mondiale évacuée, et qui se vit en mémoire. Une mémoire historique elle aussi habitée du même dédoublement, une mémoire nationale en porte à faux, puisque sur un plan elle concélèbre son unanimisme — « à défaut d'une grande histoire, nous avons un grand passé » — et sur un autre elle ne peut pas s'arrêter d'en peser et repeser tous les épisodes historiques, et spécialement les plus récents, pour se demander s'ils étaient si grands que cela, ou si honteux qu'ils passent pour être. Le Bicentenaire, en son bilan dernier, aura vécu de cette double mémoire, et c'est ce qui le frappera d'une éternelle ambiguïté. La Révolution est ou n'est pas terminée, c'est un bloc, ou ce n'est pas un bloc, la Vendée est ou n'est pas un génocide, Robespierre le grand homme ou le fossoyeur, la Terreur un épisode circonstanciel ou une configuration potentielle de notre culture politique, la Déclaration des droits de l'homme un principe universel et universalisable ou un texte à usage interne. Peut-être bien que oui, peut-être bien que non, mais c'est chez nous que ça se passe et tout le monde était là. Ce fut l'essentiel du message mitterrandien : « On nous regarde encore et j'étais au milieu. »

C'est là que reprend tout son potentiel explosif le problème des générations et leur succession interrogative. D'autant que cette succession s'accélère et se multiplie, au rythme des bouleversements continus et de l'allongement de la durée de vie. Le passé ne passe pas, les acteurs ne meurent pas et les nouveaux venus se bousculent. C'est la dialectique de ces trois données qui exaspère la génération et lui donne son plein effet sur cette caisse d'inépuisable résonance que constitue la tragédie du siècle, dont les acteurs sont toujours là, et sur laquelle viennent battre les vagues successives. Ici se poserait donc, en théorie comme en pratique, et dans le cadre à deux dimensions que nous venons d'établir, le partage entre ce qui ne relève *que* de la mémoire générationnelle et ce qui ne relève *que* de la mémoire historique ; ou, si l'on préfère, de la mémoire et de l'histoire. À condition de préciser que ce partage s'opère, lui aussi, dans deux dimensions. Il y a le passage *temporel* du moment où la mémoire passe des générations qui la portent aux historiens qui la restituent sans l'avoir vécue. Et le passage *intellectuel* du témoignage vécu au travail critique. Aucun de ces deux passages n'est univoque en termes de générations, car il peut y avoir, il y a, d'excellents critiques de leur propre mémoire générationnelle qui s'en font les historiens, et des générations d'historiens, non moins excellents, dont le propre du travail est de réinterroger leur objet au nom de leur propre mémoire générationnelle. C'est ce que l'on constate en permanence et que le Bicentenaire a notamment permis de vérifier sur la Révolution. C'est ce double partage, que la sortie de la grande histoire et l'entrée dans la grande ère historiquement vide de la mémoire pleine ont focalisé sur l'instance de la génération et élargi aux dimensions de l'histoire nationale, dans les deux moments de plus grande intensité dramatique : la Révolution française et la guerre.

Aux questions que nous posions donc au départ, la réponse est claire. Il y a bien des générations « françaises ». Et si lieu de mémoire est la génération, ce n'est nullement par la simple communauté de mémoire que suppose la banalité d'une expérience partagée. Si lieu de mémoire est la génération, c'est par le jeu simple et subtil de la mémoire et de l'histoire, la dialectique éternellement rebondissante d'un passé qui demeure présent, d'acteurs devenus leurs propres témoins, et de nouveaux témoins transformés à leur tour en acteurs. C'est à la rencontre de ces trois facteurs que s'allume l'étincelle du problème. C'est leur conjonction qui fait aujourd'hui en France, le foyer de la mémoire, flamber la « génération ». En ce temps et en ce lieu. La pièce continue, et à chaque génération de récrire son histoire de génération. Mais combien de temps les suivantes devront-elles attendre pour que se retrouve l'éclairage cru d'une pareille constellation ?

16

La voie royale des Mémoires d'État

« Une certaine idée de la France. » Les *Mémoires* du général de Gaulle sont venus, de nos jours, redonner son éclat et son antique dignité à un genre qui remonte à Philippe de Commynes, et où s'inscrivent tout naturellement les *Économies royales* de Sully, le *Testament* de Richelieu, les *Mémoires* de Louis XIV, mais aussi le *Mémorial de Sainte-Hélène* ou, de Guizot, les *Mémoires pour servir à l'histoire de mon temps*. Derrière les cadences ternaires et la noblesse académique du ton, la référence implicite s'impose à toute une lignée de prédécesseurs, Tacite pour le pessimisme du trait, César pour l'usage de la troisième personne, Retz pour la vision machiavélienne et la maxime d'État, Saint-Simon pour l'art du portrait, Napoléon pour l'exil de Colombey, Chateaubriand pour l'ombrage et le drapé ; bref, tout un répertoire de culture, toute une tradition dont de Gaulle paraît, pour le meilleur et parfois le pire, le condensé récapitulatif et le référentiel allusif, celle des Mémoires d'État.

Tradition trop profondément liée à une représentation collective de la nation pour ne pas s'être aujourd'hui effacée avec elle. De Mémoires, sans doute l'époque n'a jamais été aussi consommatrice, mais ce ne sont plus les mêmes. L'école

---

Paru sous le titre « Les Mémoires d'État. De Commynes à de Gaulle » [1986], *in* P. NORA (dir.), *Les Lieux de mémoire*, t. II, *La Nation*, vol. 2, *Le Terrritoire – L'État – Le Patrimoine*, *op. cit.*, pp. 355-400.

des *Annales*, d'un côté, et la psychanalyse, de l'autre, ont renouvelé le paysage biographique. Une conception de l'histoire élargie aux phénomènes de fond a privilégié, au détriment des officiels, les anonymes et les inconnus, plus représentatifs d'une mentalité moyenne ; la psychologie des profondeurs a comme frappé de banalité l'exposé fonctionnel d'une biographie politique et même le simple récit du réel. La routine démocratique se contente donc de faire à chaque personnalité politique l'obligation quasi éditoriale de fin de carrière de rédiger sa part de vérité. Tandis que l'entretien médiatique ou l'enquête orale, en sollicitant à tout instant le souvenir, en traquant la biographie par bribes, ont fini par atomiser dans la quotidienneté l'auguste et presque solennelle unité d'un genre. Genre, pourtant, auquel on ne doit pas seulement quelques-uns des chefs-d'œuvre de la littérature, mais une certaine idée, précisément, de la mémoire, du pouvoir et de l'histoire.

Or — ô stupeur ! —, alors que ces dernières années ont connu tant d'intérêt pour l'autobiographie, les récits de vie, les journaux intimes[1], on chercherait en vain une curiosité comparable pour l'analyse des Mémoires. Une quantité de travaux spécialisés sur les œuvres principales, soit. Des tentatives partielles pour dégager, à certaines époques stratégi-

---

1. Cf. en particulier les travaux de Philippe LEJEUNE, *L'Autobiographie en France*, A. Colin, « U 2 », 1971, *Le Pacte autobiographique*, Éd. du Seuil, 1975, et *Je est un autre*, Éd. du Seuil, 1980, auxquels on ajoutera Georges MAY, *L'Autobiographie*, PUF, 1979, et Daniel MADALENAT, *La Biographie*, PUF, 1984. Pour le journal intime : Béatrice DIDIER, *Le Journal intime*, PUF, 1976. Pour l'histoire orale : Philippe JOUTARD, *Ces voix qui nous viennent du passé*, Hachette, 1983. Pour l'autoportrait : Michel BEAUJOUR, *Miroirs d'encre*, Éd. du Seuil, 1980. Pour la méthode biographique en sciences sociales : Jean POIRIER, Simone CLAPIER-VALLADON et Paul RAYBAUT, *Les Récits de vie, théorie et pratique*, PUF, 1983. Pour une bibliographie des récits de vie, Wayne ISHIKAWA, « Life-Writing in France : A French Bibliography », *Biography*, vol. V, n° 4, automne 1982, pp. 335-350, à compléter par Philippe LEJEUNE, « Bibliographie des études en langue française sur la littérature personnelle et les récits de vie, I : 1982-1983 », *Cahiers de sémiotique textuelle*, Université de Paris X-Nanterre, n° 3, 1984. Il est significatif de relever que le *Dictionnaire des littératures de langue française*, édité chez Bordas, consacre un article général à l'autobiographie (Daniel COUTY), mais pas aux Mémoires.

ques, des valeurs communes[1] ; des notations pénétrantes pour séparer l'autobiographie des Mémoires[2]. Mais en fait d'analyse générale pour caractériser le genre, d'esquisse de classement et de typologie, d'amorce de chronologie d'ensemble, rien, ou presque, depuis l'énumération monumentale, inachevée, non traduite, approximative et en vérité peu utilisable de Georg Misch[3]. Ce genre éclaté, multiforme et omniprésent paraît écartelé entre le regard de l'historien[4], qui demande aux Mémoires présumés suspects ce qu'ils recèlent de vérités vraies, et celui du littéraire[5], plus attentif à l'évolution esthétique qu'aux conditions historiques de la production. Cette lacune autorise peut-être un regard d'enfilade, à partir d'un point de vue très particulier : les rapports des Mémoires au pouvoir, dont ils sont le commentaire et le compte rendu, ainsi qu'à l'État ; son existence, en France, précoce, et les multiples formes qu'il a successivement connues expliquant seules l'abondance et les rebondissements de la production mémorialiste.

Aussi bien ne s'agit-il ici, précisons-le, ni d'ébaucher un historique du genre, si survolant soit-il ; ni de reprendre à neuf le vieux scénario des complexes rapports de l'histoire et des Mémoires ; ni d'examiner systématiquement la richesse

---

1. Notamment *Les Valeurs chez les mémorialistes français du XVIIe siècle avant la Fronde*, actes du colloque de Strasbourg et Metz, 18-20 mai 1978, sous le patronage de la Société d'étude du XVIIe siècle, Klincksieck, 1979.
2. On s'intéressera particulièrement aux travaux de Georges GUSDORF, *La Découverte de soi*, PUF, 1948, *Mémoire et personne*, PUF, 1950, et, surtout, « Conditions et limites de l'autobiographie », in *Formen der Selbstdarstellung, Festgabe für Fritz Neubert*, Berlin, Duncker und Humblot, 1956.
3. Georg MISCH, *Geschichte der Autobiographie*, Francfort-sur-le-Main, Schulte und Bulmke, 1949-1962, 6 vol., les deux premiers volumes étant originellement parus à Leipzig et Berlin, chez Teubner, 1907 et 1931, et traduits en anglais, *A History of Autobiography in Antiquity*, Londres, Routledge and Kegan Paul, 1950.
4. Pour un inventaire, se reporter aux manuels de Henri HAUSER, *Les Sources de l'histoire de France, XVIe siècle*, Picard, 1908, et d'Émile BOURGEOIS et Louis ANDRÉ, *les Sources de l'histoire de France, XVIIe siècle*, t. II, *Mémoires et lettres*, Picard, 1913. On y ajoutera les articles « Mémoires » dans les différents volumes du *Dictionnaire des lettres françaises*, de Robert BARROUX, Fayard, 1950-1951, 4 vol.
5. Ce sont, en fait, les historiens de la littérature classique qui ont le plus apporté à l'étude des Mémoires ; indépendamment des travaux spécialisés, cf. en particulier les travaux de Marc FUMAROLI [cf. *infra*, note 3 p. 477] et de René DÉMORIS [cf. *infra*, note 1 p. 490].

des échanges, constants du XVIIe siècle à nos jours, entre les Mémoires et la littérature ; ni de disséquer les articulations fines entre les Mémoires et l'autobiographie, tous sujets qui mériteraient d'être analysés de près. Mais en rapprochant avec brutalité des textes qui, par définition, se rapprochent mal, et dans le droit-fil d'une topographie générale de la mémoire nationale, de baliser les contours d'un massif éminent, ponctuellement visité, mais, en définitive, peu exploré.

LA MÉMOIRE DES MÉMOIRES

Pour saisir le poids de la tradition des Mémoires sur la nôtre, il faut se situer au nœud même de sa formation, dans les dix années capitales de la fin de la Restauration et les premières années de la monarchie de Juillet. Jusque-là, l'époque classique avait connu, en éditions généralement mal contrôlées, et le plus souvent à Cologne, Amsterdam ou Londres, des publications en ordre dispersé. Certaines époques, comme le début du règne personnel de Louis XIV, avaient vu sortir en tir concentré les Mémoires de la Fronde. Sully et Richelieu, constamment réédités au XVIIe siècle, ne l'avaient été qu'une fois chacun au XVIIIe où l'on prisait davantage, sauf la Régence qui fit un triomphe à une mauvaise édition de Retz, les souvenirs de Versailles. Saint-Simon, faut-il le rappeler, était inconnu du public. Parmi les plus régulièrement réédités, Blaise de Monluc et Pierre de L'Estoile, Bassompierre, La Rochefoucauld, Mlle de Montpensier, et dominant tous les autres avec sept éditions au XVIe siècle, sept autres au XVIIe et trois au XVIIIe siècle, Commynes, bréviaire des hommes d'État et modèle du genre[1].

---

1. On trouvera un très utile « Tableau des dates de publications des principaux Mémoires depuis le milieu du XVe siècle jusqu'au milieu du XVIIIe » dans l'appendice III de l'excellente thèse d'André BERTIÈRE, *Le Cardinal de Retz mémorialiste*, Klincksieck, 1977, pp. 606-615.

Or, brusquement, à partir de 1820 et jusque vers 1840, on assiste à un déluge systématique de publications monumentales, dont le principe de la collection représente l'épine dorsale. La première et la plus importante, celle de Petitot, *Collection complète des Mémoires relatifs à l'histoire de France*, démarre en 1819. À quarante-sept ans, Claude-Bernard Petitot[1], auteur dramatique raté sous la Révolution et qui doit à Fontanes sa carrière dans l'Instruction publique, où il finit directeur, est un philologue et lettré honorablement connu. Traducteur d'Alfieri et de Cervantès, éditeur de la *Grammaire* de Port-Royal, de Racine, La Harpe et Molière, il a édité en trente-trois volumes un *Répertoire du théâtre français*. Initialement, son entreprise n'avait pour ambition que de reprendre, en quarante-deux volumes, une collection analogue commencée en 1785 par Jean-Antoine Roucher, elle-même inspirée des collections Didot, « pour servir à l'histoire de France », mais que la Révolution était venue interrompre et disperser au soixante-cinquième volume. Même format in-octavo, même formule par livraison, même masse de textes, de Villehardouin à Brantôme, même répartition par règnes, de Philippe Auguste au commencement du XVIIe siècle. Mais l'esprit et la manière étaient déjà fort différents : un énorme travail d'établissement des textes, un appareil de notes et d'éclaircissements, des présentations abondantes et très détaillées qui constituent parfois de véritables traités, chargées d'un souci philologique et critique naissant (les notices sur la Fronde ou Port-Royal font plus de deux cent cin-

---

1. Claude-Bernard Petitot est né à Dijon le 30 mars 1772. Arrivé à Paris en 1790, réformé, il se lance sans succès dans la tragédie : *Hécube* (reçue au Théâtre-Français), puis *La Conjuration de Pison, Geta, Laurent le Magnifique, Rosemonde*. Nommé chef de bureau à l'Instruction publique du département de la Seine, il favorise la reprise des études grecques et rétablit le concours général. Il se marie à Dijon en 1805. Fontanes, grand maître de l'Université, le nomme inspecteur des études en 1808. Démissionnaire en 1815, il demeure secrétaire général de la commission de l'Instruction publique et devient en 1821 conseiller de l'Université. En 1824, il est nommé directeur de l'Instruction publique et meurt le 6 avril 1825. En 1803, Petitot avait publié une nouvelle édition de la *Grammaire générale* de Port-Royal, précédée d'un *Essai sur l'origine et la formation de la langue française*. Son *Répertoire du théâtre français* (1803-1804) en vingt-trois volumes avait été réédité en trente-trois volumes de 1807 à 1819.

quante pages, celles sur le duc de Guise et La Rochefoucauld près de soixante-dix), enfin un lancement à cinq cents exemplaires très étudié par Jean-Louis Foucault[1]. Presque aussitôt, la pression des souscripteurs détermine le maître d'œuvre à planifier, avec son frère Alexandre, une seconde série, plus ambitieuse, en soixante-dix-huit volumes « depuis l'avènement d'Henri IV jusqu'à la paix de Paris conclue en 1763 ». Après la mort de Petitot, en 1825, elle sera achevée en 1829 par son collaborateur Jean-Louis Monmerqué[2]. La première série aura, en fait, dix volumes de plus que prévu, et, dès 1823, une deuxième édition de l'ensemble, à nouveau de cinq cents exemplaires, s'était révélée indispensable.

L'élan est donné. Les nouveaux imprimeurs-libraires de la Restauration ont compris qu'il y avait là un marché en pleine expansion, un public nouveau, moitié aristocratique et moitié bourgeois, pour reconstituer ses bibliothèques et consommer de la mémoire[3]. Dès l'année suivante, les frères

1. Deux documents jettent une vive lumière sur l'aventure éditoriale de ces collections et la guerre des éditeurs à laquelle elle a donné lieu. Il s'agit d'un *Précis des contestations relatives à la Collection des Mémoires sur l'histoire de France publiée par MM. A. Petitot et Monmerqué, suivi du rapport de MM. les arbitres*, publié par J.-L. FOUCAULT le 6 novembre 1827 (Bibl. nat., Fp 2445) et de la plaidoirie de Me Gaudry, avocat de Brière, auquel Foucault avait intenté un procès pour avoir refusé de payer 831 francs correspondant au dépôt de trente-trois exemplaires des neuf volumes supplémentaires aux quarante-deux prévus initialement pour la première série (Bibliothèque nationale, Versailles, « Courrier des tribunaux », *JO*, A 797). La seconde série, de soixante-dix-neuf volumes, dont un de « tables », coûtait 480 francs, les deux séries de cent trente et un volumes 750 francs, en souscription.
2. Louis Jean Nicolas (dit Jean-Louis) Monmerqué (1780-1860), magistrat, juge auditeur, puis conseiller à la cour d'appel de Paris de 1811 à 1852 ; président de la cour d'assises de la Seine en 1822, il a dirigé les débats du procès des quatre sergents de La Rochelle qu'il passe pour avoir conduit de façon libérale. Membre de l'Académie des inscriptions et belles-lettres en 1833, il figure la même année parmi les membres fondateurs de la Société de l'histoire de France. Auteur de notices historiques sur Brantôme (1823), Mme de Maintenon (1828), Jean Ier, roi de France et de Navarre (1844), éditeur des *Lettres* de Mme de Sévigné, dix volumes (1818-1819), des *Mémoires* de Coulanges, des *Lettres* de Louis XIV (1822) et, avec Francisque Michel, des *Historiettes* de Tallemant des Réaux, six volumes (1833-1835).
3. Sur le profond renouvellement du monde éditorial à la fin de la Restauration et au début de la monarchie de Juillet, se reporter aux nombreux articles qui en traitent dans Henri-Jean MARTIN et Roger CHARTIER (dir.), *Histoire de l'édition française*, t. II, *Le Livre triomphant (1660-1830)*, et t. III, *Le Temps des éditeurs*, Promodis, 1984 et 1985.

460 Les chemins de l'identité

Baudouin, anciens imprimeurs de la Constituante, chargent un avocat libéral, Berville[1], de réunir avec son ami Barrière[2] les Mémoires des révolutionnaires que « la génération nouvelle », dit le prospectus de lancement, « se trouve empressée de connaître ». Programmée en douze volumes, la collection en comptera cinquante-trois en 1827. En 1823, Guizot, sollicité par Jean-Louis Brière, lance, parallèlement à vingt-cinq volumes de Mémoires sur la révolution d'Angleterre, une *Collection de Mémoires relatifs à l'histoire de France depuis la fondation de la monarchie française jusqu'à Philippe Auguste* : en douze ans, trente volumes. La période centrale se trouve ainsi complétée aux deux bouts. Le panorama historique tout entier est couvert et c'est l'effet panoramique qui joue. Toutes les introductions le répètent à l'envi : « Les Mémoires, qui, isolément, sont sans valeur et sans autorité pour l'histoire, offrent, ainsi réunis, le tableau complet d'une époque[3]. »

Le mouvement ne s'arrête pas là. Jean Alexandre Buchon[4],

1. Albin de Berville, dit Saint-Albin Berville (1788-1868), magistrat et homme de lettres. Libéral sous la Restauration, il a été chargé de la défense de Paul-Louis Courier en 1821, de celle de Béranger en 1822 et ses plaidoyers ont été imprimés à la suite des *Œuvres complètes* du chansonnier. Après la révolution de Juillet, il est nommé avocat général de la cour royale de Paris. Député de Pontoise de 1838 à 1848, il siège au centre. Membre de l'Assemblée constituante, il se situe alors à droite. Secrétaire perpétuel de la Société philotechnique à laquelle il appartient depuis 1825. Journaliste à la *Revue encyclopédique* et au *Constitutionnel*. Son *Éloge de Delille* a été couronné par l'académie d'Amiens en 1817, son *Éloge de Rollin* a obtenu le prix d'éloquence de l'Académie française en 1818. Beaucoup de ses plaidoyers ont été insérés dans la collection du *Barreau français* de Panckoucke et les *Annales du barreau* de Warée. Outre des *Fragments oratoires et littéraires* en 1845, ses *Œuvres diverses*, poésies et littérature, ont été réunies en 1868 et ses *Œuvres oratoires* en 1869.
2. Jean-François Barrière (1786-1868), destiné au barreau, est devenu chef de division à la préfecture de la Seine, spécialement chargé de l'organisation des hôpitaux. Publiciste, collaborateur de la *Gazette de France* et du *Journal des débats*, il a publié, outre les deux grandes collections indiquées, les *Mémoires* de Mme Campan et ceux de Loménie de Brienne, ainsi que deux recueils de fragments inédits du XVIIe siècle, *La Cour et la ville sous Louis XIV, Louis XV et Louis XVI*, 1829, et *Tableaux de genre et d'histoire*, 1848.
3. *Prospectus* de la collection Berville et Barrière des *Mémoires relatifs à la Révolution française*.
4. Jean Alexandre Buchon (1791-1846), publiciste, historien et voyageur, a notamment fait connaître dans sa collection de chroniques une partie importante

collègue d'Augustin Thierry au *Censeur européen*, auteur d'un projet de réformes des archives dont il fut le directeur éphémère sous le ministère Martignac, et futur directeur du *Panthéon littéraire*, publie en deux ans chez Verdière, de 1826 à 1828, quarante-six volumes de *Chroniques nationales en langue vulgaire* du XIIIe au XVIe siècle. Voici encore, de 1824 à 1826, quatorze volumes de Mémoires sur l'art dramatique. Et les lendemains de la révolution de Juillet ne font qu'accélérer le phénomène. Deux attachés à la Bibliothèque royale, Louis Lafaist (pseudonyme Louis Cimber) et Félix Danjou, s'adressent à Beauvais, rue Saint-Thomas-du-Louvre, pour publier, de 1834 à 1839, vingt-quatre volumes d'*Archives curieuses de l'histoire de France, depuis Louis XI jusqu'à Louis XVIII*, expressément destinés à compléter les collections Guizot, Petitot et Buchon. Et c'est surtout, de 1836 à 1839, la *Nouvelle Collection de Mémoires relatifs à l'histoire de France depuis le XIIIe siècle jusqu'à la fin du XVIIIe siècle*, de Joseph-François Michaud et Jean-Joseph Francois Poujoulat. Pierre Larousse, hostile à l'esprit catholique et ultra des responsables, la présente comme une simple contrefaçon de la collection Petitot. Il est vrai que l'académicien Michaud[1],

---

des écrits de Georges Chastellain, de Jean Molinet et, sur les conseils d'André Dacier, de Jean Froissart. Sur son projet général de réforme des archives, cf. Pierre PETRESSON DE SAINT-AUBIN, « Un projet de réforme des archives départementales en 1829 », *Gazette des archives*, n° 68, 1er trimestre 1970, pp. 46-48, et « Projet d'A. Buchon pour l'organisation des archives départementales », *Bulletin de l'École des chartes*, n° 129, 1971, pp. 120-129. Chargé d'une mission en Grèce après 1830, il a fait paraître *La Grèce continentale et la Morée* en 1843, suivi de *Nouvelles Recherches sur la principauté française de Morée*, 1843-1844, 2 vol., ainsi que divers récits de ses voyages en Italie, à Malte, en Suisse. Il est également l'auteur d'une *Histoire populaire des Français*, 1832, et des trois premiers tomes d'une *Histoire universelle des religions*, 1844. Collaborateur de la *Biographie universelle* et de la *Revue indépendante*. Cf. Jean LONGNON, *Alexandre Buchon, sa vie et son œuvre*, Paris, 1911 ; *Voyage dans l'Eubée, les îles Ioniennes et les Cyclades en 1841, avec une notice biographique et bibliographique*, Émile-Paul, 1911, préface de Maurice Barrès.

1. Jean-François MICHAUD (1767-1839), historien et publiciste, est né à Albens (Savoie). Commis de librairie à Lyon à dix-neuf ans, il est remarqué par la comtesse Fanny de Beauharnais, qui l'emmène à Paris en 1790. Collaborateur de journaux royalistes, il doit se réfugier dans l'Ain. Arrêté au 13 vendémiaire pour avoir soutenu les sections royalistes contre la Convention, il est condamné

le célèbre auteur de l'*Histoire des croisades* et frère de Gabriel Michaud, qui avait usé sa vie dans la vaste entreprise de la *Biographie universelle*, semble n'avoir fait que prêter son nom. Il n'en demeure pas moins qu'animés par le jeune Poujoulat[1], dont l'œuvre future, incroyablement abondante, témoigne de la capacité de travail, lui-même épaulé par Jacques-Joseph et Aimé Champollion-Figeac, le frère et le neveu de l'égyptologue[2], avec leurs notices réduites, leurs textes mieux contrôlés, leur grand format sur deux colonnes, les trente-deux volumes maniables du « Michaud-Poujoulat » devaient devenir, à côté du « Petitot-Monmerqué », un classi-

---

à mort, s'enfuit en Suisse d'où il ne revient qu'après le 18-Brumaire. En 1806, il se lance avec son frère Louis-Gabriel dans une *Biographie moderne, ou Dictionnaire des hommes qui se sont fait un nom en Europe depuis 1789*, première version de la monumentale *Biographie universelle* qu'il abandonnera à son frère, pour se consacrer à l'*Histoire des croisades*, cinq volumes de textes et quatre volumes de bibliographie (1811-1822). Membre de l'Académie française depuis 1813, député sous la Restauration, il est le principal rédacteur de *La Quotidienne*, puis du *Moniteur* après 1830. Détail piquant : c'est la notice qui lui est consacrée dans la *Biographie universelle* qui souligne sa participation purement nominale à la célèbre collection de Mémoires « dans laquelle nous savons par son propre aveu que sa part de travail fut à peu près nulle » — il se soignait d'ailleurs à l'époque en Italie — et qui porte sur lui ce jugement final : « Il avait quelque chose de fin, de parfaitement académique, mais aussi quelque chose de pâle et d'indécis : l'énergie vraie et simple, cette énergie manquait à sa conversation et à ses écrits. »
1. Jean-Joseph François Poujoulat, né en 1808, dans les Bouches-du-Rhône, monte à Paris en 1826 après des études à Aix-en-Provence. Remarqué par Michaud pour zèle royaliste et catholique et associé par lui à la Bibliothèque des croisades, il l'accompagne en Orient en 1830 et publie avec lui la *Correspondance d'Orient*, sept volumes (1832-1835), puis, après sa mort, une nouvelle édition de l'*Histoire des croisades* (1840-1846). Député de 1848 à 1851, à l'Assemblée constituante et législative, dans le groupe clérical et légitimiste, il se retire de la politique après le 2-Décembre pour se consacrer au journalisme (*Le Musée des familles, La Quotidienne*, la *Revue des Deux Mondes*) et à son œuvre littéraire. Celle-ci comprend plus de vingt-cinq titres, partagés entre trois centres d'intérêt : l'Orient *(La Bédouine*, 1835, couronné par l'Académie française ; *Histoire de Jérusalem*, 1840-1842 ; *Voyages en Algérie*, 1846) ; le catholicisme (*Histoire de saint Augustin*, 1844 ; *Lettres sur Bossuet*, 1854 ; *Le Cardinal Maury*, 1855 ; *Vie de Mgr Sibour*, 1857 ; *Associations et congrégations religieuses*, 1860, etc.) ; la politique, enfin (*Histoire de la Révolution française*, 1847 ; *La Droite et sa mission*, 1848 ; *La France et la Russie à Constantinople*, 1853 ; *Le Pape et la liberté*, 1860).
2. Sur Jacques-Joseph Champollion-Figeac (1778-1867), frère aîné et collaborateur de Jean-François, cf. la thèse complémentaire de Charles-Olivier Carbonell, *L'Autre Champollion. Jacques-Joseph Champollion-Figeac*, Toulouse, Presses de l'Institut d'études politiques et l'Asiathèque, 1985. Homme lige de Dacier, secrétaire perpétuel de l'Académie des inscriptions et belles-lettres, il a été

que et demeurer tous deux, jusqu'à nos jours, irremplacés ; ils ont constitué le corpus : cent auteurs de base. Encore sont-ils loin d'avoir saturé la demande. En 1836, Buchon lance en dix-sept volumes un choix, de Joinville au XVIIIe siècle, et, en 1846, Firmin Didot pourra encore demander à Barrière, aidé par Lescure, trente-sept volumes de Mémoires du XVIIIe siècle. L'inventaire n'a rien d'exhaustif, chaque entreprise publiant les trop gros volumes à part pour ne pas compromettre l'équilibre de leurs ensembles. Mais, à s'en tenir à l'essentiel, c'est, au total, comme l'établit la somme des principales collections, plus de cinq cents volumes qui, en quelques années, ont déferlé sur le marché de la mémoire.

Il ne faudrait pas croire, malgré l'effort critique des éditeurs, à des publications scientifiques, réservées à des spécialistes. Au contraire, et c'est Guizot lui-même qui le proclame dans le prospectus de sa collection : « Les monuments originaux de notre ancienne histoire ont été jusqu'ici le patrimoine exclusif des savants ; le public n'en a point approché, il n'a pu connaître la France et sa vie[1]... » L'intérêt majeur de ces collections, comme de tous les Mémoires qui paraissent dans leur sillage, est d'opérer — par rapport aux compilations bénédictines des siècles classiques, celles de Dom Vincent Duchesne ou de Dom Bouquet en particulier — une vaste démocratisation de la mémoire ; de mettre à la disposition de tous, partisans de l'ancienne France ou de la nouvelle, un énorme capital collectif et un stock géant

---

professeur à l'École des chartes et conservateur à la Bibliothèque royale ; érudit au demeurant peu sûr, Jacques-Joseph Champollion-Figeac a été mêlé à la plupart des chantiers documentaires ouverts par Guizot. Il avait fait admettre son fils Aimé comme auditeur libre à l'École des chartes en 1830 et, l'année suivante, comme « employé aux manuscrits » de la Bibliothèque royale. Celui-ci devait d'ailleurs écrire un ouvrage sur *Les Deux Champollion*, 1880. Dans la collection de Michaud et Poujoulat, on trouve Jacques-Joseph et Aimé nominalement associés à la publication des *Mémoires* de François de Lorraine, du prince de Condé et d'Antoine Puget (t. VI), du *Journal* de Pierre de L'Estoile (t. XIII), de Retz (t. XXIII), des *Mémoires* de Brienne, Montrésor, Fontrailles, La Châtre, Turenne (t. XXV), d'Omer Talon et de l'abbé de Choisy (t. XXVIII).
  1. Prospectus de la collection Guizot de *Mémoires relatifs à l'histoire de France depuis la fondation de la monarchie française*.

de profondeur de vie nationale vécue. Le passé commun, comme si vous y étiez, dans la saveur de sa langue et son incontestable cachet de vérité. Ils ont *vu*, et avec eux vous vaincrez à Rocroi, vous pénétrerez dans la chambre du roi, vous prendrez la Bastille. Thème incessamment ressassé, orchestré par tous les battages d'éditeurs. Sans doute y a-t-il, dans le groupe central de ces collections, une profonde dénivellation. Petitot-Monmerqué et Michaud-Poujoulat condensent un canon classique et nouent en gerbe un corpus connu qu'ils ne modifient pas de manière décisive. Guizot donne une profondeur de champ, traduit et révèle des auteurs nouveaux, comme Guibert de Nogent ; il contribue puissamment à fonder une historiographie sur les sources narratives. Berville et Barrière représentent sinon un coup d'État, du moins un coup d'audace : c'est l'introduction d'une histoire toute contemporaine, l'intrusion d'une mémoire encore toute fraîche et controversée dans la mémoire historique. Imagine-t-on, trente ans après la Seconde Guerre mondiale, les Mémoires de Pucheu ou Déat réunis à ceux de Tillon ? C'est pourtant ce procès par-delà la tombe et le temps que semblait poursuivre cette quarantaine de témoins privilégiés du drame révolutionnaire où l'on voyait, par exemple, le général Turreau, envoyé par la Convention exterminer les Vendéens, côtoyer la marquise de La Rochejaquelein, veuve d'un de leurs plus illustres chefs, où Cléry, le valet de chambre de Louis XVI, voisinait avec Carnot le régicide. Les éditeurs voyaient dans cette réunion « le plus sûr moyen d'éclairer l'âge actuel sur la cause, la marche et les effets des grands changements dont il recueille aujourd'hui les avantages ». Mémoires classiques, Mémoires militants, Mémoires historiographiques, c'est tout un ; ils répondent à un engouement identique et à une intention semblable. « Ou nous nous trompons fort, ou la mode y sera bientôt, commente *Le Globe* en accueillant favorablement Petitot, et les gens du monde finiront par s'amuser avec l'érudition. » Chacun de ces entrepreneurs de Mémoires a été profondément engagé dans la politique. Petitot était un monarchiste catholique modéré, Michaud un ultra impénitent, Guizot un libéral doctrinaire, Berville un libéral patriote, mais tous obéissaient au même but : fonder sur les témoignages du passé la légitimité nationale du présent. Tous partageaient la conviction d'un héritage global d'histoire et de civilisation qui appelait ce « sentiment de justice et de sympathie » que Guizot souhaitait ramener sur lui. L'immense intérêt de ces réunions de Mémoires à vocation publique était, précisément, de récupérer le capital latent de la communauté nationale et d'articuler la mémoire vivante d'une France morte à la mémoire saignante et glorieuse de la France contemporaine.

Les années 1820 ont été ce creuset. Ce moment de politique vide est un moment de mémoire plein, favorisé par toutes les conditions politiques et sociales, le renouveau d'activités parlementaires, la renaissance des salons, la lutte contre la censure. Tout se conjuguait pour faire de la Restauration une fête et un drame de la mémoire. La triste cour de Louis XVIII comme celle, caricaturale, de Charles X avaient rendu plaisantes à lire les descriptions de l'ancienne Cour, l'humiliation nationale de 1815 avait valorisé les récits des gloires anciennes et récentes de la France. Dans la retombée de la paix, commence la guerre civile des Mémoires. L'Empire avait jeté une chape de plomb sur les souvenirs de la Révolution et puni du pilon les rares tentatives pour la lever[1]. La chute de Napoléon entraîne instantanément, avec l'envol de sa propre saga[2], dont la compilation de Salgues en neuf volumes marque le début et le *Mémorial*, en 1823, l'apogée, la publication en rafales des Mémoires révolutionnaires[3]. Pas les Montagnards, qui devront attendre la fin du siècle et la levée du grand opprobre qui pèse sur les buveurs de sang, mais les Constituants et les Giron-

---

1. C'est ce qui était arrivé en 1810 à Pierre PAGANEL pour son *Essai historique et critique sur la Révolution française.*
2. Cf. Jean TULARD, *Bibliographie critique des Mémoires sur le Consulat et l'Empire*, Centre de recherches d'histoire et de philologie de la IVe section de l'École pratique des hautes études, vol. XIII, Genève, Librairie Droz, 1971.
3. Cf. Édmond BIRÉ, *La Légende des Girondins*, Genève, Société générale de librairie catholique, 1881.

dins, ce qui explique assez le titre de Lamartine, *Histoire des Girondins*, qui est en fait une histoire de la Révolution[1]. Une courbe des publications le montre clairement : plus de la moitié des Mémoires des anciens Girondins ont paru avant 1830[2]. Ceux de Charles Bailleul, décrété d'accusation pour avoir protesté contre la journée du 2 juin 1793, ramené à Paris les fers aux pieds et témoin, à la Conciergerie, des derniers jours des Girondins, avaient donné le coup d'envoi en 1818. Suivent, dans Berville et Barrière, ceux de Bailly, de Buzot, de Pétion, de Meillan, de Carnot, de Thibaudeau, de Durand-Maillane, de Lanjuinais, de Levasseur, de Ferroux, de Fouché : vrais ou faux, interrompus le plus souvent par le couperet, portés parfois chez l'éditeur, comme ceux de Barbaroux, par le propre fils des victimes, de quelle émotion n'étaient-ils pas chargés ? Plusieurs devaient être republiés séparément, comme ceux de Jean-Baptiste Louvet, *Récit de mes périls*, d'Honoré Riouffe, *Mémoires d'un détenu*, de Mme Roland, *Appel à l'impartiale postérité*. Naissent alors les grands enjeux de mémoire sur lesquels la nation va vivre pendant tout le XIXe siècle, et, à bien des égards, jusqu'à nous.

Peu importe alors, du point de vue qui nous occupe ici, celui d'une cristallisation de mémoire nationale, à la fois œcuménique et déchirée, d'un revécu de mémoire devenu la forme de l'histoire vécue, l'authenticité des textes, l'établissement des éditions, et même le niveau des productions. C'est le mélange des genres qui est au contraire significatif du nouveau rapport au passé qui s'établit alors et dont les Mémoires sont la pierre angulaire et la figure emblémati-

---

1. Sur la genèse de l'*Histoire des Girondins*, rééditée chez Plon en 1984 avec une introduction et des notes de Jean-Pierre JACQUES, cf. la thèse (inédite) d'Antoine COURT, « Lamartine historien », université de Clermont-Ferrand II, 1985, et l'article de Fabienne REBOUL, « Histoire ou feuilleton ? La Révolution française vue par Lamartine », *Romantisme*, vol. XVI, n° 52, 1986, pp. 19-33.
2. Le point a été bien mis en lumière par la thèse de Sergio LUZZATO, « La Rivoluzione nella memoria, studio sulla memorialistica dei convenzionali », École normale supérieure, université de Pise, 1985, dont je remercie l'auteur de m'avoir aimablement communiqué les résultats.

que. Ils sont présents à tous les niveaux, du plus populaire au plus savant ; et l'important est qu'ils s'interpénètrent mutuellement. C'est l'industrie de l'apocryphe qui fabrique alors joyeusement et indifféremment de la grande ou de la petite histoire, les *Mémoires* de Richelieu et de Louis XVIII à côté de ceux de Vidocq. Secrets d'impératrice et Mémoires de femmes de chambre commandés à tour de bras par des éditeurs peu regardants et ficelés sous vingt-cinq noms d'emprunt par les Villemarest, Ida de Saint-Elme, Roquefort, Beauchamp et autres « teinturiers » qui, sur la base de liasses plus ou moins suspectes et souvent sans base aucune, troussaient en un tournemain *Mémoires* de Bourrienne et *Mémoires* de Constant. Pour la seule année 1829, Lamothe-Langon[1], qui adopte alors précisément le genre des faux Mémoires après avoir épuisé le roman sentimental, le roman noir, et le roman de mœurs, ne livre pas moins de vingt volumes : les *Mémoires historiques et anecdotiques du duc de Richelieu*, les *Mémoires d'une femme de qualité*, les *Mémoires de Madame la comtesse Du Barry* et les *Souvenirs d'un pair de France*. C'est la vogue du roman historique, « expression de la France et de la littérature du XIXe siècle », comme dit Balzac en cette même année 1829, vrai moulin à Mémoires et puissant instrument de démocratisation de l'imaginaire historique[2]. De 1815 à 1832, les spécialistes[3] en ont repéré près de six cents, avec des poussées très nettes en 1822, 1828-1829, 1832, « dates auxquelles on peut associer l'effet "scottien" pour la première, l'offensive politique des libéraux pour la seconde, le contrecoup de Juillet pour la troisième » : une courbe exactement parallèle à celle des Mémoires. Et que sont d'autre les grands ouvrages historiques qui marquent l'époque, les quinze volumes de l'*His-

---

1. Cf. Richard SWITZER, *Étienne-Léon de Lamothe-Langon et le roman populaire français de 1800 à 1830*, Toulouse, Privat, 1962.
2. Cf. Louis MAIGRON, *Le Roman historique à l'époque romantique*, Hachette, 1898, ainsi que Georges LUKÁCS, *Le Roman historique*, Payot, 1965. La citation de Balzac est extraite de *Du roman historique et de Fragoletta*, 1829.
3. Cf. l'intéressant article de Claude DUCHET, « L'Illusion historique, renseignement des préfaces (1815-1832) », *Revue d'histoire littéraire de la France*, vol. LXXV, n°s 2-3, mars-juin 1975, pp. 245-267.

toire du Consulat et de l'empire, de Thiers, les dix volumes de l'*Histoire des ducs de Bourgogne*, de Barante, les trente et un volumes de l'*Histoire des Français*, de Sismondi, qu'une mosaïque habilement ficelée d'extraits de chroniqueurs et de mémorialistes ? Michelet pourra se vanter d'être à la fois le premier à s'être plongé dans les archives et le dernier à travers qui l'on entend la voix des acteurs. Son histoire, surtout celle de la Révolution[1], est encore dominée par l'enchantement de la mémoire. Après lui, le charme est rompu. Toute la nouveauté de l'écriture historique savante repose alors sur l'exploitation des Mémoires. « L'histoire de France la plus complète, la plus fidèle et la plus pittoresque qu'on pût faire aujourd'hui, proclamait Augustin Thierry en 1824[2], serait celle où, tour à tour et dans un ordre strictement chronologique, chacun des anciens chroniqueurs viendrait raconter lui-même, dans le style et avec les couleurs de son époque, les événements dont il aurait été le témoin, qu'il aurait le mieux observés et décrits. Cette longue suite de dépositions naïves, que n'interrompraient aucune réflexion philosophique, aucune addition moderne, qui se succéderaient sans effort et s'enchaîneraient presque à l'insu du lecteur, serait en quelque sorte la représentation immédiate de ce passé qui nous a produits, nous, nos habitudes, nos mœurs et notre civilisation. » En ces quelques lignes, tout est dit.

Avec ce déferlement éditorial de Mémoires frais ou rafraîchis, on tient sans doute le dernier moment où les Mémoires *sont* la mémoire. Dès les publications de la Société d'histoire de France, puis du Comité des travaux historiques, dont la création plonge cependant dans cet

---

1. Il suffit pour s'en convaincre de consulter le dossier des sources de Jules MICHELET, *Histoire de la Révolution française*, t. II, *1792-1794 : Livres IX à XXI*, éd. de Gérard Walter, Gallimard, « Bibliothèque de la Pléiade », t. II, 1939.
2. Prospectus d'une *Histoire de France* en trente volumes, jamais aboutie, qu'Augustin THIERRY évoque dans la préface de *Dix ans d'études historiques*, 1834. Le texte, reproduit à l'époque dans le *Journal des savants*, année 1824, p. 698, est cité dans Louis HALPHEN, *L'Histoire en France depuis cent ans*, A. Colin, 1914, p. 52.

univers mental[1], on passe à l'histoire savante. Quels que soient l'intérêt et la piété qui entoureront ensuite la découverte et la publication de Mémoires de famille ou d'État, ils porteront la marque de fidélités particulières et n'entreront plus dans le cadre d'une représentation spontanément nationale. Il n'y a pas de comparaison possible entre la publication en 1829-1830 des *Mémoires* de Saint-Simon par son petit-cousin, le général marquis Rouvroy de Saint-Simon, et la publication monumentale de Boislisle de 1879 à 1928. Pas même davantage entre celles des Montagnards, dans le cadre de la Société d'histoire de la Révolution, et celles des Girondins, dont les fils et les veuves portaient à l'éditeur les manuscrits inachevés et presque sanglants. Différence d'édition, différence de public, mais différence à coup sûr plus fondamentale. On saisit, en ces années 1830-1848, l'articulation fine, tout en nuances et pourtant bien nette, entre le jaillissement ultime d'une mémoire collective de l'histoire brûlante, constitutive et reconstitutive de l'identité nationale, et une mémoire historique savante de la collectivité nationale.

Ce moment de mémoire, ce grand moment des Mémoires, constitue un clivage, une ligne de partage des eaux et le renversement d'une longue tradition. C'est en effet un *topos* permanent depuis la Renaissance que la France n'a pas d'histoire, ni d'historiens dignes de ce nom, mais qu'elle a des Mémoires et que ces Mémoires sont notre tradition de l'histoire nationale. Le thème court tout au long de l'âge classique, on en ferait facilement une anthologie. « La France jusqu'ici a eu beaucoup de journaux et Mémoires, et pas une histoire françoise », dit le père Le Moyne dans son traité *De l'histoire* en 1670. Du *Methodus* de Bodin et de

---

1. Cf. L. THEIS, « Guizot et les institutions de mémoire » [1986], *in* P. NORA (dir.), *Les Lieux de mémoire*, t. II, *La Nation*, vol. 2, *Le Territoire – L'État – Le Patrimoine, op. cit.*, pp. 569-592. [On se reportera aussi à l'ample et important colloque international, « Le Temps où l'histoire se fit science, 1830-1848 », organisé à l'Institut de France par Robert-Henri Bautier à l'occasion du renouveau des sciences historiques par le Comité français des sciences historiques, les 17-20 décembre 1985.

« l'idée de l'histoire parfaite » de La Popelinière au XVIe siècle jusqu'à Fénelon et Saint-Évremond : « Il faut avouer que nos historiens n'ont eu qu'un mérite bien médiocre[1] », jusqu'à Voltaire : « Je n'ai d'autres Mémoires pour l'histoire générale qu'environ deux cents volumes de Mémoires imprimés que tout le monde connaît[2] », les innombrables traités de l'histoire n'arrêtent pas de le déplorer : « La cour en conseillers foisonne... » raille Lenglet-Dufresnoy dans sa *Méthode pour étudier l'histoire* (1713)[3]. Les historiens de la monarchie semblent eux-mêmes en avoir intériorisé l'évidence. Même Mézeray, à en croire son historien Evans, aurait eu conscience de sa propre infériorité par rapport au sujet[4]; ou le père Daniel, dans la préface à son *Histoire de France* et plus encore dans son *Abrégé* de 1723. Et Boulainvilliers allait au fond des choses quand, « après tant de Mémoires pour une histoire parfaite », il souhaitait enfin « des histoires pour une mémoire parfaite ». Ce n'est pas là, semble-t-il, simple protestation de convenance, mais une idée enracinée, à laquelle Chateaubriand, dans un chapitre célèbre de *Génie du christianisme*, a donné sa formulation définitive que l'on répétera partout mot pour mot : « Pourquoi n'avons-nous que des Mémoires au lieu d'histoire, et pourquoi ces Mémoires sont-ils pour la plupart excellents[5] ? » « Le Français, poursuit-il, a été dans tous les temps, même lorsqu'il était barbare, vain, léger et sociable. Il réfléchit peu sur l'ensemble des objets, mais il observe

---

1. SAINT-ÉVREMOND, *Œuvres*, Londres, 7 vol., t. III, 1706, p. 137.
2. VOLTAIRE, lettre à l'abbé Dubos, 30 octobre 1738, in *Correspondance*, t. I, *décembre 1704 — décembre 1738*, 1978, éd. de Théodore Besterman, Gallimard, « Bibliothèque de la Pléiade », p. 1279.
3. Nicolas LENGLET-DUFRESNOY, *Méthode pour étudier l'histoire*, 1713, 2 vol., t. II, p. 5. Sur les théoriciens de l'histoire à l'époque classique — le père Rapin, Charles Sorel, La Mothe Levayer —, cf. René DÉMORIS, *Le Roman à la première personne*, A. Colin, 1975, chap. I, pp. 78-89.
4. Cf. Wilfred Hugo EVANS, *L'Historien Mézeray et la conception de l'histoire en France au XVIIe siècle*, Librairie universitaire, 1930. [À compléter par Guy VERRON, *François Eudes de Mézeray. Histoire et pouvoir en France au XVIIe siècle*, Éd. H & D, 2011.]
5. François René de CHATEAUBRIAND, *Génie du christianisme* [1802], troisième partie, livre III, chap. IV, « Pourquoi les Français n'ont que des Mémoires ».

curieusement les détails, et son coup d'œil est prompt, sûr et délié : il faut toujours qu'il soit en scène, et il ne peut consentir, même comme historien, à disparaître tout à fait. » Bref : « Les Mémoires lui laissent la liberté de se livrer à son génie. » Le grand mot est lâché ; l'explication par le caractère national sera pour longtemps officialisée. Et c'est par elle encore que Petitot justifiera son entreprise dès son *Discours préliminaire* : « On se plaint de la sécheresse de l'histoire de France et c'est ce qui donne tant d'attraits aux Mémoires où se trouvent les détails qu'on regrette. » Entre l'histoire noble, rhétorique et cicéronienne, le discours orné, l'histoire philosophique et les compilations obscures de l'histoire antiquaire, celle des bénédictins de Saint-Maur ou les mémoires de l'Académie des inscriptions et belles-lettres, l'histoire vraie, la seule histoire, ce sont les Mémoires.

L'arrivée brutale des publications de Mémoires et l'entrée massive des Mémoires dans l'écriture historique marquent un moment charnière où mémoire et histoire se rejoignent et se confondent. L'adéquation ne durera pas, et avec l'avènement de la génération dite positiviste, au lendemain de la guerre de 1870, le retournement s'accélère au profit de l'histoire dont les Mémoires ne deviendront vite qu'une des sources possibles, d'abord principale et finalement secondaire. Du jour où l'histoire se transformait en bilan critique et tribunal suprême, c'en était fini du privilège des Mémoires ; pesait sur eux le doute général de la critique. Aux historiens le rassemblement des sources et le jugement sans appel, aux acteurs de l'histoire et aux serviteurs de l'État la production du témoignage et le compte rendu circonstancié de leurs charges. Mais cette distribution définitive ne saurait faire oublier l'importance de ce deuxième quart du XIXe siècle, où le retournement s'opère sur l'axe des Mémoires. Certitude qu'il faut fonder l'histoire nouvelle sur les Mémoires, que l'on pourrait tous connaître et publier ; ultime affirmation de cet ancien motif conducteur — « La France a des Mémoires, elle n'a pas d'histoire » — qui a pris la force d'un stéréotype profondément révélateur.

En effet, dans cette première phase de développement d'une histoire critique, l'accumulation primaire du capital archivistique s'est principalement faite à partir des sources narratives. Pour dire d'un mot, on a pris les Mémoires pour des archives, dans une grande confusion entre manuscrits et archives, sans conscience exacte de la spécificité des archives qu'on envoyait dans les bibliothèques comme s'il s'agissait de manuscrits, n'importe quel manuscrit de Mémoires passant pour des archives et n'importe quel cartulaire pour des Mémoires[1]. Guizot pensait, ainsi, non seulement nécessaire, mais possible « une publication générale de tous les manuscrits importants et encore inédits sur l'histoire de notre patrie ». Avec une naïveté qui nous laisse aujourd'hui pantois, il croyait, comme l'indique son rapport officiel du 31 décembre 1833[2], que « les manuscrits et monuments originaux qui ont été jusqu'à présent mis au jour ne surpassent guère en nombre ni en importance ceux qui sont restés inédits ». En quelques années et avec une bonne organisation gouvernementale et des crédits, on aurait publié le tout de la mémoire nationale. Cette utopie de l'exhaustivité fait rêver. Il la partageait pourtant avec toute sa génération ; elle anime toute son œuvre à l'Instruction publique, et c'est ce qui fait du passage où il l'expose dans ses *Mémoires*, au livre III, un morceau à part, un livre dans le livre, un lieu de mémoire où se concentre un moment de la mémoire nationale.

Mais en même temps, que la collecte archivistique de l'histoire critique se soit dans un premier temps d'abord tournée vers les Mémoires, même si le fait tient à la force des choses, n'est pas sans signification pour le rapport des Mémoires individuels à la mémoire collective, pour l'ins-

---

1. Confusion soulignée par Jean Le POTTIER, « Histoire et érudition. L'histoire et l'érudition médiévale dans l'historiographie française du XIXe siècle », thèse de l'École des chartes, 2 vol., 1979.
2. Cf. Xavier CHARMES, *Le Comité des travaux historiques et scientifiques, histoire et documents*, 1886, t. II, pp. 3 et 39, cité dans L. HALPHEN, *L'Histoire en France depuis cent ans, op. cit.*, en particulier le chapitre IV, « La chasse aux documents ».

cription de l'histoire biographique dans l'histoire nationale, et donc pour les Mémoires d'État. Leur importance ne tient peut-être, en France, pas tant à la dramatisation politique à laquelle on l'a souvent attribuée qu'à un style très particulier de rapport de l'individu à l'histoire. Rapport de filiation et d'identification, bloc de croyances cristallisées où entrent, dans la même constellation longuement solidifiée, l'épopée, la nation, l'élection et la prose. On les retrouve, mêlées à la prééminence des Mémoires, dans une page éloquente de l'*Introduction à l'histoire universelle* de Michelet : « La France agit et raisonne, décrète et combat ; elle remue le monde ; elle fait l'histoire et la raconte. L'histoire est le compte rendu de l'action. Nulle part ailleurs vous ne trouverez de Mémoires, d'histoire individuelle, ni en Angleterre, ni en Allemagne, ni en Italie [...]. Le présent est tout pour la France. Elle le saisit avec une singulière vivacité. Dès qu'un homme a fait, vu quelque chose, vite il l'écrit. Souvent il exagère. Il faut voir dans les vieilles chroniques tout ce que font *nos gens* [...]. La France est le pays de la prose [...]. Le génie de notre nation n'apparaît nulle part mieux que dans son caractère éminemment prosaïque. » Ensemble puissamment constitutif de la conscience même de la tradition de Mémoires et qui en délimite le champ, comme il apparaît nettement dans le seul ouvrage d'ensemble sur *Les Mémoires et l'histoire en France*, où Jules Caboche, en 1863, à l'extrême fin de la période que nous considérons et à la veille des grands manifestes positivistes qui vont formuler la distinction définitive, s'efforce de dégager la signification historique de « six siècles de Mémoires continus ». Caboche écarte soigneusement les autobiographies pures, les Mémoires d'âme, les récits d'enfance et les souvenirs particuliers (Port-Royal, Marmontel, Lamartine, etc.) pour ne retenir que « les sévères tableaux de l'histoire », « les hardis combats de l'honneur et de l'ambition », les lieux où se disputent « le pouvoir, le crédit, la faveur », là « où il y a un roi qu'on sert, un pays dont on étend la gloire ». Seuls sont Mémoires les Mémoires d'État, contrepartie intime et humaine à la permanence et à la force impersonnelle des institutions étatiques dont la monarchie et la bureaucratie sont l'expression majeure. Il prend pour acquis l'adaptation spontanée du genre à « notre génie et notre caractère national, chevaleresque et primesautier, bavard et concret, impétueux et léger, sincère et vaniteux qui donnent aux Français le privilège de ces histoires particulières et intimes, humaines et presque domestiques ». C'est à travers elles que peut s'opérer une identification profonde à notre histoire, « nous sommes tous Bayard, nous sommes tous Pharamond, nous sommes tous des Joinville », qui s'écriait à la bataille de Mansourah : « Par la coiffe de Dieu, encore en parlerons-nous ès chambre des dames ! »

Cette inscription de l'individu dans l'*épos* national, on la voit plus nettement encore exprimée à l'origine même du genre et de la tradition, en ce XIIe siècle où Guibert de Nogent, qu'on donne généralement pour le premier des mémorialistes français, se trouve à la fois l'auteur des *Gesta Dei per Francos*, qui racontent la première croisade, et de sa propre biographie, *De vita sua*, dans un souci identique et dédoublé d'une histoire particulière irréductiblement liée à l'histoire générale de la collectivité nationale. Au XVIe siècle, Jacques Auguste de Thou renouvellera ce geste inaugural. Guibert de Nogent, dans son introduction, confesse qu'il avait d'abord voulu écrire son histoire des croisades comme une épopée en vers, mais qu'à la réflexion la prose lui avait paru mieux convenir à la gravité du sujet[1]. Aveu fondateur. Il n'y aurait pas de Mémoires sans la conviction sous-jacente, ici clairement indiquée, mais partout implicite, de

---

1. Le *De vita sua* a été publié pour la première fois en français par Guizot en 1825 dans sa collection de *Mémoires relatifs à l'histoire de France*, t. IX et X. Georges Bourgin a donné en 1907 une édition critique du texte latin. L'édition critique en anglais comporte une intéressante introduction de John F. BENTON, *Self and Society in Medieval France : The Memoirs of Abbot Guibert of Nogent*, New York, Harper and Row, 1970. Je remercie Bernard Guenée de me l'avoir fait connaître. À la fin de son introduction de l'histoire des croisades, Guibert de Nogent écrit en effet : « J'ai pensé que s'il était un homme à qui Dieu daignât accorder la faveur d'écrire convenablement sur un tel sujet, cet homme devait chercher à prendre un ton plus grave que n'ont fait tous les historiens des guerres de Judée [...]. J'ai donné à mon ouvrage un titre sans prétention, mais qui doit servir à honorer notre nation : *Gesta Dei per Francos.* »

l'éminente dignité de la France et du destin exceptionnel auquel elle est vouée. Tous les Mémoires sont la réunion d'un *De vita sua* à des *Gesta Dei per Francos.* L'affirmation de l'individualisme, la naissance de l'autobiographie moderne, le caractère irremplaçable du témoignage existentiel ne feront que renforcer ce sentiment : les Mémoires, c'est l'histoire incarnée, la France multiple et multiforme. Et jamais ce sentiment n'est plus fort qu'aux lendemains des troubles de son histoire et des ébranlements de son pouvoir, la Ligue, les guerres de Religion, la Fronde, grandes productrices de Mémoires ; jamais plus intense qu'après la plus grave crise de son histoire, la grande césure de la Révolution et de l'Empire, en cette période récapitulative de tout l'héritage perdu de l'Ancien Régime, qui trouve, dans le Chateaubriand des *Mémoires d'outre-tombe* — « j'ai vu mourir et commencer un monde » —, son orchestration majeure.

Dix ans à peine séparent les *Mémoires d'outre-tombe* (1848-1850) des *Mémoires* de Guizot *pour servir à l'Histoire de mon temps,* dont le premier tome date de 1858. Dix ans, et pourtant deux âges des Mémoires. D'un côté, la publication posthume et théâtralement orchestrée ; de l'autre, l'originalité, revendiquée dès la première phrase, d'« agir autrement que n'ont fait plusieurs de nos contemporains : je publie mes Mémoires pendant que je suis encore là pour en répondre ». D'un côté, la conviction intime d'être en sa personne même le monde perdu de l'aristocratie et l'incarnation de la nouvelle méritocratie, qui lui fait longuement décliner sa généalogie, comme dans tous les Mémoires aristocratiques, mais pour terminer « ces puériles récitations » par cette phrase lapidaire : « Je préfère mon nom à mon titre. » De l'autre, l'impasse complète sur l'enfance et sur la descendance, mais un démarrage brutal sur son entrée dans la vie publique : « Je n'avais servi ni la Révolution ni l'Empire. » D'un côté, l'obsession d'égaler son moi intime et privé à la référence historique majeure de sa génération, Napoléon, au point de déplacer d'un an sa date de naissance pour faire de lui, l'empereur des mots, le contemporain exact de l'empereur des armes. De l'autre, l'ambition dignement restreinte de n'écrire que pour justifier son action et sa cause : « Mon histoire propre et intime, ce que j'ai pensé, senti et voulu dans mon concours aux affaires de mon pays, ce qu'ont pensé, senti et voulu avec moi les amis politiques auxquels j'ai été associé, la vie de nos âmes dans nos actions, je puis dire cela librement, et c'est là surtout ce que j'ai à cœur de dire. » On pourrait facilement poursuivre le jeu des oppositions, entre l'inventeur de la littérature moderne au service du monstre sacré qu'est en train de devenir avec lui la figure du « grand écrivain » et l'avocat, humble et hautain, d'une cause qui le dépasse, auquel Renan reconnaissait « un ton général de réserve et de discrétion » qui était pour lui « le vrai style des grandes affaires »[1] : « Je ne me soustrais pas au fardeau de mes œuvres. »

Chateaubriand, Guizot : le partage est fait. À la mi-temps du siècle, l'un inaugure la production désormais massive et régulière des Mémoires au service démocratique de l'État. L'autre est à lui seul une mémoire des Mémoires. Il met un point d'orgue à un âge d'eux désormais révolu et clôt en apothéose, au demeurant passablement chaotique, l'essentiel de ses traditions.

LES TRADITIONS D'UNE TRADITION

Dans la formation d'une tradition moderne des Mémoires, on mettra d'abord l'accent sur le rôle cristallisateur et fécondant des Mémoires d'épée, de ces grands féodaux des guerres et des cours que la monarchie a tour à tour utilisés et combattus pour finir par les rejeter et les réduire. La mémoire, il ne leur restait qu'elle quand il ne leur restait historiquement plus rien. Le passé du moins, on ne le leur prendrait pas ! Ils le défendront donc eux-mêmes, dussent-

---

1. Le compte rendu de Renan des *Mémoires* de Guizot a paru dans la *Revue des Deux Mondes*, 1er juillet 1859.

ils, pour cet ultime combat, troquer l'épée contre la plume et « se salir les mains aux escriptures ». Ils le défendront contre les historiens officiels. Le soin de leur honneur, la juste estimation de leurs services et de leurs sacrifices, ils ne les laisseront pas aux « escoliers », aux plumes serviles des historiens à gage[1]. Contre les artisans et les courtisans de la gloire des rois, les Mémoires des grands deviennent le dernier retranchement, la citadelle du passé. C'est en sept mois que Blaise de Monluc, destitué de sa charge et le visage troué d'une arquebuse à la bataille de Rabastens, dicte la première mouture de ce qui deviendra ses *Commentaires*, catalogue amer et vengeur de ses cinq batailles rangées, de ses dix-sept assauts de forteresse, de ses onze sièges et de ses razzias de reître calomnié au service de la cause royale et catholique. C'est du fond de la Bastille que le maréchal de Bassompierre, pris de fureur à la lecture de la chronique de Simon Dupleix, historiographe de Louis XIII, décide d'écrire sa propre version des faits. Tous ces Mémoires sont des réquisitoires contre l'ingratitude du sort et de la Cour, dont la propagande royale s'arroge la version officielle. Retz n'arrête pas de se déchaîner contre « la vanité ridicule de ces auteurs impertinents », « nés dans la basse-cour et n'ayant jamais passé l'antichambre », contre « l'insolence de ces gens de néant », « âmes serviles et vénales » qui « se piquent de ne rien ignorer de tout ce qui s'est passé dans le cabinet »[2].

Marc Fumaroli, à qui l'on doit cette idée séminale[3], a montré de façon définitive dans quel climat théorique est

---

1. Cf. Orest Allen RANUM, *Artisans of Glory. Writers and Historical Thought in Seventeenth Century France*, Chapel Hill, University of North Carolina Press, 1980, ainsi que deux articles importants de François FOSSIER, « La charge d'historiographe du XVIe au XIXe siècle », *Revue historique*, vol. CCLVIII, n° 523, septembre 1977, et « À propos du titre d'historiographe sous l'Ancien Régime », *Revue d'histoire moderne et contemporaine*, vol. XXXII, n° 3, juillet-septembre 1985.
2. Cardinal de RETZ, *Œuvres*, éd. de Marie-Thérèse Hipp et Michel Pernot, Gallimard, « Bibliothèque de la Pléiade », 1983, p. 635-636.
3. Marc FUMAROLI a magistralement développé cette idée en deux articles essentiels, « Les Mémoires du XVIIe siècle au carrefour des genres en prose », XVIIe *siècle*, n°s 94-95, 1971, pp. 7-37, et « Mémoires et histoire : le dilemme de l'historiographie humaniste au XVIe siècle », in *Les Valeurs chez les mémorialistes français du XVIIe siècle avant la Fronde, op. cit.*, pp. 21-45.

née, de 1555 à 1570, cette topique des Mémoires d'épée, qui apparaît toute constituée avec les *Mémoires* de Martin Du Bellay, au moment où Bodin, dans le *Methodus ad facilem historiarum cognitionem*, se fait l'avocat de l'*historia nuda, simplex, recta et omnibus detractis ornamentis* ; où les historiens de l'« histoire parfaite » fondent sur la critique philologique et la jurisprudence la méthodologie de l'école gallicane ; où Montaigne, en une page importante des *Essais*, affirme que « les seules bonnes histoires sont celles qui ont été écrites par ceux mêmes qui commandaient aux affaires ou qui étaient participants à les conduire ou au moins qui ont eu la fortune d'en conduire d'autres de même sorte » (livre II, chap. x). Il a mis aussi en lumière dans quel climat de règlement de comptes et de justice exacte, de comptabilité scrupuleuse et de polémiques ardentes s'est développé le genre, aux XVIe et XVIIe siècles. Et comment, sur ce modèle et de proche en proche, d'autres alluvions se sont déposées à tous les points de friction du pouvoir monarchique en plein affermissement et d'une société en pleine division : « Monarchie contre parlements, catholiques contre protestants, factions littéraires rivales, ordres religieux rivaux, gallicans contre ultramontains, sur chacune de ces lignes de faille surgit une famille de mémorialistes discordants[1]. » C'est là, en ces réquisitoires véhéments, en ces plaidoyers protestataires, que se scelle et se vérifie le lien originairement attesté par tous les dictionnaires — de Furetière à Larousse et Littré — entre *le* mémoire, au sens administratif, judiciaire, financier et plus tard scientifique du terme, et *les* Mémoires, « écrits par ceux qui ont eu part aux affaires ou qui en ont été les témoins oculaires ou qui contiennent leurs vies et leurs principales actions » (Furetière) : un homme dont l'engagement personnel est la garantie de la vérité, de *sa* vérité. « Je mets mon nom à la tête de cet ouvrage, pour m'obliger davantage moi-même à ne diminuer et à ne grossir en rien la vérité » (cardinal de Retz[2]).

---

1. ID., « Les Mémoires du XVIIe siècle au carrefour des genres en prose », art. cité, p. 23.
2. *Œuvres, op. cit*, p. 127.

Il y a là, à n'en pas douter, le germe le plus vivant des Mémoires. On le retrouve en plein XVIIIe siècle, chez un homme aussi poli, courtisan et jouisseur que Choiseul, quand l'exilé de Chanteloup, lui aussi grand seigneur du passé et conscient de ne pas « offrir un travail, ni des *Mémoires* en règle, mais des idées passées, telles que la mémoire les lui présentera », écrit à Voltaire (20 décembre 1759) : « Je vais me consoler [...] de l'ambition, de l'animosité, de la cruauté, de la fausseté des princes ; le cul de ma maîtresse me fait oublier tous ces objets et augmente mon mépris pour les grandes actions des personnages qui ont de pareils défauts. » Les Mémoires les meilleurs sont des polémiques existentielles, et il est hautement significatif que les illustrations les plus éclatantes du genre, Retz, Saint-Simon, Chateaubriand, viennent de nobles et de nobles blessés au plus profond de leur orgueil de caste, l'un par l'échec de la Fronde, l'autre par l'abaissement où l'a réduit l'absolutisme monarchique, le troisième par l'exil de la tourmente révolutionnaire. Tous les Mémoires sont, au plus profond, des « Mémoires de guerre », jusqu'à ceux du grand connétable qui citait en exergue du *Fil de l'épée* la phrase de Shakespeare : « Être grand, c'est soutenir une grande querelle[1]. » Les Mémoires sont l'aspect symbolique d'une lutte pour le pouvoir, pour le monopole du passé et la reconquête devant la postérité de ce qui a été perdu dans la réalité. « Il n'y a pas de bataille perdue qui ne se regagne sur le papier », dit joliment Albert Sorel[2]. Dans la disgrâce politique, la défaite historique, le naufrage vital, au bord de la tombe, devant Dieu ou devant l'Histoire, le mémorialiste hors pouvoir se fait juge du pouvoir, décideur dernier de qui a fait quoi. Tous les Mémoires sont d'abord des anti-histoire.

L'intérêt stratégique de ce modèle d'épée, chronologiquement bordé par les *Mémoires* de Commynes, les premiers à

---

1. Exergue d'autant plus révélateur que, sa mémoire pour une fois le trompant, de Gaulle, comme le signale son biographe américain Bernard Ledwidge, fait une citation fausse de Hamlet qui en détourne le sens. Cf. Bernard LEDWIDGE, *De Gaulle*, trad. I. Heugel, D. Rist, Flammarion, 1984, p. 52.
2. Albert SOREL, « Histoire et Mémoires », *Minerva*, vol. VI, n° 22, 15 janvier 1903.

être baptisés de ce nom par son éditeur posthume, en 1550, ceux de Retz par ailleurs, c'est, en une période politiquement déterminante, d'avoir été amené à remanier de façon décisive tout l'héritage médiéval pour en enrichir les données et en redistribuer les lignes de force. Les Mémoires d'épée nouent, en effet, plusieurs courants venus du Moyen Âge, proches mais cependant différents. Il y avait la tradition noble qui faisait des *memoria*, avant d'être une histoire, des « tombeaux », analogues aux épitaphes et aux effigies, et destinés à perpétuer le souvenir des *virtutes*, des actions des grands hommes, titres des grandes familles à la renommée et chargés de les rappeler à leurs descendants[1]. Il y avait par ailleurs, fort rares, des récits de vie. Récits à caractère religieux, comme celui de Guibert de Nogent ; soit à caractère personnel, comme ceux qu'Abélard, Bernard de Clairvaux ou Pierre le Vénérable ont livrés à travers leurs lettres ; soit à caractère militaire, comme celui dont Joinville, selon ses historiens[2], se serait servi quand la reine Jeanne de Navarre lui avait demandé d'écrire la vie de Saint Louis, après sa canonisation. Il y avait, enfin et surtout, la chronique[3] dont on voit

---

1. Cf. Philippe ARIÈS, « Pourquoi écrit-on des Mémoires ? » in *Les Valeurs chez les mémorialistes français du XVIIe siècle avant la Fronde*, op. cit. Cf. également Maria Rosa LIDA DE MALKIEL, *L'Idée de gloire dans la tradition occidentale*, trad. S. Roubaud, Klincksieck, 1968.
2. « Le corps de l'ouvrage n'avait pas l'intention d'être hagiographique, mais autobiographique » dit Alain Archambault, un des récents commentateurs canadien de Joinville, qui date ces Mémoires d'une trentaine d'années avant la *Vie de Saint Louis*, soit 1272 (Alain ARCHAMBAULT, « Les silences de Joinville », *Papers on Language and Literature*, vol. VII, 1971). Je remercie Jacques Le Goff de cette indication. C'était déjà le sentiment de Gaston PARIS dans « Jean, sire de Joinville », *Histoire littéraire de la France*, t. XXXII, 1898, pp. 291-459. Il est confirmé par Jacques Monfrin, qui achève une édition de Joinville. Cf. également la mise au point de Danielle RAGNIER-BOHLER, « Fictions », *in* Philippe ARIÈS et Georges DUBY (dir.), *Histoire de la vie privée*, t. II, Éd. du Seuil, 1985, pp. 376 sqq.
3. Cf. Daniel POIRION (dir.), *La Chronique et l'Histoire au Moyen Âge*, actes du colloque des 24 et 25 mai 1982, Presses de l'université de Paris-Sorbonne, 1984, où trois articles concernent directement notre propos : Bernard GUENÉE, « Histoire et chronique : nouvelles réflexions sur les genres historiques au Moyen Âge », Christiane MARCHELLO-SOUTET, « L'historien et son prologue : formes littéraires et stratégies discursives », Olivier SOUTET et Claude THOMASSET, « Des marques de la subjectivité dans les *Mémoires* de Commynes ». Pour les rapports des chansons de geste et de l'histoire, cf. Jean FRAPPIER, *Histoire, mythes et symboles*, Genève, Droz, 1976.

le genre s'individualiser par rapport à l'histoire au XIIe et au XIVe siècle et dont l'un des signes d'autonomie est précisément l'engagement personnel de l'auteur, garanti par une formule cérémonielle du type de celle qui clôt le prologue de la vie de Saint Louis : « Au nom de Dieu le tout puissant, je, sire de Joyngville, seneschal de Champaigne, faiz écrire la vie de nostre saint roi Louis, ce que je vis et ouï par l'espace de six ans que je fus en sa compaignie ou pelerinage d'outre-mer, et puis que nous revenimes » ; formule de plus en plus juridique que reprendront les historiographes officiels, « commis, ordonné et député de par le roi souverain seigneur », comme dit le premier d'entre eux, Jean Chartier, dont Bernard Guenée a montré toute l'importance de la nomination en 1437, par Charles VII à peine rentré dans Paris.

Toutes ces traditions confluent dans le grand élan des Mémoires d'épée qui, des guerres de Religion aux lendemains de la Fronde, a véritablement fondé le genre. Mais en transformant le tombeau de la gloire publique en testament de l'honneur privé, en identifiant violemment l'histoire vraie à celle qu'ils ont faite, vue de leurs yeux et entendue de leurs oreilles, en ne laissant à personne d'autre qu'eux, ou commandés et surveillés par eux, le soin d'établir le bilan et de dresser l'inventaire, les grands de l'aristocratie féodale ont profondément transformé le sens de l'héritage. Et cette véhémente appropriation, cette puissante privatisation n'ont pas seulement contribué à la fixation d'une tradition, elles ont largement favorisé son évolution dans le sens d'une intériorisation. Il ne s'agit plus tant de la gloire que de l'honneur, de l'immortalité de la mémoire que du salut de l'âme, plus tant de la vie publique que de la vie privée, plus tant de la renommée abstraite que de sa famille et de ses enfants, plus tant du fracas du monde que de l'éducation morale et chrétienne. L'esprit chevaleresque de la féodalité déclinante a déplacé le sacré de la mémoire officielle de la communauté à la mémoire privée de son lignage et de sa famille. Aucun écrit, si ce n'est le testament qui est bien souvent sous forme développée, n'entretiendra avec la mort une si intime connivence[1]. Ce qui décide l'entreprise, génétiquement habitée par le scrupule à parler de soi, est le plus souvent une crise grave, les relevailles d'une maladie, le deuil d'un être cher, un dernier devoir de la retraite. C'est ce pathétique qui fait oublier la mise en scène rétrospective et tous les mensonges infligés au nom d'une vérité qui n'a plus rien à cacher. La voie est ouverte qui, d'un côté, va permettre le rapprochement des Mémoires des livres de raison, de l'autre, va en faire une ascèse, un exercice spirituel, voire une confession. Un récit du monde traversé par la vanité du monde. Les deux courants se rejoignent, par exemple, dans ce début typique des Mémoires de Robert Arnauld d'Andilly, auquel on doit la traduction des *Confessions* de saint Augustin, où chaque mot paraît obéir à un rituel codé[2] :

> Une aussi longue vie que la mienne, et dont j'ai passé la plus grande partie à la cour, autant connu de grands et aussi libre avec eux qu'on peut l'être, m'a si fortement persuadé du néant des choses du monde que rien n'était plus éloigné de ma pensée que de laisser quelques mémoires touchant mes proches et ce qui me regarde en particulier. Mais ne pouvant résister aux instances si pressantes que me fait mon fils de Pomponne d'en écrire quelque chose qui puisse servir à mes enfants pour les exciter à la vertu par des exemples domestiques et leur inspirer le mépris des faux biens dont la plupart des hommes sont si idolâtres qu'ils ne craignent pas de les rechercher aux dépens de leur honneur et de leur salut, je me suis enfin résolu à lui donner cette satisfaction et je ne rapporterai rien que je n'aie vu de mes propres yeux ou qui ne m'ait été dit par des personnes dignes de foi.

Ce conventionnel funèbre, et qui, dans les Mémoires de Port-Royal, finit par devenir pénitentiel et expiatoire, ne saurait étouffer complètement ce que le passéisme même de

---

1. Marc FUMAROLI l'a bien mis en lumière dans son introduction à Henri de CAMPION, *Mémoires*, Mercure de France, « Le temps retrouvé », 1967.
2. Robert ARNAULD D'ANDILLY, *Mémoires*, collection Petitot, 2e série, vol. XXXIII, 1824.

cette matrice aristocratique a légué au genre de fraîcheur vitale et de merveilleux existentiel. Tous les Mémoires d'épée sont des récits d'âge d'or. L'amertume de leur motivation, le *memento mori* de leur inspiration, la mélancolie de leur rédaction n'aboutissent qu'à faire davantage éclater, surtout au XVIe et au premier XVIIe siècle, l'extraordinaire gaieté du souvenir[1]. Les *Mémoires* de Castelnau, Beauvais-Nangis, Tavannes, Mergey[2], sans même aller jusqu'au début de ceux de La Rochefoucauld, débordent de cette « âpre saveur de la vie » dont parlait Huizinga. Soleil des guerres d'Italie, joyeux massacres des guerres de Religion, équipées funambulesques de la Fronde pleines de toutes les aventures de la politique et du cœur, souvenirs dorés d'une époque folle, haute en couleur, d'une noblesse violente et remuante, qui auront tant de succès quand, après 1660, la lourde étiquette de cour les aura fait grandir et qu'il faudra les excentricités de la Régence et les imaginations romantiques pour ressusciter. Cette verdeur des souvenirs n'éclate jamais plus que chez les femmes, qui commencent en guerrières, comme Mlle de Montpensier, et finissent en dames de cour, comme Mme de Motteville[3], ou, mieux encore, chez celles qui en furent toujours éloignées, comme cette amazone provinciale de la Fronde que fut Mme de La Guette[4], obstinément fidèle au roi comme la Pucelle à Charles VII, quand elle traversait la France déguisée en moine pour récupérer son mari passé à Condé et sauvait l'armée de Turenne, postée sur un four à chaux, et qui, de Hollande où elle finit par se réfugier auprès d'un des survivants de ses dix enfants, veut être de « ces peu de femmes qui s'avisent

---

1. On en trouvera de nombreux exemples dans Jean-Marie CONSTANT, *La Vie quotidienne de la noblesse française aux XVI-XVIIe siècles*, Hachette, 1985, fondé en partie sur une lecture attentive des Mémoires.
2. Les *Mémoires* de Michel de CASTELNAU, Jean de MERGEY, Guillaume de SAULX-TAVANNES, dans la collection Petitot, 1re série, vol. XXXIII, XXXIV et XXXV, ceux de BEAUVAIS-NANGIS, Société de l'histoire de France, 1862.
3. *Mémoires* de Mlle de MONTPENSIER et de Mme de MOTTEVILLE, collection Petitot, 2e série, vol. XXXVII à XLIII.
4. *Mémoires* de Mme de LA GUETTE (1613-1676), édités par Micheline Cunin, Mercure de France, « Le temps retrouvé », 1982.

de mettre au jour ce qui leur est arrivé » et « ressusciter les enchantements de [sa] belle jeunesse ». À ces grands et à ces moins grands reviennent le non-conformisme et la liberté de ton d'un art qui se veut sans art. « Mémoires, de toutes les façons d'écrire la plus simple et la plus libre... », dit encore Mme de Caylus[1]. Un débridé du style et un naturel de l'amble qui a beaucoup fait pour une définition négative du genre qui ménageait tous les possibles rebondissements...

Cette tradition née de l'aristocratisme féodal, polémique et guerrier ne doit en effet pas diminuer le poids qu'ont représenté, dans la sédimentation du genre, les Mémoires de cour. Concevrait-on aujourd'hui des Mémoires sans portraits, sans anecdotes, sans descriptions, sans leur lot de confidences et de rumeurs attestées ou dénoncées, sans explications psychologiques et historiques, sans souci de mise en scène, et même sans « caractères » et sans « maximes » ? Si ce genre sans lois a ses passages obligés, ses conventions, ses habitudes, et, pour commencer, celle du bien dire, on le doit à la longue prégnance de ce que Norbert Elias a appelé la société de cour[2].

Du point de vue chronologique, il y a continuité ; du point de vue de la dynamique de la mémoire, le renversement est complet avec la tradition des Mémoires d'épée. Non plus des Mémoires *contre* le pouvoir et l'État, mais des Mémoires *du* pouvoir et *de* l'État. Non plus des Mémoires réquisitoires, mais des Mémoires spectacles et commentaires. Non plus des célébrations du passé, mais, même écrits au passé ou dans le dénigrement, des célébrations du présent. Le phénomène de cour et la pratique des Mémoires sont consubstantiels ; la Cour appelle la mémoire, mais pas la même : une mémoire essentiellement enregistreuse et descriptive. Monde *centralisé*, hiérarchisé, habité d'une lumière

---

1. *Souvenirs* de Mme de CAYLUS, édités par Bernard Noël, Mercure de France, « Le temps retrouvé », 1965.
2. Norbert ELIAS, *La Société de cour*, Flammarion, 1974. Ne dispense nullement de revenir à l'ouvrage classique de Maurice MAGENDIE, *La Politesse mondaine et les théories de l'honnêteté, en France, au XVIIe siècle, de 1600 à 1660*, Alcan, 1925.

focale mais constamment changeante, animé de tressaillements permanents sur lequel ne cesse de peser, d'un poids toujours infinitésimal, la pression des clans, des alliances, des cabales[1], et donc des trahisons, des intrigues, des complots ; où le moindre geste est affecté d'une signification indécidable, sur lequel plane à tout instant la surimportance de l'inimportant. Un monde *fixe* qui a donc entraîné, sinon l'apparition, du moins la promotion et la généralisation de tous les procédés liés au fixisme : le tableau, la scène, la sentence. Un monde du *code* et des lois non écrites mais partagées par tous, qui implique donc le jeu permanent des apprentissages et du déchiffrement, de l'interprétation et de la transgression. Un monde du *théâtre* et du *paraître*, qui suppose donc les coulisses, l'écart, le quant-à-soi, la surenchère, la stratégie, et qui en appelle du comportement visible aux mobiles cachés, dans une interrogation permanente sur la nature de l'être. Un monde *clos*, nettement cerné de frontières extérieures — on en est ou on en n'est pas —, mais quadrillé de frontières intérieures mobiles, variables au gré de la faveur et de l'humeur et qui, donc, selon les rangs et selon les jours, fait et défait des micromilieux. Un monde du grand monde où les valeurs de la civilité, du commerce des autres, de la conversation, de l'« esprit » sont supérieures à toutes les autres, mais appellent, par opposition, la retraite et la solitude, le sentiment chrétien de la vanité du monde. Un monde, enfin et, peut-être, surtout, où la société politique croise et recoupe la société mondaine soumise au même régime, en sorte que les *Mémoires* du maréchal de Villars, militaire et diplomate, et ceux de Mme de La Fayette, écrivain et dame de cour, ne sont que les deux faces d'un même système et expriment tous deux avec force le même principe, qui est sans doute parmi les plus constitutifs de la tradition mémorialiste : un rapport de marginalité au centre du pouvoir et de centralité au milieu du pouvoir. Tout, dans le phénomène de cour, commande les

---

1. Cf. Emmanuel LE ROY LADURIE, « Système de la Cour de Versailles », *L'Arc*, n° 65, 2ᵉ trimestre 1976, numéro consacré à l'auteur.

Mémoires, mais dans un tout autre rapport des Mémoires à la mémoire. Il faut lire, par exemple, les *Mémoires* du duc de Luynes, sous Louis XV, pour mesurer le degré zéro de cette mémoire réduite à l'enregistrement pur des annales de la cour. Mais à l'autre bout de la chaîne, même chez Saint-Simon, qui pousse la logique du système jusqu'à son retournement complet et chez qui l'on trouve tous les jeux de miroir possibles de la mémoire, tous les éclairages en vrille, en oblique et en perforations[1], demeurent au tréfonds des traces de cette mémoire de l'à-plat. Ne serait-ce que dans l'utilisation déterminante du *Journal* de Dangeau et dans l'adoption formelle du cadre chronologique, comme une solution de fortune.

Un tel univers inscrit naturellement l'écriture des Mémoires sous le signe du secret. Toutes les dimensions des Mémoires de cour sont finalement réductibles à cette catégorie fondamentale. Si l'on prend les titres exacts des deux cent cinquante-neuf Mémoires recensés par Bourgeois et André dans *Les Sources de l'histoire de France* pour le XVIIe siècle, la presque totalité promet des « détails curieux », des « particularités » ou des révélations sur les règnes de Louis XIII, de Louis XIV ou leurs principaux personnages. C'est la nature même du pouvoir qui, ici encore, commande l'économie générale du secret. Pas de Mémoires sans foyer central du pouvoir, détenteur et dispensateur de tous les autres pouvoirs. Pas de Mémoires, donc, sans secrets d'État qui désignent en priorité à les écrire, les grands à nouveau, mais pas les mêmes ni pour les mêmes raisons que les grands féodaux. C'est l'existence supérieure du secret d'État qui, de proche en proche, régit la disposition des autres formes du secret. Car le secret, dans les Mémoires classiques, est loin de se réduire à sa dimension politique. Il en investit d'abord et par opposition l'envers, déguisé comme l'abbé de Choisy lui-même se

---

1. Cf., SAINT-SIMON, *Mémoires*, suivi d'*Additions au journal de Dangeau*, éd. d'Yves Coirault, Gallimard, « Bibliothèque de la Pléiade », 8 vol., 1983-1988, « Introduction », t. I, 1983. [Cf. aussi *infra*, note 1, p. 500.]

déguisait en femme[1], travesti en secrets du cœur et en secrets d'alcôve. Il revêt une signification psychologique, morale, historique. Écrire ses Mémoires, c'est expliquer les grands effets par les petites causes ou au contraire les petits effets par de grandes causes ; expliquer les hommes et comprendre l'homme, dévoiler le « vrai cours des choses ». D'où le prodigieux enrichissement du répertoire que constitue le canon des Mémoires classiques, depuis le traitement de la scène à l'art du portrait, puisque le portrait relève éminemment de la psychologie du secret. De Retz à Saint-Simon, on le voit se développer et se raffiner[2]. Retz a tendance à opposer les portraits, comme celui de Richelieu et de Mazarin, ou à les juxtaposer, comme dans la présentation des dix-sept futurs conjurés qu'il n'hésite pas à faire en force et en pied : « Je sais que vous aimez les portraits [...]. Voici la galerie où les figures vous paraîtront dans leur étendue, et où je vous présenterai les tableaux des personnages que vous verrez plus avant dans l'action[3]. » Saint-Simon, au contraire, chez qui l'on en a compté pas moins de deux mille cent, mais qui a tiré toutes les leçons de la théorie des portraits depuis le *Recueil de Mademoiselle*[4] en 1659, les éparpille, les distille et les approfondit au rythme de l'action, jusqu'à en faire un instrument d'une précision insurpassée. Mais le secret, le vrai, le grand, l'essentiel, c'est celui qui frappe la rédaction des Mémoires eux-mêmes et qui en est devenu la condition de possibilité. C'est encore chez Saint-Simon qu'il apparaît le plus clairement. Le passage mérite citation :

---

1. Cf., réunis sous la même couverture, les *Mémoires pour servir à l'histoire de Louis XIV* et les *Mémoires de l'abbé de Choisy déguisé en femme*, édités par Georges Mongrédien, Mercure de France, « Le temps retrouvé », 1966.
2. Cf. Dirck VAN DER CRUYSSE, *Le Portrait dans les « Mémoires » du duc de Saint-Simon*, Nizet, 1971.
3. Cardinal de RETZ, *Œuvres, op. cit.*, p. 286.
4. Le portrait, détaché du roman et imité de la peinture, dont il emprunte le vocabulaire (le pinceau, le trait, la manière, etc.), est né comme un jeu dans la petite société du Luxembourg, autour de Mlle de Scudéry et de Mlle de Montpensier. Rassemblés d'abord par Segrais à une trentaine d'exemplaires, cette galerie des portraits de Mlle de Montpensier finit par faire deux volumes de près de mille pages en 1663, collationnés par Édouard de Barthélemy.

Cette lecture de l'histoire et surtout des mémoires particuliers à la nôtre des derniers temps depuis François Ier que je faisais de moi-même, me fit aussi l'envie d'écrire de ceux que je verrais, dans le désir et dans l'espérance d'être de quelque chose et de savoir le mieux que je pourrais les affaires de mon temps. Les inconvénients ne laissèrent pas de se présenter à mon esprit ; mais la résolution bien ferme d'en garder le secret à moi tout seul me parut remédier à tout. Je les commençais donc en juillet 1694, étant mestre de camp d'un régiment de cavalerie de mon nom, dans le camp de Ginsheim, sur le Vieux-Rhin, en l'armée commandée par le maréchal duc de Lorges[1].

Passage étonnant à bien des égards. D'abord par sa simplicité, quand on songe à la complexité arborescente que cinquante ans d'élaboration continue ont fini par donner à son projet. Passage révélateur aussi du mécanisme de la mémoire classique : Saint-Simon aurait donc commencé ses *Mémoires* à dix-neuf ans ! Précocité sans doute unique et qui signale bien, jusque chez celui des mémorialistes dont le génie maniaque et démiurgique a porté la « cour » à l'intensité d'une entéléchie hallucinatoire, l'adéquation naturelle du phénomène et de son expression. Mais passage plus étonnant encore par le jumelage, à ses yeux congénital, du projet dans son immensité et du secret dans sa radicalité.

L'essentiel des Mémoires de cour est cependant ailleurs : dans le lien, définitivement établi, et prometteur d'échanges qui ne cesseront plus, entre les Mémoires et la littérature. Dans la formation même de l'esthétique classique, entre 1660 et 1680, c'est la grille des Mémoires, avec tout ce que ce terme impliquait de références à la simple vérité et au naturel, qui a fourni au roman ses solutions et le point de départ de son émancipation et de sa définition moderne. On sait le rôle qu'elle a joué dans *La Princesse de Clèves* et la lettre fameuse de Mme de La Fayette à Lescheraine[2] où

---

1. SAINT-SIMON, *Mémoires*, op. cit., t. I, p. 20.
2. Mme de LA FAYETTE, *Correspondance*, d'après les travaux d'André Beaunier, 1942, t. II, p. 63. Lettre au chevalier de Lescheraine, 13 avril 1678. Mme de La Fayette ne s'avoue pas l'auteur du roman, elle raconte « ce qu'on en dit ».

l'auteur future des *Mémoires de la cour de France* disait de son roman qu'« il était une parfaite imitation du monde de la cour et de la manière dont on y vit. Il n'y a rien de romanesque et de grimpé ; aussi n'est-ce pas un roman, c'est proprement des mémoires ». Le roman, tel que nous l'entendons depuis, s'est constitué à partir de la même « cellule mère » que les Mémoires authentiques[1]. La ligne de partage qui séparait soigneusement Mémoires et romans, les premiers centrés sur le récit autobiographique et historique, les seconds sur le récit d'imagination baroque, héroïque ou pastoral, s'estompe, pour passer, désormais, non plus entre deux genres, mais entre deux genres de genre : les romans et Mémoires plus orientés vers l'analyse, la pénétration psychologique fine, le récit personnel, la vie psychique et les émotions individuelles ; les romans et Mémoires par ailleurs consacrés à la description réaliste et sociologique, où la part la plus grande est faite au récit pittoresque, et au reportage documentaire. Des Mémoires, le roman a emprunté la formule au point de vider le mot de ses références précises et d'en subvertir le sens, ne servant plus, depuis Courtilz de Sandras qui s'est ingénié à brouiller toutes les pistes[2], qu'à étayer les impostures et à mêler le faux au vrai : de 1700 à 1750, on a chiffré à plus de deux mille les romans rédigés en forme de Mémoires[3]. Sur ces évolutions, les excellents travaux des historiens de la littérature Georges

---

1. L'expression est de Marie-Thérèse HIPP dans sa thèse, *Mythes et réalités. Enquête sur le roman et les Mémoires (1660-1700)*, Klincksieck, 1976, p. 531. L'auteur consacre la moitié de son introduction à une mise au point historique sur le genre des Mémoires.
2. Inventeur de la formule des Mémoires apocryphes, Courtilz de Sandras (1644-1712) est l'auteur d'une œuvre énorme qui mêle à un cadre historique, dont les événements et les personnages sont connus, le piment d'invérifiables anecdotes de guerre, d'amour et de diplomatie secrète. Ses *Mémoires de Mr d'Artagnan*, plus ou moins recopiés par Alexandre Dumas, ne sont que les plus célèbres. Cf. Jean LOMBARD, « Le personnage de Mémoires apocryphes chez Courtilz de Sandras », *Revue d'histoire littéraire de la France*, n° 77, août 1977, numéro spécial consacré au roman au XVIIe siècle, ainsi que, du même, « Courtilz de Sandras ou l'aventure littéraire sous le règne de Louis XIV », thèse de lettres, Université de Paris IV, 1978.
3. Cf. Philip STEWART, *Imitation and Illusion in the French Memoir-Novel, 1700-1750 : The Art of Make Believe*, New Haven, Yale University Press, 1969.

May, René Démoris, Jean Rousset, Marie-Thérèse Hipp ont apporté d'abondantes lumières et nous y renvoyons[1], pour ne retenir que ce qui importe directement à notre propos : le fait massif et simple, mais cependant troublant, que les trois plus grands mémorialistes aux XVIIe, XVIIIe et XIXe siècles ont été aussi parmi les plus grands littérateurs français, tous trois obsédés d'une grandeur politique dont ils n'ont jamais connu que la menue monnaie et dans la carrière de qui la rédaction des *Mémoires* a été à la fois périphérique et absolument centrale. Ce qui fait, en effet, des *Mémoires* de Retz, de Saint-Simon et de Chateaubriand des Mémoires d'État, au sens plein du mot, ne sont pas les responsabilités publiques qu'ils ont à l'occasion assumées, en en exagérant plus ou moins l'importance, mais leur rapport personnel au pouvoir, à la politique, à l'État, fait d'identification absolue et de distance radicale, d'aptitude imaginaire et d'incapacité presque volontaire. Trois ratés supérieurs de la politique habités d'un *ego* qui les égale aux plus grands forcenés du pouvoir, Retz à Richelieu, Saint-Simon à Louis XIV et Chateaubriand à Napoléon, mais sauvés de l'échec, à la différence de leurs *alter ego* dont les Mémoires ne sont pas essentiels à la gloire, par le chef-d'œuvre littéraire de leurs Mémoires. C'est l'écrasante supériorité de leur réussite littéraire qui, paradoxalement, les intègre de plain-pied au système des Mémoires d'État, dont ils sont même les garants et les piliers, puisque, sans eux, il n'existerait sans doute pas.

C'est sous l'influence de trois grands faits que le terme de « Mémoires » a pris son acception contemporaine : l'appro-

---

1. Cf. Georges MAY, « L'histoire a-t-elle engendré le roman ? », *Revue d'histoire littéraire de la France*, vol. LV, n° 2, avril-juin 1955 ; René DÉMORIS, *Le Roman à la première personne*, A. Colin, 1975, qui consacre un important chapitre initial, « Les Mémoires, l'histoire, la nouvelle », à la naissance des Mémoires historiques, aux rapports des historiens aux Mémoires et aux Mémoires face à l'esthétique classique. Du même, l'article classique, « Les Mémoires de Pontis, Port-Royal et le roman », XVIIe *siècle*, n° 79, 1968. De Jean ROUSSET, *Narcisse romancier. Essai sur la premiere personne dans le roman*, José Corti, 1950, ainsi que « Les difficultés de l'autoportrait », *Revue d'histoire littéraire de la France*, n°s 3-4, mai-août 1969.

fondissement de l'analyse du moi, l'effacement d'un type de pouvoir de droit divin et l'accélération brutale de l'histoire. Trois faits intimement liés entre eux à la fin du XVIIIe siècle, et qui ont fixé définitivement le genre, dans sa tradition démocratique.

Pour qu'il y ait Mémoires, au sens moderne, extensif et limitatif du mot, il faut en effet d'abord qu'il y ait fracture du cadre social traditionnel et avènement de l'individu ; non point au sens psychologique, mais au sens social, au sens tocquevillien de l'égalité des conditions. Les Mémoires feront à la psychologie sa place, mais limitée et seulement déterminée par les nécessités de la définition sociale. Elle n'est qu'un élément de l'indispensable identité du mémorialiste, un éclairage du cursus et de la carrière ; mais, sitôt que cette identité psychologique devient l'objet même des Mémoires, on glisse vers l'autobiographie, que Georges Gusdorf, en de fortes pages, a bien montrée comme l'aboutissement d'un vaste processus de démocratisation[1]. Pour que la distance de soi à soi paraisse mériter l'analyse, pour que la face purement privée de l'existence prenne un véritable intérêt, pour que la remémoration puisse être poursuivie pour elle-même, il faut qu'intervienne la mobilité sociale. Sinon, les *Souvenirs d'enfance et de jeunesse*, ceux de Renan et de tant d'autres après lui, ne sont guère concevables. Les recherches de Jacques Voisine l'ont montré avec précision[2] : c'est en 1856 que le *Dictionnaire de l'Académie* adopte le terme « autobiographie » dans son sens actuel, comme un néologisme, et Littré, en 1863, consacrant avec retard et réticence le développement d'un genre auquel les *Confessions* de Rousseau ont donné une orientation décisive et parfaitement consciente[3]. Dans le préambule du manuscrit

---

1. Cf. G. GUSDORF, « Conditions et limites de l'autobiographie », art. cité.
2. Cf. Jacques VOISINE, « Naissance et évolution du terme littéraire *autobiographie* », in *La Littérature comparée en Europe occidentale*, conférence de Budapest, 26-29 octobre 1962. Budapest, Akadémiai Kiadó, 1963.
3. Cf. Yves COIRAULT, « Autobiographie et Mémoires (XVIIe-XVIIIe siècle), ou l'existence et naissance de l'autobiographie », *Revue d'histoire littéraire de la France*, n° 6, 1975, ainsi que Jacques VOISINE, « De la confession religieuse à l'autobiographie et au journal intime entre 1760 et 1820 », *Neohelicon*, n°s 3-4, 1974.

dit « de Neuchâtel »[1], Rousseau annonce clairement que l'histoire de sa vie ne sera pas un roman, ni un portrait : ce sera la vie, non d'un grand personnage « par le rang et par la naissance », mais d'un homme du peuple qui a « la célébrité des malheurs ». Ce sera une histoire intérieure, dans laquelle « la chaîne des idées et des sentiments » se substituera à la chronologie des « événements extérieurs », qui ne l'intéresse que dans la mesure où et la manière dont il en a été affecté. Il veut « rendre [son] âme transparente aux yeux du lecteur », dans une véhémente prédication sécularisée. « Et qu'on n'objecte pas que n'étant qu'un homme du peuple, je n'ai rien à dire qui mérite l'attention des lecteurs [...]. Dans quelque obscurité que j'aye pu vivre, si j'ai pensé plus et mieux que les Rois, l'histoire de mon âme est plus intéressante que celle des leurs. » Une histoire, donc, de l'individu.

Telle est cependant, encore, dans la première moitié du XIXe siècle, l'incertitude de l'autobiographie que la *Vita* d'Alfieri en 1810 et *Dichtung und Warheit* (Poésie et Vérité), de Goethe, qui a joué un rôle également déterminant dans la formation moderne du genre, sont encore traduits sous le titre de *Mémoires*. À cette appellation, inversement, Lamartine préfère celle de *Confidences*, tandis que George Sand, pourtant disciple de Rousseau et éditeur des *Confessions*, revient à *Histoire de ma vie*. N'importe ici la chronologie exacte, mais le sens du mouvement : la fixation de l'autobiographie dans le sens d'une histoire intérieure[2], psycholo-

---

1. Il s'agit de fragments autobiographiques et d'ébauches des *Confessions*, conservés à la bibliothèque de Neuchâtel et publiés dans Jean-Jacques ROUSSEAU *Œuvres complètes*, éd. sous la direction de Bernard Gagnebin et Marcel Raymond, Gallimard, « Bibliothèque de la Pléiade », t. I, 1959, pp. 1148 sqq.
2. On trouvera sur ce point des notations éparses dans Georges GUSDORF, *Les Sciences humaines et la pensée occidentale*, 13 vol., Payot, 1966-1988. Par exemple, au volume IX, *L'Homme romantique*, 1984, il relève cette citation de Charles Nodier, dans la « Préface nouvelle » à *Thérèse Aubert* (dont la première édition date de 1819) : « Les jeunes âmes qui s'affectionnent à l'infortune se trompent quand elles ne l'aiment que pour son étrangeté. Elle est encore plus monotone que le reste. Je comprends à merveille qu'il y a, comme on dit aujourd'hui, beaucoup d'*individualisme* et par conséquent un immense ennui au fond de tout cela. »

gique et littéraire, va renvoyer définitivement les Mémoires au récit linéaire d'une histoire extérieure. Dignité, mais infirmité des Mémoires, tous chargés d'une solennité historique et d'une illustration sociale qui en font la fadeur. Ils ne miroitent pas des complexités et des chatoiements de la psychologie des profondeurs. Ils ne frémissent pas non plus du pathétique des humbles, qui n'ont droit, certes, qu'à des « récits de vie », comme Agricol Perdiguier, mais représentent une contre-mémoire de la base qui nous paraît beaucoup plus intéressante aujourd'hui[1]. Ni *L'Âge d'homme*, de Michel Leiris, ni Martin Nadaud, maçon de la Creuse : les Mémoires sont devenus, à l'âge démocratique, comme le stade élémentaire de l'autobiographie. Mais l'autobiographie les a fait apparaître du même coup comme fondés sur des présupposés élémentaires et même triviaux, ce à quoi ils sont loin de se réduire. Des notables, peut-être, mais dont la carrière embrasse une longue période et se charge, à travers soi, d'une histoire extérieure à soi.

Car l'extérieur n'a plus cessé de l'emporter, dans une précipitation historique qui n'a pas cessé, à son tour, de multiplier les théâtres du mémorable. Mémoires témoignages : l'âge démocratique a fait des Mémoires un journalisme de l'intérieur du pouvoir. Là est peut-être l'essentiel. L'effon-

---

1. Cf. Agricol PERDIGUIER, *Mémoires d'un compagnon*, introduction de Philippe Joutard, UGE, 1964. Nombreuses sont les biographies d'humbles et d'anonymes publiées ces dernières années. Parmi les plus remarquées, cf. Maurice AGULHON (éd.), *Martin Nadaud. Mémoires de Léonard, ancien garçon maçon*, Hachette, 1976 ; Jean-Marie GOULEMOT (éd.), *Jamerai Duval (Valentin). Mémoires, enfance et éducation d'un paysan au XVIIIe siècle*, Le Sycomore, 1981 ; Daniel ROCHE (éd.), *Jacques-Louis Menestra, compagnon vitrier au XVIIIe siècle*, Montalba, 1982 ; Emmanuel LE ROY LADURIE et Orest RANUM (éd.), *Pierre Prion, scribe*, Gallimard-Julliard, « Archives », 1985. Philippe Lejeune a entrepris une vaste enquête sur les autobiographies populaires qui porte un coup à l'assimilation de l'autobiographie à un genre bourgeois. Il en a livré les premiers résultats : « Autobiographie et histoire sociale au XIXe siècle », in *Individualisme et autobiographie en Occident*, colloque du Centre culturel international de Cerisy-la-Salle, sous la direction de Claudette Delhez-Sarlet et Maurizio Catani, Institut Solvay, Bruxelles, Éd. de l'Université de Bruxelles, 1983. On trouvera également dans ce recueil deux articles qui intéressent directement notre sujet : Friedhelm KEMP, « Se voir dans l'histoire : les écrits autobiographiques de Goethe », et Claudette DELHEZ-SARLET, « Chateaubriand : scissions et rassemblement du moi dans l'histoire ».

drement d'un pouvoir monarchique de droit divin, d'un monopole étatique de la mémoire contre lequel ou à l'intérieur duquel avaient proliféré les Mémoires, dominés par les Mémoires d'État, a effacé définitivement la frontière qui rejetait en dehors de leur mouvance les Mémoires de type journalistique. Ces mémoires journaux avaient toujours existé, depuis le Bourgeois de Paris (le docteur Louis Désiré Véron) au XVe siècle, Pierre de L'Estoile, au XVIe, ou, point si différents, Tallemant des Réaux ou Sébastien Mercier. La chronique, récemment retrouvée, que Pierre-Ignace Chavatte[1], ouvrier sayetteur, à Lille, a tenue pendant toute la seconde moitié du XVIIe siècle relève de la même fureur de curiosité et de la même ténacité notatrice. La rumeur, l'anecdote, le fait divers, le temps qui passe, le prix de la vie, l'aventure du quotidien, les travaux et les jours. Ce type de « chronique mémoriale », comme l'appelle Chavatte, a longtemps représenté l'envers des Mémoires d'État. Il naît de milieux sociaux qui lui sont étrangers, urbains, bourgeois, populaires ; il suppose une tout autre forme de mémoire, la saisie de l'instantané ; il ne recueille du pouvoir que les échos lointains, répercutés dans un esprit craintif, passif ou critique. Le mélange de gentillesse et de rosserie, la passion pour le détail vrai en font tout le prix. Ce sont des Mémoires d'opinion. Le XVIIIe siècle les avait donc vus se multiplier, avec le développement de Paris et la naissance d'une fronde intellectuelle. Cet « esprit public »[2] s'exprime à plein dans les Mémoires de Buvat, copiste à la bibliothèque du roi, sous la plume d'avocats comme Mathieu Marais et surtout l'excellent Barbier, qui n'a pas son pareil pour gloser sur les querelles du parlement et de la Couronne, ou encore dans les trente-six volumes des *Mémoires secrets de la république des Lettres* dont les cinq premiers sont de Bachaumont. Le formidable coup d'accélérateur de la

1. Cf. Alain LOTTIN, *Chavatte, ouvrier lillois*, Flammarion, 1979.
2. Cf. l'ouvrage très utile de Charles AUBERTIN, *L'Esprit public au XVIIIe siècle. Étude sur les Mémoires et les correspondances politiques des contemporains*, 1873.

Révolution, l'effondrement du pouvoir monarchique de droit divin, l'élargissement brutal de l'espace public, la précipitation du rythme des événements ont fait soudain changer d'échelle ce mode mineur pour lui donner une dimension centrale. Que l'on compare, par exemple, les *Souvenirs* de Mme de Caylus et ceux de la comtesse de Boigne[1], dans l'ordre mondain, ou, dans l'ordre intellectuel et littéraire, les *Mémoires* de Bachaumont et ceux de Rémusat[2], on saisira aisément, à un siècle de distance, comment la composante journalistique s'est intégrée pour toujours à la tradition majeure des Mémoires.

L'avènement de la démocratie impliquait donc, dans son principe même, une redistribution définitive du genre, la généralisation et la diversification à l'infini de l'acte autobiographique, en même temps qu'une redéfinition des Mémoires par la politique. Le mot est devenu très directement connoté avec l'État : sa vie, ses institutions, ses partis, sa diplomatie, ses vedettes ou ses simples acteurs, dans une hiérarchie d'intérêt qui épouse assez étroitement la hiérarchie des responsabilités. Mais en devenant quasi fonctionnel, l'exercice a perdu en qualité ce qu'il a gagné en quantité. La division politique de l'État entasse tous les jours, entre le murmure de l'actualité médiatique et le travail critique des universitaires, une couche toujours plus épaisse de témoignages individuels à la barre de l'histoire. Les contemporains se sont d'ailleurs très vite aperçus de l'abaissement et de la contagion du phénomène. « Le temps où nous vivons a dû nécessairement fournir de nombreux matériaux aux mémoires », constate Chateaubriand dans la préface aux *Études historiques* (1831). « Il n'y a personne qui ne soit devenu, au moins pour vingt-quatre heures, un personnage historique et qui ne se croie obligé de rendre compte au monde de l'influence qu'il a exercée sur l'univers. » Même

---

1. Cf. Les excellents souvenirs de la comtesse de BOIGNE, édités par Jean-Claude Perchet, 2 vol., Mercure de France, « Le temps retrouvé », 1971.
2. Cf. Charles de RÉMUSAT, *Mémoires de ma vie*, présentés et annotés par Charles Pouthas, 3 vol., Plon, 1958-1960.

son de cloche chez les historiens de la littérature : « Les Mémoires du XIXe siècle, écrit Frédéric Godefroy[1], à peu d'exceptions près, ne font ressortir que d'orgueilleuses personnalités, tant ils prennent soin d'absorber les événements dans leur propre existence, ou de s'abandonner, pour rappeler un rôle, à des généralités historiques que tout le monde connaît. » Une entreprise comme celle de Petitot est aujourd'hui impensable. Le temps où elle a commencé à cesser d'être possible est celui où, précisément, il l'a réalisée. La notion même de « Mémoires de l'histoire de France » s'est dissoute, émiettée jusqu'à épuisement dans le jour le jour de la politique. Et c'est cet épuisement qui permet aujourd'hui d'apercevoir la spécificité du phénomène et l'originalité d'une tradition. Les Mémoires des hommes d'État sont enlisés désormais dans la prose du pouvoir. Il a sans doute fallu de Gaulle, et son exceptionnel destin, pour que s'éclaire, en ce dernier éclat, la poésie rétrospective de la mémoire d'État.

MÉMOIRES D'ÉTAT, MÉMOIRE DE L'ÉTAT

C'est rétrospectivement, en effet, qu'apparaît singulière, et historiquement révélatrice, la magie qu'irradie un petit nombre : ceux qui, de Sully à de Gaulle, de Richelieu à Napoléon, ont été ou ont su se faire véritablement l'expression du Pouvoir, l'incarnation d'un moment de l'État, l'Histoire en marche, et dont les Mémoires, qui ont tant fait pour la leur propre, restent comme des fragments de la nôtre. Ils sont à part, ils sont centraux. Car des trois traditions formatrices de Mémoires que l'on a repérées, et qui sont responsables de leur prolifération nationale, chacune,

---

1. Frédéric GODEFROY, *Histoire de la littérature française au XIXe siècle*, 1879, t. I, p. 642.

on l'a vu, est bien l'expression d'une figure de l'État, mais aucune n'en est l'épicentre : la première, celle des Mémoires d'épée, s'enracine dans une réaction contre l'État ; la deuxième, celle des Mémoires de cour, s'est déployée dans une dépendance marginale au foyer de l'État ; et la troisième, la tradition démocratique, est liée à la dispersion du pouvoir d'État et à sa détention passagère. Mémoires d'État, tous les Mémoires le sont et cependant aucun : des récits du pouvoir, mais indirects. Qu'en est-il, quand c'est le Pouvoir qui parle ?

Leur puissance d'identification incarnatrice, ces Mémoires-là la tirent tout entière d'un décalage décisif avec les Mémoires ordinaires. Décalage impliqué par leur ambition même, et leur situation historique — grands écrivains, ministres qui ont assumé le pouvoir par la confiance des rois ou détenteurs du pouvoir suprême par droit divin, révolutionnaire ou électif —, mais qui n'abolit les contradictions propres à ce genre personnel que pour leur en substituer une série d'autres. Tous les Mémoires connaissent, en effet, un mélange d'effacement et de suraffirmation de l'individuel, un jeu impondérable de l'absence à soi et de la surdétermination de la présence de soi. Tous sont habités par une subtile dialectique de la légitimité et de l'illégitimité — « dois-je prendre la parole, puis-je ne pas la prendre ? » —, et tous ne résolvent ce dilemme que par un arsenal de motifs codés et une gamme de prétextes dont seule une comparaison systématique des préambules permettrait d'épuiser le répertoire. Tous, enfin, relèvent d'un type traditionnel qui dicte un style du souvenir et laisse à l'auteur le choix de ce qu'il veut rappeler ou taire : livre de raison ou livre de retraite, Mémoires document ou Mémoires témoignage, Mémoires justification ou Mémoires confession, Mémoires testament ou Mémoires accomplissement, même si la plupart mélangent plusieurs de ces types particuliers. Les Mémoires d'en haut transcendent toutes ces catégories régionales et bénéficient au départ d'une forte légitimité de principe. La *captatio benevolentiae* n'est pas nécessaire. En revanche, la version externe des faits n'étant ignorée de personne, et constituant un passage obligé, c'est la version interne qu'on attend de l'auteur, qui sait de son côté qu'elle sera obligatoirement contrôlée. Le mémorialiste d'en haut sait aussi qu'il ne peut jouer sur la distance entre ce qu'il a fait et l'homme qu'il est devenu : ses Mémoires appartiennent à l'acte, dont elles sont la version *ne varietur*. À la limite, les grands mémorialistes d'État ne sont plus que leurs Mémoires. Certains, comme Sully, ont même eu la chance que la destruction d'une partie des archives administratives ait longtemps réduit les historiens, jusqu'à une période récente, au simple enregistrement de leur version des faits[1]. Y aurait-il eu autrement un mythe de Sully, vivant et célébré jusqu'au régime de Vichy[2]? Mais la remarque vaut pratiquement pour tous ; que seraient Commynes et Retz sans leurs Mémoires, et même Napoléon ou Chateaubriand ? De certains personnages d'État, même secondaires, comme Vincent Auriol, la découverte posthume du journal[3] a complètement transformé la figure historique.

L'adéquation absolue de l'auteur à son sujet, du moi à l'histoire, et du témoin à l'acteur donnent au « je » des Mémoires de l'État un statut puissamment ambigu et problématique. La première personne doit y devenir une quasi-troisième personne. Ce n'est plus le « je » scrutateur de l'autobiographe à la recherche de lui-même et de son propre

---

1. Cf. SULLY, *Mémoires des sages et royales oeconomies d'Estat*, collection Michaud et Poujoulat, 2ᵉ série, t. II et III, et l'édition des *Oeconomies royales* par David Buisseret et Bernard Barbiche, dont seul a paru le tome I (1572-1594), Société de l'histoire de France, 1970. Sur Sully, cf. Bernard BARBICHE, *Sully*, Albin Michel, 1978.
2. Cf. Christian FAURE, « Pétainisme et retour aux sources : autour du tricentenaire de Vichy », *Cahiers d'histoire*, vol. XXVIII, n° 4, 1983.
3. Du premier au dernier jour de son septennat (1947-1954), Vincent Auriol avait accumulé, dans l'idée d'écrire ses Mémoires, des milliers de pages manuscrites doublées de l'enregistrement de ses entretiens par un magnétophone dissimulé dans son bureau. Cette masse considérable a fait l'objet, à titre posthume, de deux publications différentes que Jacques Ozouf a dirigées avec moi : une édition abrégée en un volume, Vincent AURIOL, *Mon septennat (1947-1954)*, Gallimard, 1970, et une édition intégrale et critique en sept volumes, Vincent AURIOL, *Journal du septennat*, préface de René Rémond, A. Colin, 1970-1978 (1947 par Pierre Nora, 1948 par Jean-Pierre Azéma, 1949 par Pierre Kerleroux, 1950 par Anne-Marie Bellec, 1951 par Laurent Theis, 1952 par Dominique Boché, 1953-1954 par Jacques Ozouf).

passé, de sa propre et artificielle cohérence, mais le « je » impersonnel et ultrapersonnel, charnel et désincarné du personnage historique, le héros d'une autobiographie en nom collectif. Malraux a un bon passage sur de Gaulle et sa relation avec le personnage symbolique dont il écrit les Mémoires, « où Charles ne paraît jamais »[1]. Ce personnage sans prénom des *Mémoires* serait né, de l'aveu même du Général, des acclamations qui saluèrent son retour et lui semblèrent ne pas s'adresser à lui. « Des statues futures possèdent ceux qui sont dignes des statues. » Louis XIV et Napoléon ont fait mieux encore : ils n'ont qu'un prénom. L'homme privé, chez le premier, coïncide exactement avec l'homme public et les célèbres familiarités de l'Empereur appartiennent à son image d'aventurier couronné. Les puissantes incarnations s'achètent aux prix des grandes désindividualisations, les identifications majeures se payent de l'abandon de la personne au profit du personnage. D'où ce composé détonant, dans les grands Mémoires d'État, de proximité identificatoire à autrui et de distance à soi-même. Pas de dialogue avec le lecteur, comme chez Rousseau, pas de regard divin, comme dans saint Augustin : un moi égal à lui-même et à ce que les autres attendent de lui. À cette alchimie la simple détention du pouvoir ne suffit nullement : ni Poincaré ni Auriol, dans leur *Journal*, n'y sont parvenus. En revanche, avec *Fils du peuple*, l'autobiographie sur mesure que Fréville a taillée à Maurice Thorez[2], des Mémoires de contre-État se haussent aux mécanismes des Mémoires d'État, au prix de contre-vérités qui ont fini par rendre le livre impossible à rééditer.

Les grands Mémoires de l'État n'échappent donc aux contradictions internes du genre que pour les retrouver au niveau supérieur, à un degré d'intensité qui en bouleverse les données et en métamorphose les enjeux. À ce titre, ils

1. Cf. André MALRAUX, *Antimémoires*, in *Le Miroir des limbes*, op. cit., pp. 114 sqq. Tout le passage, consacré aux Mémoires des grands hommes, mérite d'être lu.
2. Sur *Fils du peuple*, de Maurice THOREZ, cf. Philippe ROBRIEUX, *Maurice Thorez, vie secrète et vie publique*, Fayard, 1975, en particulier le chap. I.

constituent bien le sommet du genre, son point d'aboutissement souverain, son parfait accomplissement et sa légitimité suprême. Mais, en même temps, ils en sont le retournement complet et composent une série d'exceptions, aux éléments, en apparence, entre eux incomparables. Chacun plonge dans un univers historique particulier, émane de personnalités par définition exceptionnelles. Chacun est à soi seul son propre genre, puisque tous n'appartiennent qu'au seul dont le secret n'appartient à personne : faire son salut historique. Condamnés donc à l'originalité absolue, que va jusqu'à souligner la disparité même des titres : *Économies, Testament, Instructions, Mémorial, d'outre-tombe,* comme si le mot même de « Mémoires », dont l'adoption ou le refus est toujours signalétique, banalisait le propos pour le réduire à un modèle usé, ou volontairement référentiel, et que la première des tâches consistait à y sacrifier en le fuyant ; ou plutôt comme si la soumission implicite à un modèle impliquait de s'en démarquer.

D'où l'importance des procédures et des procédés par lesquels ces Mémoires assurent leur différence radicale. La gamme est d'une infinie variété. Chez les grands littéraires, c'est, évidemment, un jeu de miroirs subtil et complexe avec leur propre mémoire ; tel que l'ont analysé, notamment pour Retz et Saint-Simon, les historiens de la littérature[1]. Pour les politiques, cependant, le décalage passe, selon les époques et les types d'hommes d'État, tantôt par l'originalité de la technique, tantôt par la légitimation de l'inscription individuelle dans l'histoire, tantôt par le caractère exceptionnel du statut même des Mémoires. Expliquons-nous sur pièces.

Techniques narratives. Il n'était pas rare, surtout à la fin du XVIe siècle et dans la première moitié du XVIIe, que de grands seigneurs, pour toute sorte de raisons qui tiennent à

---

1. Pour Retz, cf. A. BERTIÈRE, *Le Cardinal de Retz mémorialiste, op. cit.*, en particulier pp. 300-306 (le passé revu à la lumière du présent), 418-426 (la temporalité dans les *Mémoires*) et 429-469 (la conduite du récit). Pour Saint-Simon, cf. Yves COIRAULT, *L'Optique de Saint-Simon,* A. Colin, 1965, en particulier partie II, B, « La vision retrouvée dans le souvenir ».

l'orgueil de caste, au manque d'habitude, à la modestie de façade, à la fausse imitation des historiens, à la facilité de faire faire son panégyrique par d'autres, commandent leurs Mémoires et abandonnent la plume à des subalternes jusqu'à n'y avoir personnellement aucune part. Tel est le cas, par exemple, du duc de Rohan, des maréchaux d'Estrées et du Plessis, de Gramont, de Gaston d'Orléans. Certains ont brouillé les pistes au point de rendre les attributions acrobatiques et la lecture, incertaine : ces Mémoires qui ne veulent pas s'avouer tels dissocient à ce point le narrateur du personnage qu'on ne sait plus qui parle. L'usage d'une rédaction par secours interposé était si bien établi qu'en 1675 encore, lorsque Mme de Sévigné souhaite que Retz entreprenne ses Mémoires, elle l'incite à « écrire » ou à « faire écrire » son histoire, les deux expressions étant visiblement équivalentes à ses yeux. Simone Bertière parle ainsi de « Mémoires sans première personne »[1]. Quelle différence, pourtant, entre ces autobiographies indirectes et la stupéfiante mise en scène à laquelle a eu recours Sully ! Assis en majesté dans la grande salle de son château[2], le seigneur de Sully, muet, écoute et approuve le récit de sa carrière politique qu'ont rédigé pour lui ses quatre secrétaires, devant qui il consent à « se ramentevoir ». Comme dit Sainte-Beuve, « il se fait renvoyer ses souvenirs sous forme obséquieuse, et pour ainsi dire, à quatre encensoirs ; il assiste sous le dais et prête l'oreille avec complaisance à ses propres échos »[3]. Sully les connaît fort bien : « Nous ramentevrons donc à vostre grandeur que Monsieur vostre père avait quatre fils... » Cette fiction narrative permet toutes les digressions,

---

1. Cf. Simone BERTIÈRE, « Le recul de quelques mémorialistes devant l'usage de la première personne : réalité de la rédaction et artifices de l'expression », in *Les Valeurs chez les mémorialistes français du XVIIe siècle avant la Fronde, op. cit.*
2. Hélène HIMELFARB s'est appliquée à montrer l'importance du cadre de la rédaction des Mémoires au moins pour le XVIIe siècle classique : « Palais et châteaux chez les mémorialistes du règne de Louis XIV », *Dix-septième siècle*, n°s 118-119, janvier-juin 1978.
3. SAINTE-BEUVE a consacré trois articles aux *Mémoires* de Sully, *Causeries du lundi*, Garnier, 1854, t. VIII.

les détails, les silences, les tours de passe-passe et les règlements de comptes ; elle permet au ministre disgracié, lettres et documents à l'appui, de polir et repolir ses haines et ses mépris, et de monologuer pendant trente ans sa propre gloire entremêlée à celle d'Henri IV et de la France. Ce qui ne l'empêche pas, dans son « Avis au lecteur », comme le note malicieusement Marc Fumaroli, d'énumérer les « treize règles » d'impartialité de l'historien qu'il est persuadé d'avoir respectées[1]...

Mais il est d'autres stratagèmes narratifs, et plus féconds, comme le rôle médiateur que Retz fait jouer à sa « confidente », qu'il s'agisse de Mme de Sévigné, de Mme de Caumartin, de Mme de La Fayette ou de Mme de Grignan[2]. Tous les mémorialistes avant lui avaient également affirmé n'écrire qu'à l'intention de leur famille ou de leurs amis, ou sur une incitation qui ne pouvait se refuser. Ainsi Commynes n'avait-il entrepris ses Mémoires, dit-il, que sur la demande de l'archevêque de Vienne, Angelo Cato, même s'il les avait poursuivis bien après la mort du commanditaire et si son texte prouve que, par-dessus son destinataire initial, il s'adressait plus souvent aux princes[3]. La sollicitation de principe fait partie de la convention. « Madame, commence Paul de Gondi, quelque répugnance que je puisse avoir à vous donner l'histoire de ma vie, qui a été agitée de tant d'aventures différentes, néanmoins, comme vous me l'avez commandé, je vous obéis, même aux dépens de ma réputation. Le caprice de la fortune m'a fait l'honneur de beaucoup de fautes ; et je doute qu'il soit judicieux de lever le voile qui en cache une partie. Je vas cependant

---

1. Marc FUMAROLI, « Le dilemme de l'historiographie humaniste au XVIe siècle », in Les Valeurs chez les mémorialistes français du XVIIe siècle avant la Fronde, op. cit., p. 29.
2. Cf. A. BERTIÈRE, Le Cardinal de Retz mémorialiste, op. cit., partie I, chap. III, « L'identité de la destinataire ».
3. COMMYNES, Mémoires sur Louis XI, éd. Jean Dufournet, Gallimard, « Folio », 1979, et plus généralement Jean DUFOURNET, La Destruction des mythes dans les Mémoires de Philippe de Commynes, Genève, Droz, 1966, Vie de Philippe de Commynes, Sédès, 1969, et Études sur Philippe de Commynes, Honoré Champion, 1975.

vous instruire nuement et sans détour des plus petites particularités, depuis le moment où j'ai commencé à connaître mon état ; et je ne vous cèlerai aucune des démarches que j'ai faites en tous les temps de ma vie[1].» À partir de cette adresse inaugurale, déjà moins banale qu'une simple invocation protocolaire, quelles ressources le point fixe de ce regard féminin, imaginaire ou bien réel, impératif et séducteur, n'a-t-il pas fournies à cette vie divisée entre la vocation de l'homme d'épée, de l'homme d'État et de l'homme d'Église[2] ? Destinataire unique, représentante de tous les publics, pierre de touche intérieure, miroir intime, tremplin où l'auteur vient périodiquement ressourcer son éloquence, sa liberté de paroles, sa jouissance à se dire, la « confidente », dont Retz a su faire l'instrument même du complet renouvellement du genre, joue dans la construction des *Mémoires* un rôle aussi fondamental que le Narrateur dans l'architecture de la *Recherche du temps perdu*. C'est le même type de retournement dans l'exploitation d'un procédé ordinaire qui donne au *Testament politique*[3] de Richelieu — quelle que soit la part qu'y a prise le père Joseph — sa force incarnatrice de la puissance d'État, beaucoup plus qu'à ses Mémoires proprement dits, vaste récit chronologique fait de pièces rapportées et de morceaux de circonstances, comme l'*Histoire de la mère et du fils* (1600-1623) et la *Succincte Narration des grandes actions du Roi* (1624-1639). Testament : le mot appartient à un genre qui n'est pas exactement celui des Mémoires, bien que proche, et très répandu aux XVIe et XVIIe siècles. L'époque même de la rédaction du *Testament* de Richelieu (sans doute 1637) en a fourni deux exemples notables : les *Instructions* à ses enfants du chancelier Hurault de Cheverny publiées par son fils en 1636 et qui

---

1. Cardinal de RETZ, *Œuvres, op. cit.*, p. 127.
2. A. BERTIÈRE, *Le Cardinal de Retz mémorialiste, op. cit.*, et Marc FUMAROLI, « Apprends, ma confidente, apprends à me connaître. Les *Mémoires* de Retz et le traité *Du sublime* », *Versants*, n° 1, automne 1981, repris dans *Commentaire*, n° 15, automne 1981.
3. Cf. cardinal de RICHELIEU, *Testament politique*, éd. critique de Louis André, préface de Léon Noël, Robert Laffont, 1947.

ont servi de modèle au *Testament* de Fortin de La Hoguette, *ou Conseils fidelles d'un bon père à ses enfants* (1649), qui a connu seize éditions au XVIIᵉ siècle[1]. Message social de comportement à la cour et dans le monde, message strictement familial et destiné à un usage privé, message moral et chrétien d'une préparation à la mort : le *Testament* de Richelieu s'inspire d'un genre devenu l'expression même de la vie privée pour le porter d'un coup aux dimensions du prince, de la monarchie et de l'État ; il le dépouille de sa signification intime et de son expérience toute particulière pour le charger de la gravité du public et l'armer de ces *Maximes* qui en font la valeur et qu'il avait, semble-t-il, auparavant déjà et indépendamment ramassées.

Distance absolue des Mémoires d'État : elle n'éclate jamais plus, pour leur donner leur originalité radicale, que chez les deux superpuissants de l'histoire de France, Louis XIV et Napoléon, entre lesquels le rapprochement s'impose, précisément parce que les moyens de l'identification s'opposent. Au départ, un fait frappant : de Napoléon, écrivain-né, émule de César, et vacant par force, on aurait pu attendre des Mémoires ; il ne les a pas écrits personnellement, il les a parlés involontairement, à moitié consciemment, par interlocuteur interposé. Louis XIV, qui aurait pu s'en dispenser par principe — le soleil éclaire-t-il ses propres rayons ? —, en eut l'idée dès son avènement au pouvoir personnel en 1661 et s'y applique dès 1666, persuadé que les rois « doivent, pour ainsi dire, un compte public de toutes leurs actions à tout l'univers et à tous les siècles »[2]. Et quelle que soit la part de Colbert, du président de Périgny, le précepteur du Dauphin, de Paul Pellisson, de son secrétaire Toussaint Rose dans la rédaction des deux morceaux continus qui nous restent, les années 1661-1662 et les années 1666-1668, les manuscrits montrent le scrupule avec lequel

---

1. Cf. M. FUMAROLI, « Le dilemme de l'historiographie humaniste au XVIᵉ siècle », art. cité, p. 33.
2. LOUIS XIV, *Mémoires*, éd. Jean Longnon, Tallandier, 1978, et Charles DREYSS, *Mémoires de Louis XIV pour l'instruction du Dauphin, avec une étude sur leur composition*, 1860, 2 vol.

le monarque a vérifié chaque mot ; il assume le tout. Ce contraste n'est pourtant pas celui qui frappe le plus, ni qui donne à ces deux textes étranges leur pleine exemplarité. Cette exemplarité, ils la tiennent de l'adéquation parfaitement exacte de la méthode, dans un cas immédiate, dans l'autre cas médiate, avec l'image d'État qu'ils ont voulu laisser. Les Mémoires de Louis XIV sont un bilan à chaud. Ils sont nés de l'ordre d'établir des mémoriaux des conseils, d'abord donné à Colbert, qui entreprit bientôt un « journal fait chacune semaine de ce qui s'est passé pour servir à l'histoire du Roy » ; quand il abandonne sa collaboration, en 1665, c'est Louis XIV lui-même qui prend des notes à la main, sur des feuillets ; quand il commence à dicter, le 14 février 1666, il traite du mois de janvier et du début février. Cette astreinte, qu'il n'interrompra qu'en 1672, au début de la guerre de Hollande, pour ne la reprendre que sporadiquement, est l'illustration même de l'idée que Louis XIV se faisait du « métier » de roi, « grand, noble et délicieux quand on se sent digne de s'acquitter de toutes les choses auxquelles il engage ». La consignation instantanée par le prince des hauts faits du prince traduit la professionnalisation de l'exercice monarchique. Elle est l'image même de l'absolutisme et le Dauphin, à l'instruction duquel ces Mémoires étaient initialement destinés, représente la figure unique et concrète des sujets, auxquels « au fond, dit-il au détour d'une phrase inattendue, on a toujours pour but de plaire ». D'où le portrait légèrement pédagogique du prince accompli, que les *Mémoires* ont pour but ultime de dépeindre : ordre, bon sens et grandeur d'âme. L'image que Napoléon a laissé donner de lui-même à travers Las Cases[1] est, au contraire, complètement involontaire et d'après coup. Il s'est répandu en confidences devant un inconnu, dont il ne

---

1. LAS CASES, *Mémorial de Sainte-Hélène*, 1re éd. intégrale et critique par Marcel Dunan, Flammarion, 1954, 2 vol. ; introduction d'André Fugier, Garnier, 1961, 2 vol., ainsi que l'édition du Seuil, « L'intégrale », introduction de Jean Tulard, présentation et notes de Joël Schmidt, 1968. Sur l'accueil réservé au *Mémorial*, cf. Jean TULARD, « Le retour des Cendres », *in* P. NORA (dir.), *Les Lieux de mémoire*, t. II, *La Nation*, vol. 3, *La Gloire – Les Mots, op. cit.*, pp. 81-110.

pouvait trop savoir ce qu'il en ferait, un homme qui n'était pas même de ses familiers, un noble rentré d'émigration que rien ne désignait pour le suivre au bout du monde, mais qui, par hasard et par chance, a eu l'habileté de saisir et de respecter l'important dans ses rabâchages d'exilé que les autres compagnons, Montholon ou Gourgaud, croyaient bon de résumer en trois lignes. Tout l'effet repose sur une série de contrastes : entre la misère de Sainte-Hélène, les mauvais traitements infligés par Hudson Lowe et l'ancienne puissance de l'Empereur dans tous les domaines civils et militaires ; entre le souvenir du despote et l'humble humanité du proscrit ; entre le bilan catastrophique du tyran et le défenseur libéral de l'héritage révolutionnaire. Et cet effet fut foudroyant. Par des voies radicalement différentes et pour des motifs exactement inverses, le *Mémorial de Sainte-Hélène* et les *Mémoires* de Louis XIV aboutissent au même résultat : ils ne restituent pas une action, mais ils composent un personnage. Ils ne contribuent qu'accessoirement à l'histoire, ils fondent le mythe.

Articuler enfin directement l'individu sur l'histoire : c'est le nerf le plus puissant qui fait les grands Mémoires d'État et jamais il n'apparaît mieux que dans ceux de l'âge démocratique. Jusque-là, le service du roi et la grandeur de la monarchie étaient une cause suffisante à l'action politique. Joinville se dissimule derrière Saint Louis, Commynes derrière Louis XI et ainsi de suite. Quand s'efface la monarchie légitimatrice, l'ambition politique ne peut se justifier que par la grandeur de la cause historique, qui fait à un simple particulier la noble obligation d'assumer malgré lui le pouvoir. Les plus grands des Mémoires d'État ne naissent ainsi, servis par le mérite et par la chance, que d'une « fatale » nécessité. Nécessité : c'est le mot, René Rémond l'a noté en lisant avec attention les huit volumes des *Mémoires pour servir à l'histoire de mon temps*[1], qui revient le plus souvent

---

1. Cf. René RÉMOND, « Le philosophe de l'histoire chez Guizot », in *Actes du colloque François Guizot*, Paris, 22-25 octobre 1974, Société de l'histoire du protestantisme français, 1976.

sous la plume de Guizot, comme la « nature des choses » sous la plume de De Gaulle. Et il est de fait qu'en dépit de la différence des siècles et des hommes, on relèverait, chez ces deux plus grands mémorialistes de l'État démocratique, un rapport à l'histoire qui, pour être, ici encore, totalement opposé, n'en aboutit pas moins, ici aussi, à des résultats totalement semblables : l'identification de l'action individuelle à un moment de l'État, appelé de toute éternité. Guizot est un historien dans l'action qui sait, pour en avoir beaucoup publié lui-même, de quoi sont pétris les meilleurs Mémoires et qui, à soixante-dix ans, jette sur son œuvre passée un regard d'historien. Si, comme les autres — Émile Ollivier, Clemenceau ou Poincaré —, il plaide une cause, celle de la monarchie de Juillet, c'est au nom d'une interprétation plus ample de l'histoire de France tout entière, et d'une interprétation cruciale, puisqu'elle ne vise à rien de moins qu'à asseoir la forme politique de la France moderne et à stopper la dérive révolutionnaire. Il a donc l'action naturellement et puissamment idéologique, répugne à expliquer la politique par « ces comédies machiavéliques », même s'« il y en a beaucoup »[1], et se refuse toujours à expliquer les grands événements par de petites causes. L'action est beaucoup moins intéressante, sous sa plume, que les raisons majeures qui la motivent. Et c'est sans doute pourquoi les trois premiers volumes, qui portent sur la période antérieure à son grand ministère, mais relatent la Restauration, la révolution de 1830 et son action à l'Instruction publique, pleins d'analyses de fond, sont pour nous plus riches que les cinq suivants, remplis des affaires courantes qui sollicitaient davantage les contemporains, comme la crise de 1840, les affaires d'Orient ou les mariages espagnols. C'est dans le non-dramatique et le réflexif que l'histoire apparaît chez Guizot, par une déduction qui cherche à en saisir le sens. Chez de Gaulle, au contraire, elle n'est jamais plus présente que dans le tragique et le mystique. De Gaulle s'est comme

---

1. François GUIZOT, *Mémoires pour servir à l'histoire de mon temps*, Michel Lévy, t. II, 1859, p. 324.

« incorporé » la France, mot qui revient également souvent sous sa plume, ce qui lui donne sur elle des droits qui se passent de titres : « Un appel venu du fond de l'histoire, ensuite l'instinct du pays m'ont amené à prendre en compte le trésor en déshérence, à assumer la souveraineté française, c'est moi qui détiens la légitimité[1]. » Phrase extraordinaire, qui fait toucher du doigt l'essence de la mémoire d'État. Dans les deux cas, cependant, et indépendamment de la rigueur altière de ces deux pessimistes à principes et à convictions, un bloc d'histoire tout constitué, fait d'analyse chez l'un, de sentiment charnel chez l'autre, bref une mémoire historique doublée d'une psychologie et d'une morale au demeurant point fondamentalement différentes, leur fournit des hommes et des situations, une grille interprétative qui s'applique instantanément et qui, la distance de la rédaction aidant — ainsi que, remarquons-le en passant, la formule identique de documents à l'appui —, leur permet d'intégrer sur-le-champ l'événement. L'histoire, chez tous deux, « étant ce qu'elle est » et les hommes « ce qu'ils sont », le nouveau n'est jamais tout à fait nouveau, il ressemble à de l'ancien qui en fait de la mémoire ; à son tour devenue, puisque c'est la leur, une mémoire d'État.

On ne saurait cependant réduire la puissance d'identification de ces textes majeurs à un simple ensemble de moyens, de faits particuliers, de médiations obligatoires. Elle tient à des raisons plus essentielles : le mélange intime de leur nécessité et de leur contingence, qui fait de ce *corpus*, accidentellement constitué, un dispositif de mémoire fortement intégré.

Impossible, en effet, de ne pas y songer : il aurait pu ne pas être. Cette impressionnante galerie, rassemblée côte à côte sous des reliures semblables qui en accusent davantage encore aujourd'hui l'homogénéité, est le fruit du hasard, de trouvailles inespérées et du travail de l'érudition. Image inséparable des plus hautes expressions que nous avons de

---

1. Charles de GAULLE, *Mémoires de guerre*, t. II, *L'Unité, 1942-1944*, Plon, 1956, p. 321.

l'exercice du pouvoir et du déroulement même de l'histoire nationale : c'est pourtant une mémoire construite, arrachée à l'ombre à laquelle elle était promise, quand ce n'est pas au feu et aux souris. Jusqu'au XIXe siècle, aucun de ces textes n'était fait pour être publié. Sully n'a laissé à personne le soin de les imprimer et les *Économies royales* ont vu le jour dans son propre château. Mais les plus canoniques de ces Mémoires sont les enfants de l'improbable. Ce que l'on appelle les *Mémoires* de Louis XIV est, en fait, un ensemble très disparate, échappé au feu où les jetait consciencieusement le roi vieillissant, un soir de 1714, pieusement recueilli par le maréchal de Noailles et déposé par lui trente-cinq ans plus tard à la bibliothèque du roi. Il a fallu l'acharnement de Grouvelle en 1806, de Charles Dreyss en 1860, de Jean Longnon en 1927 pour pratiquer sur ces palimpsestes rescapés une reconstitution digne d'un temple grec. Et le *Mémorial* ? Ce cheval de bataille de la légende, sur lequel Napoléon revint, dit le jeune Quinet, « hanter les intelligences, comme un spectre que la mort a entièrement changé[1] », les Anglais auraient pu tout aussi bien ne pas rendre à Las Cases les notes qu'ils lui avaient confisquées à son départ de Sainte-Hélène... Et Retz, et Richelieu ? Les érudits discutent encore aujourd'hui si Paul de Gondi prévoyait ou non une éventuelle publication de ses *Mémoires*, mais tous admettent que le problème n'aurait pu se poser que si l'auteur les avaient terminés. En tout état de cause, ils sont inachevés. Une bonne partie du début a été, de surcroît, déchirée ou perdue. Le *Testament politique* était exclusivement destiné à Louis XIII ; il a été publié quarante-six ans après la mort de Richelieu, en 1688, à Amsterdam, par un éditeur protestant entre les mains de qui nul ne sait comment il avait pu parvenir. Encore cette publication le détournait-il de son sens : il s'agissait d'en faire un instrument de propagande contre Louis XIV en opposant à la récente révocation de l'édit de Nantes l'exemple d'une poli-

---

1. Cité par Jean TULARD, « Un chef-d'œuvre de propagande », introduction à l'édition du *Mémorial*, *op. cit.*

tique plus tolérante. L'authenticité même du texte a été longtemps niée, en particulier par Voltaire, ce qui n'empêchait pas de le republier au long du XVIIIe siècle comme une curiosité, dans des recueils apocryphes de testaments politiques, à côté de ceux de Colbert ou Mazarin. Et que dire de Saint-Simon ? La clandestinité semble ne l'avoir jamais abandonné. La préservation de l'océan des manuscrits tient à la ruine du petit duc, dont les créanciers obtinrent à sa mort, en mars 1755, les scellés sur ses biens[1]. Mais à partir de cet acte salvateur, que de rebondissements ! Copies circulant sous le manteau, procès en chaîne, extraits pirates à fins diffamatoires, publications interdites, sanction des Affaires étrangères où avaient été déposés les cent soixante-treize portefeuilles saisis et dont les *Mémoires* que nous connaissions, jusqu'à l'édition en cours de la Pléiade par les soins d'Yves Coirault, n'en représentent que onze, rien ne manque à cette aventure policière. Guizot est le premier à rompre avec la tradition en signant avec Michel Lévy un contrat de publication annuelle de ses huit volumes et à se faire une fierté de la communication publique de « cette œuvre-là que j'avais très avant dans l'âme[2] ». Mais, de nos jours encore, l'aile d'une étrange Providence semble couvrir la publication des *Mémoires* du Général, dont la chronologie paraît miraculeusement minutée : *L'Appel*, au moment de l'élection caricaturale et fantomatique de René Coty, *L'Unité*, dans la désagrégation ultime de la IVe République, *Le Salut* au lendemain du retour au pouvoir, le premier volume des *Mémoires d'espoir* trois mois avant sa mort, le second, inachevé et qui s'annonçait moins bon, donnant à ce destin si accompli la touche d'inaccomplissement qui lui manquait... Destin bizarre de tous ces textes, entrés dans le patrimoine par une succession d'aléas, surgis dans la mémoire vivante par des éditions imparfaites et puissamment effica-

---

1. Clair résumé de l'histoire des manuscrits par François-Régis BASTIDE, *Saint-Simon*, Éd. du Seuil, « Écrivains de toujours », 1953, p. 175.
2. Cf. Michel RICHARD, « Guizot mémorialiste », in *Actes du colloque François Guizot, op. cit.*

ces, peaufinés ensuite par la mémoire savante et critique pour disparaître souvent de la circulation et reparaître enfin, pour la plupart peu lus, dans le Panthéon lointain où ils se figent, présents et absents, devant le tribunal indifférent de la postérité, leur seul et incertain destinataire.

N'empêche que ces Mémoires d'État composent un ensemble qu'il est impossible, rétrospectivement, de ne pas déchiffrer comme un système. Car ce corpus, en définitive, relève bien de trois catégories distinctes et complémentaires. La première comprend les ministres, disgraciés ou non, Sully, Richelieu, Guizot, dont chacun représente, à sa façon, une image forte de la consolidation nationale : Sully, le pilier du ruralisme, la figure anticipatrice des ministres idéaux de l'Ancien Régime, Colbert ou Turgot ; Richelieu, le symbole foudroyant de la raison d'État ; Guizot, le pédagogue de la France bourgeoise. C'est l'axe central de la construction politique de l'État, dans la permanence, la rigueur et le dévouement qu'il exige. Peu importe que ces ouvrages soient très peu lus, et même sortis du commerce. Sully, dont l'action a été indûment réduite au « pastourage et labourage »[1], a vu son image ranimée à chaque poussée du ruralisme français, par les physiocrates, la Restauration, les lois Méline, Vichy ; la littérature sur Richelieu[2], historique ou romanesque, a largement popularisé l'auteur des *Maximes* ; Guizot, longtemps pris dans le discrédit qui a frappé toute la pensée politique de la monarchie parlementaire, fait aujourd'hui l'objet d'un renouveau d'intérêt[3]. Si intéressants ou instructifs que puissent être les Mémoires de tous les autres grands ministres, aucun ne s'identifie à une cause qui va si loin et touche plus profondément l'idée que les Français se sont faite ou ont voulu se faire de la stabilité essentielle et de la solidité supérieure de l'État. Cette série constitue la poutre maîtresse de l'édifice national. Et il y a,

---

1. Cf. B. BARBICHE, *Sully, op. cit.*, en particulier pp. 197-201.
2. En dernier lieu, Michel CARMONA, *Richelieu*, Fayard, 1983, et, du même, *La France de Richelieu*, Fayard, 1984.
3. Comme en témoigne le titre même de l'ouvrage de Pierre ROSANVALLON, *Le Moment Guizot*, Gallimard, 1985.

en flanc-garde et au-dessus, en position symétrique, d'un côté les littérateurs de l'État — Retz, Saint-Simon, Chateaubriand — et de l'autre les grands politiques — Louis XIV, Napoléon et de Gaulle. Les serviteurs, les chantres et les incarnateurs suprêmes. Et c'est le rapport de réciprocité de ces trois groupes de textes, artificiel et nécessaire, qui fait toute l'originalité du système français de la mémoire d'État et donne sa spécificité à la géographie de cet archipel. Cette mémoire de l'État, les serviteurs la servent, mais les incarnateurs ne l'incarneraient pas si les chantres ne la chantaient pas. Car ce sont bien, en définitive, les grands écrivains recalés de l'action politique, fascinateurs et fascinés, les joueurs, les voyeurs, les frôleurs du pouvoir d'État qui sont les répondants ultimes d'un système à la française, qui repose tout entier sur le prestige de l'écriture et la musique des mots. Ne parlons pas de De Gaulle, son obsession de la littérature n'est que trop évidente. Mais peut-on oublier que, sans Balzac et Stendhal et Hugo, il n'y aurait sans doute pas la figure romantique du prisonnier de Sainte-Hélène ? Peut-on ne pas remarquer que l'année 1668, où Louis XIV entame sérieusement la rédaction de ses *Mémoires*, Racine fait jouer *Les Plaideurs*, Molière *Amphytrion* et *L'Avare*, Boileau compose l'*Épître au Roi* et La Fontaine publie les six premiers livres de ses *Fables* ? Entre la basse continue de la littérature et les orchestrations majeures de la figure de l'État — que l'on songe seulement au couple de Gaulle-Malraux[1] —, le lien est plus qu'étroit.

---

1. Le titre même des *Antimémoires* est profondément révélateur de la part de l'écrivain qui, dès *Les Conquérants* (1928), mettait dans la bouche de son héros Garine : « Quels livres valent la peine d'être écrits, hormis les Mémoires ? » Il prouve à quel point Malraux était conscient, dans son registre, comme de Gaulle dans le sien, de l'épaisseur d'une tradition et de la nécessité, non de la récapituler comme le Général, mais de la subvertir pour la renouveler. Pour le jeu du vrai, du faux et de ce que Malraux appelle le « vécu », on se reportera, en particulier, à l'éclairante comparaison à laquelle se livre Jean LACOUTURE entre la version littéraire et les versions officielles de la fameuse conversation avec Mao Tsé-toung et, en général, « La mémoire », excellent chapitre final de sa biographie, *Malraux, une vie dans le siècle*, Éd. du Seuil, 1973.

Cette construction ne serait, cependant, qu'une vue de l'esprit si l'on n'y soulignait l'essentiel. À savoir qu'à travers Louis XIV, Napoléon et de Gaulle ce sont les trois moments clés de l'unité nationale qui se sont trouvés personnifiés dans leurs Mémoires : l'avènement de la monarchie absolue, la stabilisation de l'héritage révolutionnaire et l'enracinement en profondeur de l'État démocratique et républicain. Le fait est là, patent, massif, sans équivalent dans d'autres pays et dans d'autres histoires, et c'est lui qui commande l'économie générale de la mémoire d'État et sa hiérarchie implicite. Les trois hommes qui ont le plus intensément coagulé la légitimité nationale et représenté, dans notre histoire et notre mythologie, les images fortes de l'État, aux lendemains des grandes crises où il faillit sombrer, la Fronde, la Révolution, la défaite de 1940, se trouvent tous les trois, dans des conditions bien différentes et pour des motifs apparemment sans rapport, avoir, chacun à leur façon, déposé dans des Mémoires leur propre image et le compte rendu de leur action. Là est la clé de voûte du système, sa garantie suprême et son ultime vérité. Si mémoire d'État il y a en France, et qu'elle y prend une vibration d'une pareille intensité, ce n'est pas simplement parce que de grands hommes d'État ont périodiquement ranimé la flamme d'un pouvoir fort, c'est parce que les trois tournants décisifs où se sont soudées la tradition historique et sa continuité se sont cristallisés dans ces textes fondateurs : coïncidence significative, qui donne au système sa prégnance et sa logique interne.

Et peu importe, en fait, que les *Mémoires* de Louis XIV ne soient pas indispensables à son image et que ce ne soit pas Napoléon qui ait tenu lui-même la plume. Peu importe la circulation effective de ces textes et la pratique réelle qu'on en a. Ce n'en sont pas moins les épiphanies de la Nation. La mémoire d'État, en France, n'est pas d'ordre institutionnel et cumulatif, mais d'ordre personnel et quasi parousique. Les plus grands des Mémoires d'État, d'où serait censée descendre la vérité des vérités, on ne les lit pas pour la savoir, mais pour vérifier l'identification de la personne au personnage et du personnage à l'État, en ses moments les plus cruciaux. Ce qui reste des *Mémoires* de Louis XIV n'est pas le récit des mariages espagnols, c'est la « note royale » qu'y entendait Sainte-Beuve[1], où la superbe du Roi-Soleil ne brille que davantage de son aveu de la « violence extrême » qu'il s'impose « pour faire connaître l'amitié et la tendresse qu'il a pour ses peuples ». Ce qu'on retient du *Mémorial*, ce sont les fulgurations familières du héros cloué sur son rocher. Et ce qui est passé des *Mémoires de guerre* dans la conscience publique tient tout entier dans la première phrase[2], cette « certaine idée de la France » où chacun peut projeter la sienne, et dont la suite n'est que la défense et l'illustration. Le reste ne concerne vraiment que les historiens. Les plus chargés de mémoire de l'État sont les Mémoires vides du simple récit de son action. On n'y apprend pas de secrets, on s'y frotte à un style, on se ressource à une image, on se conforme à un rite, on contemple le mystère de l'incarnation. C'est à partir de lui qu'un ordonnancement général s'opère, et qu'un modèle se crée, accidentel et pourtant nécessaire. Si ces trois textes n'existaient pas, on serait tenté de dire qu'il aurait fallu les inventer. C'est d'ailleurs ce qui pratiquement s'est fait pour les deux premiers, le troisième ne tirant précisément son prestige que de la réactualisation des deux autres. Ils fondent, à eux trois, notre surmoi d'État. Et c'est lui qui donne rétrospectivement et de proche en proche leur saveur et leur intérêt aux amertumes de Monluc, au bavardage intelligent de la comtesse de Boigne, aux péripéties de la carrière d'Edgar Faure. N'était l'irradiation que les grandes figures ont su faire régner autour de leur action, il n'y aurait pas de tradition de Mémoires, et le sujet serait, pour un historien, sans fondement.

Antiquité de la tradition de l'État, lien vital entre la tra-

---

1. SAINTE-BEUVE, *Causeries du lundi*, op. cit., t. V, p. 313.
2. A-t-on assez remarqué que cette célèbre première phrase « Je me suis toujours fait une certaine idée de la France » est la même, du point de vue du rythme, que la première phrase de la *Recherche du temps perdu* : « Longtemps, je me suis couché de bonne heure » ?

dition littéraire et la tradition politique, essence intensément personnelle du pouvoir dans la tradition historique : c'est au carrefour de ces trois spécificités nationales qu'une production de Mémoires, infinie dans sa permanence et dans sa variété, trouve son principe d'ordre. Les Mémoires existent au moins depuis le XVIe siècle, mais comme une collection d'exceptions. Le siècle dernier les a massivement découverts et publiés. Une relecture s'impose aujourd'hui, pour y déchiffrer ce qu'ils veulent dire, et qui n'y est pas. Le XIXe siècle y avait trouvé les secrets d'État de notre histoire, on peut y voir l'histoire secrète de notre mémoire de l'État. Car s'il est vrai que le rêve est la voie d'accès privilégiée à l'inconscient, alors il faut tenir les Mémoires, non comme un genre anecdotique et marginal, mais comme la voie royale de notre identité nationale, pour ne pas dire la voie sacrée.

17

La France et les juifs, destins mêlés

Il y a trente ou quarante ans, on ne parlait guère, en France, de mémoire et d'identité juives — et pas davantage de mémoire ou d'identité nationales. Aujourd'hui, les unes et les autres sont devenues omniprésentes. Les deux phénomènes sont étroitement liés, et même imbriqués l'un dans l'autre.

En travaillant sur la mémoire nationale française, il m'était apparu évident qu'en son sein la mémoire et l'identité juives avaient acquis une autonomie et une positivité spécifiques qui permettaient de parler d'elles en termes généraux, en dépit de la diversité des expériences individuelles. Il fallait même aller plus loin : cette mémoire constituait un *modèle*, aux deux sens du mot : d'une part, un système clos, qui avait sa logique propre, et, d'autre part, un cas d'école qui possédait, à sa façon, une valeur exemplaire.

Grand sujet, qu'une abondante littérature a déjà abordé ou traité dans plusieurs de ses aspects, mais pas dans son ensemble. Son étude approfondie mènerait très loin dans l'intelligence du modèle national français, comme dans la crise du modèle traditionnel et son actuelle métamorphose. Ma seule ambition, ici, est d'en esquisser les grands traits.

Paru sous le titre « Mémoire et identité juives dans la France contemporaine », *Le Débat*, n° 131, septembre-octobre 2004, pp. 20-34.

LA QUESTION JUIVE DANS LA QUESTION FRANÇAISE

Il est impossible, pour commencer, de ne pas rappeler en toile de fond les raisons majeures qui ont fait des juifs, en France, une caisse de résonance particulièrement sensible ou, si l'on préfère, qui ont surdéterminé la « question juive ». Il y en a trois principales.

La première est l'importance historique capitale, tant pour la France en général que pour les juifs en particulier, du lien que les derniers siècles ont tissé entre elle et eux. Les grands moments de la définition identitaire de la France — la Révolution, l'affaire Dreyfus, Vichy — ont été en même temps les dates clés du destin juif : de quel pays pourrait-on en dire autant ?

La France a été, en effet, le premier pays à émanciper formellement les juifs en 1791. Faut-il tenir pour rien que leur adoption comme citoyens ait été le critère et la pierre de touche de la définition française de la citoyenneté ? Date fondatrice, qui a eu pour conséquence de lier les juifs à l'idée et au mouvement révolutionnaires, de les identifier à la gauche, de les désigner inversement comme cible privilégiée de la France contre-révolutionnaire. Conséquence aussi, la ferveur patriotique et républicaine bien connue de la part des « israélites » pendant tout le XIXe siècle, l'association de Sion et de la France par les rabbins dans les synagogues, le choix massif de la France par les juifs alsaciens après 1870, leur engagement exalté dans la guerre de 14-18 comme dans la France Libre. La France a aussi été le pays qui a établi son identité républicaine à l'épreuve de l'affaire Dreyfus, dont on sait le rôle déterminant dans la naissance du sionisme politique et donc de l'État d'Israël. Vichy enfin, où s'articulent historiquement autour du thème de l'*exclusion* deux séquences de significations différentes, mais chacune de longue et lourde portée : l'une, où l'exclusion s'oppose à l'*intégration*, et qui marque un règlement de comptes franco-français ; l'autre, que seule a rendue possible la victoire des nazis, où l'exclusion débouche sur l'*extermination*, et qui introduit ce qui deviendra le « crime contre l'humanité ».

Chacune de ces dates a été à sa manière, et à travers crises et souffrances, une étape supplémentaire dans l'insertion nationale des juifs. L'émancipation a permis une extraordinaire promotion sociale, intellectuelle et politique. L'Affaire a inscrit la défense des juifs dans le programme de la gauche et noué un lien définitif entre la République à la française et la prédisposition naturelle des juifs à la démocratie. La défaite de la « Révolution nationale » a inscrit dans la société tout entière un discrédit officiel de l'antisémitisme.

La deuxième raison de cette surdétermination d'une mémoire identitaire spécifique aux juifs tient au profond changement introduit dans toutes les formes de la présence juive en France par la guerre d'Algérie. Elles sont nombreuses. Ce n'est pas seulement un doublement soudain du nombre, l'arrivée massive du judaïsme séfarade, la revitalisation du judaïsme national anémié par l'assimilation et la déjudaïsation, la naissance d'une conscience communautaire, le débordement dans l'espace public d'un judaïsme jusque-là confiné à la synagogue, à la famille et aux associations. C'est un rapport beaucoup plus riche et complexe qui s'est noué entre trois partenaires : Israël, l'Hexagone et les juifs ; et ce sur plusieurs plans.

Au simple niveau, d'abord, des rapports de population. La majorité des juifs d'Afrique du Nord sont venus s'installer en France, dont ils parlaient la langue et, pour ceux d'Algérie, dont ils possédaient la nationalité ; mais une partie des familles est allée s'établir en Israël. La solidarité avec Israël de ces rapatriés est d'autant plus forte qu'ils n'y sont pas eux-mêmes installés, mais qu'ils en sont familièrement et mentalement proches. En revanche, et tout français qu'ils sont, se sentent et veulent être, ils ont, dans la mémoire et dans le sang, le souvenir d'un double et tragique abandon de la France : une première fois comme juifs pendant la guerre, par Vichy ; une seconde fois en tant que Français d'Algérie, par de Gaulle. Vieilles blessures, certes, mais jamais tout à fait cicatrisées ; et d'autant plus sensibles que leur adoption par la France, en 1870, aux termes du décret Crémieux qui naturalisait globalement tous les juifs d'Algérie, en avait fait, par contraste avec les indigènes musulmans, des Français plus français que nature.

Autrement dit, les juifs d'Algérie ont été des pieds-noirs par excellence ou, si l'on préfère, les derniers pieds-noirs, ceux qui ont gardé au fond du cœur une mémoire de l'Algérie que les autres rapatriés ont essayé d'oublier. Bien mieux : l'arrivée brutale d'un judaïsme de communauté toute constituée, comme étaient les communautés juives du Maghreb, a même donné à ce qui était toujours resté une minorité nationale une conscience artificielle de masse. Les juifs représentent à peine un pour cent de la population française. Mais, pour la première fois, des organisations juives combatives et encadrées, flanquées parfois du drapeau israélien, allaient pouvoir mettre cinquante mille jeunes gens dans la rue ou organiser des manifestations géantes comme, en 1970, les « Douze heures pour Israël ».

Il s'est joué, dans le déplacement du centre de gravité de la présence juive en France, un retournement essentiel d'attitude. Avant, on n'avait que des devoirs ; désormais, on réclamera ou défendra des droits. Le fond du rapport juif à la France était fait d'amour et de gratitude ; va s'installer à sa place une manière de ressentiment, que l'évolution récente n'a fait que renforcer.

La dernière raison qui a contribué à façonner la physionomie particulière des juifs de France est, elle, purement conjoncturelle ; mais c'est elle, en même temps, qui marque le vrai départ du problème qui nous occupe aujourd'hui. Elle tient à la rencontre de deux phénomènes sans rapport apparent, mais qui sont entrés en résonance pour réagir l'un sur l'autre : la constitution d'une identité juive particulière, précipitée par la guerre des Six-Jours, d'une part ; et, d'autre part, la constitution d'une identité proprement générationnelle dont mai 1968 a marqué le début.

1967-1968 : le rapprochement s'impose entre les deux dates, chacune capitale. La guerre des Six-Jours, en provoquant chez tous les juifs, même les plus déjudaïsés, le fantasme vite dissipé, mais insupportable, d'un second Holocauste, a réveillé la réalité du premier. La vague d'émotion pour Israël a cristallisé une conscience d'appartenance endormie et enclenché, on le sait, très au-delà des milieux juifs orthodoxes, un long mouvement de redécouverte d'un continent religieux, culturel, linguistique, historique, oblitéré par l'assimilation « à la française ».

Cet éveil d'une conscience communautaire, auquel le procès Eichmann avait, en 1961, donné le coup d'envoi, a croisé un autre éveil, celui d'un mouvement beaucoup plus général d'affirmation identitaire de toutes les minorités sociales en voie d'émancipation — les femmes, les ouvriers, les provinciaux, les Corses, etc. —, pour qui la récupération de leur « mémoire », c'est-à-dire, en réalité, de leur histoire propre au sein de la communauté nationale, fait partie intégrante de leur affirmation d'identité.

Les deux phénomènes, dira-t-on, n'ont rien de spécifiquement français. Soit. Mais ce mouvement d'émancipation ou, pour mieux dire, de décolonisation intérieure a pris, en France, une énergie revendicatrice d'une intensité toute spéciale et puissamment déstabilisatrice du modèle traditionnel français. Il intervenait dans un pays de forte centralisation étatique, où la formation par l'École d'une mémoire collective et nationale avait éradiqué les identités des groupes particuliers et refoulé leur « mémoire » dans le sanctuaire des traditions familiales ou privées. J'ai assez contribué, sans doute, à décrire et à analyser ce mouvement et le bouleversement national qu'il a provoqué et révélé pour ne pas y insister ici.

Toujours est-il que cette libération a étroitement lié la fidélité au passé — réel ou imaginaire — au sentiment d'appartenance ; elle a confondu la conscience individuelle de soi avec une conscience collective neuve ; elle a étroitement rapproché la mémoire et l'identité. En un sens, arrivait à chacun des Français et à tous ce qui, jusqu'alors, avait été le propre du « peuple de la mémoire ».

Le judaïsme français a gagné dans cette aventure une positivité historique, une identité mémorielle dont je voudrais maintenant caractériser rapidement les principales composantes : la dimension génocidaire, la dimension israélosioniste et la dimension éthico-religieuse.

Inutile de répéter qu'il ne s'agit nullement ici d'une exploration systématique, mais d'un simple repérage des couches sédimentaires et des lignes de force qui se sont croisées les unes les autres.

LES ÉLÉMENTS DE L'IDENTITÉ

La dimension génocidaire

Le rythme général de la montée en puissance de l'Holocauste dans la conscience mondiale est maintenant bien connu : resurgissement au début des années 1970, après une période de latence et de volonté d'oublier, puis approfondissement progressif, lancinant, obsessionnel, qui finit par faire de ce que l'on n'a plus appelé, au moins en Europe, que la Shoah, à partir du milieu des années 1980, le pilier d'un type nouveau de religion séculière, le fondement de l'identité juive contemporaine. C'est le même, à peu près, en France, en Israël et aux États-Unis ; ce sont les usages qui diffèrent, et les points d'ancrage qui varient.

Le trait particulier de la France est que la mémoire se soit si largement indexée sur celle de Vichy ou, plutôt, sur le point précis de la responsabilité directe ou indirecte de la France et de son gouvernement dans la « Solution finale ». De telle sorte que l'historiographie savante comme le jugement général porté sur la période vichyste, après avoir nettement marginalisé ce paramètre et sous-estimé la politique antisémite dans la dynamique du régime, tendent à ne plus la juger qu'à travers ce prisme.

C'est ce qui donne son importance inaugurale au livre de

Robert Paxton *La France de Vichy*, paru en 1973 ; alors qu'avaient été publiés depuis longtemps quantité de témoignages sur la déportation, l'univers concentrationnaire et les camps d'extermination, il était le premier, et, mieux encore, non français, à incriminer sérieusement la collaboration pétainiste. D'autant que la révélation nauséabonde de cette France vert-de-gris, celle de *Lacombe Lucien* (1974), le film de Louis Malle, s'accompagnait de l'effritement du mythe résistancialiste qu'ont symbolisé deux ans auparavant, en 1971, les scandales qui ont entouré l'interdit de projection à la télévision du film de Marcel Ophuls *Le Chagrin et la Pitié*, et la grâce présidentielle accordée par Georges Pompidou au milicien Touvier. Une nouvelle sensibilité s'affirmait avec une nouvelle génération, celle de 1968, celle de Patrick Modiano, dont paraissait cette même année *La Place de l'Étoile*.

La percée n'a cependant été rendue possible que parce qu'un premier moment l'avait précédée, dont l'importance n'a pas été toujours assez soulignée. C'est celui qui voit s'opérer un téléscopage décisif pour l'identité juive entre l'antisémitisme nazi et l'antisémitisme chrétien. Ce moment, on l'encadrerait volontiers de ces deux événements majeurs qui ont été, chacun dans leur ordre, *Le Dernier des Justes* d'André Schwarz-Bart, prix Goncourt 1959 au terme d'une bataille homérique, et, en 1965, la fin de Vatican II, dont l'un des effets a été de laver les juifs de leur essentielle culpabilité dans la mort du Christ et d'inaugurer un chemin de réconciliation judéo-chrétienne. Or le roman de Schwartz-Bart est la chronique, bouleversante, de la sanglante promenade, au long des siècles chrétiens, des représentants de la lignée des Justes, ces juifs auxquels Dieu, selon une vieille légende, a accordé, un par génération, la grâce de la survie, et dont l'ultime rejeton, Ernie Lévy, vient de sa Pologne natale pour finir à Drancy, sur le chemin du crématoire. Livre dérangeant, violemment accusateur de l'antisémitisme chrétien dans sa brûlante innocence et dont il n'est pas étonnant qu'il ait été refusé par tous les éditeurs jusqu'à ce que des chrétiens de gauche l'aient imposé aux Éditions du Seuil.

Les deux hommes de l'heure sont François Mauriac et Jules Isaac dont paraît, la même année 1959, *L'antisémitisme a-t-il des racines chrétiennes ?* Sans la mobilisation de la culpabilité chrétienne et le relais qu'elle a assuré, on ne comprendrait pas comment une mémoire qui ne concernait que les juifs aurait pu connaître un pareil écho. Il a fallu que la bête immonde soit sortie du ventre chrétien. C'est à ce moment-là qu'« Auschwitz », érigé en symbole du mal absolu, apparaît comme l'aboutissement négatif d'une histoire européenne venue du fond du Moyen Âge.

Entre la montée de la culpabilité chrétienne et l'épuisement de la version unanimiste de la Résistance, la voie était ouverte, bien au-delà du pétainisme vichyssois, à une imputation autrement redoutable, celle d'un fascisme et d'un antisémitisme congénital à la francité elle-même. C'est ce que, dans des registres différents mais avec des effets convergents et une même allégresse, ont exprimé Zeev Sternhell, en 1978, dans *La Droite révolutionnaire*, et Bernard-Henri Lévy, deux ans plus tard, avec *L'Idéologie française*.

La fin du marxisme dominant a joué aussi, dans ces années-là, pour ramener à une sensibilité juive beaucoup d'intellectuels déjudaïsés, touchés de près ou de loin par l'expérience du génocide. Ce sera pour eux le début d'un long chemin. Typique, à cet égard, Claude Lanzmann, dont le premier film, *Pourquoi Israël ?*, qui explore la singularité israélienne, coïncide avec la guerre du Kippour, en 1973, et qui finira par offrir, avec *Shoah*, en 1985, le plus monumental des « lieux de mémoire » du génocide. Et, dans un sens bien différent, qui sait si le négationnisme faurissonien, qui fleurit dans ces années-là, aurait connu d'aussi beaux jours si une certaine extrême gauche juive n'avait pas naïvement contribué à lui donner son aura perverse ?

La coïncidence, en tout cas, ne peut que frapper entre la déroute intellectuelle du marxisme et l'explosion, en cette fin des années 1970, des affaires Darquier de Pellepoix, ancien commissaire aux Affaires juives, René Bousquet, secrétaire de la police de Laval et organisateur de la rafle du Vél' d'Hiv, et Jean Leguay, son délégué en zone occupée et le premier Français à être inculpé pour crime contre l'humanité, avant Touvier, Bousquet, Papon et Klaus Barbie, le seul Allemand du lot, mais celui dont le procès, en 1987, peut paraître symboliquement ouvrir un autre âge de la sensibilité au génocide.

En apparence, rien n'a changé, c'est le même mouvement d'approfondissement et d'hégémonie qui se poursuit. En réalité, tout change et l'on peut mettre toute la période suivante, jusqu'à nous, sous le signe de trois mots qui en indiquent le sens : commémoration, réparation et... américanisation. L'époque tout entière connaît la fièvre commémorative, mais l'expérience exterminatrice y ajoute sa réalité particulière : la disparition des survivants et des derniers témoins, le passage du temps et la relève des générations, « fils et filles de déportés ». C'est l'heure de la Maison des enfants d'Izieu ou de la « Journée nationale des persécutions racistes et antisémites commises sous Vichy », arrachée en 1993 par Serge Klarsfeld à François Mitterrand et fixée au 16 juillet. L'heure, aussi, des réparations sous toutes les formes possibles. Réparations morales, avec la longue litanie des repentances qui trouvent leur apogée dans la reconnaissance par Jacques Chirac, lors de l'anniversaire de la rafle du Vél' d'Hiv, le 16 juillet 1995, du rôle de l'État français dans la déportation des juifs : « Oui, la folie criminelle de l'occupant a été, chacun le sait, secondée par des Français, secondée par l'État français. » Réparations financières avec les travaux de la commission Mattéoli. Réparations judiciaires, qui culminent avec le procès Papon.

Mais l'essentiel est ailleurs et relève d'une autre histoire : entre le Mémorial de Washington, le plus grand des musées du monde consacrés au sujet, l'ensemble des organisations américaines, et surtout la fondation Steven-Spielberg, c'est le stock archivistique, documentaire et filmique qui a émigré. Le centre de l'activité mémorielle s'est déplacé aux États-Unis. En Europe, et en France en particulier, restent l'insoluble problème de la transmission et le casse-tête de la pédagogie.

La dimension israélo-sioniste

Là encore, 1967 marque une date tournante d'une importance décisive. Jusque-là, en effet, la symbiose était parfaite et, sur tous les plans, Israël bénéficiait, aux yeux de tous, d'une forte sympathie de principe. Indépendamment de la découverte de l'horreur et de la purge infligée au vieil antisémitisme ; indépendamment de l'émotion et de la ferveur qui entouraient la naissance de ce petit État refuge, comme une arche de Noé de l'Europe coupable et sinistrée, le projet national sioniste entrait d'autant plus facilement dans le cadre d'intelligibilité nationale française qu'il en paraissait le fruit, et presque la réalisation idéale, dans son sionisme laïque et socialiste. État refuge, c'était aussi un État rédempteur, dont le *kibboutz* incarnait la vertu. Israël avait retourné l'image du juif et levé une malédiction séculaire. Fini le juif errant, fini le juif d'argent, il était devenu l'image même du paysan et faisait pousser des fruits dans le désert. La guerre des Six-Jours devait mettre un point d'orgue à l'idylle en révélant Tsahal, une armée qui ne ressemblait à aucune autre. Il n'y a sans doute pas un juif en France et même dans le monde qui, au plus profond de lui-même, ne soit reconnaissant à Israël de la transformation radicale de sa propre image dans le regard des autres et donc dans la conscience de soi. Très rares à l'époque, et passant pour des esprits chagrins, ceux qui, comme Maxime Rodinson, juif, marxiste et arabisant, affichaient leur anti-israélisme et s'obstinent à ne parler que du *yishouv*.

À partir de la rupture de l'idylle, spectaculairement marquée par l'admonestation — prémonitoire — de De Gaulle au ministre des Affaires étrangères israélien Abba Eban et sa formule sur le « peuple d'élite, dominateur et sûr de soi », commence une évolution de grande ampleur. En schématisant à l'extrême et sans sous-estimer les péripéties politico-diplomatiques entre la France et Israël, on pourrait décrire cette évolution comme commandée par un vaste basculement, à la fois géopolitique, idéologique et historique.

Basculement géopolitique : ce qui était au début une affaire à deux — la France, incarnation de l'Europe des Lumières, et Israël, ultime surgeon du mouvement des nationalités — est devenu une affaire à trois, Israël, les États-Unis et la France, dans un contexte mondial profondément changé depuis la fin de la guerre froide et l'explosion de l'islamisme arabo-musulman. Les couples à trois ne sont pas les plus simples à vivre, Israël apparaît aujourd'hui comme l'allié privilégié — et inconditionnel — des États-Unis, presque le cinquante et unième État de la fédération, tandis que la France et les États-Unis, depuis la guerre d'Irak, n'ont jamais entretenu d'aussi mauvais rapports. Mais la dérive des continents va beaucoup plus loin que la diplomatie. Israël s'est à la fois orientalisé et américanisé en profondeur ; double éloignement. « Nous sommes de moins en moins européens », constate avec regret Élie Barnavi[1]. Le modèle national où se reconnaissait spontanément la France s'est révélé, en définitive, bien plus proche du modèle américain : par l'immigration qui les a constitués, par le rapport entre nation et religion, par le type d'individualisme démocratique et par l'indifférence croissante, voire l'hostilité, aux idées socialistes. Les deux ont fui la malédiction européenne vers une Terre promise, les deux ont eu leur déclaration d'indépendance.

Basculement idéologique, aux conséquences plus sensibles et plus redoutables : au fur et à mesure que se révélait et se répandait l'existence inattendue d'un sionisme de droite, et que s'affirmait, dans ce pays qu'on avait cru intrinsèquement laïque, un messianisme fondamentaliste tout prêt à subordonner la politique à la religion ; au fur et à mesure en même temps que s'éloignaient les perspectives de paix et que se mettait en place la spirale infernale du terrorisme et de la guerre au terrorisme, la brèche s'approfondissait où pouvait s'engouffrer la critique de gauche. La Palestine a progressivement remplacé la Chine et Cuba.

---

1. Au quatrième forum « Europe-Israël » qui s'est tenu en Italie en septembre 2003.

La mise en accusation de la politique de l'État juif n'est jamais très loin d'une virtuelle mise en cause du judaïsme lui-même. Et, du même coup, de l'antisionisme à l'antisémitisme, ou de l'anti-israélisme à l'antijudaïsme, s'est mis en place un dégradé où la ligne rouge n'a pas toujours été facile à situer. Politique arabe de la France aidant, le rôle de victime dont les juifs avaient le triste privilège et dont l'un des objectifs de la création d'un État juif était de les débarrasser passait, par une tragique ironie de l'Histoire, du côté des adversaires de cet État, qui a fini par faire aujourd'hui figure de bourreau. Ce retournement qui s'est accéléré depuis le début de la seconde Intifada, en septembre 2000, est absolument décisif. Comment prendre la mesure du traumatisme collectif que représente, après des siècles d'oppression, le fait de se retrouver sans le vouloir dans la situation d'oppresseur ?

Basculement historique enfin, presque invisible et pourtant essentiel, de l'ordre du non-dit et d'une silencieuse efficacité : une subreptice inversion de la dynamique traditionnelle qui régissait les rapports d'Israël et de la Diaspora. L'objectif de l'État était le rassemblement du peuple juif, et le sionisme avait porté l'idéologie du retour qui donnait à Israël toute sa centralité et son autorité sur le monde juif tout entier. Israël demeure à coup sûr dépositaire du destin juif, pour le meilleur et pour le pire. Mais il est clair que la dynamique nationale elle-même, porteuse autrefois de tant d'espoirs, et aujourd'hui condamnée de plus en plus à la défensive, paraît atteinte jusque dans la confiance en elle qui l'habitait depuis toujours. Clair aussi que l'existence forte et stable de la Diaspora, en France comme en Amérique, constitue *de facto* une mise en cause virtuelle de la centralité israélienne. Des immigrations (*Alyah*) personnelles ou familiales pourront se poursuivre au compte-gouttes. Il y a heureusement peu de risques que ces sollicitations individuelles se transforment en choix collectif.

La référence israélo-sioniste n'en a pas moins été le pôle sans doute le plus déterminant de la mémoire identitaire juive. C'est elle, en effet, qui permettait de cerner au moins mal les deux mouvements contradictoires qui, depuis une trentaine d'années, la travaillent en profondeur : la diversification des formes d'appartenance, d'un côté, l'unité communautaire, de l'autre. Car s'il est aussi vain de chercher à définir le contenu précis de cette « mémoire » que de se demander « qui est juif » ou « ce qu'est un juif », en revanche, il est d'autant plus légitime de s'interroger sur ces deux mouvements définitionnels qu'ils se sont pendant cette période puissamment renforcés.

Diversification : il y eut un temps où le problème n'avait même pas à se poser, on était juif ou on ne l'était pas ; puis un temps où l'antisémitisme suffisait à vous constituer comme juif. À partir du moment où le judaïsme a conquis sa positivité, sa légitimité nationale, religieuse, culturelle, la *manière* d'être juif s'est mise à varier à l'infini en fonction des itinéraires individuels, et davantage à mesure qu'on s'éloignait du noyau des orthodoxes et des pratiquants pour aller vers le cercle large du judaïsme laïque, qui représente la majorité et dont une bonne partie ne se reconnaît nullement dans les instances communautaires. C'est à ces marges que se pose en particulier le problème de savoir où s'arrête la liberté de critiquer la politique d'Israël et où commence le jeu conscient ou inconscient d'un antisémitisme qui se dissimule, ou se révèle, à travers l'antisionisme.

Unité : car ceux-là même qui se refusaient à admettre l'existence d'une « communauté » juive dont le seul principe était contraire à la nature même du judaïsme français consistorial sont bien obligés de reconnaître aujourd'hui l'existence, la légitimité et peut-être la nécessité, en tout cas la réalité d'une « communauté », avec ses instances représentatives ; communauté à la fois sociale, religieuse et politique. Juifs de France, Français juifs, juifs français ? L'adoption d'une appellation ou d'une autre est loin d'être indifférente, comme le fut le passage des « israélites » aux « juifs », et comme l'est l'usage de la majuscule ou de la minuscule. Mais, quelle qu'elle soit, l'enracinement national des juifs est un phénomène irréversible. Si national que la candidature d'une personnalité juive à la présidence de la République, ou son élection, ne troublerait sans doute pas profondément la conscience d'une majorité de Français. De même qu'il y a un judaïsme américain, il y a un judaïsme typiquement français, très différent de ce que l'on a appelé le « franco-judaïsme ». Cet enracinement ne rend évidemment que plus vibrante la solidarité avec un Israël où les juifs français sont bien décidés, autant que les juifs américains, à ne pas aller massivement s'installer.

La dimension éthico-religieuse

Cette dimension est certainement la plus importante pour la constitution et la promotion d'une identité juive contemporaine, mais aussi la plus complexe. C'est que, à la faveur du déclin des idéologies totalitaires et de l'effacement de l'idée révolutionnaire qui ont ramené au judaïsme deux générations de déçus du socialisme (celle, par exemple, d'Annie Kriegel et de Benny Lévy), les juifs se sont trouvés au carrefour des deux mouvements qui travaillent au plus profond le monde contemporain : un mouvement de réinvestissement proprement religieux et un mouvement de laïcisation généralisée.

On a donc assisté, d'une part, à une centralité de plus en plus affirmée du problème religieux à l'intérieur du judaïsme et, d'autre part, à une diffusion de ce souci religieux très au-delà de la communauté pratiquante : un souci qui a pris valeur d'exemple et même de modèle dans le mouvement général de la culture.

Réinvestissement religieux : il est significatif à cet égard, par exemple, qu'il ait fallu attendre 1982 pour voir la Bible au centre des intérêts du « Congrès des intellectuels juifs de langue française ». Rappelons trois livres, avec leur date : 1977, *Le Récit de la disparue* de Shmuel Trigano ; 1979, *Le Testament de Dieu* de Bernard-Henri Lévy ; 1980, *Le Juif imaginaire* d'Alain Finkielkraut. Cette succession, très représentative de l'arrivée d'une nouvelle génération, exprime bien, à sa façon, trois aspects fondamentaux de la reconquête de cette pensée juive : un effort pour réenraciner la philosophie juive au cœur d'elle-même, en deçà de son acculturation occidentale, jusqu'à Maïmonide ; la réassise de la tradition éthique de l'Occident sur l'Ancien Testament ; l'affirmation d'un « bonheur juif » qui rompait brusquement avec la négativité doloriste.

De ce point de vue, la consécration d'Emmanuel Levinas peut apparaître comme l'apogée philosophique du mouvement. Une pensée jusqu'alors confinée, forte de sa seule représentation chez les connaisseurs, a pris soudain une dimension centrale au milieu d'une constellation qui a vu apparaître les fondateurs de son type de pensée dans la tradition allemande, Mendelssohn, Rosenzweig et, plus généralement, le bouillon de culture de langue allemande, entre Vienne et Berlin, Walter Benjamin, Gershom Scholem et Hannah Arendt. Une date, parmi tant d'autres : les *Entretiens* de Levinas avec Philippe Nemo, en 1978, qui montreraient bien, par exemple, la conjonction d'une philosophie proprement juive avec un converti au maoïsme, par la grâce de cet intercesseur essentiel qu'aura été Maurice Clavel.

Bref, le renouveau d'une spiritualité juive a été capital dans ce que l'on pourrait appeler la relégitimation du religieux dans ces vingt-cinq dernières années. De ce point de vue, il faudrait insister sur le lien entre la question juive et la lutte contre les totalitarismes, qu'il s'agisse de la dissidence de l'Est (qu'on songe à Edouard Kouznetsov, par exemple) ou du lien devenu de plus en plus consubstantiel entre le nazisme et l'antisémitisme.

C'est à ce niveau qu'on touche à l'essentiel, à la manière dont l'investissement religieux *conjoint* au mouvement de laïcisation a abouti, non à une simple réanimation de la foi ou à une pure revitalisation du sentiment religieux, mais à la promotion de ce que l'on pourrait appeler une « culture de la religion », c'est-à-dire à une promotion du droit et de l'éthique, inséparablement unis dans la religion des droits de l'homme. Peut-être le phénomène tient-il en partie à l'inaccessibilité de la religion à beaucoup de juifs français ignorants de l'hébreu, seul vrai accès à la tradition ; mais il va beaucoup plus loin. Là est le point central d'une articulation essentielle à l'intelligence du judaïsme actuel et vivant : la manière dont il a irrigué, tout en restant apparemment marginal et relativement confiné, le terreau même des courants de pensée dominants. Comment s'est opéré le rapprochement, et ce que Levinas, pour s'en tenir à lui, a en commun, par exemple, avec Paul Ricœur ou René Girard, dont la pensée a connu, elle aussi, pendant ces années-là, une considération grandissante, ce point mériterait de longs développements. Toute la tradition de pensée occidentale, de Spinoza à Hegel et à Heidegger, avait rejeté, et comme ghettoïsé, la tradition de la pensée juive. Et voilà qu'à la faveur d'un paysage historique ravagé, d'un retour à la tradition biblique, à la pensée obligatoire du mal, le judaïsme de pensée faisait retour ; mais un judaïsme lui-même profondément transformé par l'Histoire.

C'est là qu'il faut encore revenir à la Shoah et à sa progressive sacralisation comme événement matriciel de la mémoire et de l'identité juive contemporaine. La Shoah a travaillé dans le sens d'une intense historicisation — même si elle-même s'est au contraire largement déshistorisée — et d'une intense laïcisation du judaïsme ; dans le sens d'une intense affirmation de son exigence morale. Elle a fait du foyer même de l'identité juive le noyau central de l'idéologie contemporaine.

Cette promotion est en un sens le signe de son triomphe, mais c'est aussi la raison de son actuel malheur.

UNE RUPTURE ?

En quelques années, en effet, depuis l'échec du « processus d'Oslo », depuis l'enlisement dans la guerre et la radicalisation du conflit israélo-palestinien, tout est reparti. Une forme nouvelle d'antisémitisme est née, que Pierre-André Taguieff a baptisée « judéophobie », terme plus ou moins heureux, mais qui a le mérite de pointer le caractère inédit du phénomène. Situation d'autant plus surprenante qu'elle contraste avec l'apaisement général qui paraissait clore un siècle marqué au fer rouge de l'antisémitisme. Les signes positifs ne manquaient pas. Le principal paraissait acquis, c'est-à-dire la prise en charge par l'ensemble de la société des enjeux les plus sensibles à la mémoire et à l'identité juives : la Shoah était entrée dans le patrimoine collectif de l'humanité ; le culte du droit — droits de l'homme, droit d'ingérence, droit international — était au fondement de l'idéologie dominante ; et surtout l'existence de l'État d'Israël, même si difficile et toujours contestée par une partie du monde arabe, semblait un fait acquis par la communauté internationale et s'acheminait, bon an mal an, vers une stabilisation dans le Proche-Orient arabe et un accord de négociation avec les Palestiniens. Du point de vue social, en France, une forme supplémentaire d'intégration s'opérait spontanément, à la faveur peut-être d'un déplacement du racisme vers un racisme anti-arabe. L'antisémitisme traditionnel paraissait refoulé aux confins du lepénisme. En dépit de manifestations sporadiques toujours possibles, d'explosions spectaculaires comme l'attentat de la synagogue de la rue Copernic (1980) ou la profanation du cimetière de Carpentras (1990), l'antisémitisme pouvait paraître en France un problème historiquement réglé. À l'intérieur du monde juif, une série de signes semblaient le confirmer : la reconnaissance officielle de la responsabilité de la France dans la « Solution finale » par la voix de Jacques Chirac, président de la République, au Vél' d'Hiv, le 16 juillet 1995, la fin des règlements judiciaires avec le passé par la condamnation de Maurice Papon (avril 1998), l'entrée, enfin, de la Shoah dans son âge historique, entrée pénible mais rendue inéluctable par la disparition des derniers survivants. On aurait pu croire que la « question juive » touchait au port et que la « normalisation » n'était peut-être pas un mythe.

Les cartes de la partie ont été pourtant redistribuées. Le phénomène est d'appréciation difficile et mon propos n'est pas de l'appréhender dans son ampleur et sa complexité. D'autant qu'il n'est pas spécifiquement français, mais européen, et même mondial. Impossible, cependant, de ne pas rappeler rapidement les raisons qui donnent, en France, aux retombées du tragique engrenage israélo-palestinien une intensité particulière. Il y en a, ici encore, trois principales.

1. L'existence, plus forte que dans aucun pays d'Europe, de deux communautés, juive et musulmane, mais dans des proportions bien différentes, grossièrement de un à dix, et dans des situations historiques et sociales peu comparables — ce qui rend d'ailleurs le parallèle choquant aux yeux des juifs, quand les pouvoirs publics les présentent symétriquement ou que l'opinion spontanée les voit toutes les deux comme « issues de l'immigration ».

Il n'empêche que les deux communautés ont constitué devant le conflit israélo-palestinien, devant la disparition de toute vraie perspective de paix au Proche-Orient et la guerre d'Irak, un écran de projection et une chambre d'écho particulièrement sensibles. L'identification d'une partie de la jeunesse maghrébine à la cause palestinienne a servi de détonateur pour libérer une culture de l'antijudaïsme depuis longtemps prégnante en milieu arabo-musulman. La source vive des agressions antisémites est là et pas ailleurs, contrairement à ce que croient et dont préfèrent se persuader les opinions intéressées, israélienne, américaine ou représentatives. D'où, parfois, la lenteur des pouvoirs publics à en réprimer au départ la flambée des manifestations, la tendance à taire le phénomène ou à en minimiser la portée. Ils ne percevaient pas la dimension ethnique, ni la dimension religieuse, ni la dimension pathologique de l'affaire. Cette vérité est devenue soudain une évidence et même une banalité. Mais l'antisémitisme arabe était plus délicat et plus dangereux à dénoncer que les remontées fantomatiques et parodiques du nazisme, qui peuvent favoriser les rassemblements populaires unanimes.

Cet avènement du phénomène communautaire éclaire le changement complet de décor qui s'est opéré dans les données traditionnelles de l'existence juive en France et son rapport avec l'antisémitisme. L'hostilité aux juifs est passée des milieux réactionnaires les plus enracinés dans la vieille France aux milieux de l'immigration arabo-musulmane les plus mal insérés et les moins enracinés, ainsi qu'aux franges de la gauche qui s'y sont reconnues. Et la face sensible du judaïsme s'est déplacée des ashkénazes, profondément assimilés, aux juifs séfarades maghrébins spontanément perçus, en dépit de leur citoyenneté française, comme des immigrés de fraîche date.

Incroyable et subreptice glissement, qui explique sans doute en partie ce qui peut paraître à l'opinion une hyperréactivité juive à des agressions qui sont pourtant aussitôt dénoncées et réprimées par les pouvoirs publics. C'est que, derrière la projection des tensions israélo-arabes, se revit, dans les milieux les plus directement concernés, l'écho d'un conflit étouffé. Les juifs du Maghreb, et plus spécialement d'Algérie, sont au carrefour de plusieurs chemins de mémoire et d'oubli. J'ai rappelé leur rapport compliqué à la France. Il y a aussi un chemin arabe, le souvenir de leur propre statut d'exclusion, d'humiliation, d'infériorité en pays musulman. Et voilà qu'exilés de leur pays d'origine par le nationalisme arabe ils retrouvent dans leur pays d'accueil, leur propre pays, l'agression arabe qui les a chassés, qu'ils ont fuie. Et qui plus est, dans les mêmes proportions d'infériorité numérique ! Et puis, il y a un chemin qui les confronte aux juifs de France. Eux aussi ont connu en Algérie, en Tunisie, au Maroc une forme d'anéantissement, mais sans tambour ni trompette. À leur arrivée, il n'y en avait que pour la Shoah, dont ils n'avaient pas été. D'où une lente, secrète et probable assimilation inconsciente à une espèce de génocide que tout ravive, à une Shoah qui n'en était pas une.

De la même manière que c'est le Français dans le juif que visent les jeunes musulmans non intégrés, le Français plus français qu'eux, c'est une France qui les a de tous les côtés malmenés, oubliés, que visent les juifs dans l'accusation d'une France tout entière antisémite. Une accusation que la vulgate israélienne et américaine est trop heureuse de reprendre, et d'orchestrer.

2. Dans le pays des droits de l'homme, la diabolisation d'Israël, sa condamnation morale, la réprobation de sa politique, dont on n'est jamais sûr qu'elle ne débouche pas sur une remise en cause de son existence ou de sa légitimité, sont de véritables trappes qui s'ouvrent sous les pieds des juifs. La gauche avait été à l'avant-garde de la lutte contre l'antisémitisme et son meilleur soutien. La conversion de l'extrême gauche et d'une partie de la gauche et de ses intellectuels au philo-palestinisme prive les juifs de leur enracinement traditionnel et de leur appui naturel. Tragique et décisif renversement de l'Histoire : Israël et les juifs deviennent les victimes du mouvement qui les avait historiquement portés. Alain Finkielkraut a souligné, dans *Au nom de l'Autre* (2003), le retournement dramatique qui amène l'antisémitisme à s'avancer sous le masque de l'antiracisme. Il a mis le doigt sur un point essentiel et d'une portée possiblement tragique. L'antisémitisme classique était le fait de milieux réactionnaires, antimodernes et antidémocratiques. Appelés, somme toute, à être dépassés par le mouvement de l'Histoire. Si, par réprobation morale d'un État juif dont on attendait précisément la fidélité aux valeurs morales, ou par incompréhension de l'engrenage fatal où est enfermé Israël ; si, par compassion humanitaire pour les souffrances des Palestiniens et par solidarité idéologique avec l'islamo-progressisme, l'antisémitisme *via* l'antisionisme s'incorporait au tissu idéologique des droits de l'homme, alors son potentiel de diffusion deviendrait virtuellement planétaire. La chose est possible. Le monde des droits de l'homme, installé naturellement dans le postnational, ne peut qu'être insensible aux difficultés d'Israël à faire accéder les juifs au stade national. Allons plus loin : il ne peut qu'être étranger, et même hostile, au rapport que les juifs, même les plus universalistes, entretiennent avec la singularité. Le judaïsme en tant que tel, tout comme la nation en tant que telle n'entrent pas dans

l'univers des droits de l'homme. Le mouvement qui a porté à sa reconnaissance comme à celle d'une nation juive s'est retourné contre lui, et contre elle.

Il s'ensuit pour tous, mais spécialement pour les juifs et pour la gauche, dont beaucoup font partie, une situation complexe, paradoxale et pétrie de contradictions. Car, d'un côté, s'opère un très dangereux rapprochement entre antisémitisme et anti-israélisme — au point que l'on se bat pour savoir jusqu'où peut aller l'un sans frôler l'autre —, dans un monde et un milieu où l'antisémistisme reste l'interdit majeur, l'inavouable absolu, le péché vraiment capital.

De l'autre, s'opère, pour les juifs, une sourde et sournoise contamination entre juifs et Israéliens. La dimension religieuse prévaut désormais nettement dans la perception générale du phénomène israélien. De la même façon, il n'est pas exagéré de dire que la situation d'Israël a contribué à ré-israéliser davantage les juifs déjà proches d'Israël et à rejudaïser les juifs déjudaïsés, dans la mesure où il est impossible à un juif de n'être pas sensible à l'extraordinaire complexité du fait israélien, à sa singularité, à sa fatalité même et, si l'on ose dire, par analogie avec la Shoah, à son unicité. Et du même coup, le voilà sensible, fût-ce pour les repousser, aux appels de l'israélo- ou du judéo-centrisme. Tant qu'il était possible, dans la perspective d'une paix au Proche-Orient, d'être tout uniment français, pro-israélien, juif, en se sentant d'accord avec la raison universelle et les droits de la personne humaine, il n'y avait pas de problème. Chacun chez soi et Dieu pour tous. La tragique singularité du destin juif en Israël a brisé cette confortable assurance.

Le retournement des droits de l'homme, d'un côté, l'évolution d'Israël, de l'autre, finiront-ils par obliger tous les juifs à redevenir juifs ? Ou les acculeront-ils à cesser de l'être ?

3. Le mouvement se complète d'un autre qui, s'il éloigne l'axe israélo-américain de l'Europe entière, en éloigne encore bien davantage la France.

Il y a, dans le fantasme d'une Europe et surtout d'une France essentiellement et consubstantiellement antisémites

— fantasme devenu vérité d'évangile pour Israël et les États-Unis —, une accusation implicite qui recouvre un grief double et contradictoire : la France est condamnée comme nation et comme trahison de la nation.

Elle est, historiquement, en tant que modèle de l'État-nation et fille aînée de l'Église, en tant que patrie des Lumières, l'incarnation du phénomène national européen dont le fruit vénéneux a été l'extermination des juifs. La Shoah porte en son sein la condamnation de l'Europe. Un symbole que confirme en miroir un autre symbole : l'assimilation, par les Américains eux-mêmes, de l'Amérique échappée à la malédiction européenne aux survivants de la Shoah[1]. Cette vision trouve, à l'autre pôle du spectre, son expression dans l'extrémisme juif. Jean-Claude Milner, par exemple, prétend démontrer l'évolution inéluctable de l'Europe démocratique vers un antijudaïsme supposé avoir « dominé la pensée des Lumières jusqu'en 1945[2] ».

L'essentiel est cependant ailleurs : dans le reproche fait à la France d'être infidèle à son propre modèle national. Reproche formulé et informulé, qui nourrit en tout cas le contentieux des juifs à l'égard de la France et le rend à la fois exaspérant et légitime, illusoire et pertinent, insignifiant et profondément révélateur d'une crise globale du modèle national français traditionnel. L'affirmation d'une mémoire et d'une identité juives à l'intérieur de la collectivité nationale française, au moment de l'entrée historique des juifs dans la logique de l'État national, ne fait que mettre en relief la décomposition sensible depuis une trentaine d'années de ce qui avait été le modèle historique de l'État-nation. L'idée d'un « franco-judaïsme » qui aurait correspondu au bel âge évanoui de la nation française est sans doute en partie une construction de l'esprit et une illusion historique rétrospective. Mais que la notion ait apparu et se soit géné-

---

1. Cf. Jean-Marc DREYFUS, « Comment l'Amérique s'est identifiée à la Shoah », *Le Débat*, n° 130, mai-août 2004.
2. Jean-Claude MILNER, *Les Penchants criminels de l'Europe démocratique*, Verdier, 2003.

ralisée dans les années où le délitement du modèle national français est devenu patent a, pour le coup, une vraie signification historique. La société française est en vérité déjà installée dans le post national ; et c'est du reste ce qui lui permet de tolérer si facilement les affirmations particularistes et les réflexes d'un judaïsme communautariste. Beaucoup de juifs, en France, sont en revanche encore dans le national, ce qui les rapproche des Israéliens[1] ; et tout se passe comme si, du haut des instances officielles jusqu'au fond des quartiers en détresse, ils en appelaient à une France qui n'est plus.

D'où la faille : une sorte d'incompréhension incompréhensible, une mésentente en profondeur qui s'est installée, moins entre juifs et non-juifs qu'entre les juifs de France et la France. Un mal-être qui ne va pas jusqu'au bout de lui-même, mais qui s'exprime soudain par l'apparition de termes inattendus et hier encore impensables, comme « désassimilation » ; et ce, qui plus est, de la part de ceux-là même, comme Pierre Birnbaum par exemple, qui s'étaient faits les chantres du « franco-judaïsme » et les thuriféraires des *Fous de la République*[2]. Du même élan s'accrédite une révision complète de l'histoire de France. Elle s'esquissait depuis vingt ans dans les analyses anticipatrices de Shmuel Trigano qui voyait déjà dans l'émancipation des juifs une stratégie d'étouffement et presque l'ébauche du génocide[3]. Elle s'affirme aujourd'hui sous des formes d'allure provocatrice. Serge Klarsfeld, par exemple, n'hésite pas à affirmer, contrairement à l'idée reçue et en s'appuyant sur la formule fameuse de Clermont-Tonnerre, le 23 décembre 1789 (« ne rien accorder aux juifs en tant que nation, tout leur accorder en tant qu'individus »), généralement considérée comme le point de départ de l'émancipation : « De la Révolution

---

1. Cf. Ran Halévi, « Israël ou la question de l'État-nation », *Le Débat*, n° 128, janvier-février 2004.
2. Pierre Birnbaum, *Les Fous de la République. Histoire des Juifs d'État de Gambetta à Vichy*, Fayard, 1982 ; à comparer avec *Géographie de l'espoir. L'exil, les Lumières, la désassimilation*, Gallimard, 2004.
3. Shmuel Trigano, *La République et les Juifs*, Presses d'aujourd'hui, 1982.

jusqu'à la Libération, la France n'a cessé d'être l'adversaire de la nation juive[1]. »

Situation paradoxale, ambivalente, indécidable. D'un côté, jamais l'antisémitisme n'a été en France à un étiage aussi bas ; l'intégration est un fait acquis, du point de vue social comme du point de vue idéologique ; les pulsions et les manifestations antijuives n'ont aucune chance de trouver le débouché d'une caution officielle. Et, de l'autre, s'accrédite entre le monde juif et la France le sentiment d'une rupture profonde, irréversible, dont nous ne voyons peut-être que l'amorce.

✧

Entre l'antisémitisme arabo-musulman, l'inversion du mouvement interne aux droits de l'homme, la brouille larvée qui s'esquisse au nom d'une image idéalisée de la France, les juifs se retrouvent aujourd'hui menacés d'un piège existentiel, comme les Israéliens prisonniers d'un piège historique. Ici également, une dialectique infernale se met en place, qu'Edgar Morin, par exemple, a fort bien décrite[2].

Devant cette menace, deux logiques contraires s'opposent, qui ne recoupent ni les divisions entre juifs et non-juifs, ni les divisions internes à la société juive (entre pratiquants et non-pratiquants, religieux ou laïcs, dans l'orbite communautaire ou électrons libres), ni les divisions politiques de droite et de gauche, encore que les deux logiques puissent le plus facilement y entrer. Elles vont cependant plus loin.

L'une a tendance, dans les temps difficiles, à abriter la vérité — celle du monde, la sienne propre, celle des siens — dans la chaleur et le confort du particulier. Beaucoup de juifs communautaires y sont enclins, avec le sentiment que le monde n'a pas fait et ne fera pas grand-chose pour eux,

---

1. Serge KLARSFELD, « Les Juifs et la France : une autre vision », *Le Monde*, 7 janvier 2004.
2. Edgar MORIN, « Antisémitisme, antijudaïsme, anti-israélisme », *Le Monde*, 19 février 2004.

qu'ils sont seuls et n'ont qu'à rester entre eux. L'autre réunit ceux qui, persuadés que le repli du judaïsme sur lui-même est exactement ce que les antisémites attendent des juifs, continuent à croire que l'on n'a jamais raison tout seul et qu'il existe, surtout pour les temps difficiles, une raison et une morale de l'universel dont les juifs ont précisément autrefois apporté le message. Ceux-là sont nombreux, en Israël comme en France.

18
De l'héritage à la métamorphose

Il n'est pas si facile de savoir exactement de quoi il est question quand on évoque le « modèle national », l'« identité », l'« idée de la France » ou la « France » elle-même. Et pourtant chacun le sait : il y a une altération très profonde du type de France qui nous a été léguée et dans laquelle les plus âgés d'entre nous ont été élevés.

Plusieurs dates se proposent d'elles-mêmes pour situer ce bouleversement. Le sociologue Henri Mendras, dans *La Seconde Révolution française*[1], le situe par exemple en 1965 : Vatican II, dont les effets ont été importants dans un pays aussi profondément catholique, l'arrivée à l'âge adulte des enfants du *baby-boom*, l'explosion des grandes surfaces et de la société de consommation, la montée de la permissivité sociale, l'épuisement des paramètres issus de la Révolution française. Sur ce point, il rejoint le diagnostic que portait François Furet en 1978 : « La Révolution française est terminée. » On peut aussi bien le situer en mai 1968 ou dans les années 1980, avec l'arrivée de la gauche au pouvoir, et plus précisément en 1983 où la rupture avec les communistes et le ralliement à l'économie de marché signent la fin d'un projet socialiste. Bien évidemment, l'on songe à 1989-

1. Henri MENDRAS, *La Seconde Révolution française (1965-1984)*, Gallimard, « Bibliothèque des sciences humaines », 1988.

Paru sous le titre « Les avatars de l'identité française », Le Débat, n° 159, mars-avril 2010.

1990, avec le bicentenaire de la Révolution et les contrecoups de l'effondrement de l'Union soviétique. On peut même arriver au « non » de 2005 à la Constitution européenne qui signale à coup sûr une réaction viscérale du vieux modèle national face à l'absorption européenne. Peu importent en définitive les dates. Sur le fond, l'accord est unanime : on est passé d'un monde à un autre, d'une France à une autre, d'une forme de l'être-ensemble à une autre.

Il n'est, aujourd'hui, que d'« identité nationale ». L'expression, pour un historien, est à éviter ou à n'employer qu'avec des pincettes : sacralisée ou diabolisée. Pour les uns, l'expression est devenue criminelle à travers ses incarnations historiques successives : de « La France aux Français ! » à Vichy, de la « Révolution nationale » à la « préférence nationale », et de celle-ci à un « ministère de l'Immigration *et* de l'Identité nationale ». Du même mouvement, on va jusqu'à prétendre que cette identité nationale n'existe pas : purement imaginaire et fabriquée pour les besoins de la cause. Pour les autres il y aurait, par-delà les péripéties de l'histoire, une invariance d'ordre biologique ou spirituel, une « mêmeté » d'essence et d'existence. L'inconvénient majeur de l'expression étant qu'elle implique alors une préconception de cette identité, comme si elle était un fait de substance. Et l'on discutera interminablement quels éléments la constituent en priorité, la langue ou les paysages, la cuisine ou la galanterie ; ou si la « vraie France » est celle des droits de l'homme ou de la terre et des morts, celle de De Gaulle ou celle de Pétain.

Identité nationale, identité de la France : les deux expressions veulent dire à peu près la même chose. Mais l'une a pris une signification quasi transcendantale et métaphysique, l'autre renvoie à un contenu historique toujours changeant. Est-il besoin de souligner qu'il ne peut s'agir ici que d'en indiquer les strates et les sédimentations principales et de mettre en rapport, dans une perspective longue, les repères majeurs ; afin de comprendre pourquoi c'est aujourd'hui qu'apparaît, et dans quelles conditions, la notion même d'une « identité nationale » ?

L'HÉRITAGE

Caractères originaux

Des mots classiques sont attachés au modèle français : ancienneté, continuité, unité, liaison avec l'État et rapport enraciné à l'histoire. L'ancienneté plonge ses racines dans la nuit des temps et fait même des dates plausibles de la naissance de la France une éternelle discussion. Est-ce Alésia en 52 avant Jésus-Christ ? Le baptême de Clovis vers 498 ? Le partage de Verdun en 843 qui a divisé l'empire de Charlemagne en trois parts et créé la Francie à l'origine de la France ? L'avènement d'Hugues Capet en 987, qui a été l'objet d'une commémoration très bizarre en 1987 ? Très bizarre, en effet, et plus significative qu'il n'y paraît. À la fin des années 1980, Jacques Chirac, alors maire de Paris, cherchait un contre-bicentenaire. Il avait réuni une commission d'historiens pour leur demander de trouver une date à commémorer avant 1789 afin de gêner le président de la République. Après une longue et laborieuse réflexion, c'est 987 qui a été proposée, avec toutes les réserves nécessaires : on ne sait que très peu de choses sur Hugues Capet, la date elle-même de son avènement est extrêmement douteuse. Jacques Chirac s'est emparé de cette date pour organiser une commémoration qui a été un succès. L'opinion a découvert tout à coup que la France avait mille ans. Et cette profondeur qui fermait la parenthèse de la Révolution et réconciliait la France avec sa longue durée a séduit les Français. Il est donc très difficile de fixer une date précise à l'ancienneté. Il n'empêche que cet immémorial pèse encore assez dans l'imaginaire pour que François Mitterrand ait pu, à l'occasion du cinquantenaire de la découverte de Lascaux, faire de ce haut lieu le symbole d'une introuvable mémoire préhistorique de la France.

Deuxième élément, la continuité : aucun pays sans doute n'a eu une telle poursuite de continuité territoriale dans ses acquisitions, de continuité dynastique par la loi salique, de continuité administrative entre l'Ancien Régime et la Révolution. On peut même parler d'une continuité constitutive, car ce pays qui s'est nourri continûment de ses fractures et a vécu de ses divisions n'est, en définitive, pas mort de ses guerres intestines.

Le troisième trait caractéristique du modèle national français, c'est la place de l'État. Celui-ci a joué, en France, un rôle plus précoce que dans tous les pays de la chrétienté occidentale. C'est ce qui explique qu'un historien du Moyen Âge, Bernard Guenée, ait pu avoir cette formule devenue classique : « En France, l'État a précédé la nation. » Pour le dire autrement, la France est une nation stato-centrée. C'est un point déterminant, car il explique largement la spécificité de l'idée que la France a pu avoir d'elle-même : elle ne s'est fondée ni sur l'économie (comme les Pays-Bas, par exemple), ni sur la culture (comme les pays de l'Europe de l'Est ou de l'Europe centrale), ni sur la société (comme l'Angleterre), ni sur la langue (comme l'Allemagne). En France, la conscience de soi est liée au pouvoir, à l'État, et elle est, à ce titre, fondamentalement politique.

La force même de l'État est, elle, à l'origine de l'unité nationale. C'est une unité imposée par le haut, postulée autoritairement, qui n'est pas venue spontanément du peuple, de la langue, des fédérations territoriales, mais une unité centralisatrice, niveleuse. La France a connu au moins deux expériences de nivellement étatique très fort : la radicalité monarchique de Louis XIV et la radicalité révolutionnaire de 1789. L'État a eu un rôle unificateur, éducateur dans tous les domaines. La langue elle-même fut imposée par l'ordonnance de Villers-Cotterêts en 1539, et la création de l'Académie française, un siècle après, est venue confirmer cette dimension étatique et politique de la langue. C'est ce qui explique par exemple que Malraux ait songé un moment à faire écrire sur sa tombe : « Écrivain *français* » ; Barrès ou Chateaubriand auraient pu faire la même chose.

De même, aucun pays n'a eu des institutions universitaires qui soient sous la tutelle de l'État et auxquelles celui-ci a octroyé et continue d'octroyer un privilège d'indépendance et de liberté à son égard.

Ce lien entre l'État et la nation explique également un dernier trait caractéristique : le poids de l'histoire dans notre conscience identitaire, dans notre image de nous-mêmes. En France, l'historiographie, c'est-à-dire le discours historique, le récit historique, s'est toujours développée dans l'ombre tutélaire des institutions d'Ancien Régime, puis des institutions républicaines. Elle n'a jamais eu recours aux mémoires substitutives ou régionales. L'histoire de France s'est donc construite à l'écart des mémoires ethnologiques ou littéraires. C'est une spécificité bien française, que l'on mesure mieux quand on sait, par exemple, que toute la mémoire historique de l'Europe centrale est fondée sur l'ethnologie ou la littérature. Notre mémoire est de part en part historico-politique.

Mais elle est également fondée, dès le début et dans les institutions monarchiques, sur le sentiment du sacré. Les premiers repères de l'historiographie monarchique se situent dans les sanctuaires, comme celui de Saint-Denis. Toute l'historiographie royale ancre l'histoire dans un rapport strictement dynastique, derrière lequel on trouve la mythologie de l'Antiquité, des Troyens et, au-delà, du Moyen-Orient et des rois d'Israël. Cette mythologie a légué un caractère messianique et sacré à toute notre histoire nationale. C'est ce caractère sacré que l'on retrouve dans des symboles non plus royaux mais ouvertement monarchiques que sont le sacre de Reims ou le lit de justice. L'Église, le roi, le peuple et le pays : l'assurance d'une primogéniture dans l'ordre de la foi est consubstantielle à l'enracinement de l'universalité. La France, fille aînée de l'Église.

Dès le XVIe siècle, au moment des guerres de Religion où se constitue la première forme d'une histoire de France, on pourrait trouver tous les thèmes majeurs qui ne vont plus la quitter : l'exceptionnalité française, l'antiquité française, l'unité française... Tous ces thèmes mythiques se sont enracinés entre l'imaginaire et la réalité historiques. On pourrait suivre aussi, à partir de l'« invention » du peuple gaulois, thème puissamment légitimateur de l'antiquité nationale, la constitution de ce que l'on peut appeler l'histoire de France comme genre, un genre qui fait partie intégrante de l'identité nationale, quels que soient la forme et le contenu véhiculaires de ce récit collectif. Quand je me suis posé la question de la mémoire française, je suis parti du postulat paradoxal que c'était le récit historiographique de l'histoire de France qui avait constitué la mémoire collective. En France, à la différence de tous les autres pays, c'est l'histoire qui a pris en charge la mémoire nationale.

À ces caractères originaux il faudrait ajouter un catalyseur : les forces d'éclatement. Si paradoxal que cela puisse paraître, on peut soutenir que la France s'est aussi fondée sur les puissances de dispersion. L'appel à l'unité n'a, probablement, été si martelé, si permanent qu'à cause des forces de disruption et de diversité que la France a comportées. La phrase dont on finit par ne plus savoir si elle est de Michelet, Paul Vidal de La Blache, Lucien Febvre ou Fernand Braudel, le dit nettement : « La France est diversité. » À mon sens, la France n'est pas d'abord diversité, elle est plutôt division : aucun pays sans doute n'est composé d'autant de pays, de peuples différents, de langues et de réalités physiques différentes, de forces hétérogènes ; autant d'éléments inconciliables qu'il a fallu politiquement concilier, dans une permanence d'autorité étatique. Surtout, cette apparence de continuité a gommé la permanence des déchirements — Armagnacs et Bourguignons, guerres de Religion, Fronde, etc. —, comme la profondeur des ruptures que la France ancienne a pu connaître, le passage des Mérovingiens aux Capétiens, par exemple, celui de la monarchie féodale à l'État royal, ou à la monarchie absolue.

L'identité révolutionnaire

Examinons maintenant une question délicate : sur ces éléments fondateurs et permanents, quel a été le poids de la

Révolution ? Comment s'est-elle glissée dans ce moule et comment l'a-t-elle transformé ? Il est évident que de toutes les ruptures évoquées, c'est celle qui pèse sur nous le plus profondément. Ne serait-ce — il faut bien le rappeler — que parce que c'est elle qui a créé la nation au sens moderne du mot[1], en fusionnant ses trois sens : social, juridique, historique. Cette fusion s'est opérée dans des modalités de première importance pour la formation de l'identité collective. Elle repose sur une rupture fondatrice qui comporte trois aspects : temporel, spatial, social.

Rupture temporelle à travers la notion d'Ancien Régime, qui apparaît dès l'été de 1789 et renvoie dans les ténèbres plus de dix siècles de l'histoire de la France, globalisés dans un ensemble réprouvé ; elle impose l'idée d'un recommencement messianique de la nation. Peut-on mesurer le poids de cette amputation, ou plutôt la force de cet héritage repotentialisé du passé dans sa dénégation même ?

Rupture dans l'espace avec la création d'un territoire national, sacralisé par la notion de frontières naturelles, mythologie pure, mais qui assied l'identité sur l'image de la Gaule qui hante depuis César la conscience française, jouant un rôle déterminant dans un espace de souveraineté à l'intérieur duquel commençait le pays de la liberté. Comment mesurer à l'aune de cette sacralisation des frontières l'effet, en profondeur, de leur effacement contemporain ?

Rupture sociale, encore plus importante : elle est liée à ce que l'on pourrait appeler le théorème de Sieyès, cette définition nationale qu'il a formulée en 1789 dans *Qu'est-ce que le tiers état ?* : « Le tiers comporte donc tout ce qui appartient à la nation et tout ce qui n'est pas le tiers ne peut pas se regarder comme étant de la nation. » La fondation d'une nation sur l'exclusion d'une partie de cette nation, c'est-à-dire les privilégiés, la noblesse, et l'élection du tiers état en véritable peuple, en dehors duquel il n'y a rien, ont certainement été capitales en France pour instaurer à l'intérieur de soi un principe de duplication et

---

1. [Cf. *supra*, chap. I, « L'avènement de la nation », p. 17.]

d'exclusion porteur d'un conflit, réel ou fantasmé, en renouvellement perpétuel.

Cette définition fondatrice de l'identité collective comporte en virtualité des développements infinis. Pour schématiser à l'extrême, disons qu'elle a intensifié et dramatisé les thèmes permanents du modèle national français : l'unité, en lui insufflant une peur de l'« ennemi » ; l'universel, qu'elle a nationalisé ; la conscience historique, qu'elle a créée comme telle.

La Révolution renforce d'abord la hantise de l'ennemi, qui est liée à la guerre et à la permanence de la guerre, peut-être plus forte et plus constante en France qu'elle n'a été dans aucun pays d'Europe. Ni l'Espagne, ni l'Allemagne, ni l'Italie, ni l'Angleterre n'ont vécu d'une manière aussi intense, ni intériorisé la permanence de la guerre et, donc, la conscience militaire de soi. La France a dû faire la guerre à tous les pays du monde, à part la Pologne et les États-Unis. Elle a vu des ennemis partout à l'extérieur et à l'intérieur. D'où l'importance généralisée de la notion de frontière, territoriale, mais aussi juridique, sociale, psychologique entre les uns et les autres. Ce sentiment de l'adversaire est congénital à l'identité depuis la Révolution. La disparition de la France contre-révolutionnaire, la victoire des Lumières sur la religion, le ralliement de la droite à la République ont été, à leur façon, puissamment générateurs d'un trouble de l'identité nationale. La République avait besoin d'ennemis. Comme disait de Gaulle : « La France est faite pour les grands moments et pour les grands périls. » Et le fait qu'il y ait eu deux militaires pour la sauver dans la défaite, Pétain et de Gaulle, révèle chez les Français un tropisme militaire qui leur manque terriblement aujourd'hui.

Tout cela explique que la Révolution renforce l'idée d'unité qui devient convulsive en 1792 et 1793. C'est à ce moment-là que se constitue toute la symbolique de l'unité. Le « salut public », la « patrie en danger » ont, par exemple, stimulé ce besoin juridique déjà bien ancré de garantir l'unité de la nation, ce réflexe autarcique du « seul contre tous », sur lequel repose beaucoup de l'imaginaire national.

De même, en 1880, lorsque l'on fait du 14 juillet la date de la fête nationale, les Français prennent ce 14 juillet comme celui de la prise de la Bastille. Or, la référence n'était pas la prise de la Bastille de 1789, mais la fête de la Fédération, un an plus tard. Et la confusion est révélatrice entre ces deux 14 juillet, l'un la prise de la Bastille et l'autre l'unité effervescente, la fusion passionnelle de toutes les provinces françaises. C'est pendant la Révolution que l'appel permanent à l'unité est devenu un thème conjuratoire et obsessionnel.

La Révolution récupère et intensifie également un autre thème dont la monarchie chrétienne s'était emparée pour se définir : l'universel. La Révolution le rend, en effet, beaucoup plus complexe. Tant qu'il ne s'agissait que d'un sacré messianico-religieux, il était assez simple. Mais avec la Révolution il devient beaucoup plus élaboré, puisque cet universel va se particulariser dans le pays de la Révolution et de la liberté : l'abstraction que l'universel avait prise à l'époque des Lumières se territorialise alors dans la défense de la patrie. S'il n'y avait pas ce passage d'un universel abstrait à un universel concret à travers la Révolution, on ne comprendrait pas la capacité exportatrice de cet universel national français qui n'est pas de même nature aux États-Unis, d'où il ne s'est pas exporté. En revanche, en France, la localisation de la liberté n'a pas empêché l'exportation de la nation à la française. Si l'on ne saisit pas l'ambiguïté de cette notion d'universel à travers une Révolution qui commence par déclarer la paix au monde pour ensuite faire la guerre au monde entier, on ne peut pas comprendre le passage de ce modèle national français au mouvement des nationalités européennes. Il y a là quelque chose à approfondir, le moment où cette nation révolutionnaire a été la matrice de la transformation d'un universel abstrait et religieux en universel concret et national. C'est ce moment qui explique le passage des Lumières au romantisme, le passage de la nation au nationalisme.

Dernier trait, où la Révolution française intensifie, redouble, concentre, cristallise une dimension essentielle de l'identité : l'histoire. Si la Révolution a accouché de la nation, au sens moderne, la post-Révolution a produit, en contrecoup, l'histoire, au sens moderne du mot. Et les deux sont intimement liées. C'est l'œuvre de la grande génération libérale et romantique. Comme dira Renan, « elle a fondé l'histoire parmi nous ». Une génération qui a grandi à l'ombre, ou plutôt dans la lumière aveuglante de l'événement révolutionnaire, à l'époque assez terne de la Restauration et des débuts de la monarchie de Juillet. Mais elle a fait, à sa façon, la Révolution, par l'exhumation documentaire du passé national et sa mise en scène littéraire sous le signe et l'ordonnancement de la nation. Les *Lettres sur l'histoire de France* d'Augustin Thierry en marquent le coup d'envoi, Marcel Gauchet en a montré toute l'importance dans *Les Lieux de mémoire*. Michelet en représente l'apogée lyrique par la subjectivisation de la France : « Le premier je la vis comme une âme et comme une personne » — une personne secrètement investie d'une mission sacrée, porteuse de l'évangile des droits de l'homme et du citoyen.

On voit bien, à partir de ces quelques indications, que la France a connu déjà plusieurs types d'identité ; et que le problème historique n'est pas tant leur succession que leur emboîtement. Une *identité dynastique et royale* qui s'impose d'Hugues Capet aux guerres de Religion, une *identité monarchique* qui culmine avec l'absolutisme de Louis XIV, une *identité révolutionnaire* qui opère un immense transfert du sacré de la personne royale au sacré collectif de la nation. Il y a enfin, et surtout, une *identité républicaine* qui commence à se mettre en place dans les années 1880 et se cristallise dans le feu de l'affaire Dreyfus : c'est même ce qui transforme ce fait divers en creuset de l'identité nationale.

L'identité républicaine

L'identité républicaine : on se contentera ici — pour l'avoir longuement analysée ailleurs — d'en rappeler le principe qui fait son originalité. Car elle apparaît bien à la fois comme le renforcement du mythe national qui s'inscrit dans toute l'Europe de la seconde moitié du XIXe siècle et, dans ce plus vieux des États-nations, comme une variante. C'est d'abord, comme l'indique bien l'expression classique, une synthèse. Non seulement idéologique, mais historique, qui consiste dans l'identification définitive et absolue de la République et de l'idée nationale. Dans toutes ses conséquences. Cette identification, outre les institutions politiques et les symboles, supposait d'un côté la récupération à la conscience collective des siècles de passé monarchique et, de l'autre, la définition d'une identité à la française par rapport à l'identité nationale allemande. C'est ce qui a donné à l'histoire sa priorité dans la formation de la conscience civique et nationale et en a fait l'axe d'une culture des humanités, indissociable des valeurs, de la culture et de l'identité républicaines. D'où le péril en la demeure maintenant que cette culture chavire. L'histoire, donc, a pris alors la forme de ce qu'il est aujourd'hui convenu d'appeler le « roman national ». C'est qu'elle joint le principe organisateur d'un récit cohérent — la marche vers l'unité républicaine — et la capacité pour chacun, et d'abord pour l'enfant, de se projeter lui-même dans les péripéties de l'aventure collective. De ce roman national, l'*Histoire de France* d'Ernest Lavisse, la grande et la petite, est devenue l'expression exemplaire. Là encore, c'est la guerre qui s'en trouve l'élément structurant, et en point d'orgue la victoire de 1918 comme un *happy end* et une légitimation nationale de la République. Depuis, les Français n'ont plus jamais été heureux avec leur histoire. Par une ironie tragique, la paix, la paix qui règne en France depuis la fin de la guerre d'Algérie, a été sans doute l'élément le plus perturbant de l'identité collective.

Ce qui spécifie le plus nettement l'identité nationale française par rapport aux autres pays d'Europe, c'est la séparation définitive qui a achevé de s'opérer par la loi de 1905 entre l'identité nationale et la question religieuse. Cette séparation a eu en effet deux fortes conséquences. La première, c'est la localisation sur la politique de l'identité nationale, que chaque camp cherche à s'approprier, à commencer par le clivage majeur de la gauche et de la droite qui se redéfinit précisément à travers l'affaire Dreyfus. Il y a bien, au plus profond de la vie nationale, une France de gauche et une France de droite ; et c'est bien l'amenuisement de leur conflit et leur progressif brouillage, depuis une trentaine d'années, qui sont un des signes les plus nets du trouble de l'identité républicaine. Deuxième conséquence de la laïcité à la française, d'ampleur plus grande encore : la religion civile républicaine a établi entre les Lumières, la raison, la démocratie, l'éducation un lien qui fait en définitive reposer sur l'instruction primaire l'essentiel de l'identité nationale. Aucun pays n'a mis autant de lui-même dans l'école. Et s'il fallait désigner aujourd'hui le problème majeur de l'identité nationale, presque le problème unique et, peut-être, le plus inquiétant, c'est à coup sûr l'école primaire. C'est en fonction de ces données que l'arrivée de l'islam comme deuxième religion de France pose de si graves problèmes, parce que l'islam dans son principe, ne faisant guère de différence entre le politique et le religieux, repose le problème que l'on avait cru résolu pour le christianisme. La partie est à recommencer, en accéléré ; elle est déjà, entre musulmans de France, largement entamée.

L'idée nationale-républicaine comporte un dernier trait qui la distingue du reste de l'Europe, c'est l'universalisme à la française qui a présidé à l'aventure coloniale. La colonisation est devenue le crime inexpiable, le péché capital et l'hypocrisie majeure de la France et de la République. La France républicaine l'a partagée avec toute l'Europe, mais il est vrai que par rapport aux autres pays d'Europe — sauf l'Angleterre, mais dans des formes très différentes — la France a engagé davantage d'elle-même et de son idéologie dans l'entreprise outre-mer ; même si cette idéologie a été elle-même profondément divisée. Il est devenu banal d'opposer symboliquement l'anticolonialisme de Clemenceau — « mon patriotisme est en France » — au plaidoyer expansionniste de Jules Ferry, au nom du devoir civilisateur des « races supérieures ». Il y a là une des projections rétrospectives majeures des valeurs contemporaines et des jugements actuels sur les réalités du passé. C'est oublier que, globalement, c'est au nom des idées progressistes de la gauche radicale que s'est développé le phénomène colonial républicain et que Jaurès, par exemple, s'il condamnait les crimes et les abus de la colonisation, en approuvait le principe. C'est la gauche qui a été la plus lente à se convertir à l'idée de l'indépendance algérienne. C'est oublier aussi que l'entreprise coloniale consistait, historiquement, à légitimer la République en montrant qu'elle rendait à la France ce que la monarchie lui avait fait perdre, et qu'elle exportait chez les colonisés les idées au nom desquelles ils réclameraient leur indépendance. Là n'était pas le but, mais là est le fait, et l'effet de l'universel républicain.

LA MÉTAMORPHOSE

Venons-en, c'est l'essentiel, à l'ébranlement général de son identité historique que la France connaît depuis trente ou quarante ans[1]. Une mue qui la fait passer d'un type de nation à un autre. D'une nation étatique, guerrière, majoritairement paysanne, chrétienne, impérialiste et messianique, à une France atteinte dans toutes ces dimensions, et qui se cherche encore souvent dans la douleur. On appellerait volontiers démocratique ce nouveau type d'identité, à condition de ne pas voir dans ce mot la victoire d'un modèle étranger au républicanisme — un modèle américain par rapport au modèle français, tels que Régis Debray les a opposés dans les années 1980 —, mais une évolution historique du modèle républicain lui-même. Cette évolution a

---

1. Pour de plus amples développements sur ces thèmes, le lecteur est prié de se reporter à différents textes des *Lieux de mémoire*, en particulier « La nation-mémoire », conclusion du t. II, *La Nation*, vol. 3, *La Gloire – Les Mots, op. cit.*, pp. 647-658, ainsi que « Comment écrire l'histoire de France ? » et « L'ère de la commémoration », en tête du tome III, *Les France*, vol. 1, *Conflits et partages*, *op. cit.*, pp. 9-32, et en conclusion générale, vol. 3, *De l'archive à l'emblème, op. cit.*, pp. 977-1012.

consisté, pourrait-on dire en schématisant à l'extrême, dans un mouvement de bascule : tandis que, pour une série de raisons historiques, s'érodait l'identité nationale-républicaine (car il est vain d'opposer l'une à l'autre), montait sourdement en puissance — pour ne pas dire explosait — un régime des identités sociales, porteur d'un profond remaniement des formes de l'être-ensemble.

L'exténuation du modèle

S'il est vrai, comme on l'a fait déjà remarquer, que la paix a sans doute été, depuis la fin de la guerre d'Algérie, l'un des plus puissants éléments de la transformation du modèle traditionnel, c'est qu'elle intervenait précisément à la retombée d'un siècle où la France avait connu trois guerres. Trois guerres qui s'étaient soldées par des défaites, mais des défaites masquées, dont les effets, pour cette raison même, différés n'ont été que plus ravageurs. La fausse victoire de 1918 ne s'est révélée telle qu'après l'effondrement de l'Allemagne nazie et même celui du communisme soviétique, comme le suicide de l'Europe entière et la matrice de tous les maux du XXe siècle. 1945 et la place que de Gaulle a réussi à assurer à la France parmi les grands n'ont fait oublier qu'un temps la franche défaite de 1940. À peine celui-ci avait-il disparu qu'au tout début des années 1970 s'envolait le souvenir noir de la France de Pétain et de l'Occupation. Quant à 1962, de Gaulle a tout mis en œuvre pour faire oublier aux Français le repli du drapeau et la débâcle en Algérie par l'entrée de la France dans le club nucléaire et pour la précipiter dans la relance économique. Il n'empêche que la « dépossession du monde », comme dit Jacques Berque, la fin de la projection impériale de la France, le repli sur l'Hexagone — le mot se répand à l'époque comme il était né après la perte de l'Alsace-Lorraine —, marque une reconfiguration complète et un remaniement intégral de l'assise identitaire de la France.

Ce réaménagement s'est traduit par un double éclatement de la France : par le haut, pourrait-on dire, et par le bas. Par le haut : c'est l'insertion dans un ensemble européen que paraissait sceller l'arrivée à Matignon en 1976 du « premier économiste de France » venu de Bruxelles, le dur apprentissage de l'alignement et de la soumission aux normes internationales pour un pays habitué à n'écouter que lui-même. Et dans la foulée suivent l'altération ou l'abandon de tous les paramètres de la souveraineté : le territoire, la frontière, le service militaire, la monnaie. Éclatement aussi par le bas : c'est la poussée décentralisatrice, l'affaiblissement du pouvoir d'État sanctionné par la loi Defferre de 1982. Et comme en écho, dans un registre tout différent, la désagrégation progressive de toutes les formes d'autorité et d'encadrement, familles, Églises ou partis, dont l'explosion juvénile de Mai 68 a pu paraître rétrospectivement le point de départ. Un mouvement général de l'affirmation de l'individu qui dépasse largement le cadre national, mais qui prend dans cette France que l'on a pu dire, comme Michel Crozier, « terre de commandement » un relief tout particulier.

Ce brouillage d'un cadre fixe d'expression de l'identité nationale s'est accompagné d'un phénomène intérieur, au cœur même du pays, qui n'a pu que contribuer à ébranler en profondeur la stabilité identitaire de la France traditionnelle. Il s'agit de la fin des paysans. La France était restée, jusqu'au lendemain de la Seconde Guerre mondiale, un pays à majorité paysanne, à la différence de ses grands voisins industriels. Le taux de la population active engagée dans l'agriculture chute rapidement pendant les Trente Glorieuses de la croissance et passe même en 1975 — seuil toujours symbolique — au-dessous de 10 % ; encore s'agit-il moins de paysans que d'agriculteurs. L'extinction de la vieille classe paysanne, accompagnée de celle de la classe ouvrière traditionnelle — extinction qui est à rapprocher des effets de Vatican II et de la déchristianisation populaire —, devait se révéler d'autant plus troublante que dans les années qui ont suivi la guerre d'Algérie la France allait se trouver confrontée à l'arrivée soudaine et mal contrôlée d'une immigration d'un type nouveau, d'origine essentiellement maghrébine et musulmane, dont la religion était beaucoup plus étrangère que celle des précédentes vagues d'immigration, catholique ou juive, et la culture beaucoup plus difficile à soumettre aux lois et coutumes de la francité traditionnelle. Elle devait rendre plus évident encore l'affaiblissement des mécanismes intégrateurs.

C'est à ce moment-là, au milieu des années 1970, que l'on a commencé à parler d'une « mémoire paysanne », d'une « ethnologie » rurale. Le succès foudroyant de livres comme *Le Cheval d'orgueil* de Pierre Jakez Hélias ou *Montaillou, village occitan* d'Emmanuel Le Roy Ladurie impose l'évidence d'une « mémoire paysanne » qui ne vit plus que de sa reconstitution savante ou sensible, comme l'a proposé en 1972 le musée des Arts et Traditions populaires. Il est très significatif que ce soit sur ce thème que s'est fixée la première exigence d'une récupération mémorielle. C'est sur le rural que le patrimoine a fait sa révolution « démocratique ». Le mot appartenait au monde des châteaux, des cathédrales et aux créations majeures de l'esprit et de l'art. Le voilà réfugié dans la chanson populaire, l'araire ancestral, le chemin de transhumance et le lavoir de village. Comment ne pas rapprocher ce phénomène de la candidature de René Dumont aux élections présidentielles de 1974, autrement dit, l'émergence nationale de l'écologie ?

Ce réenracinement lointain de l'imaginaire qui signale précisément un brutal et définitif éloignement du passé, il n'est pas interdit de penser que l'a indirectement renforcé l'accession à la présidence de la République de Valéry Giscard d'Estaing. L'arrivée au sommet de l'État de ce jeune économiste de la grande bourgeoisie, technocrate et parisien, européen de cœur et partisan d'une « décrispation » de la vie politique dont le septennat s'annonce sous le signe du « changement » et de la « modernité », n'est certainement pas étrangère à cette plongée dans les profondeurs perdues et retrouvées où les Français se sont soudain enfoncés et dont les remontées allaient apparaître à la surface, à la surprise générale, lors de l'année que Giscard d'Estaing lui-même a eu l'idée de consacrer au patrimoine, en 1980.

La rupture « identitaire » que marque le septennat giscardien va, symboliquement, beaucoup plus loin et rend manifeste, avec la fin de ce qu'il est convenu d'appeler le « gaullocommunisme », un phénomène de grande ampleur et de longue portée, invisible, et pourtant décisif pour l'identité nationale : derrière la réduction de puissance et l'entrée difficile dans le rang des puissances moyennes, le retrait de la grande histoire. La France avait pu s'enorgueillir depuis longtemps, depuis toujours, d'avoir été en première ligne et comme à l'avant-garde des expériences majeures de l'histoire et de la formation d'une Europe qui était le centre du monde. Des croisades à l'empire colonial, en passant par la féodalité, l'État-nation, la monarchie absolue, les Lumières, la Révolution, la dictature. Sa propre saga historique, son fameux « roman national », de Vercingétorix à de Gaulle, s'inscrivait dans cette fresque où la nation, véhicule du progrès depuis le XVIIIe siècle, rimait avec raison et avec civilisation. Or, depuis 1918, elle n'avait plus connu des grandes secousses de l'Histoire que les rebonds et les contrecoups. Pas de révolution socialiste, malgré l'existence du plus fort parti communiste de l'Occident ; pas de totalitarisme nazi, malgré une tradition d'extrême droite nationaliste menaçante jusqu'à la guerre ; pas de vraie crise de 1929, parce que pas encore de vraie révolution industrielle et financière. Une culture de masse et une société de consommation arrivées précisément en ces années 1960-1970, ce qui était le signe même d'une entrée dans le lot commun. Une mondialisation qui a renforcé encore l'assujettissement de la France à des normes qui la dépassent et le caractère obsolète d'une identité spécifique dissoute et fondue dans le modèle occidental. Bref, une histoire qui n'avait plus pour elle ni la sagesse, ni l'héroïsme, ni la raison porteuse d'universel.

Pendant une bonne trentaine d'années, des années 1940 aux années 1970, le gaullisme et le communisme, ces deux phénomènes symétriques, contradictoires et complémentaires, ont pu masquer la réalité. Ils ont pu, chacun à leur façon, entretenir l'illusion qu'une grande histoire et un grand destin étaient encore réservés à la France. Tous deux ont combiné, à des doses variables, les deux thèmes majeurs dont l'entrelacement a tissé l'histoire de la France contemporaine, nation et Révolution. Et à ce titre chacun a pu représenter une version concentrée, synthétique, plausible et prometteuse de l'histoire nationale. La France ne s'est jamais vraiment remise de leur effacement simultané.

Aucun projet national n'a pu s'imposer depuis. Ni le projet socialiste, parce que la gauche est arrivée politiquement au pouvoir quand sa constellation idéologique et surtout le marxisme qui l'inspirait étaient déjà presque épuisés. Ni le projet européen, dont les Français se sont désintéressés dès lors qu'il ne répondait plus au modèle d'une France dilatée. Le traité de Maastricht, en 1992, marque à cet égard une date décisive. Ni le projet libéral, fugacement brandi au moment des dénationalisations de 1986. Ni le projet souverainiste, parce qu'il paraissait archaïque et suicidaire. Ni le projet écologique, parce qu'à la différence d'autres pays, comme l'Allemagne, il a paru frappé d'utopie et d'un soupçon gauchiste et aujourd'hui réactionnaire. La France se sait un futur, mais elle ne se voit pas d'avenir. C'est la raison du pessimisme des Français. Non pas un pessimisme individuel, mais collectif — historique, peut-on dire.

Cet épuisement ne signifie nullement la disparition du sentiment national, mais il en exprime la métamorphose et le transfert sur l'unité et la diversité des aspects culturels — langue, mœurs, paysages —, que l'on fantasme, au demeurant, plus qu'on ne les soigne. Osons même le dire : le sentimentalisme a remplacé le sentiment national et le roman est devenu une romance. C'est bien la définition de la nation selon Renan qui est atteinte dans son principe. On l'invoque partout, mais elle sonne comme un rappel et comme un glas. « Avoir fait de grandes choses ensemble, vouloir en faire encore. » Le culte des ancêtres et le plébiscite de tous les jours. La nation selon Renan supposait la solidarité des deux notions dont nous vivons précisément la dissociation :

la nation comme héritage et la nation comme projet. Le passé qui n'apparaît plus comme la garantie de l'avenir et l'absence d'un sujet historique porteur : le noyau dur de la fameuse « crise » de l'identité nationale est là. Pas ailleurs.

Le régime des identités

Disons mieux : la notion même d'« identité nationale » apparaît aujourd'hui parce qu'elle est au confluent de deux phénomènes : l'affaiblissement — car c'est plutôt d'affaiblissement que d'extinction qu'il s'agit — de l'identité nationale-républicaine classique et l'avènement de ce que l'on peut appeler le régime *des* identités.

L'éveil de ces identités est lié à l'affranchissement général de toutes les minorités, à un mouvement de décolonisation intérieure et d'émancipation des minorités de toute nature — sociales, sexuelles, religieuses, provinciales —, dont l'histoire propre avait été jusque-là marginalisée, rabotée par une histoire nationale homogénéisatrice, réduite au registre de la vie familiale, personnelle ou privée. Des minorités souvent ignorantes d'elles-mêmes et qui prenaient soudain conscience de soi, et affirmaient leur existence, assuraient leur différence par ce que l'on appelait alors la « récupération » ou la « réappropriation » de leur passé. Jusque dans les années 1970, le descendant d'aristocrates guillotinés, le petit-fils d'un fusillé de la Commune ou le fils d'un juif polonais arrivé dans les années 1930 participaient, même dans des versions différentes, d'une seule et même histoire, emblématisée par la formule scolaire « nos ancêtres les Gaulois ». C'est sur ce double registre d'appartenance que s'était construite l'identité collective de la nation républicaine, et c'est lui qui s'est brisé. J'ai longuement décrit ce phénomène, en particulier à la fin des *Lieux de mémoire*. Il faut cependant en rappeler le principe, quitte à souligner plutôt son évolution et ses aboutissements.

Si le mot « mémoire » s'est spontanément imposé pour caractériser la prise de conscience de soi de ces minorités et leur autonomisation existentielle, au point de connaître aujourd'hui une généralisation abusive, c'est sans doute qu'il est à deux faces. D'un côté, il s'oppose à l'histoire et n'a pris sa force en France que par rapport à la force que l'histoire y avait gagnée. Affectif contre intellectuel, émotionnel contre rationnel, expérience vécue ou fantasmée contre reconstitution discursive. Même quand la mémoire entraîne une volonté de connaissance et d'exploration savante, celles-ci impliquent la soumission à des procédures critiques qui s'éloignent du mémoriel. Par un autre côté, la mémoire a été le vecteur de ce qu'il est convenu d'appeler « identité » ; les deux mots sont devenus proches et souvent interchangeables.

En trente ans, la signification de ces deux termes — auxquels il faudrait associer celui de patrimoine, qui relève de la même constellation — s'est étrangement retournée et enrichie. Tous les trois sont passés, et c'est là le phénomène remarquable, du registre individuel au registre collectif. Si difficile qu'elle soit à définir avec précision, l'existence d'une « mémoire collective » s'est imposée au sens commun. L'expression couvre un champ sémantique qui lui donne sa charge et son aura : de l'inconscient au semi-conscient, des habitudes et des traditions au souvenir et au témoignage, de la solidarité passive à l'affirmation déterminée. L'identité n'avait qu'un sens administratif et policier pour caractériser une individualité ; elle est devenue l'assignation collective à un groupe. Même évolution pour le patrimoine qui est passé rapidement du bien tenu du père ou de la mère à la conscience d'un bien collectif et, de là, à une signification quasi métaphorique puisqu'on parle aussi bien aujourd'hui du patrimoine linguistique que génétique ou constitutionnel.

Bien mieux : les trois mots s'appuient et se renvoient l'un à l'autre, dans une circularité qui dessine une nouvelle configuration interne de la conscience de soi, une autre forme d'économie de l'être-ensemble qu'il nous est devenu impossible d'appeler autrement qu'identité — ou plutôt identités, au pluriel.

L'identité « démocratique » de la France consiste dans ce

passage à une conscience de soi plus sociale que politique, plus mémorielle qu'historique, plus patrimoniale que nationale. Le problème de l'« identité nationale » ne se pose que dans un retour *des* identités nouvelle génération *sur* l'identité de la France ; le titre du livre de Fernand Braudel en 1985, *L'Identité de la France*, en a tiré son originalité. Une « identité nationale » sur laquelle les uns se sont mis à s'acharner parce qu'elle s'applique à l'idée même de nation, les autres à la défendre en lui donnant un contenu d'homogénéité sociale et culturelle menacé, plus particulièrement contre ceux qui, par définition, sont les plus étrangers au républicanisme homogénéisateur : les immigrés.

Les identités de groupe sont, en effet, dans leur principe, incompatibles avec l'idée nationale, telle du moins que s'est développée l'idée nationale dominante, d'essence jacobine. On ne comprendrait pas, sinon, pourquoi ceux-là mêmes qui se réjouissent de l'affirmation d'une identité corse, ou juive, sursautent à la seule évocation d'une identité nationale et entrent en convulsion à l'invocation d'une mémoire nationale. Ni, inversement, pourquoi les défenseurs d'une identité nationale et républicaine pure et dure s'empressent, à la moindre expression d'une fidélité à une quelconque tradition identitaire de groupe, de crier au communautarisme. Question de hiérarchie, soit. Mais il est vrai que l'éveil de chacune de ces identités a été une mise en cause et même en accusation d'une dimension essentielle de la tradition nationale républicaine. L'affirmation d'une mémoire et d'une identité juives, par exemple, s'est accompagnée depuis la guerre d'un procès à une France qui allait bien au-delà de Vichy et de l'affaire Dreyfus — phénomènes qui n'avaient en rien entamé l'attachement des juifs à la France —, c'était la dénonciation d'un antisémitisme médiéval et chrétien, et pour certains d'un antisémitisme indéracinable et consubstantiel à la France elle-même. S'agissant du féminisme, il pouvait paraître sans rapport avec l'idée de la nation. Il n'empêche que l'exhumation d'une mémoire identitaire des femmes consistait à renverser sur elle-même l'idée d'une histoire faite et écrite par les hommes. Quant à la mémoire coloniale, la dernière venue, c'est celle qui va le plus loin dans la dénonciation d'une tradition républicaine dont la liberté, l'égalité et la fraternité se sont traduites par l'esclavage, l'oppression et le racisme. Elle conduit tout droit à brûler le drapeau tricolore et à conspuer *La Marseillaise*.

Toutes les mémoires identitaires ont, peu ou prou, une dimension protestataire, revendicatrice et accusatoire. C'est normal, dans la mesure où les identités minoritaires sont, par définition, celles de victimes ; l'histoire de ceux qui n'avaient pas eu droit à l'Histoire. À ce titre, elles se sont parées des prestiges et des privilèges qui s'attachent à la justice et à la morale. Dans cette nouvelle économie de l'identité collective, leur affirmation avait un caractère puissamment émancipateur et libératoire. Allons plus loin : elles étaient, elles sont à leur manière, une revendication de l'universalisme français contre une France infidèle à elle-même, rétrécie et, pour reprendre l'expression désormais consacrée, moisie.

Il est pourtant impossible de ne pas remarquer combien ces revendications identitaires et mémorielles s'inscrivent à l'intérieur de la nation comme un appel à la reconnaissance. À part les mini-nationalismes breton et corse — et encore... —, toutes résonnent, y compris les plus apparemment radicales, comme des demandes d'inscription au grand livre de l'histoire nationale. Il y faut le symbole, la loi, la Constitution, la parole officielle d'État. Les commémorations nationales instituées depuis une quinzaine d'années et qui doublent le nombre de celles qui existaient depuis plus d'un siècle ont beau ne contribuer qu'à l'usure et à l'atomisation de la commémoration républicaine, ou n'exprimer que le poids des revendications associatives, l'expiation et la contrition (la rafle du Vél' d'Hiv, la traite et l'esclavage), le morcellement sectoriel de la mémoire combattante (hommage aux harkis, aux combattants d'Indochine, d'Afrique du Nord), l'important est que ces commémorations soient *nationales*. Le discours de Jacques Chirac, à peine élu, au Vél' d'Hiv, le 16 juillet 1995, accédait à une demande insistante d'une minorité active de la communauté juive auprès de François Mitterrand, président de la République, qui l'avait obstinément refusée, reconnaissant la culpabilité de « la France » et non du seul régime de Vichy. La vraie motivation des lois dites mémorielles n'est sans doute pas leur efficacité contraignante — pas même la loi Gayssot de 1990, pénalisant la négation du génocide juif, puisque l'arsenal juridique existant avait déjà suffi pour faire condamner Robert Faurisson —, mais leur caractère symbolique, la solennité et l'unanimité législative de la déclaration : « La République reconnaît le génocide arménien. »

Le cas des langues régionales est à cet égard particulièrement éclairant. En 2008, dans la réforme de la Constitution, le parlement, réuni à Versailles, a inscrit au titre des collectivités territoriales, article 75-1 : « Les langues régionales appartiennent au patrimoine de la France. » Les associations militantes avaient bataillé pour que la phrase figure à l'article 2 de la Constitution, suivant celle qui déclare : « La langue de la République est le français. » Qui ne voit l'importance de l'inscription dans la hiérarchie du texte, l'enjeu historique de cette inscription qui fait écho au refus du gouvernement français, dix ans plus tôt, de signer la « Charte européenne des langues régionales et minoritaires », une formulation qui permettait d'associer aux langues à proprement parler régionales les langues « non territoriales », mais portées et parlées par des groupes vivant en France, comme le yiddish, l'arabe ou le berbère ? L'enjeu de la bataille pour l'instant à moitié gagnée, à moitié perdue, est clair pour la définition de l'identité nationale. Et la bataille continue.

L'affirmation combative de ces identités mémorielles ne doit cependant pas masquer leur variété, les nuances de leurs strates, facettes, enracinements historiques, composantes sociales qui rendent la réalité de leur expression infiniment complexe et ambiguë. Il y a bien une mémoire et une identité juives, par exemple, qui se sont constituées depuis la guerre. On peut en décrire les formes et les étapes marquantes, je m'y suis essayé[1]. Mais comment ne pas tenir

---

1. [Cf. le chapitre précédent, p. 508.]

compte, pourtant, par rapport à la France, des abîmes de sensibilité qui séparent les différentes composantes de cette communauté — jusqu'à ceux qui ne s'y reconnaissent pas —, des frontières qui passent à l'intérieur même de chacun des groupes d'origine, et souvent à l'intérieur de soi-même ? Il y a bien une mémoire et une identité féminines, dont le Mouvement de libération des femmes a exprimé la militance. Qui ne voit la différence de vision du monde, de la société, de la politique et des rapports humains qui sépare, pour commencer, celles pour qui existe ou n'existe pas la complémentarité des deux sexes ? Quant à la mémoire coloniale, celle qui peut paraître atteindre le plus radicalement la République, la nation, la France, comment ne pas voir, dans les rapports existentiels, les rapports à la colonisation ou à la France, ce qui sépare — à commencer par leur origine maghrébine, africaine, antillaise — les anciens colonisés eux-mêmes ?

Encore ne s'agit-il là que des distinctions marquées à la serpe, à titre indicatif et pour amener à la conclusion suivante. Autant ne pas prendre la mesure de la nouveauté revendicatrice de ces identités mémorielles condamne à ne pas comprendre pourquoi et comment peut aujourd'hui se poser la question de l'« identité nationale », autant ne pas tenir compte du caractère mouvant, mobile, évolutif, conflictuel et en perpétuelle recomposition de ce champ de forces condamne à n'y intervenir qu'à l'aveugle. C'est pourquoi un débat sur l'identité nationale décidé d'en haut ne peut déboucher que sur un manichéisme réducteur. C'est ce qui donne au débat de ces dernières années sur l'identité nationale sa réalité de fond et le rend en même temps, dans son principe, dangereusement immaîtrisable. Il désigne les immigrés et les musulmans comme l'Autre de la nation France ; une France qui ne se penserait elle-même qu'en fonction d'eux. Alors que les maîtres mots de cette nouvelle identité démocratique seraient au contraire, plus largement, comme dans toute démocratie : compréhension interne des situations singulières, négociation, arbitrage, hiérarchisation des problèmes, autorité éclairée de la décision.

L'histoire menacée

Dans la nouvelle économie des identités, c'est l'histoire qui est la plus menacée, et d'abord l'histoire nationale. Pas seulement dans ses aspects les plus récents, dits « sensibles », parce qu'ils sont les plus susceptibles d'être investis des intérêts de la mémoire d'un groupe particulier. Mais, plus largement, dans le rapport au passé, le sentiment de la continuité, la conscience de la différence des temps. L'âge des identités va jusqu'à frapper, par principe, toute histoire de la nation des stigmates du nationalisme. Il est de fait que l'histoire est devenue scientifique à la belle époque de l'affirmation des nationalismes, qu'ils soient de droite ou de gauche. De là à les identifier l'une à l'autre, il n'y a qu'un pas. À lire, par exemple, les commentaires qui ont accueilli, parfois dans les journaux les plus autorisés, la récente réédition de l'*Histoire de France* d'Ernest Lavisse qui illustre le péché capital d'une interpénétration étroite de positivité scientifique et de culte fervent de la patrie, on n'est pas loin de conclure que quelques historiens vicieux ne seraient allés chercher en Allemagne, après la guerre de 1870, les secrets d'une histoire scientifique que pour mieux justifier l'esclavage et la colonisation. Il est très difficile de faire admettre que parler nation, France, histoire ou identité nationale ne soit pas forcément du nationalisme. Peut-il y avoir une « histoire-de-France » dans un type d'identité démocratique ?

L'âge des identités a tendance à enfermer l'époque dans un éternel présent. Sans doute y a-t-il une manière d'incompatibilité entre la philosophie des droits de l'homme, réduite à celle des individus, et l'idée d'une histoire nationale, fût-ce la plus critique ou la plus problématisée. Le privilège donné au point de vue de la victime, le moralisme qui l'inspire se conjuguent pour oblitérer la différence des temps et donner la priorité au jugement affectif et moral sur le passé en y projetant les jugements de valeur d'aujourd'hui. La commémoration d'Austerlitz devenait scandaleuse du moment que Napoléon avait rétabli l'esclavage à Haïti — ce qui n'est d'ailleurs pas son seul crime. Les trente dernières années ont ainsi vu un retournement de la problématique s'opérer sur les principaux épisodes de l'histoire nationale, ceux qui, précisément, engagent le plus profond de son identité : Vichy, la Révolution, la guerre de 1914-1918, la colonisation. L'image de Vichy dans la mémoire et l'historiographie a connu une courbe spectaculaire, dont le livre de Robert Paxton, en 1973, a marqué le départ et qui a fait, au fil des travaux et des colloques, passer la politique antisémite du régime et sa responsabilité dans la déportation des marges de l'histoire au cœur de son idéologie, devenant ainsi sa dimension constitutive. Le bicentenaire de la Révolution, dont la version officielle a surtout cherché à retenir l'héritage des droits de l'homme, a vu resurgir, d'un côté ou d'un autre, les aspects criminels de la Terreur et la logique qui les liait à l'idée révolutionnaire, les massacres de Septembre et le « génocide » vendéen.

Il est d'ailleurs impossible de ne pas mettre en rapport la prolifération de l'industrie commémorative qui a saisi la France des dernières années du siècle avec la mobilisation active du passé au service du présent, qu'elle a puissamment servie. L'année 1998 serait à cet égard particulièrement riche et significative puisqu'elle a vu la rencontre de trois dates chargées chacune d'un poids symbolique intense et servir, chacune, de carrefour de l'identité nationale : le 400e anniversaire de l'édit de Nantes, le 150e anniversaire de l'abolition de l'esclavage et le 80e anniversaire de l'armistice de 1918.

Dans les trois cas, le mouvement a été le même. L'édit de Nantes a permis de célébrer, au prix de beaucoup de contresens historiques et d'anachronismes, les vertus cardinales de la démocratie : liberté de conscience, égalité civile, laïcité, tolérance. Il a même pu paraître l'acte fondateur d'une construction démocratique de l'identité nationale, le modèle de la résolution des conflits par l'élargissement des droits fondamentaux. L'anniversaire de l'abolition de l'esclavage a été la date repère la plus importante de l'envol de la mémoire coloniale, de sa focalisation sur la traite atlantique et de sa constitution en image d'Épinal. Trois ans plus tard, la loi Taubira viendra en faire un crime contre l'humanité. Mais c'est l'anniversaire de l'Armistice qui est sans doute le moment qui va le plus loin dans la disqualification de l'héritage. Il reste marqué par le discours de Lionel Jospin, Premier ministre, le 5 novembre, appelant à la « réintégration des mutins de 1917 dans la mémoire collective », formule immédiatement interprétée par la presse comme une « réhabilitation », le maire de Craonne dénonçant le Chemin des Dames comme le « premier crime contre l'humanité resté impuni ». Ce qui était jusque-là considéré comme le sommet de l'héroïsme et l'apogée du sacrifice patriotique est devenu comme une révélation de la réalité nationale : le crime de masse.

La rétroprojection dans le passé du crime contre l'humanité comme stade suprême de l'indignation est typique du moralisme anachronique qui préside au tribunal de l'Histoire. Faut-il rappeler que la notion avait été formulée au lendemain de la guerre pour qualifier un crime d'époque, sans commune mesure avec tous ceux que l'on avait connus jusque-là, et permettant de poursuivre *leur vie durant* les auteurs de ces crimes ? Elle a connu un détournement et une extension considérables qui ouvraient la porte à un règlement de comptes rétrospectif et une criminalisation générale du passé, jusqu'au moment où l'opinion s'est alarmée et où les historiens se sont mobilisés. Que la condamnation du même coup se déplace des auteurs de ces crimes aux historiens qui les évoquent, les discutent ou paraissent les pondérer n'a pas, en soi, d'importance pour leur personne ; mais elle montre les risques de ce déplacement pour l'hygiène sociale et mentale et l'absurdité de cet aboutissement. Une société des identités tend à ne tolérer les historiens que s'ils se font militants de la mémoire.

On avancera l'argument des caprices de la mémoire, capables de longues latences et détours, et de réveils inattendus et sans doute d'autant plus puissants. C'est vrai.

Mais à quel moment ces mémoires blessées qui demandent justice, reconnaissance, inscription au grand livre de la nation virent-elles au prétexte à d'abusives réclamations, à des instruments de pression, voire à un chantage, qui n'ont plus rien à voir avec le passé, ni avec la mémoire ?

C'est là que le recours à l'histoire devient nécessaire et que les historiens trouvent la justification de leur métier et même, en démocratie, la mission qu'elle leur réserve.

L'identité démocratique suppose la généralisation de ces conflits de mémoire et leur antagonisme. Dans la guerre civile des mémoires, il n'y a guère que deux instances d'arbitrage et de paix : la parole politique, à condition qu'elle soit porteuse d'une autorité morale. Et le temps, c'est-à-dire l'histoire. Ici encore, on avancera que, à la différence des historiens d'autrefois qui s'interdisaient l'analyse du présent et n'intervenaient que sur les morts incapables de réagir, l'historien du contemporain travaille sous le regard des vivants et n'a aucune position de surplomb. On se demande ce qui le qualifierait comme historien s'il ne cherchait, précisément, à se détacher des pressions du présent et à prendre de la hauteur, sa forme à lui de « regard éloigné ». Les conditions ont-elles tellement changé depuis que Henri de La Popelinière, un des premiers historiens de la France pendant les guerres de Religion et huguenot lui-même, recommandait à l'historien qui voulait « observer les choses de son temps » de se faire « libre de tout », « équitable envers toutes personnes, sans pardon, ni pitié, ni honte de rien ; roide, constant, et sans fléchir ».

INDEX

ABÉLARD, Pierre : 480.
ADAMS, Brooks : 377.
ADAMS, Henry : 377.
ADAMS, John : 347.
AGATHON, alias de plume d'Henri Massis et Alfred de Tarde : 433, 442-443.
AGULHON, Maurice : 35, 289, 308, 444, 493.
AIGUILLON, Emmanuel Armand de Vignerot du Plessis de Richelieu, duc d' : 228.
ALDEGONDE, sainte : 165.
ALEXANDRE III LE GRAND : 169, 332.
ALFIERI, Vittorio : 458, 492.
ALLEMANE, Jean : 130.
ALTHUSSER, Louis : 272, 353.
AMALVI, Christian : 192, 209.
AMELOT DE CHAILLOU, Antoine-Jean : 228.
AMOTT : 148.
ANCEL, René (dom) : 108.
ANDLER, Charles : 183, 185.
ANDRÉ, Louis : 197-198, 456, 486, 503.
ANDREWS, Charles M. : 393.
ANDRIEU, Pierre Paulin (archevêque) : 245.
ANZIEU, Didier : 408.
APOLLINAIRE, Wilhelm Apollinaris de Kostrowitzky, dit Guillaume : 246.

ARAGON, Louis : 291, 343, 427, 444.
ARCHAMBAULT, Alain : 480.
ARENDT, Hannah : 356, 530.
ARGOUD, Antoine, dit colonel : 296.
ARIÈS, Philippe : 290, 418, 420, 480.
ARISTOTE : 169.
ARLAND, Marcel : 420.
ARNAULD D'ANDILLY, Robert : 482.
ARON, Raymond : 65, 331, 340, 344, 349-350, 358, 436.
ATTIAS-DONFUT, Claudine : 399.
AUBERTIN, Charles : 494.
AUGEREAU, Pierre François Charles (maréchal) : 49.
AUGUSTIN, saint (docteur de l'Église) : 167, 462, 482, 499.
AULARD, François-Alphonse, dit Alphonse : 109, 111, 113, 123, 128, 144, 156, 160, 165, 214, 219, 222.
AURIOL, Vincent : 288, 341, 498-499.
AUSPITZ, Katherine : 154.
AZÉMA, Jean-Pierre : 281, 434, 498.

BACHAUMONT, Louis Petit de : 494-495.
BACON, Nathaniel : 363.
BADINGUET (surnom satirique), voir Napoléon III.
BAECQUE, Antoine de : 403, 405.

BAILLEUL, Charles : 466.
BAILLEUX, Lucien (abbé) : 108.
BAILLY, Jean Sylvain : 466.
BAINVILLE, Jacques : 130, 235, 239, 243, 246.
BAINVILLE, Madeleine : 296.
BAKOUNINE, Mikhaïl Aleksandrovitch : 158.
BALZAC, Honoré de : 419, 424, 426, 431, 467, 512.
BANCROFT, George : 376, 385, 390, 393, 395.
BARA, Joseph : 116.
BARANTE, Amable-Guillaume-Prosper Brugière, baron de : 468.
BARBAROUX, Charles : 466.
BARBAROUX, Charles-Ogé : 332.
BARBÉ, Alain : 149.
BARBICHE, Bernard : 498, 511.
BARBIE, Klaus : 441, 524.
BARBIER, Edmond Jean François : 494.
BAREL, Virgile : 280.
BARNAVI, Élie : 526.
BARNI, Jules : 154.
BARRAL, Octave de : 246.
BARRAS, Paul, vicomte de : 48-49.
BARRE, Raymond : 260.
BARRÈS, Maurice : 84, 97, 100, 105, 131, 243, 433, 439-440, 442, 544.
BARRÈS, Philippe : 296.
BARRIÈRE, Jean-François : 460, 463-464, 466.
BARROT, Odilon : 58.
BARROUX, Robert : 456.
BARRUEL, Augustin de (abbé) : 28.
BARTHÉLEMY, Édouard de : 487.
BARTHES, Roland : 72, 82.
BASSOMPIERRE, François de, *dit* le maréchal de (marquis d'Haroué) : 457, 477.
BASTIDE, François-Régis : 510.
BAUDELAIRE, Charles : 423.
BAUDIN, Alphonse : 132.
BAUDOUIN (frères) : 460.
BAUDRILLARD, Alfred : 108.
BAUMANN, Antoine : 253.

BAUTIER, Robert-Henri : 199-200, 203-204, 469.
BAYARD, Pierre du Terrail, seigneur de (chevalier) : 474.
BAYET, Charles : 214, 219, 236.
BAYLE, Pierre : 134.
BEALE, Howard K. : 365.
BEARD, Charles A. : 370, 373, 384, 388-389, 393.
BEARD, Mary R. : 370, 389.
BEAU DE LOMÉNIE, Emmanuel : 240.
BEAUCHAMP, Alphonse de : 467.
BEAUHARNAIS, Fanny, comtesse de : 461.
BEAUJOUR, Michel : 455.
BEAUMARCHAIS, Pierre Augustin Caron de : 141.
BEAUNIER, André : 488.
BEAUVAIS, Vincent de : 165.
BEAUVAIS-NANGIS, Nicolas de Brichanteau, marquis de : 483.
BEAUVOIR, Simone de : 435.
BÉJIN, André : 416.
BELL, Daniel : 344, 370.
BELLEC, Anne-Marie : 498.
BÉMONT, Charles : 181, 197, 219.
BENDA, Julien : 177-178.
BÉNÉTON, Philippe : 433, 442.
BÉNICHOU, Paul : 425.
BENJAMIN, Walter : 530.
BENOÎT, Pierre : 93.
BÉNOUVILLE, Pierre Guillain de : 249, 251.
BENSON, Lee : 384.
BENTON, John F. : 474.
BÉRANGER, Pierre-Jean de : 141-142, 419, 460.
BERGOUNIOUX, Alain : 46.
BERL, Emmanuel : 442.
BERNARD DE CLAIRVAUX, saint (docteur de l'Église) : 480.
BERNARD, Claude : 180.
BERNARD, Jean-Pierre A. : 290, 292.
BERQUE, Jacques : 360, 554.
BERRYER, Nicolas René : 228.
BERT, Paul : 126, 144, 151, 160, 185.

Index

BERTHELOT, Marcelin : 144, 151, 185.
BERTHOFF, Rowland : 368.
BERTIÈRE, André : 457, 500, 502-503.
BERTIÈRE, Simone : 501.
BERTIN, Henri Léonard Jean Baptiste : 228.
BERVILLE, Albin de, *dit* Saint-Albin Berville : 460, 464-466.
BIDAULT, Georges : 285, 308.
BIDEGARAY, Christian : 308.
BIDOU, Henri : 212-213, 237.
BIGOT, Charles : 121.
BILLOUX, François : 279, 282.
BIRÉ, Édmond : 465.
BIRNBAUM, Pierre : 278, 538.
BLANC, Louis : 140.
BLOCH, Gustave : 218, 235.
BLOCH, Marc : 204-205, 218, 227, 413.
BLOCH-LAINÉ, François : 261, 349.
BLONDIN, Antoine : 443.
BLUM, Léon : 272, 302, 307, 349.
BOCHÉ, Dominique : 498.
BODIN, Jean : 469, 478.
BOFARULL, Prosper de : 199.
BOIGNE, Louise d'Osmond, comtesse de : 495, 514.
BOILEAU, Nicolas : 512.
BOISLISLE, Arthur-Michel de : 469.
BOLINGBROKE, Henry Saint John, vicomte : 19.
BON, Frédéric : 312.
BONAPARTE, Louis Napoléon, *voir aussi* Napoléon III : 10, 51, 56, 58, 60-62, 64.
BONAPARTE, Napoléon, *voir aussi* Napoléon Ier : 48-50, 52-53.
BONNER, Thomas N. : 364.
BONNET, Georges : 285.
BONTE, Florimond : 279.
BOORSTIN, Daniel J. : 366-367, 369, 393-394.
BORGÉ, Jacques : 274.
BORNING, Bernard C. : 384.

BOSSUET, Jacques Bénigne : 34, 130, 218, 385, 462.
BOUILLON, Rose : 132.
BOULAINVILLIERS, Anne Gabriel Henri Bernard, comte de : 470.
BOULANGER, Georges (général) : 105.
BOUQUET, Martin (dom) : 463.
BOURDERON, Roger : 282-283.
BOURDET, Claude : 261.
BOURDIEU, Pierre : 419.
BOUREAU, Alain : 313.
BOURGEOIS, Émile : 197-198, 205, 456, 486.
BOURGEOIS, Guillaume : 278.
BOURGEOIS, Léon : 153, 156.
BOURGET, Paul : 100, 433.
BOURGIN, Georges : 204, 474.
BOURGINE, Raymond : 261.
BOURRIENNE, Louis Antoine Fauvelet de : 467.
BOUSQUET, René : 523-524.
BOUTANG, Pierre-André : 274.
BOUTEMY, Eugène : 107.
BOUTMY, Émile : 185.
BOUTROUX, Émile : 121, 180, 433.
BOUVIER, Jean : 279.
BRADFORD, William : 384.
BRAIBANT, Charles : 204.
BRANDEIS, Louis : 326.
BRANTÔME, Pierre de Bourdeille, *dit* : 458-459.
BRASILLACH, Robert : 235, 301, 441.
BRASPART, Michel, *voir* LAUDENBACH, Roland.
BRAUDEL, Fernand : 546, 561.
BREMNER, Robert H. : 391.
BRENNEKE, Adolf : 199.
BRETON, André : 427.
BRÉTON, Guillaume : 212-215, 217, 220.
BRIENNE, Étienne-Charles de Loménie de (cardinal) : 460, 463.
BRIÈRE, Gaston : 208.
BRIÈRE, Georges : 197.
BRIÈRE, Jean-Louis : 460.

BRINON, Fernand de : 250.
BRISSOT, Jacques Pierre, *dit* Brissot de Warville : 139.
BROMFIELD, Louis : 377.
BROUSSE, Paul : 130, 159.
BROWN, John : 382.
BRUNSCHWIG, Henri : 422.
BRUPBACHER, Fritz : 158.
BRUTUS : 87.
BRYAN, William Jennings : 368, 391.
BUCHON, Jean-Alexandre : 460-461, 463.
BUISSERET, David : 498.
BUISSON, Ferdinand : 13, 106, 143-145, 152-157, 159-163, 167, 183.
BUONARROTI, Philippe : 161.
BURGESS, John William : 388.
BURKE, Edmund : 254, 367, 406.
BURLES, Jean : 283.
BURNHAM, James : 349.
BURNIER, Michel-Antoine : 343.
BUTHMAN, William Curt : 239.
BUVAT, Jean : 494.
BUZOT, François Nicolas Léonard : 466.

CABOCHE, Jules : 473.
CABRIÈRES, François Marie Anatole de Rovérié de (évêque) : 245.
CACHIN, Marcel : 285, 293, 301.
CAILLAUX, Joseph : 246.
CALONNE, Charles Alexandre de : 229.
CALVET, C. : 109.
CAMPAN, Jeanne Louise Henriette, née Henriette Genet : 460.
CAMPION, Henri de : 482.
CAMUS, Armand : 201.
CANIVEZ, Jules : 155.
CAPEFIGUE, Jean-Baptiste Honoré Raymond : 422.
CAPÉRAN, Louis : 160.
CAPET, Hugues Ier : 29, 192, 233, 543, 550.
CARBONELL, Charles-Olivier : 181, 462.
CARMONA, Michel : 511.

CARNOT, Hippolythe : 332.
CARNOT, Lazare Nicolas Marguerite (général) : 116, 135, 138-139, 148, 309, 332, 464, 466.
CARNOT, Sadi : 332.
CARON, Jean-Claude : 423.
CARON, Pierre : 197, 208.
CARRÉ, Henri : 215, 220, 236.
CARTER, James Earl, *dit* Jimmy : 339, 345-347.
CASH, W. J. : 371.
CASTELLION, Sébastien : 155.
CASTELNAU, Pierre de : 112, 483.
CASTORIADIS, Cornelius : 355.
CATANI, Maurizio : 493.
CATHALA, Jean : 261.
CATO, Angelo (archevêque) : 502.
CATTAUI, Georges : 296.
CAUMARTIN, Mme Le Fèvre de : 502.
CAUTE, David : 343.
CAVAIGNAC, Louis Eugène : 58, 243.
CAYLUS, Marie Marguerite Le Valois de Villette de Murçay, comtesse de : 484, 495.
CÉLINE, Louis Ferdinand Destouches, *dit* Louis-Ferdinand : 444.
CERVANTÈS, Miguel de : 458.
CÉSAR, Jules : 136, 266, 454, 504, 547.
CHABAN-DELMAS, Jacques : 275.
CHABROL, Jean-Pierre : 280.
CHALLAMEL, Augustin : 423.
CHAMBRUN, Joseph Dominique Aldebert Pineton, comte de : 130.
CHAMPOLLION-FIGEAC, Aimé : 462.
CHAMPOLLION-FIGEAC, Jacques-Joseph : 462-463.
CHANDLER, Raymond Thornton : 342.
CHARLE, Christophe : 218, 234.
CHARLEMAGNE : 93, 118, 217, 233, 382, 543.

CHARLES QUINT (empereur d'Allemagne) : 201.
CHARLES V : 182.
CHARLES VI LE BIEN-AIMÉ : 78, 218, 233.
CHARLES VII : 118, 236, 481, 483.
CHARLES VIII : 236.
CHARLES X : 465.
CHARLÉTY, Sébastien : 84, 218, 225, 236, 423-424.
CHARLOT, Jean : 260, 288, 294, 309.
CHARMES, Xavier : 198-199, 472.
CHARTIER, Jean : 481.
CHARTIER, Roger : 213, 459.
CHASTELLAIN, Georges : 461.
CHATEAUBRIAND, François René, vicomte de : 18, 318, 324, 405, 412, 427, 454, 470, 475-476, 479, 490, 493, 495, 498, 512, 544.
CHAVATTE, Pierre-Ignace : 494.
CHERVIN : 148.
CHEVERNY, Philippe Hurault, comte de : 503.
CHIRAC, Jacques : 524, 543, 562.
CHOISEUL, Étienne François, duc de : 479.
CHOISY, François-Timoléon de (abbé) : 463, 486-487.
CHOMSKY, Avram Noam : 358.
CHOPINET, Anne : 435.
CHURCHILL, Winston Leonard Spencer Churchill (sir), *dit* Winston : 268.
CLAIR, René : 316.
CLAPIER-VALLADON, Simone : 455.
CLAVAL, Paul : 192.
CLAVEL, Maurice : 530.
CLEMENCEAU, Georges : 88, 156, 242, 244, 246, 252, 260, 296, 507, 552.
CLERMONT-TONNERRE, Stanislas Marie Adélaïde, comte de : 538.
CLÉRY, Jean-Baptiste : 464.
CLOSETS, François de : 437.
CLOUET, Jean, *dit* le jeune : 411.
CLOVIS : 137, 206, 543.
COGNIOT, Georges : 310.

COINTET, Jean-Paul : 308.
COIRAULT, Yves : 486, 491, 500, 510.
COLAS, Dominique : 308.
COLBERT, Jean-Baptiste : 122, 138, 219, 226, 231-233, 236, 504-505, 510-511.
COLIN, Armand : 91, 108-109.
COLLET, Serge : 291.
COMENIUS, Jan Ámos Komenský, *dit* : 163, 166.
COMMAGER, Henry Steele : 371-372.
COMMYNES, Philippe de : 454, 457, 479-480, 498, 502, 506.
COMPAYRÉ, Gabriel : 165.
COMTE, Auguste : 39, 53, 65, 166, 253, 409, 424.
CONARD, Pierre : 110, 113.
CONDÉ, Louis Joseph de Bourbon, prince de : 463, 483.
CONDORCET, Marie Jean Antoine Nicolas de Caritat, marquis de : 40, 44, 147, 167, 404.
CONSTANT, Benjamin Henri Constant de Rebecque, *dit* Benjamin : 48-51, 412, 425.
CONSTANT, Jean-Marie : 483.
CONSTANT, Louis (premier valet de l'Empereur) : 467.
CONTAMINE, Henry : 56.
CORDIER, Daniel : 252, 286.
CORNEILLE, Pierre : 225, 411.
COTTERET, Jean-Marie : 267.
COTY, François : 247.
COTY, René : 510.
COUDRAY, Jean-Marc : 434.
COULANGES, Christophe de (abbé) : 459.
COULTER, Ellis Merton : 364.
COURIER, Paul-Louis : 460.
COURNOT, Antoine Augustin : 424.
COURT, Antoine : 466.
COURTILZ DE SANDRAS, Gatien de : 489.
COURTOIS, Stéphane : 263, 278, 281-282, 299, 306.
COUTY, Daniel : 455.

COVILLE, Alfred : 214, 218, 225, 236.
COYER, Gabriel-François (abbé) : 19.
CRAVEN, Avery Odelle : 364-365.
CRÈTE, Jean : 399.
CROISET, Alfred : 190.
CROISET, Maurice : 184.
CROZIER, Michel : 261, 349, 437-438, 555.
CULAS, Raoul : 280.
CUNIN, Micheline : 483.
CURTI, Merle Eugene : 386, 390.

DACIER, André : 461-462.
DAHLMANN, Friedrich Christoph : 197.
DAIX, Pierre : 280, 300.
DALTREY, Roger : 420.
DAMBRE, Marc : 443.
DANIEL, Gabriel (père) : 470.
DANIEL, Jean : 261.
DANJOU, Félix : 461.
DANSETTE, Adrien : 248.
DANTON, Georges Jacques : 34, 122, 135, 139, 243.
DARBOY, Georges (archevêque de Paris) : 124.
DARD, Olivier : 238.
DARNAND, Joseph : 250.
DARQUIER DE PELLEPOIX, Louis Darquier, dit : 523.
DARWIN, Charles : 157.
DAUDET, François : 240.
DAUDET, Léon : 243-244, 246, 249-250.
DAUMARD, Adeline : 56.
DAUMIER, Honoré : 66.
DAUNOU, Pierre Claude François : 47.
DAVY, Georges, dit le doyen : 97.
DE VOTO, Bernard Augustine : 365.
DÉAT, Marcel : 464.
DEBIDOUR, Antonin : 111.
DEBIDOUR, Victor-Henry : 109, 111, 113, 123, 128.
DEBRAY, Régis : 275, 277, 442, 553.

DEHAULT DE PRESSENSÉ, Francis : 156.
DELACROIX, Eugène : 424.
DELATOUR, Albert : 181.
DELBRÜCK, Hans : 84.
DELCROIX, Arthur, alias de François Furet : 302.
DELÉCLUZE, Étienne-Jean : 431.
DELHEZ-SARLET, Claudette : 493.
DELISLE, Léopold : 197, 209.
DELTOUR, Félix : 208.
DÉMORIS, René : 456, 470, 490.
DENIS, Daniel : 144.
DERMIGNY, Louis : 339.
DÉROULÈDE, Paul : 246.
DESANTI, Dominique : 280.
DESCARTES, René : 356, 411.
DESJARDINS, Paul : 155.
DESPIQUES, Paul : 109.
DESTUTT DE TRACY, Antoine Louis Claude (comte) : 146, 165.
DEUTSCH, Karl W. : 371.
DEVINAT, E. : 109.
DIDEROT, Denis : 134-135.
DIDIER, Béatrice : 455.
DIDON, Henri, dit père : 98.
DIDOT, Ambroise Firmin : 458, 463.
DIGEON, Claude : 98, 185, 422.
DILTHEY, Wilhelm : 415.
DIMIER, Louis : 245-246.
DISHMAN, Robert B. : 406.
DOMINIQUE, saint : 112.
DOUMERGUE, Gaston : 251.
DOUMIC, René : 85, 93.
DREYFUS, Alfred : 13, 54, 88, 92, 100, 129-130, 154, 156, 178, 183, 188, 206, 214, 243, 252, 303, 427, 434, 438, 440-441, 517, 550, 552, 561.
DREYFUS, Jean-Marc : 537.
DREYSS, Charles : 504, 509.
DRIEU LA ROCHELLE, Pierre : 441.
DROIT, Michel : 267.
DU BARRY, Jeanne Bécu, comtesse : 228, 467.
DU BELLAY, Joachim : 18, 411, 478.
DU BOIS, Cora : 371.

Index

DU CANGE, Charles du Fresne, seigneur : 195.
DU MESNIL : 184.
DUBOIS, Patrick : 143.
DUBOS, Jean-Baptiste (abbé) : 470.
DUBREUCQ, Éric : 144.
DUBY, Georges : 205, 224-225, 290, 480.
DUCHESNE, André : 195.
DUCHESNE, Vincent (dom) : 463.
DUCHET, Claude : 467.
DUCLOS, Jacques : 279-281, 317.
DUCOS, Roger : 164.
DUFOURNET, Jean : 502.
DUHAMEL, Alain : 266, 282.
DUHAMEL, Marcel : 342.
DUHAMEL, Olivier : 260, 266.
DUMAS, Alexandre : 489.
DUMESNIL, Mme : 78.
DUMONT, Albert : 180.
DUMONT, René : 556.
DUMOURIEZ, Charles François du Périer, *dit* (général) : 41, 115.
DUNAN, Marcel : 505.
DUPANLOUP, Félix (évêque) : 155.
DUPEUX, Georges : 56.
DUPIN, Charles (baron) : 166.
DUPLEIX, Simon : 477.
DUPONT DE NEMOURS, Pierre Samuel : 41.
DUPRONT, Alphonse : 23-25.
DUPUY, Jacques : 268.
DUPUYTREN, Guillaume (baron) : 148.
DURAND-MAILLANE, Pierre-Toussaint Durand de Maillane, *dit* : 466.
DURKHEIM, Émile : 65, 144, 155, 225.
DUROSELLE, Jean-Baptiste : 360, 437.
DURUY, Victor : 88-89, 96, 144-145, 151, 162, 180, 184.
DUVEAU, Georges : 169.
DUVERGIER DE HAURANNE, Ernest : 339.
DUVIGNAUD, Jean : 280.

EBAN, Abba : 525.
EGBERT, Donald D. : 392.
EHRARD, Jean : 192.
EICHTAL, Eugène d' : 183.
EISENHOWER, Dwight David : 316, 343.
EISENSTADT, Shmuel Noah : 399.
ELIAS, Norbert : 484.
ELLENSTEIN, Jean : 270.
ELUARD, Paul Eugène Grindel, *dit* Paul : 427.
ENGELS, Friedrich : 10, 57, 61, 262.
ESMONIN, Edmond : 94, 106, 110, 212, 226.
ESTERHÁZY, Marie Charles Ferdinand Walsin : 206.
ESTIENNE D'ORVES, Honoré d' : 252.
ESTRÉES, François-Annibal, duc d' (maréchal) : 501.
EVANS, Wilfred Hugo : 470.

FABRE-LUCE, Alfred : 296.
FAGNIEZ, Gustave : 182, 253.
FAGUET, Émile : 214.
FAJON, Étienne : 280.
FALLOUX, Frédéric Alfred Pierre, comte de : 58, 146, 151, 165.
FAUCHET, Claude : 195.
FAULKNER, William Harrison Falkner, *dit* William : 342, 383.
FAURE, Christian : 498.
FAURE, Edgar : 514.
FAURIEL, Claude : 206.
FAURISSON, Robert : 563.
FAUVET, Jacques : 261, 282.
FAVIER, Jean : 192, 199.
FAVRE, Jules : 243.
FAVRE, Pierre : 316, 399.
FAZY, J.-J., *dit* James : 419.
FEBVRE, Lucien : 74, 82, 394, 413, 546.
FEHRENBACHER, Don E. : 364.
FELS, Florent : 253.
FÉNELON, François de Salignac de La Mothe-Fénelon, *dit* : 89, 470.
FERMAT, Pierre de : 411.

FERRAT, André : 273.
FERRIÈRES, Charles-Élie de : 38.
FERROUX, Étienne Joseph : 466.
FERRY, Jules : 53, 83, 106, 133, 153-155, 160, 164, 260, 308, 329, 552.
FICHTE, Johann Gottlieb : 165.
FIGUIÈRES, Léo : 280.
FINE, Sidney : 391.
FINKIELKRAUT, Alain : 441, 529, 535.
FLAMMARION, Camille : 144.
FLAUBERT, Gustave : 420, 423.
FLOQUET, Charles : 88.
FLORIAN, Jean-Pierre Claris de : 165.
FOHLEN, Claude : 362.
FONTANES, Jean-Pierre Louis, marquis de, *dit* Louis de : 458.
FONTRAILLES, Louis d'Astarac de : 463.
FORD, Henry : 376.
FORTIN DE LA HOGUETTE, Philippe : 504.
FOSSIER, François : 477.
FOUCAULT, Jean-Léon-Fortuné : 459.
FOUCAULT, Michel : 358, 438.
FOUCHÉ, Joseph : 466.
FOULD, Achille : 57-58.
FOURCROY, Antoine François, comte de : 165.
FRAGONARD, Marie-Madeleine : 11.
FRANC, Évelyne : 137.
FRANÇOIS Ier : 107, 116, 236.
FRANÇOIS, Michel : 23.
FRANK, Bernard : 443.
FRAPPIER, Jean : 480.
FRÉDÉRIC II LE GRAND (roi de prusse) : 230.
FRÉDÉRIC-GUILLAUME Ier (roi de prusse) : 220.
FREDERICQ, Paul : 176.
FRENAY, Henri : 286.
FREUD, Sigmund : 353, 436.
FRÉVILLE, André : 310, 499.

FRÖBEL, Friedrich : 163, 165.
FROISSART, Jean : 461.
FROSSARD, Louis-Oscar : 310.
FUGIER, André : 505.
FUMAROLI, Marc : 438, 456, 477, 502-504.
FURET, François : 17, 33, 35, 164, 302, 309, 317, 346, 350, 403, 405, 445, 541.
FURETIÈRE, Antoine : 18, 478.
FUSTEL DE COULANGES, Numa Denis : 95, 185, 219, 255.

GACHARD, Louis-Prosper : 199.
GACON, Jean : 279.
GAGNOL, Paul (abbé) : 108.
GALBRAITH, John Kenneth : 344, 349.
GALIN, Pierre : 147.
GALLAND, Olivier : 418.
GALLO, Max : 266.
GAMBETTA, Léon : 51, 53, 83, 88, 133, 136, 160, 235, 292, 296, 538.
GARNIER-PAGÈS, Louis-Antoine : 88.
GARON, Maurice : 250.
GAUCHET, Marcel : 32-33, 337, 404, 428-429, 550.
GAULLE, Charles de (général) : 54-55, 81, 192, 260-264, 266-269, 273-277, 281, 285, 287-289, 295-296, 298-301, 303-310, 313-315, 317, 333, 348, 407, 409, 438, 450, 454, 479, 496, 499, 507-508, 512-513, 519, 525, 542, 548, 554, 557.
GAULLE, Philippe de (amiral) : 274-275.
GAULLIER, Xavier : 420.
GAULMIER, Jean : 296.
GAUTHIER-DESCHAMPS, Ernest : 109.
GAUTIER, Théophile : 425-426.
GAUVAIN, Auguste : 211, 213, 237.
GAVI, Philippe : 439.
GAXOTTE, Pierre : 239.
GEFFROY, Auguste : 184.
GEMBICKI, Dieter : 202.

Index

GÉRANDO, Joseph Marie de (baron) : 168.
GERDIL, Hyacinthe-Sigismond (cardinal) : 165.
GÉRÔME, Noëlle : 292.
GEYL, Pietr : 365.
GIDE, André : 253.
GIDE, Charles : 183.
GILLIS, John R. : 418.
GIRARD, Louis : 57.
GIRARD, René : 531.
GIRARDET, Raoul : 239, 274, 280, 414.
GIRAUD, Henri-Christian : 262.
GIRAULT, Jacques : 283.
GIROUD, Françoise : 261.
GIRY, Arthur : 196, 206, 214.
GISCARD D'ESTAING, Valéry : 556-557.
GLASGOW, Ellen Anderson Gholson : 382.
GLUCKSMANN, André : 355.
GOBLET, René : 149, 160, 165, 180.
GOBLOT, Édmond : 432.
GODECHOT, Jacques : 22.
GODEFROY, Frédéric : 496.
GODEFROY, Victor (abbé) : 108.
GOETHE, Johann Wolfgang von : 165, 492-493.
GOGUEL, François : 276, 437.
GONDI, Paul de : 502, 509.
GORER, Geoffrey : 370.
GOULEMOT, Jean-Marie : 291, 293, 493.
GOURGAUD, Gaspard, baron (général) : 506.
GOYAU, Georges : 126.
GRAMONT, Antoine III, duc de (maréchal) : 501.
GRAMSCI, Antonio : 272.
GRANT, Madison : 378.
GRAUBARD, Stephen R. : 339.
GRÉARD, Octave : 144, 150-151, 160, 162, 180.
GRÉGOIRE DE TOURS : 206.
GRÉGOIRE, Henri, dit l'abbé : 165.
GRÉGOIRE, père : 125.
GRENIER, Albert : 193.
GRENIER, Fernand : 280.
GRIGNAN, Françoise Marguerite de Sévigné, comtesse de : 502.
GRIMM, Frédéric Melchior, baron de : 19.
GROSSER, Alfred : 261.
GROUVELLE, Philippe-Antoine : 509.
GRUNEWALD, Michel : 238.
GUEISSAZ-PEYRE, Mireille : 153.
GUENÉE, Bernard : 23, 474, 480-481, 544.
GUÉRARD, Benjamin : 196.
GUESDE, Mathieu Jules Basile, dit Jules : 130.
GUETTARD, André : 274.
GUICHARD, Olivier : 274.
GUILLAUME LE BRETON : 223-224.
GUILLAUME, James : 145, 153, 157-165.
GUILLEBAUD, Jean-Claude : 401.
GUIOT, J. : 109.
GUISE, Henri de Lorraine, 3e duc de : 459.
GUIZOT, François : 169, 196, 200, 202, 429, 431, 454, 460-461, 463-465, 469, 472, 474-476, 506-507, 510-511.
GUSDORF, Georges : 21, 26, 456, 491-492.

HACHETTE, Louis : 79, 84, 161, 211.
HADAMARD, Jacques : 190.
HALBWACHS, Maurice : 446.
HALE BELLOT, Hugh : 362.
HALÉVI, Ran : 538.
HALÉVY, Daniel : 100.
HALLIDAY, Johnny : 421.
HALLIER, Jean-Édern : 442.
HALPHEN, Louis : 179, 199, 468, 472.
HAMILTON, Alexander : 363.
HAMILTON, John : 363.
HAMMET, Dashiell : 342.
HAMMOND, Bray : 363.
HAMON, Hervé : 303, 401.

HANDLIN, Oscar : 362, 371, 374, 376, 379, 392.
HANRIOT, François : 44.
HARNACK, Adolf von : 185.
HARRIS, André : 274.
HARTZ, Louis : 366-367, 393.
HAUSER, Henri : 144, 197, 456.
HAUSSMANN, Georges Eugène (baron) : 137.
HAYS, Samuel P. : 368.
HEGEL, Georg Wilhelm Friedrich : 60, 342, 396, 531.
HEIDEGGER, Martin : 342, 415, 531.
HÉLIAS, Pierre Jakez : 556.
HENRI II : 236.
HENRI IV : 116, 233, 236, 459, 502.
HENRI V (roi d'Angleterre) : 78.
HENRIOT, Émile : 442.
HERBERG, Will : 363.
HÉRODOTE : 399.
HERR, Lucien : 100, 102, 161, 183, 212-213, 234.
HERTZOG, Marcelle : 301.
HERVÉ, Pierre : 280.
HERZEN, Olga : 183.
HESSELTINE, William B. : 363.
HETZEL, Pierre-Jules : 151.
HEUSINGER, Adolf (général) : 165.
HICKS, John D. : 368.
HIGHAM, John : 343, 362-364.
HIMELFARB, Hélène : 501.
HIMES, Chester Bomar : 342.
HIPP, Marie-Thérèse : 489-490.
HITLER, Adolf : 285.
HOCHE, Lazare (général) : 49, 116.
HODGSON, Godfrey : 346.
HOFFMANN, Inge : 276.
HOFFMANN, Stanley : 276, 287, 301, 437.
HOFSTADTER, Richard : 11, 366-368, 371, 373, 376, 391, 396.
HOMÈRE : 136.
HOURS, Joseph : 239.
HUGO, Jeanne : 244.
HUGO, Victor : 51, 66, 82, 86, 88, 93, 155, 260, 355, 424, 470, 512.

HUIZINGA, Johan : 483.
HUMBERT-DROZ, Jules : 301.
HUPPERT, Georges : 11, 189.
HUSSER, Anne-Claire : 144.
HYSLOP, Beatrice : 20.

INNOCENT III, Giovanni Lotario (pape) : 111-112, 226.
ISAAC, Jules : 84, 93-94, 523.
ISHIKAWA, Wayne : 455.
ISOART, Paul : 308.

JACKSON, Andrew : 362-363, 389.
JACKSON, Thomas Jonathan, dit Stonewall Jackson : 382.
JACQUES, Jean-Pierre : 466.
JACQUIER, Marie-Louise : 301.
JAEGER, Hans : 399.
JAFFRÉ, Jérôme : 260.
JAMES, Henry : 376.
JANET, Pierre : 446.
JAUCOURT, Louis, chevalier de : 19.
JAUME, Lucien : 309.
JAURÈS, Jean : 45, 103, 130, 161, 164, 272, 310, 553.
JDANOV, Andreï Aleksandrovitch : 288, 353.
JEAN Ier : 459.
JEAN SANS PEUR : 78.
JEANNE D'ARC, sainte : 78-79, 118, 221, 246, 296, 298, 483.
JEANNE Ire DE NAVARRE : 480.
JEANNENEY, Jean-Noël : 143, 275.
JEANROY-FÉLIX, Victor : 131.
JEANSON, André : 261.
JEFFERSON, Thomas : 347, 362, 371-372, 380-381, 389, 403.
JOANNE, Adolphe : 159.
JOFFRIN, Laurent : 433-434.
JOINVILLE, Jean de : 463, 474, 480, 506.
JOSEPH, François Leclerc du Tremblay, en religion père : 503.
JOSPIN, Lionel : 567.
JOUBERT, Joseph : 412.
JOUFFROY, Théodore : 424.
JOUHAUX, Léon : 316.

Index

JOUTARD, Philippe : 455, 493.
JULLIAN, Camille : 178-179, 190, 193, 219.
JULLIAN, Marcel : 275.
JULLIARD, Jacques : 239, 317.
JULY, Serge : 401.
JUSSIEU (père) : 165.

KAHN, Pierre : 144.
KAMMEN, Michael G. : 374.
KANAPA, Jean : 270, 355.
KANT, Emmanuel : 43.
KELLERMANN, François Étienne Christophe (maréchal) : 25, 115.
KEMP, Friedhelm : 493.
KENNEDY, John Fitzgerald : 268, 343.
KERCHEVOL, Samuel : 403.
KERLEROUX, Pierre : 498.
KEROUAC, Jack : 421.
KESSLER, Denis : 420.
KEYLOR, William R. : 175.
KHROUCHTCHEV, Nikita Sergueïevitch : 269-271, 301, 312, 347, 353.
KINDLEBERGER, Charles P. : 437.
KISSINGER, Henry : 345.
KLARSFELD, Serge : 524, 538-539.
KLEINCLAUSZ, Arthur : 219, 236.
KLUCKHOHN, Clyde : 370.
KOHN, Hans : 371.
KONDRATIEVA, Tamara : 309.
KOUZNETSOV, Edouard : 530.
KRAUS, Michael : 362.
KRIEGEL, Annie : 278, 281-282, 289, 294, 348, 354, 414, 417, 529.
KRIVINE, Alain : 261.
KROPOTKINE, Petr Alekseïevitch (prince) : 161.
KUHN, Thomas S. : 447.

L'ESTOILE, Pierre de : 457, 463, 494.
L'HOSPITAL, Michel de (chancelier) : 137-138.
LA CHÂTRE, Edme de : 463.
LA FAYETTE, Gilbert du Motier, marquis de : 41, 235, 425.
LA FAYETTE, Marie-Madeleine Pioche de La Vergne, comtesse de : 485, 488, 502.
LA FONTAINE, Jean de : 132, 512.
LA GUARDIA, Fiorello H. : 392.
LA GUETTE, Mme de : 483.
LA HARPE, Jean-François de : 458.
LA MOTHE LE VAYER, François de : 150.
LA POPELINIÈRE, Henri Lancelot Voisin de : 189, 470, 568.
LA ROCHEFOUCAULD, François VI, duc de (prince de Marcillac) : 41, 457, 459, 483.
LA ROCHEJAQUELEIN, Marie Louise Victoire de Donnissan, marquise de Lescure puis de : 464.
LA TOUR, Georges de : 277.
LABIB, Jean : 274.
LABOULAYE, Édouard Lefebvre de : 40, 333.
LACHER RAVAISSON-MOLLIEN, Félix : 144.
LACOUR-GAYET, Georges : 214.
LACOUTURE, Jean : 261, 274, 276-277, 296, 307-308, 512.
LAFAIST, Louis, alias Louis Cimber : 461.
LAGNEAU, Jules : 155.
LAI, Gaetano de (cardinal) : 245.
LAKANAL, Joseph : 165.
LALOI, Pierre : 109, 121, 125.
LAMARTINE, Alphonse de : 52, 87, 332, 424, 466, 473, 492.
LAMOTHE-LANGON, Étienne-Léon de : 467.
LANDES, David S. : 159.
LANDOWSKI, Eric : 414.
LANGETHAL, Christian Eduard : 165.
LANGLOIS, Charles Victor : 83, 94, 100, 102, 177, 189-190, 198, 207, 211, 214, 216, 218, 223, 225, 236.
LANJUINAIS, Jean-Denis : 466.
LANSON, Gustave : 100, 102, 190.
LANTHENAS, François Xavier : 36.
LANZMANN, Claude : 523.

LAPASSADE, Georges : 420.
LAPRÉVOTE, Gilles : 149.
LAROUSSE, Pierre : 132, 134-142, 243, 461, 478.
LAS CASES, Emmanuel, comte de : 505, 509.
LASKI, Harold Joseph : 370.
LASSERRE, Pierre : 131.
LASTEYRIE DU SAILLANT, Robert C. de : 177, 208.
LAUDENBACH, Roland, *alias* Michel Braspart : 443.
LAUDET, Fernand : 100.
LAURENT, Jacques : 443.
LAURENT, Sylvie : 11.
LAVABRE, Marie-Claire : 264, 278, 282, 294, 300.
LAVAL, Pierre : 251, 301, 400, 523.
LAVAU, Georges : 278-279.
LAVISSE, Ernest : 13, 36, 83-106, 108-114, 116-123, 125-131, 144, 160, 175-177, 180-188, 190, 192-194, 198, 205-207, 211-222, 225-226, 228, 230-236, 385, 423-424, 551, 565.
LAVISSE, Suzanne-Émile : 91.
LAVOISIER, Antoine Laurent de : 165.
LAZAR, Marc : 263, 294, 300, 316.
LAZARE, Bernard : 130.
LAZITCH, Branko : 269.
LE BRAS, Hervé : 408, 416.
LE GOFF, Jacques : 71, 74, 222, 414, 416, 480.
LE MOYNE, Pierre (père) : 469.
LE PELETIER DE SAINT-FARGEAU, Louis Michel : 139, 165.
LE PEN, Jean-Marie : 81.
LE POTTIER, Jean : 199, 472.
LE ROY LADURIE, Emmanuel : 444, 485, 493, 556.
LÉAUTAUD, Paul : 438.
LECLERC, Max : 91, 110.
LECŒUR, Auguste : 280.
LEDRU-ROLLIN, Alexandre Auguste Ledru, *dit* : 58.
LEDWIDGE, Bernard : 479.

LEFORT, Claude : 355, 434.
LEFRANC, Abel : 205.
LEFRANC, Pierre : 274-275.
LEGENDRE, Louis : 42.
LEGUAY, Jean : 523.
LEIRIS, Michel : 493.
LEISY, Ernest E. : 377.
LEJEUNE, Philippe : 455, 493.
LEMAÎTRE, Jules : 105.
LEMONNIER, Henry : 83, 217, 236.
LENGLET-DUFRESNOY, Nicolas : 470.
LÉNINE, Vladimir Ilitch Oulianov, *dit* : 66, 262, 298, 310.
LÉON XIII, Vincenzo Gioacchino Pecci (pape) : 127.
LEOPOLD, Richard W. : 365.
LERNER, Henri : 307.
LERNER, Max : 370.
LEROUX, Pierre : 157, 424.
LEROY-BEAULIEU, Anatole : 183.
LESCHERAINE, Joseph Marie, chevalier de : 488.
LEVASSEUR, Émile : 162, 214, 466.
LEVINAS, Emmanuel : 530-531.
LÉVI-STRAUSS, Claude : 350-351.
LÉVY, Benny, *alias* Louis Vic, Pierre Victor : 439, 529.
LÉVY, Bernard-Henri : 523, 529.
LÉVY, Ernie : 522.
LÉVY, Michel : 510.
LÉVY, Raymond : 280.
LEWIS, John : 272.
LEWIS, R. W. B. : 363.
LEYMARIE, Michel : 238.
LIARD, Louis : 175, 180.
LIDA DE MALKIEL, Maria Rosa : 480.
LINCOLN, Abraham : 364.
LINDENBERG, Daniel : 183, 353.
LINK, Arthur S. : 365, 392.
LIPSET, Seymour Martin : 343.
LITTRÉ, Émile : 190, 478, 491.
LOMBARD, Jean : 489.
LONDON, Artur : 281.
LONGNON, Jean : 253, 461, 509.
LONGUET, Marie : 183.

Index 581

LORGES, Guy Michel de Durfort, duc de (maréchal) : 488.
LORRAIN, Claude Gellée ou Gelée, dit Claude : 411.
LORRAINE, François, duc de : 463.
LORRIS, Paul : 109.
LOTTE, Joseph : 101.
LOTTIN, Alain : 494.
LOUBET DEL BAYLE, Jean-Louis : 448.
LOUIS D'ORLÉANS (duc) : 78.
LOUIS VII LE JEUNE : 226, 236.
LOUIS VIII LE LION : 112, 218, 226, 236.
LOUIS IX, voir Saint Louis.
LOUIS XI : 75, 221, 233, 236, 461, 502, 506.
LOUIS XIII : 36, 50, 116, 236, 463, 465, 477, 486, 509.
LOUIS XIV : 19, 29, 34, 85, 93-95, 116-117, 119, 122, 131, 192-193, 195, 198, 207, 214, 218-219, 226-227, 230-233, 236, 296, 454, 457, 459-460, 486-487, 489-490, 499, 501, 504, 509, 512-513, 544, 550.
LOUIS XV : 114, 117, 120, 227, 236, 460, 486.
LOUIS XVI : 24, 40-43, 87, 114, 227-228, 236, 302, 460, 464.
LOUIS XVIII : 407, 461, 465, 467.
LOUIS-PHILIPPE Ier : 169.
LOUVET DE COUVRAY, Jean-Baptiste Louvet, dit : 466.
LOWE, Hudson, sir : 506.
LUC, Jean-Noël : 149.
LUCHAIRE, Achille : 211, 214, 216, 219, 224, 226, 236.
LUCHAIRE, Jean : 250.
LUKÁCS, Georg : 467.
LUYNES, Charles Philippe d'Albert, duc de : 486.
LUZZATO, Sergio : 466.

MABILLON, Jean : 202.
MABLY, Gabriel Bonnot de : 37.
MACÉ, Jean : 151, 156.
MACHAULT D'ARNOUVILLE, Jean-Baptiste de : 228.
MAC-MAHON, Edme Patrice Maurice, comte de (maréchal) : 53, 124.
MADALENAT, Daniel : 455.
MAGENDIE, Maurice : 484.
MAGGIOLO, Louis : 165-166.
MAIGRON, Louis : 467.
MAÏMONIDE, Moïse : 530.
MAINE DE BIRAN, Marie François Pierre Gontier de Biran, dit : 412.
MAINTENON, Françoise d'Aubigné, marquise de : 292, 459.
MAIRE, Albert : 208.
MAKHNO, Nestor Ivanovitch : 272.
MALAPERT, Paulin : 190.
MALATESTA, Errico : 161.
MALET, Albert : 214.
MALLARMÉ, Étienne, dit Stéphane : 427.
MALLET, Jules (Mme) : 146-147.
MALLET, Serge : 349.
MALON, Benoît : 155.
MALRAUX, André : 82, 253, 259, 268, 286-287, 299, 311, 342, 441, 444, 499, 512, 544.
MALVY, Louis : 105, 246.
MANE, Frédéric : 109.
MANIN, Bernard : 46.
MANN, Arthur : 391-392.
MANNHEIM, Karl : 410, 432.
MANSART, François : 411.
MARAIS, Mathieu : 494.
MARAT, Jean-Paul : 38, 140.
MARCEAU-DESGRAVIERS, François Séverin (général) : 116.
MARCEL, Étienne : 118, 137, 298.
MARCHAIS, Georges : 271, 283.
MARCHELLO-SOUTET, Christiane : 480.
MARÍAS, Julián : 411.
MARIE-ANTOINETTE : 228.
MARIÉJOL, Jean-Hippolyte : 214, 236.

MARIE-THÉRÈSE (archiduchesse d'Autriche) : 201, 489-490.
MARILLIER, Mme : 212.
MARITAIN, Jacques : 243.
MARMONTEL, Jean-François : 473.
MAROT, Clément : 411.
MARSHALL, George Catlett : 341.
MARTELLI, Roger : 271, 278, 283.
MARTIGNAC, Jean-Baptiste Sylvère Gaye, vicomte de : 461.
MARTIN DU GARD, Roger : 253.
MARTIN, André : 208.
MARTIN, Henri : 100, 136, 138, 223, 227.
MARTIN, Henri-Jean : 213, 459.
MARTIN, Victor (abbé) : 108.
MARTY, André : 280.
MARX, Karl : 10, 56-67, 262, 331, 342, 352-353, 355-356.
MASPERO, Gaston : 144, 214.
MASSIS, Henri, *voir* AGATHON.
MASSON, André : 420.
MATHER, Cotton : 385.
MATHIEZ, Albert : 219.
MATHILDE, Mathilde-Létizia Wilhelmine Bonaparte, *dite* la princesse : 93.
MATTÉOLI, Jean : 524.
MAUGER, Gérard : 410, 418.
MAULNIER, Thierry : 250, 253, 441.
MAUREL, Gabriel : 108.
MAURIAC, Claude : 275, 523.
MAURIAC, François : 253, 296, 304, 443.
MAURRAS, Charles : 84, 104-105, 235, 238-239, 241-244, 246-248, 250, 252-254.
MAURRAS, Hélène : 240.
MAURY, Jean Sifrein Maury (cardinal) : 462.
MAY, Georges : 455, 490.
MAY, Henry F. : 363.
MAYER, Émile (colonel) : 307.
MAYEUR, Françoise : 144, 175.
MAYEUR, Jean-Marie : 156.
MAZARIN, Jules, en italien Giulio Mazarini (prélat) : 487, 510.

MAZOYER, Louis : 426.
MCCRUM, Blanche Prichard : 362.
MCWILLIAM, Neil : 238.
MEAD, Margaret : 370, 400.
MEHL, Roland : 274.
MEILLAN, Arnaud Jean : 466.
MENDEL, Gérard : 408.
MENDELSSOHN, Moses : 530.
MENDÈS FRANCE, Pierre : 434, 437.
MENDRAS, Henri : 296, 304, 416, 541.
MENTELLE, Edme : 165.
MENTRÉ, François : 410, 412.
MER, Jacqueline : 291.
MERCIER, Louis-Sébastien : 494.
MERGEY, Jean de : 483.
MÉTAILIÉ, Anne-Marie : 419.
METTRA, Claude : 74.
MEULAN, Élisabeth-Charlotte-Pauline de : 169.
MEYER, Paul : 183, 206.
MEYSENBOURG, Malwida de (baronne) : 183.
MÉZERAY, François Eudes, sieur de : 470.
MICHAUD, Gabriel : 462.
MICHAUD, Guy : 448.
MICHAUD, Joseph-François : 461-464, 498.
MICHAUD, Louis-Gabriel : 462.
MICHEL, André : 214.
MICHEL, Francisque : 459.
MICHEL-ANGE, Michelangelo Buonarroti, *dit* en français : 222.
MICHELET, Athénaïs, née Mialaret : 82.
MICHELET, Jules : 13, 25, 28, 34, 43, 51-52, 71-82, 87-88, 95, 97, 118, 136, 138, 182, 188-190, 192, 221-223, 225, 227, 266, 317-318, 388, 424, 429, 445, 468, 473, 546, 550.
MIDDENDORFF, Alexander von : 165.
MIGNET, Auguste : 138, 429.
MILLARDET : 184.
MILNER, Jean-Claude : 537.

MILO, Daniel : 447.
MILTON, John : 165.
MINC, Alain : 437.
MINDER, Robert : 185.
MIRABEAU, Honoré Gabriel Riqueti, comte de : 165.
MISCH, Georg : 456.
MITCHELL, Broadus : 363.
MITTERRAND, François : 55, 266, 296, 308, 311, 314, 417, 524, 543, 562.
MODIANO, Patrick : 287, 448, 522.
MOLIÈRE, Jean-Baptiste Poquelin, dit : 141, 458, 512.
MOLINET, Jean : 461.
MOLINIER, Auguste : 197-198, 206-207.
MOLLIER, Jean-Yves : 132.
MOMMSEN, Theodor : 84, 191.
MONATTE, Pierre : 161.
MONFRIN, Jacques : 480.
MONGRÉDIEN, Georges : 487.
MONLUC, Blaise de Lasseran de Massencome, seigneur de : 457, 477, 514.
MONMERQUÉ, Louis Jean Nicolas, dit Jean-Louis : 459, 462, 464.
MONOD, Gabriel : 82, 160, 178-179, 181-184, 195-198, 206-207, 253.
MONROE, James : 425.
MONTAIGNE, Michel Eyquem de : 12.
MONTESQUIEU, Charles de Secondat, baron de La Brède et de : 19, 47, 65, 331.
MONTESQUIOU-FÉZENSAC, Léon de (comte) : 243, 246.
MONTFORT, Simon de (comte de Leicester) : 112.
MONTHERLANT, Henry Marie Joseph Millon de : 412, 441, 444.
MONTHOLON, Charles Tristan, marquis de (général) : 506.
MONTMORENCY-Laval, Mathieu Félicité, duc de : 404.

MONTPENSIER, Anne Marie Louise d'Orléans, duchesse de : 457, 483, 487.
MONTRÉSOR, Claude de Bourdeille, comte de : 463.
MOREAU, Jacob-Nicolas : 202.
MOREAU, Lucien : 243.
MOREAU, René : 267.
MOREL, Yves : 135.
MORGAN, Edmund S. : 363.
MORIN, Edgar : 280-281, 349, 354, 420, 433-434, 539.
MORISON, Elting E. : 371.
MORISON, Samuel Eliot : 362.
MORNET, André (procureur général) : 448.
MOSSUZ-LAVAU, Jeanine : 299.
MOTTE, Olivier : 219.
MOTTEVILLE, Françoise Bertaut de : 483.
MOULIN, Jean : 286, 349.
MOUNET-SULLY, Jean Sully Mounet, dit : 93.
MOURIER, Athenaïs : 208.
MOUSNIER, Roland : 192.
MOWRY, George E. : 389, 392.
MUGRIDGE, Donald H. : 362.
MURATORI, Louis-Antoine : 200.
MUSSET, Alfred de : 87, 423, 425, 431, 440.

NACHIN, Lucien : 296.
NADAUD, Martin : 493.
NAMER, Gérard : 264.
NAPOLÉON Ier : 35-36, 50, 57, 60-63, 133, 165, 200, 260, 275, 296, 309, 318, 332, 405, 412, 426, 454, 465, 475, 490, 496, 498-499, 504-505, 509, 512-513, 566.
NAPOLÉON III : 51, 56, 58, 60-62, 64, 87.
NAVARRE, Marguerite de : 411, 459.
NECKER, Jacques : 40.
NELMS, Brenda : 160.
NEMO, Philippe : 530.

NEUFCHÂTEAU, Nicolas, comte François, *dit* François de : 36.
NEVINS, Allan : 363, 365, 371.
NICOLAS, Jean : 403.
NICOLET, Claude : 36, 434.
NICOT, Jean : 18.
NIETZSCHE, Friedrich : 183.
NIMIER, Roger : 443.
NISARD, Désiré : 87.
NOAILLES, Adrien Maurice, duc de (maréchal) : 509.
NODIER, Jean Charles Emmanuel : 492.
NOËL, Bernard : 484.
NOËL, Jean-François : 165.
NOËL, Léon : 503.
NOGENT, Guibert de : 464, 474, 480.
NOIRIEL, Gérard : 316.
NORA, Pierre : 5, 11, 32, 83, 142-143, 175, 259, 265, 276, 279, 293, 313, 359, 399, 414, 416, 430, 438, 444-445, 454, 469, 498, 505.
NORDMAN, Daniel : 23.

OLLIVIER, Émile : 507.
OPHULS, Marcel : 287, 522.
ORLÉANS, Gaston Jean Baptiste de France, duc d' : 501.
ORMIÈRES, Jean-Louis : 430.
ORTEGA Y GASSET, José : 411-412.
ORY, Pascal : 132, 180, 287, 448.
OSGOOD, Robert E. : 360.
OSGOOD, Samuel M. : 239.
OZOUF, Jacques : 85, 164, 172, 266, 288, 498.
OZOUF, Mona : 17, 35, 85, 152, 172, 192, 293, 346, 403, 405.
OZOUF-MARIGNIER, Marie-Vic : 26.

PACCORI, Ambroise : 145.
PACKARD, Vance : 344.
PAGANEL, Pierre : 465.
PAINE, Thomas : 403, 406.
PALMER, Christian : 145.
PANCKOUCKE, Charles-Joseph : 460.
PANNEQUIN, Roger : 280.

PAPAÏOANNOU, Kostas : 341.
PAPE-CARPANTIER, Marie : 145-146.
PAPON, Maurice : 524, 532.
PARÉ, Ambroise : 180.
PARÉ, Jules François : 146.
PARENT, Narcisse : 146.
PARETO, Vilfredo : 65.
PARIAS, Louis-Henri : 175.
PARIEN, Louis Pierre Félix Esquirou de : 146.
PARINAUD, Marie-Hélène : 405.
PARIS, Aimé : 146-147.
PARIS, Gaston : 95, 184, 206, 480.
PARIS, Nanine : 146-147.
PARISET, Georges : 212, 218-219, 236.
PARKER, Theodore : 157.
PARKMAN, Francis : 390.
PARODI, Jean-Luc : 266.
PARRINGTON, Vernon Louis : 373, 385, 389, 393.
PARROT, Philippe : 399.
PARSONS, Talcott Edger : 344.
PASCAL, Jacqueline : 147.
PASQUIER, Étienne : 11-12.
PASTEUR, Louis : 110, 185.
PASTORET, Claude Emmanuel Joseph Pierre, marquis de : 147.
PASTORET, Emmanuel de : 165.
PAUGAM, Jacques : 401, 409.
PAWLET, Fleuris (chevalier) : 165.
PAXTON, Robert : 287, 522, 566.
PAYAN, Joseph : 165.
PÉCAUT, Élie : 171.
PÉCAUT, Félix : 151, 157, 162, 165.
PÉGUY, Charles : 81-82, 100-105, 131, 243, 260, 266, 427, 439-442.
PÉGUY, Marcel : 441.
PEILLON, Vincent : 153.
PELLETAN, Camille : 243.
PELLETAN, Eugène : 88, 156, 160.
PELLISSON, Paul Pellisson-Fontanier, *dit* Paul : 504.
PERCHERON, Annick : 400, 403, 418.
PERCHET, Jean-Claude : 495.
PERDIGUIER, Agricol : 142, 493.

Index 585

PÉRIGNY, Octave de, *dit* le président de : 504.
PERROT, Michelle : 142, 279, 418.
PERSONS, Stow : 392.
PESCHANSKI, Denis : 278, 282.
PESTALOZZI, Johann Heinrich, *dit* Henri : 149, 163-165.
PÉTAIN, Philippe (maréchal) : 81, 251, 282, 407, 438, 542, 548, 554.
PETERSON, Merrill D. : 371, 389.
PÉTIGNY, Jules de : 206.
PÉTILLON, Pierre-Yves : 377.
PÉTION DE VILLENEUVE, Jérôme : 466.
PETIT DE JULLEVILLE, Pierre : 214.
PETIT, Michel-Edme : 164.
PETIT-DUTAILLIS, Charles : 218, 225, 236.
PETITJEAN, Armand-M. : 444.
PETITOT, Claude-Bernard : 458-459, 461-462, 464, 471, 482-483, 496.
PETRESSON DE SAINT-AUBIN, Pierre : 461.
PEYRE, Henri : 410, 412, 424.
PEYREFITTE, Alain : 296.
PFISTER, Christian : 181, 218-219, 236.
PHILIBERT, Michel : 418.
PHILIP, Loïc : 335.
PHILIPON DE LA MADELAINE, Louis : 165.
PHILIPPE II AUGUSTE : 112, 223, 225-226, 236, 458, 460.
PHILIPPE III LE HARDI : 218.
PHILIPPE IV LE BEL : 200, 218, 236.
PHILIPS, Ulrich B. : 385.
PICARD, Ernest : 88, 344, 456.
PIE X, saint, Giuseppe Sarto (pape) : 245.
PIERRE II (roi d'Aragon) : 112.
PIERRE LE VÉNÉRABLE (abbé) : 480.
PIGENET, Michel : 316.
PINDARE : 246.
PIRENNE, Henri : 386.
PIRON, Alexis : 141.
PISCATORY, Adélaïde : 147.

PITTS, Jesse R. : 437.
PLATEAU, Marius : 246.
PLATON : 356.
PLESSIS-PRASLIN, César de Choiseul, comte du (maréchal) : 501.
PLUTARQUE : 139, 399.
POINCARÉ, Raymond : 96, 102, 156, 182, 252, 499, 507.
POIRIER, Jean : 455.
POIRION, Daniel : 480.
POMIAN, Krzysztof : 202.
POMPADOUR, Jeanne Antoinette Poisson, marquise de : 228.
POMPÉE : 225.
POMPIDOU, Georges : 314, 348, 522.
PORTER, Katherine Anne : 383.
POTTER, David Morris : 369, 371.
POUJOULAT, Jean-Joseph François : 461-464, 498.
POUSSIN, Nicolas : 411.
POUTHAS, Charles : 495.
PRADINES, Marie-Hélène : 274.
PRESSENSÉ, Francis, *voir* Dehault de Pressensé, Francis.
PRESSLY, Thomas J. : 364.
PRÉVOST, Joseph-Gabriel : 155.
PRÉVOTAT, Jacques : 238.
PROPP, Vladimir : 279.
PROST, Antoine : 144, 175, 178, 186, 281, 400, 420.
PROUST, Marcel : 72, 246, 253, 293, 412.
PSICHARI, Ernest : 442.
PUCHEU, Pierre : 301, 464.
PUGET, Antoine : 463.
PUJO, Maurice : 243, 246, 250.

QUERMONNE, Jean-Louis : 335.
QUICHERAT, Jules : 79, 160.
QUIÉVREUX, Jeanne : 91.
QUINET, Edgar : 51, 140, 154, 429, 509.
QUINT, Howard H. : 391.
QUINTON, René : 243.

RABAUT SAINT-ÉTIENNE, Jean-Paul Rabaut, *dit* : 22.
RABELAIS, François : 411.
RACINE, Jean : 458, 512.
RACINE, Nicole : 278.
RACINE-FURLAUD, Nicole : 264, 281.
RAGNIER-BOHLER, Danielle : 480.
RAMADIER, Paul : 288.
RAMBAUD, Alfred : 83, 96, 144, 152, 160, 169, 182, 184, 205, 214, 253.
RANDALL, George : 364.
RANDALL, James Garfield : 364.
RANKE, Leopold von : 84, 224, 407.
RANUM, Orest Allen : 477, 493.
RAPIN, Pierre (abbé) : 470.
RASPAIL, François Vincent : 58.
RATICHIUS, Radke : 165.
RAVAISSON, *voir* LACHER RAVAISSON-MOLLIEN, Félix.
RAYBAUT, Paul : 455.
RAYMOND VI (comte de Toulouse) : 112.
RAYNAUD, Philippe : 406.
RÉBELLIAU, Alfred : 193, 218-219, 236.
REBÉRIOUX, Madeleine : 206.
REBOUL, Fabienne : 466.
REIN, W. (docteur) : 166.
REINACH, Salomon : 100, 102.
RÉMOND, René : 239, 263, 308, 315, 332, 339, 360, 371, 403, 447-448, 498, 506, 593.
RÉMUSAT, Charles François Marie, comte de : 495.
RÉMY, colonel, *voir* Renault, Gilbert, *alias* colonel Rémy.
RENAN, Ernest : 97, 185, 190-191, 241, 266, 476, 491, 550, 558.
RENAULT, Gilbert, *alias* colonel Rémy : 252.
RENDU, Ambroise : 168.
RENOUARD, Yves : 411-412.
RENOUVIER, Charles : 152, 165.
RENOUVIN, Bertrand : 261.

RENOUVIN, Jacques : 249, 252.
RENOUVIN, Pierre : 359-360.
RÉTIF (ou Restif) de La Bretonne, Nicolas Edme Rétif, *dit* : 141, 402-403.
RETZ, Jean-François Paul de Gondi, cardinal de : 454, 457, 463, 477-480, 487, 490, 498, 500-503, 509, 512.
REUSS, Rodolphe : 205.
REVEL, Jacques : 313.
REVEL, Jean-François : 261, 276, 296, 340, 355.
REY, Étienne : 442.
RHODES, James Ford : 388.
RICHARD Ier CŒUR DE LION : 226.
RICHARD, Michel : 510.
RICHELIEU, Armand Jean du Plessis, cardinal de : 201, 229, 232, 454, 457, 467, 487, 490, 496, 503-504, 509, 511.
RICŒUR, Paul : 531.
RIDGWAY, Matthew Bunker : 316.
RIEGEL, Robert F. : 386.
RIESMAN, David : 349, 363, 372.
RIGAUD, Bernard : 268.
RIOU, Gaston : 442.
RIOUFFE, Honoré : 466.
RIOUX, Jean-Pierre : 192, 267, 273-275, 281, 296, 308, 400, 414.
RITTERSPORN, Gabor T. : 291.
RIVAROL, Antoine Rivaroli, *dit* comte de : 412.
ROBERT II LE PIEUX : 218.
ROBERT, François : 38.
ROBERT, Jean-Louis : 283.
ROBESPIERRE, Maximilien de : 25, 38, 41, 43, 45-47, 50, 115, 122-123, 140, 451.
ROBIN, Régine : 20.
ROBRIEUX, Philippe : 280-281, 312, 444, 499.
ROCHE, Daniel : 493.
ROCHET, Waldeck : 312.
ROCHOW, Eberhardt von : 165.
ROCKEFELLER, John D. : 363.
RODINSON, Maxime : 525.

Index

ROEDERER, Pierre-Louis : 165.
ROEMERSPACHER, *voir* Maurras, Charles.
ROGER, vicomte de Béziers : 112.
ROGIE, Louis-Eugène : 109.
ROHAN, Henri II, duc de : 501.
ROLAND, Jean-Marie Roland de la Platière, *dit* : 41, 165.
ROLAND, Jeanne-Marie, ou Manon Philipon, *dite* Mme : 38, 466.
ROLLAND, Romain : 100, 246.
ROMAINS, Jules : 420.
ROMME, Charles Gilbert : 165.
RONSARD, Pierre de : 246.
RONY, Jean : 280.
ROOSEVELT, Franklin Delano : 360, 362, 368, 392.
ROOSEVELT, Theodore : 345, 368, 392.
ROQUEFORT, Jean-Baptiste-Bonaventure : 467.
ROSANVALLON, Pierre : 317, 511.
ROSE, Toussaint : 504.
ROSENBERG, Ethel et Julius : 341.
ROSENZWEIG, Franz : 530.
ROSSI, Angelo : 281.
ROSSITER, Clinton L. : 367, 393.
ROSTOW, Walt Whitman : 343, 349.
ROTMAN, Patrick : 303, 401.
ROUCHER, Jean-Antoine : 458.
ROUDAUT, François : 11.
ROUGET DE LISLE, Claude Joseph : 116.
ROUSSEAU, Jean-Jacques : 18-19, 37, 331, 445, 491-492, 499.
ROUSSEAU, Pauline : 76.
ROUSSEL, Ernest : 154.
ROUSSET, Jean : 490.
ROUSSO, Henry : 285-286.
ROY, Claude : 280, 294.
ROYER, Clémence-Auguste : 157.
RUBEL, Maximilien : 64.
RUBIN, Jerry : 354.
RUDE, François : 35, 116.
RUDELLE, Odile : 273, 308-309, 332-334.
RULLIER : 148.

SAGNAC, Philippe : 193, 197, 212, 218-220, 230-231, 234, 236.
SAINT JOHN DE CRÈVECŒUR, J. Hector : 369.
SAINT LOUIS : 76, 116, 118, 138, 218, 222, 233, 236, 296, 480-481, 506.
SAINTE-BEUVE, Charles Augustin : 72, 274, 424, 501, 514.
SAINT-ELME, Ida, de son vrai nom Maria Johanna Elselina Verfelt : 467.
SAINT-ÉVREMOND, Charles Le Marquetel de Saint-Denis, seigneur de : 470.
SAINT-JUST, Louis Antoine de : 38, 45, 139, 254, 404-405.
SAINT-LÉGER, Alexandre de : 193, 218, 236.
SAINT-SIMON, Henri de : 165.
SAINT-SIMON, Louis de Rouvroy, duc de : 454, 457, 469, 479, 486-488, 490, 500, 510, 512.
SALGUES, Jacques Barthélemy : 465.
SALVANDY, Narcisse Achille, comte de : 145-146.
SALZMANN, Christian Gotthilf : 165.
SAMARAN, Charles : 199.
SAND, Aurore Dupin, *dite* George : 51, 492.
SANDRE, Joseph : 172.
SANDRI, Leopoldo : 199.
SANGNIER, Marc : 245.
SANTAMARIA, Yves : 281.
SARTRE, Jean-Paul : 331, 343, 349, 353, 358, 420, 427, 439.
SAULNIER, Eugène : 208.
SAUVY, Alfred : 420.
SAY, Jean-Baptiste : 165.
SCHILLER, Friedrich von : 422.
SCHLANGER, Judith : 406.
SCHLESINGER, JR., Arthur M. : 365, 369.
SCHLESINGER, SR., Arthur M. : 389-390.
SCHMID, Joseph : 165.

SCHMID, K. A. (docteur) : 145.
SCHMIDT, Joël : 505.
SCHMITT, Eberhard : 20.
SCHOLEM, Gershom Gerhard : 530.
SCHUMANN, Maurice : 275, 296.
SCHWARZ-BART, André : 522.
SCHWITZGUÉBEL, Adhémar : 161.
SCOT, Jean-Paul : 283.
SCUDÉRY, Madeleine de : 487.
SÉDOUY, Alain de : 274.
SEGRAIS, Jean Regnault de : 487.
SEIGNELAY, Jean-Baptiste Colbert, marquis de : 231.
SEIGNOBOS, Charles : 94, 102, 130, 177, 189-190, 205, 211-214, 217-218, 223, 225, 236-237, 385.
SENANCOUR, Étienne Pivert de : 412.
SERROY, Jean : 277.
SÉVIGNÉ, Marie de Rabutin-Chantal, baronne de, *dite* marquise de : 459, 501-502.
SEVIN, Hector Irénée (archevêque) : 245.
SHAKESPEARE, William : 479.
SHANNON, David A. : 392.
SHAW, George Bernard : 352.
SIBOUR, Marie Dominique Auguste (cardinal) : 462.
SIEGEL, Martin : 181.
SIEYÈS, Emmanuel Joseph : 20-23, 33, 39, 46-47, 50, 165, 327, 547.
SIGAUX, Gilbert : 443.
SIGNORET, Simone : 280.
SIMKINS, Francis B. : 365.
SIMON, Francine : 280.
SIMON, Jean-Frédéric : 165.
SIMON, Jules : 88, 126.
SIMON, Simon : 152, 155.
SIMONIN, Anne : 420.
SIMPSON, Allan : 363.
SINCLAIR, Harold : 377.
SIRINELLI, Jean-François : 414.
SISMONDI, Jean Charles Léonard Simonde de : 429, 468.
SMITH, Alfred, *dit* Al : 392.
SMITH, Henry Nash : 371.

SOLJENITSYNE, Aleksandr Issaïevitch : 261, 339, 354-355.
SOLON : 266.
SORBON, Robert de : 180.
SOREL, Albert : 211, 214, 479.
SOREL, Charles : 470.
SOREL, Georges : 244.
SOREL, Julien : 431.
SORMAN, Guy : 261.
SOUSTELLE, Jacques : 296.
SOUTET, Olivier : 480.
SOUVARINE, Boris Lifschitz, *dit* Boris : 355.
SPIELBERG, Steven : 524.
SPINOZA, Baruch : 531.
SPITZER, Alan Barrie : 399, 422-423, 425.
STAËL, Germaine Necker, baronne de Staël-Holstein, *dite* Mme de : 48-51.
STALINE, Iossif Vissarionovitch Djougachvili, *dit* Joseph : 269-270, 281, 291, 293, 355.
STAMPP, Kenneth Milton : 365.
STEEG, Jules : 144, 157, 165.
STEIN, Henri : 198, 207.
STENDHAL, Henri Beyle, *dit* : 512.
STÉPHANE, André : 408.
STERNHELL, Zeev : 448, 523.
STOUGHTON, William : 395.
STOURDZÉ, Yves : 435.
STRAUSS, David Friedrich : 84.
STRAUSS-KAHN, Dominique : 420.
SULLY, Maximilien de Béthune, baron, puis marquis de Rosny, duc de : 232, 454, 457, 496, 498, 501, 509, 511.
SWITZER, Richard : 467.
SYBEL, Heinrich von : 84.
SYLLA, Lucius Cornelius : 266.

TACITE : 65, 454.
TADIÉ, Jean-Yves : 420.
TAGUIEFF, Pierre-André : 532.
TAINE, Hippolyte Adolphe : 84, 95, 97, 178, 190.

Index

TALLEMANT DES RÉAUX, Gédéon : 459, 494.
TALON, Omer : 463.
TANNENBAUM, Edward R. : 239-240, 255-256.
TARDE, Alfred de, *voir* AGATHON.
TARDIEU, André : 350.
TARTAKOWSKY, Danielle : 282-283, 292.
TASCHEREAU, Jules : 209.
TATE, Allen : 382.
TAVANNES, Gaspard de Saulx, comte de : 483.
TAYLOR, William R. : 371.
TCHERNYCHEVSKI, Nikolaï Gavrilovitch : 422.
TESNIÈRE, Valérie : 213.
THALAMAS, Amédée : 109.
THEIS, Laurent : 469, 498.
THELOT, Claude : 420.
THIBAUD, Paul : 434.
THIBAUDEAU, Antoine Claire : 466.
THIBAUDET, Albert : 412, 425.
THIÉNOT, J. : 184.
THIERRY, Amédée : 192.
THIERRY, Augustin : 32, 192, 227, 428, 461, 468, 550.
THIERRY, Patrick : 403.
THIERS, Adolphe : 51, 407, 424, 429, 468.
THOM, Françoise : 292.
THOMAS, Albert : 246.
THOMASSET, Claude : 480.
THOREZ, Maurice : 81, 142, 273, 278-279, 281, 283, 288, 291-292, 299-300, 302, 312, 499.
THOU, Jacques Auguste de : 474.
TILLON, Charles : 280, 464.
TOCQUEVILLE, Alexis Charles Henri Clérel de : 65, 324, 329, 331, 333, 339, 345, 361, 372, 448-449.
TOGLIATTI, Palmiro : 268.
TOINET, Marie-France : 330-332, 335.
TOMEI, Daniel : 153.
TOUCHARD, Jean : 142, 447-448.
TOUVIER, Paul : 522, 524.

TREITSCHKE, Heinrich von : 84.
TRIGANO, Shmuel : 529, 538.
TRINQUIER, Roger (colonel) : 296.
TROTSKI, Lev Davidovitch Bronstein, *dit* : 310.
TRUMAN, Harry S. : 343.
TRYON, Warren S. : 371.
TUDESQ, André-Jean : 57.
TULARD, Jean : 465, 505, 509.
TURGOT, Anne Robert Jacques (baron de Laulne) : 232, 437, 511.
TURNER, Frederick Jackson : 373, 378, 384-388.
TURREAU, Louis Marie (général) : 464.

UBRICH, Gilles : 144.
UNAMUNO, Miguel de : 422.

VADÉ, Yves : 427.
VAILLANT, Marie Édouard : 130.
VAILLANT-COUTURIER, Paul : 298, 307.
VALÉRY, Paul : 347, 438.
VALOIS, Georges : 247.
VAN DER CRUYSSE, Dirck : 487.
VAN TASSEL, David D. : 362.
VANDEPITTE, Charles (abbé) : 108.
VATIMESNIL, Henri Lefebvre de : 165.
VAUGEOIS, Henri : 243, 246.
VEBLEN, Thorstein Bunde : 363.
VEGIO, Maffeo : 165.
VEIL, Simone : 435.
VERCINGÉTORIX : 118, 136, 192, 557.
VERDIER, Jean : 165.
VERMEER DE DELFT, Johannes Vermeer, *dit* : 277.
VERNANT, Jean-Pierre : 417.
VÉRON, Louis Désiré (docteur) : 494.
VERRET, Michel : 316.
VERRON, Guy : 470.
VIALLANEIX, Paul : 74, 192, 318.

Viansson-Ponté, Pierre : 275, 313, 409.
Viasnof, Nicolas : 274.
Vidal de La Blache, Paul : 182, 184, 192, 217, 225, 235, 546.
Vidalenc, Jean : 56.
Vidocq, Eugène-François : 467.
Vigier, Philippe : 56.
Vigne, Éric : 409.
Vignier, Claude : 195.
Vigny, Alfred, comte de : 424-425.
Villars, Claude Louis Hector, duc de (maréchal) : 485.
Villehardouin, Geoffroi de : 458.
Villemain, Abel François : 146.
Villemarest, Charles-Maxime : 467.
Vincent, Bernard : 330.
Vincent, Gérard : 290.
Vincent, Jean-Marie : 278.
Viollet-le-Duc, Eugène : 144.
Vivanti, Corrado : 11.
Vogt, Carl : 157.
Voisin : 148.
Voisine, Jacques : 491.
Voline, Vsevolod Mikhaïlovitch Eichenbaum, dit : 272.
Volney, Constantin François de Chassebœuf, dit : 36.
Voltaire, François Marie Arouet, dit : 18-19, 28, 141, 148, 348, 355, 470, 479, 510.
Vuilleumier, Marc : 157, 161-162, 164.

Waddington, William Henry : 126.
Waitz, Georg : 197.
Waldeck-Rousseau, Pierre : 156.
Wallon, Henri : 162.
Walter, Gérard : 468.
Warée, Barnabé : 460.
Warren, Robert Penn : 382.
Washburn, Wilcomb E. : 363.
Washington, George (général) : 50, 332, 381.
Webb, Walter P. : 385.
Weber, Eugen : 238-241, 248, 253, 255, 363, 367.
Weber, Max : 65.
Weil, Simone : 316.
Werner, Karl-Ferdinand : 192.
Wescott, Glenway : 377.
Weydemeyer, Joseph : 57.
Whyte, Jr., William H. : 349, 372.
Willard, Germaine : 283.
Williams, Roger : 363.
Wilson, Edmund : 343.
Wilson, Thomas Woodrow : 360, 368, 392.
Winock, Michel : 261, 434.
Winthrop, John : 363.
Wish, Harvey : 362.
Wittke, Carl : 385.
Wohl, Robert : 422, 442.
Wolikow, Serge : 283.
Wood, Gordon S. : 331.
Woodward, C. Vann : 365, 382, 391.
Wylie, Laurence : 437.

Yonnet, Paul : 418, 421.

Zeller, Jules : 184.
Zévort, Edgar : 108.
Zola, Émile : 206, 355.

Présentation 9

PREMIÈRE PARTIE
ENRACINEMENTS RÉVOLUTIONNAIRES

1. L'avènement de la nation 17
2. Genèse de la République 35
3. Marx et la révolution de 1848 56

PARTIE II
INCARNATIONS RÉPUBLICAINES

4. Michelet, l'hystérie identitaire 71
5. Lavisse, instituteur national 83
6. Le panthéon de Pierre Larousse 132
7. Le *Dictionnaire de pédagogie* de Ferdinand Buisson 143

PARTIE III
NATION, RÉPUBLIQUE ET RÉVOLUTION

8. La synthèse républicaine : l'*Histoire de France* d'Ernest Lavisse 175

9. L'Action française, ou l'envers de la République   238
10. Le moment du gaullo-communisme   259

PARTIE IV
LE CONTRE-MODÈLE AMÉRICAIN

11. La révolution   323
12. La Constitution   330
13. Les intellectuels   339
14. La mémoire   359

PARTIE V
LES CHEMINS DE L'IDENTITÉ

15. L'idée de génération   399
16. La voie royale des Mémoires d'État   454
17. La France et les juifs, destins mêlés   516
18. De l'héritage à la métamorphose   541

Index   569

DU MÊME AUTEUR

LES FRANÇAIS D'ALGÉRIE, préface de Charles-André Julien, Julliard, 1961 ; rééd. revue et augmentée, avec une préface de l'auteur, un document inédit de Jacques Derrida et un dossier critique, Christian Bourgois, 2012.

DISCOURS DE RÉCEPTION À L'ACADÉMIE FRANÇAISE ET RÉPONSE DE RENÉ RÉMOND, suivis des allocutions prononcées à l'occasion de la remise de l'épée, Gallimard, collection « Blanche », 2002.

PRÉSENT, NATION, MÉMOIRE, Gallimard, collection « Bibliothèque des histoires », 2011.

HISTORIEN PUBLIC, Gallimard, collection « Blanche », 2011.

Avec Bernard Pivot

LE MÉTIER DE LIRE. RÉPONSES À PIERRE NORA, Gallimard, collection « Le Débat », 1990.

LE MÊME OUVRAGE, D'APOSTROPHES À BOUILLON DE CULTURE, nouvelle édition augmentée, Gallimard, collection « Folio », 2001.

Direction d'ouvrages

LES LIEUX DE MÉMOIRE, tome I, LA RÉPUBLIQUE : SYMBOLES — MONUMENTS — PÉDAGOGIE — COMMÉMORATIONS — CONTRE-MÉMOIRE, Gallimard, collection « Bibliothèque illustrée des histoires », 1984.

—, tome II, LA NATION, volume 1, HÉRITAGE — HISTORIOGRAPHIE — PAYSAGES, volume 2, LE TERRITOIRE — L'ÉTAT — LE PATRIMOINE, volume 3, LA GLOIRE — LES MOTS, Gallimard, collection « Bibliothèque illustrée des histoires », 1986.

—, tome III, LES FRANCE, volume 1, CONFLITS ET PARTAGES, volume 2, TRADITIONS, volume 3, DE L'ARCHIVE À L'EMBLÈME, Gallimard, collection « Bibliothèque illustrée des histoires », 1993.

LE MÊME OUVRAGE, nouvelle édition en trois volumes, Gallimard, collection « Quarto », 1997.

ESSAIS D'EGO-HISTOIRE, Maurice Agulhon, Pierre Chaunu, Georges Duby, Raoul Girardet, Jacques Le Goff, Michelle Perrot et René Rémond, Gallimard, collection « Bibliothèque des histoires », 1987.

Avec Jacques Ozouf, VINCENT AURIOL. JOURNAL DU SEPTENNAT, 1947-1954, tome I, 1947 ; tome II, 1948 ; tome III, 1949 ; tome V, 1951 ; tome VI, 1952 ; tome VII, 1953-1954, Armand Colin, 1970-1979 ; tome IV, 1950, avec CD, Tallandier, 2003.

—, VINCENT AURIOL. MON SEPTENNAT, 1947-1954 : NOTES DE JOURNAL, Gallimard, collection « Témoins », 1970.

Avec Jacques Le Goff, FAIRE DE L'HISTOIRE, *tome I*, NOUVEAUX PROBLÈMES *; tome II*, NOUVELLES APPROCHES *; tome III*, NOUVEAUX OBJETS, *Gallimard, collection « Bibliothèque des histoires », 1974.*

Multimédia

MICHELET, HISTORIEN DE LA FRANCE, *CD audio, Gallimard, collection « À voix haute », 1999.*

BIBLIOTHÈQUE DES HISTOIRES

Volumes publiés

MAURICE AGULHON : *Histoire vagabonde*, I, II et III.
RALPH ANDREANO : *La Nouvelle Histoire économique.*
OSKAR ANWEILER : *Les Soviets en Russie.*
STÉPHANE AUDOIN-ROUZEAU et ANNETTE BECKER : *14-18, retrouver la guerre.*
COLETTE BEAUNE : *Naissance de la nation France.*
JACQUES BERQUE : *L'Intérieur du Maghreb, XVe-XIXe siècle.*
MARC BLOCH : *Les Rois thaumaturges.*
JOHN BOSWELL : *Christianisme, tolérance sociale et homosexualité.*
JOHN BOSWELL : *Au bon cœur des inconnus. Les enfants abandonnés de l'Antiquité à la Renaissance.*
JEAN BOTTÉRO : *Naissance de Dieu. La Bible et l'historien.*
JEAN BOTTÉRO : *Mésopotamie. L'écriture, la raison et les dieux.*
JEAN BOTTÉRO et SAMUEL NOAH KRAMER : *Lorsque les dieux faisaient l'homme.*
JUDITH C. BROWN : *Sœur Benedetta, entre sainte et lesbienne.*
PETER BROWN : *Genèse de l'Antiquité tardive.*
PETER BROWN : *Le Renoncement à la chair. Virginité, célibat et continence dans le christianisme primitif.*
ESTEBAN BUCH : *La Neuvième de Beethoven. Une histoire politique.*
FRANCO CARDINI : *La Culture de la guerre, Xe-XIIIe siècle.*
JULIO CARO BAROJA : *Les Sorcières et leur monde.*
JULIO CARO BAROJA : *Le Carnaval.*
FRANÇOIS CARON : *La Dynamique de l'innovation. Changement technique et changement social (XVIe-XXe siècle).*
MARY CARRUTHERS : *Machina memorialis. Méditation, rhétorique et fabrication des images au Moyen Âge.*
MICHEL DE CERTEAU, DOMINIQUE JULIA, JACQUES REVEL : *Une politique de la langue. La Révolution française et les patois.*
MICHEL DE CERTEAU : *L'Écriture de l'histoire.*
MICHEL DE CERTEAU : *La Fable mystique, XVIe-XVIIe siècle,* I.
MICHEL DE CERTEAU : *La Fable mystique, XVIe-XVIIe siècle,* II.
JOHN CHADWICK : *Le Déchiffrement du linéaire B.*
ABDESSELAM CHEDDADI : *Ibn Khaldûn. L'homme et le théoricien de la civilisation.*
WILLIAM B. COHEN : *Français et Africains.*
FANNY COSANDEY : *La Reine de France. Symbole et pouvoir (XVe-XVIIe siècle).*
GILBERT DAGRON : *Empereur et prêtre.*
GILBERT DAGRON : *L'Hippodrome de Constantinople. Jeux, peuple et politique.*
MARCEL DETIENNE : *Les Jardins d'Adonis.*
MARCEL DETIENNE, JEAN-PIERRE VERNANT : *La Cuisine du sacrifice en pays grec.*

ALAIN DEWERPE : *Espion. Une anthropologie historique du secret d'État.*
HICHEM DJAÏT : *La Grande Discorde. Religion et politique dans l'Islam des origines.*
GEORGES DUBY : *Guerriers et paysans, VIIe-XIIe siècle.*
GEORGES DUBY : *Le Temps des cathédrales.*
GEORGES DUBY : *Les Trois Ordres ou l'Imaginaire du féodalisme.*
GEORGES DUBY : *Dames du XIIe siècle*, I. *Héloïse, Aliénor, Iseut et quelques autres.*
GEORGES DUBY : *Dames du XIIe siècle*, II. *Le Souvenir des aïeules.*
GEORGES DUBY : *Dames du XIIe siècle*, III. *Ève et les prêtres.*
ALPHONSE DUPRONT : *Du sacré. Croisades et pèlerinages. Images et langages.*
ALPHONSE DUPRONT : *Le Mythe de croisade* (4 volumes).
MICHEL FOUCAULT : *Histoire de la folie à l'âge classique.*
MICHEL FOUCAULT : *Surveiller et punir.*
MICHEL FOUCAULT : *Histoire de la sexualité,* I. *La Volonté de savoir.*
MICHEL FOUCAULT : *Histoire de la sexualité,* II. *L'Usage des plaisirs.*
MICHEL FOUCAULT : *Histoire de la sexualité,* III. *Le Souci de soi.*
BÉATRICE FRAENKEL : *La Signature. Genèse d'un signe.*
GILBERTO FREYRE : *Maîtres et esclaves.*
FRANÇOIS FURET : *Penser la Révolution française.*
MARCEL GAUCHET : *La Révolution des droits de l'homme.*
MARCEL GAUCHET : *La Révolution des pouvoirs.*
BRONISLAW GEREMEK : *La Potence ou la pitié.*
JACQUES GERNET : *Chine et christianisme. Action et réaction.*
JACQUES GERNET : *L'Intelligence de la Chine. Social et mental.*
PIERRE GIBERT : *L'Invention critique de la Bible, XVe-XVIIIe siècle.*
CARLO GINZBURG : *Le Sabbat des sorcières.*
CARLO GINZBURG : *À distance. Neuf essais sur le point de vue en histoire.*
AARON J. GOUREVITCH : *Les Catégories de la culture médiévale.*
G. E. VON GRUNEBAUM : *L'Identité culturelle de l'Islam.*
SERGE GRUZINSKI : *La Colonisation de l'imaginaire.*
BERNARD GUENÉE : *Entre l'Église et l'État. Quatre vies de prélats français à la fin du Moyen Âge.*
BERNARD GUENÉE : *Un meurtre, une société. L'assassinat du duc d'Orléans, 23 novembre 1407.*
JEAN GUILAINE : *Caïn, Abel, Ötzi : l'héritage néolithique.*
LAURENT GUYÉNOT : *La Mort féérique. Anthropologie du merveilleux, XIIe-XVe siècle.*
ROGER HAHN : *Le Système du monde. Pierre Simon Laplace.*
FRANÇOIS HARTOG : *Le Miroir d'Hérodote. Essai sur la représentation de l'autre.*
FRANCIS HASKELL : *Le Musée éphémère. Les Maîtres anciens et l'essor des expositions.*
E. J. HOBSBAWM : *Nations et nationalisme depuis 1780. Programme, mythe, réalité.*
OLIVIER IHL : *La Fête républicaine.*
GÉRARD JORLAND : *Une société à soigner. Hygiène et salubrité publiques en France au XIXe siècle.*
PHILIPPE JOUTARD : *La Légende des camisards.*

ERNST KANTOROWICZ : *L'Empereur Frédéric II*.
ERNST KANTOROWICZ : *Les Deux Corps du roi. Essai sur la théologie politique au Moyen Âge*.
AVIAD KLEINBERG : *Histoires de saints*.
ANNIE KRIEGEL : *Communismes au miroir français*.
JACQUES KRYNEN : *L'Empire du roi. Idées et croyances politiques en France, XIIIe-XVe siècle*.
JACQUES KRYNEN : *L'État de justice. France XIIIe-XXe siècle*, I. *L'Idéologie de la magistrature ancienne*.
JACQUES KRYNEN : *L'État de justice. France XIIIe-XXe siècle*, II. *L'emprise contemporaine des juges*.
RICHARD F. KUISEL : *Le Capitalisme et l'État en France*.
JACQUES LAFAYE : *Quetzalcoatl et Guadalupe*.
DAVID S. LANDES : *L'Europe technicienne ou le Prométhée libéré*.
JACQUES LE GOFF : *Pour un autre Moyen Âge*.
JACQUES LE GOFF : *La Naissance du Purgatoire*.
JACQUES LE GOFF : *L'Imaginaire médiéval*.
JACQUES LE GOFF : *Saint Louis*.
JACQUES LE GOFF : *Saint François d'Assise*.
EMMANUEL LE ROY LADURIE : *Le Territoire de l'historien*, I et II.
EMMANUEL LE ROY LADURIE : *Montaillou, village occitan, de 1294 à 1324*.
EMMANUEL LE ROY LADURIE : *Le Carnaval de Romans*.
GIOVANNI LEVI : *Le Pouvoir au village*.
MOSHE LEWIN : *La Formation du système soviétique*.
ANDREW W. LEWIS : *Le Sang royal*.
BERNARD LEWIS : *Le Retour de l'Islam*.
BERNARD LEWIS : *Race et esclavage au Proche-Orient*.
GUY LOBRICHON : *Héloïse. L'amour et le savoir*.
CATHERINE MAIRE : *De la cause de Dieu à la cause de la Nation. Le jansénisme au XVIIIe siècle*.
ÉLISE MARIENSTRAS : *Nous, le peuple. Les origines du nationalisme américain*.
HENRI MASPERO : *Le Taoïsme et les religions chinoises*.
SANTO MAZZARINO : *La Fin du monde antique. Avatars d'un thème historiographique*.
JULES MICHELET : *Cours au Collège de France*, I. *1838-1851*.
JULES MICHELET : *Cours au Collège de France*, II. *1845-1851*.
ARNALDO MOMIGLIANO : *Problèmes d'historiographie ancienne et moderne*.
ROBERT MORRISSEY : *L'Empereur à la barbe fleurie. Charlemagne dans la mythologie et l'histoire de France*.
CLAUDE NICOLET : *Le Métier de citoyen dans la Rome républicaine*.
CLAUDE NICOLET : *L'Idée républicaine en France*.
CLAUDE NICOLET : *Rendre à César*.
THOMAS NIPPERDEY : *Réflexions sur l'histoire allemande*.
PETER NOVICK : *L'Holocauste dans la vie américaine*.
PIERRE NORA : *Présent, nation, mémoire*.

DANIEL NORDMAN : *Frontières de France. De l'espace au territoire, XVIe-XIXe siècle.*
OUVRAGE COLLECTIF (sous la direction de FRANÇOIS FURET et MONA OZOUF) : *Le Siècle de l'avènement républicain.*
OUVRAGE COLLECTIF (sous la direction de JACQUES LE GOFF et PIERRE NORA) : *Faire de l'histoire,* I. *Nouveaux problèmes.*
Faire de l'histoire, II. *Nouvelles approches.*
Faire de l'histoire, III. *Nouveaux objets.*
OUVRAGE COLLECTIF (sous la direction de PIERRE NORA) : *Essais d'egohistoire.*
OUVRAGE COLLECTIF (sous la direction de PIERRE BIRNBAUM) : *La France de l'affaire Dreyfus.*
MONA OZOUF : *La Fête révolutionnaire.*
MONA OZOUF : *L'École de la France.*
MONA OZOUF : *L'Homme régénéré.*
GEOFFREY PARKER : *La Révolution militaire. La guerre et l'essor de l'Occident, 1500-1800.*
OLIVIER PÉTRÉ-GRENOUILLEAU : *Les Traites négrières. Essai d'histoire globale.*
MARC PHILONENKO : *Le* Notre Père. *De la prière de Jésus à la prière des disciples.*
JACQUELINE PIGEOT : *Femmes galantes, femmes artistes dans le Japon ancien, XIe-XIIIe siècle.*
MAURICE PINGUET : *La Mort volontaire au Japon.*
KRZYSZTOF POMIAN : *L'Ordre du temps.*
KRZYSZTOF POMIAN : *Collectionneurs, amateurs et curieux. Paris, Venise : XVIe-XVIIIe siècles.*
KRZYSZTOF POMIAN : *Des saintes reliques à l'art moderne. Venise-Chicago, XIIIe-XXe siècle.*
KRZYSZTOF POMIAN : *Ibn Khaldûn au prisme de l'Occident.*
ÉDOUARD POMMIER : *L'Art de la liberté. Doctrines et débats de la Révolution française.*
ÉDOUARD POMMIER : *Winckelmann, inventeur de l'histoire de l'art.*
DOMINIQUE POULOT : *Musée, nation, patrimoine, 1789-1815.*
GÉRARD DE PUYMÈGE : *Chauvin, le soldat-laboureur. Contribution à l'histoire des nationalismes.*
ROLAND RECHT : *Le Croire et le Voir. L'art des cathédrales (XIIe-XVe siècle).*
PIETRO REDONDI : *Galilée hérétique.*
ALAIN REY : *« Révolution » : histoire d'un mot.*
PIERRE ROSANVALLON : *Le Sacre du citoyen. Histoire du suffrage universel.*
PIERRE ROSANVALLON : *Le Peuple introuvable. Histoire de la représentation démocratique en France.*
PIERRE ROSANVALLON : *La Démocratie inachevée. Histoire de la souveraineté du peuple en France.*
JEAN-CLAUDE SCHMITT : *La Raison des gestes dans l'Occident médiéval.*
JEAN-CLAUDE SCHMITT : *Les Revenants. Les vivants et les morts dans la société médiévale.*

JEAN-CLAUDE SCHMITT : *Le Corps, les Rites, les Rêves, le Temps. Essais d'anthropologie médiévale.*
JERROLD SEIGEL : *Paris bohème, 1830-1930.*
GÉRARD SIMON : *Sciences et histoire.*
TIMOTHY SNYDER : *Terres de sang. L'Europe entre Hitler et Staline.*
CHRISTOPHE STUDENY : *L'Invention de la vitesse. France, XVIIIe-XXe siècle.*
KEITH THOMAS : *Dans le jardin de la nature.*
H. R. TREVOR-ROPER : *De la Réforme aux Lumières.*
ROBERT VAN GULICK : *La Vie sexuelle dans la Chine ancienne.*
FRANCO VENTURI : *Les Intellectuels, le peuple et la révolution.*
JEAN-PIERRE VERNANT : *L'Individu, la Mort, l'Amour.*
PAUL VIALLANEIX : *Michelet, les travaux et les jours, 1798-1874.*
ANATOLI VICHNEVSKI : *La Faucille et le Rouble.*
NATHAN WACHTEL : *La Vision des vaincus. Les Indiens du Pérou devant la Conquête espagnole (1530-1570).*
ALAIN WALTER : *Érotique du Japon classique.*
FRANCE A. YATES : *L'Art de la mémoire.*

BIBLIOTHÈQUE ILLUSTRÉE DES HISTOIRES

SVETLANA ALPERS : *L'Art de dépeindre.*
ANTOINE DE BAECQUE : *L'Histoire-caméra.*
MICHAEL BAXANDALL : *L'Œil du Quattrocento.*
MICHAEL BAXANDALL : *Ombres et Lumières.*
ANDRÉ CHASTEL : *Le Sac de Rome, 1527.*
THOMAS CROW : *L'Atelier de David. Émulation et Révolution.*
GILBERT DAGRON : *Décrire et peindre. Essai sur le portrait iconique.*
MARC DESPORTES : *Paysages en mouvement. Transports et perception de l'espace, XVIIIe-XXe siècle.*
FRANCIS HASKELL : *De l'art et du goût. Jadis et naguère.*
FRANCIS HASKELL : *Mécènes et peintres. L'art et la société au temps du baroque italien.*
FRANCIS HASKELL : *L'Historien et les images.*
MICHEL JEANNERET : *Versailles, ordre et chaos.*
R. KLIBANSKY, E. PANOFSKY, FR. SAXL : *Saturne et la Mélancolie.*
DAVID S. LANDES : *L'heure qu'il est. Les horloges, la mesure du temps et la formation du monde moderne.*
ALAIN MÉROT : *Du paysage en peinture dans l'Occident moderne.*
OUVRAGE COLLECTIF (sous la direction de PIERRE NORA) :
   Les Lieux de mémoire, I : *La République.*
   Les Lieux de mémoire, II : *La Nation (3 volumes).*

Les Lieux de mémoire, III : *Les France (3 volumes)*.
OUVRAGE COLLECTIF *(sous la direction d'ÉTIENNE FRANÇOIS et HAGEN SCHULZE)* : *Mémoires allemandes*.
OUVRAGE COLLECTIF *(sous la direction de RENÉ DE BERVAL)* : *Présence du bouddhisme*.
ÉDOUARD POMMIER : *Théories du portrait. De la Renaissance aux Lumières*.
ÉDOUARD POMMIER : *Comment l'art devient l'Art dans l'Italie de la Renaissance*.
SIMON SCHAMA : *L'Embarras de richesses. La culture hollandaise au Siècle d'Or*.
JEAN STAROBINSKI : *L'Invention de la liberté, 1700-1789*, suivi de *Les Emblèmes de la Raison*.
MICHEL VOVELLE : *La Mort et l'Occident, de 1300 à nos jours*.
EDGAR WIND : *Les Mystères païens de la Renaissance*.